PSICOLOGIA DE FAMÍLIA

P974　Psicologia de família : teoria, avaliação e intervenção / Organizadores, Maycoln L. M. Teodoro, Makilim Nunes Baptista. – 2. ed. – Porto Alegre : Artmed, 2020.
xiv, 306 p. : il. ; 25 cm.

ISBN 978-85-8271-602-1

1. Psicologia. 2. Psicologia familiar. I. Teodoro, Maycoln L. M. II. Baptista, Makilim Nunes.

CDU 159-027.553

Catalogação na publicação: Karin Lorien Menoncin – CRB 10/2147

Maycoln L. M. Teodoro
Makilim Nunes Baptista

organizadores

2ª edição

PSICOLOGIA DE FAMÍLIA

teoria,
avaliação
e intervenção

Porto Alegre
2020

© Grupo A Educação S.A., 2020.

Gerente editorial
Letícia Bispo de Lima

Colaboraram nesta edição:

Editora
Paola Araújo de Oliveira

Capa
Paola Manica | Brand & Book

Preparação de originais
Bianca Franco Pasqualini

Leitura final
Carine Garcia Prates

Editoração
Ledur Serviços Editoriais Ltda.

Reservados todos os direitos de publicação ao GRUPO A EDUCAÇÃO S.A.
(Artmed é um selo editorial do GRUPO A EDUCAÇÃO S.A.)
Av. Jerônimo de Ornelas, 670 – Santana
90040-340 – Porto Alegre – RS
Fone: (51) 3027-7000 Fax: (51) 3027-7070

Unidade São Paulo
Rua Doutor Cesário Mota Jr., 63 – Vila Buarque
01221-020 – São Paulo – SP
Fone: (11) 3221-9033

É proibida a duplicação ou reprodução deste volume, no todo ou em parte, sob quaisquer formas ou por quaisquer meios (eletrônico, mecânico, gravação, fotocópia, distribuição na Web e outros), sem permissão expressa da Editora.

SAC 0800 703-3444 – www.grupoa.com.br

IMPRESSO NO BRASIL
PRINTED IN BRAZIL

Autores

Maycoln L. M. Teodoro. Psicólogo clínico. Professor associado do Programa de Pós-graduação em Psicologia: Cognição e Comportamento da Universidade Federal de Minas Gerais (UFMG). Coordenador do Laboratório de Processos Cognitivos (LabCog) da UFMG. Mestre em Psicologia Social pela UFMG. Doutor em Psicologia Clínica e do Desenvolvimento pela Albert-Ludwigs-Universität Freiburg (ALUF), Alemanha.

Makilim Nunes Baptista. Psicólogo. Docente do Programa de Pós-graduação *stricto sensu* em Psicologia da Universidade São Francisco (USF). Coordenador do Laboratório de Avaliação Psicológica em Saúde Mental (LAPSaM) da USF. Mestre em Psicologia pela Pontifícia Universidade Católica de Campinas (PUC-Campinas). Doutor em Psiquiatria e Psicologia Médica pela Universidade Federal de São Paulo (Unifesp).

Acácia A. Angeli dos Santos. Psicóloga. Professora titular da Graduação e do Programa de Pós-graduação *stricto sensu* em Psicologia da USF. Doutora em Psicologia Escolar e do Desenvolvimento pela Universidade de São Paulo (USP).

Adriana Said Daher Baptista. Psicóloga. Professora do Curso de Psicologia da Fundação Hermínio Ometto (FHO). Especialista em Aprimoramento em Psicologia Hospitalar pelo Hospital e Maternidade Celso Pierro. Mestra em Psicologia Clínica pela PUC-Campinas. Doutora em Ciências pela Unifesp. Pós-graduada em Reabilitação Cognitiva pelo Check-up do Cérebro.

Adriana Wagner. Professora do Programa de Pós-graduação em Psicologia da Universidade Federal do Rio Grande do Sul (UFRGS). Especialista em Psicología del Niño pelo Instituto de Ciencias del Hombre, Espanha. Doutora em Psicologia Social pela Universidad Autónoma de Madrid, Espanha.

Aline Abreu e Andrade. Psicóloga clínica. Doutora em Psicologia do Desenvolvimento pela UFMG.

Aline Cardoso Siqueira. Psicóloga. Professora adjunta de Psicologia da Universidade Federal de Santa Maria (UFSM). Pesquisadora de produtividade nível 2 do Conselho Nacional de Desenvolvimento Científico e Tecnológico (CNPq). Pesquisadora visitante na University of Maryland (2017-2018), Estados Unidos. Mestra em Psicologia do Desenvolvimento pela UFRGS. Doutora em Psicologia pela UFRGS.

Pós-doutoranda em Psicologia na Universidade Federal de São Carlos (UFSCar).

Angélica Paula Neumann. Psicóloga clínica. Professora do Curso de Psicologia da Universidade Regional Integrada do Alto Uruguai e das Missões (URI), *campus* Erechim. Mestra e Doutora em Psicologia pela UFRGS, com formação plena em Terapia Relacional Sistêmica pelo Instituto Familiare.

Beatriz Schmidt. Psicóloga. Professora adjunta do Curso de Psicologia da Universidade Federal do Rio Grande (FURG). Pesquisadora colaboradora externa do Laboratório de Psicologia da Saúde, Família e Comunidade da Universidade Federal de Santa Catarina (UFSC) e do Núcleo de Infância e Família da UFRGS. Especialista em Saúde da Família pela UFSC. Mestra em Psicologia pela UFSC. Doutora em Psicologia pela UFRGS, com doutorado sanduíche na Ohio State University (OSU), Estados Unidos.

Clarissa De Antoni. Psicóloga. Professora associada II do Departamento de Psicologia da Universidade Federal de Ciências da Saúde de Porto Alegre (UFCSPA). Especialista em Psicologia Social pela Pontifícia Universidade Católica do Rio Grande do Sul (PUCRS). Mestra em Psicologia do Desenvolvimento pela UFRGS. Doutora em Psicologia pela UFRGS.

Clarisse Mosmann. Professora do Curso e do Programa de Pós-graduação em Psicologia da Universidade do Vale do Rio dos Sinos (Unisinos). Especialista em Terapia de Casais e Famílias pelo Centro de Formação e Pesquisa em Terapia de Casal e Família (STIRPE), Espanha. Doutora em Psicologia pela PUCRS.

Claudio Simon Hutz. Professor titular do Instituto de Psicologia da UFRGS. Mestre e Doutor em Psicologia pela University of Iowa, Estados Unidos.

David Ramírez Acuña. Psicólogo clínico-forense. Especialista em Avaliação de Famílias em Conflitos Legais pelo Poder Judicial de Costa Rica e Universidade Autónoma de Centro América, Costa Rica. Mestre em Psicologia Clínica pela Universidade Independente de Costa Rica, Costa Rica. Doutor em Psicologia Clínico-forense pela Universidade Autónoma de Centro América, Costa Rica. Membro do Conselho da Asociación Iberoamericana de Psicología Jurídica (AIPJ; 2014-2020).

Débora Dalbosco Dell'Aglio. Psicóloga. Professora pesquisadora do Programa de Pós-graduação em Educação da Universidade La Salle (Unilasalle) e colaboradora do Programa de Pós-graduação em Psicologia da UFRGS. Mestra e Doutora em Psicologia do Desenvolvimento pela UFRGS.

Denise Falcke. Psicóloga. Professora adjunta do Programa de Pós-graduação em Psicologia da Unisinos. Mestra e Doutora em Psicologia pela PUCRS.

Deusivania Vieira da Silva Falcão. Psicóloga. Professora da Graduação e da Pós-graduação em Gerontologia da USP. Mestra em Psicologia Social pela Universidade Federal da Paraíba (UFPB). Doutora em Psicologia pela Universidade de Brasília (UnB). Pós-doutorado em Psicologia na University of Central Florida (UCF), Estados Unidos.

Dinael Corrêa de Campos. Psicólogo. Professor e supervisor de estágio dos Cursos de Psicologia da Faculdade de Ciências da Universidade Estadual Paulista "Júlio de Mesquita Filho" (Unesp), *campus* Bauru. Especialista em Psicologia Organizacional e do Trabalho pelo Conselho Federal de Psicologia (CFP). Doutor em Psicologia Clínica pela PUC-Campinas.

Edna Maria Brandão. Psicóloga judiciária. Psicóloga do Tribunal de Justiça de São Paulo. Especialista em Psicologia Jurídica pelo CFP. Mestra e Doutora em Psicologia: Avaliação Psicológica pela USF.

Elder Cerqueira-Santos. Psicólogo. Professor do Programa de Pós-graduação em Psicologia da UFS. Mestre em Psicologia do Desenvolvimento pela UFRGS. Doutor em Psicologia pela UFRGS. Pós-doutorado em Sexualidade na University of Toronto, Canadá.

Evani Zambon Marques da Silva. Psicóloga jurídica. Perita e consultora em psicologia forense. Professora de Psicologia Jurídica da Pontifícia Universidade Católica de São Paulo (PUC-SP). Especialista em Rorschach pela Sociedade de Rorschach de São Paulo e em Psicologia Jurídica pelo CFP. Mestra em Psicologia Social pela PUC-SP. Doutora em Psicologia Clínica pela PUC-SP.

Fátima Abad Sanchez. Psicóloga. Especialista em Terapia de Família e Comunidade pela Universidade Federal do Ceará (UFC). Especialista em Psicomotricidade pelo Instituto Ser de Campinas e em Psicopedagogia pela USF. Mestra em Saúde da Criança e do Adolescente pela Unicamp.

Fernando A. R. Pontes. Professor titular do Núcleo de Teoria e Pesquisa do Comportamento da Universidade Federal do Pará (UFPA). Mestre em Teoria e Pesquisa do Comportamento pela UFPA. Doutor em Psicologia Experimental pela USP.

Gisele Alves. Psicóloga. Mestra em Psicologia: Avaliação Psicológica pela USF.

Hugo Ferrari Cardoso. Psicólogo. Professor assistente Doutor dos Cursos de Psicologia da Unesp, *campus* Bauru. Pós-doutorado em Psicologia na USF.

Júlia S. N. F. Bucher-Maluschke. Psicóloga. Especialista em Terapia da Família pela Universidade de Guissen, Alemanha. Mestra e Doutora em Ciências Familiares e Sexológicas pela Universidade Católica de Louvain, Bélgica. Pós-doutorado na área de Família e Desenvolvimento Humano na St. John's University, Estados Unidos, e na área de Psicologia da Saúde na Universidade de Tubingen, Alemanha.

Kátia Carvalho A. Faro. Psicóloga do desenvolvimento. Mestra em Teoria e Pesquisa do Comportamento pela UFPA. Doutoranda no Programa de Pós-graduação em Psicologia da UFRGS.

Katya Luciane de Oliveira. Psicóloga. Professora associada do Departamento de Psicologia e Psicanálise da Universidade Estadual de Londrina (UEL). Mestra em Avaliação Psicológica pela USF. Doutora em Psicologia, Desenvolvimento Humano e Educação pela Unicamp.

Laíssa Eschiletti Prati. Psicóloga clínica da Stress Management Family Counseling Center. Pesquisadora associada da Colorado State University, Estados Unidos. Especialista em Terapia Familiar pelo Domus – Centro de Terapia de Casal e Família. Mestra em Psicologia Social e Institucional pela UFRGS. Doutora em Psicologia pela UFRGS.

Lina Wainberg. Psicóloga. Especialista em Terapia de Casal e de Família pelo Instituto da Família de Porto Alegre (Infapa). Mestra em Sexologia pela Universidade Gama Filho (UGF). Doutora em Psicologia pela UFRGS.

Maíra Bonafé Sei. Psicóloga. Professora adjunta do Departamento de Psicologia e Psicanálise da UEL. Diretora da Clínica Psicológica da UEL (2014-2018 e 2018-2022). Especialista em Psicoterapias na Infância pela Unicamp e em Arteterapia pela Universidade São Marcos. Mestra e Doutora em Psicologia Clínica pela USP.

Marcela Madalena. Psicóloga. Sócia do Instituto do Comportamento. Especialista em Psicoterapia Cognitivo-comportamental pelo Instituto IWP – Centro de Psicoterapia Cognitivo-comportamental. Mestra em Psicologia Clínica pela Unisinos.

Marcela Mansur-Alves. Psicóloga. Professora adjunta do Departamento de Psicologia e do Programa de Pós-graduação em Psicologia: Cognição e Comportamento da UFMG. Membro da Diretoria do Instituto Brasileiro de Avaliação Psicológica (2017-2019). Mestra em Psicologia do Desenvolvimento Humano pela UFMG. Doutora em Neurociências pela UFMG.

Marco Antônio Pereira Teixeira. Psicólogo. Professor do Instituto de Psicologia da UFRGS. Mestre e Doutor em Psicologia pela UFRGS.

Maria Aparecida Crepaldi. Psicóloga. Especialista em Psicologia Clínica Infantil pela USP. Especialista em Terapia Familiar e de Casal pelo Instituto de Terapia Familiar de São Paulo. Especialista em Psicologia Clínica e Hospitalar pelo CFP. Mestra em Psicologia Clínica pela Pontifícia Universidade Católica do Rio de Janeiro (PUC-Rio). Doutora em Saúde Mental pela Unicamp. Pós-doutorado em Psicologia da Família na Universidade do Québec, Canadá, e em Psicologia do Desenvolvimento na Faculdade de Medicina de Ribeirão Preto-USP.

Maria Célia Pacheco Lassance. Psicóloga. Professora aposentada do Instituto de Psicologia da UFRGS. Consultora de carreira. Especialista em Metodologia do Ensino Superior pela Unisinos. Mestra em Aconselhamento Psicopedagógico pela PUCRS. Doutora em Psicologia pela UFRGS. Fundadora e ex-presidente da Associação Brasileira de Orientação Profissional (Abop).

Maria Elisa Fontana Carpena. Psicóloga clínica. Professora do Curso de Psicologia da Universidade de Caxias do Sul (UCS). Especialista em Metodologia do Ensino Superior e Pesquisa pela UCS. Mestra em Psicologia do Desenvolvimento pela UFRGS.

Maria Isabel S. Pinheiro. Psicóloga clínica. Colaboradora do Laboratório de Neuropsicologia do Desenvolvimento da Faculdade de Filosofia e Ciências Humanas da UFMG. Mestra em Educação Especial pela UFSCar. Doutora em Saúde da Criança e do Adolescente pela UFMG.

Marina Stahl Merlin. Psicóloga comportamental. Residência não médica em Psicologia Clínica aplicada à Neurologia Infantil pela Unicamp. Mestra em Ciências pela Unifesp.

Marucia Patta Bardagi. Psicóloga. Docente licenciada da UFSC. Orientadora profissional e de carreira. Doutora em Psicologia pela UFRGS.

Mayra Silva de Souza. Psicóloga. Professora adjunta de Psicologia da Universidade Federal Fluminense (UFF). Especialista em Psicologia Hospitalar pela Universidade Vale do Rio Verde (UninCor). Mestra e Doutora em Psicologia pela USF.

Myrian Silveira. Graduanda em Psicologia na UFMG. Aluna de Iniciação Científica responsável pelo projeto de treinamento de pais do Laboratório de Neuropsicologia da UFMG.

Orestes Diniz Neto. Psicólogo clínico. Professor do Departamento de Psicologia da UFMG. Mestre em Psicologia Social pela UFMG. Doutor em Psicologia Clínica pela PUC-Rio.

Rebecca de Magalhães Monteiro. Psicóloga. Professora adjunta I de Psicologia da Pontifícia Universidade Católica de Minas Gerais (PUC Minas). Especialista em Psicopedagogia pela UniBH. Mestra e Doutora em Avaliação Psicológica pela USF.

Renata Moreira Coelho. Psicóloga clínica de casais e famílias. Autora e coordenadora dos projetos *Mentes funcionais* e *Casais funcionais*. Formação em Terapia do Esquema. Especialista em Terapia Cognitiva Comportamental pelo Instituto de Terapia Cognitiva (ITC). Mestra em Cognição e Comportamento pela UFMG.

Selma de Cássia Martinelli. Pedagoga. Professora livre-docente da Faculdade de Educação da Unicamp. Mestra e Doutora em Psicologia Educacional pela Unicamp.

Simone Souza da Costa Silva. Psicóloga. Professora e diretora adjunta do Núcleo de Teoria e Pesquisa do Comportamento (NTPC) da UFPA. Doutora em Psicologia pela UnB.

Silvia H. Koller. Psicóloga. Professora titular de Psicologia da UFRGS. Especialista em Avaliação Psicológica pela PUCRS. Mestra em Desenvolvimento Humano pela UFRGS. Doutora em Educação pela PUCRS. Pós-doutorado em Educação e Saúde Coletiva na Harvard University, Estados Unidos.

Simone Dill Azeredo Bolze. Psicóloga. Professora de cursos de especialização e de pós-graduação em Psicologia. Especialista em Psicologia Clínica: Terapia Relacional Sistêmica pelo Instituto Familiare. Mestra e Doutora em Psicologia pela UFSC.

Sonia Liane Reichert Rovinski. Psicóloga forense. Assistente técnica em Psicologia Jurídica. Especialista em Criminologia e Psicologia Jurídica pela PUCRS. Mestra em Psicologia Social e da Personalidade pela PUCRS. Doutora em Psicologia Clínica e da Saúde pela Universidade de Santiago de Compostela, Espanha. Pós-doutorado em Avaliação Psicológica na UFRGS.

Sônia Maria Lemos. Psicóloga. Professora de Atenção Integral à Saúde da Universidade do Estado do Amazonas (UEA). Especialista em Saúde Coletiva pela Universidade de Cruz Alta (Unicruz). Mestra em Ciências do Ambiente e Sustentabilidade na Amazônia pela Universidade Federal do Amazonas (UFAM). Doutora em Saúde Coletiva pela Universidade do Estado do Rio de Janeiro (UERJ).

Tamiris Sasaki de Oliveira. Psicóloga clínica. Especialista em Neuropsicopedagogia pela Universidade Norte do Paraná e em Clínica Interdisciplinar em Estimulação Precoce pela Universidade do Contestado. Mestra em Psicologia pela UEL.

Terezinha Féres-Carneiro. Psicóloga. Professora titular do Departamento de Psicologia da PUC-Rio. Especialista em Psicoterapia de Família e Casal pela PUC-Rio. Mestra em Psicologia Clínica pela PUC-Rio. Doutora em Psicologia Clínica pela PUC-SP. Pós-doutorado em Psicoterapia de Família e Casal na Universidade de Paris 5, França.

Thamyris Maués dos Santos. Psicóloga. Professora do Curso de Psicologia da Faculdade Uninassau Belém – Grupo Ser. Mestra e Doutora em Teoria e Pesquisa do Comportamento pela UFPA.

Vitor Geraldi Haase. Neurologista e neuropediatra. Professor de Neuropsicologia da UFMG. Mestre em Linguística Aplicada pela PUCRS. Doutor em Psicologia Médica pela Universidade de Munique, Alemanha.

Apresentação

No contexto contemporâneo de grandes mudanças sociais, a família ainda permanece como o lugar da confiança, dos laços sólidos, de apoio e de proteção. O grupo familiar continua sendo um importante mediador entre indivíduo e sociedade, e o fato de o sistema social mais amplo ser menos claramente configurado impõe à família um esforço maior de intermediação, sobretudo diante dos sentimentos de instabilidade e de insegurança que permeiam as relações.

Fala-se, nas últimas décadas, de crise da família, desordem na família e até do desaparecimento da família. Temos preferido falar em complexidade da família e suas diversas possibilidades de organização. Os múltiplos arranjos familiares contemporâneos, contudo, não eliminaram a lógica tradicional, nem a lógica moderna de organização familiar. Assim, deparamo-nos, na atualidade, com a coexistência de diferentes modelos de família.

O espectro das novas famílias vem se organizando, cada vez mais, a partir da igualdade de direitos e deveres entre os cônjuges e da coexistência de modelos familiares híbridos. Desse modo, as novas configurações familiares vêm exigindo uma permanente renegociação de papéis entre os membros do grupo em prol de uma contínua reformulação de valores. Sob esse prisma, reconhece-se o surgimento de um novo paradigma na constituição das relações familiares, envolvendo a valorização da dimensão afetiva em detrimento da dimensão biológica e dos valores patriarcais.

Face às múltiplas configurações familiares presentes no panorama social contemporâneo, torna-se cada vez mais importante o desenvolvimento de pesquisas que aprofundem a compreensão sobre as questões relacionadas ao casal e à família. Na clínica, defrontamo-nos, cada vez mais, com os temas referidos à conjugalidade e à parentalidade nas famílias casadas, separadas, recasadas, monoparentais e homoparentais, contidos nas demandas de psicoterapia. Temos encontrado também um número crescente de pais confusos e ambivalentes diante de suas funções parentais nos diversos arranjos familiares contemporâneos.

O campo das teorias de família é muito amplo, abrangendo uma grande diversidade de abordagens conceituais que dão origem a múltiplos modelos de avaliação e de psicoterapia de família. Nesta 2ª edição de *Psicologia de família: teoria, avaliação e intervenção*, organizada por Maycoln L. M. Teodoro e Makilim Nunes Baptista, o leitor encontrará toda essa pluralidade nos capítulos apresentados. Em cada um deles está presente o rigor conceitual e metodológico esperado de trabalhos científicos bem elaborados.

A obra conta com a primorosa colaboração dos mais conceituados teóricos e psicoterapeutas de família do País, e é organizada em quatro partes que contemplam a teoria e a pesquisa em psicologia da família, a família em diferentes contextos, a avaliação familiar e as intervenções e práticas com famílias. O contexto brasileiro de pesquisa e intervenção com famílias e casais é ressaltado, evidenciando a relevância teórica e social da produção de nossos pesquisadores da área.

Em relação à psicoterapia de família e casal, o livro pontua a diversidade teórico-técnica existente nesse campo, em trabalhos sobre a visão sistêmica, o enfoque psicodinâmico e a terapia cognitivo-comportamental. Além disso, apresenta programas de intervenção para treinamento de pais e para resolução de conflitos na conjugalidade, desenvolvidos com rigor teórico e metodológico.

Temas relacionados à infância e à juventude e sua relação com a interação familiar são discutidos com muita propriedade, entre eles: maus-tratos na infância, escolarização, transtornos da aprendizagem, transtorno de déficit de atenção/hiperatividade e desenvolvimento vocacional de jovens. São também apresentadas e discutidas relevantes questões familiares, referentes ao Judiciário e ao contexto social, como divórcio, suicídio, crianças em vulnerabilidade social e saúde psicossocial.

Psicologia de família: teoria, avaliação e intervenção é, sem dúvida, uma obra de referência, indispensável para professores e alunos de disciplinas sobre psicologia de família, avaliação familiar, psicoterapia de família e outros temas afins, em cursos de graduação e de pós-graduação, *stricto* e *lato sensu*.

Terezinha Féres-Carneiro
Professora titular do Departamento de Psicologia da Pontifícia Universidade Católica do Rio de Janeiro (PUC-Rio)

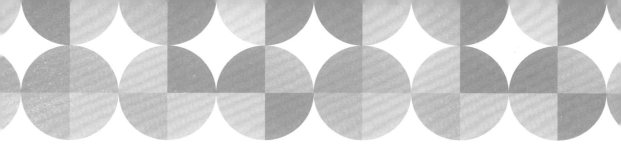

Sumário

Apresentação   xi
Terezinha Féres-Carneiro

Introdução   1
Maycoln L. M. Teodoro, Makilim Nunes Baptista

PARTE I: Teoria e pesquisa em psicologia da família

1. Família e intergeracionalidade   4
   Hugo Ferrari Cardoso, Makilim Nunes Baptista

2. A família na visão sistêmica   15
   Fátima Abad Sanchez

3. Família, depressão e terapia cognitivo-comportamental   26
   Maycoln L. M. Teodoro, Makilim Nunes Baptista, Gisele Alves, Mayra Silva de Souza, Aline Abreu e Andrade

4. Sistemas e psicodinâmica: uma visão binocular para a terapia de casal   37
   Orestes Diniz Neto, Terezinha Féres-Carneiro

5. Saudade da família no futuro ou o futuro sem família?   52
   Dinael Corrêa de Campos

6. Vida familiar e saúde psicossocial   64
   David Ramírez Acuña, Sônia Maria Lemos

PARTE II: A família em diferentes contextos

7. Divórcio e recasamento: considerações teóricas e práticas   70
   Simone Dill Azeredo Bolze, Beatriz Schmidt, Maria Aparecida Crepaldi

8. A pessoa idosa no contexto da família   81
   Deusivania Vieira da Silva Falcão

9. Maus-tratos na infância e o rompimento do ciclo intergeracional da violência   93
   Marcela Madalena, Denise Falcke

10. Família, socialização e escolarização: a interdependência de fatores no desenvolvimento de crianças e jovens   101
    Selma de Cássia Martinelli, Acácia A. Angeli dos Santos, Rebecca de Magalhães Monteiro

11	Transtornos da aprendizagem: o que a família tem a ver com isso? *Katya Luciane de Oliveira, Tamiris Sasaki de Oliveira, Maíra Bonafé Sei*	108
12	O contexto familiar e sua influência no desenvolvimento vocacional de jovens *Marucia Patta Bardagi, Maria Célia Pacheco Lassance, Marco Antônio Pereira Teixeira*	117
13	Famílias de crianças em situação de vulnerabilidade social *Silvia H. Koller, Clarissa De Antoni, Maria Elisa Fontana Carpena*	127
14	Família e diversidade sexual: relacionamentos homossexuais, conjugalidade e parentalidade *Elder Cerqueira-Santos*	135
15	Suicídio e o impacto na família *Makilim Nunes Baptista, Hugo Ferrari Cardoso*	144

PARTE III: Avaliação familiar no Brasil

16	Alguns instrumentos para avaliação familiar no Brasil *Maycoln L. M. Teodoro, Marcela Mansur-Alves*	156
17	Entrevista familiar: técnicas de escuta e investigação *Terezinha Féres-Carneiro, Orestes Diniz Neto*	166
18	Intimidade conjugal: principais modelos teóricos *Lina Wainberg, Claudio Simon Hutz*	184
19	A família no Judiciário *Evani Zambon Marques da Silva, Sonia Liane Reichert Rovinski*	198

PARTE IV: Intervenções e práticas com famílias

20	Intervenção psicoeducativa na conjugalidade: estratégias de resolução de conflitos conjugais *Adriana Wagner, Clarisse Mosmann, Angélica Paula Neumann*	214
21	Treinamento de pais: programas de intervenção *Maria Isabel S. Pinheiro, Myrian Silveira, Vitor Geraldi Haase*	224
22	Manejo familiar de crianças com transtorno de déficit de atenção/hiperatividade *Marina Stahl Merlin, Adriana Said Daher Baptista*	242
23	Práticas da terapia de família no Brasil *Laíssa Eschiletti Prati, Silvia H. Koller*	256
24	Perícia psicológica em Varas de Família *Edna Maria Brandão*	273
25	Terapia de casais: avaliação e intervenção *Renata Moreira Coelho, Maycoln L. M. Teodoro*	283
	Índice	302

Introdução

Maycoln L. M. Teodoro | Makilim Nunes Baptista

A concepção de família vem se modificando ao longo dos anos, incorporando transformações culturais e democratizando novas configurações que sempre existiram, mas pairavam à margem da sociedade. Novas constituições familiares, que se distanciam cada vez mais da formação patriarcal, estão mais presentes no nosso dia a dia, consolidando uma visão mais inclusiva e solidária. Apesar de estruturalmente diferentes, famílias com múltiplas gerações, nucleares, monoparentais ou homoafetivas são redes de relações afetivas que geralmente propiciam suporte para os membros enfrentarem os desafios cotidianos e buscarem um desenvolvimento saudável em um ambiente protetivo.

Por se tratar de um conceito em constante transformação, um livro sobre família precisa ser frequentemente atualizado e modernizado. Assim, apresentamos a 2ª edição do *Psicologia de família: teoria, avaliação e intervenção*: mantivemos a ideia original da obra, ou seja, de um livro escrito pelos mais renomados pesquisadores brasileiros a respeito de nossa realidade, e selecionamos temas imprescindíveis para estudantes de graduação, de pós-graduação e profissionais que buscam uma formação sólida sobre sistemas familiares. Nesta nova edição, foram incluídos capítulos que abordam temáticas como divórcio, famílias homoafetivas e novas formas de avaliação e intervenção. Além disso, os capítulos presentes na 1ª edição foram atualizados a fim de proporcionar inovações nas informações e discussões.

A estrutura original do livro foi mantida, de modo que temos quatro partes. A Parte I discute aspectos teóricos e atuais na compreensão da família. A Parte II aprofunda-se em especificidades dos sistemas familiares em diferentes contextos sociais. A Parte III oferece instrumentos que possibilitam a avaliação da família. Por fim, a Parte IV é destinada à intervenção, abordada por diferentes perspectivas.

A nova edição traz uma novidade digital que expandirá a obra física. Os leitores poderão ter acesso a um *hotsite*, disponível em **apoio.grupoa.com.br/psicologiadefamilia-2ed**, que apresenta dois capítulos exclusivos: *Família ribeirinha: um estudo de suas relações*, escrito por Thamyris Maués dos Santos, Simone Souza da Costa Silva, Kátia Carvalho A. Faro, Júlia S. N. F. Bucher-Maluschke e Fernando A. R. Pontes, e *Avaliação da rede de apoio familiar: a utilização do Mapa dos Cinco Campos*, de Débora Dalbosco Dell'Aglio e Aline Cardoso Siqueira. Além disso, no *hotsite* também são apresentadas questões para discussão sobre cada tema abordado no livro. O material complementar *on-line* também insere a obra em uma era cada vez mais digital, característica esta que também permeia as relações nas famílias brasileiras.

Esperamos que esta nova edição do livro continue sendo uma referência na área e contribuindo para a formação e o aperfeiçoamento dos profissionais que lidam com a família. Nosso intuito foi oferecer uma obra capaz de sistematizar o conhecimento atualizado na área, auxiliando o profissional e o estudante a pensarem amplamente sobre as conceituações, os problemas e as soluções interventivas capazes de auxiliar e compreender as diversas formas de "ser família".

PARTE I

Teoria e pesquisa em psicologia da família

1
Família e intergeracionalidade

Hugo Ferrari Cardoso | Makilim Nunes Baptista

Está bem documentado pela literatura científica e pelo senso comum que a família é uma instituição muito importante e tende a estar presente em grande parte da vida dos indivíduos. Mas será que é possível gerar hipóteses acerca de futuros padrões cognitivos e comportamentos de seus membros por meio da análise da dinâmica familiar?

Diversas pesquisas se propõem a analisar os membros familiares e como a dinâmica nessa instituição pode influenciá-los ao longo de suas vidas. Esse tipo de investigação, chamada intergeracional, pode ser de grande valia para o entendimento e a predição de padrões cognitivos e comportamentos em indivíduos com base em sua vivência com a família. Assim, o presente capítulo tem como objetivo apresentar, mesmo que de forma introdutória, o conceito de intergeracionalidade e seus desdobramentos, bem como demonstrar sua importância para a compreensão do histórico e da dinâmica familiar.

Pretende-se inicialmente conceituar a instituição família, mostrando sua relevância para os indivíduos. A seguir, a temática intergeracionalidade será apresentada, embasando-a principalmente na teoria da aprendizagem social. Para a elaboração do conteúdo deste capítulo, foi realizada uma busca na literatura científica nacional e internacional dos últimos 20 anos, visando a mostrar ao leitor a consistência dos achados e apresentar mudanças nítidas no escopo das pesquisas sobre família. É cada vez mais presente na sociedade – esta também objeto de pesquisas – a investigação de famílias com diferentes configurações, ou seja, não apenas a análise da família nuclear (pai, mãe e filhos), mas também a de outros modelos, como recasados, uniões homoafetivas, entre outros. A partir dos artigos encontrados na revisão da literatura, foram elaborados tópicos que buscaram relacionar temáticas específicas (suporte familiar, estilos parentais, depressão, conflitos familiares, comportamentos violentos e criminalidade) com a intergeracionalidade.

Família e transmissão geracional

A família geralmente é a primeira instituição com a qual os indivíduos mantêm contato e estabelecem relações, sendo ela responsável pela educação e pela socialização de seus membros. Nessa instituição, importantes funções são desempenhadas, como promoção da socialização e da educação dos filhos, provisão financeira, proteção e afeto (Organización Panamericana de la Salud & Organización Mundial de la Salud, 2003).

De acordo com Schofield e Abraham (2017), para grande parte das crianças, os pais são os principais socializadores, em especial durante as duas primeiras décadas de vida, instruindo-as e modelando normas e atitudes socialmente aceitas. Esses mesmos autores salientam que as atitudes dos pais influenciam os filhos em diversos aspectos, como, por exemplo, nas crenças e nos posicionamentos religiosos, nos valores e na percepção do mundo. Amandini (2015) destaca que toda família tem uma memória, um histórico que a torna diferente das demais e, por conseguinte, tende a influenciar a forma de agir e pensar de seus membros. Com o passar do tempo, as gerações são influenciadas por essa memória familiar (passada e presente), a qual norteará o futuro em termos de patrimônio emocional e moral.

Quanto às funções familiares, cabe aos pais ensinar aos filhos os valores éticos e culturais, as regras, os papéis e as crenças que eles mesmos aprenderam de seus respectivos pais, transmitindo, assim, uma herança familiar que perpassa gerações (Amandini, 2015; Jessel, 2009). A esse ensinamento de pais para filhos dá-se o nome de transmissão geracional, transgeracionalidade ou intergeracionalidade. Pode-se dizer que a família é a instituição ideal para tais ensinamentos, pois se refere a um sistema relacional vivo que se renova com o passar do tempo. Os estudos de geracionalidade partem do pressuposto de que as influências da família não se restringem ao contexto nuclear, composto pelos cônjuges e filho(s), mas envolvem outros familiares, pois os cônjuges, antes de transmitirem informações ao(s) filho(s), as receberam de seus respectivos pais. Nesse sentido, os conhecimentos que os pais ensinam aos filhos, como, por exemplo, enfrentar momentos de crise, não advêm apenas deles próprios, mas também da grande influência dos legados familiares deixados pelas gerações passadas.

Dois teóricos de linhas psicológicas diferentes se destacam no que tange ao estudo sobre família e relação entre seus membros, sendo esses John Bowlby, por meio da teoria do apego (Bowlby, 1984), e Albert Bandura (1986), com sua teoria da aprendizagem social. Embora os dois autores tenham grande relevância, o presente capítulo terá como foco a teoria proposta por Bandura, a qual se baseia no princípio da modelação. De acordo com essa teoria, o simples contato social por si só é produtor de conhecimento e aprendizagem, uma vez que a criança tende a imitar o comportamento do adulto que toma como modelo. Quando o repertório social da criança começa a ficar consistente, ela passa a selecionar os tipos de comportamento a repetir, de forma a reforçar positivamente as características que a estão modelando. Entretanto, o modelo de Bandura vai além da modelação direta ou do condicionamento de respostas, uma vez que a teoria tenta explicar como ocorre a socialização e como são transmitidas as normas e os papéis sociais (Bandura, 1986, 2001, 2002; Bandura, Azzi, & Polydoro, 2008).

Conforme ressalta Kalmijn (2015), o processo de transmissão geracional de cognições e comportamentos individuais tem sido investigado nas ciências sociais e humanas, com aumento considerável a partir da década de 1980. Os pesquisadores dessa vertente atentaram para a forma pela qual os laços familiares são passados aos filhos (ou seja, tanto a verificação das transmissões de condutas dos pais para os filhos quanto os ensinamentos que os filhos possivelmente transmitirão aos seus descendentes). Cabe destacar que há diferentes tipos de padrões de comportamentos e cognições repetidos ao longo de gerações, os quais podem ser percebidos como benéficos ou não.

É perceptível a grande influência da família e como as questões intergeracionais são presentes nas vidas dos indivíduos. Com base em Falke e Wagner (2005), mesmo quando os filhos, ao se tornarem adultos, decidem transmitir exatamente o oposto do que aprenderam nas suas gerações, é possível que a busca pelo adverso acabe por fortalecer, na prática, a dinâmica familiar anterior, que teoricamente se quis evitar. Em uma pesquisa de Bucx, Raaijmakers e Wel (2010), os filhos tenderam a discordar de algumas atitudes dos pais no início da idade adulta principalmente quando não estavam mais morando com eles e devido a influências do ambiente (p. ex., mudanças nos papéis sociais e relacionamento amoroso). No entanto, quando esses sujeitos constituíram família e filhos, suas atitudes tenderam a se assemelhar às adotadas anteriormente pelos pais.

Em grande parte, o foco das pesquisas intergeracionais está na investigação de famílias nucleares (compostas por cônjuges e filhos), por estas serem ainda as mais comuns nas culturas. De forma geral, são constatadas influências diretas de cognições e comportamentos de pais no aprendizado dos filhos (Fertig, 2017; Hardie & Turney, 2016; Polenick, Zarit, Birditt, Bangerter, Seidel, & Fingerman, 2017).

Entretanto, com o passar do tempo, novas características e configurações familiares surgiram, fomentando o interesse pelo desenvolvimento de novas pesquisas intergeracionais. A exemplo disso, Fasang e Raab (2014) e Gruijters (2017) comentaram que a transição para a vida adulta e o processo de formação de família mudaram consideravelmente nas últimas décadas. Lansford e colaboradores (2019) ressaltam que, na atualidade, os filhos tendem a sair de casa, casar e constituir família de forma mais tardia, em comparação a períodos históricos anteriores. Já Brown, Kogan e Kim (2018) e Kalmijn (2015) indicam que o número de divórcios atualmente também é superior. Em síntese, para os autores supracitados, as configurações familiares atuais podem oferecer novas possibilidades de pesquisa na área intergeracional.

A seguir, serão apresentados os estudos intergeracionais que têm como base diferentes temáticas. Uma das intenções de se investigar os últimos 20 anos de publicações foi a tentativa de mostrar ao leitor estudos anteriores e atuais que possam debater sobre padrões intergeracionais, tanto em famílias com configurações consideradas tradicionais (cônjuges e filhos) quanto em famílias com outras configurações (como recasados, união homoafetiva, etc.). Cabe destacar que o fenômeno intergeracional é complexo, envolve diversas variáveis e, por mais que este capítulo tenha o interesse em mostrar alguns fatores associados que possam ser relevantes para o fenômeno, diversos outros elementos podem influenciar a dinâmica familiar (p. ex., fatores biológicos, características de personalidade de cada membro familiar, influência de outros grupos sociais, etc.).

Intergeracionalidade e a relação com diferentes temáticas

Suporte familiar e estilos parentais

Um dos aspectos familiares imprescindíveis para o estudo da transmissão geracional relaciona-se ao suporte ou ao apoio familiar. Tal apoio está associado ao grau no qual as necessidades de apoio do indivíduo são satisfeitas pela família (Procidano & Heller, 1983), sendo tal apoio percebido por meio de ações que remetem à atenção, ao carinho, ao diálogo, à autonomia, entre outras (Baptista, 2007; Baptista, Rueda, & Brandão, 2017; Cardoso & Baptista, 2015; Leusin, Petrucci, & Borsa, 2018). Assim, quando o apoio é percebido de forma positiva, são esperados comportamentos relacionados a humor positivo, o que tende a aumentar a sensação de bem-estar entre os membros. Ao contrário, a fraca percepção de suporte tende a ser expressa na forma de humor negativo e discórdias familiares (Chang et al., 2017; Cross, Taylor, & Chatters, 2018; Tsai et al., 2018).

De acordo com Soenens, Duriez, Vansteenkiste e Goossens (2007) e Chang e colaboradores (2017), o apoio familiar é relevante para a socialização e a aprendizagem dos filhos, pois os pais são concebidos como modelos positivos à medida que se mostram empáticos no que se refere à promoção de afeto, aos cuidados e à transmissão de conhecimentos. Para os autores, esses modelos positivos são importantes, pois possibilitam a transmissão intergeracional da empatia, sobretudo porque essas crianças e adolescentes, ao se tornarem adultos, possivelmente transmitirão aos filhos esses conhecimentos e comportamentos adquiridos. Em contrapartida, emoções negativas e sofrimento psicológico também podem ter relação com o ambiente familiar, pois, à medida que os pais passam por situações estressoras e têm estratégias de enfrentamento inadequadas, os filhos tendem a apresentar características subjetivas inapropriadas, com prejuízos mais significativos em longo prazo, como, por exemplo, diminuição da autoestima e do autoconceito e aumento da ansiedade e de sintomas depressivos.

De modo consistente com essas afirmações, Powdthavee e Vignoles (2008) salientaram que angústias e ansiedade apresentadas pelos pais podem influenciar a percepção de insatisfação de vida apresentada pelos filhos. Acerca das influências maléficas de transmissão intergeracional, alguns autores alertaram para possíveis prejuízos que os pais possam acarretar aos filhos devido à presença de psicopatologias, eventos traumáticos ou mesmo condições sociais, como, por exemplo, estresse, ansiedade, abuso de drogas e álcool, comportamentos socialmente inadequados, fraca percepção de bem-estar psicológico, sintomas depressivos, tentativas de suicídio e fraca percepção de suporte social e familiar (Cross et al., 2018; Farrington, Coid, & Murray, 2009; Tsai et al., 2018).

Alguns pesquisadores encontraram evidências de que a presença de apoio familiar satisfatório na infância e adolescência tende a influenciar, de forma positiva, a postura dessas pessoas quando constituem suas próprias famílias (Seltzer, 2015; Tsai et al., 2018; Wong, 2017). Em linhas gerais, os filhos, por meio de modelação, tendem a reproduzir os modelos recebidos dos pais, ou seja, uma pessoa que vem de um núcleo familiar que oferece suporte tende a repetir esse comportamento ao formar a própria família. Os estudos desenvolvidos sobre suporte familiar, seja na literatura nacional, seja na internacional, em geral são realizados com metodologia transversal, ou seja, os resultados não são passíveis de inferências causais (Parrott & Bengtson, 1999).

De acordo com Parrott e Bengtson (1999), Kim, Zarit, Fingerman e Han (2015) e Reczek e Umberson (2016), pessoas que perceberam o apoio familiar como positivo na infância e adolescência também tendem a oferecer ajuda aos pais quando estes se encontram em fase idosa. Do contrário, a escassa percepção de suporte familiar relaciona-se com uma menor probabilidade de auxílio aos pais quando idosos.

No estudo de Parrott e Bengtson (1999), a dinâmica de trocas sociais entre os familiares foi analisada tanto em relação à percepção do filho em receber suporte dos pais (por meio de recordação da infância e da adolescência) quanto em relação ao oferecimento de suporte na ocasião da pesquisa, quando os pais se encontravam em idade avançada. A amostra investigada foi constituída por 680 famílias que responderam a um questionário construído, o qual continha questões sobre suporte emocional (p. ex., dar e receber carinho e afeto), suporte instrumental (tarefas de ordem prática) e suporte financeiro. Como principal resultado, houve maior tendência para o auxílio aos pais por parte de filhos que perceberam uma história de afeto positiva com a família na infância e na adolescência. Nesses casos, segundo os autores, os filhos tinham forte senso de obrigação para com os pais, pois anteriormente receberam todo o suporte e os ensinamentos que necessitaram.

Kim e colaboradores (2015) investigaram a percepção de suporte (ofertado e recebido) em 920 casais coreanos para com seus pais e sogros. Por meio de entrevistas, foi analisado o quanto os casais indicaram receber suporte social em termos afetivos, instrumentais e informacionais. A primeira constatação foi de que os maridos tenderam a oferecer apoio com maior frequência aos próprios pais, enquanto as esposas ofereceram apoio tanto aos pais quanto aos sogros. Em relação a receber apoio, constatou-se maior frequência de apoio por parte dos pais do que dos sogros. Entretanto, o apoio ofertado pelos sogros foi influenciado pela situação conjugal do casal, de modo que, quanto melhor o relacionamento entre o casal, maior foi a percepção de apoio ofertado pelos sogros.

Como visto no parágrafo anterior, esposas (mulheres heterossexuais) tendem a oferecer mais cuidados aos pais e aos sogros quando comparadas com seus cônjuges. Contudo, ainda é pouco documentada na literatura a qualidade de suporte ofertado por mulheres lésbicas em um relacionamento homoafetivo. Assim, Reczek e Umberson (2016) desenvolveram um estudo cujo objetivo foi comparar o oferecimento de suporte aos pais e aos sogros entre dois grupos de casais, sendo o primeiro com díades heterossexuais e o outro com díades homoafetivas (mulheres lésbicas). Os resultados do estudo mostraram que as mulheres do primeiro grupo relataram cuidado geracional pouco apoiado pelos cônjuges e que muitas vezes elas eram alvo de críticas por parte dos maridos; já os homens relataram que raramente ofereciam apoio às esposas. No segundo grupo (relacionamentos homoafetivos), as participantes enfatizaram que as parceiras apoiavam e participavam no oferecimento de apoio geracional. Porém, como os estudos intergeracionais com novas configurações familiares ainda não são robustos, os dados apresentados anteriormente devem ser analisados com certa cautela.

Além do suporte familiar, outro construto bastante investigado na literatura sobre intergeracionalidade familiar diz respeito aos estilos parentais. Os estudos sobre essa temática em geral investigam se determinados estilos podem ser mais adequados do que outros no processo de criação dos filhos. Também costumam averiguar se os filhos passam a reproduzir estilos parentais semelhantes aos que perceberam nos pais ao longo da infância e da adolescência.

Sobre a definição, estilo parental está associado aos comportamentos dos pais em relação aos filhos durante a interação entre eles. Tais estilos podem envolver práticas parentais positivas ou negativas. A literatura costuma apresentar uma classificação baseada em três protótipos parentais: o estilo permissivo (os pais tendem a cobrar poucas responsabilidades, esperando que os filhos se autorregulem), o estilo autoritário (os pais controlam e avaliam os comportamentos dos filhos por meio de padrões rígidos e punitivos, deixando-os com baixa autonomia) e o estilo autoritativo (os pais buscam direcionar as atividades dos filhos por intermédio de reforços positivos, com regras claras e consistentes). Alguns estudos discutiram a transmissão de estilos positivos e negativos, e constatou-se maior interferência geracional no que se refere ao estilo parental autoritário, bem como às práticas parentais abusivas ou punitivas (Boehnke, 2015; Buckholdt, Parra, & Jobe-Shields, 2014; Oliveira et al., 2002; Yan, Han, & Li, 2016).

Em um estudo longitudinal (Oliveira et al., 2002), foram comparados os efeitos geracionais dos estilos parentais autoritário *versus* autoritativo de mães e avós maternas de 25 meninos e 25 meninas de 4 e 5 anos, alunos de duas escolas particulares e uma escola estadual do Rio Grande do Sul. Foram investigadas as atitudes conflituosas das mães, os comportamentos de externalização e internalização das crianças e os estilos parentais das mães e das avós maternas. Por meio de análise de regressão múltipla, foi possível apoiar a hipótese de um papel mediador para a atitude conjugal conflituosa na transmissão geracional do estilo parental autoritário. Em contrapartida, não foram encontrados resultados significativos em relação ao estilo autoritativo. Foi percebida uma influência significativa do estilo autoritário da avó materna sobre a atitude conjugal da mãe. Os autores concluíram que a vivência de um estilo parental autoritário pela mãe tende a se repetir em seu estilo parental, refletindo-se em sua atitude conjugal.

Buckholdt e colaboradores (2014) conduziram um estudo em que avaliaram a regulação emocional de 80 pais e as possíveis influências em psicopatologias dos filhos. Para tanto, os pais responderam ao instrumento Emotion Regulation Difficulties, e os filhos adolescentes, ao Emotion Socialization Scale e ao Youth Self Report. Os principais resultados apontaram que pais com dificuldades na regulação emocional tenderam a negligenciar as expressões emocionais dos filhos. Para os autores, negligenciar as emoções dos filhos faz os pais não proporcionarem oportunidades para que os filhos aprendam a gerenciar emoções. Isso, por sua vez, pode levar à noção de que as emoções são difíceis de lidar e que talvez não devessem ser expressadas. Além disso, a dificuldade de manejo das emoções por parte dos filhos pode ser um indicador de percepção inadequada de ajuste psicológico, o que pode levar, em médio prazo, ao adoecimento.

Boehnke (2015) conduziu uma pesquisa de caráter transversal cujo objetivo foi investigar a influência da transmissão intergeracional de problemas interpessoais. Participaram da pesquisa 98 famílias (pai, mãe e filhos jovens) que responderam ao instrumento Inventory of

Interpersonal Problems. Foram constatadas altas pontuações entre os membros familiares em relação a três dos oito problemas interpessoais avaliados pelo inventário: baixa assertividade, acomodação excessivamente forte e tendências a autossacrifício. Quanto à intergeracionalidade, foram encontradas correlações positivas e significativas entre mães e filhos no que tange a tendências dominadoras e vingativas.

Já Yan e colaboradores (2016) examinaram os estilos parentais percebidos, as práticas de socialização e a regulação emocional em uma amostra de 217 pais de crianças de 6 a 12 anos. Os participantes responderam aos instrumentos The Coping with Children's Negative Emotions Scale, The Parental Bonding Instrument e The Difficulties in Emotional Regulation Scale. Quanto aos principais resultados, os pais relataram que os estilos parentais que receberam influenciaram suas práticas atuais como pais (reforçando a ideia de que os estilos parentais têm características intergeracionais). Além disso, foi constatado que a superproteção parental é associada a um estilo parental negativo de criação dos filhos (reforçando a ideia de que a superproteção parental pode ser considerada um fator de risco para as demais gerações), ao passo que o cuidado pode ser visto como um fator protetivo a práticas de socialização da próxima geração.

Assim como suporte familiar e estilos parentais são importantes temáticas relacionadas à família e à transmissão geracional, a depressão também tem grande destaque na literatura. A próxima seção apresentará o referido transtorno mental, bem como sua relação com a transmissão geracional.

Depressão

Com base no *Manual diagnóstico e estatístico de transtornos mentais*, DSM-5 (American Psychiatric Association [APA], 2014), para o diagnóstico de depressão, deve haver a presença de cinco (de forma constante e por um período mínimo de 15 dias) de um total de nove sintomas: humor deprimido, anedonia (sendo esses dois primeiros os principais sintomas), ganho ou perda de peso, insônia ou hipersonia, agitação ou retardo psicomotor, fadiga, sentimento de culpa ou inutilidade, baixa concentração e ideação suicida. Na literatura intergeracional, muitos estudos investigam não necessariamente a depressão como transtorno diagnosticado, mas a presença e a ausência de sintomas, muitas vezes mensurados por escalas de rastreamento de indicadores de depressão, ou seja, a depressão como fenômeno dimensional (Baptista, 2018).

No tocante aos achados de estudos intergeracionais, Kane e Garber (2004) realizaram uma metanálise de estudos que discorriam acerca da influência de sintomas depressivos de pais em seus filhos. Os autores pontuaram que a psicopatologia dos pais pode estar relacionada ao desenvolvimento de comportamentos socialmente inadequados nos filhos, como irritabilidade, estresse, ansiedade, dificuldades nas interações sociais, além de sintomas depressivos.

Em outra investigação (Hammen & Brennan, 2001), dois grupos de jovens deprimidos foram comparados, sendo o primeiro com 65 adolescentes depressivos com mães também depressivas, e o segundo com 45 jovens depressivos, porém com mães não depressivas. As mães foram avaliadas por meio do Delusions Symptoms States Inventory (DSSI) e dos critérios do DSM-IV. Nos adolescentes, para avaliação dos indicadores de depressão, foram aplicados o Schedule for Affective Disorders and Schizophrenia for School-Age Children (K-SADS-E) e o Beck Depression Inventory (BDI). Além do diagnóstico de depressão, outras variáveis foram analisadas nos jovens, como desempenho social (competência nas interações sociais, românticas, familiares e desempenho acadêmico) e eventos estressores. Como resultado, o grupo de filhos depressivos com mães também depressivas apresentou mais dificuldades sociais (como fazer amigos, participar de eventos e se envolver afetivamente) quando comparado ao outro grupo.

Kane e Garber (2004) realizaram uma revisão da literatura sobre depressão paterna e filhos com sintomas depressivos entre os anos de 1975 e 2000. Para tanto, fizeram uso das bases de dados PsycInfo, ERIC, Medline e Dissertation Abstracts, utilizando como palavras-chave *father(s)* (pais), *paternal* (paterno), *depression* (depressão), *depressive* (depressivo), *child* (criança), *adolescent* (adolescente), *psychopathology* (psicopatologia), *internalizing* (internalização), *externalizing* (externalização), *conflict* (conflito) e *discipline* (disciplina). Por meio das análises dos artigos, os autores pontuaram que a depressão paterna está significativamente relacionada às emoções e aos sentimentos negativos dos filhos. Além disso, discórdias conjugais entre os pais e baixo nível socioeconômico podem ser considerados fatores contribuintes para o aumento de conflitos entre pais e filhos, ao passo que o suporte familiar é visto como uma variável amortecedora frente a essa situação.

Em um estudo longitudinal, Lewinsohn, Olino e Klein (2005) investigaram os impactos da depressão no funcionamento psicossocial dos filhos em uma amostra composta por 711 famílias, avaliadas em três momentos distintos em um período de aproximadamente 10 anos. Com os filhos, foi aplicado o Schedule for Affective Disorders and Schizophrenia for School-Age Children (K-SADS), e com os pais, o Structured Clinical Interview for DSM-IV Axis I Disorders, non-patient version (SCID-NP) e o Family Informant Schedule and Criteria (FISC). Também foram avaliadas outras variáveis, como grau de instrução, problemas escolares, renda familiar, taxa de desemprego, percepção de suporte familiar e social, estresse, percepção de autoeficácia social, bem-estar psicológico, tentativas de suicídios e satisfação com a vida. Os principais resultados apontaram que a presença de depressão em familiares, seja pai ou mãe, tende a acarretar comprometimentos psicossociais nos filhos, influenciando-os e tendendo a perdurar até a idade adulta (período em que os sujeitos da amostra foram acompanhados). Além disso, os achados remeteram à ideia de que a depressão materna tende a acarretar maior comprometimento psicossocial para os filhos quando comparada à depressão paterna.

Por meio de um estudo longitudinal com 68 díades (mães e filhos), River, Borelli, Vazquez e Smiley (2018) investigaram se a presença de sintomas depressivos em mães poderia acarretar, nos filhos, sintomas de depressão e desamparo comportamental. Foram realizadas duas coletas de dados, com intervalo de um ano e meio, sendo os sintomas de depressão mensurados por meio de entrevistas. Além disso, no caso dos filhos, foram realizadas tarefas desafiadoras de quebra-cabeça para investigar o desamparo comportamental. Dos resultados, maiores indicadores de depressão materna estiveram associados com maior frequência de sintomas de depressão e desamparo dos filhos nos dois momentos de coleta de dados, indicando que os sintomas de depressão de mães tendem a mediar os sintomas de depressão e desamparo comportamental dos filhos.

Rothenberg, Hussong e Chassin (2018) realizaram um estudo longitudinal e multigeracional (avós, pais e filhos) em uma amostra de 246 famílias, por meio do qual investigaram-se os indicadores de depressão e conflitos familiares. Algumas constatações foram apontadas, como, por exemplo, o conflito familiar foi considerado uma variável de risco e foi percebido em todos os grupos analisados. Os indicadores de depressão foram considerados mediadores para a continuidade intergeracional do conflito familiar, sendo que, quanto mais sintomas de depressão, maior a presença de conflitos familiares entre as gerações.

Como pode ser observado, independentemente do membro do núcleo familiar com depressão, seja o pai ou a mãe, o fato é que os filhos podem ser influenciados por tais circunstâncias. Mais especificamente, alguns autores esclarecem que os filhos, quando submetidos a esse contexto desprovido de suporte em decorrência da patologia dos pais, podem apresentar dificuldades acadêmicas, pouca habilidade social nos relacionamentos, discórdias familiares, bem como comportamentos disfuncionais, violentos e de risco à saúde, como o não cumprimento de regras, desrespeito com colegas, abuso de álcool e drogas, entre outros (Lewinsohn et al., 2005; River et al., 2018; Rothenberg et al., 2018).

Conflitos familiares, comportamentos violentos e criminalidade

Embora o conceito de intergeracionalidade englobe aspectos positivos de herança entre gerações, como afetividade e padrões de comportamento socialmente aceitáveis, fatores considerados negativos são transformados em heranças entre gerações. Em estudos sobre agressividade, por exemplo, Albert Bandura mostrou que, devido à modelação e ao reforço dos comportamentos agressivos, a criança que presencia agressão em adultos tem maior probabilidade de agir com agressividade quando se torna um (Berns, 2002). Corroborando esse argumento, alguns estudos demonstraram que testemunhar violência doméstica constante na família é um fator de risco para um futuro comportamento conjugal conflituoso e agressivo (Andersen, 2018; Weijer, Bijleveld, & Blokland, 2014). Embora haja uma tendência nos estudos em se procurar possíveis explicações genéticas para o comportamento agressivo, sugere-se que o contato com o comportamento abusivo dos pais seja um dos principais fatores da transmissão desse tipo de padrão de comportamento.

Nesse sentido, Wang e Xing (2014) investigaram os padrões na transmissão de castigo corporal aos filhos com uma amostra de 761 casais chineses. Mais especificamente, foi verificado se esses pais também utilizavam de castigos corporais, uma vez que passaram por essas experiências quando crianças. Como principais resultados, constatou-se que houve transmissão geracional da punição corporal; entretanto, os pais relataram que há maior utilização de outros recursos, como instruções verbais relacionadas à educação dos filhos, e, no caso de situações com uso de punição corporal, estas foram consideradas brandas (ao passo que os pais relataram ter sofrido punições corporais severas quando crianças). Também se constatou que os pais utilizam de maior punição corporal, enquanto as mães relataram maior uso de instruções educativas com seus filhos.

Com base em Andersen (2018), se o indivíduo conviveu com situações de violência doméstica e/ou com o sistema de justiça criminal (por questões de encarceramentos de familiares) quando criança, pode ser que ele desenvolva, em períodos posteriores, valores que aceitem atos de violência e criminalidade, tornando-os algo esperado e presente, tanto em seu contexto social como familiar. Ao desenvolverem tais crenças, os indivíduos tendem a procurar e a se relacionar com parceiros que tenham valores semelhantes, potencializando, assim, a continuidade de conflitos, violência e encarceramento no âmbito familiar. Partindo da teoria de Bandura, as pessoas que não têm histórico de violência familiar apresentam menores probabilidades de desenvolver comportamentos abusivos quando adultos por não terem tido contato com esses comportamentos, assim como apresentam menor tolerância ao comportamento violento de um parceiro (Bachem, Levin, Zhou, Zerach, & Solomon, 2017; Kwong, Bartholomew, Henderson, & Trinke, 2003).

Em outra pesquisa sobre transmissão geracional da violência (Kwong et al., 2003), foram escolhidos aleatoriamente 614 homens e 635 mulheres que vivenciaram, no momento da pesquisa ou antes, algum tipo de relacionamento conjugal. A maioria dos participantes (48%) tinha entre 19 e 34 anos. Foram aplicados a Physical Aggression Scale, a Psychological Aggression Scale e o Family-of-Origin Violence, a partir dos quais foram medidos dois possíveis aspectos da violência na família, quais sejam, entre os pais (marido e esposa) e entre pais e filhos, avaliando-se a presença de violência física e psicológica. Os resultados revelaram que o tipo de violência entre os pais (marido e esposa) não foi mais preditivo de possíveis comportamentos violentos futuros do que os comportamentos violentos entre pais e filhos, quando comparados. Entretanto, foi possível perceber que a violência familiar, nas duas formas estudadas, foi preditiva para a ocorrência de violência futura tanto psicológica quanto física.

Em consonância com os estudos citados anteriormente, a pesquisa de Farrington e colaboradores (2009) teve como objetivo analisar a transmissão intergeracional com relação a comportamentos antissociais e, consequentemente, à condenação à prisão. Por meio de um estudo longitudinal, os autores acompanharam 411 homens (denominados na pesquisa como grupo 2) por um período de aproximadamente 40 anos. Além desses, foram analisados históricos de condenações de seus pais e mães (que formaram o grupo 1) e de seus filhos ou suas filhas (grupo 3). Os resultados mostraram, com base na análise do sexo masculino, que a transmissão intergeracional (por meio de comportamentos antissociais) foi significativa e positivamente associada entre os grupos 1 e 2, bem como entre os grupos 2 e 3. No que se refere às mulheres, os dados não apresentaram significância estatística.

Weijer e colaboradores (2014) sinalizam que é mais provável que haja transmissão geracional de comportamentos violentos do que necessariamente criminosos. Os autores explicam que, no caso de comportamentos violentos (como violência conjugal, doméstica e abuso), a criança geralmente está presente, o que acaba levando-a a aprender tais comportamentos e a desenvolver crenças de que seja algo que faz parte do contexto em que vive. Já os comportamentos criminosos (como roubar, se envolver em homicídios, etc.) costumam ocorrer fora do contexto familiar, distante de suas casas, fazendo a criança não ter contato direto. Sobre a transmissão intergeracional do crime, ainda segundo os autores, há poucas pesquisas que buscaram realizar investigações mais aprofundadas.

Além do mais, diversos fatores estão relacionados à criminalidade, podendo ter associação com variáveis genéticas, familiares, sociais, econômicas, entre outras. Farrington (2002) descreveu seis possíveis mecanismos (que não são mutuamente excludentes) que podem explicar a transmissão intergeracional do crime. O primeiro é que o crime pode fazer parte de um ciclo maior de privação, individual e familiar (p. ex., pobreza, famílias disfuncionais, pais adolescentes e com pouca maturidade para a maternidade e a paternidade). O segundo mecanismo diz respeito ao contexto em que os filhos são criados (geralmente em bairros violentos, com condições de saneamento precárias e com poucas opções de recreação e lazer), aumentando as chances de contato com a criminalidade. O terceiro diz respeito à condição que o autor denomina acasalamento seletivo, no qual há a constituição de casais cujos membros também têm históricos familiares ligados à criminalidade. O quarto se refere às teorias de aprendizagem social, por intermédio das quais os jovens podem imitar e aprender os comportamentos criminosos. O quinto mecanismo seria genético (predisposição genética para comportamentos criminosos, sendo passada para seus descendentes). Por último, o sexto mecanismo é social, o qual o autor considera que as autoridades (como policiais e agentes de justiça) tenderiam a intensificar a fiscalização de filhos de criminosos.

Considerações finais

A intergeracionalidade é um fenômeno que vem recebendo um importante destaque, principalmente na comunidade internacional, especificamente porque tenta desenvolver explicações sobre as relações de aprendizagem entre membros de diversas gerações em uma mesma família. Um ponto a ser destacado é a relevância dessas investigações quando estas são feitas de forma longitudinal, pois permitem um maior entendimento sobre a dinâmica familiar. No contexto nacional, o tema não costuma ser investigado, talvez pelo fato de a temática ser relativamente recente no Brasil e por dificuldades na condução de pesquisas longitudinais. Assim, o tema ainda carece de maiores investimentos por parte de pesquisadores e/ou grupos de pesquisas.

Outro ponto constatado é que a dinâmica intergeracional não deve ser considerada isoladamente, já que outras diversas características devem ser levadas em conta quando se analisa o contexto familiar. Outras dezenas de variáveis podem, e devem, ser levadas em consideração nas pesquisas sobre a intergeracionalidade, tais como aquelas mais voltadas às questões biológicas e genéticas, bem como as pessoais ou psicológicas de cada membro (p. ex., personalidade, transtornos mentais, formas de se relacionar nos diversos espaços, como social, trabalho e familiar, entre outras), não devendo-se esquecer de questões sociais (p. ex., níveis socioeconômico e educacional, religião) e de constituição familiar (p. ex., número de filhos, recasamentos, etc.). Desse modo, a intergeracionalidade mostra-se um fenômeno altamente complexo e que deve ser estudado sob um prisma multifatorial.

Também se pode constatar uma ampliação gradativa do foco de investigação com o passar dos anos. Com base na revisão de publicações dos últimos 20 anos, foi percebido que estudos mais antigos delimitavam quase que exclusivamente a configuração familiar composta por marido, esposa e filho(s) na análise intergeracional. Atualmente, os estudos passaram a ampliar o foco (levando-se em conta sobretudo as mudanças nas configurações familiares ocorridas nas últimas décadas), passando a considerar famílias com casais homoafetivos e pessoas recasadas nas análises.

Portanto, o vasto conhecimento que os estudos intergeracionais geram pode servir de base para diversos profissionais das ciências humanas, bem como para o desenvolvimento de políticas públicas. Do ponto de vista do profissional de psicologia clínica, com ênfase na família e na sociedade, o conhecimento das dinâmicas familiares em gerações anteriores pode favorecer a compreensão das dinâmicas familiares atuais, assim como ser o esteio de práticas preventivas em pequena e larga escala, tanto pensando-se em uma família que está sendo atendida em consultório particular quanto em programas familiares estabelecidos dentro de políticas públicas de saúde.

Referências

Amadini, M. (2015). Transition to parenthood and intergenerational relationships: The ethical value of family memory. *Ethics and Education*, 10(1), 36-48.

American Psychiatric Association (2014). *DSM-5: Manual diagnóstico e estatístico de transtornos mentais* (5. ed.). Porto Alegre: Artmed.

Andersen, L. H. (2018). Assortative mating and the intergenerational transmission of parental incarceration risks. *Journal of Marriage and Family*, 80(2), 463-477.

Bachem, R., Levin, Y., Zhou, X., Zerach, G., & Solomon, Z. (2017). The role of parental posttraumatic stress, marital adjustment, and dyadic self-disclosure in intergenerational transmission of trauma: A family system approach. *Journal of Marital and Family Therapy*, 44(3), 543-555.

Bandura, A. (1986). *Social foundations of thought and action: A social cognitive theory*. Englewood Cliffs: Prentice Hall.

Bandura, A. (2001). Social cognitive theory: An agentic perspective. *Annual Review of Psychology*, 52, 1-26.

Bandura, A. (2002). Social cognitive theory in cultural context. *Journal of Applied Psychology: An International Review*, 51(2), 269-290.

Bandura, A., Azzi, R. G., & Polydoro, S. (2008). *Teoria social cognitiva: Conceitos básicos*. Porto Alegre: Artmed.

Baptista, M. N. (2007). Inventário de percepção de suporte familiar (IPSF): Estudo componencial em duas configurações. *Psicologia: Ciência e Profissão*, 27(3), 496-509.

Baptista, M. N. (2018). Avaliando "depressões": Dos critérios diagnósticos às escalas psicométricas. *Avaliação Psicológica*, 17(3), 301-310.

Baptista, M. N., Rueda, F. J. M., & Brandão, E. M. (2017). Suporte familiar e autoconceito infantojuvenil em acolhidos, escolares e infratores. *Psicologia em Pesquisa*, 11(1), 55-64.

Berns, R. M. (2002). *O desenvolvimento da criança*. São Paulo: Loyola.

Boehnke, K. (2015). The intergenerational transmission of interpersonal problems: An exploration. *Journal of Child and Family Studies*, 24(10), 2999-3008.

Bowlby, J. (1984). *Apego*. São Paulo: Martins Fontes.

Brown, G. L., Kogan, S. M., & Kim, J. (2018). From Fathers to Sons: The intergenerational transmission of parenting behavior among African American young men. *Family Process*, 57(1), 165-180.

Buckholdt, K. E., Parra, G. R., & Jobe-Shields, L. (2014). Intergenerational transmission of emotion dysregulation through parental invalidation of emotions: Implications for adolescent internalizing and externalizing behaviors. *Journal of Child and Family Studies*, 23(2), 324-332.

Bucx, F, Raaijmakers, Q., & Wel, F. V. (2010). Life Course Stage in Young Adulthood and Intergenerational Congruence in Family Attitudes. *Journal of Marriage and Family* 72(1), 117-134.

Cardoso, H. F., & Baptista, M. N. (2015). Evidência de validade para a escala de percepção do suporte social (versão adulta) - EPSUS-A: Um estudo correlacional. *Psicologia: Ciência e Profissão*, 35(3), 946-958.

Chang, E. C., Chang, O. D., Martos, T., Sallay, V., Lee, J., Stam, K. R., ... Yu, T. (2017). Family support as a moderator of the relationship between loneliness and suicide risk in college students: having a supportive family matters! *The Family Journal: Counseling and Therapy for Couples and Families*, 25(3), 257-263.

Cross, C. H., Taylor, R. J., & Chatters, L. M. (2018). Family social support networks of African American and black Caribbean adolescents. *Journal of Child and Family Studies*, 27(9), 2757-2771.

Falke, D., & Wagner, A. (2005). A dinâmica familiar e o fenômeno da transgeracionalidade: definição de conceitos. In A. Wagner (Org.), *Como se perpetua a família? A transmissão dos modelos familiares* (pp. 25-46). Porto Alegre: EDIPUCRS.

Farrington, D. P. (2002). Multiple risk factors for multiple problem violent boys. In R. R. Corrado, R. Roesch, S. D. Hart, & J. K. Gierowski (Eds.), *Multi-problem violent youth: A foundation for comparative research on needs, interventions and outcomes* (pp. 23-34). Amsterdam: IOS.

Farrington, D. P., Coid, J. W., & Murray, J. (2009). Family factors in the intergenerational transmission of offending. *Criminal Behaviour and Mental Health*, 19(2), 109-124.

Fasang, A. E., & Raab, M. (2014). Beyond transmission: Intergenerational patterns of family formation among middle-class American families. *Demography*, 51(5), 1703-1728.

Fertig, C. (2017). Stem families in rural northwestern Germany? Family systems, intergenerational relations and family contracts. *The History of the Family, 23*(2), 196-217.

Gruijters, R. J. (2017). Intergenerational contact in Chinese families: Structural and cultural explanations. *Journal of Marriage and Family 79*(3), 758-768.

Hardie, J. H., & Turney, K. (2016). The intergenerational consequences of parental health limitations. *Journal of Marriage and Family, 79*(3), 801-815.

Hammen, C., & Brennan, P. A. (2001). Depressed adolescents of depressed and nondepressed mothers: Tests of an interpersonal impairment hypothesis. *Journal of Consulting and Clinical Psychology, 69*(2), 284-294.

Jessel, J. (2009). Family structures and intergenerational transfers of learning: Changes and challenges. *Beyond Current Horizons*. Recuperado de http://www.beyondcurrenthorizons.org.uk/family-structures-and-intergenerational-transfers-of-learning-changes-and-challenges/.

Kalmijn, M. (2015). Family disruption and intergenerational reproduction: Comparing the influences of married parents, divorced parents, and stepparents. *Demography, 52*(3), 811-833.

Kane, P., & Garber, J. (2004). The relations among depression in fathers, children's psychopathology, and father-child conflict: A meta-analysis. *Clinical Psychology Review, 24*(3), 339-360.

Kim, K., Zarit, S. H., Fingerman, K. L., & Han, G. (2015). Intergenerational exchanges of middle-aged adults with their parents and parents-in-law in Korea. *Journal of Marriage and Family, 77*(3), 791-805.

Kwong, M. J., Bartholomew, K., Henderson, A. J. Z., & Trinke, S. J. (2003). The intergenerational transmission of relationship violence. *Journal of Family Violence, 17*(3), 288-301.

Lansford, J. E., Pettit, G. S., Rauer, A., Vandenberg, C. E., Schulenberg, J. E., Staff, J., ... Bates, J. E. (2019). Intergenerational continuity and stability in early family formation. *Journal of Family Psychology, 33*(3), 370-379.

Leusin, J. F., Petrucci, G. W., & Borsa, J. C. (2018). Clima Familiar e os problemas emocionais e comportamentais na infância. *Revista da SPAGESP, 19*(1), 49-61.

Lewinsohn, P. M., Olino, T. M., & Klein, D. N. (2005). Psychosocial impairment in offspring of depressed parents. *Psychological Medicine, 35*(10), 1493-1503.

Oliveira, E. A., Marin, A. H., Pires, F., Frizzo, G. B., Ravanello, T., & Rossato, C. (2002). Estilos parentais autoritário e democrático-recíproco intergeracionais, conflito conjugação e comportamentos de externalização e internalização. *Psicologia: Reflexão e Crítica, 15*(1), 1-11.

Organización Panamericana de la Salud, & Organización Mundial de la Salud (2003). La Familia y la Salud. In *37ª Sesión del Subcomitê de Planificación y Programación del Comité Ejecutivo* (pp. 1-16). Washington: PAHO.

Parrott, T. M., & Bengtson, V. L. (1999). The effects of earlier intergenerational affection, normative expectations, and family conflict on contemporary exchanges of help and support. *Research on Aging, 21*(1), 73-105.

Polenick, C. A., Zarit, S. H., Birditt, K. S., Bangerter, L. R., Seidel, A. J., & Fingerman, K. L. (2017). Intergenerational support and marital satisfaction: Implications of beliefs about helping aging parents. *Journal of Marriage and Family, 79*(1), 131-146.

Powdthavee, N., & Vignoles, A. (2008). Mental health of parents and life satisfaction of children: A within-family analysis of intergenerational transmission of well-being. *Social Indicators Research, 88*(3), 397-422.

Procidano, M. E., & Heller, K. (1983). Measures of perceived social support from friends and from family: Three validation studies. *American Journal of Community Psychology, 11*(1), 1:23.

Reczek, C., & Umberson, D. (2016). Greedy spouse, needy parent: the marital dynamics of gay, lesbian, and heterosexual intergenerational caregivers. *Journal of Marriage and Family, 78*(4), 957-974.

River, L. M., Borelli, J. L., Vazquez, L. C., & Smiley, P. A. (2018). Learning helplessness in the family: Maternal agency and the intergenerational transmission of depressive symptoms. *Journal of Family Psychology, 32*(8), 1109--1119.

Rothenberg, W. A., Hussong, A. M., & Chassin, L. (2018). Intergenerational continuity in high-conflict family environments: Investigating a mediating depressive pathway. *Developmental Psychology, 54*(2), 385-396.

Schofield, T. J., & Abraham, W. T. (2017). Intergenerational continuity in attitudes: a latent variable family fixed-effects approach. *Journal of Family Psychology, 31*(8), 1005-1016.

Seltzer, J. (2015). Intergenerational family support processes from young adulthood through later life: Do we need a new national survey? *Journal of Economic & Social Measurement, 40*(1), 231-247.

Soenens, B., Duriez, B., Vansteenkiste, M., & Goossens, L. (2007). The intergenerational transmission of empathy--related responding in adolescence: The role of maternal support. *Personality and Social Psychology, 33*(3), 299-311.

Tsai, K. M., Dahl, R. E., Irwin, M. R., Bower, J. E., McCreath H, Seeman TE, ... Fuligni AJ. (2018). The roles of parental support and family stress in adolescent sleep. *Child Development, 89*(5), 1577-1588.

Yan, J., Han, Z. R., & Li, P. (2016). Intergenerational transmission of perceived bonding styles and paternal emotion socialization: Mediation through paternal emotion dysregulation. *Journal of Child and Family Studies, 25*(1), 165-175.

Wang, M., & Xing, X. (2014). Intergenerational transmission of parental corporal punishment in china: The moderating role of spouse's corporal punishment. *Journal of Family Violence, 29*(2), 119-128.

Weijer, S. G. A., Bijleveld, C. C. J. H., & Blokland, A. A. J. (2014). The intergenerational transmission of violent offending. *Journal of Family Violence, 29*(2), 109–118.

Wong, M. T. O. (2017). Intergenerational family support for 'Generation Rent': The family home for socially disengaged young people. *Housing Studies, 32*(1), 1-23.

A família na visão sistêmica

Fátima Abad Sanchez

A relação entre as ciências permite compreender que toda a verdade sobre o homem só pode vir da diversidade dos elementos que a constitui. O grande desafio atual tem sido aproveitar o intercâmbio intercultural gerado pelo choque das diferentes percepções que compõem os elementos de uma família e comunidade. Os valores culturais e os vínculos interpessoais de um grupo social fortalecem e fazem os elementos desse grupo descobrir o sentido de pertencimento, legitimando a identidade e a inclusão.

A cultura é vista como uma teia invisível que integra e une os indivíduos. Tudo está ligado, cada parte na visão sistêmica depende da outra. As crises e os problemas só podem ser entendidos e resolvidos dentro dessa rede complexa que envolve o biológico (corpo), o psicológico (mente e emoções) e a sociedade. Este pensamento que explora a multidimensionalidade tem como fundo epistemológico o entrelaçamento biológico cultural do viver humano em redes de conversações. A riqueza e a variedade das possibilidades de comunicação dentro do sistema permitem compreender os significados ligados ao comportamento humano. As vivências dolorosas e prazerosas são instrumentos de crescimento e de transformação pessoal e coletiva.

A construção pessoal se consolida por meio desse sistema de relação, sendo possível compreender os mecanismos para solução de problemas, comunicação, receptividade, envolvimento afetivo, controle comportamental e todo o funcionamento familiar necessário para mobilizar as competências em uma ação preventiva em saúde mental. Na visão sistêmica, ao sair do unitário para o comunitário, a ação terapêutica é norteada pela teoria da comunicação, antropologia cultural, autopoiese e pela resiliência como princípios e conceitos praticados nas intervenções terapêuticas com a família e a comunidade.

As terapias de família e de comunidade e as mudanças de paradigmas associadas a elas vêm revolucionando o campo da saúde mental, redefinindo no processo conceitos como resiliência, mudança, sintomatologia e o próprio formato terapêutico. Apresentam-se com o pensamento estratégico e as ações de uma abordagem de equipe para trabalhar com famílias ou grupos de pessoas interessados em solucionar problemas e com desejo de mudanças.

Pensamento sistêmico

Por volta da década de 1930, o pensamento sistêmico surge como um novo paradigma. Nele, as características-chave de um sistema são a complexidade, a instabilidade e a intersubjetividade. Tudo está relacionado com tudo, nada está isolado e tudo coexiste e interexiste com todos os outros seres do universo. Diante desse olhar, os sistemas vivos são totalidades essenciais ou propriedades do todo: surgem das relações de organização entre as partes (Minuchin, 1974).

Até então, segundo Von Foerster (1996), a cibernética como modelo de ciência da inter e da transdisciplinaridade ocupou-se basicamente dos estudos da circularidade, retroalimentação e autorreferência em sistemas biológicos e sociais. Maturana e Varela (1995, p. 110) já descreviam esse movimento como mecanismos relacionais e como a criação de uma nova ciência da mente, de funcionamento da cognição e da comunicação. Para eles, "a inteligência deixou de ser a capacidade de resolver um problema, para ser a capacidade de ingressar em um mundo compartilhado".

Nas últimas décadas, o desenvolvimento da terapia sistêmica conquistou uma abordagem conceitual de modelos cognitivos e construtivistas para uma posição mais hermenêutica e interpretativa, que enfatiza "significados" como criados e experimentados por indivíduos em conservação entre si. A antropologia cultural, semiótica e, por isso, interpretativa como base epistemológica das ações terapêuticas de construção social está inserida no contexto do pensamento científico pós-moderno, constituindo os elementos essenciais que são as ideias, as abstrações e os comportamentos e que geram os componentes da cultura como conhecimento, crenças, valores, normas e símbolos (Laraia, 1992).

Nessa base teórica, as ideias no campo sistêmico se transformaram e passam a ser entendidas no discurso, na linguagem e na conversação, alojando-se nos domínios da semântica e da narrativa. Nessa nova concepção, Maturana (1991) apresenta a ideia da linguagem como constitutiva do ser humano. Cria o mundo e o sujeito deste mundo desde um domínio cooperativo de interações até referenciais compartilhados. Andersen e Goolishian (1990) defendem fortemente a ideia de que a ação humana se dá por meio da construção social e do diálogo. Sustentam que os seres humanos vivem e compreendem seu viver por meio de narrativas socialmente construídas e que dão significado e organização às suas experiências.

Em referência ao conceito de hermenêutica, Andersen e Goolishian (1990), considerando os filósofos Martin Heidegger e Hans Georg Gadamer, lembram que o ser humano só capta e presta atenção ao que busca, desenvolvendo-se em uma constante procura por significados que influencia a maneira como se relaciona com o meio. Nessa relação criativa entre meio e sistema é que emerge o social, descrito por Maturana e Dávila (2009) como domínio de condutas relacionais, dando forma a uma das mais revolucionárias teorias do século XX, da "autopoiese", que é a capacidade de o ser humano organizar e participar de sua própria criação, sendo o seu viver, e conhecer mecanismos vitais. Segundo essa teoria, a conservação da autopoiese e a adaptação de um ser vivo ao seu meio são condições sistêmicas para a vida. Portanto, um sistema vivo, como o sistema autônomo, está constantemente se autoproduzindo, autorregulando e sempre mantendo interações com o meio. A proposta da teoria autopoiética parte da observação de determinado objeto pela interação de seus elementos, possibilitando uma circularidade essencial na natureza dos sistemas vivos, que são rigorosamente interconectados e mutuamente interdependentes.

A teoria sistêmica expande a visão de adaptação individual para a mutualidade de influências por meio dos processos transacionais. Walsh (1996) propôs o estudo de processos-chave da resiliência em famílias. A resiliência tem sido entendida por processos que explicam a capacidade de superação de crises e adversidades em indivíduos, grupos e organizações (Yunes & Szymanski, 2001). Para Barreto (2005), as crises, os sofrimentos e as vitórias de cada um devem ser utilizados como matéria-prima em um trabalho de criação gradual de consciência social para que os sistemas descubram as implicações sociais e transformem o sofrimento em competências, identificando as forças, as capacidades dos indivíduos, das famílias e das comunidades na solução de seus problemas. A resiliência tem sido considerada uma abordagem de apoio efetivo para a terapia familiar, organizando e propondo um panorama conceitual dentro dos seguintes domínios: sistema de crenças da família, padrões de organização e processos de comunicação.

Funcionamento familiar

Por volta do século XV, segundo Sluzki (1997), o significado de família se ampliou, abrangendo todos os membros da casa e favorecendo vínculos de proteção e lealdade, imersos em redes múltiplas, complexas e em evolução, incluindo todas as relações do indivíduo. O vínculo gerado nesse contexto proporciona a identidade, a história, o *feedback* social, o cuidado com a saúde, a validação e a responsabilidade pelo outro. O sistema promove o processo de integração, o bem-estar e a consolidação dos potenciais de adaptação e mudança. Nessa trama íntima da família ou na rede social significativa é que as experiências de perda e de dor, de alegria e de amor, de crescer e de criar, de viver e de evoluir organizam-se e ganham significado. A rede mantém interações que lembram e reafirmam responsabilidades e papéis, neutralizam desvios de comportamento e favorecem a resolução de problemas.

Andolfi e Ângelo (1988) consideram que todo grupo tem sua verdade fundante, estruturante; no entanto, quando ela é questionada, tende a se desorganizar, aumentando a tensão e ameaçando a coesão do sistema. Quanto mais coeso e integrado, maior é o consenso, pois as premissas básicas compartilhadas é que asseguram o sentimento de pertinência grupal. Por outro lado, ao compartilhar, renuncia-se, em parte, ao exercício da curiosidade, ao risco de ser diferente, transgressor e de não pertencer. Andolfi, Ângelo, Menghi e Nicolo-Corigliano (1989) observaram que muitas vezes esses movimentos tornam-se estéreis e impedem o desenvolvimento e a diferenciação de cada membro. Os autores referem-se a esse processo como construção de mitos, os quais envolvem todo o sistema de crenças e regras. No mito, coexistem elementos de realidade e fantasia que, juntos, contribuem para a formação de uma realidade capaz de suprir determinadas necessidades do sistema. Esse sistema de crenças é mantido para a sua sobrevivência, mas deve ter permeabilidade às mudanças indispensáveis à sua evolução.

Brazelton (1991) comenta que as reações das famílias às pressões externas diferem, embora sejam vistas como padrões consistentes em todos os casos. Esses padrões são definidos como universais e caracterizam-se por confusão, regressão, reorganização e crescimento. Sanchez (2004) avaliou os mecanismos de autorregulação de famílias com crianças com autismo nas dimensões de solução de problemas, comunicação, funções e papéis, receptividade e envolvimento afetivo, controle comportamental e funcionamento geral da família. O autor concluiu que, mesmo dentro da imutabilidade da condição da criança, o sistema familiar apresentou habilidade de resolver problemas, capacidade funcional de manter um nível de funcionamento familiar efetivo, troca de informações, apoio e suporte para o desenvolvimento de cada membro, vivências emocionais apropriadas frente a uma variedade de estímulos, valorização e legitimação dos membros familiares, manutenção do controle comportamental em situações de perigo social e emocional e um funcionamento global flexível e saudável de todos os membros, sendo capaz de abrir canais de comunicação.

Segundo Bateson (1980), a maneira como os indivíduos se comportam é determinada pelo sistema. O foco de atenção se dirige para a rede relacional da pessoa. A comunicação e o comportamento, não só as palavras com suas configurações e significados, mas com seus concomitantes não verbais e a linguagem do corpo, afetam as interações dentro de um sistema. Aceita-se que todo o comportamento tem um valor de mensagem, atividade ou inatividade, palavras ou silêncio têm um valor e influenciam a comunicação de um sistema. Maturana (1998) conceitua a comunicação como conversação, um modo especificamente humano de se relacionar e, com essas contribuições, o olhar no sistema terapêutico familiar desenvolve alternativas, perspectivas e mudanças. Dessa forma, em toda a sua história, o homem sempre teve necessidade de construir histórias e dar respostas às suas inúmeras perguntas, conforme descrevem Brun e Rapizo (1991). Essas explicações e respostas são consequências da curiosidade humana. Elas são necessárias e importantes para que o homem dê sentido à sua vida e ao mesmo tempo organize as informações que recebe. Para organizar-se e manter essa organização, o homem seleciona e edita aspectos da realidade, construindo a sua história.

Para Freedman e Combs (1996), a palavra *história* tem diferentes associações e percepções. Como humanos, os seres são interpretativos e têm experiências diárias de eventos que buscam tornar significativos. As histórias são criadas pela ligação de certos eventos em uma sequência particular ao longo de um período e por meio da busca por uma maneira de explicá-los ou conferi-los sentido. Esse significado forma o enredo da história, e a narrativa é o fio que tece os eventos que a compõem.

O valor das narrativas na terapia de família e de comunidade: nomeação e externalização do problema

As narrativas abrem caminho para entender as pessoas em um contexto social mais amplo, privilegiando a cultura ética, própria de cada um, e a identidade pessoal, assim como o entendimento dos efeitos dos problemas na vida das pessoas. Para Morgan (2007), um princípio central de métodos narrativos é que os conhecimentos e aptidões daqueles que consultam terapeutas formam a prática da terapia de modo significativo. Essa prática procura ter um enfoque respeitoso para o aconselhamento, trabalho familiar e comunitário, que centra as pessoas como peritas nas suas próprias histórias. Vê o problema separado das pessoas e assume que estas têm diversas aptidões, competências, crenças, valores, compromissos e habilidades que ajudam a reduzir a influência dos problemas nas suas vidas.

White e Epston (1990) descrevem dois métodos narrativos como significativos no papel do terapeuta. Um é o de sempre manter uma posição curiosa e o outro é o de sempre fazer perguntas cujas respostas desconhece. A curiosidade e o não saber abrem espaço de conversação e aumentam o potencial de desenvolvimento da narrativa de uma nova ação e de liberdade pessoal. Essa postura dialógica dá possibilidade para uma nova narrativa. Nessa posição hermenêutica, a criação de significado por meio do diálogo é sempre intersubjetiva e dá-se em um processo contínuo e de partilha na criação de uma realidade, um novo significado, um novo conhecimento e uma nova narrativa.

As conversas narrativas são interativas e sempre feitas em colaboração com as pessoas que consultam o terapeuta, são guiadas e direcionadas pelos interesses dos que estão procurando apoio. A pergunta como intervenção terapêutica tem como objetivo integrar, inter-relacionar várias informações e diferentes leituras da história da família. As perguntas são dirigidas de modo a valorizar contextos e inter-relações. Para Checcin (1987), mais do que a resposta, o importante é como a família lida com as perguntas e que efeito elas provocam. Nas narrativas sempre se encontra uma "história oficial", e o que se busca no processo terapêutico é capacitar a família a ter, frente a qualquer mudança em seu ciclo de vida, o recurso da flexibilidade em seus processos de incorporação e expulsão e de reconhecimento de novas possibilidades de articulação.

White (1991) chama esse processo de conversas de desconstrução que indagam sobre as ideias e os contextos que podem sustentar a existência do problema. Traçar a história dessas ideias pode desfazer as histórias dominantes e criar histórias alternativas, reduzindo a influência dos problemas e criando possibilidades para a vida. Com a premissa de que o problema é o obstáculo, exteriorizar conversas separa os problemas das pessoas. A externalização é uma técnica para situar o problema longe da pessoa e a convida para discernir seu próprio significado e explicações para os eventos, permitindo nomear o problema e conduzir as descrições como eventos que ocorrem fora das pessoas. Na nomeação do problema, o terapeuta negocia uma definição que combina com o significado e a experiência da pessoa cuja vida o problema está afetando.

Benjamin (1994) aponta que, ao narrar uma experiência, torna-se possível ressignificar o que se viveu, e um acontecimento vivido é lembrado sem limites, sendo uma chave para tudo que veio antes e depois. Nesse sentido, para Barreto e Grandesso (2007), propiciar espaços de conversações inter-humanos, em que a palavra e a experiência de cada um são legitimadas, é um meio de comunicação para mediar as relações familiares e de comunidade, estimulando a percepção das competências a fim de que se construam novos arranjos de existência frente às adversidades e se rompa com o círculo vicioso das narrativas redundantes, fatalistas e sem saída.

Doença crônica: dilemas e organização familiar

O grupo familiar é fundado a partir de um casal que traz em si as influências ancestrais, sendo, portanto, o lugar de transmissão biológica e psicológica. O indivíduo emerge dos desejos dessas gerações que o precedem. O peso do desejo do outro já está presente antes mesmo do nascimento e é assegurado por meio de rotina, regras e rituais que preservam a família (Cerveny, 1994).

Para Imber-Black (1994), cada família constrói mitos em sua novela familiar. Constroem um legado que fica como segredo em uma geração e transforma-se no inominável que aparece nas gerações posteriores em forma de expectativas compartilhadas. No impacto do conhecimento de uma problemática, a negação como mecanismo de defesa passa a ser mantida pelo grande sentimento de sofrimento, estruturante das relações familiares. Para Minuchin (1974), o segredo mútuo refere-se não tanto ao desconhecido, mas à impossibilidade de citar ou comentar um fato a partir da impossibilidade de simbolizar essa situação.

Browns (l995) afirma que o nascimento de uma criança com doença crônica representa uma ruptura das expectativas construídas pelos pais. É o início de um caminho de incertezas, e essas famílias vivem sob estresse, um período de adaptação do nascimento ao diagnóstico. Nesse período de adaptação, são negociados os papéis familiares que cada membro desempenhará diante dessa nova realidade para sua organização como família. Para essa autora, em uma família com um membro com doença crônica, os problemas relacionais são comuns aos das famílias de modo geral. O que as distingue é que, na maioria das vezes, o "diferente" é eleito o porta-voz dos problemas familiares, desenvolvendo o sintoma no processo familiar.

Pakman (1991) define como sintoma uma saída possível para a crise com uma linguagem unívoca, de um consenso forçado e restrito que é incorporado e mantido com a colaboração de toda a rede relacional significativa. O sintoma não é uma aberração na lógica familiar, mas encaixa-se com sua história e estilo interativo. Quando o sintoma causa um estresse intolerável, seja dentro ou fora da família, para Papp (1992) a família é compelida a buscar ajuda. A ocorrência de um sintoma pode ser conduzida por uma multiplicidade de eventos decorrentes de mudanças em sistemas mais amplos, como o sistema social, político, cultural ou educacional. Qualquer um desses eventos pode fragmentar os padrões familiares em lidar com uma situação, e um sintoma pode se desenvolver como um meio de estabelecer um padrão diferente.

Existem muitas evidências de que os estresses familiares, que costumam ocorrer nos pontos de transição do ciclo de vida, criam situações favoráveis ao aparecimento de algum sintoma. Minuchin e colaboradores (1975), no estudo de famílias com crianças com doença crônica, observaram que a organização dessas famílias encoraja o conflito, a superproteção, a rigidez e a ausência de solução de conflito.

O *conflito* é caracterizado por esses autores como um processo transacional das famílias, mas que dificulta a percepção de si e dos outros membros da família, além de um subsistema familiar debilitado, em que a comunicação familiar é focalizada na pessoa limitada; a *superproteção* é definida como uma proteção constante, impedindo uma interação satisfatória entre os membros da família. Essa superproteção dos pais retarda o desenvolvimento da autonomia das crianças, reforçando a doença e a dependência. O objetivo do controle é tentar fugir das situações de frustrações, ansiedade e conflito que podem surgir quando um membro põe em desequilíbrio a relação familiar.

A *rigidez* é percebida quando as famílias de crianças doentes insistem em métodos de interação aos quais já estão acostumadas e operam dentro de um sistema fechado, na tentativa de manter um sistema patológico previamente equilibrado. Como resultado desse mecanismo homeostático inadequado, essa família inicia um estado crônico de estresse. Com isso, pode se observar que, quanto maior a rigidez com que a lealdade se impõe ao indivíduo, mais dano ela causará. Na *ausência de solução de conflito*, fica claro que a rigidez e a superproteção levam a família a não resolver o conflito e, nesse contexto, acabam usando a doença como padrão de comunicação, mantendo o problema como organização do sistema.

Dessa forma, Minuchin (1974) conclui que a família é o contexto natural para crescer e receber auxílio. Ela cumpre o papel de garantir a pertença e, ao mesmo tempo, promove a individualização do sujeito, que, por sua vez, possibilita elaborar a própria identidade. A pouca diferenciação entre os membros da família leva a uma confusão de papéis que provoca perturbações na estrutura hierárquica da família. A família nuclear não se separa o suficiente das respectivas famílias de origem, e as fronteiras geracionais não se estabelecem. Assim, a intervenção no ambiente familiar deve fazer parte da rotina de atendimento para mediar conflitos e informar sobre a realidade a todas as partes. Autores como Araújo (1994) mostram como a família que tem um de seus membros com doença crônica está sujeita a desequilíbrios, inclusive por falta de preparo, atitudes de superproteção, segregação, piedade, rejeição e simulação. Essas atitudes, no núcleo familiar, tornam essas crianças mais suscetíveis à doença e impedem o desenvolvimento destas nos campos social, emocional e cognitivo.

Já Hoffman, Tomm, Andersen, citados por Rapizo (1998), conotam como positivo todo padrão de interação da família, não só a função do comportamento sintomático, sendo que as intervenções envolvem todo o padrão de comportamento à volta do sistema. Não é o sistema que determina o problema, e os elementos envolvidos nas relações é que serão considerados como sistema. O aspecto negativo de terem passado por um problema leva essas famílias, na tentativa de acertos e erros, a se fortalecer e estabelecer padrões, mesmo que rígidos, acrescidos de positividade no sentido de se adaptarem à rede social (Sluzki, 1997). Nessa perspectiva, tornam-se fundamentais os recursos culturais nos encontros terapêuticos com essas famílias, com o objetivo de ampliar as redes sociais e partilhar o sofrimento que, entendido como de ordem cultural, pode ser dissolvido com o apoio de uma rede solidária, desenvolvendo estratégias e alternativas de mudanças diante de padrões de interação e comunicação familiar com discurso dominante no enfrentamento da doença.

Cenário terapêutico: acolhimento, escuta, fala facilitadora e projeções

Andolfi e Ângelo (1988) descrevem que o terapeuta familiar trabalha com vários interlocutores e tem como objetivo integrar, inter-relacionar várias informações e diferentes leituras da história da família, partindo do princípio que é o sujeito o observador que, desde a sua subjetividade, seleciona elementos de uma grande quantidade de informações com as quais está em interação no seu existir. Essas informações passam a fazer parte de um todo que constitui a sua visão de mundo.

Nessa visão, Sluzki (1997) pontua que o sujeito interatua com o meio e nesse processo de interação se modifica, constrói teorias, conceitos e histórias. Essa ideia leva a pensar muito mais no potencial de saúde da família do que em sua doença e abre a possibilidade de o terapeuta intervir acolhendo quem busca ajuda terapêutica com suas histórias.

Quando uma família decide falar sobre seu sofrimento e suas angústias ela não expressa apenas uma queixa ou uma informação verbal. Ela comunica, por meio de suas lágrimas, de sua voz, de seu silêncio, o sofrimento, a fragilidade ou o temor que a domina. Outro ponto importante é como as pessoas projetam seu mundo, suas experiências passadas em outras pessoas e situações. As projeções são as maneiras como a pessoa emprega sentido e interpreta o mundo, muitas vezes revivendo experiências passadas não resolvidas em novos cenários.

A primeira tarefa do terapeuta é acolher, ambientar o grupo, deixar as pessoas à vontade e contribuir para que estejam acomodadas em um círculo para que todas possam olhar para quem fala. O grupo que escuta termina por fazer eco do que ouviu. A escuta suscita desejo de solidariedade e desperta a confiança para compartilhar possibilidades de mudanças dentro de uma leitura valorizadora daquele que se expressou. É do poder da escuta que vem a fala facilitadora, que capacita o ouvinte e encoraja as pessoas a esclarecer e explorar seus próprios pensamentos e sentimentos (Barreto & Grandesso, 2007). Para esses autores, escutar é uma parte muito importante da facilitação que presume os valores de respeito, habilidade, desempenho e integridade como princípios básicos da facilitação.

Facilitar uma pessoa ou uma família é, portanto, capacitá-la a alcançar seus sonhos, a criar algo, encorajá-la a promover algum acontecimento que fará diferença em sua vida para finalizar seus planos e projetos. Esse modelo apoia as competências das pessoas, promove uma circulação da informação. Se o grupo tem um problema, ele tem também as soluções. Nesse caso, o terapeuta tem a função de suscitar essa capacidade que surge do próprio grupo.

Recursos culturais no encontro entre famílias e comunidade

Maturana e Dávila (2009), ao falarem de sistemas, referem-se a um conjunto de elementos interconectados de modo que, quando se atua sobre um deles, atua-se sobre todos. Ao surgir um sistema, o sistêmico surge ante um observador como o âmbito das dinâmicas operacionais e relacionais. O recurso é a própria dinâmica relacional na construção de um olhar e uma escuta mergulhada na experiência, na tarefa e no acontecimento. Para White (1991), todas as histórias são constitutivas do humano e dão forma à vida, ganhando riqueza e consistência. Abrir caminho para entender pessoas em um contexto social mais amplo é privilegiar a cultura ética, própria de cada um, e a identidade pessoal, permitindo o desenvolvimento de histórias que descrevem a vida das pessoas e o significado que atribuem às suas experiências, aptidões, competências, crenças, valores, compromissos e habilidades que ajudam a reduzir a influência dos problemas nas suas vidas.

Barreto e Grandesso (2007) apontam a rede social como facilitadora da inclusão. No campo da antropologia social, a ideia de redes sociais diz respeito aos processos de integração social que são estabelecidos pelos indivíduos, independentemente de filiação, categoria social e problema. A ideia de redes sinaliza especificamente para o estudo das interações e para o funcionamento do sistema. Trabalhar em rede é também permitir um campo de reflexão sobre a "intrincada" série de reflexões inter e intrapessoais existentes. O trabalho descrito a seguir apresenta uma reflexão sobre a terapia comunitária sistêmica integrativa com famílias que têm filhos com transtorno invasivo do desenvolvimento, incluindo toda a comunidade.

Trata-se de um modelo proposto por Barreto e Grandesso (2007) que promove a formação de redes solidárias e a troca de experiência entre os participantes. Tendo o sofrimento humano como seu contexto definidor, trabalha no sentido de ressaltar competências, fortalecer a autoestima e o empoderamento. É estruturado em etapas de acolhimento, escolha do tema, contextualização, problematização, rituais de agregação, fechamento e avaliação. Requer do terapeuta a habilidade de fazer perguntas, organizar as narrativas, a proposição de técnicas de aquecimento e descontração do grupo, a ressignificação e reformulação das perguntas, o uso de conotações positivas e as finalizações.

Dentro dessa perspectiva relacional sistêmica, a inserção comunitária e o desenvolvimento de práticas sociais vêm promovendo o crescimento e o bem-estar da comunidade no Instituto SER (Senso Educação Reintegrada Ltda.), que, desde 1989, na cidade de Campinas, na concepção de clínica-escola, presta apoio ao desenvolvimento humano no campo da saúde mental. Com uma equipe transdisciplinar de apoio nas áreas de pedagogia, psicologia, fonoaudiologia, terapia ocupacional, educação motora e artística e com a finalidade de compreender cada indivíduo em uma visão plural de conhecimentos, tem como fundamento epistemológico o trabalho em equipe, a geração de novas alternativas e estratégias de tratamento, a interação entre as áreas, a legitimidade das metas determinadas e o compartilhamento dos discursos e a tomada de decisão do consenso grupal.

O formato das intervenções terapêuticas é sustentado por vínculos que dão apoio ao crescimento e aos relacionamentos. Entendendo os relacionamentos sociais como compromissos baseados em comunicações verbais e não verbais que, inspirados por sentimentos de amor ou dor, modulados por atitudes empáticas e por uma percepção reconhecida das diferenças, proporcionam o desenvolvimento evolutivo, no fazer corporal e na potencialização das habilidades e competências. Em seu percurso histórico, sempre com a concepção humanista, o Instituto SER seguiu sua trajetória com uma abordagem multidimensional, especificando técnicas e métodos a partir do diagnóstico para identificar o problema e "elevar" seu nível de desenvolvimento social. Constituía, até então, a forma mais eficiente de prevenção ou de tratamento dos problemas psicossociais. Contudo, como o indivíduo não é o diagnóstico, tampouco vive suas experiências nos métodos, a capacidade da natureza humana dependia de uma ação conjunta, ampliando-se essas dimensões para o contexto social.

A visão individual deu lugar ao construcionismo, em que a escuta sistêmica passou a privilegiar as relações. Nesse processo social e linguístico com ênfase na contingência dialética e na criatividade da convivência humana, o indivíduo, ao construir e ao mesmo tempo ser construído pelo sistema social, passa a ter noções de apoio e aliança, tornando esse apoio o marco do desenvolvimento terapêutico. O modelo da terapia comunitária como ação terapêutica de apoio às famílias e à comunidade dessa instituição é aplicada a populações com diferentes perfis, diferentes faixas etárias e contextos étnicos, capaz de atender simultaneamente a um grande número de pessoas, configuradas como um grupo aberto, caracterizando-se com começo, meio e fim para as pessoas presentes na sessão daquele dia.

No Instituto SER, a terapia comunitária é realizada em uma sessão por mês, com duração de uma hora e meia. Em uma análise realizada entre agosto de 2004 a abril de 2009, foram registradas 70 terapias com a presença de 1.333 pessoas. Dessas pessoas, 71 eram crianças, 166 adolescentes, 987 adultos e 109 idosos, considerando uma média de 19 pessoas por terapia e de 330 novatos do total de participantes. Na etapa da apresentação do problema, os temas que mais apareceram foram depressão (perda e saudades) em 30% das terapias, conflitos familiares (brigas, traição e separação) em 20%, estresse (medo, angústia, ansiedade, desânimo e desespero) em 12,86%, discriminação (doença, gênero) em 7,14%, rejeição (autorrejeição, família) em 7,14%, violência (abuso sexual) em 7,14%, dificuldades no trabalho (falta de reconhecimento e dificuldades financeiras) em 7,14%, alcoolismo e drogadição em 4,29%, abandono (adoção) em 2,86% e deficiência (autismo, síndrome de Down e epilepsia) em 1,43%. É interessante ressaltar que, em todas as terapias, o envolvimento de todos os participantes foi o que conduziu todo o processo. As narrativas referenciaram a história de cada participante, e a diversidade cultural tinha o objetivo de ampliar a visão do problema e sua externalização na etapa da problematização para as reflexões do grupo e para as possibilidades de mudança na fase da contextualização.

Vale ressaltar que, mesmo o Instituto SER sendo referência no acompanhamento e apoio aos pais com filhos com deficiência, esse tema pouco apareceu e, quando evidente, era apontado como preocupações nas perspectivas de futuro para os filhos, e não como um problema dentro do sistema familiar. Pode-se dizer que a comunidade tem esses encontros como uma fonte de apoio social, uma partilha de respeito e solidariedade, valorizando as competências e sendo espelhos para a transformação do seu sofrimento e do outro. Recontar e ressignificar a sua história fornecem uma estrutura com a qual todos os futuros eventos ou ações podem ser mapeados (White & Epston, 1990).

Histórias no contexto terapêutico: intervenções narrativas

Os terapeutas narrativos, para White (2002), pensam em histórias criadas pela ligação de eventos em uma sequência e período particular de quem as conta. O significado delas forma um enredo. Os terapeutas estão interessados em investigar as histórias que as pessoas têm sobre suas vidas, seus relacionamentos, seus efeitos, significados nos quais elas foram formadas e criadas. Todas as histórias podem estar ocorrendo ao mesmo tempo, e os eventos serão interpretados de acordo com o significado ou enredo que é dominante no momento. Dessa forma, o ato terapêutico requer a mediação entre as histórias dominantes contadas e as histórias alternativas como possibilidade de transformação dos efeitos negativos que as pessoas trazem sobre suas vidas, no passado, no presente e no futuro.

Krüger (1993) enfatizou, nesses efeitos, o poder das crenças que embasam a interpretação dos fatos e a tomada de decisões que se manifestam na história por meio de valores, atitudes, estereótipos, preconceitos e superstições, as quais são decisivas no planejamento de ações e na organização de comportamentos. Muitas vezes se manifestam pela redução da liberdade subjetiva, exercendo inibição ou exacerbação da motivação e no modo de agir.

A seguir, refletiremos sobre uma história trazida no contexto da terapia. Quando os membros de uma família decidem fazer uma consulta, é porque estão passando por alguma dificuldade em suas vidas. As pessoas em geral começam o encontro falando de diversos eventos relacionados ao problema que as levou a pedir ajuda e explicam os significados que atribuíram a esses eventos.

A família Pereira buscou ajuda quando um dos membros, Patric, começou a ter crises de agressividade. A família relatou o seguinte:

> Estamos muito preocupados com Patric porque ele está muito agressivo. Tentamos impedi-lo, mas ele não para. Ele sempre foi uma criança problemática, desde pequeno. Ele não recebeu muita atenção quando era pequeno, pois Gabriela, sua irmã, tem autismo e demandava muita atenção. Desde que foi descoberto o problema da irmã, ele tem se metido em muita confusão na escola. Agora arruma encrenca com todo mundo para fazer com que as pessoas o notem.

Nessa história, o comportamento de Patric foi interpretado como se ele estivesse chamando atenção. Esse significado atribuído pela família ou enredo dominante ocorreu por meio de muitos outros eventos no passado que se ajustavam a essa interpretação. Uma vez que Patric passou a ser visto de acordo com essa história, mais e mais eventos que sustentavam a busca por chamar a atenção foram contados e recontados, reforçando essa crença. Outros eventos que não se adaptaram à busca de Patric por atenção permaneceram não contados e não reconhecidos.

Assim também as percepções culturais mais amplas das ações de Patric tornam-se obscuras. Todas as complexidades e contradições da vida de Patric foram reduzidas à compreensão de que ele estava querendo atenção.

Essa descrição estreita das ações de Patric fecha a possibilidade de outros significados. Talvez essas ações pudessem ter outros significados, como o de autoafirmação, com a aquisição de algo de sua irmã, com o enfrentamento da intimidação de outros ou desejo de tornar-se líder em um grupo de muitos outros meninos líderes. Uma descrição única e estreita como a que foi atribuída a Patric reduziu sua liberdade subjetiva, deixando-o isolado e desconectado dos pais e amigos e levando-o a conclusões estreitas sobre a sua identidade, o que acarretou efeitos negativos em seu comportamento.

Quando a história do problema fica cada vez maior, ela torna-se poderosa e afetará eventos futuros, e as potencialidades, habilidades e competências ficam escondidas pela história do problema. Os terapeutas narrativos buscam as histórias alternativas, procuram criar na conversa histórias de identidade que ajudarão as pessoas a se libertar da influência dos problemas que estão enfrentando (Morgan, 2007).

Para Patric, a investigação de histórias alternativas em sua vida pode criar um espaço de mudança. Em vez de ter sido dada voz à busca por atenção de Patric, e por este ser uma criança problemática, a força das histórias alternativas de determinação e os problemas que ele superou em épocas anteriores o ajudaram a se libertar de conclusões superficiais ou estreitas e a criar histórias futuras para liderança.

Considerações finais

Do ponto de vista da dinâmica familiar, é importante apontar para o sofrimento e a necessidade de famílias de uma pessoa com deficiência em receber uma abordagem de apoio que acolha essa dor, tanto por razões humanitárias, quanto para que desenvolvam estratégias e possibilidades adequadas de suporte a todos os membros. Dentro da perspectiva relacional sistêmica, a inserção comunitária e o desenvolvimento de práticas sociais vêm promovendo o crescimento e o bem-estar de toda comunidade.

A formação de uma rede social, para além da família nuclear, permite, no papel do observador, a percepção de que o indivíduo desenvolve uma identidade grupal, um sentimento de pertencimento, de validação e, ao mesmo tempo, a possibilidade de diferenciação e crescimento. A dinâmica do grupo na terapia comunitária se transforma. A relação entre as pessoas encaminha-se para uma postura de acolhimento, sensibilidade para a escuta e respeito pelo sofrimento do outro, legitimando as diferenças e reconhecendo as competências que todos têm.

Falar em redes e inserção comunitária demanda uma mudança nos métodos de pensar e de produzir conhecimento. Acreditar que os recursos de saúde encontram-se dentro da família e que se pode ter acesso a eles por meio de intervenções terapêuticas em forma de perguntas leva os terapeutas de família e a comunidade a reflexões importantes sobre a prática clínica.

A expectativa é a de que, com esse trabalho, o "ato de perguntar" se torne uma ferramenta indispensável a qualquer intervenção que vise a mudanças. É preciso levar em consideração que a curiosidade e o "não saber" do terapeuta é que abrem espaço de conversação e, assim, aumentam o potencial da narrativa de uma nova ação e de liberdade pessoal na ressignificação de histórias. Esse modelo privilegia o suporte às famílias e aceita o desafio de lidar com a subjetividade no contexto social.

É preciso ter cuidado no manejo desses recursos, pois até pouco tempo atrás a função das instituições e dos terapeutas era a transmissão de conhecimento sistematizado e organizado. Hoje, a pós-modernidade coloca essa visão em "crise", e é a partir desse desequilíbrio que se chega ao crescimento. Espera-se que, ao construir um novo saber no encontro com famílias e comunidades, os terapeutas ou pesquisadores possam apoiar indivíduos para estar no mundo falando sua própria linguagem e criando suas próprias imagens, utilizando-se de sua curiosidade e do ato de fazer perguntas. O terapeuta deve perguntar sobre os detalhes dos eventos, crenças e interesses da pessoa. As perguntas ajudam a criar uma história nova e diferente. No encontro com as famílias, os terapeutas têm aprendido que o ser humano guarda e usa como referência saberes e tesouros que adquire sem saber, e que ficam à disposição para serem colocados em uso nos espaços de convivência, quando precisa ser criativo para resolver problemas de seu cotidiano.

O espaço de convivência familiar é uma arquitetura complexa, e é nesse equipamento cultural e conjunto de práticas linguísticas que se criam aprendizados efetivos e incorporados. Inserem-se legalidades próprias, e, na tentativa de ampliar esses espaços de convivência e criar diferentes histórias, é importante que os terapeutas reflitam e instiguem perguntas pertinentes à sua atuação e a esses espaços com a família.

Assim, a história das famílias traz à tona as capacidades, habilidades e competências e o compromisso de cada membro com o outro. Esse ato ajuda as famílias a reestabelecer suas preferências, esperanças, sonhos e ideias. Acessar suas capacidades e habilidades dará significado às suas ações futuras.

Referências

Andersen, H., & Goolishian, H. (1990). Beyond cybernetics: Comments on Atkinson and Heath's "Further Thoughts on Second-Order Family Therapy". *Family Process*, 29(2): 157-163.

Andolfi, M., & Ângelo, C. (1988). *O tempo e o mito na terapia familiar*. Porto Alegre: Artes Médicas.

Andolfi, M., Ângelo, C., Menghi, P., & Nicolo-Corigliano, A. M. (1989). *Por trás da máscara familiar: Um novo enfoque em terapia da família*. (3. ed.). Porto Alegre: Artes Médicas.

Araújo, L. A. D. (1994). *A proteção constitucional das pessoas portadoras de deficiência*. Brasília: Corder.

Barreto, M., & Grandesso, M. (2007). *Terapia comunitária: Saúde, educação e políticas*. São Paulo: Casa do Psicólogo.

Bateson, G. (1980). *Mind and nature: A necessary unity*. New York: Bantam.

Benjamin, W. (1994). *Magia e técnica, arte e política*: Ensaios sobre literatura e história da cultura. São Paulo: Brasiliense.

Brazelton, T. B. (1991). *Cuidando da família em crise*. São Paulo: Martins Fontes.

Browns, F. H. (1995). O impacto da morte e da doença grave sobre o ciclo de vida familiar. In B. Carter, & M. Mcgoldrick (Ed.), *As mudanças no ciclo de vida familiar* (pp. 35-56). Porto Alegre: Artes Médicas.

Brun, G., & Rapizo, R. (1991). Reflexões sobre o ato de perguntar. *Nova Perspectiva Sistêmica*, 1(1), 10-14.

Cechin, G. (1987). Hypothesizing, circularity, neutrality revisited, an invitation to curiosity. *Family Process*, 26(4), 405-413.

Cerveny, C. M. O. (1994). *A família como modelo*: Desconstruindo a patologia. Campinas: Psy.

Freedman, J., & Combs, G. (1996). Shifting paradigms: From systems to stories. In J. Freedman, & G. Combs, *Narrative therapy*: The social construction of preferred realities (pp. 19-42). New York: Norton.

Imber-Black, E. (1994). *Os segredos na família e na terapia familiar*. Porto Alegre: Artmed.

Krüger, H. R. (1993). Ação e crenças. *Arquivos Brasileiros de Psicologia*, 1(3), 3-12.

Laraia, R. B. (1992). *Cultura*: Um conceito antropológico (16. ed.). Rio de Janeiro: Zahar.

Maturana, H. R. (1991). *El sentido de lo humano*. Santiago: Pedagógicas Chilenas.

Maturana, H. R. (1998). *Emoções e linguagem na educação e na política*. Belo Horizonte: UFMG.

Maturana, H. R., & Dávila, X. (2009). *Habitar humano em seis ensaios de biologia cultural*. São Paulo: Palas Athena.

Maturana, H. R., & Varela, F. J. (1995). *A árvore do conhecimento: As bases biológicas do conhecimento humano*. Campinas: Psy.

Minuchin, S. (1974). *Families and family therapy*. Cambridge: Harvard University.

Minuchin, S., Baker, L., Rosman, B. L., Liebman, R., Milman, L., & Todd, T. (1975). A Conceptual model of psychosomatic illness in children: Family organization and family therapy. *Archives of General Psychiatric*, 32(8), 1031-1038.

Morgan, A. (2007). *O que é terapia narrativa*. Porto Alegre: Centro de Estudos e Práticas Narrativas.

Pakman, M. (1991). *Las semillas de la cibernética: Obras escogidas de Heinz Von Foester*. Barcelona: Gedisa.

Papp, P. (1992). *O processo de mudança: Uma abordagem prática à terapia sistêmica da família*. Porto Alegre: Artes Médicas.

Rapizo, R. (1998). *Terapia sistêmica da instrução à construção*. Rio de Janeiro: Instituto NOOS.

Sanchez, F. I. A. (2004). *Percepção do sistema familiar e avaliação de sintomatologia depressiva em mães de crianças autistas*. Dissertação Mestrado, Universidade Estadual de Campinas, Campinas.

Sluzki, C. E. (1997). *A rede social na prática sistêmica*. São Paulo: Casa do Psicólogo.

Von Foerster, H. (1996). Visão e conhecimento: Disfunções de segunda ordem. In D. F. Schnitman (Org.), *Novos paradigmas, cultura e subjetividade*. Porto Alegre: Artes Médicas.

Walsh, F. (1996). The concept of family resilience: Crisis and challenge. *Family Process*, 35(3), 261-281.

White, M., & Epston, D. (1990). *Narrative means to therapeutic ends*. New York: Norton.

White, M. (1991). *Deconstruction therapy*. Adelaide: Dulwich Centre Newsletter.

White, M. (2002). *El enfoque narrativo en la experiencia de los terapeutas*. Barcelona: Gedisa.

Yunes, M. A. M., & Szymanski, H. (2001) Resiliência: Noção, conceitos afins e considerações críticas. In J. Tavares (Org.), *Resiliência e educação* (p. 13-42). São Paulo: Cortez.

Leitura recomendada

Masten, A. S. (2001). Ordinary magic: Resilience processes in development. *American Psychologist*, 56(3), 227-238.

Família, depressão e terapia cognitivo-comportamental

*Maycoln L. M. Teodoro | Makilim Nunes Baptista | Gisele Alves
Mayra Silva de Souza | Aline Abreu e Andrade*

A terapia cognitivo-comportamental (TCC) vem ganhando espaço a cada dia como uma forma eficaz de tratamento para diversos transtornos psicológicos. Apesar do grande número de abordagens terapêuticas e das variações na forma de intervenção dentro das chamadas terapias cognitivas, o modelo desenvolvido por Beck, Rush, Shaw e Emery (1997) ainda exerce grande influência na prática terapêutica. Nesta modalidade de intervenção, busca-se compreender o funcionamento individual pela inter-relação entre as cognições, as emoções e os comportamentos, para então modificá-los. O modelo cognitivo trabalha com a hipótese de que os comportamentos e as emoções são influenciados pela maneira como os indivíduos processam as informações dos eventos diários. Isso significa que o modo como as pessoas interpretam as situações determina os seus sentimentos mais do que a situação em si. Mais especificamente, Beck (2013) postula a existência de três estruturas mentais interligadas, responsáveis pela interpretação dos eventos rotineiros, as crenças centrais, as crenças intermediárias e os pensamentos automáticos.

As crenças centrais são ideias que o indivíduo desenvolve desde a infância, e que representam entendimentos profundos e verdades inquestionáveis que ele tem sobre si mesmo e sobre os demais. As interpretações contidas nesse conjunto de crenças, sendo estáveis e de difícil modificação, ajudam a dar sentido a diversas situações do dia a dia.

A partir desse primeiro conjunto de crenças, surge um segundo sistema desenvolvido pelo sujeito para que ele consiga suportar e manter, mesmo que inadequadamente, suas crenças centrais. Esse segundo sistema influencia a percepção de uma situação e atua no modo como o indivíduo pensa, sente e se comporta. Esse conjunto de ideias é chamado de crenças intermediárias e inclui atitudes, regras e suposições. As atitudes dizem respeito a um pensamento sobre a ausência ou a presença de alguma habilidade. As regras constituem-se em ideias que ditam o comportamento do indivíduo em algumas situações. As suposições são ideias hipotéticas que interferem na maneira como o sujeito percebe o seu ambiente.

A última estrutura mental proposta por Beck é chamada de pensamentos automáticos. Estes são ativados pelas crenças superiores em uma situação específica, influenciando o comportamento e as emoções do indivíduo. Constituem a forma mais superficial da cognição e são específicos para cada situação. Os pensamentos automáticos surgem e desaparecem rapidamente, fazendo a pessoa se concentrar mais na mudança de humor do que no pensamento que a gerou.

Algumas crenças são disfuncionais, afetando o humor em decorrência de um erro de interpretação da situação vivida. Por exemplo, o término de uma relação amorosa poderia ser interpretado por uma pessoa como apenas uma incompatibilidade ou como o fato de que ela não é um ser humano digno de ter alguém. O conjunto de crenças disfuncionais pode ser latente, sendo ativado somente na presença de um evento estressor. A TCC teve, ao longo do seu desenvolvimento, um foco muito grande nas intervenções individuais. Com o passar dos anos, surgiram modalidades em grupo que, assim como a individual, ganharam estudos de eficácia para diversos transtornos. Menos conhecida do que essas formas de intervenção, a terapia cognitivo-comportamental familiar (TCCF) ganhou adeptos e formou um corpo teórico nas últimas décadas, com diversos exemplos de aplicações dos conceitos básicos da TCC para as intervenções familiares (Dattilio, 2001, 2002).

Neste capítulo, pretendemos introduzir a TCCF e descrever a sua aplicação no transtorno depressivo. Dessa forma, será discutida a importância da família e sua relação com a sintomatologia depressiva, relacionando a vulnerabilidade cognitiva que pode ser desenvolvida com a influência do grupo familiar, bem como alguns princípios sobre a TCCF. Será ressaltada também a importância das relações com os pais na aprendizagem das crenças disfuncionais, um construto central na explicação da depressão para a terapia cognitiva.

Terapia cognitivo--comportamental familiar

A família consiste em um grupo de pessoas unidas por descendência a partir de um ancestral comum, matrimônio ou adoção. Do grupo familiar, podem fazer parte marido, esposa e filhos, parentes mais distantes e ainda outros integrantes não necessariamente ligados por laços de sangue (p. ex., como é o caso de filhos adotados). O conceito de família vem se transformando ao longo dos anos e incorporando novas configurações além do modelo heterossexual. Nesse sentido, a família pode ser tratada como um agrupamento de pessoas reunidas por laços afetivos, permitindo assim a incorporação de novas formas familiares (Lôbo, 2018).

Estruturalmente, a família pode apresentar-se de várias formas. Com as mudanças sociais e culturais, essa estrutura se flexibiliza cada vez mais, podendo se reconstituir em um grupo novo após divórcio de um casal ou morte do cônjuge, reunindo filhos de casamentos anteriores, e até mesmo sendo formada a partir de uma relação com parceiros do mesmo sexo. Independentemente da maneira como se estrutura, o agrupamento em questão tem como funções a proteção e a transmissão da cultura, do capital econômico e da propriedade do grupo, das relações de gênero e de solidariedade entre gerações.

Cada agrupamento familiar tem um funcionamento diferente, no qual cada integrante assume um papel na dinâmica. Há diferentes tipos de relações no grupo familiar, como aquelas entre o casal (aliança), entre pais e filhos (afiliação) e entre irmãos (consanguinidade). Com essa complexidade de relações em um grupo familiar, não é surpreendente que o modo como essa dinâmica ocorre seja de suma importância para a consideração dos processos de saúde e doença dos integrantes da família, visto que um funcionamento familiar pobre ou difícil entre mães e filhos pode estar relacionado com a sintomatologia psiquiátrica dos filhos (Campos, 2004; Castro, Campero, & Hernández, 1997; Manczak, Skerrett, Gabriel, Ryan, & Langenecker, 2018; Uchino, Cacioppo, & Kiecolt-Glaser, 1996).

A família pode ser fonte de suporte ou de estresse para seus integrantes, pois o seu apoio é bastante significativo na superação de problemas. Por outro lado, os conflitos entre pessoas tão próximas podem gerar grande estresse, dificultando o enfrentamento de crises (especificamente as atitudes dos pais com relação aos filhos) e prejudicando o cumprimento de funções familiares como sinalizadores de saúde ou psicopatologias (Marshall & Henderson, 2014; Souza & Baptista, 2008). Para Beck (2013), as vivências do indivíduo e o contato com pessoas significativas contribuem para o modo de interpretar a realidade, podendo gerar distorções e comportamentos desadaptativos. Da mesma forma, o afeto recebido da família no início da vida torna o indivíduo mais resistente a eventos estressantes. Esse afeto inicial fica marcado na memória da criança e pode protegê-la dos estressores internos e externos, constituindo base para o domínio das tarefas de desenvolvimento. Por outro lado, o afeto inseguro é uma vulnerabilidade central para a criança e pode resultar em problemas sociais e de saúde, incluindo a depressão (Weinman, Buzi, Smith, & Mumford, 2003).

Compreender a família pela óptica da TCC requer entender que, a partir da percepção da realidade, seja ela distorcida ou não, e da manifestação de emoções e comportamentos individuais, os membros da família influenciam e são influenciados uns pelos outros. A TCCF enfatiza, desse modo, a interação recíproca das cognições, das emoções e dos comportamentos dos membros familiares (Friedberg, 2006). Assim, o objetivo dessa forma de intervenção é a reestruturação das cognições por meio de modificações cognitivas e comportamentais. Alguns pressupostos da TCCF são bem estabelecidos e consolidados teoricamente. Entre eles, podemos mencionar quatro. Em primeiro lugar, existe um movimento do sistema familiar para manter sua própria estabilidade e homeostase. Em segundo lugar, há uma interação familiar entre as percepções, atribuições e expectativas dos seus membros. Além disso, os desafios familiares surgem quando as cognições de um membro bloqueiam os desejos e as expectativas individuais dos outros. Por último, os padrões relacionais e emocionais disfuncionais podem ser modificados por uma reestruturação cognitiva.

Para além das crenças individuais, as pessoas também têm esquemas que representam aspectos do mundo e funcionam como organizadores do conhecimento atual e dão base para a interpretação de eventos futuros. Os esquemas referentes à família são formados a partir da interação entre as diferentes perspectivas dos seus membros, e a origem deles está na visão de sua própria família e sobre as famílias em geral, como o modo dos filhos se comportarem e até mesmo sobre como uma família deve ser formada (Dattilio, 2001).

O esquema familiar desempenha uma importante função na percepção de eventos no ciclo da família, influenciando as experiências do dia a dia do indivíduo. Essa estrutura cognitiva é extremamente relevante e deve ser observada em intervenções psicoterápicas de modo a identificar suas incongruências e reestruturá-las por meio de técnicas cognitivas e comportamentais. A TCCF é indicada principalmente quando crenças desadaptativas são iniciadas, mantidas ou exacerbadas pelos outros membros da família, sendo a presença de transtornos externalizantes e internalizantes, como a depressão, sensível a essa abordagem terapêutica (Friedberg, 2006). Nesse sentido, a seguir será exemplificada a aplicação desse tipo de intervenção aos transtornos depressivos.

Depressão, sistema familiar e vulnerabilidade cognitiva

A depressão é caracterizada por sentimentos de tristeza ou irritação, anedonia, diminuição da energia, perda de confiança e autoestima, desânimo, pessimismo, sentimento de culpa, diminuição da concentração, alterações no sono e no apetite, ideias de morte e suicídio, entre outros. Essas alterações podem interferir em diferentes áreas, como o pensamento, o humor, os sentimentos e nas várias percepções relacionadas ao corpo. A pessoa acometida pela depressão pode modificar inclusive os sentimentos em relação a si mesma, ao modo como enfrenta os fatos da vida e às suas relações interpessoais (Del Porto, 2002; Grevet & Knijnik, 2001; Holmes, 1997).

De acordo com o *Manual diagnóstico e estatístico de transtornos mentais*, 5ª edição (DSM-5) ([APA], 2014), o diagnóstico de um transtorno depressivo maior requer que cinco ou mais sintomas, de um total de nove, estejam presentes dentro de um período de duas semanas, sendo ao menos um dos sintomas humor deprimido ou anedonia. Os sintomas secundários da depressão são dificuldades relacionadas ao padrão de sono (insônia ou hipersonia), alterações de apetite ou peso, agitação ou retardo psicomotor, fadiga ou perda de energia, dificuldades de concentração, sentimentos de culpa ou inutilidade e, nos casos mais severos, ideação suicida.

Quanto ao surgimento de um transtorno mental, como a depressão, o grupo familiar pode funcionar como fator de proteção ou vulnerabilidade. Entre pais e filhos é possível observar a relação entre sintomatologia depressiva e interações familiares empobrecidas, ou seja, com baixa afetividade e alto nível de conflitos (Teodoro, Cardoso, & Freitas, 2010). Na direção oposta, o afeto e a empatia dos pais podem facilitar o desenvolvimento da autoestima dos filhos, proporcionando proteção contra a depressão na fase adulta (Parker, Tupling, & Brown, 1979).

Ao avaliar pacientes com transtornos depressivos, déficits no cuidado dos pais e/ou superproteção materna são comumente relatados. Nesse sentido, atitudes de superproteção também parecem estar relacionadas à depressão, uma vez que conforme os pais desencorajam a independência dos filhos pode ocorrer inibição de sua autonomia e competência social, o que pode ocasionar redução da probabilidade de enfrentar situações-problema e aumento de sentimentos de incapacidade, fatores que elevam a vulnerabilidade dos indivíduos à depressão (Parker, 1979).

Com relação aos déficits nos cuidados dos pais, destaca-se a ocorrência de episódios de maus-tratos na infância, como rejeição e falta de afeto (Bemporad & Romano, 1993). Essas experiências infantis de maus-tratos emocionais por parte dos pais ou cuidadores podem levar a prejuízos duradouros no desenvolvimento de crianças e adolescentes, com manifestações na vida adulta (Heim & Nemeroff, 2001).

Quanto aos adolescentes, ambientes familiares de baixo apoio e mais conflituosos parecem estar associados a uma maior sintomatologia depressiva (Shahar & Henrich, 2016; Sheeber, Hops, Alpert, Davis, & Andrews, 1997). Entre os adolescentes brasileiros, especificamente, quanto maior a sintomatologia depressiva, mais inadequada é a sua percepção do suporte familiar recebido. Deve-se levar em conta que os sintomas da depressão também podem contribuir para uma percepção distorcida das relações familiares (Baptista & Oliveira, 2004). Alguns problemas pessoais e psicossociais em adolescentes surgem como fatores de risco para a depressão até a idade adulta, como a baixa autoestima, a insatisfação com o desempenho acadêmico, a ocorrência de problemas com a lei, a falta de experiências com pares (namoro) e o divórcio dos pais (Pelkonen, Marttunen, Kaprio, Huurre, & Aro, 2008).

Observa-se também que as rápidas mudanças familiares, no que tange a alterações na composição, na estrutura física e consequentemente nas regras e nos papéis da família, acabam por colaborar com a prevalência de depressão na população adolescente (Baptista, Baptista, & Dias, 2001). Além disso, existe uma associação entre a percepção negativa da dinâmica familiar e a ocorrência de pensamentos e tentativas de suicídio em adolescentes, ocorrendo aumento da probabilidade de atitudes suicidas entre aqueles que apresentam disfunção das relações familiares (Martin, Rozanes, Pearce, & Allison, 1995).

Inversamente, pode-se dizer que, para os adolescentes, a estrutura e o suporte familiar são fatores de proteção, na medida em que a família funciona como amortecedora frente aos eventos estressantes enfrentados no cotidiano. Contudo, essa estrutura, compreendida como as características físicas da família, pode sofrer alterações ao longo do ciclo de vida da família. Eventos que implicam rompimento familiar de qualquer natureza podem trazer consequências a curto e a longo prazo, seja por separação, abandono, morte ou divórcio (Baptista et al., 2001).

A separação dos pais pode, a curto prazo, causar às crianças uma variedade de problemas físicos e emocionais. As reações iniciais para a separação incluem raiva intensa, medos sobre o futuro, conflito devido à batalha entre os pais, além de problemas de vários tipos na escola. A longo prazo, essas pessoas, já adultas, podem ter deficiências na habilidade para se relacionar amorosamente de um modo saudável e estável (Marks, 2006).

Tais mudanças na estrutura familiar, relacionadas à ausência de um ou de ambos os pais, podem contribuir para a desestruturação do sistema, influenciando no provimento de suporte familiar e colaborando para o desenvolvimento de sintomas depressivos. Em um extremo, a ausência de ambos os pais dificulta a mínima proteção da saúde mental. Além disso, o impacto para a saúde mental parece ser maior em filhos de pais solteiros do que em pessoas com famílias reconstituídas (Barrett & Turner, 2005).

Quando há separação entre a criança e os pais antes dos 10 anos de vida, devido a divórcio ou morte, observa-se nos filhos um aumento da vulnerabilidade para transtornos psiquiátricos. Assim, a exposição a eventos dessa natureza pode trazer prejuízos duradouros para o desenvolvimento de crianças e adolescentes, com manifestações na vida adulta (Landerman, George, & Blazer, 1991). No entanto, é importante destacar que o nível de conflito dos pais pode ser mais impactante para a saúde mental das crianças do que o próprio divórcio.

Esses eventos decorrentes de perdas por morte ou separação dos pais na infância permitiram diferenciar grupos de depressivos e de controle em estudo realizado por Horesh, Klomek e Apter (2008). No ano anterior ao primeiro episódio depressivo, a proporção de perdas foi significativamente maior no grupo de deprimidos do que no grupo-controle. Além disso, a perda de um dos pais (por morte ou separação) antes dos 11 anos de idade parece estar associada à depressão nas mulheres, sendo que a perda da mãe até essa idade pode dobrar o risco de depressão. Portanto, as situações de morte e separação dos pais podem ser vistas como eventos estressores capazes de precipitar o surgimento da depressão, constituindo-se em fatores de risco para esse quadro (Patten, 1991).

A respeito de perdas por falecimento de um ou ambos os pais, observa-se que estudantes que perderam um dos pais apresentaram altos escores de hostilidade, maior intensidade de sintomas depressivos e menor suporte social, neste caso apenas quando apresentavam relações familiares atuais precárias (Luecken, 2000). Quando se comparam grupos de filhos e filhas, é possível constatar um efeito mais negativo para os meninos, em relação às meninas, para a morte do pai. Os filhos que perderam os pais relataram mais sintomas depressivos do que as filhas. Em contrapartida, a morte da mãe esteve mais associada ao baixo bem-estar entre as filhas quando comparadas aos filhos (Marks, Jun, & Song, 2007).

Já nos casos em que há presença de doença mental nos pais durante os primeiros anos da infância do filho, também parece haver um aumento da vulnerabilidade para a depressão. Nos casos de depressão paterna, a presença de sintomas depressivos reduz a frequência de envolvimento do pai em atividades com a criança. Por outro lado, há um aumento da ocorrência de comportamentos inadequados. Dessa forma, a depressão pode trazer como consequência uma mudança da dinâmica familiar, inclusive no relacionamento do casal, empobrecendo a relação pai-filho. Esses níveis mais elevados de depressão também são encontrados em adolescentes filhos de pais deprimidos (Bronte-Tinkew, Moore, Mattheuws, & Carrano, 2007; Sarigiani, Heath, & Camarena, 2003).

Existem evidências de associação entre depressão e sistema familiar. No entanto, ainda não está clara a origem dessa relação. Uma hipótese seria a transmissão de crenças aprendidas pelos filhos por meio do contato com os pais (Blount & Epkins, 2009). Nessa concepção, certas condições presentes nos pais, conhecidas como vulnerabilidade cognitiva, seriam transmitidas para os filhos, tornando-os cognitivamente vulneráveis ao transtorno depressivo. Nesse sentido, Beck e colaboradores (1997) mencionam três fatores como cruciais para a compreensão do substrato psicológico dessa psicopatologia e de formação do modelo cognitivo da depressão.

O primeiro fator relevante para a depressão é a tríade cognitiva, que consiste em três padrões que orientam o indivíduo a considerar suas experiências de um modo particular. A primeira característica é a percepção negativa de que a pessoa deprimida tem de si mesma (*self*). Essa visão leva o deprimido a perceber-se como indesejável e sem valor. O segundo componente é a tendência de a pessoa deprimida interpretar suas experiências com os outros de maneira negativa. O último aspecto é a visão negativa com relação ao futuro, o que produz previsões pessimistas a longo prazo. A tríade cognitiva colaboraria para os sintomas depressivos por sua influência equivocada sobre como o indivíduo interpreta os eventos.

Já tratado anteriormente neste capítulo, um segundo fator importante para a depressão é a noção de esquema, caracterizada por estruturas cognitivas do pensamento que englobariam as crenças centrais. Os esquemas seriam os responsáveis pela permanência da visão negativa e derrotista em relação à vida por parte do indivíduo que ignora as situações positivas e realça os eventos negativos. Desse modo, os esquemas se constituem em padrões cognitivos estáveis formados pelas crenças centrais.

O terceiro componente do modelo cognitivo para a depressão é o processamento falho de informações. Por meio desses erros, os indivíduos deprimidos apresentam a tendência de estruturar o seu pensamento de maneira primitiva, por julgamentos negativos amplos, extremos e categóricos com relação à sua vida, mesmo diante de eventos contraditórios.

A partir desse modelo cognitivo proposto por Beck, assim como por outros autores (Ingram, 2003), foi elaborada a ideia de vulnerabilidade cognitiva. Conforme esse conceito, existem determinadas condições que proporcionariam o surgimento da depressão na presença de um evento estressor. Pesquisas sobre vulnerabilidade cognitiva têm colaborado para a compreensão, o tratamento e a prevenção do surgimento dos transtornos afetivos (Ingram, Miranda, & Segal, 1998).

O modelo de Beck também é conhecido como modelo diátese-estresse da depressão e sugere a existência de uma estrutura cognitiva depressogênica ativada por eventos estressores. Existem evidências de que essas estruturas latentes sejam ativadas na presença de um evento estressor, produzindo um padrão de processamento de informação de autorreferência negativo que conduziria à depressão. Por exemplo, Ingram e Ritter (2000) compararam o desempenho da atenção e de indução de humor em grupos de indivíduos que passaram por um episódio depressivo (cognitivamente vulneráveis) e que nunca foram deprimidos (não vulneráveis). Os resultados indicaram que indivíduos vulneráveis focalizavam sua atenção em estímulos negativos após serem induzidos a humor negativo. Além disso, os autores verificaram que o nível de cuidado materno estava relacionado ao desempenho dos indivíduos vulneráveis na tarefa de humor, apoiando a noção de que o sistema familiar pode moderar essa relação. No mesmo sentido, em um estudo nacional (Barreto, Teodoro, Ohno, & Froeseler, 2018), identificou-se que crianças com vulnerabilidade cognitiva eram mais propensas a desenvolver sintomas internalizantes quase um ano após a primeira avaliação.

Além dos diversos preditores ambientais para depressão, um crescente corpo de evidências tem sugerido que estilos cognitivos negativos e processamento falho de informações produzem, de fato, um maior risco de surgimento desse transtorno (Abramson et al., 1999; Alloy et al., 1999). Os estilos cognitivos estruturam a compreensão da pessoa sobre o mundo e são formados por meio de suas experiências precoces de aprendizado, especialmente aquelas que ocorrem na família. Esses estilos cognitivos formam a referência a partir da qual o indivíduo interpreta e avalia as suas interações (tanto positivas quanto negativas) durante a adolescência e a idade adulta.

Uma vez que os estilos cognitivos dos indivíduos exercem influência na vulnerabilidade à depressão, é importante compreender os mecanismos pelos quais essas influências ocorrem, pois a compreensão auxilia a prevenir a ocorrência e a recorrência da depressão. Por exemplo, a depressão parental pode contribuir para o desenvolvimento de estilos cognitivos depressogênicos nos filhos por meio de uma variedade de mecanismos, incluindo transmissão genética ou práticas parentais negativas, entre outros (Goodman & Gotlib, 1999). Além disso, a exposição a um contexto interpessoal negativo (p. ex., *feedback* inferencial negativo de outros relacionamentos significativos, história precoce de maus-tratos, falta de intimidade nos relacionamentos afetivos, avaliações negativas de competência de outros relacionamentos significativos, discórdia familiar ou ruptura) pode desencadear a vulnerabilidade cognitiva pessoal para a depressão (Alloy, 2001).

No que se refere ao contexto interpessoal de avaliações negativas de competência de outros relacionamentos significativos, observa-se que adolescentes de pais perfeccionistas e críticos tendem a desenvolver um estilo de apego inseguro, caracterizado por dificuldades de se aproximar dos outros e por medo de abandono. Essas dimensões do apego inseguro, por sua vez, parecem contribuir para baixa autoestima, atitudes disfuncionais e estilo de atribuição negativo, todos eles fatores cognitivos negativos que aumentam o risco de depressão. Assim, uma relação problemática entre pais e filhos pode fazer emergir a vulnerabilidade cognitiva à depressão, incluindo crenças negativas sobre si mesmo e sentimentos de inferioridade (Gamble & Roberts, 2005).

Ainda sobre outros relacionamentos significativos, a história materna de depressão está associada longitudinalmente à baixa autoestima, ao estilo de atribuição negativo e à desesperança nos filhos adolescentes. Além disso, baixa aceitação materna, *feedback* atribucional negativo das mães para eventos relacionados ao filho e eventos de vida estressores impulsionam a predição a cognições negativas dos adolescentes. As crianças, por sua vez, quando expostas à depressão materna, parecem mais propensas a expressar cognições depressivas (desesperança, pessimismo e baixa autoestima) em situações ecologicamente realistas. Apesar disso, essas cognições depressivas podem ser em parte explicadas pela hostilidade atual da mãe com a criança (Murray, Woolgar, Cooper, & Hipwell, 2001). Deve-se destacar ainda que, mesmo depois de controlada a depressão das mães, perdura a relação entre vulnerabilidade cognitiva da mãe e do filho. Por isso, a tríade cognitiva das mães, e não os sintomas depressivos, parece ser mais determinante para a vulnerabilidade à depressão em pré-adolescentes, adolescentes e jovens. Desse modo, a tríade cognitiva da mãe, isoladamente, funciona como um preditor significativo da vulnerabilidade dos filhos, e daí a importância de considerar as cognições dos pais, além de seus sintomas afetivos e comportamentais, na compreensão da transmissão familiar da vulnerabilidade cognitiva da criança.

Uma hipótese explicativa para a transmissão familiar da vulnerabilidade cognitiva da depressão dos pais para os filhos consiste na ideia de que ela seria transmitida por meio da interação entre eles. A hipótese de transmissão familiar baseada em exposição e modelação sugere que o estilo cognitivo pode se desenvolver com base na observação e na imitação dos pais. De acordo com Blount e Epkins (2009), a exposição a cognições negativas de suas mães a respeito de si, do mundo e do futuro, e não o comportamento ou o afeto depressivo ou ansioso, por si só, pode ser mais determinante no desenvolvimento de vulnerabilidade cognitiva. As crianças aprendem, implícita ou explicitamente, a fazer os mesmos julgamentos sobre as próprias competências ou as mesmas inferências sobre os acontecimentos em sua vida, tal como aquelas feitas por outras pessoas significativas para elas.

Considerando que a observação direta é um pré-requisito para a modelação, ressalta-se a importância de avaliar o tempo que os pais passam com o filho. O tempo que mãe e filho passam juntos pode mediar a relação entre o estilo cognitivo da mãe e a vulnerabilidade cognitiva presente no filho, uma vez que a tríade cognitiva de mães que passam pouco tempo com a criança não se correlaciona significativamente com a tríade cognitiva da criança. Esse achado provê suporte direto para a hipótese de exposição e modelação.

Além disso, o fato de as mães relatarem passar mais tempo (média de horas por semana) com a criança do que os pais parece ser determinante para que a modelação ocorra de mãe para filho e não de pai para filho. Possivelmente por esse motivo haja maior evidência de transmissão entre mãe e filho do que entre pai e filho, assim como maior semelhança entre a psicopatologia da mãe com os filhos do que entre o pai e os filhos (Cardoso, 2010).

Entretanto, ainda não está claro se as cognições depressivas em crianças estão especificamente relacionadas a mães depressivas ou a outra sintomatologia, como a ansiedade. De todo modo, a investigação das relações familiares e da cognição dos pais parece ser um caminho para a compreensão da vulnerabilidade cognitiva de crianças e adolescentes.

Tratamento da depressão na família

Tendo em vista que a transmissão da depressão entre gerações é um processo complexo e multifacetado (Serbin & Karp, 2004), o estudo dos preditores psicossociais para o surgimento do transtorno tem implicações significativas para a prática clínica, na medida em que são potencialmente modificáveis a partir de intervenções preventivas (ver Cap. 1). A terapia familiar é uma estratégia eficaz para aumentar o suporte familiar aos deprimidos e costuma ter como alvo as pessoas acometidas pelo transtorno e os adultos membros da família com vistas a melhorar o funcionamento familiar e reduzir os sintomas do transtorno (Hinton et al., 2017; Tompson, Langer, Hughes, & Asarnow, 2017). Focar em intervenções familiares é promissor até mesmo em ambientes extremamente vulnerabilizantes. Shahar e Henrich (2016) avaliaram efeitos protetivos de três fontes de suporte social das famílias, da escola e dos amigos, em 362 adolescentes israelitas que viviam em zona de guerra e encontraram efeitos protetivos significativos do suporte familiar percebido pelos participantes na diminuição de sintomas depressivos e de comportamentos internalizantes e externalizantes.

Diversos outros estudos apontam efeitos positivos da TCCF no tratamento e na prevenção da depressão. Cluxton-Keller e Bruce (2018) sintetizaram em metanálise sete estudos experimentais demonstrando evidências da eficácia da TCCF na prevenção e no tratamento de depressão perinatal de 801 mães ao total, somando as participantes dos estudos, com idade média de 31,1 anos. Além disso, os autores demonstraram os impactos desse tipo de intervenção na diminuição estatisticamente significativa dos sintomas depressivos na mãe e melhora no funcionamento familiar. Variáveis como a intensidade da intervenção e o nível de envolvimento familiar moderaram os impactos dessas intervenções na depressão materna e no funcionamento. Assim, o estudo demonstrou impactos mais significativos das intervenções quando as mães participaram de seis ou mais sessões, totalizando um mínimo de 12 horas de intervenção, e quando seus parceiros participaram de mais de 80% das sessões.

Também Compas e colaboradores (2015) avaliaram 180 famílias em um ensaio clínico randomizado controlado com medidas em 2, 6, 12, 18 e 24 meses após TCCF preventiva em crianças de 9 a 15 anos cujos pais tinham histórico de depressão. Eles encontraram em seus achados efeitos positivos da terapia uma vez que os participantes obtiveram pontuações menores em medidas que avaliaram sintomatologia depressiva, ansiedade, problemas internalizantes e externalizantes após as intervenções, sendo tais efeitos mantidos até 24 meses após as intervenções.

Partindo para estratégias concretas que podem integrar intervenções baseadas na TCCF no tratamento da depressão, é importante ressaltar a importância predecessora de um processo avaliativo abrangente que considere a multifatoriedade da doença e a pluralidade de sintomas apresentados, bem como os perfis diferenciados de sintomas e possíveis comorbidades (Baptista, 2018). Somente de posse de informações detalhadas sobre como a doença se manifesta na pessoa acometida é que o psicoterapeuta poderá programar suas estratégias interventivas a contento. Essas estratégias devem buscar metas que tragam impacto direto (p. ex., intervenções individuais voltadas para a redução da sintomatologia depressiva) ou indireto (p. ex., promoção da comunicação familiar) sobre a saúde mental. As intervenções podem incluir os seguintes módulos:

1. estabelecimento de vínculo e estratégias de psicoeducação sobre a depressão;
2. reestruturação cognitiva;
3. treino assertivo e de comunicação;
4. programação de atividades agradáveis;
5. estratégias de resolução de problemas e de enfrentamento (*coping*).

É recomendável incluir a criança ou o adolescente e seu familiar em todas as sessões para que os resultados sejam potencializados e sustentados ao longo do tempo, devido à importância da interação pai-filho (Moon & Rao, 2010) e aos dados sobre evidências (Cluxton-Keller & Bruce, 2018). O envolvimento dos pais permite prover educação parental a respeito da modelação de cognições positivas sobre o *self*, o mundo e o futuro, bem como o ensino de estratégias comportamentais na tentativa de não expressar suas cognições negativas na presença da criança. Permite também ensinar às mães habilidades parentais que reduzam a disfunção familiar e desenvolver com os adolescentes habilidades de enfrentamento à depressão materna e aos estressores associados (Garber & Cole, 2010).

Os esforços de prevenção podem também envolver o contato desses jovens com outros por algum tempo, proporcionando-lhes exposição e subsequente modelação de cognições funcionais, além de suporte social. Conforme a concepção preventiva, um programa cognitivo-comportamental de intervenção foi efetivo em melhorar as habilidades parentais e o enfrentamento da criança, de modo a prevenir depressão e outra psicopatologia em filhos de mães deprimidas (Compas et al., 2009).

Prevenir estilo cognitivo negativo e depressão materna durante as fases iniciais de desenvolvimento infantil seria o ideal. Porém, ante transtorno de humor da mãe, deve-se objetivar a intervenção para tratar os sintomas atuais e evitar a recorrência, pois o tratamento da depressão materna pode trazer impacto positivo para o filho (Gunlicks & Weissman, 2008).

Considerações finais

Já está bem estabelecida na literatura a associação entre o suporte familiar e o desenvolvimento, a manutenção, a recaída e o tratamento de sintomatologia depressiva. Obviamente, existem vários modelos teóricos que podem explicar tal associação, sendo um dos principais o modelo cognitivo. Nesse sentido, a família parece exercer ampla influência no desenvolvimento de padrões cognitivos associados ao desenvolvimento da depressão. No entanto, a família pode ser considerada apenas uma das variáveis de risco/proteção, a variável social. Outras diversas variáveis sociais, psicológicas e/ou biológicas fazem parte da complexa teia de desenvolvimento de transtornos mentais.

Intervenções pautadas na detecção de estilos atribucionais sobre autoavaliação, avaliação do mundo e do futuro e sua relação com o suporte social (p. ex., familiar) podem ser de grande valia na modificação desses padrões, a fim de diminuir sintomas depressivos. Assim, a TCCF consiste em intervenção promissora no manejo das relações familiares, bem como na atenuação dos sintomas de vários transtornos mentais, especialmente a depressão.

Referências

Abramson, L.Y., Alloy, L. B., Hogan, M. E., Whitehouse, W. G., Donovan, P., Rose, D. T., ... Raniere, D. (1999). Cognitive vulnerability to depression: Theory and evidence. *Journal of Cognitive Psychotherapy: An International Quarterly, 13*(1), 5-20.

Alloy, L. B., Abramson, L. Y., Whitehouse, W. G., Hogan, M. E., Tashman, N. A., Steinberg, D. L., ... Donovan, P. (1999). Depressogenic cognitive styles: Predictive validity, information processing and personality characteristics, and developmental origins. *Behaviour Research and Therapy, 37*(6), 503-531.

Alloy, L. B. (2001). The developmental origins of cognitive vulnerability to depression: Negative interpersonal context leads to personal vulnerability. *Cognitive Therapy and Research, 25*(4), 349-351.

American Psychiatric Association (APA). (2014). *Manual diagnóstico e estatístico de transtornos mentais: DSM-5* (5. ed.). Porto Alegre: Artmed.

Baptista, M. N. (2018). Avaliando "depressões": Dos critérios diagnósticos às escalas psicométricas. *Avaliação Psicológica, 17*(3), 301-310.

Baptista, M. N., & Oliveira, A. A. (2004). Sintomatologia de depressão e suporte familiar em adolescentes: Um estudo de correlação. *Revista Brasileira de Crescimento e Desenvolvimento Humano, 14*(3), 58-67.

Baptista, M. N., Baptista, A. S. D., & Dias, R. R. (2001). Estrutura e suporte familiar como fator de risco na depressão de adolescentes. *Psicologia Ciência e Profissão, 21*(2), 52-61.

Barrett, A. E., & Turner, R. J. (2005). Family structure and mental health: The mediating effects of socioeconomic status, family process, and social stress. *Journal of Health and Social Behavior, 46*(2), 156-169.

Barreto, I. S., Teodoro, M. L. M., Ohno, P. M., & Froeseler, M. V. G. (2018). Cognitive vulnerability and stress for emotional and behavioral problems in children and adolescents: A longitudinal study. *Journal of Cognitive Psychotherapy, 32*(4), 272-284.

Beck, A. T., Rush A. J., Shaw B. F., & Emery, G. (1997). *Terapia cognitiva da depressão*. Porto Alegre: Artmed.

Beck, J. S. (2013). *Terapia cognitivo-comportamental: Teoria e prática*. Porto Alegre: Artmed.

Bemporad, J. R., & Romano, S. (1993). Childhood experience and adult depression: A review of studies. *American Journal Psychoanalysis, 53*(4), 301-315.

Blount, T. H., & Epkins, C. C. (2009). Exploring modeling: Based hypotheses in preadolescent girls' and boys' cognitive vulnerability to depression. *Cognitive Therapy and Research, 33*(1), 110-125.

Bronte-Tinkew, J., Moore, K. A., Mattheuws, G., & Carrano, J. (2007). Symptoms of major depression in a sample of fathers of infants: Sociodemographic correlates and links to father involvement. *Journal of Family Issues, 28*(1), 61-99.

Campos, E. P. (2004). Suporte social e família. In J. Mello Filho, *Doença e família* (pp. 141-161). São Paulo: Casa do Psicólogo.

Cardoso, B. M. (2010). *Problemas emocionais e de comportamento e relações familiares em adolescentes*. Dissertação de mestrado, Universidade do Vale do Rio dos Sinos, São Leopoldo.

Castro, R., Campero, L., & Hernández, B. (1997). La investigación sobre apoyo social em salud: Situación actual y nuevos desafios. *Revista de Saúde Pública, 31*(4), 425-435.

Cluxton-Keller, F., & Bruce, M. L. (2018) Clinical effectiveness of family therapeutic interventions in the prevention and treatment of perinatal depression: A systematic review and meta-analysis. *PLoS One, 13*(6), e0198730.

Compas, B. E., Forehand R, Keller G, Champion JE, Rakow A, Reeslund KL, ... Cole DA (2009). Randomized clinical trial of a family cognitive: Behavioral preventive intervention for children of depressed parents. *Journal of Consulting and Clinical Psychology, 77*(6), 1007-1020.

Compas, B. E., Forehand, R., Thigpen, J., Hardcastle, E., Garai, E., McKee, L., & Sterba, S. (2015). Efficacy and moderators of a family group cognitive-behavioral preventive intervention for children of parents with depression. *Journal of Consulting and Clinical Psychology, 83*(3), 541-553.

Dattilio, F. M. (2001). Cognitive behavior family therapy: Contemporary myths and misconceptions. *Contemporary Family Therapy, 23*(1), 3-18.

Dattilio, F. M. (2002). Homework assignments in couple and family therapy. *Journal of Clinical Psychology, 58*(5), 535-547.

Del Porto, J. A. (2002). Depressão: Conceito e diagnóstico. In J. J. Mari, *Atualização em psiquiatria* (Vol. 1, pp. 21-29). São Paulo: Casa do Psicólogo.

Friedberg, R. D. (2006). A cognitive-behavioral approach to family therapy. *Journal of Contemporary Psychotherapy, 36*(4), 159-165.

Gamble, S. A., & Roberts, J. E. (2005). Adolescents' perception of primary caregivers and cognitive style: The roles of attachment security and gender. *Cognitive Therapy and Research, 29*(2), 123-141.

Garber, J., & Cole, D. A. (2010). Intergenerational transmission of depression: A launch and grow model of change across adolescence. *Development and Psychopathology, 22*(4), 819-830.

Goodman, S. H., & Gotlib, I. H. (1999). Risk for psychopathology in the children of depressed mothers: A developmental model for understanding mechanisms of transmission. *Psychological Review, 106*(3), 458-490.

Grevet, E. H., & Knijnik, L. (2001). Diagnóstico de depressão maior e distimia. *Revista AMRIGS, 45*(3,4), 108-110.

Gunlicks, M. L., & Weissman, M. M. (2008). Change in child psychopathology with improvement in parental depression: A systematic review. *Journal of the American Academy of Child & Adolescent Psychiatry, 47*(4), 379-389.

Heim, C., & Nemeroff, C. B. (2001). The role of childhood trauma in the neurobiology of mood and anxiety disorders: Preclinical and clinical studies. *Biological Psychiatry, 49*(12), 1023-1039.

Hinton, L., Sciolla, A. F., Unützer, J., Elizarraras, E., Kravitz, R. L., & Apesoa-Varano, E. C. (2017). Family-centered depression treatment for older men in primary care: A qualitative study of stakeholder perspectives. *Family Practice, 18*(8), 1-9.

Holmes, D. S. (1997). *Psicologia dos transtornos mentais*. (2. ed.). Porto Alegre: Artmed.

Horesh, N., Klomek, A. B., & Apter, A. (2008). Stressful life events and major depressive disorders. *Psychiatry Research, 160*(2), 192-199.

Ingram, R. E. (2003). Origins of cognitive vulnerability to depression. *Cognitive Therapy and Research, 27*(1), 77-88.

Ingram, R. E., & Ritter, J. (2000). Vulnerability to depression: Cognitive reactivity and parental bonding in high-risk individuals. *Journal of Abnormal Psychology, 109*(4), 588-596.

Ingram, R. E., Miranda, J., & Segal, Z. V. (1998). *Cognitive vulnerability to depression*. New York: Guilford.

Landerman, R., George, L. K., & Blazer, D. G. (1991). Adult vulnerability for psychiatric disorders: Interactive effects of negative childhood experiences and recent stress. *Journal Nervouse Mental Disorders, 179*(11), 656-663.

Lôbo, P. (2018). *Direito civil* (8. ed., Vol. 5). São Paulo: Saraiva.

Luecken, L. J. (2000). Attachment and loss experiences during childhood are associated with adult hostility, depression, and social support. *Journal Psychosomatic Research, 49*(1), 85-91.

Manczak, E. M., Skerrett, K. A., Gabriel, L. B., Ryan, K. A., & Langenecker, S. A. (2018). Family support: A possible buffer against disruptive events for individuals with and without remitted depression. *Journal of Family Psychology, 32*(7), 926-935.

Marks, G. N. (2006). Family size, family type and student achievement: Cross-national differences and the role of socioeconomic and school factors. *Journal of Comparative Family Studies, 37*(1), 1-27.

Marks, N. F., Jun, H., & Song, J. (2007). Death of parents and adult psychological and physical well-being: A prospective U.S. National Study. *Journal of Family Issues, 28*(12), 1611-1638.

Marshall, C., & Henderson, J. (2014). The Influence of Family Context on Adolescent Depression: A Literature Review. *Canadian Journal of Family and Youth, 6*(1), 163-187.

Martin, G., Rozanes, P., Pearce, C., & Allison, S. (1995). Adolescent suicide, depression and family dysfunction. *Acta Psychiatrica Scandinávica, 92*(5), 336-344.

Moon, S. S., & Rao, U. (2010). Youth-family, youth-school relationship, and depression. *Child and Adolescent Social Work Journal, 27*(2), 115-131.

Murray, L., Woolgar, M., Cooper, P., & Hipwell, A. (2001). Cognitive vulnerability to depression in 5-year-old children of depressed mother. *The Journal of Child Psychology and Psychiatry, 42*(7), 891-899.

Parker, G. (1979). Parental characteristics in relation to depressive disorders. *British Journal of Psychiatry, 134*, 138-147.

Parker, G., Tupling, H., & Brown, L. B. (1979). A parental bonding instrument. *British Journal of Medical Psychology, 52*(1), 1-10.

Patten, S. B. (1991). The loss of a parent during childhood as a risk factor for depression. *Canadian Journal Psychiatry, 36*(10), 706-711.

Pelkonen, M., Marttunen, M., Kaprio, J., Huurre, T., & Aro, H. (2008). Adolescent risk factors for episodic and persistent depression in adulthood: A 16-year prospective follow-up study of adolescents. *Journal of Affective Disorders, 106*(1-2), 123-131.

Sarigiani, P. A., Heath, P. A., & Camarena, P. M. (2003). The significance of parental depressed mood for young adolescents' emotional and family experiences. *The Journal of Early Adolescence, 23*(3), 241-267.

Serbin, L., & Karp, J. (2004). The intergenerational transfer of psychosocial risk: Mediators of vulnerability and resilience. *Annual Review of Psychology, 55*, 333-363.

Shahar, G., & Henrich, C. C. (2016). Perceived family social support buffers against the effects of exposure to rocket attacks on adolescent depression, aggression, and severe violence. *Journal of Family Psychology, 30*(1), 163-168.

Sheeber, L., Hops, H., Alpert, A., Davis, B., & Andrews, J. (1997). Family support and conflict: Prospective relations to adolescent depression. *Journal of Abnormal Child Psychology, 25*(4), 333-344.

Souza, M. S., & Baptista, M. N. (2008). Associações entre suporte familiar e saúde mental. *Psicologia Argumento, 26*(54), 207-215.

Teodoro, M. L. M., Cardoso, B. M., & Freitas, A. C. H. (2010). Afetividade e conflito familiar e sua relação com a depressão em crianças e adolescentes. *Psicologia: Reflexão e Crítica, 23*(2), 324-333.

Tompson, M., Langer, D. A., Hughes, J. L., & Asarnow, J. R. (2017). Family-focused treatment for childhood depression: Model and case illustrations. *Cognitive and Behavioral Practice, 24*(3), 269-287.

Uchino, B. N., Cacioppo, J. T., & Kiecolt-Glaser, J. K. (1996). The relationship between social support and physiological processes: A review with emphasis on underlying mechanisms and implications for health. *Psychological Bulletin, 119*(3), 488-531.

Weinman, M. L., Buzi, R., Smith, P. B., & Mumford, D. M. (2003). Associations of family support, resiliency, and depression symptoms among indigent teens attending a family planning clinic. *Psychological Reports, 93*(1), 719-731.

Sistemas e psicodinâmica:
uma visão binocular para a terapia de casal

Orestes Diniz Neto | Terezinha Féres-Carneiro

O objetivo deste capítulo é descrever algumas contribuições das abordagens sistêmica e psicanalítica à terapia de casal, discutindo sua articulação em uma perspectiva epistemológica batesoniana, orientada pelo conceito de dupla descrição. Essa perspectiva tem como metáfora a visão binocular, na qual diferentes descrições, irredutíveis entre si, podem ser articuladas em suas diferenças e semelhanças, levando à emergência de uma nova descrição, com novas informações, irredutíveis às visões anteriores. Aspectos teóricos de ambas as abordagens são delineados, relacionando diferentes perspectivas e posições em seu desenvolvimento histórico. As possibilidades de articulação de diferentes perspectivas e técnicas são discutidas em termos epistemológicos e metodológicos.

A expressão "terapia de casal" refere-se a diversas modalidades de tratamento que buscam modificar o relacionamento conjugal com o objetivo de melhorar a satisfação conjugal e superar dificuldades do relacionamento. Além disso, busca lidar com disfunções conjugais, aumentar a resiliência do casal e oferecer apoio psicológico em momentos de crises conjugais que podem ser previsíveis, como as decorrentes do ciclo de vida familiar, ou imprevisíveis, como adoecimentos e pressões socioeconômicas, entre outras. A disfunção da conjugalidade pode manifestar-se em vários sintomas, como aumento do sofrimento de um ou de ambos os cônjuges, dos filhos ou da família extensa, incluindo somatizações, e o surgimento ou agravamento de quadros clínicos psicológicos ou médicos preexistentes. Esse foco implica que dois indivíduos razoavelmente saudáveis podem formar, apesar disso, um relacionamento conjugal disfuncional. Ou, de outro modo, dois indivíduos diagnosticados com quadros psicopatológicos podem formar casamentos funcionais, até certo ponto, por complementação de suas dificuldades.

A terapia de casal desenvolveu-se durante o século XX, embora tentativas para fortalecer os relacionamentos e resolver conflitos conjugais sejam tão antigas como o próprio casamento. A tarefa de auxiliar o jovem casal cabia, nas sociedades pré-industriais, aos membros mais velhos das famílias extensas, que interviam de acordo com sua experiência e a tradição a que pertenciam, o que incluía a tradição religiosa (Sholevar, 2003).

Com o declínio do predomínio da configuração familiar extensa, por volta do fim do século XIX, somado à ascensão e à afirmação de modelos de família nuclear e mudança da população para os grandes centros, a questão das disfunções conjugais passou a ser abordada por clérigos e médicos. Obviamente, esses grupos profissionais estavam em posição estratégica para realizar intervenções, pois costumavam fazer parte da mesma comunidade que os casais, tinham contato anterior bem-estabelecido e atuavam diretamente em questões de orientação na comunidade.

O aconselhamento matrimonial, como profissão, surgiu apenas nas décadas de 1920 e 1930 nos Estados Unidos. O Marriage Consultation Center foi estabelecido em Nova York em 1929, o Marriage Consultation Center of Philadelphia, em 1932, e o American Institute of Family Relations, na Califórnia, em 1939. O aconselhamento matrimonial desenvolveu-se como um corpo de atividade sem orientação teórica fundamentada, pautando-se mais comumente no uso do bom senso. A abordagem psicanalítica foi a que primeiramente influenciou, de modo produtivo, a atuação no aconselhamento matrimonial. E talvez, em retrospecto, por esse motivo tenha despertado o interesse de psicanalistas em desenvolver modelos de terapia de casal orientados analiticamente (Sholevar, 2003).

Diversos olhares sobre o casal

Várias escolas de terapia de casal orientadas por diferentes abordagens, como sistêmica, comportamental e humanista, desenvolveram-se a partir de então, seguindo caminhos e propostas epistemológicas próprias, gerando uma diversidade de modelos e métodos de intervenção (Féres-Carneiro e Diniz-Neto, 2008; Gurman, 2015). Nas décadas de 1970 e 1980, foram publicados estudos controlados sobre a eficácia da terapia de casal. Sucessivas revisões com o uso de métodos metaestatísticos têm encontrado um quadro de homogeneidade de resultados independentemente da abordagem teórica. Assim, o uso e a aplicação, na clínica, de diferentes métodos de tratamento a casais mostram-se, até o momento, possíveis e adequados do ponto de vista da eficácia terapêutica. Além disso, pesquisas mostram que os psicoterapeutas se orientam por um ou mais modelos derivados de diferentes abordagens (Sholevar, 2003; Prochaska & Norcross, 2018).

Gondim, Bastos e Peixoto (2010, p. 190), em uma investigação sobre o perfil do psicólogo brasileiro, verificaram que 50,1% dos psicólogos de uma amostra de 2.529 entrevistados declaram orientar-se por duas ou mais abordagens teóricas, mesmo que estas sejam contraditórias em seus pressupostos e orientações: "De um lado, a habilidade de integrar teorias, que historicamente não são afins, pode ser explicada pela complexidade do objeto da psicologia, que compele o profissional a analisar o homem de modo integral, conciliando perspectivas biológicas (cognitivo-comportamental) e subjetivas". Porém, esse mesmo resultado pode indicar que o psicólogo não tem clareza metodológica e epistemológica, promovendo muito mais um ecletismo do que uma integração articulada e crítica. Borges-Andrade, Bastos, Andery, Souza-Lobo e Trindade (2015) apontam as dificuldades de formação profissional e a ausência de fundamentação epistemológica na formação do psicólogo.

Ponciano e Féres-Carneiro (2006, p. 259), ao examinar as produções do I ao V congressos da Associação Brasileira de Terapia de Família (Abratef), notaram a diversidade de abordagens terapêuticas orientadoras dos trabalhos apresentados: "A tendência de se utilizar várias disciplinas para uma compreensão que englobe o indivíduo, a família e o contexto sócio-histórico, enfatizando a relação entre eles". Ao examinar as publicações nacionais sobre família nas bases de dados INDEXPSI e SCIELO de 1980 a 2003, as autoras observaram que apenas 36 (7,34%) artigos referiam-se a casais. Esse resultado é notável, uma vez que pesquisas internacionais relatam a predominância de aproximadamente 60% do atendimento dos terapeutas de família a casais ou a sessões de família com a presença exclusiva de casais (Gottman & Notarius, 2002).

Além disso, outras categorias temáticas apareceram menos e com menor representatividade: psicanálise (6; 1,12%); articulação (2; 0,38%); interiorização (1; 0,19%); Winnicott (1; 0,19%). As autoras sugeriram que essas categorias representam a necessidade de integrar diferentes teorias, considerando tanto o aspecto intrapsíquico quanto o relacional. Esses dados indicam que uma possibilidade para compreender melhor a relação entre conceitos como saúde/doença mental e homeostase seria "que se considere o indivíduo, pela psicanálise, a família e o grupo social, pela teoria sistêmica" (Ponciano & Féres-Carneiro, 2006, p. 256). Por outro lado, Nielsen (2016) aponta que metade dos terapeutas norte-americanos pratica algum modelo de terapia de casais. Isso pode indicar a necessidade de maiores estudos e teorizações centradas em modelos específicos para os casais. De fato, Lebow (2016) aponta que a terapia de casal é a abordagem com maior possibilidade de crescimento entre as terapias na próxima década, superando a abordagem de família e individual. Esse autor ressalta, ainda, que a eficácia terapêutica de modelos de casal deve-se a fatores comuns, presentes em todas as formas de psicoterapia.

No caso da psicanálise e da abordagem sistêmica, a complementaridade entre elas tem sido defendida por diversos autores desde Akerman (1970). Abdo e Oliveira (1994) defenderam uma complementaridade entre as duas teorias para compreender o adoecer psíquico. Para eles, conceitos comuns poderiam estar presentes em ambas as teorias, como, por exemplo, a homeostase como princípio explicativo da psique humana e de sistemas relacionais. Féres-Carneiro (1994, 1996) também aponta a ausência de um campo teórico unificador e propõe uma perspectiva de articulação, observando que a rigidez entre certos autores da psicanálise e da teoria sistêmica pouco tem contribuído para a produção teórica e o desenvolvimento de técnicas terapêuticas. No entanto, nas últimas décadas, tais posições têm mudado, surgindo tentativas de integração entre essas abordagens (Flaskas & Pocock, 2018). Flaskas (2018) aponta a existência de importantes diferenças e similitudes entre abordagem psicanalítica e sistêmica, que têm incentivado integrações e aproximações teóricas e práticas.

Assim, articulações – tanto no nível teórico quanto na prática – que abordem o indivíduo, sua família ou o casal e o contexto social, seriam não só possíveis como também necessárias. Diversas questões emergem desse quadro: diferentes modelos podem ser de fato articulados? De que forma? Diferentes abordagens são realmente eficazes quando utilizadas em conjunto? Como essa orientação beneficia o tratamento? Qual postura epistemológica poderia permitir uma articulação teórica entre essas perspectivas de modo ético e científico?

Figueiredo (2004, 2018), ao abordar a questão da diversidade de escolas de psicoterapia derivadas de matrizes do pensamento psicológico, nota que se pode adotar duas reações típicas diante desse quadro: o ecletismo e o dogmatismo. Na primeira, os usos de diversas abordagens, modelos e técnicas são feitos livremente, com a suposição de que, no final, combinam-se. Esse processo gera, entre outras dificuldades, uma indiferenciação entre a crítica epistemológica e a metodológica, impedindo o avanço da ciência psicológica por meio da perda da avaliação da relação entre a teoria, a aplicação da técnica e seus resultados. A posição dogmática leva, por outro lado, a um fechamento arbitrário ou à adesão exclusiva a uma abordagem, também impedindo a exploração de teorias e vieses alternativos que poderiam levar a descobertas e desenvolvimentos significativos ou a críticas construtivas. Para o autor, articular campos teóricos diversos parece ser uma rota viável, tanto para o avanço da psicologia quanto para o enriquecimento das teorias psicoterapêuticas e da atuação terapêutica.

Tentativas de aproximação entre psicanálise e abordagem sistêmica têm ocorrido na forma de diálogos, integrações e articulações. Nos diálogos, ocorre uma discussão das diferenças e aproximações, mantendo-se uma diferenciação das abordagens e preservando-se a diferenciação epistêmica. As propostas de integração fundamentam-se na aproximação conceitual que ocorreu entre essas abordagens à medida que se desenvolveram durante os séculos XX e XXI. Essas tentativas parecem apresentar problemas epistemológicos fundamentais. No caso dos diálogos, não ocorre de fato nenhuma forma de aproximação real, prevalecendo a aderência aos fundamentos de cada abordagem. Por outro lado, as tentativas de integrações levam a uma perda da diferenciação das abordagens e de sua riqueza epistemológica e teórica. Poucas tentativas de articulação ocorrem na literatura, considerando que estas se caracterizam pela aderência epistêmica e teórica de cada abordagem, em riqueza polissêmica, ancorada em diferentes fundamentações epistemológicas, e não como discursos a se superar (Flaskas & Pocock, 2018; Féres-Carneiro, 2014).

Articulando diferentes visões

Como realizar essa articulação? Muitas propostas apontam soluções para tal pergunta. Figueiredo (2004, 2018), por exemplo, propõe a adoção de uma abordagem construtivista e reflexiva, considerando a importância de se investir na produção do conhecimento a partir dos recursos conceituais disponíveis em diferentes orientações e no desafio de uma crítica reflexiva da prática. Nesse sentido, a epistemologia batesoniana parece ser de especial interesse por oferecer um caminho epistemológico possível para a articulação de teorias. Gregory Bateson, figura seminal do campo da terapia de casal e família, apresentou em 1979, no livro *Mind and nature*, um método de investigação e articulação entre diferentes vieses, descrevendo a visão binocular como metáfora dessa proposta. Nela, cada olho, como nos seres humanos, capta uma visão semelhante, mas diferente da cena que se apresenta. Assim, na comparação entre semelhanças e diferenças, o nosso processo cognitivo constrói/extrai uma informação que não está disponível no padrão captado por nenhum dos dois olhos separadamente: a profundidade em três dimensões (Borden, 2017).

Bateson (1979) descreve seu método como "dupla descrição". Inclui elementos dos conceitos de "abdução" de Charles S. Pierce e da teoria de tipos lógicos de Bertrand Russel, embora nenhum deles seja aplicado em seu sentido original. Para que a "dupla descrição" seja um método analítico útil para extrair informações, desvelando padrões de relações não perceptíveis nas descrições originais, a seleção de similaridades é o primeiro passo. Nesse ponto, Bateson considera como chave um modo de inferência metodológica frequentemente negligenciado: a abdução, conceito proposto por Peirce (1994) e por Borden (2017).

Para Pierce, a abdução é o processo epistêmico para formar hipóteses explicativas. A dedução conclui algo que deve ser lógico, enquanto a indução mostra algo que atualmente é operatório, e a abdução faz uma mera sugestão de algo que pode ser. Para apreender ou compreender os fenômenos, a abdução só pode funcionar como método inicial, pois seria o modo de seleção de *inputs* e construção de fatos. Assim, o raciocínio abdutivo leva às hipóteses que formulamos anteriormente sobre a confirmação (ou negação) do caso pela indução e pela dedução. Pinto (1995, p. 14) sintetiza: "[...] a inferência abdutiva é um palpite razoavelmente bem fundamentado acerca de uma semiose que deve ser testado posteriormente por dedução a fim de que se chegue a uma inferência indutiva sobre o universo representado por aquela semiose".

Enquanto Pierce utiliza as categorizações abdutivas como base para induções ou deduções, Bateson (1979, p. 143) entende-as de modo diferente: "Cada abdução pode ser vista como uma dupla ou múltipla descrição de um objeto ou sequência de eventos". Logo, a dupla descrição seria a base para a abdução em Bateson, pois o relacionamento entre diferenças seria sempre necessário. Ele inclui o relacionamento entre diferentes descrições como parte da abdução, introduzindo uma hierarquia lógica na "dupla descrição", insistindo na necessidade de não confundir diferentes níveis. Portanto, o primeiro passo da "dupla descrição" envolve identificar padrões informativos similares, compará-los e, em virtude da comparação, descobrir regras de ordem superior sobre as similaridades e as diferenças. Bateson (1979) vê na abdução a possibilidade de prover uma profundidade metafórica, mas que não garante por si mesma sua utilidade, necessitando de uma clara distinção entre a abdução e a inferência hierárquica que esta pode eliciar (Borden, 2017).

Para Bateson, a possibilidade para a diferenciação dessa profundidade metafórica vem da lógica matemática: a teoria dos tipos lógicos de Russel. A teoria dos tipos lógicos foi desenvolvida por Bertrand Russel como meio de evitar paradoxos lógicos matemáticos que emergem em asserções autorreferentes como a de um conjunto que pertence a si mesmo. Bateson desenvolveu um amplo uso do termo "tipos lógicos", aplicando como meio de elucidar relacionamentos hierárquicos em diversos domínios. Na "dupla descrição", argumenta que o bônus metafórico obtido é inevitável em relação ao fenômeno estudado. A diferenciação das descrições em tipos lógicos faz a dupla descrição mais do que uma abdução no sentido de Pierce. Isso exige que se usem descrições relacionadas para que se obtenha uma descrição de um tipo lógico superior. Essa distinção permite emergir a "diferença que faz a diferença" no sentido batesoniano (Borden, 2017). No que se refere ao exemplo da visão binocular, Bateson (1979, p. 7) salienta que "[...] a diferença entre a informação obtida por uma retina e a provida pela outra é, em si mesma, informação de diferentes tipos lógicos". Perceber profundidade depende de registrar sistematicamente as diferenças nos sinais dos dois olhos, mas isso não pode ser reconhecido até que os sinais sejam justapostos e alinhados em função de suas similaridades. O método de Bateson foi explorado em perspectivas terapêuticas, como pela escola de Milão (Palazzoli, Boscolo, Cecchin, & Prata, 1972), pelo método de intervenções sistêmicas (De Shazer, 1982) e por áreas da biologia (Maturana & Varela, 1987) e da estética (Maciel & Santos, 2010).

Em relação à articulação possível entre a terapia psicanalítica e sistêmica de casais, o método batesoniano de "dupla descrição" parece produtivo, pois permite a diferenciação cuidadosa de diversos conhecimentos obtidos por distintos métodos e a emergência de padrões úteis de hipotetização de suas relações como um novo conhecimento emergente. Para tanto, temos de considerar que um alinhamento cognitivo sobre o mesmo objeto deve ocorrer nas duas perspectivas. Esse alinhamento, de fato, ocorreu após um processo longo de estudo e adequação metodológica ao objeto, a terapia de casal, nas duas abordagens, como uma focalização. Aspectos salientes podem então ser levantados, constituindo o campo de diferenças e similitudes; assim, um conhecimento supraordenado pode emergir. Essa informação precisa ser produtiva e aplicável ao campo de estudo em foco, permitindo operar-se em um nível mais elevado do que nas descrições anteriores.

Para articular duas teorias tão díspares em seus fundamentos como a psicanálise e a abordagem sistêmica, é necessário descrever o processo de focalização no objeto terapia de casal em ambas as abordagens, revelando a dinâmica metodológica e epistemológica que levou ao surgimento das teorias de intervenção. Em seguida, é preciso realizar uma discussão sobre os aspectos salientes comuns emergentes no campo de comparação. Poderemos obter, assim, uma metadescrição, nem psicanalítica, nem sistêmica, e que vai, ao mesmo tempo, além e aquém de ambas.

Terapia psicanalítica de casais: do sujeito à relação conjugal

Para Gurman e Fraenkel (2002), as contribuições do pensamento psicanalítico à psicoterapia de casal podem ser divididas em três períodos, segundo as tendências metodológicas e teóricas e as contribuições técnicas. O primeiro período vai da década de 1930 até a década de 1960, sendo caracterizado por experimentações e aplicação dos princípios e técnicas psicanalíticas tradicionais à situação de tratamento do casal. O segundo período, que vai da metade da década de 1960 até a década de 1980, marca um arrefecimento do interesse pela aplicação da psicanálise à situação conjugal. Isso se deve, por um lado, às críticas do próprio movimento psicanalítico ao uso da psicanálise em situações não tradicionais, e, por outro, ao interesse despertado pelo movimento de terapia sistêmica de família, que formulou sérias críticas à abordagem psicanalítica, considerando-a excessivamente personalista e voltada ao intrapsíquico. O terceiro período ocorreu a partir da década de 1980, quando podemos notar o surgimento de um interesse renovado na abordagem psicanalítica de casais, caracterizando um novo período que se estende até os dias de hoje (Féres-Carneiro, 2014).

Assim, importantes contribuições foram feitas pelos pioneiros em suas tentativas de responder à demanda crescente de atendimento por parte dos casais. Nos Estados Unidos, no início do século XX, apenas psiquiatras eram admitidos como psicanalistas. Então, um grupo de profissionais interessados em responder à demanda das dificuldades conjugais, muitas vezes endereçadas por conselheiros matrimoniais, e insatisfeitos com os resultados do método analítico individual tradicional, iniciou uma série de experimentações e modificações na técnica de um modo um pouco ambivalente. Com isso, intervenções psicanalíticas com o casal desenvolveram-se de forma autônoma em relação ao aconselhamento matrimonial. A questão era: como tratar casais com uma técnica desenvolvida e voltada para o indivíduo? Ou como modificar a técnica analítica adaptando-a para o contexto conjugal, mantendo-se orientados pelos princípios da psicanálise? Além dessas questões, várias outras eram consideradas, como a seleção do parceiro na formação do casal e os fatores que levavam à manutenção das relações conjugais, mesmo em situações de extremo estresse, que já despertavam o interesse de psicanalistas nesse período.

A psicanálise de casais parece ter sido iniciada por Oberndorf, que apresentou, em 1931, um trabalho descrevendo a relação das neuroses individuais na formação do sintoma do casal. Anos depois, em 1938, Oberndorf publicou outro artigo em que descreveu um método de psicanálise conjugal consecutiva, na qual a análise de um dos esposos começava quando terminava a do outro. O objetivo era solucionar o impasse conjugal pela análise das neuroses individuais. Mittelman (1948) propôs o tratamento conjugal como um processo de análise individual concomitante de ambos os cônjuges pelo mesmo analista. Críticas e restrições foram dirigidas a essas abordagens, pois obviamente contrariavam o método psicanalítico tradicional, no qual qualquer contato com qualquer membro da família deveria ser evitado, sob pena de "contaminação" da transferência (Greene, 1965).

Mittelman (1948) realizou, segundo Sager (1966), a primeira sessão de casal conjunta relatada na abordagem psicanalítica, tendo sido motivado por histórias dos casais que não combinavam em aspectos significativos. Na época, essa intervenção foi considerada teoricamente incorreta para a abordagem psicanalítica e politicamente incorreta para o período histórico e social, mas revela a hipótese que guiava a intervenção psicanalítica com casais: era tarefa do analista destacar e corrigir as percepções distorcidas pelas neuroses de ambos os cônjuges, permitindo uma relação descontaminada, liberta da irracionalidade neurótica. Dessa forma, caberia ao analista a difícil posição de decidir ou auxiliar na decisão do que era "mais racional". O próprio Mittelman (1948) expressava ambivalência quanto a sessões conjuntas e acreditava que esse modelo só deveria ser usado em 20% das situações, ou seja, apenas em casos específicos cuja irracionalidade neurótica tornara-se excessiva. Os demais casos de terapia de casal seriam mais beneficiados com análises em separado, com diferentes analistas.

Durante o final da década de 1950 e início da década de 1960, surgiram outras propostas orientadas pelo pensamento psicanalítico. Porém, como destaca Sager (1966, p. 460), "[...] essas contribuições não evidenciavam nenhum desenvolvimento significativo da teoria". Diferentes formatos para a psicoterapia de casal foram propostos, como a "terapia colaborativa" de Martin (1965), na qual dois analistas atendiam o casal, comunicando-se entre si sobre os processos em andamento com o objetivo de manter o casamento. Foram propostas sessões conjuntas, combinadas com sessões individuais e de grupo, com vários propósitos e combinações (Greene, 1965). Nesses modelos de tratamento psicanalítico conjunto do casal, a visão individual prevalecia, embora desafiando a adesão aos métodos clássicos, como a livre associação e a análise dos sonhos. A análise da transferência, pedra de toque do método psicanalítico, continuou como instrumento central do trabalho terapêutico, ampliada para incluir a transferência recíproca entre os cônjuges e a importância do "real" (Greene, 1965; Gurman & Fraenkel, 2002).

A década de 1960 assistiu a uma mudança ambivalente na abordagem psicanalítica de casal para o predomínio de modelos que privilegiavam a realização de sessões conjuntas. Contudo, essa transição não foi feita sem restrições. Em 1963, por exemplo, Watson recomendava, em um artigo sobre o tratamento conjunto do casal, a realização prévia de duas ou três sessões de anamnese com cada um dos cônjuges antes da realização de sessões conjuntas. O pressuposto de tal prescrição partia da suposta necessidade e possibilidade de o analista compreender o modo de conexão conjugal e de padrões neuróticos do sistema comunicativo do casal, bem como seus padrões de homeostase. Supunha-se que a apreciação por meio de uma cuidadosa avaliação dos aspectos psicodinâmicos e desenvolvimentais de cada um dos cônjuges, individualmente, ofereceria importantes indícios sobre o funcionamento do casal.

A abordagem psicanalítica de casal começava a emergir, oferecendo hipóteses que orientaram o campo, como aponta Manus (1966, p. 449): "A mais influente hipótese é a de que o conflito conjugal é baseado na interação neurótica dos parceiros, [...] um produto da psicopatologia de um ou ambos os parceiros". Em um artigo clássico dos anos de 1960, Leslie (1964) propõe que a técnica central do trabalho com casais era a identificação de distorções nas percepções mútuas dos parceiros sobre si e sobre o outro – que ocorriam projetivamente e cujas manifestações tornavam-se evidentes na transferência e na contratransferência com o psicanalista – e sua correção, permitindo a plena manifestação do conflito na sessão e sua alteração direta.

Mesmo com o aumento e a prevalência de métodos de abordagem conjunta do casal, a visão teórica e as técnicas terapêuticas psicanaliticamente orientadas permaneceram sem maiores mudanças. A interpretação das defesas era a maior ênfase e passou a incluir as defesas do casal além das individuais. O uso de técnicas de associação livre passou a ser realizado conjuntamente pelo casal, assim como a análise dos sonhos, que agora incluía, além das associações individuais, as associações do cônjuge (Gurman & Fraenkel, 2002; Sager, 1967a). Sendo um dos mais influentes terapeutas de casal do período, Sager (1967b, p. 185) ilustra a ambivalência entre os métodos derivados da psicanálise individual e as adaptações ao casal: "Eu não estou envolvido primeiramente em tratar desarmonias conjugais, que são um sintoma, mas em tratar os dois indivíduos no casamento". Portanto, ainda se mantém ligado à perspectiva tradicional psicanalítica, com forte ênfase nos processos de transações transferenciais trianguladas e na atenção aos elementos edípicos.

As ambivalências em relação à técnica eram reflexo de uma dificuldade teórica ainda mais profunda para os psicanalistas do período, interessados em terapia de casal: qual o lugar central daquilo que tradicionalmente seria o caráter distintivo da psicanálise, ou seja, a análise da transferência em um procedimento conjugal. Uma década mais tarde, ao avaliar a produção do período, Skynner (1980), influenciado pela escola das relações objetais, afirma que a abordagem psicodinâmica parecia ter perdido o seu caminho na identificação das técnicas indutoras de mudança do casal ao focar de modo impróprio o conceito de transferência e as técnicas interpretativas. Retrospectivamente, concluiu que um modo mais produtivo de tratar as questões da transferência na abordagem psicanalítica de casal seria considerar que os conflitos inconscientes estavam presentes e totalmente desenvolvidos em padrões projetivos. E que eles poderiam ser mais acessíveis e trabalhados diretamente na relação projetiva do casal do que por meio de métodos indiretos, como a interpretação da transferência.

No final da década de 1960, uma saída simples para o impasse teórico e técnico, ligado a essas questões, levou a uma diminuição temporária do interesse pela abordagem psicanalítica. Esta sofreu, ainda na década de 1960, fortes críticas das escolas de terapia de família, que começavam a expandir o seu movimento. Conforme Broderick e Schrader (1991, p. 17), o artigo de Sager (1966) sobre uma revisão histórica do desenvolvimento da psicoterapia de casal de orientação psicanalítica "[...] parece ser o verdadeiro zênite de seu desenvolvimento independente" no período. A ausência de desenvolvimentos teóricos e técnicos próprios e as fortes críticas, tanto da psicanálise mais ortodoxa quanto da abordagem da terapia de família, levaram a um período de declínio do interesse pela terapia psicanalítica de casais. Apenas na década de 1980, com importantes mudanças teóricas e novas metodologias, surgiu um novo interesse na aplicação do enfoque psicanalítico à clínica da conjugalidade.

Gurman e Fraenkel (2002) consideram que o interesse na abordagem psicodinâmica reemergiu na década de 1980, facilitado por três importantes eventos. O primeiro ocorreu na medida em que pesquisadores de terapia de casal contribuíram significativamente para o refinamento de técnicas e para a construção de manuais de tratamento que orientariam a prática terapêutica. Isso permitiu seu uso em estudos de resultados de eficácia. O segundo ocorreu em função do surgimento de muitos modelos de terapia integrativos com elementos psicodinâmicos. O terceiro, ocorrido na década de 1980, está relacionado à pesquisa de vários clínicos que, trabalhando independentemente, publicaram estudos nos quais procuram desenvolver e explorar teorias fundamentadas nas relações objetais e técnicas para a terapia de casal, refinando intervenções e estratégias (Bader & Pearson, 1988; Nadelson, 1978; Scharff & Scharff, 1991, 2007; Siegel, 1992; Solomon, 1989; Willi, 1982). Outros autores, como Ruffiot (1981), Eiguer (1984) e Lemaire (1988), desenvolveram, também nesse período, a partir da psicanálise de grupo, modelos psicanalíticos de atendimento a casais. Esses estudos tinham como objetivo facilitar a individuação, modificar as defesas diádicas e individuais, tornando-as mais flexíveis, e aumentar as capacidades dos membros do casal de suportar e apoiar as dificuldades emocionais do parceiro (Féres-Carneiro, 1996; Gurman, 2015; Gurman & Fraenkel, 2002).

Todos os métodos de terapia psicodinâmica de casal atribuem importância central à comunicação inconsciente e aos processos de manutenção de relações que caracterizam a conjugalidade. Embora muitos desses métodos utilizem diferentes técnicas e intervenções, todos parecem estar em débito com as contribuições de Dicks (1967) sobre as relações objetais na cena conjugal. Entre os conceitos centrais dessa abordagem, podemos citar a identificação projetiva, o *splitting*, a colusão, o *holding* e a contenção (Catherall, 1992). Segundo Gurman e Fraenkel (2002, p. 227), "quaisquer que sejam as explicações para o renovado interesse pela psicodinâmica do casal, no nascimento deste milênio, parece que esse interesse voltou contribuindo para o enriquecimento do campo".

Retrospectivamente, o desenvolvimento da prática da terapia psicodinâmica de casal evoluiu de uma abordagem de indivíduos neuróticos em uma relação conjugal para uma abordagem psicodinâmica da relação conjugal. Pode-se afirmar que os terapeutas de casal psicodinâmicos tendem, atualmente, mesmo descrevendo suas intervenções em uma linguagem psicanalítica pura, a ser flexíveis e ecléticos na clínica (Flaskas & Pocock, 2018; Snyder, Castellani, & Whisman, 2006). Essas mudanças teóricas e metodológicas colocaram a abordagem psicodinâmica de casais em uma posição favorável para um diálogo com outros modelos e métodos. Assim, no início do século XXI, uma nova visão sobre os métodos psicanalíticos de tratamento de casais surgiu com a integração de contribuições das escolas de relações objetais, teoria do apego e terapia sexual (Flaskas & Pocock, 2018; Scharff e Scharff, 2007). A influência das escolas de relações objetais contribuiu consideravelmente para a mudança de foco dos aspectos intrapsíquicos puros, econômicos, característicos da primeira tópica freudiana, para uma visão transicional. Essa mudança da visão dinâmica da conjugalidade, na qual o outro é sujeito desejante e objeto de desejo ao mesmo tempo, articulando-se na linguagem, tanto para si quanto para o outro, parece mais produtiva.

Portanto, os casais são abordados como uma dinâmica psíquica na qual, por meio de processos de identificação projetiva e identificação introjetiva, repetem padrões de relações objetais experimentados em suas famílias de origem. A escolha do par cria um processo de defesas mútuas, por meio do cônjuge, que ocupam certos papéis na relação, evitando conflitos infantis inconscientes e realizando desejos inconscientes por meio do cônjuge. Assim, depositam seus conflitos nos parceiros, evitando suas próprias dificuldades. Nesse sentido, a dinâmica dos desejos inconscientes e da relação projetiva pode levar a situações de emergência de sintomas que refletem o conflito. Por exemplo, um casal em profunda relação simbiótica pode resolver parte de sua tensão com a entrada de um terceiro, seja por meio de uma infidelidade ou de um forte investimento projetivo, que cria um espaço de diferenciação em relação ao cônjuge/objeto persecutório, ainda que de modo disfuncional. Talvez seja surpreendente para o terapeuta iniciante descobrir como o cônjuge "traído" pode, muitas vezes, colaborar com o caso do parceiro de forma consciente e inconsciente.

A questão terapêutica é a dependência psíquica, que deve ser resolvida por diferenciação, e não apenas triangulada como no sintoma "caso extraconjugal".

Nota-se uma mudança nos diversos modelos psicodinamicamente orientados, ao longo de seu desenvolvimento, de focalização do indivíduo na relação conjugal para a dinâmica da conjugalidade. Tal mudança abre espaço para o diálogo produtivo com a perspectiva sistêmica que, por sua vez, também modificou sua posição teórica e epistemológica ao longo do tempo, à medida que tomava o casal como foco de tratamento (Diniz-Neto, 2005; Flaskas, 2018).

Terapia de família sistêmica: terapia de casais

Outro paradigma desenvolveu-se, durante as décadas de 1950 e 1960, a partir de estudos pioneiros que parecem ter se inspirado no hoje clássico estudo intitulado *Toward a Theory of Schizophrenia*, de Bateson, Jackson, Haley e Weakland (1956). Nesse trabalho, foi apresentada pela primeira vez a teoria do duplo vínculo, inaugurando estudos sobre possibilidade e necessidade de intervenções com a família como campo de tratamento (Gurman, 2015). Esse estudo foi a primeira proposta de modelo, na perspectiva sistêmica comunicacional, sobre a psicopatologia como um processo do grupo familiar e propiciou novas propostas de tratamento. A abordagem sistêmica, que rapidamente se desenvolveu em inúmeras escolas de terapia de família, marcou o surgimento de um novo paradigma na perspectiva psicoterapêutica.

Os modelos de terapia sistêmica desenvolvidos no período derivam do que pode ser considerada como a primeira cibernética (Esteves-Vasconcelos, 1995), baseando-se nas ideias de Von Bertalanfy (1977), que propunha que os sistemas abertos, aqueles que trocam informações e energia com o ambiente, exibiam certas propriedades e características, como globalidade, homeostase e equifinalidade. Essas propriedades estariam presentes independentemente do nível de complexidade do sistema estudado, embora se expressassem de acordo com o nível de ordem emergente. A aplicação de princípios da teoria geral dos sistemas levou à visão da família como um sistema aberto, ciberneticamente orientado por laços de *feedback* positivos e negativos, que propiciavam uma oscilação ao redor de um ponto de equilíbrio homeostático e mantinham um padrão de equifinalidade. Assim, as diversas leituras sobre o funcionamento conjugal só poderiam ser interpretadas como parte do funcionamento sistêmico familiar. O sintoma, manifestado no casal ou em membros da família, era caracteristicamente percebido como um processo de *feedback* que mantinha o funcionamento do sistema. Diferentes escolas emergiram com diferentes leituras do sistema familiar, como, por exemplo, a escola de solução de problemas, a escola estrutural, a escola estratégica e a escola transgeracional (Gurman, 2015).

As hipóteses descritivas e as intervenções das escolas sistêmicas de terapia de família guiavam-se principalmente pelos aspectos de comunicação verbal e não verbal, visando a uma modificação do sistema como um todo. Desenvolveram-se modelos sofisticados de compreensão do processo comunicacional e de modos de intervenção (Watzlavick, Beavin, & Weakland, 1977). Então, o processo conjugal passou a ser compreendido como aspecto do funcionamento familiar. Essa tendência não é estranha, conforme destaca Fraenkel (1997, p. 380): "As abordagens sistêmicas desenvolveram-se em larga medida como uma reação às limitações percebidas nas terapias que atribuíam as disfunções psicológicas e sociais apenas a problemas no plano individual, fosse este de natureza biológica, psicológica, psicodinâmica ou comportamental".

Portanto, a história inicial da terapia sistêmica de família foi marcada por uma forte e, por vezes, radical discordância de muitos dos princípios aceitos da psicoterapia psicanalítica e psicodinâmica, em especial do foco nos aspectos psicodinâmicos individuais como princípios teóricos explicativos e de intervenção. É necessário, contudo, apontar que muitos dos pioneiros da terapia de família, como Akerman, Jackson, Framo e Bowen, entre outros, tinham sólida formação em psicanálise (Féres-Carneiro,

1996). Essas críticas, somadas ao interesse pela abordagem da família, e não mais do casal, juntamente com os impasses teóricos, levaram a um esmaecimento da abordagem de casal. Não se tratou de fato de um desaparecimento, pois, apesar de sua menor visibilidade em termos de publicações, ocorreram algumas significativas contribuições, como as de Framo (1976, 1981), Paul (1969) e Sander (1979).

Historiadores do período descrevem uma absorção do campo da psicoterapia de casal pela abordagem sistêmica de família. Broderick e Schrader (1991, p. 15) referem-se a "[...] uma mistura ou amálgama das abordagens". Nichols e Schwartz (1998, p. 37) referem-se à "[...] terapia de família absorvendo a psicoterapia de casal". Olson, Russel e Sprenkle (1980, p. 973) concluem que "[...] no início da década de 1980, a distinção entre terapia de família e psicoterapia de casal havia desaparecido", notando ainda que o campo havia se tornado "unitário, mas não totalmente unificado e integrado".

O foco também parecia deslocado da inclusão da família como um todo, e qualquer proposta de atender menos que a família parecia inadequada ou insuficiente. Isso não quer dizer que os teóricos pioneiros da terapia sistêmica de família não tivessem nenhum interesse pelas questões conjugais. É possível apontar, como Gurman e Fraenkel (2002), algumas contribuições seminais de autores como Donald Jackson, Jay Haley, Virginia Satir e Murray Bowen, todas significativas para a terapia de casais.

Até o início da década de 1980, a abordagem sistêmica da família moldou a visão de tratamento de transtornos psicológicos que incluíam aspectos conjugais. Todo tratamento conjugal deveria passar pela visão da família. Essa perspectiva esteve presente nas diversas escolas de terapia familiar e delineou grande parte da produção desse campo. Isso pode ser inferido de alguns desdobramentos. Em primeiro lugar, o aconselhamento matrimonial, em que ainda pese a sua ausência de contribuições teóricas e técnicas significativas, acabou sendo absorvido teoricamente pelo movimento da terapia familiar, o que levou ao seu fim como profissão em 1979.

Por outro lado, no campo da terapia de casal psicanalítica, seus praticantes debatiam-se entre o dilema de se manterem fiéis à teoria e à técnica psicanalítica ou de se lançarem na criação e no desenvolvimento de teorias e técnicas para além do intrapsíquico, envolvendo o inter-relacional, ocorrendo uma certa imobilização. Surgiram poucos avanços teóricos nessa escola, sendo os mais notáveis referentes às contribuições de Dicks (1967), no clássico *Marital tensions*, que se tornou o livro-texto da abordagem da teoria das relações objetais na relação conjugal. São também relevantes os trabalhos de Sager (1976, 1981) sobre o "contrato conjugal" e a contribuição original de Framo (1965, 1996), que desenvolveu modelos de atendimento a casais em grupo e em sessões com a família de origem, orientado pela teoria das relações objetais.

As abordagens experienciais humanísticas, originadas das contribuições de Virginia Satir, permaneceram marginalizadas até meados da década de 1980, na medida em que a própria Virginia Satir se afastou do movimento de terapia familiar. Assim, Gurman e Fraenkel (2002) consideram que, nesse período, da metade da década de 1960 à metade da década de 1980, poucos trabalhos significativos surgiram no campo da terapia de casal, indicando um eclipse da abordagem. Porém, o interesse por esse campo não desapareceu por completo. Nas décadas de 1970 e 1980, realizaram-se pesquisas sobre a eficácia da psicoterapia em geral, recolocando questões sobre a validade de abordagens teóricas e métodos de tratamento.

Em 1986, Jacobson e Gurman publicaram o clássico *Clinical handbook of marital therapy*, anunciando, pela sua grande difusão e utilização, um novo período do desenvolvimento conceitual da psicoterapia de casal. Esse período foi marcado pelo aumento de sólidas pesquisas empíricas sobre a conjugalidade, o exame detalhado de conceitos e teorias até então propostas, o surgimento de pesquisas empíricas experimentais sobre modelos e a criação de centros de pesquisa e treinamento de terapeutas de casal. A combinação desses fatores levou a um contínuo refinamento do modelo, à colocação de novas questões e ao desenvolvimento de novas abordagens. Críticas dos autores pós-modernos, transculturais e feministas oportunizaram a recolocação de questões relativas à validade fundacional dos modelos (Féres-Carneiro e Diniz-Neto, 2008).

Tais críticas contribuíram para o desenvolvimento de modelos integrativos e articulados, incluindo contribuições de outras abordagens, como terapia sexual e modelos derivados da teoria do apego. (Féres-Carneiro & Diniz-Neto, 2010). O próprio desdobramento da abordagem sistêmica, a partir de críticas à epistemologia da primeira cibernética, levou ao surgimento de novas propostas. Esse novo olhar, considerado uma segunda cibernética (Esteves-Vasconcelos, 1995), traduziu-se em modelos construtivistas e construcionistas sociais. Essas propostas incluem o próprio observador na descrição, declarando a impossibilidade de uma teoria livre da subjetividade do observador, e enfatizam os processos cognitivos do observador no construtivismo e os processos sociais de construção da realidade no construcionismo social (Diniz-Neto, 2005). Desse modo, no início, a abordagem sistêmica introduziu uma nova perspectiva, apontando as relações intrínsecas do casal com a família extensa, convidando a compreender aspectos familiares da conjugalidade; no entanto, toldou a compreensão e o foco dos fenômenos específicos da conjugalidade. Os desafios de tratar casais, incluídos ou não em famílias, trouxe gradativamente a reemergência do aspecto conjugal como irredutível, quer ao sujeito monádico, quer ao familiar sistêmico, lançando um olhar complexo sobre a sua especificidade.

Olhando para além do sujeito e do sistema familiar

A complexidade da conjugalidade desafia uma leitura simples e redutiva. Ao observar o desenvolvimento das abordagens no tratamento de casais, pode-se notar na psicanálise, nas abordagens sistêmica, comportamental e cognitiva, entre outras, um gradual reconhecimento de muitos níveis de complexidade, possibilidades de descrição e de intervenção (Diniz-Neto e Féres-Carneiro, 2005). A metáfora batesoniana da visão binocular convida-nos a compreender o reconhecimento da especificidade da conjugalidade como uma gradual focalização em sua complexidade. Assim, à medida que se abandonou a pretensão de reduzir o conjugal ao sujeito, pela psicanálise, ou o casal ao sistema familiar, pela abordagem sistêmica, abriu-se um campo renovado para o diálogo. Do ponto de vista batesoniano, abriu-se mão de inferir homologias produtivas e diferenças reveladoras, produzindo um novo conhecimento: uma diferença que faz diferença. Aspectos ligados a semelhanças e diferenças e padrões emergentes ligados aos níveis epistemológico, metodológico, estratégico e terapêutico tornam-se evidentes. Alguns pontos de convergência e diferença podem, porém, ser esboçados.

Homologias

Tanto a perspectiva sistêmica quanto a abordagem psicanalítica, em seus desenvolvimentos recentes, parecem ter hipóteses semelhantes sobre o funcionamento do casal. Ambas as abordagens consideram o aspecto conjugal um nível próprio no qual formulações específicas devem ser feitas, a saber:

- ambas consideram o papel do terapeuta como essencial para estabelecer um campo de mudança na relação conjugal a partir de um acoplamento com o casal;
- ambas valorizam a influência dos sujeitos, mas não a reduzem a eles. As experiências individuais devem ser descritas, mas a realidade conjugal apropria-se de modo imprevisível das características do sujeito;
- ambas reconhecem a influência do meio social, em especial da família, como campo relacional maior, no qual a conjugalidade é acoplada, mas não reduzida à mera forma de funcionar nesse acoplamento;
- certos conceitos parecem ter uso similar, como o conceito de homeostase, como princípio explicativo geral, quer no nível intrapsíquico, quer no nível sistêmico-relacional;
- ambas aplicam técnicas de seus campos de origem, ou seja, a psicanálise da clínica do sujeito, e a abordagem sistêmica

das técnicas de trabalho com a família, porém adaptadas ao casal;
- ambas desenvolveram técnicas específicas para tratar a conjugalidade, diferentes das técnicas utilizadas na clínica do sujeito ou da família;
- e ambas contam com autores que consideram seu modelo insuficiente para tratar todos os níveis de complexidade da relação.

Heterogenias

Tanto a terapia psicanalítica quanto a abordagem sistêmica consideram o casal por diferentes vieses. A terapia psicanalítica o vê como sistema desejante, articulado na linguagem com um primado inconsciente na formação do casal, de sua dinâmica e de seus sintomas. A abordagem sistêmica considera o casal um sistema relacional de muitos níveis, regido pela comunicação, como troca de mensagens definidoras dos papéis dos cônjuges. Além disso, em autores da segunda cibernética, o casal é visto como construção narrativa de histórias vividas em comum, construtoras de experiências de si mesmo.

As técnicas variam consideravelmente, abordando a modificação da dinâmica inconsciente com análise da transferência e das projeções no casal, como na análise de sonhos, por exemplo. As técnicas sistêmicas veem o casal como produtor de significados, autopoiético, movendo-se por meio dos ciclos de vida da família.

Sintomas como a infidelidade ou as dificuldades sexuais são compreendidos de modo diferente. Na abordagem psicodinâmica de casais, o sintoma é compreendido como uma situação de compromisso na dinâmica pulsional inconsciente do casal, organizada nas relações objetais. Na abordagem sistêmica, o sintoma é parte da construção da conjugalidade que responde a diferentes níveis de relação do casal simultaneamente, produzindo significados que podem ser contraditórios ou paradoxais nos múltiplos níveis da relação conjugal.

Os princípios descritivos e explicativos diferem, pois a abordagem psicanalítica organiza-se em torno do conceito de energia e sua dinâmica, enquanto a abordagem sistêmica organiza-se em torno do conceito de informação e processos recursivos.

Focalizando a diferença que faz diferença

Ao aplicarmos a metodologia batesoniana à articulação da abordagem sistêmica com a abordagem psicodinâmica, encontramos um processo de definição gradual de dois pontos de vista irredutíveis sobre a conjugalidade. No entanto, a crítica pós-moderna relativizou os diversos discursos com pretensões fundacionais sobre a realidade, revelando sua impossibilidade de verdade ontológica. O observador revela-se em suas teorias, mas também interage e realiza recortes epistemológicos, "abduções" no sentido batesoniano, descrevendo os diferentes níveis de sua interação.

Conforme Morin (1996), o todo é mais e menos a soma das partes, assim como a parte é um todo que é mais e menos os sistemas de que faz parte. Assim, podemos afirmar que teorias sobre o sujeito são irredutíveis a teorias sobre a família ou sobre o casal, teorias sobre o casal são irredutíveis a teorias sobre o sujeito ou sobre a família e teorias sobre a família são irredutíveis a teorias sobre os sujeitos ou sobre o casal. Portanto, cada teoria não revela o fundacional, a realidade definitiva a partir da qual todas as propriedades em todos os níveis podem ser deduzidas, mas campos de operação que seriam marcados pelo processo inicial de abdução, no sentido batesoniano.

As deduções de um campo de recorte epistemológico (abdução) seriam inaplicáveis a outro campo complexo. Cabe, então, formular a hipótese de que cada campo de complexidade hierarquizada apresenta processos de "antecipação" e "retrocipação" de complexidade, isto é, aspectos parciais das hipóteses orientadoras do olhar sobre casal podem ser antecipadas na situação clínica individual, assim como ao se olhar para o casal é possível antecipar aspectos parciais do funcionamento familiar. Inversamente, podem-se inferir alguns aspectos do funcionamento do casal pela dinâmica familiar, como também se podem inferir aspectos dos sujeitos a partir do funcionamento do casal.

Elkaim (1998) fala da renúncia de uma epistemologia da verdade, enfatizando construções nascidas da relação terapêutica. Lemaire (1988) ressalta a necessidade, na clínica, de se realizar uma tríplice leitura do intrapsíquico, do sistêmico-relacional e do social. Por outro lado, Wilber (2008), em um projeto de crítica e articulação metametodológica, convida ao pensamento integral, no qual aspectos subjetivos e objetivos de qualquer fenômeno devem relacionar aspectos interobjetivos e intersubjetivos, reconhecendo a necessidade de múltiplas articulações entre níveis irredutíveis de cortes epistemológicos.

A aproximação da abordagem psicanalítica de casais com a abordagem sistêmica de casais revela ainda a diferença fundamental de foco descritivo. Embora ambas discutam a conjugalidade, cada uma delas a descreve a partir de princípios diferentes. A abordagem psicanalítica de casais a descreve com um discurso sobre a subjetividade, orientado para processos psicodinâmicos organizados em desejos e afetos pela linguagem. A abordagem sistêmica a descreve com processos informacionais interindivíduos, orientados por padrões de regulação supraordenadores. Portanto, cada abordagem, como dois olhos, oferece uma visão parcial que pode ser enriquecida pela aproximação respeitosa das diferenças e semelhanças. Além disso, suas técnicas podem atuar como dois diferentes modos operativos, tornando os terapeutas de casal mais ricos em sua ação e mais justos quanto à complexidade da conjugalidade.

Referências

Abdo, C. H. N., & Oliveira, S. R. C. (1994). Psicanálise, teoria sistêmica e o princípio da homeostase. *Revista ABP-APAL, 16*(3), 99-104.

Ackerman, N. W. (1970). Family psychotherapy today. *Family Process, 9*(2), 123-126.

Bader, E., & Pearson, P. T. (1988). *In quest of the mythical mate*. New York: Brunner/Mazel.

Bateson, G., Jackson, D. D., Haley, J., & Weakland, J. (1956). Toward a theory of schizophrenia. *Behavioral Science (Michigan), 1*(4), 251-264.

Bateson, G. (1979). *Mind and nature: A necessary unity*. New York: E. P. Dutton.

Borden, R. J. (2017). Gregory Bateson's search for patterns which connect ecology and minds. *Human Ecology Review, 23*(2), 87-96.

Borges-Andrade, J. E., Bastos, B. A.V., Andery, P. A. M. A., Souza-Lobo, R.G., & Trindade, Z. A. (2015). Psicologia brasileira: uma análise de seu desenvolvimento. *Universitas Psychologica, 14*(3), 865-879.

Broderick, C. B., & Schrader, S. S. (1991). The history of professional marriage and family therapy. In A. S. Gurman, & D. P. Kniskern (Orgs.), *Handbook of family therapy* (Vol. 2, pp. 3-40). New York: Brunner/Mazel.

Catherall, D. R. (1992). Working with projective identification in couples. *Family Process, 31*(4), 355-367.

De Shazer, S. (1982). *Patterns of Brief Therapy: An ecosystemic approach*. New York: Guilford.

Dicks, H. V. (1967). *Marital tensions*. New York: Basic Books.

Diniz-Neto, O. (2005). *Conjugalidade: Proposta de um modelo construcionista social de terapia de casal*. Tese de doutorado, Pontifícia Universidade Católica do Rio de Janeiro.

Diniz-Neto, O., & Féres-Carneiro, T. (2005). Psicoterapia de casal na pós-modernidade: Rupturas e possibilidades. *Estudos de Psicologia, 22*(2), 133-141.

Eiguer, A. (1984). *La therapie psychanalytique de couple*. Paris: Dunod.

Elkaim, M. (1998). *Panorama das terapias familiares*. São Paulo: Summus.

Esteves-Vasconcelos, M. J. (1995). *As bases cibernéticas da terapia familiar*. Campinas: Psy.

Féres-Carneiro, T. (1994). Diferentes abordagens em terapia de casal: Uma articulação possível? *Temas em Psicologia, 2*(2), 53-63.

Féres-Carneiro, T. (1996). Terapia familiar: Da divergência às possibilidades de articulação dos diferentes enfoques. *Psicologia: Ciência e Profissão, 16*(1), 38-42.

Féres-Carneiro, T. (2014). Construindo saberes: o desafio de articular diferentes teorias e práticas. *Temas em Psicologia 22*(4), 953-964.

Féres-Carneiro, T., & Diniz-Neto, O. (2008). Psicoterapia de casal: Modelos e perspectivas. *Aletheia, 27*(1), 173-187.

Féres-Carneiro, T., & Diniz-Neto, O. (2010). Construção e dissolução da conjugalidade: Padrões relacionais. *Paideia, 20*(46), 269-278.

Figueiredo, L. C. M. (2004). *Revisitando as psicologias*. Petrópolis: Vozes.

Figueiredo, L. C. (2018). *Saberes PSI em questão: sobre o conhecimento em psicologia e psicanálise*. Petrópolis: Vozes.

Flaskas C., & Pocock, D. (2018). *Systems and psychoanalysis*. New York: Routledge.

Flaskas, J. L. (2018). Narrative, meaning making, and the unconscious. In C. Flaskas, & D. Pocock (Orgs.), *Systems and psychoanalysis* (pp. 3-20). New York: Routledge.

Fraenkel, P. (1997). Systems approaches to couple therapy. In W. K. Halford, & H. J. Markman (Orgs.), *Clinical handbook of marriage and couple interventions* (pp. 379-414). New York: John Wiley & Sons.

Framo, J. L. (1965). Rationale and techniques of intensive family therapy. In I. Boszormenyi-Nagy, & J. L. Framo (Orgs.), *Intensive family therapy* (pp. 143-212). New York: Harper and Row.

Framo, J. L. (1976). Family of origin as a therapeutic resource for adults in marital and family therapy: You can and should go home again. *Family Process, 15*(2), 193-210.

Framo, J. L. (1981). The integration of marital therapy with sessions with family of origin. In A. S. Gurman, & D. P. Kniskern (Orgs.), *Handbook of family therapy* (pp. 133-158). New York: Brunner/Mazel.

Framo, J. L. (1996). A personal retrospective of the family therapy field: Then and now. *Journal of Marital and Family Therapy, 22*(3), 289-316.

Gondim, S. M. G., Bastos, A. V. B., & Peixoto, L. S. A. (2010). Áreas de atuação e abordagens teóricas do psicólogo brasileiro. In A. V. B. Bastos, & S. M. G. Gondim, *O trabalho do psicólogo no Brasil* (pp. 174-199). Porto Alegre: Artmed.

Gottman, J. M., & Notarius, C. I. (2002). Marital research in the 20th century and agenda for the 21th century. *Family Process, 41*(2), 159-198.

Greene, B. L. (1965). Introduction: A multioperational approach to marital problems. In B. L. Greene (Org.), *The psychotherapies of marital disharmony* (pp. 1-14). New York: The Free.

Gurman, A. S., & Fraenkel, P. (2002). The history of couple therapy: A millennial review. *Family Process, 41*(2), 199-260.

Gurman, A. S., (2015). The theory and practice of couple therapy. In A. S. Gurman, J. L. Lebow, & D. K. Snyder (Orgs.), *Clinical handbook of couple therapy* (pp. 1-22). New York: The Guilford.

Jacobson, N. S., & Gurman, A. S. (1986). *Clinical handbook of couple therapy*. New York: Guilford.

Lemaire, J. (1988). Du je au nous, ou du nous au je? *Dialogue Recherches Cliniques et Sociologiques sur le Couple et la Famille, 4*(102), 72-79.

Leslie, G. R. (1964). Conjoint therapy in marriage counseling. *Journal of Marriage and the Family, 26*(1), 65-71.

Maciel, S. F. M., & Santos, E. M. (2010). Como enfrentamos o futuro: Linguagem, cognição corporificada e ação humana. *Ciências & Cognição, 15*(1), 211-216.

Manus, G. I. (1966). Marriage counseling: A technique in search of a theory. *Journal of Marriage and the Family, 28*(4), 449-453.

Martin, P. A. (1965). Treatment of marital disharmony by collaborative therapy. In B. L. Greene (Org.), *The psychotherapies of marital disharmony*. New York: The Free.

Maturana, H., & Varela, F. (1987). *The tree of knowledge: The biological roots of human understanding*. Boston: New Science Library.

Mittelman, B. (1948). The concurrent analysis of married couples. *Psychiatric Quarterly, 17*(2), 182-197.

Morin, E. (1996). *Problemas de uma epistemologia com complexidade*. Lisboa: Europa América.

Nadelson, C. C. (1978). Marital therapy from a psychoanalytic perspective. In T. Paolino, & B. McCrady (Orgs.), *Marriage and marital therapy* (pp. 89-164). New York: Brunner/Mazel.

Nichols, M. P., & Schwartz, R. C. (1998). *Family therapy: Concepts and methods*. Boston: Allyn and Bacon.

Nielsen, A. C. (2016). *A roadmap for couple therapy*. New York: Routledge.

Oberndorf, C. P. (1931). *Psychoanalysis of married couples*. Presented at the 87º Congress of the American Psychiatric Association, Toronto.

Oberndorf, C. P. (1938). Psychoanalysis of married couples. *Psychoanalytic Review, 25*, 453-475.

Olson, D. H., Russell, R. C., & Sprenkle, D. H. (1980). Marital and family therapy: A decade review. *Journal of Marriage and Family, 42*(4), 973-992.

Palazzoli, M. S.; Boscolo, L.; Cecchin, G.; & Prata, G. (1972). *Paradox and Counterparadox: A new model in the therapy of the family in schizophrenic transaction*. New York: Rowman & Littlefield.

Paul, N. (1969). The role of mourning and empathy in conjoint marital therapy. In G. Zuk, & I. Boszormenyi-Nagy (Orgs.), *Family therapy and disturbed families* (pp. 186-205). Palo Alto: Science and Behavior Books.

Peirce, C. S. (1994). *Collected papers* (Vols. 1-5). Cambridge: Harvard University.

Pinto, J. (1995). *Um, dois, três da semiótica*. Belo Horizonte: UFMG.

Ponciano, E. L. T., & Féres-Carneiro, T. (2006). Terapia de família no Brasil: Uma visão panorâmica. *Psicologia: Reflexão e Crítica, 19*(2), 252-260.

Prochaska, J., & Norcross, J. C. (2018). *System of psychoteherapy*. New York: Oxford University.

Ruffiot, A. (1981). *Thérapie familiale psychanalytique*. Paris: Dunod.

Sager, C. J. (1966). The development of marriage therapy: An historical review. *American Journal of Orthopsychiatry, 36*(3), 458-467.

Sager, C. J. (1967a). The conjoint session in marriage therapy. *American Journal of Psychoanalysis, 27*(2), 139-146.

Sager, C. J. (1967b). Transference in conjoint treatment of married couples. *Archives of General Psychiatry, 16*(2), 185-193.

Sager, C. J. (1976). *Marriage contracts and couple therapy*. New York: Brunner/Mazel.

Sager, C. J. (1981). Couples therapy and marriage contracts. In A. S. Gurman, & D. P. Kniskern (Orgs.), *Handbook of family therapy* (pp. 85-130). New York: Brunner/Mazel.

Sander, F. M. (1979). *Individual and family therapy: Toward an integration*. New York: Jason Aronson.

Scharff, D. E., & Scharff, J. S. (1991). *Object relation couple therapy*. Northvale: Aronson.

Scharff, D. E., & Scharff, J. S. (2007). Terapia psicodinâmica de casais. In: G. O. Gabbard, J. S. Beck, & J. Holmes (Orgs.), *Compêndio de psicoterapia de Oxford*. (pp. 70-81). Porto Alegre: Artmed.

Sholevar, G. P. (2003). *Family and couple therapy*. Arlington: APA.

Siegel, J. (1992). *Repairing intimacy: An object relations approach to couple therapy*. Northvale: Jason Aronson.

Skynner, A. C. (1980). Recent developments in marital therapy. *Journal of Family Therapy, 2*(2), 271-296.

Snyder, D. K., Castellani, A. M., & Whisman, M. A. (2006). Current status and future directions in couple therapy. Annual. *Review of Psychology, 57*, 317-44.

Solomon, M. F. (1989). *Narcissism and intimacy*. New York: W.W. Norton.

Von Bertalanfy, L. (1977). *Teoria geral dos sistemas*. Petrópolis: Vozes.

Watson, A. S. (1963). The conjoint psychotherapy of married partners. *American Journal of Orthopsychiatry, 33*, 912-922.

Watzlawick, P., Beavin, J., & Weakland, J. (1981). *Pragmática da comunicação humana*. São Paulo: Cultrix.

Wilber, K. (2008). *A visão integral: Uma introdução à revolucionária abordagem integral da vida, de Deus, do universo e de tudo mais*. São Paulo: Cultrix.

Willi, J. (1982). *Couples in collusion*. Claremont: Hunter House.

Leituras recomendadas

Hui, J., Cashman, T., & Deacon, T. (2008). Bateson's method: Double description. What is it? How does it work? What do we learn? In J. Hoffmeyer (Ed.), *A legacy of living systems: Gregory Bateson as precursor of biosemiotics* (pp. 77-92). London: Springer.

Lebow, J. L. (2016). *Couple and family therapy: A integrative map of the territory*. Washington: APA.

Palazzoli, M. S., Boscolo, L., Cecchin, G., & Prata, G. (1987). *Paradoxo e contraparadoxo*. São Paulo: Cultrix.

5

Saudade da família no futuro ou o futuro sem família?

Dinael Corrêa de Campos

Noite de sábado. Recebo o convite para jantar com uma família amiga: Talita e Nilson, casados há pouco mais de duas décadas. Estão à mesa também os dois filhos do casal (é necessário que se diga *do casal* para os objetivos do capítulo), Cleisson, de 21 anos, que estuda na escola militar, e Cássia, de 18 anos, que estuda medicina. Ao lado da mesa, está Lili, a cachorra de 11 meses, que faz parte da família, como "filhinha mais nova". Durante o jantar, Talita tece o seguinte comentário:

– Se eu não insistisse, ele (referindo-se ao filho) ficaria mais um final de semana sem aparecer.

– Êh, mãe, que pegação de pé, dá um tempo. Eu não tô aqui?

O pai, até então calado, também se manifesta:

– Mas ela não é muito diferente; aposto que, se não precisasse de dinheiro, não estaria aqui.

– Pai, que injustiça, eu tava aqui há duas semanas – responde a filha.

Todos rimos e voltamos a nos concentrar na comida, felizes, afinal, a família estava reunida.

Ao receber o convite para escrever um capítulo neste livro sobre família, em especial sobre a família do futuro, passei semanas refletindo sobre os temas que exigiriam minhas reflexões para compor tal texto. Primeiro levei dias tentando delimitar o que queria escrever sobre família e, depois, refleti sobre qual futuro queria dialogar, ou mesmo se no futuro haverá família, ou se a família se fará presente no futuro. Parecia estar correndo em círculo, como um cachorro atrás do próprio rabo (algumas pessoas podem não perceber a ironia da figura de linguagem), mas o fato é que falar sobre família e futuro, ou o futuro da família, parece-me redundante, pois não há como imaginarmos um futuro sem família.

Contextualizando a família contemporânea

Quando Enriquez (Levi, Nicolai, Enriquez, & Dubost, 2001) atesta que ficou irritado com o sucesso das teses sobre a "morte do sujeito", pareceu-me também assustador imaginar a história como processo, sem sujeito. Por certo o tempo que vivemos na sociedade contemporânea, que considero pós-moderna (Anderson, 1998; Connor, 1989; Eagleton, 1996; Lyon, 1994; Lyotard, 1979), tem feito muito para que o homem cada vez mais se individualize (Elias, 1987; Riesman, 1961; Touraine, 1997), tornando-se narcísico (Debord, 1992; Freud, 1990; Lowen, 1983) em sua maneira de ser e de pensar (Baudrillard, 1991; Lipovetsky, 1983; Sennett, 1974), fabricando e anulando assustadoramente os "estranhos" (Bauman, 1997; Galimberti, 2000; Melville, 1956; Rousseau, 1782).

É nesse cenário que as palavras de Saramago (1995) se tornam desafiadoras às diversas práticas a que a psicologia tem o compromisso de fazer presente: "[...] a responsabilidade de ter olhos quando os outros os perderam". Em se tratando da família (sendo ela produto e produzindo a sociedade contemporânea), exige que a vejamos com olhos também contemporâneos, revendo inclusive o conceito que temos de família, melhor dizendo, de que família se quer "falar": política, social, antropológica, psíquica, sociológica. Hobsbawn (1994, p. 537) afirma:

> O breve século XX acabou em problemas para os quais ninguém tinha, nem dizia ter, soluções. Enquanto tateavam o caminho para o terceiro milênio em meio ao nevoeiro global que os cercava, os cidadãos do *fin-de-siècle* só sabiam ao certo que acabara uma era da história. E muito pouco mais. Assim, pela primeira vez em dois séculos, faltava inteiramente ao mundo da década de 1990 qualquer sistema ou estrutura internacional.

O novo milênio começou com os velhos problemas do século anterior. Duas décadas já se passaram, sem que ainda tenhamos encontrado o caminho para as possíveis soluções. A sociedade pós-moderna agora se depara com um problema ainda maior: a possibilidade de nos confrontarmos com vidas desperdiçadas, com famílias situadas em meio ao turbilhão do existir e do não existir.

O que se observa cotidianamente são famílias compostas por pais e mães ausentes ou presentes demais, julgando-se negligentes para com a educação de seus filhos, "cegos" aos filhos e aos perigos que podem sobrepujá-los, perdidos no como educar, ou seja, observa-se que muitos pais simplesmente recusam-se a ser pais, pois, para o exercício da maternalidade e da paternalidade, exige-se que homens e mulheres sejam adultos, e ser adulto é muito "chato". O chato *tem* que dizer não, proibir, frustrar, decepcionar, negar, colocar limites, e aí não há lugar para o paizão legal, a mãe "da hora", os amigões!

Sinto dizer que, em se tratando de educação de crianças e constituição familiar, não há espaço para o amigo. Os pais podem (e devem) ter atitudes de um amigo, mas o que as crianças precisam é de pais e mães que lhes sejam referenciais para que não passem a buscar essas referências na internet, em grupos de WhatsApp, na televisão com seus programas cada vez mais adultos para crianças, nos *videogames* cada vez mais interativos ou mesmo em suas "tribos" que ensinam que pertencer é não ser e que, para ser aceito (sentir-se pertencente e amado), é preciso se submeter às regras do grupo (muitas vezes perversas), envolvendo, inclusive, riscos de morte.

Pais e mães encontram-se perdidos sobre como educar seus filhos pelo fato de que, em se tratando de família, não há espaço para o egoísmo, o narcisismo e o individualismo. Não há espaço para condições de disputas por poder, desprezo pelo outro. Em família, aprendem-se limites, tempo, compartilhamento, doação. Em família, frustra-se, decepciona-se, e o que tenho observado é que os pais têm negado às crianças a frustração tão necessária para que conheçam sua maneira de ser, para que vislumbrem seu eu (o que também se aplica aos pais).

Os pais estão oferecendo aos filhos um mundo utópico de possibilidades ilimitadas, várias "janelas" e oportunidades de acontecer, impondo às crianças a necessidade de deixar sua marca, pregando a imortalidade como em um jogo de *videogame* em que, diante de uma fase difícil de se "avançar"/"superar", dá-se o *restart* e volta-se ao início (como se nos relacionamentos isso fosse possível). Aqui se encontra o grande equívoco da modernidade e a herança da pós-modernidade: o homem almeja que sua existência seja permanente, e não eterna, esquecendo-se de que o permanente não muda, cristaliza-se, não se flexibiliza; não muda, morre buscando a eternidade, e a família apropriou-se desse *modus operandi*. Porém, a maneira de nos tornarmos eternos e nascermos muitas vezes é "morrendo".

As famílias contemporâneas têm prometido aos seus filhos uma liberdade descontextualizada, sem dizer aos filhos que a liberdade consiste no fato de que, sendo livre, no exercício de seu livre-arbítrio, é possível renunciar, mas continuar a conviver com suas renúncias. Isso é ser livre.

Apresento-lhes a seguinte história: uma mãe está fazendo compras com o filho, e a criança mexe em tudo, abre os pacotes dos produtos, derruba outros, estraga alimentos... Um cliente, vendo a cena, dirige-se à mãe e pergunta por que ela tolera tal comportamento da criança rebelde, ao que a mãe responde: "Em nossa família, educamos nossos filhos para que exerçam sua liberdade, para que se expressem da maneira que lhes convém". O cliente então abre uma garrafa de água que estava no carrinho de compras e a despeja na cabeça da criança, gerando protestos da mãe, ao que ele responde: "Em nossa família também fomos educados para exercer nossa liberdade da maneira como nos convém".

Por certo, muitos condenam a atitude do cliente, mas o que quero ilustrar não é a atitude, e sim o princípio a se debater. É comum em nossa sociedade que os pais julguem que seus filhos estejam sempre certos, terceirizando a culpa aos amigos, à influência das más companhias, à mídia, o que gera uma verdadeira omissão no que diz respeito à realidade que cerca essas crianças.

Os pais devem, sim, amar e expressar esse amor em cuidados e proteção dos seus filhos. Porém, filhos que podem fazer o que querem, quando querem, como querem não são filhos amados, mas filhos abandonados. Em nome da autonomia, exerce-se o abandono. Penso que, por vezes, a letra da canção de Cazuza (1986) se faça presente nos relacionamentos: "O nosso amor a gente inventa pra se distrair, e quando acaba a gente pensa que ele nunca existiu".

Talvez possamos afirmar que o que esteja imperando em muitas relações seja o medo do futuro, ou de "um" futuro em que os valores por muitos considerados fundamentais para a sociedade estejam se perdendo. Então, o medo como sentimento não compreendido ou mesmo superado volta sempre a subjugar a razão. Como argumenta Castro (2017, p. 59): "Na ausência de uma total devoção pelo outro, torna-se impossível cumprir o ideário da educação consciente, isto através dos postulados do aprender a ser, aprender a fazer, aprender a conhecer, aprender a questionar e, sobretudo, aprender a dar e a receber". Quais medos podem estar assombrando as famílias? Quais sentimentos geram inseguranças nos relacionamentos? Quais medos e inseguranças têm se tornado a base da família contemporânea?

Contextualizando a família contemporânea: sobre pais e mães

Para caracterizar os pais e as mães na sociedade atual, inicio minhas reflexões com as palavras de Sá (1999, p. 114):

> Mais e melhor vida tem transformado as famílias alargadas em famílias nucleares que, em consequência da contracepção e do trabalho feminino [...], têm trazido o homem de regresso a "casa", à maternidade e à família. A igualdade de oportunidades tem-nos ensinado a conviver sem "fadas do lar" e sem "príncipes de marés" e releva, incontornavelmente, a função do casal, muito para além do vínculo matrimonial, no sentido da exigência de uma maturidade relacional que se traduz, no plano da interioridade, numa união de fato [...] disso depende a melhor qualidade de vida familiar e a sua equivalente psicológica, que se traduzirá na persistência do desejo [...] de ser feliz.

Os avanços proporcionados pela ciência e as mudanças sociais obrigam homens e mulheres a se dedicarem à suas carreiras e a não poderem dispor de tempo para seus desejos, buscando o prazer imediato, a solução mais fácil, o caminho mais seguro, o que muitas vezes os leva a protelar a constituição de uma família. E, em se tratando de família, muitas vezes a carreira tem de ser postergada, os desejos são protelados, o prazer não é imediato, as soluções nunca são fáceis e nada é seguro ou garantido. Como conviver com a constante possibilidade de perda de um filho que de repente fica doente? Quais sentimentos de revolta podem ocorrer quando perdemos um filho?

Por vezes penso que a sociedade atual preparou homens e mulheres apenas para o sucesso, para que estejam sempre no topo, mas não para serem pais e mães. A cultura na qual vivemos impõe padrões que muitas vezes nos levam a pensar: há espaço para a família? Há espaço para o comprometimento? Há espaço para a alteridade? Sugiro aqui a leitura de Campos (2017).

É certo que o exercício da maternalidade e da paternalidade seja muito exigente no sentido que pressupõe que os sujeitos de uma sociedade sejam praticantes da gratuidade, não baseiem suas relações no poder e superem o seu individualismo, não se tornando adeptos do narcisismo (aquele a que se refere Caetano Veloso [1978]: "É que Narciso acha feio o que não é espelho"). Devemos estar atentos ao que advogam Twenge e Campbell (2013, p. 9): "Compreender a epidemia do narcisismo é importante porque a longo prazo suas consequências são destrutivas para a sociedade!".

Amar é hoje muito mais difícil que outrora, não porque o amor tenha mudado, mas talvez porque as pessoas que amam passaram a amar outras "importâncias", têm outros quereres – e os filhos são exigentes, uma exigência que solicita, pede, depende. Calligaris (1994, p. 15) afirma que "os psicanalistas sabem que, para aguentar ser pai, o mínimo exigido para um homem é reconhecer-se como filho", ou, como nos diz Garfinkel (1985, p. 23):

> A relação pai-filho é uma das grandes expectativas, de crença e confiança [...] e de grande desapontamento, descrença e traição. O pai não é tudo aquilo que, inicialmente, parece ser. Na realidade, conforme a maioria dos homens de minha pesquisa indica, os homens que eles desejavam amar ao máximo e de quem desejavam estar mais próximos possível – seus pais – foram aqueles de quem menos conseguiram ser íntimos. O aliado é revelado como o rival. O herói tem duas faces.

Reconhecer-se como filho é outra questão de debate na sociedade contemporânea que merece nossa atenção por caracterizar a família atual. A crescente ausência dos pais na educação de seus filhos tem se configurado uma educação "feita" por babás, televisão, *videogames*, celulares, *tablets* ou mesmo "pessoas estranhas". É inegável que a influência da presença paterna e materna é de fundamental importância para a formação da personalidade e do caráter de uma criança (Winnicott, 1979). Contudo, os pais estão – por necessidades que criam – cada vez mais tempo fora de casa e, consequentemente, mais ausentes da relação com seus filhos e longe de transmitir-lhes a educação e os valores familiares. Segundo Malpique (1983, p. 98):

> [...] o pai, tanto na teoria psicanalítica como na teoria da aprendizagem social, é o verdadeiro agente de mudança, porque introduz a relação triangular. É a partir dele que a criança se depara com a mudança de objeto ou com a diferença de modelos. É ele o mediador da relação mãe-filho, e é ele que introduz a distância, a diferença e a frustração mais penosas. É ele que, segundo Lacan, faz reconhecer à criança a falta, a impossibilidade da relação fusional com a mãe. A presença de um pai real (ou seu substituto) que dispute a mãe à criança é, portanto, indispensável. [...] o perigo da ausência real é a excessiva idealização, não o esquecimento.

E é justamente dessa idealização que Kafka (1919) escreve ao pai: "É muito possível que também não teria chegado a ser o tipo de homem que tu pretendes, mesmo que tivesse ficado inteiramente livre de tua influência, durante o meu desenvolvimento". Por isso é que anteriormente expus a ideia de que a criança precisa de pai/mãe, não de um(a) amigo(a). É saudável para a criança que o pai exerça sua paternalidade, bem como a mãe sua maternalidade.

Paternalidade e maternalidade assumem, então, a concepção do que constitui o exercício da paternidade e da maternidade. Creio ser um processo em que o pai se "descobre" pai no mesmo processo em que o filho se "descobre" filho (o mesmo acontece com a mãe). É nesse exercício de ser pai/mãe, que frustra, que põe e impõe limites, que o homem/marido se encontra com o papel de pai e, por consequência, a criança se reconhece como filho(a).

Contudo, é inegável que o papel do homem em nossa sociedade tem-se transformado muito nas últimas décadas, fazendo muitos se perderem "no canto da sereia", como os homens de Ulisses na *Odisseia*. A eterna síndrome de Peter Pan (Kiley, 1983) insiste em se fazer presente. Tal síndrome agrava-se ainda mais com o mito capitalista de que o dinheiro compra tudo, inclusive o amor.

Essa teoria sobre o dinheiro, que é muitas vezes praticada por parte dos pais, dá à criança uma falsa sensação de segurança e acaba por confundi-la ainda mais. "A criança é levada a pensar: 'se eu tiver dinheiro e as coisas de que gosto, não vou precisar das pessoas'. Esse engano apresenta-se como solução do problema da solidão, mas, na realidade, somente a agrava" (Kiley, 1983, p. 94). Se desde criança pensamos e agimos assim, como nos comportar, que crenças teremos quando formos adultos? Quando formos pais?

É comum os homens serem criados para "ganhar dinheiro", "fazer o seu primeiro milhão antes dos 25 anos", ter posses, carro, uma imagem de sucesso. Essa prática constante pode levar os homens a crer que o amor possa mesmo ser algo a ser comprado, ou ao menos negociado. Busca-se isso no casamento em primeira instância e depois nas possíveis relações com os filhos. No mundo capitalista em que nos encontramos, o amor também costuma ser considerado *business*, e inclusive criamos seguro para casamentos desfeitos. Não penso que a educação feminina esteja muito longe disso. Às mulheres do século XX foi imputada a ideia de serem mulheres de sucesso, vencedoras, inigualáveis, perfeitas, "mulheres-maravilha". Nas palavras de Huffington (2014, p. 18), "existem milhões de pessoas determinadas a permanecer nessa roda-viva, apesar do preço cobrado ao seu bem-estar, seus relacionamentos e sua felicidade". Há espaço para ser mãe? Ou será mais um papel a ser imputado e cobrado da mulher?

Ser pais vem se tornando exigente para alguns casais justamente pelo fato de que, para serem pais, é preciso estar presente, preenchendo um espaço vazio que é no/do outro – o filho –, e aqui não há lugar para o individualismo ou narcisismo. Mas como dar ao outro algo que julgo não ter?

Surpreendi-me em uma aula de psicodinâmica da família em que uma acadêmica, durante o debate, declarou: "Agora compreendo que meu pai não tinha como me entender como adolescente que fui; ele não teve um pai na adolescência dele [...], como então pode ser pai para mim e meus irmãos?". Por certo, nem todo processo familiar pode ser explicado como causa-efeito, mas merece nosso olhar sobre as realidades com as quais nos deparamos. É certo também que, para dominarmos as situações que a vida nos apresenta, precisamos desenvolver a capacidade de superação das críticas (reais ou imaginárias), os reveses (concretos e fabricados por nós) e as desilusões, aprimorando a nossa "leitura" do mundo.

O casal parental contemporâneo às vezes se apresenta perdido, em um mar de teorias, possibilidades e facilidades. Estão perdidos porque as diversas teorias sobre como serem pais eficientes, pais eficazes, pais líderes e servidores abarrotam as prateleiras das livrarias. Fórmulas, receitas, maneiras de educar seu filho para que seja feliz proliferam semanalmente. Agregue a isso as mil possibilidades que temos para estar aqui, ali ou acolá em questão de frações de segundos (os equipamentos eletrônicos nos possibilitam isso), ou em questão de minutos (tomamos um avião em qualquer parte do mundo e em horas cruzamos o Atlântico, o Pacífico, o país), e daí as "obrigações" anteriormente contratadas – casamento, filhos – podem facilmente ser desfeitas, tal como em Kundera (1984, p. 13):

> Tomas vivera apenas dois anos com a primeira mulher e tivera um filho. No julgamento do divórcio, o juiz confiou à mãe a guarda do filho. [...] Concedeu-lhe também o direito de ver o filho duas vezes por mês. Mas, todas as vezes que Tomas deveria vê-lo, a mãe desmarcava o encontro. [...] Um domingo em que a mãe, mais uma vez, desmarcara no último minuto uma saída com o filho, ele decidiu que nunca mais o veria. Afinal, por que se prenderia a essa criança mais do que a qualquer outra? Não estavam ligados por nada, a não ser por uma noite imprudente. Depositaria escrupulosamente o dinheiro, mas que não viesse exigir dele que, em nome de vagos sentimentos paternos, disputasse a companhia do filho!

Na outra extremidade, temos a mulher/mãe que tanto quanto o homem/pai vem passando pelas mesmas agruras, com o agravante de que muitas ainda têm que ser mulher, esposa, amiga, filha dedicada. Weberman (2002) ressalta a seguinte ideia ao "explicar" por que nos encontramos nesse panóptico:

> Considere a seguinte hipótese: em algum momento entre os anos de 1966 e 1974, o mundo mudou. [...] A primeira geração de crianças "amamentadas" com uma dieta regular de televisão atingiu a maioridade nessa época. E, depois da televisão, ocorreu a vasta proliferação de tevê a cabo, vídeo, fax, estimulantes farmacêuticos do humor, telefones celulares e internet. Tudo isso teve um efeito em nossos pensamentos, desejos e sentimentos [...].

Weberman (2002) expõe claramente que nossa sociedade se apropriou do desenvolvimento tecnológico e fez ele avançar também sobre as relações. Nesse movimento, a mulher não tardou a ser "engolida" por um cotidiano que exige dela respostas de sucesso, empreendedorismo e competição, mas sem "descer do salto".

Autoras como Friedman e Yorio (2006), Seligson (2007) e Sina (2005) expõem de modo contundente qual é o papel da mulher no mercado de trabalho. Aburdene & Naisbitt (1992, p. 20) já alertavam:

> Não há dúvida: a ida das mulheres para o trabalho rompeu a unidade familiar. Sem o apoio das empresas ou do governo, os pais enfrentaram uma questão simples, mas esmagadora: quem vai cuidar das crianças? Em consequência do aumento do poder das mulheres, algumas escaparam de casamentos onde haviam estado economicamente aprisionadas. O número de divórcios aumentou também por outras razões, mas o resultado final foi o mesmo: mais rompimento. Mães trabalhando. Divórcios. Assistência inadequada aos filhos. Crianças vivendo na pobreza porque pais ausentes não proveem o sustento dos filhos. Famílias adotivas. Mãe e pai trabalhando fora. Excesso de trabalho. Durante as duas últimas décadas, tanto os pessimistas quanto os observadores atentos podiam fazer uma boa previsão de que a família estava se desintegrando e, por isso, a sociedade também se desintegrava.

Vivemos as últimas décadas envolvidos por muitas transformações, com os papéis das mulheres mudando constantemente – e, por consequência, o papel de mãe também. É fácil levantarmos os dados do aumento do número de mães "solteiras" (embora pessoalmente não concorde com o termo "solteira", pois mãe é mãe), mães pobres com pais omissos, famílias adotivas e combinadas, maior número de mães de meia-idade, com mulheres podendo optar por casar mais tarde, tornar a se casar, não casar, morar ou não com um(a) companheiro(a), e até mesmo ser mãe sem a necessidade de ato sexual. Enfim, cada vez mais observamos uma sociedade onde tudo o que era sólido se desmanchou no ar, o que Bauman denominará de "tempos líquidos" (2007), "modernidade líquida" (2000), ou "mal-estar da pós-modernidade" (1997).

As mulheres, por mais liberdade que possam conquistar, ainda se empenham para cumprir os papéis sociais que lhes são impostos, como, por exemplo, o "complexo de Cinderela" (Dowling, 1981). Uma análise sobre o papel feminino é a descrita por Dias (2006) sobre a "elasticidade" da mulher, tendo justamente como pano de fundo uma família.

A ideia de uma supermãe que tudo sabe, tudo faz e tudo pode (três virtudes teologais de Deus) ainda assombra as mães. É necessário resgatar a ideia de Winnicott sobre o que é ser uma mãe suficientemente boa, aliviando as mulheres da carga que a psicanálise impõe sobre essa função. Segundo Grolnick (1990, p. 40):

> Mães suficientemente boas, enquanto sempre presentes, de algum modo, substituem um ambiente sustentador mais constante, empaticamente flexível. [...] A mãe suficientemente boa (ou, na verdade, aquele/aquela que provê cuidados) gratifica empaticamente e, de uma forma winnicottiana maravilhosamente paradoxal, frustra, enganosa, mas proveitosamente.

Assim têm se constituído muitas relações e com os mesmos valores: os pais também se relacionam com seus filhos, sem distinção entre o que constitui ser um adulto e ser uma criança.

As carências têm sido as mesmas, e as relações familiares mostram-se devoradoras, podendo chegar ao extremo de pais assassinados, filhos abandonados, padrastos e madrastas com vidas arrancadas e tantas outras notícias que fazem dos filhos, muitas vezes, algozes de seus pais e irmãos. Teria então a família se transformado em uma arena em que a diversidade de papéis e carências se multiplicam? Estaríamos esquecendo que cada um de nós tem, na verdade, diversas famílias, como, por exemplo, a família de nossa infância, a família que contraímos quando nos casamos, a família que constituímos quando nos tornamos pais e até mesmo a família que ganhamos quando nos tornamos avós?

Concordo com a colocação de Ackerman (1986, p. 29) quando diz:

> A família é a unidade básica de crescimento e experiência, desempenho ou falha. É também a unidade básica de doença e saúde. [...] A família é uma unidade paradoxal e indefinível. Ela assume muitos aspectos. É a mesma em qualquer lugar, contudo nunca permaneceu a mesma.

Definindo o estado em que se encontra a família

Diante da dificuldade em definirmos um conceito de família, talvez possamos caracterizar como se encontra a família. Creio que a palavra que a define melhor seja *crise*, entendida como momento privilegiado para repensar e equacionar quais são os valores fundamentais para a nossa existência e, inclusive, para a existência da família.

As dificuldades pelas quais passam os seres humanos definem, contudo, as mudanças de valores sociais. Assustamo-nos quando nos deparamos com as regras reescritas e as relações instáveis. Como pais, não sabemos como impor a disciplina; os valores morais estão frágeis; a liberdade é aclamada como direito sem que se questione que antes temos deveres para com ela; o materialismo cada vez mais se apresenta como resposta à ilusão à felicidade; o respeito ao outro está cada vez mais esquecido e só me importa o que diz "respeito" a mim (a cada um de nós). Iniciamos mais uma vez o círculo do individualismo, do narcisismo, que leva à falta de disciplina, ao não respeito às regras e aos valores e à falta de prática da alteridade.

É por vivermos em tempo atuais tão turbulentos que nos questionamos se outrora não era mais fácil viver, mais fácil controlar as crianças, mais fácil educar e impor respeito. O fato é que vivemos o tempo presente desejosos dos tempos passados, daí a afirmação de que vivemos em crise. No entanto, a crise é ótima, pois nos leva ao caos, e o caos é a ordem espontânea da natureza; por isso, as famílias pensam que estão vivendo em um caos. Temos, com a crise, a oportunidade de reavaliar quais valores queremos "levar" para o futuro ou disseminar para as gerações futuras.

Como definirmos o estado em que se encontra a família? Penso que esteja se redirecionando e reposicionando para o questionamento de valores que hoje parecem ser importantes, mas que não o são. São perceptíveis alguns movimentos sociais que tentam resgatar a figura dos pais, os valores dos avós, a cidadania e a civilidade. É o que escreve Strecht (2018, p. 8):

> Uma das maiores revoluções atualmente necessárias na área psicossocial é justamente a de o ser humano ousar dedicar mais tempo a si mesmo, à relação íntima com tudo aquilo que profundamente sente e pensa, à valorização da presença e da comunicação com todos aqueles que lhe são próximos e de quem depende. Lutar contra a pressa, o consumismo desenfreado e aditivo, a ativação continuada de zonas celebrais de prazer imediato, mas... de esvaziamento futuro.

Porém, para tudo isso, é necessário que estejamos em crise, pois é na crise que temos a oportunidade de fazermos outras escolhas. Devemos estar alertas e vigilantes para com o que Schwartz (2004) denomina *paradoxo da escolha*. O autor argumenta que "o excesso de escolha tem um custo quando nos apegamos, de maneira obstinada, a todas as escolhas disponíveis, acabamos tomando decisões erradas, ficamos ansiosos, estressados e insatisfeitos e até deprimidos".

É necessário definir claramente qual família se quer ter frente às inúmeras possibilidades que se apresentam – e mais uma vez nos vemos diante da pergunta: qual família queremos ter hoje? Qual família queremos ter amanhã? Cabe ressaltar que muitos clamam por fórmulas, dicas, orientações referentes a como sobreviver à própria família sem perceber que ela passa por seu ciclo de vida.

Carter & McGoldrick (1989) explicam que, para cada estágio de ciclo de vida familiar, há um processo emocional de transição. Por exemplo: sair de casa jovem e solteiro implicará a aceitação da responsabilidade emocional e financeira. Já um casamento implicará o comprometimento com um novo sistema, e assim por diante; família com filhos pequenos, com adolescentes, a saída dos filhos adolescente de casa, "famílias no estágio tardio da vida".

Definir a família hoje para o futuro é trazer à mesa de debates questões referentes à criação de filhos do casal pelos avós; é falar de adoção internacional; é debater as questões dos filhos da homoparentalidade; é debater as atitudes e expectativas de jovens solteiros frente à família e ao casamento; é debater as escolhas de opção sexual que pais e mães fazem e que dizem respeito à educação dos filhos (está se tornando comum casais com filhos se separarem e tanto o homem quanto a mulher optarem por viver uma relação homoafetiva, por exemplo, ou mesmo mudança de gênero).

Féres-Carneiro (2009, p. 83) argumenta que, em se tratando de família, fica evidente que "[...] aspectos relativos às permanências e rupturas que coexistem nas múltiplas configurações conjugais e familiares da contemporaneidade" vêm tornando-se a base de construto das famílias. Além disso, "tais rupturas e permanências têm-se refletido nas relações de gênero, na subjetivação, na parentalidade, na filiação, no trabalho e na saúde emocional dos sujeitos envolvidos na trama familiar".

Definindo saudade e alguns outros sentimentos familiares

Inicio com Falcão (2018, documento *on-line*):

Saudade é quando o momento tenta fugir da lembrança para acontecer de novo e não consegue. *Lembrança* é quando, mesmo sem autorização, seu pensamento reapresenta um capítulo. *Angústia* é um nó muito apertado bem no meio do sossego. *Preocupação* é uma cola que não deixa o que ainda não aconteceu sair de seu pensamento. *Indecisão* é quando você sabe muito bem o que quer, mas acha que deveria querer outra coisa. *Certeza* é quando a ideia cansa de procurar e para. *Intuição* é quando seu coração dá um pulinho no futuro e volta rápido. *Pressentimento* é quando passa em você o *trailer* de um filme que pode nem ser que exista. *Vergonha* é um pano preto que você quer para se cobrir naquela hora. *Ansiedade* é quando sempre faltam muitos minutos para o que quer que seja. *Interesse* é um ponto de exclamação ou de interrogação no final do sentimento. *Sentimento* é a língua que o coração usa quando precisa mandar algum recado. *Raiva* é quando o cachorro que mora em você mostra os dentes. *Tristeza* é uma mão gigante que aperta o seu coração. *Felicidade* é um agora que não tem pressa nenhuma. *Amizade* é quando você não faz questão de você e se empresta para os outros. *Culpa* é quando você cisma que podia ter feito diferente, mas, geralmente, não podia. *Lucidez* é um acesso de loucura ao contrário. *Razão* é quando o cuidado aproveita que a emoção está dormindo e assume o mandato. *Vontade* é um desejo que cisma que você é a casa dele. *Paixão* é quando apesar da palavra perigo o desejo chega e entra. *Amor* é quando a paixão não tem outro compromisso marcado. Não... Amor é um exagero... também não. Um dilúvio, um mundaréu, uma insanidade, um destempero, um despropósito, um descontrole, uma necessidade, um desapego? Talvez porque não tenha sentido, talvez porque não tenha explicação. Esse negócio de amor... não sei explicar.

Discorrer sobre a família do futuro colocou-me em xeque sobre qual família falaria: a família Talita-Nilson-Cleisson-Cássia? Ou a família Talita-Nilson agora sem os filhos? Ou, ainda, poderia eu discorrer sobre Cleisson e sua família ou Cássia e sua família? Havia ainda outras possibilidades, a família Talita-Nilson-Lili ou as famílias individuais Talita, Nilson, Cleisson, Cássia.

Como só podemos sentir saudade daquilo que ainda não vivemos, a família do futuro é a família de encontros de sujeitos que se reencontrarão com seus pares. Não creio que o futuro existirá sem família – pois disto dependerá existir um futuro –, mas haverá outras formas de famílias, outras concepções, arranjos, necessidades.

Penso que as famílias do futuro serão como no desenho A Família do futuro, em que fica evidente que lançaremos mão de nossa memória para a formação não mais de famílias mononucleares (com um filho, pai e mãe), mas certamente teremos o desejo de resgatar a família como grupo, orla primeira do ser humano. Nas "novas" famílias do futuro, as constituições serão possivelmente os filhos dela com os enteados dele; os enteados dela e os enteados dele; os filhos gerados no útero da avó convivendo com os filhos adotados, que, por sua vez, viverão com filhos gerados *in vitro*; filhos gerados pelos "meios naturais" e filhos gerados "sem pai", em laboratório; o casal de mães e seus filhos ou o casal de pais com seus filhos e os avós.

As famílias do futuro não mais se constituirão de mães como Talita, que, sentindo a falta do filho, "implora" que venha visitá-la, pois construíram uma casa para abrigar toda a família, e eles, os filhos, simplesmente foram embora, fazendo ela e o marido vivenciarem a síndrome do ninho vazio – ninho que será preenchido com animais de estimação, que terão a "missão" de tapar a dor da saudade, da separação, de se tornarem objeto de amor, carinho e afeição.

Por vezes, também se pode incorrer que, na falta de repertório para trocas significativas com o outro, seja mais fácil o relacionamento com um animal do que com um ser humano, que pede, solicita e questiona o amor e o afeto que lhe são dados; ou seja, exige qualidade. As famílias do futuro não deverão ter pais que, carentes de afeto filial, cobrem de seus filhos maior regularidade de visitas sem permitir-lhes que vivam suas vidas, ou ainda não precisarão exercer poder econômico sobre eles para justificar suas necessidades. Acredito, contudo, que tal família existirá se pudermos abandonar os medos apontados nos questionamentos de Pelbart (2000, p. 11):

> Não paramos de nos perguntar: o que se passou, o que terá acontecido que de repente tudo mudou, que já não nos reconhecemos no que ainda ontem constituía o mais trivial cotidiano? Aumenta nosso estranhamento com as maneiras emergentes de sentir, de pensar, de fantasiar, de amar, de sonhar, e cada vez mais vemo-nos às voltas com imensos aparelhos de codificação e captura, que sugam o estofo do que constituía, até há pouco, nossa íntima espessura.

Será necessário, porém, que a sociedade dê chances para que a subjetividade do homem seja resgatada, que o homem possa se reencontrar consigo, com sua essência, com seus verdadeiros desejos, e assim constituir uma família com seus valores, e não mais com os valores de uma sociedade pós-moderna que expurga o que há de mais humano no ser humano. Sem dúvida, nosso tempo aponta que as famílias ficarão cada vez menores, pois a humanidade tem-se pautado no individualismo narcísico que nada vê a não ser a si mesmo. Contudo, a consciência do coletivo imperará; os pais encontrarão outras formas de trabalho a fim de que tenham tempo, hoje "curto", para ficar com seus filhos. Com isso, a convivência deixará de ser ameaçadora, já que pais e filhos passarão a se conhecer em descobertas parentais.

A prática de famílias com menos filhos perdurará por muito tempo, ainda fazendo o medo da perda assombrar as mentes (como diriam os "antigos": quem tem um, não tem nenhum), mas não creio que viveremos como *Os Jetsons*, tampouco como *Os Waltons*, mas podemos aprender desde já com as diversas famílias com as quais temos oportunidade de visualizar os conceitos aqui expostos. São elas: *Os Incríveis*, *Everybody loves Raymond*, *Everybody hates Chris*, *Os Simpsons*, *Uma família da pesada*, *A grande família*, *Married with children*, *Malcolm in the middle*, *The middle*, *No ordinary family*, entre muitos seriados nacionais e estrangeiros que nos brindam com situações inusitadas (seriam mesmo ficção ou realidade?). É pertinente nos atermos em como as famílias são retratadas em alguns desses seriados:

Everybody loves Raymond – A vida de Raymond Barone não poderia ser melhor: é um cronista esportivo de sucesso, casado com Debra, pai de três belas crianças e mora em uma bela casa de subúrbio. Ray, como também é conhecido, só queria uma coisa: ficar longe da família. Mas o destino quis que ele fosse morar ao lado da casa dos pais, Marie e Frank, que também vêm abrigando o irmão mais novo de Ray, Robert, um policial que acabou de se separar do primeiro casamento. A vida de Ray seria apenas uma rotina tranquila se a família não passasse o dia inteiro tentando participar mais ativamente do que acontece dentro de sua casa. Debra pede mais assertividade do marido para inibir o contínuo entra e sai de sua casa e de suas vidas. Mas Ray não é muito chegado a um confronto, especialmente com a família. A série é baseada na própria história da vida do comediante Ray Romano.

Everybody hates Chris – Chris Rock, um dos mais famosos atores e comediantes da televisão, conta histórias e vivências engraçadas de sua adolescência durante o final da década de 1980. A começar pela luta que teve de travar para encontrar seu espaço em um colégio de brancos que ficava a duas horas de sua casa. Como o mais velho de três irmãos, no Brooklyn, em Nova York, também precisou manter os mais novos na linha e superar os testes de sua escola. Em 1982, Chris completa 13 anos e, ao entrar na adolescência, descobre que ela não é tão legal quanto imaginava ser. Em meio à responsabilidade de ter de cuidar dos irmãos mais novos, Drew e Tonya, enquanto os pais trabalham, Chris amadurece rapidamente e percebe que já faz parte do universo adulto, mesmo sem ter idade para isso. Em *Everybody hates Chris*, conforme o protagonista olha para o passado, aos poucos descobre o que sua família já sabia: sua personalidade excêntrica, marcante e afiada irá lhe abrir portas.

The middle – Esqueça os atletas, os astros do cinema e os políticos. Os verdadeiros heróis são os pais – mas achamos que Frankie Heck deve ser uma super-heroína. Uma esposa dedicada e mãe de três filhos, ela pertence à classe média, mora no meio do país e está chegando à meia-idade. Frankie e o marido, Mike, vivem em Orson, em Indiana, desde sempre. Homem de poucas palavras, Mike é o gerente da pedreira de Orson, e Frankie é a terceira melhor vendedora de carros usados em uma empresa com três empregados. Ela pode não ser uma empresária superpoderosa, mas quando o assunto é a sua família, ela faz o possível e o impossível. Temos Axl, o filho adolescente seminudista (concebido ao som de Guns N' Roses), Sue, a adolescente esquisita que falha em tudo que tenta fazer, mas sempre tem a palavra final, e Brick, o garoto de 7 anos cuja melhor amiga é sua mochila da escola. Às vezes parece que todos estão tentando chegar ao topo (ou lutando para não chegar ao fundo do poço), mas acreditamos que Frankie e sua família vão encontrar muito amor e muitas risadas em algum lugar no meio do caminho.

Malcolm in the middle – A série Malcolm mostra as aventuras e as trapalhadas de uma família de classe média norte-americana formada por quatro irmãos briguentos e seus pais – um casal que tenta segurar as pontas até que o filho mais novo complete 18 anos. Criada e produzida por Linwood Boomer (*3rd rock from the sun*), a série é narrada a partir da visão de Malcolm, um garoto normal que adora andar de *skate*, fazer algazarra com os irmãos e evitar problemas na escola. Ele até já conseguiu aceitar – quer dizer, ignorar – o fato de seus pais perambularem pela casa completamente despidos. Entretanto, seu mundo virou de ponta-cabeça quando seu QI de gênio foi descoberto. A partir de então, passou a frequentar uma escola para alunos superdotados. Os pais de Malcolm, Hal e Lois não têm o gramado mais bem cuidado, a casa mais limpa e os filhos mais refinados da vizinhança. No entanto, apesar das confusões cotidianas dessa família, todos sabem que o amor acaba prevalecendo. Francis, o irmão mais velho e o favorito de Malcolm, foi enviado para um campo de guerra como medida disciplinar do exército e está longe da família. Com Francis fora de casa, Malcolm é literalmente o filho do meio. Agora o mais velho do pedaço é seu irmão Reese, um rapaz cujos punhos funcionam mais rápido que o cérebro. Já o caçula do grupo, Dewey, não hesita em demonstrar seu comportamento infantil. Com seu humor inteligente e sarcástico, Malcolm segue a vida cumprindo as etapas apresentadas pela idade – um caminho por vezes perigoso e sempre repleto de diversão. Como ele mesmo costuma dizer, "a melhor coisa da infância é que em um determinado momento ela acaba".

Por fim, cabe relembrar as palavras de Freud (1912 apud Vilhena, 2004), que afirma a importância de se pensar a humanidade historicamente, no cerne de seu meio ambiente cultural, atravessado pelas vicissitudes do tempo e do espaço que constituem sua realidade psíquica. Contextualizando a humanidade, contextualizaremos também a família e, a partir daí, não temeremos mais as palavras de Rousseau (1782, p. 7), que ecoam através dos tempos:

> No requinte do seu ódio, procuraram o tormento que fosse mais cruel para a minha alma sensível e quebraram violentamente todos os laços que a eles me ligavam. Eu teria amado os homens apesar do que são. Ao deixarem de o ser mais não fizeram do que furtar-se ao meu afeto. Ei-los, portanto, estrangeiros, desconhecidos, em suma, inexistentes para mim, já que assim o quiseram. Mas eu, desligado deles e de tudo, o que sou afinal? É o que me falta descobrir.

Acredito na perpetuação da família no futuro, reafirmando a crença de que as pessoas nunca estiveram tão interessadas em manter relacionamentos mais duradouros e profundos. É a família que se configura como lugar privilegiado para essas relações, pois, nos primeiros anos do século XXI, observamos que os pais passam mais tempo com seus filhos do que em qualquer outro período da história. Parece algo paradoxal, mas, se observarmos bem a História (embora possamos apontar que os pais não têm tempo para os filhos), não há a necessidade de jornadas de trabalho tão longas quanto no século passado, e a opção por permanecer junto à família e aos filhos já se configura como uma possibilidade maior. É certo também que essa mudança de comportamento/opção terá que se tornar uma tendência. Torço para que as palavras de Penn (2007, p. 17) realmente se concretizem:

> Quando determinada tendência atinge 1%, ela está pronta para criar um filme de sucesso, um *best-seller* ou um novo movimento político. O poder da escolha individual está influenciando cada vez mais a política, a religião, o entretenimento e até mesmo a guerra. Nas atuais sociedades de massa, basta que apenas 1% dos indivíduos façam uma escolha – contrária à da maioria – para criar um movimento que pode mudar o mundo.

É preciso que, despidas dos paradigmas e conceitos estanques, as práticas psicológicas se interessem pela família no futuro, pois precisaremos de profissionais que encarem o ambiente familiar como algo a ser construído e compreendido, ou seja, compreender a paternidade tardia; compreender o papel dos animais de estimação em substituição aos filhos; compreender as mães que gerarem filhos após os 40 anos e não querem um pai para "seu" filho; explicar à sociedade as implicações de fecundações *in vitro*; trabalhar as mediações cada vez mais necessárias no litígio de pais que disputam a guarda dos filhos ou mesmo buscam seus direitos de pai. Tudo isso penso ser um presente-futuro, ou um futuro já presente.

O futuro sem família? Não existe, porque não existe família sem futuro, por isso sempre temos saudade de nossas famílias.

Referências

Aburdene, P., & Naisbitt, J. (1992). *Megatendências para as mulheres*. Rio de Janeiro: Rosa dos Ventos.

Ackerman, N. W. (1986). *Diagnóstico e tratamento das relações familiares*. Porto Alegre: Artes Médicas.

Anderson, P. (1998). *As origens da pós-modernidade*. Rio de Janeiro: Zahar.

Baudrillard, J. (1991). *A sociedade de consumo*. Lisboa: Ed. 70.

Bauman, Z. (1997). *O mal-estar da pós-modernidade*. Rio de Janeiro: Zahar.

Bauman, Z. (2000). *Modernidade líquida*. Rio de Janeiro: Zahar.

Bauman, Z. (2007). *Tempos líquidos*. Rio de Janeiro: Zahar.

Calligaris, C. (1994). O grande casamenteiro: questionamentos psicanalíticos sobre o que nos leva a casar. In: Associação Psicanalítica de Porto Alegre. *O laço conjugal* (pp. 11-23). Porto Alegre: Artes e Ofícios.

Campos, D. C. (2017). *Ousadia em estar feliz*. São Paulo: Novo Século.

Carter, B., & McGoldrick, M. (1989). *As mudanças no ciclo de vida familiar: Uma estrutura para a terapia familiar* (2. ed.). Porto Alegre: Artmed.

Castro, P. V. (2017). *A civilização do medo: O mundo como nunca imaginamos*. Lisboa: 4 Estações.

Connor, S. (1989). *Cultura pós-moderna*: introdução às teorias do contemporâneo. São Paulo: Loyola.

Debord, G. (1992). *A sociedade do espetáculo*. Rio de Janeiro: Contraponto.

Dias, R. (2006). *A família incrível é mesmo incrível?* Trabalho de conclusão de curso, Universidade São Francisco, São Paulo.

Dowling, C. (1981). *Complexo de Cinderela*. São Paulo: Círculo do Livro.

Eagleton, T. (1996). *As ilusões do pós-modernismo*. Rio de Janeiro: Zahar.

Elias, N. (1987). *A sociedade dos indivíduos*. Rio de Janeiro: Zahar.

Falcão, A. (2018). *Frases*. Recuperado de www.pensador.com/frases/MjgyMzk/.

Féres-Carneiro, T. (2009). *Casal e família*: permanência e rupturas. São Paulo: Casa do Psicólogo.

Freud, S. (1990). Introdução ao narcisismo. In: S. Freud. *Ensaios de metapsicologia e outros textos* (Vol. 12, pp. 13-49). São Paulo: Companhia das Letras.

Friedman, C., & Yorio, K. (2006). *Mulheres no comando: Como liderar sem descer do salto*. São Paulo: Verus.

Galimberti, U. (2000). *Psiche e techne: O homem na idade da técnica*. São Paulo: Paulus.

Garfinkel, P. (1985). *No mundo dos homens: Pais, filhos, irmãos, amigos e outros papéis que os homens desempenham*. São Paulo: Círculo do Livro.

Grolnick, S. (1990). *Winnicott, o trabalho e o brinquedo: Uma leitura introdutória*. Porta Alegre: Artes Médicas.

Hobsbawn, E. (1994). *A era dos extremos: o breve século XX (1914-1991)* (2. ed.) São Paulo: Companhia das Letras.

Huffington, A. (2014). *A terceira medida do sucesso*. Rio de Janeiro: Sextante.

Kafka, F. (1919). *Carta a meu pai*. São Paulo: Martin Claret.

Kiley, D. (1983). *Síndrome de Peter Pan*. São Paulo: Círculo do Livro.

Kirn, W. (2001). *Amor sem escalas*. Rio de Janeiro: Record.

Kundera, M. (1984). *A insustentável leveza do ser*. São Paulo: Círculo do Livro.

Levy, A., Nicolai, A., Enriquez, E., & Dubost, J. (2001). *Psicossociologia, análise social e intervenção*. Belo Horizonte: Autêntica.

Lowen, A. (1983). *Narcisismo: Negação do verdadeiro "self"*. São Paulo: Círculo do Livro.

Lyon, D. (1994). *Pós-modernidade*. São Paulo: Paulus.

Lyotard, J. F. (1979). *A condição pós-moderna* (9. ed.). Rio de Janeiro: José Olympio.

Lipovetsky, G. (1983). *A era do vazio*: ensaio sobre o individualismo contemporâneo. Lisboa: Antropos.

Malpique, C. (1983). *A ausência do pai* (3. ed.). Lisboa: Edições Afrontamento.

Melville, H. (1956). *Bartleby, o escrivão*. Rio de Janeiro: José Olympio.

Pelbart, P. P. (2000). *A vertigem por um fio: Políticas da subjetividade contemporânea*. São Paulo: Iluminuras.

Penn, M. J. (2007). *Microtendências*: as pequenas forças por trás das grandes mudanças de amanhã. Rio de Janeiro: Best Seller.

Riesman, D. (1961). *A multidão solitária: Um estudo da mudança do caráter americano*. (2. ed.) São Paulo: Perspectiva.

Rousseau, J. J. (1782). *Os devaneios do caminhante solitário*. Lisboa: Cotovia.

Sá, E. (1999). *Manual de instruções para uma família feliz*. Lisboa: Fim de Século.

Saramago, J. (1995). *Ensaio sobre a cegueira*. São Paulo: Companhia das Letras.

Schwartz, B. (2004). *O paradoxo da escolha: Por que mais é menos*. São Paulo: A Girafa.

Seligson, H. (2007). *Mulheres trabalhando: Os segredos que toda mulher deve saber para construir uma carreira de sucesso*. São Paulo: Futura.

Sennett, R. (1974). *O declínio odo homem público: As tiranias da intimidade*. São Paulo: Companhia das Letras.

Sina, A. (2005). *Mulher e trabalho: O desafio de conciliar diferentes papéis na sociedade*. São Paulo: Saraiva.

Strecht, P. (2018). *Pais sem pressa: O tempo na relação entre pais e filhos*. Lisboa: Contratempo.

Touraine, A. (1997). *Podemos viver juntos? Iguais e diferentes*. Rio de Janeiro: Vozes.

Twenge, J. M., & Campbel, W. K. (2013). *The narcissism epidemic: Living in the age of entitlement*. New York: Atria Paperback.

Vilhena, J. (2004). Repensando a família. *Revista Psicologia*. Recuperado de http://www.psicologia.pt/artigos/textos/A0229.pdf

Weberman, D. (2002). A simulação de matrix e a era pós-moderna. In: W. Irwin. *Matrix: Bem-vindo ao deserto do real* (pp. 247-258). São Paulo: Madras.

Winnicott, D. W. (1979). *O ambiente e os processos de maturação: Estudos sobre a teoria do desenvolvimento emocional*. Porto Alegre: Artmed.

Leitura recomendada

Quiroga, H. (1917). A galinha degolada. In: H. Quiroga. *Contos de amor, de loucura e de morte* (pp. 12-16). Rio de Janeiro: Record.

6

Vida familiar e saúde psicossocial

David Ramírez Acuña | Sônia Maria Lemos

A vida familiar, em qualquer de suas tipologias, é inerente à espécie humana, uma vez que, ao nascer, somos um dos seres vivos mais dependentes de meio para sobreviver, humanizar e coabitar em nossa comunidade, a qual nos define em quase todas as nossas dimensões, incluindo, obviamente, a nossa saúde psicossocial. Desde o início da nossa história, o recém-nascido precisou de adultos para satisfazer todas as suas necessidades básicas, como alimentação, abrigo, cuidados, proteção, saúde, educação, entre outras, e essa dependência dura por mais de uma década; daí a importância da família como primeiro elo no processo de humanização e socialização em nossa qualidade de vida, em nossa saúde.

A família como o primeiro grupo social tem funções inerentes essenciais para o desenvolvimento e o estabelecimento das relações com os demais. O ser humano, em sua complexidade, necessita de cuidados e de orientação durante os primeiros anos de sua vida. É a vida, em sua multidimensionalidade, que desafia uma formação que considere não somente a pessoa, mas os grupos sociais com os quais irá interagir ao longo da existência. Portanto, este capítulo tem o objetivo de estabelecer um diálogo entre a vida em família e a saúde psicossocial, considerada uma dimensão do cuidado em saúde, na atenção primária.

Neste capítulo, vamos transcender o conceito de família tradicional e, de acordo com Baptista e Teodoro (2012), valorizar todas as possibilidades familiares que existiram, existem e têm que existir, dependendo das mudanças psicossociais que definem novas estruturas e funções, na vida familiar, em cada um de seus contextos. A família é entendida como um grupo de pessoas com identidade entre si; ao contrário de outros grupos, em geral, essas pessoas são coerentes e estimulam um sentimento de pertencimento, de apoio mútuo na busca de seus próprios interesses, para a garantia das condições mínimas de convivência e sobrevivência de seus membros. Os membros da família podem se tornar independentes, economicamente autossuficientes, mas continuam a se sentir parte do grupo familiar (Ramírez, 2011b).

É importante mencionar que compreenderemos a saúde psicossocial (saúde psicológica no contexto social) como o conjunto de condições do ser humano, de sua família, de seu ambiente social, de seu ambiente de trabalho, do ambiente econômico e ecológico em que habita. Todas essas condições exercem influência sobre a saúde da pessoa, sobre sua família, sobre sua comunidade e seu contexto, transcendendo assim o termo clássico de "doença ou transtorno mental", que, para os autores, é reducionista e não representa em todas as suas dimensões a situação de conflito intrapsíquico e inter-relacional enfrentado por pessoas que sofrem com algum tipo de doença ou transtorno.

As condições particulares – *orgânicas e contextuais* – de nossa mãe, em sua vida de casal, em sua dinâmica sociofamiliar, cultural, econômica, de trabalho e contexto ecológico, influenciam todos os seres humanos a partir do momento em que são gestados (Murueta & Osorio, 2009). Além desses fatores, consideramos idade, dieta, níveis de estresse que administram, qualidade de vida e outros que definem sua própria existência. Essas condições somadas moldam-nos em nossas possibilidades de desenvolvimento humano e social. As funções parentais e a proximidade do pai são muito importantes, assim como a presença e a assistência de todo o ambiente familiar, que, em alguma medida, integram-se na vida da criança em diferentes níveis de comprometimento e de exercício de autoridade em dinâmica familiar. De acordo com Goetz e Vieira (2010), essa experiência nos define, literalmente, porque nosso nome, nossas primeiras sensações, pensamentos e palavras, a maneira como percebemos e interagimos com nosso habitat serão definidos por esse núcleo familiar, fundamental em nosso processo de humanização e socialização.

Dessa maneira, podemos afirmar que as famílias funcionam como um sistema em que subsistem normas, noções de ordem, forças de aprovação ou sanção que, às vezes, não são evidentes e nem explícitas; existem estruturas de poder em que há pessoas que são subordinadas e outras, em diferentes níveis, exercem linhas de autoridade, até mesmo punições. Esse sistema também se reproduz socialmente (Ramírez, 2011a).

Baptista e Teodoro (2012) dissertam sobre o fato de que, na família, aprendemos a interagir não só com os membros dos nossos grupos primários, mas também com todas as normas da sociedade que nos rodeia, o que define a maneira como pensamos sobre nós mesmos e como percebemos a realidade e nos comunicamos com nossos ambientes biopsicossociais.

O meio ambiente, o mundo que conhecemos, a perspectiva por meio da qual nos oferecem pontos de vista, desde que nascemos e em cada uma das etapas de nossa vida, permitem uma orientação constante que afeta nossa saúde integral. Ou seja, em uma interação permanente com o contexto e suas dimensões, esses códigos e normas continuam a nos influenciar, pois é nesse ambiente que aprendemos a viver, a ser, a pensar e a nos construir com os recursos que geneticamente carregamos e os que estamos desenvolvendo, de acordo com as condições e possibilidades que nos são oferecidas (Murueta & Osorio, 2009).

Nesse espaço, os sofrimentos "mentais" psicossociais não são mais do que uma ação feita sob medida, muitas vezes fabricada e imposta durante nossa vida familiar, que se ajusta e nos define nas relações familiares, laborais e sociais. Lembremos que, desde que estamos no útero da mãe, somos afetados por seu estado emocional. As lacunas que a mãe enfrenta durante a gravidez marcarão o desenvolvimento fetal e formarão a base para a vida futura como criança, adolescente e adulto. Dessa forma, podemos considerar que integrar a saúde das famílias na atenção primária pode constituir uma estratégia fundamental para a saúde psicossocial das pessoas.

Ao implementar essas atividades cotidianas, com a qualidade esperada, pode-se identificar precocemente transtornos "mentais" psicossociais comuns, estender a rede de apoio a familiares e pessoas mais próximas, desenvolver estratégias que possam ser aplicadas por distintos profissionais e por leigos. A família pode caracterizar-se como um instrumento sólido para redução de estigmas, limitações e obstáculos à melhoria da vida das pessoas. A instrumentalização da atenção primária deve incluir entendimento dos pressupostos da transversalidade da saúde psicossocial, em todas as ações de saúde, e constituir tarefa constante para todas as pessoas, comunidades e instituições. A interlocução entre familiares, usuários e equipe também é uma forma de garantir o desenvolvimento de competência cultural e empoderar os comunitários na temática da saúde psicossocial e ter neles parceiros na construção das ações e práticas que promovem o bem-estar (Lemos, 2019).

A atenção primária é considerada o primeiro contato do usuário com o sistema de saúde (Organização Mundial da Saúde [OMS], 1978). A partir disso, é necessário compreender o desenvolvimento de uma série de estratégias para as pessoas, para as famílias, para as comunidades geradas e promovidas pelas equipes de saúde de primeiro nível; são esses profissionais de saúde que vão para o campo, mudam-se para as casas, para as aldeias e facilitam o mapeamento de processos de possíveis problemas que podem potencializar ou influenciar a saúde integral das pessoas, das famílias e das comunidades, criando consciência e, acima de tudo, hábitos saudáveis por meio de orientação ou de processos socioeducativos que promovam a qualidade de vida e a saúde integral.

No Brasil, o movimento antimanicomial e, posteriormente, a reforma psiquiátrica, buscou, antes de tudo, pensar o acompanhamento de pessoas com transtornos psicossociais graves, em dispositivos mais humanizados e mais próximos da realidade da pessoa, sem o isolamento e os afastamentos de longo prazo, especialmente das relações interpessoais (família, amigos). Dessa forma, a política nacional de saúde "mental" nasce com o propósito de fazer cumprir os princípios da reforma e estabelece as condições para que isso ocorra (Lemos, 2019). Partimos do fato de que a família é a rede psicossocial fundamental, básica, de apoio e suporte emocional. Por isso, é o habitat mais adequado para restaurar nossa saúde em todas as suas dimensões (Acosta & Vitale, 2014).

A criação e a implantação de dispositivos nos territórios, a assistência integral e equânime estão presentes nas propostas dos Centros de Atenção Psicossocial (CAPS), nas residências terapêuticas e em hospitais-dia, por exemplo. Porém, esses dispositivos estão vinculados à assistência especializada. Assim, as pessoas com transtornos psicossociais graves, a partir da desinstitucionalização, devem ser atendidas em um serviço de referência próximo do seu lugar de moradia, que contemple a assistência aos familiares, como modo de ampliar a rede de apoio e diminuir a ocorrência das crises. Quando necessária, a internação pode ocorrer nos CAPS, com estrutura para essa finalidade, ou em leitos nos hospitais gerais. O tempo de internação deve ser limitado ao suficiente para restaurar as condições de retomar rotinas e receber acompanhamento no território ou nas comunidades. As pessoas com histórico de longa permanência nos hospitais psiquiátricos e sem familiares deveriam ser acolhidas em residências terapêuticas, também constituídas por dispositivos de assistência e cuidado, para que elas possam estabelecer relações com a comunidade e serem assistidas pelo sistema de saúde que leve em conta o atendimento de suas necessidades de cuidado. Para além desses dispositivos que devem substituir o modelo asilar e "hospitalocêntrico" de cuidado em saúde mental, a atenção primária deve realizar práticas e ações para integrar a saúde psicossocial nesse nível de atenção, observando o princípio da integralidade (Lemos, 2019).

Assim, uma proposta para efetivar a integração da saúde psicossocial na atenção primária deveria iniciar com o conhecimento do campo e do quanto é necessário discuti-lo na formação dos profissionais que atuam na área da saúde, nas graduações e nos cursos técnicos e na educação permanente. Nossas experiências docentes mostram que a formação em saúde está cada vez mais técnica, ou talvez o termo mais preciso seja "tecnicista", em que o conteúdo interdisciplinar é escasso ou inexistente, especialmente aqueles diretamente vinculados aos serviços públicos de saúde, assim como os que tratam das relações interpessoais e interprofissionais.

A falta de recursos humanos e financeiros, a insuficiência no número de CAPS, a desarticulação da rede de atenção psicossocial (dispositivos do Estado e do Município), o número reduzido de Núcleos de Apoio à Saúde da Família (NASFs), a falta de preparo das equipes da Estratégia Saúde da Família (ESF) têm contribuído para dificultar tanto a implantação da reforma psiquiátrica quanto a integração da saúde mental na atenção primária em vários municípios brasileiros. Um exemplo é o município de Manaus, em que um estudo recente evidenciou a fragilidade dessa incipiente integração. O número de NASFs é insuficiente para dar suporte às equipes da ESF, que, por sua vez, enfrentam dificuldade para acompanhar os usuários dos serviços de saúde psicossocial. Não há reuniões coletivas nem por áreas. Tampouco ocorrem reuniões multiprofissionais entre os profissionais que trabalham na rede para a discussão das questões relacionadas ao cuidado em saúde "mental" psicossocial (Lemos, 2019).

Para Lemos (2019), a família e a escola são alguns dos espaços mais potentes para divulgação e discussão das temáticas relativas à saúde integral, aí incluídas as questões relacionadas à saúde psicossocial, como, por exemplo, o estigma às pessoas com transtornos psicossociais graves. Podemos arriscar que não somente em relação a esses transtornos psicossociais, mas também a questões de orientação sexual, transtornos comuns, com destaque para os de ansiedade e de humor, exigem demandas para o cuidado em saúde. Essas questões estão nos territórios, no cotidiano dos serviços e deveriam fazer parte da agenda das equipes. Todavia, o que foi observado é que, assim como os atendimentos são individualizados, os profissionais também trabalham isoladamente em suas áreas de atuação. Quando um integrante de uma equipe da ESF, ao ser perguntado sobre as suas atividades e como as desenvolve, não inclui as reuniões de equipe e as discussões de caso, é um sinal de atenção para a gestão. As duas atividades são fundamentais para o atendimento das especificidades do trabalho das equipes da ESF. O vínculo com as pessoas usuárias provém do conhecimento aprofundado da realidade em que a equipe está inserida.

A saúde psicossocial não tem sido trabalhada nos cursos como deveria; e quando é trabalhada, fica alocada em uma disciplina específica ou em um conteúdo entre tantos outros. Seu ensino é superficial e tangencia algumas questões sem aprofundá-las; por exemplo, como o cuidado em saúde é realizado na atenção primária? As fragilidades na formação básica, seja na graduação ou em um curso técnico, estimulam as limitações das práticas do cuidado em saúde psicossocial, uma vez que, sem o conhecimento adequado, não são possíveis intervenções ou ações precisas. A educação permanente, como princípio e estratégia, pode se configurar no agenciador da formação em saúde, uma vez que ocorre no cotidiano dos serviços e possibilita compartilhamentos de informações e conhecimento.

Lemos (2019) faz uma proposta para superar ou, ao menos, minimizar essas lacunas na formação em atenção primária à saúde: é a realização de oficinas e cursos de curta duração frequentes para a discussão das temáticas que envolvem o cuidado em saúde psicossocial. Buscar os espaços das comunidades para o desenvolvimento das atividades de ensino e extensão cuja pauta seja o cuidado integral da saúde. Para a autora, é inadiável desenvolver o potencial dos territórios, incentivando as relações interinstitucionais para promover aproximações e conexões interpessoais entre profissionais, docentes, estudantes, pessoas usuárias e comunidades.

Propomos que, nesse processo de educação e reflexão sobre a família, as equipes técnicas devam promover o diálogo sobre questões essenciais, tais como: alimentação durante a gravidez, cuidados e manuseio do recém-nascido, estimulação precoce, estabelecimento e aplicação de limites, uso assertivo da autoridade parental, educação em sexualidade e em gênero, estratégias de enfrentamento e negociação com adolescentes, técnicas de relaxamento e contenção emocional; dialogar também sobre temas que ajudariam pais, mães e famílias em geral a ter um melhor ambiente, com harmonia, respeito mútuo e estabilidade emocional (Ramírez, 2011b).

Como já explicitamos anteriormente, as famílias e a escola podem e devem ser um espaço que a comunidade utiliza, pois carregam em si um potente significado de aprendizagem. Somente o conhecimento não dará conta de resolver as lacunas do cuidado em saúde psicossocial, mas pode impactar positivamente na identificação de sinais e sintomas não percebidos pela atenção primária *das pessoas e das famílias*. É possível também estimular ações nas comunidades e nos espaços coletivos para a realização de atividades com vistas a minimizar os efeitos estigmatizantes dos transtornos nas pessoas, nas famílias e na saúde coletiva nos países da América Latina.

Se esses países realmente investissem na atenção primária à saúde das famílias, não apenas reduziriam significativamente as patologias psicossociais, mas teríamos pessoas, famílias e comunidades mais saudáveis, o que implicaria menos gastos com segurança pública e meios punitivos para preservação da cidadania, assim como com o sistema prisional e com a própria saúde, já que a prevenção diminui a ocorrência de doenças. Quando uma criança é privada do amor de sua família ou quando esta não cumpre a ordem social de nutrir seus filhos em todas as suas necessidades básicas, de modo que eles sejam adequadamente integrados à sociedade como pessoas funcionais e independentes, é previsível que as famílias, as comunidades e os Estados tenham que investir muito tempo e dinheiro na contenção e na reabilitação de um cidadão, que poderia ter tido uma história diferente. Infelizmente, quando uma pessoa sofre de uma doença mental, essa condição afeta não só ela, mas também toda a sua família e o ambiente institucional e social. Por isso, é essencial entender a pertinência de investir e trabalhar sistematicamente na saúde dos pais e mães, dos cuidadores de crianças, para que eles cumpram conscientemente seu papel parental. A educação na gestão de emoções, na comunicação assertiva, na prevenção da violência intrafamiliar em todas as suas manifestações, educação em sexualidade será essencial para uma sociedade mais saudável, um mundo harmonioso e ecologicamente sustentável.

O investimento na formação de profissionais para a atenção primária também deve observar a construção de uma premissa para consolidar sistemas de saúde universais, integrais e equânimes. São esses que efetivamente promovem e realizam o cuidado das pessoas, dos grupos e das comunidades em seus territórios. Portanto, devem estar instrumentalizados com os recursos necessários para promover ações para a construção de relações possíveis na ampliação de acesso, autonomia, fortalecimento das interlocuções interpessoais e interprofissionais de modo a consolidar uma cultura de atendimento em saúde que considere a diversidade de famílias e suas demandas.

Referências

Acosta, A., & Vitale, M. (2014). *Família, redes, laços e políticas públicas* (7. ed.). São Paulo: Cortez.

Baptista, M., & Teodoro, L. (2012). *Psicologia da família: Teoria, avaliação e intervenção*. Porto Alegre: Artmed.

Goetz, E., & Vieira, M. (2010). *Pai real, pai ideal: O rol paterno no desenvolvimento infantil*. Curitiba: Juruá.

Lemos, S. (2019). *A inserção da saúde mental na atenção primária: Um estudo qualitativo das práticas de profissionais na cidade de Manaus/AM*. Tese de doutorado, Universidade do Estado do Rio de Janeiro, Rio de Janeiro.

Murueta, M., & Osorio, M. (2009). *Psicología de la familia en países latinos del siglo XXI*. México: Amapsi.

Organização Mundial da Saúde (OMS) (1978). *Declaração de Alma-Ata*. Recuperado de https://www.opas.org.br/declaracao-de-alma-ata.

Ramírez, D. (2011a). La medición de riesgo biopsicosocial en la violencia intrafamiliar. *Revista de Psicología GEPU, 2*(1), 24-37.

Ramírez, D. (2011b). *La desparentalización impuesta al padre, separado o divorciado, secuelas psicosociales: Estudio de casos*. San José: Universitarias.

PARTE II

A família em diferentes contextos

7

Divórcio e recasamento:
considerações teóricas e práticas

Simone Dill Azeredo Bolze | Beatriz Schmidt | Maria Aparecida Crepaldi

Divórcio e recasamento são transições comuns na sociedade contemporânea, mas que se constituem como eventos significativos do ciclo vital devido às repercussões que geram para indivíduos e famílias (Greene, Anderson, Forgatch, DeGarmo, & Hetherington, 2016). O divórcio é considerado um estressor normativo, o qual não é compreendido como uma transição única, pois abre a possibilidade para ocorrência de múltiplas transições, que podem abarcar coabitações, recasamentos e novos divórcios (Amato, 2010; Wagner & Diamond, 2017). Quando o divórcio ocorre em famílias com crianças e adolescentes e, na sequência, ocorre o recasamento de um ou de ambos os pais,[1] temos o que chamamos de família recasada (Pasley & Ganeau, 2016). Tal configuração familiar mostra-se complexa em virtude das inúmeras mudanças e dos realinhamentos relacionais que as famílias precisam enfrentar. Essa perspectiva corrobora a compreensão de que o divórcio e o recasamento geram demandas adaptativas para adultos, bem como para crianças e adolescentes, podendo comprometer seu desenvolvimento e seu bem-estar, a depender da forma como essas transições são manejadas e vivenciadas.

Inicialmente, para fins conceituais, cabe definir os termos divórcio e recasamento. Divórcio[2] diz respeito à dissolução legal do casamento, o qual é vivenciado como um evento relevante pelos membros do casal, envolvendo um processo que se inicia bem antes da decisão de separação e costuma estender-se por anos após o seu decreto (Bornstein, 2018). O recasamento implica uma segunda união para um ou ambos os cônjuges. Assim, o recasamento constitui-se quando pelo menos um dos parceiros inicia um novo vínculo conjugal já tendo vivenciado a dissolução de um casamento anterior, seja por divórcio ou viuvez (Bornstein, 2018).

No Brasil, o divórcio foi sancionado pela Lei nº 6.515/1977 (Brasil, 1977), a qual regula os casos de dissolução da sociedade conjugal e do casamento. O Instituto Brasileiro de Geografia e Estatística (IBGE) passou a incorporar os dados de divórcio nas estatísticas de Registro Civil no país a partir de 1984, e, desde então, as taxas mostram um crescimento

---

[1] O termo "pais", no plural, será adotado em referência à mãe e ao pai, conjuntamente. O termo "pai", no singular, será usado para designar exclusivamente o pai.

[2] No Brasil, o termo "divórcio" é usado para se referir à dissolução do casamento civil. Entretanto, neste capítulo, o termo será aplicado no sentido de abarcar a compreensão sobre o término de relacionamentos íntimos diádicos que envolvem coabitação.

progressivo. Dados recentes do IBGE indicam que o número de divórcios tem aumentado sensivelmente após a Emenda Constitucional nº 66/2010 (Brasil, 2010), a qual facilitou o processo de dissolução do casamento, diminuindo seus entraves e o desgaste para os ex-cônjuges (IBGE, 2015). Em 2017, houve um acréscimo de 8,3% de registros de divórcio em comparação a 2016 (IBGE, 2018). O IBGE também indicou que o tempo médio entre a data do casamento e a do divórcio é de 14 anos. Ademais, no que se refere ao tipo de arranjo familiar, constata-se a preponderância de divórcios em famílias constituídas somente com filhos na infância e na adolescência (45,8%) (IBGE, 2017). Além disso, houve um aumento da porcentagem de recasamentos (quando pelo menos um dos cônjuges era divorciado ou viúvo), perfazendo 23,6% do total das uniões formais, em 2014, distinguindo-se dos percentuais de anos anteriores, 13,7%, em 2004, e 17,6%, em 2009 (IBGE, 2014).

Assim, as estatísticas indicam que o divórcio e o recasamento são transições cada vez mais constantes na vida das famílias, especialmente daquelas com filhos pequenos ou adolescentes. A probabilidade de um primeiro casamento terminar em divórcio ao longo do ciclo de vida se aproxima a 50% (Amato, 2010). Desse modo, é fundamental o olhar de profissionais de saúde e de psicologia sobre esses fenômenos, pois cada vez mais atendemos famílias com histórias de divórcio e recasamento. Por essa razão, apresentaremos nossa compreensão teórica sobre esses temas e discutiremos possibilidades de intervenções, sustentadas em nossa experiência profissional e clínica com famílias divorciadas e recasadas, compostas por casais heterossexuais, com filhos na infância e na adolescência. Nesse sentido, o presente capítulo propõe-se a abordar os desafios experienciados pelas famílias nas transições que envolvem o divórcio e o recasamento.

Divórcio

O divórcio passou a fazer parte da agenda pública na segunda metade do século XX. Entretanto, mesmo após a promulgação da lei que sancionava o divórcio, tal situação era vista como algo patológico e com graves consequências para as famílias, sobretudo para as crianças que eram estigmatizadas como "filhos do divórcio". Essa visão começou a se modificar gradativamente na década de 1980, em especial pelas pesquisas de Ahrons (Carter & McGoldrick, 1995), que mostraram que o divórcio poderia ser até benéfico para algumas famílias. A autora postulou que o divórcio pode ser compreendido como um estresse normativo da vida e que seu processo de ajustamento envolve cinco estágios que se sobrepõem, os quais envolvem picos de tensão emocional e tarefas adaptativas.

Os primeiros dois estágios ocorrem na pré-separação: (1) cognição individual: quando um dos cônjuges começa a sentir distanciamento emocional e insatisfação com o casamento e passa a pensar na possibilidade de separação; e (2) metacognição familiar: quando ocorre a revelação da decisão de separação. Na sequência, acontecem os próximos estágios: (3) separação do sistema: quando a separação se concretiza; (4) reorganização do sistema: novas fronteiras, regras e padrões relacionais e de funcionamento familiar são desenvolvidos; e (5) redefinição do sistema: a família resolve as tarefas dos estágios anteriores e reestabiliza-se com uma nova autodefinição.

De modo geral, todo esse processo envolve cada um dos ex-cônjuges conseguir elaborar o luto pela relação perdida e se recuperar de sentimentos como raiva, mágoa, culpa e vergonha, que acompanham a sensação de terem errado no casamento. Ademais, tal processo envolve a recuperação de expectativas, planos, sonhos e projetos que foram investidos no relacionamento e que precisam ser ressignificados e redefinidos.

Entre os fatores de risco considerados preditores do divórcio estão características sociodemográficas que incluem casamento ainda na adolescência, baixo nível socioeconômico e educacional, desemprego, ter coabitado com o cônjuge ou outro parceiro antes do casamento, ter filhos antes do casamento ou trazer filhos de uma união anterior para o novo casamento (especialmente as mães), casar com alguém de origem étnica diferente, ter crescido em uma família com pais separados ou não continuamente casados (Amato, 2010). Além desses, o trabalho das esposas também foi associado à diminuição da felicidade conjugal entre os cônjuges e ao aumento da probabilidade de divórcio, principalmente por gerar tensão entre os parceiros sobre a divisão das tarefas domésticas, percebida como injusta pelas mulheres (Amato, 2010).

Características do relacionamento interpessoal dos cônjuges também podem contribuir para fatores de risco para o divórcio. O divórcio pode ser previsto com 93% de precisão, em particular quando os membros do casal se relacionam por meio de dinâmicas que envolvem crítica (insultos e ataques), menosprezo (postura de desdém ou superioridade), atitude defensiva (quando um dos parceiros tende a se proteger de um ataque recebido se eximindo da sua responsabilidade perante o conflito) e obstrução (quando um dos parceiros se retrai e evita o conflito, deixando o cônjuge sem resposta) (Driver, Tabares, Shapiro, & Gottman, 2016; Gottman & Levenson, 2000). Além disso, a falta de expressão de afeto positivo, o desligamento emocional, os conflitos frequentes e um padrão interacional baseado em reciprocidade negativa (brigas e acusações, com uso de agressão psicológica e sentimento de injustiça e de desigualdade na relação), bem como diferentes formas de violência conjugal, contribuem para baixos níveis de amor e confiança entre os cônjuges e de compromisso com o casamento. Pondera-se, ainda, que o que está no bojo dessas várias características relacionais que colaboram para o divórcio é a falta de comunicação aberta entre os cônjuges. Os padrões comunicacionais hostis ou permeados por evitação tendem a minar os relacionamentos e, quando não resolvidos, podem acarretar problemas mesmo na fase pós-divórcio (Markham, Hartenstein, Mitchell, & Aljayyousi-Khalil, 2017).

Mais recentemente, com o objetivo de mostrar as implicações do divórcio para os filhos, Amato (2010) apresentou a perspectiva de ajustamento ao estresse do divórcio (*divorce stress-adjustment perspective*), corroborando a ideia de que a dissolução conjugal é um processo que se desdobra ao longo do tempo, com início quando os casais ainda são casados e término anos após o divórcio legal. Segundo a concepção do autor, o divórcio costuma gerar declínios de curto prazo em termos psicológicos, sociais e de bem-estar físico para os ex-cônjuges. Entretanto, após alguns anos, a maioria das pessoas se adapta bem às suas novas vidas. Com relação aos filhos, a sentença do divórcio em si tem poucos efeitos diretos sobre as crianças ou os adolescentes. Em vez disso, as tensões de curto e longo prazo que precedem e acompanham a ruptura conjugal aumentam o risco de uma variedade de problemas comportamentais, emocionais, interpessoais e acadêmicos entre os filhos. De modo geral, as consequências do divórcio dependem do quanto esse evento possibilita que as crianças ou os adolescentes sejam retirados de um ambiente familiar aversivo para uma convivência mais apoiadora (Amato, 2010). Assim, do ponto de vista de prevenção de agravos, o que importa é a forma como os ex-cônjuges conduzirão as tarefas parentais e coparentais no pós-divórcio, o que será discutido mais adiante no presente capítulo.

Divórcio envolve perdas e lutos em virtude das diversas transformações e rompimentos de vínculos que ocorrem na vida familiar (Wagner & Diamond, 2016). Em função do divórcio, é comum os membros da família terem que mudar de residência, escola ou cidade. Há genitores que precisam voltar a morar com os pais. Pela convivência, alguns avós assumem funções parentais; em contrapartida, outros avós ficam mais distantes. Os amigos se afastam ou apoiam um dos cônjuges. A renda familiar diminui e, como consequência, os genitores passam a trabalhar mais para dar conta sozinhos das despesas, o que os leva a ficar menos disponíveis para a prole. Tudo isso implica uma cascata de mudanças para pais e filhos e pode afetar negativamente a saúde física e mental dos envolvidos (Amato, 2010). Apesar de ser uma transição estressante do ciclo vital, o divórcio também pode abarcar transformações positivas para os envolvidos, pois abre espaço para uma convivência familiar com menos conflitos, para o início de relacionamentos mais harmônicos e satisfatórios, bem como para o crescimento pessoal e individual (Greene et al., 2016).

As taxas de divórcio continuam altas para o segundo e o terceiro casamento (Greene et al., 2016; Pasley & Garneau, 2016). Entretanto, a escolha de recasar parece uma tendência cada vez mais comum na sociedade atual. Nesse sentido, cabe chamar atenção para o recasamento e para os desafios que as famílias enfrentam nessa transição do ciclo vital.

Recasamento

Considerando que o número de divórcios tem aumentado progressivamente, como vimos anteriormente, as pessoas tendem a formar outras famílias por meio do recasamento, com o intuito de superar os supostos erros que levaram à dissolução do casamento anterior. Portanto, o recasamento supõe o desejo implícito de "acertar desta vez" para construir uma união que leve à felicidade.

Ao tratar desse tema, deve-se considerar que a família reconstituída pode englobar uma complexa teia de interações. Isso costuma ocorrer quando um dos cônjuges, ou ambos, tem filho(s) do(s) casamento(os) anterior(es). Porém, um grau ainda maior de complexidade é atingido quando os cônjuges reúnem filhos de casamentos anteriores, além dos próprios filhos (Andolfi, 2019), ou quando tiveram mais de um casamento anterior com filhos. Por outro lado, é importante lembrar que o recasamento pode ocorrer a partir da morte de um dos cônjuges. Assim, esse tipo de configuração familiar pressupõe desafios que as famílias devem enfrentar ao longo do seu desenvolvimento.

Como vimos, são frequentes as dificuldades na comunicação entre ex-cônjuges na fase posterior ao divórcio, as quais levam a conflitos que, muitas vezes, duram anos sem solução (Markham et al., 2017). Os motivos mais comuns de tais conflitos envolvem questões relativas ao vínculo emocional, de um ou de ambos os ex-cônjuges, que ainda perduram mesmo após o divórcio legal; a partilha dos bens; a decisão sobre o tipo de guarda a ser implementada; a organização de pensão; a rivalidade entre os filhos; além de expectativas em relação à nova conjugalidade e atribuições da parentalidade, entre outras dificuldades. Quando não solucionadas, tais questões geradoras de conflitos podem se agravar no recasamento, causando muitos dissabores a todos os envolvidos (Carter & McGolrick, 1995).

As dificuldades que podem acometer a família recasada começam a partir das expectativas dos cônjuges sobre a conjugalidade. Após terem vivenciado um casamento anterior que não foi bem-sucedido, os atuais cônjuges costumam depositar no parceiro expectativas inconscientes de um projeto implícito de um casamento feliz que venha a dar certo. Diz-se implícito tendo em vista que é raro que essas pessoas tenham consciência e reflitam sobre a sua contribuição para o fracasso do casamento anterior. Sem contar que as questões não resolvidas de relacionamentos anteriores tornam as pessoas emocionalmente vulneráveis e, segundo Carter e McGolrick (1995), podem provocar reações diversas, tais como colocar empecilhos às novas relações íntimas ou depositar nos novos cônjuges a responsabilidade pelo sucesso do casamento, por meio de projeções de aspectos não resolvidos nas famílias de origem e nos casamentos anteriores.

Outra dificuldade que a família recasada pode enfrentar é o estabelecimento de fronteiras em relação à coparentalidade dos filhos anteriores. Nesse caso, Andolfi (2019) refere dois extremos: o genitor que não permite que seu parceiro atual se envolva, ainda que minimamente, no cuidado e na educação dos filhos, estabelecendo uma lealdade que leva ao que o autor denomina "favoritismo", ou o extremo oposto, delegando ao atual parceiro a responsabilidade de cuidar e educar, quando estas são tarefas dos pais da criança ou do adolescente.

Ademais, pode-se citar a rivalidade entre os filhos dos parceiros, ou os ciúmes entre os filhos anteriores e aqueles nascidos no casamento atual, portanto, entre meios-irmãos (Pasley & Garneau, 2016). Isso ocorre quando os filhos anteriores se sentem preteridos em relação aos filhos do outro parceiro ou de seus irmãos do casamento atual, pois estes últimos são mais jovens e, por essa razão, demandam mais cuidados básicos e proteção. Desse modo, torna-se um grande desafio aos pais dar a devida atenção a todos os filhos em suas necessidades emocionais e desenvolvimentais.

Outro desafio diz respeito às relações entre os parceiros atuais e os ex-cônjuges (Pasley & Garneau, 2016). Quando há conflitos, é comum que os filhos sejam colocados na função de "mensageiros" entre os partícipes das relações constituídas no recasamento, ou seja, pais, enteados, madrastas e padrastos. Pode ocorrer que as crianças e os adolescentes sejam colocados na posição de "porta-vozes" do cônjuge preterido, hostilizando o genitor que recasou, seu companheiro e seus filhos. Pode haver, também, hostilidade entre o atual casal e seus ex-cônjuges, sobretudo quando as questões que encerram conflitos conjugais anteriores e arranjos para a construção da família recasada não foram resolvidas.

Muitos são os fatores que concorrem para que as famílias reconstituídas sejam bem-sucedidas. Entre eles, destaca-se a necessidade de conclusão do divórcio, em suas dimensões jurídica e emocional. Uma separação inclui processos de divisão e afastamento emocional de tal importância que costumam provocar raiva no ex-cônjuge que se sentiu abandonado, de maneira que este venha a desejar que o outro desapareça, negligenciando as responsabilidades parentais (Bernart, Francini, Mazzei, & Pappalardo, 2002). Portanto, é comum que as pessoas recasem mesmo que tais processos de separação não estejam concluídos, trazendo mais dificuldades à vida conjugal e familiar no recasamento.

As famílias reconstituídas poderão ter mais sucesso quanto mais os ex-parceiros estiverem seguros de que tomaram a melhor decisão, comunicando aos filhos com franqueza as razões pelas quais decidiram se separar e assegurando-lhes que estes manterão os relacionamentos com seus pais, considerando aspectos tais como interação, acessibilidade, responsabilidade, caraterísticas fundamentais do envolvimento parental. Exigir que os filhos aceitem rapidamente o novo parceiro é um erro que os pais costumam cometer. Pode-se dizer que o novo casal necessita da "permissão dos filhos" ou, pelo menos, da aceitação destes em relação aos seus novos parceiros (Andolfi, 2019). Isso deve ser construído aos poucos, a depender da fase do ciclo de vida em que a família se encontra, assim como da idade dos filhos, da história de perdas anteriores, de como se deu a resolução dos conflitos e da qualidade do relacionamento entre pais e filhos (McGoldrick & Carter, 1995).

Outro aspecto importante é a colaboração interparental para as atividades de cuidado dos filhos, as quais não devem ser delegadas a madrastas e padrastos (Pruett & Donsky, 2011). Por outro lado, tais pessoas podem atuar como coadjuvantes juntos às crianças e aos adolescentes, desde que fiquem claras as atribuições de cada um dos envolvidos com a responsabilidade de criar os filhos.

Embora este capítulo não priorize as famílias recasadas após a morte de um dos pais, é importante ressaltar que, para o caso de recasamentos em famílias enlutadas, é fundamental a elaboração do luto pela perda de um dos cônjuges, sobretudo para os filhos, assegurando-lhes que a memória do genitor será preservada mesmo depois do recasamento. Além dos aspectos referidos, é importante que a atual família preserve, ainda, o espaço da conjugalidade, pois em meio a tantos desafios, os cônjuges podem negligenciar a importância da parceria afetiva e relacional. A construção da identidade conjugal é igualmente importante à reorganização das funções parentais (Bernart et al., 2002). Nesse caso, é crucial que se preste atenção, ainda, ao espaço individual de cada um dos membros do casal, bem como à preservação de sua história trigeracional pregressa.

Uma vez resolvidas as questões acima mencionadas, as famílias reconstituídas podem construir arranjos familiares inusitados e criativos, que conjugam o diálogo entre pais, filhos, enteados, madrastas e padrastos. Nesse sentido, é importante que se estabeleçam fronteiras nítidas entre as relações parentais e fraternas, que não sejam excluídos os pais dos filhos, como inimigos, e que estes possam conviver em harmonia e respeito às fronteiras e às regras de convivência estabelecidas. Quando os adultos promovem a resolução dos conflitos por meio do diálogo franco e inclusivo, é comum que crianças e adolescentes se adaptem bem à nova configuração familiar. Por outro lado, impactos negativos também podem ocorrer, tal como veremos na seção a seguir.

Desenvolvimento dos filhos, parentalidade e coparentalidade após o divórcio e o recasamento

Teoria e prática nos mostram consistentemente que o divórcio e a cadeia de transições familiares subsequentes são estressantes para pais e filhos, demandando adaptações frente às mudanças nos papéis e nas relações entre todos os membros da família. Considerando-se que grande parte dos divórcios ocorre em famílias constituídas por filhos na infância e na adolescência, bem como a condição especial de desenvolvimento durante as duas primeiras décadas de vida, diferentes estudos têm explorado principalmente o ajustamento das crianças e dos adolescentes após o divórcio dos pais (Bastaits & Mortelmans, 2016; D'Onofrio & Emery, 2019; Lamela, Figueiredo, Bastos, & Feinberg, 2016). Por um lado, alguns achados desses estudos mostram aspectos positivos do divórcio, como a redução da exposição dos filhos aos conflitos entre os pais. Por outro lado, nota-se uma tendência de impactos negativos à saúde mental e ao bem-estar de crianças e adolescentes, com destaque a problemas internalizantes (p. ex., ansiedade e depressão) e externalizantes (p. ex., agressividade e hiperatividade).

Esses desdobramentos dependem de um complexo interjogo entre fatores de risco, os quais tendem a aumentar a probabilidade de que consequências adversas venham a ocorrer, e fatores de proteção, os quais favorecem a resiliência para enfrentar o divórcio e a cadeia de transições familiares subsequentes (Greene et al., 2016). Entre os fatores de risco associados ao pior ajustamento dos filhos após o divórcio dos pais, evidenciam-se dificuldades financeiras enfrentadas pelas famílias, maiores níveis de conflito entre os pais e menores níveis de envolvimento parental, tanto antes quanto após a dissolução do casamento (D'Onofrio & Emery, 2019; Lamela et al., 2016; Oliveira & Crepaldi, 2018). Entre os fatores de proteção, destacam-se a parentalidade efetiva, caracterizada por maiores níveis de apoio e controle (Bastaits & Mortelmans, 2016), e a coparentalidade positiva, que abrange divisão de responsabilidades e valorização mútua entre os pais (Lamela et al., 2016).

A parentalidade refere-se à relação diádica mãe-filho e pai-filho (Bastaits & Mortelmans, 2016). Na parentalidade efetiva, o apoio se relaciona ao respeito às necessidades emocionais, bem como à afetividade que os pais demonstram aos filhos; o controle, por outro lado, envolve o estabelecimento de limites necessários ao desenvolvimento favorável das crianças ou dos adolescentes (Baumrind, 2013). A parentalidade caracterizada por maiores níveis de apoio e controle, estilo que tende a contribuir para a saúde mental e o bem-estar dos filhos, demanda investimento de tempo para cuidados e interações. Como os arranjos de moradia costumam se modificar após o divórcio, visto que os pais deixam de viver sob o mesmo teto, a convivência cotidiana entre eles e os filhos também se altera, pela redução de tempo que a mãe e o pai compartilham individualmente com as crianças ou os adolescentes (Pruett & Donsky, 2011). Essa redução de tempo, por sua vez, pode acarretar a diminuição dos níveis de apoio e controle, prejudicando a qualidade da parentalidade; em particular, pais que compartilham mais tempo com os filhos demonstram mais apoio e controle em comparação a pais que compartilham menos tempo com os filhos (Bastaits & Mortelmans, 2016).

O tempo investido em cuidados e interações mãe-filho e pai-filho após o divórcio costuma estar relacionado ao regime de guarda (Greene et al., 2016). No Brasil, estatísticas do Registro Civil indicaram a predominância de mulheres responsáveis pela guarda dos filhos, perfazendo o total de 69,4% de guarda unilateral materna (IBGE, 2017). Ainda assim, entre os anos de 2016 e 2017, notou-se um aumento de respectivamente 16,9% e 20,9% na proporção de guarda compartilhada, regime em que o tempo de convívio com os filhos é dividido de maneira mais equilibrada entre a mãe e o pai. Esse aumento parece reflexo da publicação da Lei nº 13.058/2014, que estabelece a guarda compartilhada como a situação preferencial quando a mãe e o pai não vivem juntos, buscando garantir a responsabilidade de ambos sobre os filhos, na perspectiva de que a relação conjugal é que se rompe, e não a relação mãe-filho e pai-filho. A guarda compartilhada não requer necessariamente que os filhos tenham dois locais de residência, ou seja, morem tanto na casa da mãe quanto na casa do pai. Segundo a Lei nº 13.058/2014, a base de moradia dos filhos deverá atender ao interesse das crianças ou dos adolescentes. Do mesmo modo, também não requer necessariamente que a mãe e o pai mantenham relacionamento amigável após o divórcio. Nesse sentido, quando não há acordo entre os pais quanto à guarda dos filhos e ambos se mostram aptos ao exercício do poder familiar, a guarda compartilhada é aplicada (Brasil, 2014).

No regime unilateral, o tempo que a mãe ou o pai que não detém a guarda investe em cuidados e interações com os filhos tende a reduzir, sobretudo quando há maiores níveis de conflito entre os pais e, também, dificuldades para adesão ao pagamento da pensão alimentícia (Greene et al., 2016). Em diferentes culturas, ao longo das últimas décadas, os arranjos familiares pós-divórcio tradicionalmente envolveram a mãe como cuidadora primordial dos filhos, ao passo que a parentalidade do pai se centrava sobretudo no provimento econômico, com níveis relativamente menores de envolvimento emocional e participação nas atividades cotidianas (Oliveira & Crepaldi, 2018; Pruett & Donsky, 2011). Contudo, estudos recentes têm revelado tanto o desejo do pai de estar mais presente na criação dos filhos (Oliveira & Crepaldi, 2018), quanto os efeitos positivos na saúde mental e no bem-estar de crianças e adolescentes associados à parentalidade efetiva por parte de ambos os genitores após o divórcio (Bastaits & Mortelmans, 2016; Greene et al., 2016).

O exercício da parentalidade efetiva pela mãe e pelo pai se dá mais facilmente nas famílias em que a coparentalidade é positiva (Greene et al., 2016; Oliveira & Crepaldi, 2018). Conforme Feinberg (2003), a coparentalidade se refere à forma como os indivíduos coordenam e se apoiam no processo de cuidar e educar os filhos, consistindo na responsabilidade compartilhada pelas figuras parentais no papel de cuidadores. Tal como a parentalidade, a coparentalidade se estabelece a partir da chegada dos filhos e deve ser mantida em caso de divórcio entre os cônjuges. Por outro lado, enquanto a parentalidade envolve a relação diádica mãe-filho e pai-filho, a coparentalidade diz respeito à relação triádica mãe-pai-filho (Schmidt, Arenhart, Lopes, & Piccinini, 2019). Pesquisas sobre coparentalidade iniciaram a partir da década de 1970, com o aumento no número de casos de divórcio em diferentes países (Pruett & Donsky, 2011; Schmidt et al., 2019). Atualmente, muitos estudos sobre essa temática são conduzidos junto a famílias nucleares (Schmidt et al., 2019), e há evidências de que a qualidade da coparentalidade na vigência do casamento se relaciona à qualidade da coparentalidade após o divórcio (Greene et al., 2016). Em linhas gerais, a coparentalidade positiva, tanto em famílias nucleares quanto após o divórcio, requer que mãe e pai compartilhem responsabilidades e tarefas de cuidado, apoiem-se mutuamente em suas ações e decisões, comuniquem-se abertamente e estabeleçam acordos sobre a criação dos filhos, bem como se abstenham de depreciar ou criticar o outro (Feinberg, 2003; Pruett & Donsky, 2011).

Após o divórcio, é comum que novos padrões de interação familiar e limites nos cuidados aos filhos sejam estabelecidos, incluindo diferenças na rotina na casa da mãe e na casa do pai (Grzybowski & Wagner, 2010; Markham et al., 2017). Isso potencialmente gera conflitos, os quais costumam ser considerados negativos, embora não sejam necessariamente "ruins". A ausência de conflitos, por exemplo, pode ser um sinal de que os pais não se comunicam. Portanto, talvez estejam pouco engajados na relação coparental e, por conseguinte, na criação dos filhos. Com frequência, são as dificuldades de comunicação e resolução de conflitos entre os pais que se associam a uma maior instabilidade e a um maior sentimento de insegurança por parte de um ou mais membros da família (Markham et al., 2017).

A coparentalidade quase sempre é impactada pelo divórcio. É comum que um ou ambos os ex-cônjuges se mostrem magoados, constrangidos ou humilhados pela ruptura da relação conjugal, podendo temporariamente ou permanentemente perder de vista seu objetivo comum: o bem-estar dos filhos. Em vez de interagir como parceiros compartilhando uma importante meta, alguns pais tendem a se comportar como competidores ao criar situações em que o sucesso de um representa o fracasso do outro. Todavia, isso se traduz em impactos negativos a todos os membros da família, especialmente às crianças e aos adolescentes (Pruett & Donsky, 2011). Por exemplo, a depreciação (críticas, hostilidade e competitividade) entre os pais após o divórcio se associa a maiores níveis de problemas internalizantes apresentados pelos filhos, ao passo que a coparentalidade apoiadora (cooperativa) se associa a menores níveis de problemas internalizantes e externalizantes (Lamela et al., 2016).

Problemas internalizantes e externalizantes apresentados pelos filhos são também associados ao recasamento dos pais (Pasley & Garneau, 2016). Contudo, assim como no divórcio, não é o recasamento em si que aparece diretamente ligado a esses desdobramentos desadaptativos, mas sim o acúmulo de instabilidades decorrentes da cadeia de transições familiares. Nesse sentido, é possível destacar a brevidade de tempo entre o divórcio e o recasamento, a mudança de residência, a mudança de escola, bem como as novas regras familiares a serem negociadas também com a madrasta ou o padrasto e os meios-irmãos. Os impactos do recasamento sobre o desenvolvimento dos filhos tendem a ser mais negativos quando há fragilidades na qualidade do relacionamento das crianças ou dos adolescentes com os próprios pais, com a madrasta ou o padrasto e os meios-irmãos, bem como percepções de tratamento desigual entre irmãos e meios-irmãos.

Ademais, problemas entre os enteados e a madrasta ou o padrasto costumam ser complexos especialmente na adolescência (Andolfi, 2019; Pasley & Garneau, 2016). Isso porque, afora os desafios esperados na adaptação à dinâmica da família recasada, há também os desafios esperados no desenvolvimento do adolescente, incluindo uma tendência de afastamento da família em busca de maior autonomia, além de uma leve rebeldia, o que pode ser confundido com oposição à madrasta ou ao padrasto (Pasley & Garneau, 2016). Os adolescentes do sexo masculino, sobretudo, podem enfrentar dificuldades para aceitar o padrasto, especialmente se viveram por muito tempo apenas com a mãe e na ausência do pai, nutrindo em seu íntimo o desejo de reconciliação dos genitores (Andolfi, 2019).

Analisados em conjunto, os aspectos que tratamos até este ponto do capítulo sugerem a utilidade, do ponto de vista clínico, das intervenções para favorecer o ajustamento de todos os membros da família às transições decorrentes do divórcio e do recasamento, incluindo os desafios de estabelecer ou manter relações parentais e coparentais de boa qualidade. Na próxima seção, abordaremos terapia de família e intervenções psicoeducativas nos contextos de divórcio e recasamento.

Possibilidades de intervenção

Há diferentes possibilidades de intervenção para colaborar com famílias na adaptação às mudanças causadas pela transição do divórcio e do recasamento. No presente capítulo, optamos por apresentar a terapia de família e a psicoeducação.

No que se refere à terapia de família, o foco principal em situação de divórcio envolve ajudá-la a facilitar a reorganização familiar, estabelecer fronteiras com limites e papéis parentais claramente definidos, bem como desenvolver a comunicação saudável entre os ex-cônjuges para que eles possam continuar exercendo suas funções parentais e coparentais (Wagner & Diamond, 2017). Concomitantemente a isso, pesquisas indicam que um dos ex-cônjuges já pode estar na transição para o recasamento na data da sentença do divórcio (Greene et al., 2016), fato que amplia ainda mais a complexidade da demanda para psicoterapia. Diferentes bases teóricas de psicoterapia propõem modelos de atendimento a famílias em casos de divórcio. De modo geral, as abordagens de base sistêmica integrativa podem ser úteis, pois contribuem com recursos que ajudam as famílias a enfrentar os múltiplos desafios dessas transições.

No marco dessa afirmação, em situações de divórcio, a cooperação e a participação de ambos os pais (ex-cônjuges) maximizam a probabilidade de um resultado positivo do tratamento (Wagner & Diamond, 2016). É essencial esclarecer os acordos legais em relação ao consentimento para a psicoterapia de crianças ou adolescentes antes do início do tratamento, especialmente em casos de litígio e disputa de guarda. Nessas situações, recomenda-se fortemente que o terapeuta ou a instituição obtenha a autorização de ambos os pais, e não apenas de um deles.

Em terapia familiar, de modo geral, convidam-se todos os membros da família para a primeira sessão. Em casos de divórcio, entretanto, é comum a presença de alta reatividade emocional e conflito entre os parceiros divorciados; nessas circunstâncias, a terapia em conjunto para todos os membros não é recomendável, especialmente para evitar maior exposição das crianças e dos adolescentes a situações conflitantes. Assim, a avaliação sobre as modalidades de sessões (individuais ou em conjunto com cada ex-cônjuge, na presença ou não dos filhos) dependerá do histórico de cada caso, de quem fará o contato e do pedido para terapia. De modo geral, será no contato inicial que o terapeuta poderá sentir se deverá convidar todos os membros da família para o primeiro encontro ou se deverá propor sessões de avaliação separadas para a mãe e o pai. Indica-se que o terapeuta deixe essa decisão para a própria família.

Em situações em que a família chega completa, com os ex-cônjuges e os filhos, depois que o processo de divórcio já iniciou, é fundamental, já na primeira sessão, que o terapeuta possa distinguir seu papel de estabelecer uma aliança positiva com ambos os pais e o propósito da terapia que envolve o objetivo de agir em prol do interesse das crianças e dos adolescentes (Wagner & Diamond, 2016). Na terapia de adaptação ao divórcio, o terapeuta pede aos pais que aceitem ou deixem de lado sentimentos negativos com relação um ao outro para serem cooperativos no estabelecimento de novas combinações e reorganizações que favoreçam o exercício de tarefas coparentais. As sessões subsequentes podem ser conduzidas em conjunto com os ex-cônjuges, com cada um dos genitores juntamente aos filhos ou somente com os irmãos. A condução do caso dependerá do objetivo da família para a terapia e dos arranjos que são possíveis para seus membros. Cabe lembrar que cada família é única e que as possibilidades de intervenção serão variadas e adequadas para as demandas que surgirem durante as sessões.

No que se refere ao recasamento, torna-se importante mencionar que, no trabalho clínico, observam-se famílias e casais em fases diversas do recasamento, mas, de modo geral, é importante abordar os seguintes aspectos: as expectativas de cada um deles; os modelos de casamento que herdaram de suas famílias de origem; os contratos implícitos de recasamento; as situações anteriormente vividas, que não gostariam de repetir; as expectativas em relação aos encargos com os filhos de ambos e com os filhos atuais; a definição de fronteiras em relação à coparentalidade, negociada com seus ex-cônjuges e com o cônjuge atual, estabelecendo de forma transparente as funções que pais, padrastos e madrastas podem desempenhar.

Sem a intenção de sermos reducionistas, no acompanhamento psicoterapêutico a famílias em fase de transição de divórcio ou recasamento, o terapeuta pode colaborar nos seguintes aspectos:

1. facilitar a reorganização familiar: estabelecer com as famílias fronteiras claras no que se refere à divisão de tarefas domésticas e de cuidado com os filhos, a agenda e o acompanhamento dos filhos em atividades extras e a outras questões de rotina (horário de dormir na casa de cada genitor, condução das tarefas escolares, entre outras);
2. redefinir os papéis parentais: contribuir para o ajustamento das tarefas coparentais de modo que cada genitor possa explicitar as formas como pode oferecer suporte emocional, educacional e financeiro para os filhos;
3. desenvolver comunicação saudável: potencializar o uso de canais diretos e estratégias comunicacionais entre os genitores de modo que os filhos não tenham que assumir papéis triangulados, tais como serem porta-vozes, mediadores ou mensageiros dos pais (Wagner & Diamond, 2016).

Uma segunda possibilidade de intervenção são os programas de educação para pais divorciados, os quais começaram nos Estados Unidos em meados dos anos 1970 e se difundiram ao longo das últimas quatro décadas, pois se caracterizam como um dispositivo de saúde com potencial de impactar positivamente as famílias (Pruett & Donsky, 2011). A maioria dos programas tem como objetivo oferecer aos pais informações que poderiam ajudá-los a minimizar conflitos e entender os benefícios que as crianças e os adolescentes obtêm pela manutenção de relacionamentos com ambos os pais após o divórcio (exceto em situações de abuso ou outras condições familiares que colocam a segurança das crianças e dos adolescentes em risco). Os programas têm caráter preventivo, e os tópicos que normalmente são abordados envolvem os conflitos interparentais, como o impacto negativo de depreciar o outro genitor e de solicitar que as crianças ou os adolescentes escolham o lado de um dos pais, para evitar a formação de padrões relacionais como triangulações e coalizões. Tais programas costumam ser curtos, mas sua aplicação potencializa as chances de redução dos conflitos entre os ex-cônjuges e do aumento na cooperação coparental, bem como manutenção da parentalidade positiva.

Independentemente da modalidade de intervenção ou da linha teórica que a embasa, nossa compreensão é de que o atendimento a casais e famílias nas transições de divórcio e recasamento funciona como fator de proteção que pode prover saúde e bem-estar aos envolvidos, bem como prevenir agravos desenvolvimentais para pais e filhos.

Referências

Amato, P. R. (2010). Research on divorce: Continuing trends and new developments. *Journal of Marriage and the Family, 72*(3), 650-656.

Andolfi, M. (2019). *A terapia familiar multigeracional: Instrumentos e recursos do terapeuta*. Belo Horizonte: Artesã.

Bastaits, K., & Mortelmans, D. (2016). Parenting as mediator between post-divorce family structure and children's well-being. *Journal of Child and Family Studies, 25*(7), 2178-2188.

Baumrind, D. (2013). Authoritative parenting revisited: History and current status. In E. Larzelere, A. S. Morris, & A. W. Harrist (Eds.), *Authoritative parenting: Synthesizing nurturance and discipline for optimal child development* (pp. 11-34). Washington: APA.

Bernardi, D., Dias, M. V., Machado, R. N., & Féres-Carneiro, T. (2016). Definindo fronteiras no recasamento: Relato de uma experiência clínica. *Pensando Famílias, 20*(2), 43-55.

Bernart, R., Francini, G., Mazzei, D., & Pappalardo, L. (2002). Quando o casamento acaba a família pode continuar? Intervenções psicojurídicas na crise e no rompimento do casal. In M. Andolfi (Ed.), *A crise do casal: Uma perspectiva relacional sistêmica*. Porto Alegre: Artmed.

Bornstein, M. H. (2018). *The SAGE encyclopedia of lifespan human development*. Thousand Oaks: SAGE.

Brasil (1977). *Lei nº 6.515, de 26 de dezembro de 1977*. Recuperado de www.planalto.gov.br/ccivil_03/LEIS/L6515.htm.

Brasil (2010). *Emenda Constitucional nº 66, de 13 de julho de 2010*. Recuperado de http://www.planalto.gov.br/ccivil_03/constituicao/Emendas/Emc/emc66.htm.

Brasil (2014). *Lei nº 13.058, de 22 de dezembro de 2014*. Recuperado de www.planalto.gov.br/ccivil_03/_ato2011-2014/2014/lei/l13058.htm.

D'Onofrio, B., & Emery, R. (2019). Parental divorce or separation and children's mental health. *World Psychiatry, 18*(1), 100-101.

Carter, B., & McGoldrick, M. (1995). Constituindo uma família recasada. In B. Carter & M. McGoldrick (Eds.), *As mudanças no ciclo de vida familiar: Uma estrutura para a terapia familiar* (pp. 344-367). Porto Alegre: Artmed.

Driver, J., Tabares, A., Shapiro, A. F., & Gottman, J. (2016). Interação do casal em casamento com altos e baixos níveis de satisfação. In F. Walsh (Ed.), *Processos normativos da família: Diversidade e complexidade* (pp. 57-77). Porto Alegre: Artmed.

Feinberg, M. E. (2003). The internal structure and ecological context of coparenting: A framework for research and intervention. *Parenting: Science and Practice, 3*(2), 95--131.

Gottman, J. M., & Levenson, R. W. (2000). The timing of divorce: Predicting when a couple will divorce over a 14-year period. *Journal of Marriage and the Family, 62*(3), 737–745.

Greene, S. M., Anderson, E. R., Forgatch, M. S., DeGarmo, D. S., & Hetherington, E. M. (2016). Risco e resiliência após o divórcio. In F. Walsh (Ed.), *Processos normativos da família* (pp. 102-127). Porto Alegre: Artmed.

Grzybowski, L. S., & Wagner, A. (2010). Casa do pai, casa da mãe: A coparentalidade após o divórcio. *Psicologia: Teoria e Pesquisa, 26*(1), 77-87.

Instituto Brasileiro de Geografia e Estatística (IBGE) (2014). *Estatísticas do registro civil 2014*. Recuperado de https://biblioteca.ibge.gov.br/visualizacao/periodicos/135/rc_2014_v41.pdf.

Instituto Brasileiro de Geografia e Estatística (IBGE) (2015). *Estatísticas do registro civil 2015*. Recuperado de https://biblioteca.ibge.gov.br/visualizacao/periodicos/135/rc_2015_v42.pdf.

Instituto Brasileiro de Geografia e Estatística (IBGE) (2017). *Estatísticas do registro civil 2017*. Recuperado de https://biblioteca.ibge.gov.br/visualizacao/periodicos/135/rc_2017_v44_informativo.pdf.

Instituto Brasileiro de Geografia e Estatística (IBGE) (2018). *Casamentos que terminam em divórcio duram em média 14 anos no país*. Recuperado de https://agenciadenoticias.ibge.gov.br/agencia-noticias/2012-agencia-de-noticias/noticias/22866-casamentos-que-terminam-em-divorcio-duram-em-media-14-anos-no-pais.

Lamela, D., Figueiredo, B., Bastos, A., & Feinberg, M. (2016). Typologies of post-divorce coparenting and parental well-being, parenting quality and children's psychological adjustment. *Child Psychiatry & Human Development, 47*(5), 716-728.

Markham, M. S., Hartenstein, J. L., Mitchell, Y. T., & Aljayyousi-Khalil, G. (2017). Communication among parents who share physical custody after divorce or separation. *Journal of Family Issues, 38*(10), 1414-1442.

Oliveira, J. L., & Crepaldi, M. A. (2018). Relação entre o pai e os filhos após o divórcio: Revisão integrativa da literatura. *Actualidades en Psicología, 32*(124), 92-110.

Pasley, K., & Garneau, C. (2016). Recasamento e família recasada. In F. Walsh (Ed.), *Processos normativos da família* (pp. 149-171). Porto Alegre: Artmed.

Pruett, M. K., & Donsky, T. (2011). Coparenting after divorce: Paving pathways for parental cooperation, conflict resolution, and redefined family roles. In J. P. McHale, & K. M. Lindahl (Eds.), *Coparenting: A conceptual and clinical examination of family systems* (pp. 231-250). Washington: APA.

Schmidt, B., Arenhart, V. S., Lopes, R. C., & Piccinini, C. A. (2019). Coparentalidade aos três meses de vida do bebê. *Psico, 50*(1), 1-11.

Wagner, A. C., & Diamond, R. M. (2017). Therapy with divorcing families. In S. W. Browning, B. van Eeden-Moorefield (Eds.), *Contemporary families at the nexus of research and practice* (pp. 33-47). London: Routledge.

Wagner, A. C., & Diamond, R. M. (2016). Divorce in couple and family therapy. In J. Lebow, A. Chambers, & D. C. Breunlin (Eds.), *Encyclopedia of couple and family therapy* (pp. 1-5). Cham: Springer International.

Leitura recomendada

Bernardi, D., Dias, M. V., Machado, R. N., & Féres-Carneiro, T. (2016). Definindo fronteiras no recasamento: Relato de uma experiência clínica. *Pensando Famílias, 20*(2), 43-55.

A pessoa idosa no contexto da família

Deusivania Vieira da Silva Falcão

A população brasileira manteve a tendência de envelhecimento dos últimos anos e ganhou 4,8 milhões de idosos desde 2012, superando a marca dos 30,2 milhões em 2017. Esses dados retratam que esse grupo etário tem se tornado cada vez mais representativo no Brasil (Instituto Brasileiro de Geografia e Estatística [IBGE], 2018). Nesse cenário, um fato que chama a atenção é que a longevidade humana e as mudanças socioeconômicas e culturais repercutem na família por meio da vivência do papel de avós e bisavós, além da convivência e da corresidência de três ou mais gerações. Além disso, é preciso destacar que a feminização da velhice (fenômeno em que a presença das mulheres na população idosa é superior à dos homens), se observada em um enfoque conjugal, revela que existem mais viúvas do que viúvos, pois, além da maior longevidade feminina, as mulheres costumam casar-se com homens mais velhos, que morrem mais cedo. Por isso, muitas idosas responsáveis pelos domicílios vivem sem o cônjuge, mesmo que ainda residam com outros parentes.

As relações mais importantes para as pessoas idosas geralmente são as dos cônjuges, filhos, netos, irmãos, demais membros familiares e amigos. Ocorre que, ao longo do envelhecimento, há várias mudanças nas configurações, nas características e nos usos dessa rede social e de apoio. Tais modificações podem ser resultados da vivência de situações como aposentadoria, perdas (morte de familiares ou de amigos; perda de contato com amigos do trabalho), eventos familiares (saída dos filhos de casa), fatores materiais (condições socioeconômicas precárias), deterioração da saúde (física ou psicológica), migração (podendo ocasionar o distanciamento geográfico de parentes) e institucionalização.

Partindo dessas condições, percebe-se que são vários os aspectos que podem ser abordados acerca dos idosos no contexto da família. Devido à amplitude do tema, pretende-se neste capítulo discutir brevemente três situações e/ou desafios comumente vivenciados por essa população: o exercício do papel de avós; a condição de viuvez; e o suporte social familiar, abordando-se a relação entre "obrigação" de cuidar e expectativa de cuidado entre as gerações. Também se considera importante apontar a pluralidade do conceito de família e a heterogeneidade do envelhecer.

Família e idosos: a diversidade do envelhecer

A família tem passado por mudanças que levam a refletir sobre a pluralidade de suas formas atuais. Conforme indicou Falcão (2006b),

O conceito de família é polissêmico. Em termos restritos, refere-se ao núcleo familiar básico. Em termos amplos, diz respeito ao grupo de indivíduos vinculados entre si por laços consanguíneos, consensuais, jurídicos ou afetivos, que constituem complexas redes de parentesco e de apoio influenciadas por aspectos biopsicossociais, históricos, culturais e econômicos. De acordo com Angelo (2005), a questão da definição do que vem a ser família é fundamental não apenas para o profissional direcionar o foco do seu trabalho, mas também para compreender o sujeito a ser investigado e o seu contexto familiar. Assim, antes de qualquer avaliação ou intervenção, é recomendável indagar à pessoa o que ela compreende por família e quais os membros que para ela compõem esse grupo.

A literatura atual destaca a família como um sistema interativo complexo que demanda acomodações constantes, dependendo especificamente de situações estressoras externas e modificações nos padrões internos de relacionamento. Assim, as principais funções da família são favorecer a aprendizagem de códigos sociais, de sistemas de regras específicas, de valores, de padrões de relacionamentos e vínculos, ainda que nos diversos recantos culturais as estruturas sociais familiares sejam diferentes daquelas conhecidas pelas sociedades modernas mais desenvolvidas.

Na sociedade atual, o significado de envelhecer e de ser idoso tem exigido uma reflexão que abarca a heterogeneidade e a complexidade desses fenômenos, envolvendo o processo dinâmico de perdas e ganhos, além de fatores como gênero, condições genéticas, educacionais, culturais, história de vida, nível socioeconômico, atividades profissionais, religião, etc. Portanto, há vários modelos de envelhecimento e de velhice. Todavia, apesar do aumento do número de idosos saudáveis e autônomos, não se pode deixar de mencionar aqueles que têm patologias, sofrem violência doméstica ou são vítimas de abandono e exclusão social.

Assim, a família vista como um sistema enfrenta desafios importantes diante das demandas advindas da velhice (normal ou patológica), especialmente quando há alterações ocasionadas por doenças associadas ao envelhecimento, como, por exemplo, a doença de Alzheimer (Falcão, 2006a). A resposta de cada família a essa fase do ciclo de vida decorre comumente dos relacionamentos, vínculos, normas e padrões familiares anteriores a essa fase, desenvolvidos para manter a estabilidade e a integração entre os seus componentes. Portanto, a maneira como a família e seus membros lidam com esse período do ciclo de vida familiar dependerá do tipo de sistema que criaram ao longo dos anos e da capacidade de ajuste às novas exigências ou às perdas decorrentes desse processo. Padrões familiares estabelecidos, outrora adequados, podem tornar-se disfuncionais com as mudanças no ciclo de vida individual dessas pessoas (Walsh, 1995).

Também é comum observar o aumento no número de domicílios multigeracionais que, com frequência, são mais um reflexo da estratégia de sobrevivência do que uma opção afetiva ou cultural. Vários idosos, sobretudo as mulheres, além de chefiar seus domicílios e de se responsabilizar pelo sustento financeiro da família, desempenham o papel de cuidadores dos netos, assumindo, muitas vezes, a função de guardiões.

O papel dos avós na família

O maior crescimento no número de pesquisas sobre avós ocorreu principalmente na década de 1980, devido a fatores como a longevidade humana, o trabalho da mulher fora do lar, a aceitação social de pais solteiros e a alta incidência da aids, bem como os divórcios e recasamentos, os quais evidenciaram a importância dos avós e, desse modo, despertaram o interesse dos pesquisadores sobre eles. Nesse sentido, observam-se vários papéis desempenhados pelos avós no meio social, como histórico, cultural e familiar.

A partir da revisão de literatura feita por Dias e Silva (1999), observou-se que, no final da década de 1960, os avós desempenhavam papéis tradicionais, tais como provedores de mimos e presentes, narradores de histórias infantis e cuidadores das crianças durante a ausência dos pais. Nas décadas de 1970 e 1980, o estudo sobre o papel dos avós situou-se nos âmbitos social, emocional, transacional e simbólico, como parte de um processo grupal da família, o que envolveu o relacionamento entre as gerações, considerando o poder e o controle na estrutura parental e a ênfase nos modelos de ajuda e manutenção do sistema familiar. Assim, os tipos de avós eram definidos pelo estilo de vida, e as principais funções exercidas eram as de cuidadores, figuras de apoio emocional e financeiro, mentores, historiadores e modelos de papéis a serem seguidos por conta das experiências adquiridas e da sua importância no meio social e familiar. Já na década de 1990, o papel dos avós centralizou-se em atuar como origem de muito afeto e pouca repreensão aos netos, como mediadores entre os pais e os netos, como fonte de apoio e compreensão nos momentos tempestuosos vividos pela criança, como perpetuadores da história familiar, contando os acontecimentos de sua própria infância e da infância de seus filhos.

Na década de 2000, observou-se especialmente a diversidade das experiências relacionadas ao envelhecimento nos contextos sociais e familiares, levando-se em consideração as perdas e os ganhos advindos desse processo, tais como: o aumento do número de bisavós; o acirramento do número de avós como chefes de domicílios e responsáveis pelo sustento financeiro da família; o aumento no número de avós que exercem o papel de cuidadores dos netos, assumindo, muitas vezes, a função de avós guardiãs, ou seja, avós que criam os netos diante de situações como a ausência da mãe devido ao trabalho que a mantém fora do lar durante horas; as dificuldades financeiras dos filhos por conta do desemprego e do acúmulo de dívidas; a gravidez na adolescência; o uso abusivo de drogas pelos pais; a morte dos pais; etc. Por outro lado, observou-se o aumento do número de avós e bisavós que voltaram a estudar e/ou trabalhar, envolvendo-se em atividades como cursos de informática, viagens nacionais e internacionais, participação em grupos de apoio psicossocial e em universidades abertas da terceira idade (UnATIs).

Ressalta-se que há avós idosos e avós jovens, mas, independentemente da idade em que se encontram, a posição ocupada por essas figuras na família pode ser central ou periférica e envolve questões de autoridade, tradição, hierarquia e relações entre as gerações ao longo dos tempos. Outrossim, destaca-se que essas figuras podem influenciar positivamente ou negativamente o sistema familiar. Como influência positiva, destacam-se os casos de avós que funcionam como mediadores de conflitos e amortecedores do estresse familiar ao auxiliar na resolução de problemas vivenciados pelos filhos e netos. Eles podem fortalecer a autoestima e a independência dos membros da família, moderando a influência negativa que os pais possam exercer sobre os filhos/netos, favorecendo o bem-estar e a comunicação entre eles. Os avós, também, podem ajudar a mitigar problemas sociais, pois é muito provável que a assistência e o apoio dos avós ajudem a reduzir o número de crianças abandonadas ou institucionalizadas. Além disso, o papel exercido pelos avós pode significar a continuidade biológica, uma chance de atuar melhor do que quando foram pais/mães, uma oportunidade de reavaliação da própria vida, de complementação do *self* e de realização pessoal por meio dos netos. No que diz respeito à influência negativa, citam-se, por exemplo, os casos de avós abusivos e negligentes, as interferências à criação dada pelos filhos e a transmissão transgeracional de problemas (conflitos, violência e uso de drogas) (Dias, 2002; Falcão, 2006a).

As transições no ciclo de vida familiar, bem como os eventos normativos e não normativos (doenças repentinas, morte precoce e acidentes), possibilitam a ocorrência de mudanças no relacionamento avós-pais-netos, podendo atingir todos os membros da família, exigindo a reformulação das regras e a adaptação aos papéis que cada membro desenvolve no sistema familiar. Além disso, há variáveis que podem influenciar o modo como os avós exercem seus papéis, tais como dinâmica e estrutura familiar, estado de saúde, idade, gênero, estado civil, personalidade e temperamento, crenças e atitudes, etnia, nível socioeconômico, aspectos geográficos, vinculação materna ou paterna, origem urbana ou rural, experiências com os próprios avós, características pessoais de cada membro da família, frequência de contato entre eles e atividades desenvolvidas em conjunto (Dias & Silva, 1999).

O estilo de relações que os avós estabelecem com seus familiares também depende do modo como eles se veem como avós e qual o significado desse papel em suas vidas. Logo, os vínculos entre as pessoas do grupo familiar abarcam aspectos multidimensionais e complexos. Muitos desses fatores estão ligados, por exemplo, aos estilos de vida, às relações entre eles vivenciadas no passado e na atualidade e aos eventos de vida estressantes, tais como a morte de um filho ou do cônjuge.

A viuvez na velhice

A viuvez é caracterizada pela perda do(a) companheiro(a) e provoca mudanças na vida das pessoas, obrigando-as a enfrentar uma transição de identidade que envolve rituais (tradicionalmente, em determinadas culturas, algumas viúvas vestem-se de preto por vários dias e devem apresentar comportamento de reclusão social e recato, como forma de respeitar a memória do falecido), perda do *status* de casada e modificação na rede de contatos. Muitas vezes, quando não dispõem de suporte, elas têm de assumir sozinhas a responsabilidade pelo lar. A viuvez também altera a estrutura e a dinâmica da família, afetando todos os seus membros, o que torna necessária uma reavaliação de papéis e funções no sistema familiar (Suzuki & Falcão, 2010).

Durante muitas décadas, as mulheres morriam mais cedo, em geral, devido ao parto, uma vez que não havia recursos ao atendimento adequado em casos de gravidez de alto risco e, quando ocorria alguma complicação no trabalho de parto, contavam apenas com o conhecimento das parteiras. Desse modo, os homens tornavam-se viúvos mais cedo (Doll, 1999). Atualmente, devido ao fenômeno da feminização da velhice, observa-se um maior número de mulheres viúvas em relação aos homens viúvos.

Portanto, a viuvez, para os homens, é um fenômeno demográfico de baixa incidência, mesmo entre os mais velhos. Em sentido amplo, a repercussão social é tranquila e seu modo de vida pouco se transforma, já que é comum ocorrer o recasamento. Todavia, para as mulheres, a viuvez é uma questão demográfica e cultural que envolve conceitos extremos que vão da prevaricação ao modelo ímpar de virtude (Motta, 2004). Nesse contexto, observa-se que os comportamentos dos viúvos nem sempre são questionados, ao passo que a maneira de agir, pensar ou falar das viúvas, pelo fato de serem mulheres, apesar de todo o desenvolvimento sociocultural, ainda atrai os olhares da sociedade e gera comentários (Tôrres, 2006).

São muitos os aspectos que influenciam a maneira como homens e mulheres percebem a viuvez e a perda do cônjuge. Isso depende de alguns fatores, como a maneira em que foi vivida a relação conjugal e com os filhos, se havia ou não cumplicidade, coesão, lealdade e companheirismo de ambas as partes, se houve traição ou violência doméstica, etc. Por isso, a condição de viuvez pode desencadear nas pessoas que tiveram anos de convivência com seus companheiros um processo sofrido ou uma sensação de alívio e liberdade. No que diz respeito aos aspectos negativos, marcados não só pela perda do marido ou da esposa, mas também pelas dificuldades em administrar a casa e os filhos na falta do chefe da família, observa-se a vivência da solidão, a depressão, as incertezas diante de qual rumo tomar na vida, o isolamento social, as dificuldades financeiras, o descuido com a aparência física, o uso elevado de tranquilizantes e serviços de saúde, etc.

Por outro lado, é possível que a condição de viuvez na velhice traga benefícios e aspectos positivos à vida da pessoa viúva, especialmente para aquelas que foram infelizes durante o período de união com o(a) companheiro(a) que perderam. Alguns desses fatores incluem a oportunidade de exercer a liberdade sem ter de dar satisfação ao cônjuge, a possibilidade de usufruir da renda deixada pelo(a) falecido(a), a possibilidade de renovar ou ampliar o ciclo de amizade e de viver um novo amor, a oportunidade de exercer papéis, funções ou atividades inibidas ou desencorajadas pelos cônjuges, etc.

Convém salientar que o rótulo de "viúva" pode gerar uma identidade capaz de interferir no relacionamento com amigos e familiares que não conseguiram elaborar o luto ou que não aceitaram a realidade da morte ou a possibilidade de viuvez, podendo ocorrer o distanciamento e o rompimento da relação com essas pessoas (Lopata, 1973). Em contrapartida, os membros da família podem tentar compensar a perda da interação com o cônjuge desenvolvendo um contato maior com a pessoa viúva. Essa aproximação auxilia os parentes a lidar com a elaboração de seu próprio luto e reforça a solidariedade na família. Além disso, alguns familiares buscam assumir os papéis que antes eram desempenhados pelo cônjuge falecido, tais como a administração financeira ou a manutenção da casa (Bakk & Lee, 2001).

No filme brasileiro dirigido por Jorge Fernando, intitulado *A guerra dos Rocha* (2008), os três filhos adultos, casados, da viúva idosa Dina Rocha disputam entre eles quem deve ficar com a mãe. Eles não almejam assumi-la de fato e, uma vez que ela cede sua própria residência para um deles morar com a esposa e a filha, permanece de casa em casa rogando um espaço para se sentir aceita e exercer sua autonomia. Diante da falsa notícia de que Dona Dina morrera atropelada, manifestam a preocupação de quem vai ficar com os bens deixados por ela. Essa batalha familiar calcada em aspectos como disputa pelo poder e pelo dinheiro, traições, segredos, ciúme, egoísmo e conflito de gerações propicia a reflexão sobre valores patrimonialistas e individualistas que permeiam o mundo contemporâneo. Além disso, impele a pensar na condição vulnerável de várias pessoas idosas na ausência de seus companheiros que, por vezes, funcionam como fortes aliados e amortecedores de estresse diante de situações conflituosas.

Na pesquisa realizada por Suzuki e Falcão (2010) com 21 viúvas idosas que frequentavam as atividades de uma UnATI, verificou-se que, após o falecimento do cônjuge, vários filhos assumiram os papéis do falecido, tais como administrar os recursos financeiros, realizar a manutenção doméstica, dar orientações, etc. Diante dessa situação, algumas delas se sentiam confortáveis, enquanto outras vivenciavam conflitos e expressavam indignação, devido ao fato de se sentirem pressionadas, vigiadas, controladas e sufocadas pela prole. Tinham a sensação de que eles, por sentirem ciúme ou por estarem com medo de perder a mãe, assumiam os papéis dos pais, preocupando-se com as necessidades afetivas, emocionais e financeiras de suas mães. Os filhos, por sua vez, também eram influenciados por ensinamentos, funções na família, características e imagens que tinham dos pais falecidos (companheiros, solidários, ríspidos, intelectuais, beberrões, etc.) para assumir a postura que consideravam necessária à manutenção da homeostase familiar.

Todavia, os sentimentos de desorientação, desamparo e perda de identidade decorrentes da viuvez podem diminuir com o tempo. Nesse cenário, torna-se importante a participação dessas pessoas em grupos de apoio e programas de atenção que auxiliem a elaboração do luto, a maneira de lidar com a situação e as demandas advindas após a morte do ente querido, a fim de evitar, por exemplo, a vivência de um luto patológico. A rede de suporte social, especialmente os membros da família, os amigos e os vizinhos, também pode ajudar a superar os desafios advindos com esse processo.

Suporte social familiar e velhice: a "obrigação" de cuidar e a expectativa de cuidado entre as gerações

O construto suporte social (ou apoio social) tem sido investigado por profissionais das mais diversas áreas incluindo psicologia, gerontologia, sociologia, medicina, serviço social e antropologia. Esse construto apresenta diferentes concepções, diversos sentidos e vários âmbitos de avaliação, enfoques e interesses. Assim, a literatura sugere que não há uma definição operacional consensual. Historicamente, um dos primeiros estudiosos a definir o conceito de apoio social foi Caplan (1974), para quem significa os laços entre os sujeitos ou entre os indivíduos e grupos que permitem promover o domínio social, oferecer conselhos e proporcionar *feedback* sobre a própria identidade e desempenho. Posteriormente, Cassel (1976) sublinhou que a principal função do apoio social é evocar no indivíduo o sentimento de ser cuidado e amado, de que as pessoas se preocupam com ele, de que é valorizado, estimado e membro de uma rede de obrigações mútuas.

Autores clássicos como Sarason, Sarason e Pierce (1990) propuseram que a verdadeira natureza do apoio social repousa nos processos perceptivos dos sujeitos implicados (o que se denomina apoio social percebido). Caplan (1974) destacou duas dimensões distintas, a saber: a dimensão objetiva ou o apoio recebido (trocas de ajuda entre os membros de uma relação) e a dimensão subjetiva do apoio social ou o apoio percebido (avaliação do sujeito sobre essa ajuda). Por sua vez, Lin e Ensel (1989) defenderam a relação existente entre apoio social e qualidade de vida. Esses autores definem apoio social como o conjunto de provisões expressivas ou instrumentais (percebidas ou recebidas) proporcionadas pela comunidade, pelas redes sociais e por pessoas de confiança que apoiem o sujeito tanto em eventos que suscitam crise quanto nas situações do cotidiano.

A definição de suporte social adotada neste capítulo é a apresentada no modelo de comboio (ou escolta) de apoio social de Kahn e Antonnuci (Antonucci & Akiyama, 1987; Kahn & Antonucci, 1980). Esse modelo oferece uma abordagem teórica das relações sociais ao longo do tempo que está vinculada à perspectiva teórica de desenvolvimento ao longo da vida proposta por Paul Baltes (1987). Segundo o modelo da escolta, o apoio social é compreendido como trocas interpessoais que incluem um ou mais dos seguintes elementos: afeto, afirmação e ajuda. Esse processo é baseado em recursos emocionais, instrumentais e informativos das redes sociais de que o indivíduo dispõe, direcionados a potencializar, manter ou restituir o bem-estar. Desse modo, é percebido como uma ajuda tanto pelo receptor quanto pelo provedor.

Nessa direção, devem ser levadas em consideração todas as dimensões implicadas, como as características estruturais (tamanho ou número de relações, proximidade, densidade, frequência de contato) das relações que a pessoa mantém (Arrazola, 2001). A literatura costuma diferenciar três tipos de suportes: instrumental, informacional e emocional (House & Kahn, 1985). O suporte instrumental envolve o suprimento de auxílio material, como, por exemplo, assistência financeira. O suporte informacional refere-se à prestação de informações relevantes que objetivam ajudar o indivíduo a lidar com as dificuldades atuais que enfrenta e normalmente assume a forma de conselhos ou orientação para lidar com tais problemas. Já o suporte emocional envolve a expressão de empatia, carinho, tranquilidade e confiança, oferecendo oportunidades para expressão emocional (Cohen, 2004). Há ainda o tipo de suporte social formal e informal. O primeiro é oferecido por recursos da comunidade, ou seja, residências, auxílio de profissionais, serviços de ajuda a domicílio, teleassistência, centros-dia, serviços de voluntariado social, etc. O segundo geralmente é dado por pessoas como membros da família, amigos e vizinhos.

Além disso, o suporte social familiar pode ser avaliado pelo favorecimento de características afetivas (carinho, cuidado, empatia, confiança, etc.), informacionais (noções indispensáveis para que o membro possa guiar e orientar suas ações na solução de problemas cotidianos) e instrumentais (auxílio prático, como, por exemplo, apoio financeiro em alimentação, educação, cuidado, vestimenta e outras áreas) (Connor & Rueter, 2006). Há instrumentos nacionais e internacionais que avaliam o suporte familiar. No Brasil, por exemplo, existe o Inventário de Percepção de Suporte Familiar para Idosos (IPSF-ID) (Baptista, 2013; Baptista, Soares, & Grendene, 2018), construído a partir de vários instrumentos internacionais da área, bem como de dados de uma pesquisa sobre família "ideal".

Ocorre que é no campo familiar que os indivíduos aprendem e desenvolvem suas práticas de cuidado, as quais são influenciadas pelos aspectos socioculturais. Em alguns casos, o cuidado exercido pelos membros da família pode não ser o mais adequado tecnicamente, mas apresenta uma forte expressão simbólica, seja por envolver vínculos afetivos e alianças, seja por compartilhar uma história que é peculiar a cada sistema familiar. Como foi visto anteriormente, vários idosos, além de chefiar seus domicílios e de se responsabilizar pelo sustento financeiro da família, desempenham o papel de cuidadores dos netos, assumindo, muitas vezes, a função de avós guardiões. Os domicílios multigeracionais, com frequência, são mais um reflexo da estratégia de sobrevivência do que uma opção afetiva ou cultural. Em contrapartida, quando são acometidos por doenças crônicas ou incapacitantes, os idosos são cuidados pelos cônjuges, filhos (sobretudo as filhas) e, por vezes, noras e netos. Na falta ou na recusa dessas pessoas para oferecer suporte, é na figura dos amigos ou nas instituições de longa permanência que os idosos buscam ajuda.

Mesmo morando com os pais, a atual geração de filhas integra, desde cedo, o mercado de trabalho. Para as mais jovens, a vida profissional é fundamental, sendo em torno dela que organizarão, como puderem, os futuros acontecimentos familiares. Em alguns países, como nos Estados Unidos, existe uma política de apoio a essas mulheres no caso de algum idoso de sua família vier a depender de cuidados. A jornada de trabalho pode ser reduzida, além de ser oferecida uma ajuda em dinheiro para suprir os gastos com a assistência prestada ao idoso.

De acordo com Carter e McGoldrick (1998), quando as mulheres se rebelam contra o fato de assumir a total responsabilidade pelo cuidado, pela manutenção dos vínculos familiares e pela conservação das tradições e rituais, em geral elas se sentem culpadas por não continuar a exercer o papel constituído como uma obrigação feminina durante o ciclo vital. Quando ninguém mais entra para preencher a lacuna do não exercício de tal obrigação, as mulheres podem sentir que a solidariedade familiar está sucumbindo e que a culpa é delas.

Além disso, o aumento no número de famílias monoparentais, somado ao fato de vários membros trabalharem fora do lar, limitou o número de pessoas disponíveis para exercer as tarefas de cuidado em casa. Essas circunstâncias têm levado várias crianças e adolescentes a assumir os cuidados de adultos com doenças crônicas que moram na mesma residência (Lackey & Gates, 2001).

No estudo das relações intergeracionais, alguns autores destacam a interdependência entre as gerações, principalmente entre filhos adultos e pais idosos. A solidariedade familiar tem sido considerada um componente importante das relações familiares, sobretudo diante de estratégias de enfrentamento e integração social das pessoas idosas (McChesney & Bengston, 1988).

No campo da sociologia, Bengtson e Roberts (1991) e Begtson e Haroontyan (1994) desenvolveram estudos para investigar essas relações, pautando-se em um "modelo de solidariedade intergeracional", que compreende a solidariedade intergeracional familiar como um fenômeno multidimensional com seis componentes:

1. solidariedade estrutural;
2. solidariedade associativa;
3. solidariedade afetiva;
4. solidariedade consensual;
5. solidariedade funcional;
6. solidariedade normativa.

Os três componentes mais importantes dessa solidariedade são a associação (componente comportamental medido pelo tipo de interação entre os membros familiares), o afeto (componente emocional estimado pelos sentimentos entre os membros) e o consenso (componente cognitivo definido pelo grau de concordância ou desacordo nas atitudes e expectativas). Portanto, o apoio familiar intergeracional pode ser compreendido como um processo recíproco. A reciprocidade nas trocas de apoio pode ser imediata ou ocorrer ao longo da vida.

Na área da terapia de família, a solidariedade intergeracional foi destacada por Ivan Boszormenyi-Nagy, que a percebe como um antídoto contra a acelerada exploração das gerações futuras, tal como se constata no prisma familiar (maus-tratos) e no campo geral (exploração destruidora de recursos da natureza). Segundo ele, a ética nas relações não se refere a uma definição do bem ou do mal nem a uma série de regras morais, mas à obrigação de preservar o equilíbrio das trocas intrafamiliares de acordo com uma lei de reciprocidade, que considera os interesses do grupo e de cada um de seus membros (Boszormenyi-Nagy & Spark, 2003).

Nesse sentido, o conceito de ética relacional está ligado à noção de justiça. Na relação de dar e receber, o fato de um membro da família ter se tornado devedor em relação a outro obriga-o à reciprocidade: é como se existisse uma "balança ética". Se a pessoa se propõe a manter a equidade dessa relação, está respeitando os princípios da ética relacional. O termo contexto, por sua vez, denomina o conjunto de indivíduos que se encontram em um elo de expectativa e de obrigação cujos atos refletem impacto sobre o outro. Sejam quais forem as modalidades de interação social e familiar, cada pessoa deve estar consciente do que recebeu dos demais e do que passou a lhes dever.

Contudo, nem sempre essas relações de dar e receber são equivalentes ou recíprocas. Apesar de muitos pais terem zelado por seus filhos ou netos, podem não receber de volta esse investimento quando chegam à velhice. Muitas vezes, a expectativa de cuidado dos idosos por parte desses membros da família não é realizada. Alguns fatores que influenciam essas relações e expectativas são as habilidades sociais e cognitivas, os padrões e regras da família, o sentimento de obrigação filial, a qualidade do relacionamento entre os membros, a proximidade geográfica e afetiva, o estado civil da pessoa cuidadora, as condições financeiras e a personalidade dos envolvidos, a disponibilidade de tempo ou o preparo para lidar com as atividades de cuidado, a coesão, a hierarquia, a interação familiar e o familismo.

O termo *familismo* costuma ser descrito como uma forte identificação e engajamento dos indivíduos com suas famílias (nucleares e extensas) e um forte sentimento de lealdade, reciprocidade e solidariedade entre os membros de um mesmo sistema familiar (Sabogal, Marín, Otero-Sabogal, Marín, & Perez-Stable, 1987; Triandis, Manrn, Betancourt, Lisansky, & Chang, 1982). Representa um valor importante para grupos de diversas culturas, especialmente para as latinas e as hispânicas. Pesquisas anteriores analisando a influência do familismo sobre o bem-estar psicológico sugeriram resultados inconsistentes, podendo ser essa variável um fator protetor e um fator de risco. Por exemplo, verificou-se uma associação positiva entre familismo e menor uso do álcool (Gil, Wagner, & Veja, 2000); percepção positiva sobre o papel de cuidar; e baixos escores de sintomas depressivos (Robinson & Knight, 2004), reduzindo o uso de serviços de saúde mental. Por outro lado, Rozario e DeRienzis (2008, p. 778) observaram que os cuidadores que tinham forte opinião sobre o familismo – operacionalizado como "crenças socioculturais do cuidado" – estavam predispostos a maiores níveis de depressão e estresse percebido. Similarmente, Losada (2006) detectou que um alto escore de familismo foi relacionado a altos escores de sintomatologia depressiva.

Outra variável que influencia o sistema de cuidado é o apego, que guarda forte relação com as formas de relacionamento social das pessoas ao longo da vida (Bowlby, 2002). O apego adulto pode ajudar a motivar os filhos a cuidarem dos pais Cicirelli (1983, 1991). No contexto do cuidado, a segurança de apego está relacionada com diversas variáveis, tais como a probabilidade de prestar apoio e cuidados (Carnelley, Pietromonaco, & Jaffe, 1996), sentimento de preparação para o papel de cuidadores (Paulson & Basset, 2015) e a qualidade do cuidado com pessoas idosas (Silva & Falcão, 2014). O estilo de apego seguro tem sido relacionado aos baixos níveis de sobrecarga em filhas adultas que prestavam cuidados aos pais idosos (Cicirelli, 1983), e o apego inseguro tem sido relacionado à depressão (Gillath, Johnson, Selcuk, & Teel, 2011). O estilo de apego evitativo tem sido negativamente associado com cuidado (Collins & Feeney, 2000). Argumenta-se que o desconforto dos indivíduos esquivos com a proximidade, a autoconfiança excessiva e a falta de empatia diminuem as chances de exercer o cuidado de uma maneira sensível e receptiva (Collins & Read, 1990; Mikulincer & Shaver, 2007).

A literatura indica que um dos principais motivos que levam os filhos a cuidarem de seus pais idosos é o sentimento de obrigação filial (Falcão, 2006b; Polenick et al., 2017) e a reciprocidade entre filhos adultos e seus pais (Wallace, Witucki, Boland & Tuck, 1998). A obrigação filial é baseada em um padrão cultural relacionado a um comportamento socialmente responsável em resposta ao envelhecimento dependente dos pais, ou seja, é dever do filho adulto ajudar ou ser responsável pelos pais idosos (Cicirelli, 1983). Em países como a

China, tradicionalmente, os filhos mais velhos devem residir com os pais e têm a obrigação de cuidar deles na velhice. Aqueles que discordam disso ou não contam com a ajuda de empregado doméstico apresentam mais conflitos e interações desagradáveis, estando mais expostos à depressão (Guo et al., 2015).

No Brasil, a legislação sobre a obrigação de cuidar de familiares idosos figura no Estatuto do Idoso (Lei nº 10.741/03); o art. 3º afirma que "[...] é obrigação da família, da comunidade, da sociedade e do Poder Público assegurar ao idoso, com absoluta prioridade, a efetivação do direito à vida, à saúde, à alimentação, à educação, à cultura, ao esporte, ao lazer, ao trabalho, à cidadania, à liberdade, à dignidade, ao respeito e à convivência familiar e comunitária", havendo "[...] a priorização do atendimento do idoso por sua própria família, em detrimento do atendimento asilar, exceto dos que não a tenham ou careçam de condições de manutenção da própria sobrevivência" (art. 3º, parágrafo V) (Brasil, 2003).

Além disso, "[...] o idoso tem direito à moradia digna, no seio da família natural ou substituta, ou desacompanhado de seus familiares, quando assim o desejar, ou, ainda, em instituição pública ou privada" (art. 37) (Brasil, 2003). O Projeto de Lei nº 4.294/2008 tramita na Câmara dos Deputados até os dias atuais e propõe acrescentar um parágrafo ao art. 1.632 do Código Civil e ao art. 3º do Estatuto do Idoso, de modo a estabelecer a indenização por dano moral devido ao abandono afetivo. A legislação impõe o pagamento de indenização por dano moral a pais que abandonarem afetivamente os filhos, bem como a filhos que abandonarem pais idosos (Brasil, 2008).

O afeto favorece a saúde e atribui sentido às relações humanas. Porém, é crucial reconhecer que o direito ao afeto constitui a garantia à liberdade de reivindicar e ter estima ou receber afeição de uma pessoa. O afeto, portanto, constitui um direito individual. Também, é preciso pensar se todas as famílias têm as condições necessárias para exercer essas tarefas de cuidado. Podemos obrigar, por exemplo, um(a) filho(a) a cuidar de um pai ou de uma mãe que a vida inteira agiu como algoz? Se, por um lado, as condições aludidas pelo estatuto restringem-se ao sustento material e financeiro do idoso, por outro lado, o Projeto de Lei referido punirá os filhos que abandonarem afetivamente os pais idosos, podendo aumentar os conflitos intergeracionais, industrializar o dano moral, monetarizar o afeto e as relações familiares como se fossem mercadorias de troca (Falcão & Bucher-Maluschke, 2010).

É preciso ainda lembrar que cada caso tem suas particularidades e cada relação apresenta-se distinta da outra. Na avaliação dos meios de sobrevivência do sistema familiar, devem ser incluídas outras dimensões essenciais para oferecer os cuidados necessários a um idoso (sobretudo os dependentes), tais como grau de intimidade e afinidade, saúde mental dos membros da família e relacionamentos anteriores à situação atual, especialmente de quem se responsabiliza pelo maior número de tarefas de cuidados. Além desses aspectos, deve haver apoio do Estado, suporte social e comunitário, bem como reconhecimento do valor da função que a família desempenha. Partindo dessas reflexões, pode-se começar a falar da responsabilidade dos familiares sobre os idosos.

Quando a pessoa se sente obrigada a cuidar, a dívida de reciprocidade pode despertar sentimentos ambíguos capazes de conduzir à agressão (Zarit, Stevens, & Edwards, 1996). Desse modo, muitas famílias não assumem o cuidado com os idosos, são indiferentes ou os rejeitam. Preferem institucionalizá-los, desejam sua morte e chegam a tramar a morte do idoso. O filme italiano *Parente é serpente* (1992), de Mario Monicelli, mostra essa dinâmica. Porém, cumpre destacar que, ao institucionalizar o membro idoso, o papel de cuidar não se encerra. Cabe aos profissionais questionarem os familiares se, assumindo essa decisão, as preocupações e os conflitos vividos serão dirimidos ou se apenas mudarão de foco ou de intensidade (Falcão & Bucher-Maluschk, 2010). Enfim, os familiares e os amigos são as figuras mais importantes da rede social do idoso, e os papéis desempenhados por eles na vida dessas pessoas sofrem modificações mútuas. Ressalta-se que essa convivência dependerá muito da qualidade do relacionamento entre eles ao longo da vida, favorecendo ou não a saúde e o bem-estar.

Considerações finais

Neste capítulo, pretendeu-se discutir brevemente três situações e/ou desafios comumente vivenciados pelas pessoas idosas: o exercício do papel de avós, a condição de viuvez e o suporte social familiar, abordando-se a relação entre "obrigação" de cuidar e expectativa de cuidado entre as gerações. Os avós têm desempenhado um importante papel na família, podendo exercer influências positivas ou negativas na estrutura e na dinâmica familiar. Nesse contexto, as relações que os avós estabelecem com seus filhos e netos dependem de uma série de fatores que envolvem aspectos biopsicossociais, históricos e culturais, além das características de personalidade dos envolvidos, do grau de afinidade entre eles, da qualidade do relacionamento, da autopercepção dos idosos sobre o significado de ser avó(ô) e o exercício do papel de avós.

Por sua vez, a viuvez é um evento estressante na vida do indivíduo. Nos últimos tempos, tem atingido mais as mulheres do que os homens. Constatou-se ainda que as reações à viuvez e as vivências da perda do cônjuge refletem percepções heterogêneas, apresentando diversas maneiras de lidar com essa condição. Nesse sentido, é preciso levar em consideração questões como modo de vida compartilhado por ambos, estilos de personalidade, presença ou ausência de filhos e apoio de uma rede de suporte social.

Embora não haja um consenso sobre o construto apoio social, vários pesquisadores reconhecem o fato de que ele contribui para a saúde e que exerce uma função de suporte emocional, na medida em que envolve comportamentos, gestos e expressões emocionalmente positivos e íntimos no âmbito interpessoal. As pessoas sentem-se mais satisfeitas com suas vidas e percebem-se com mais sanidade sempre que estão satisfeitas com suas relações sociais. Diversas pesquisas demonstram que os benefícios obtidos pelas pessoas idosas procedentes de suas redes sociais são similares aos de outras etapas da vida (Antonucci, Fuhrer, & Jackson, 1990). Todavia, o apoio social também pode resultar em consequências negativas devido à excessiva assistência ou dependência em relação a poucas pessoas que possam ajudar (Krause, 1997).

A vivência de cada família e a qualidade das relações entre os seus membros durante a vida terão repercussão na expectativa de cuidado e no suporte percebido-recebido por esses idosos. Portanto, a maneira como os componentes das famílias de pessoas idosas lida com esse período do ciclo de vida dependerá do tipo de sistemas, normas, padrões e vínculos que foram criados e estabelecidos ao longo dos anos, assim como da capacidade de ajustar-se aos ganhos, às novas exigências e às perdas decorrentes desse processo.

Referências

Angelo, M. (2005). O contexto familiar. In Y. A. O. Duarte, & M. J. D. Diogo (Orgs.), *Atendimento domiciliar: Um enfoque gerontológico* (pp. 27-31). São Paulo: Atheneu.

Antonucci, T. C., & Akiyama, H. (1987). Social networks in adult life and a preliminary examination of the convoy model. *Journal of Gerontology, 42*(5), 519-527.

Antonucci, T. C., Fuhrer, R., & Jackson, J. S. (1990). Social support and reciprocity: A cross-ethnic and cross-national perspective. *Journal of Social and Personal Relationships, 7*(4), 519-530.

Arrazola, F. J. L. (2001). *La valoración de las personas mayores: Evaluar para conocer, conocer para intervenir.* Madrid: Caritas Espanhola.

Bakk, L., & Lee, C. D. (2001). Later-life transitions into widowhood. *Journal of Gerontological Social Work, 35*(3), 51-63.

Baltes, P. B. (1987). Theoretical propositions of the life span developmental psychology: on the dynamics between growth and decline. *Developmental Psychology, 23*, 611-696.

Baptista, M. N. (2013). Inventário de percepção do suporte familiar para idosos (IPSF-ID). Relatório não publicado, Universidade São Francisco.

Baptista, M. N., Soares, T. F. P., & Grendene, F. (2018). Evidências de validade de construto do inventário de percepção de suporte familiar para idosos-IPSF-ID. *Revista Kairós: Gerontologia, 21*(2), 113-134.

Bengtson, V. L., & Harootyan, R. A. (1994). *Intergenerational linkages.* New York: Springer.

Bengtson, V. L., & Roberts, R. (1991). Intergenerational solidarity in aging families: An example of formal theory construction. *Journal of Marriage and the Family, 53*(4), 856-870.

Bowlby, J. (2002). *Apego: A natureza do vínculo* (Vol. 1). São Paulo: Martins Fontes.

Boszormenyi-Nagy, I., & Spark, G. (2003). *Lealtades invisibles: Reciprocidad en terapia familiar intergeracional.* Buenos Aires: Amorrotu.

Brasil. (2003). *Lei nº 10.741, de 1º de outubro de 2003: Estatuto do Idoso*. Recuperado de http://portal.saude.gov.br/portal/arquivos/pdf/estatuto_do_idoso.pdf.

Brasil. Câmara dos Deputados (2008). PL 4294/2008: Projeto de Lei. Recuperado de https://www.camara.leg.br/proposicoesWeb/fichadetramitacao?idProposicao=415684.

Caplan, G. (1974). *Support systems and community mental health*. New York: Behavioral.

Carnelley, K. B., Pietromonaco, P. R., & Jaffe, K. (1996). Attachment, caregiving, and relationship functioning in couples: effects of self and partner. *Personal Relationships*, 3(3), 257–277.

Carter, B., & McGoldrick, M. (1998). *As mudanças no ciclo de vida familiar: Uma estrutura para a terapia familiar*. Porto Alegre: Artes Médicas.

Cassel, J. (1976). The contribution of the social environment to host resistance. *American Journal of Epidemiology*, 104(2), 107-123.

Cicirelli, V. G. (1983). Adult children's attachment and helping behavior to elderly parents: A path model. *Journal of Marriage and the Family*, 45(4), 815-825.

Cicirelli, V. G. (1991). Sibling relationships in adulthood. *Marriage & Family Review*, 16(3-4), 291-310.

Cohen, S. (2004). Social relationships and health. *American Psychologist*, 59(8), 676-684.

Collins, N. L., & Feeney, B. C. (2000). A safe haven: An attachment theory perspective on support seeking and caregiving in intimate relationships. *Journal of Personality and Social Psychology*, 78(6),1053-1073.

Collins, N. L., & Read, S. J. (1990). Adult attachment, working models, and relationship quality in dating couples. *Journal of personality and social psychology*, 58(4), 644.

Connor, J. J., & Rueter, M. A. (2006). Parent-child relationships as systems of support or risk for adolescent suicidality. *Journal of Family Psychology*, 20(1), 143-145.

Dias, C. M. S. B. (2002). A influência dos avós nas dimensões familiar e social. *Revista Symposium*, 6(1/2), 34-38.

Dias, C. M. S. B., & Silva, D. V. (1999). Os avós: Uma revisão da literatura nas três últimas décadas. In T. Féres-Carneiro (Org.), *Casal e família: Entre a tradição e a transformação* (pp. 118-149). Rio de Janeiro: Nau.

Doll, J. (1999). Viuvez: Processos de elaboração e realização. In L. Py (Org.), *Finitude* (pp. 119-138). Rio de Janeiro: Nau.

Gillath, O., Johnson, D. K., Selcuk, E., & Teel, C. (2011). Comparing old and young adults as they cope with life transitions: The links between social network management skills and attachment style to depression. *Clinical Gerontologist*, 34(3), 251–265.

Falcão, D. V. S. (2006a). As relações familiares entre as gerações: Possibilidades e desafios. In D. V. S. Falcão, & C. M. S. B. Dias (Orgs.), *Maturidade e velhice: Pesquisas e intervenções psicológicas* (Vol. 1, pp. 59-80). São Paulo: Casa do Psicólogo.

Falcão, D. V. S. (2006b). *Doença de Alzheimer: Um estudo sobre o papel das filhas cuidadoras e suas relações familiares*. Tese de doutorado não publicada, Universidade de Brasília, Brasília, DF.

Falcão, D. V. S., & Bucher-Maluschcke, J. S. N. F. (2010). Os conflitos nas relações familiares de idosos com doença de Alzheimer: Contextos clínico e jurídico. In D. V. S. Falcão (Org.), *Família e idosos: Desafios da contemporaneidade* (pp. 129-150). Campinas: Papirus.

Gil, A. G., Wagner, E. F., & Vega, W. A. (2000). Acculturation, familism and alcohol use among Latino adolescent males: Longitudinal relations. *Journal of Community Psychology*, 28(4), 443-458.

Guo, L., Zhang, J., Ma, W., Sha, X., Yi, X., Zhang, B., ... Wang, S. (2015). Offspring caregivers' depression affected by intergenerational disagreements on preferred living arrangement for the elderly: A phenomena with Chinese characteristic. *Archives of Gerontology and Geriatrics*, 61(3), 363-370.

House, J. S., & Kahn, R. L. (1985). Measures and concepts of social support. In S. Cohen, & S. L. Syme (Eds.), *Social support and health* (pp. 83-108). New York: Academic.

Instituto Brasileiro de Geografia e Estatística (IBGE) (2018). *Número de idosos cresce 18% em 5 anos e ultrapassa 30 milhões em 2017*. Recuperado de https://agenciadenoticias.ibge.gov.br/agencia-noticias/2012-agencia-de-noticias/noticias/20980-numero-de-idosos-cresce-18-em-5-anos-e-ultrapassa-30-milhoes-em-2017.

Kahn, R. L., & Antonucci, T. C. (1980). Convoys over the life-course: Attachment, roles and social support. In P. B. Baltes, & O. G. Brim (Eds.), *Life-span development and behavior* (pp. 253-267). New York: Academic.

Krause, N. (1997). Perceived social support, anticipated support, social class and mortality. *Research on Aging*, 19(4), 387-422.

Lackey, N. R., & Gates, M. F. (2001). Adults' recollections of their experiences as young caregivers of family members with chronic physical illnesses. *Journal of Advanced Nursing*, 34(3), 320-328.

Lin, N., & Ensel, W. M. (1989). Life stress and health: Stressors and resources. *American Sociological Review*, 54(3), 382-399.

Lopata, H. Z. (1973). Self-identity in marriage and widowhood. *The Sociological Quarterly*, 14(3), 407-418.

Losada, A. (2006). *Estudio e intervención sobre el malestar psicológico de los cuidadores de personas con demencia: El papel de los pensamientos disfuncionales*. Madrid: IMSERSO.

McChesney, K. Y., & Bengston, V. L. (1988). Solidarity, integration and cohesion in families: Concepts and theories. In D. J. Mangen, V. L. Bengston, & P. H. Landry Jr. (Eds.), *Measurement of intergenerational relations* (pp. 15-30). Thousand Oaks: Sage.

Mikulincer, M., & Shaver, P. R. (2007). *Attachment patterns in adulthood: Structure, dynamics, and change*. New York: Guilford.

Motta, A. B. (2004). Sociabilidades possíveis: Idosos e tempo geracional. In C. E. Peixoto (Org.), *Família e envelhecimento* (pp. 109-143). Rio de Janeiro: FGV.

Paulson, D., & Bassett, R. (2016). Prepared to care: Adult attachment and filial obligation. *Aging & mental health*, 20(11), 1221-1228.

Polenick, C. A., Seidel, A. J., Birditt, K. S., Zarit, S. H., & Fingerman, K. L. (2017). Filial obligation and marital satisfaction in middle-aged couples. *The Gerontologist, 57*(3), 417-428.

Robinson, G. S., & Knight, B. G. (2004). Preliminary study investigating acculturation, cultural values, and psychological distress in Latino caregivers of dementia patients. *Journal of Mental Health and Aging, 10*(3), 183-194.

Rozario, P. A., & Derienzis, D. (2008). Familism beliefs and psychological distress among African American women caregivers. *The Gerontologist, 48*(6), 772-780.

Sabogal, F., Marín, G., Otero-Sabogal, R., Marín, B. V., & Perez-Stable, E. J. (1987). Hispanic familism and acculturation: What changes and what doesn't? *Hispanic Journal of Behavioral Sciences, 9*(4), 397-412.

Sarason, B. R., Sarason, I. G., & Pierce, G. R. (1990). *Social support: An interactional view*. New York: John Wiley.

Silva, M. P., & Falcão, D. V. S. (2014). Cuidar de idosos numa ILPI na perspectiva de cuidadoras formais. *Revista Kairós: Gerontologia, 17*(3), 111-131.

Suzuki, M. Y., & Falcão, D. V. S. (2010). O significado da viuvez e as relações familiares de viúvas idosas. In D. V. S. Falcão (Org.), *A família e o idoso: Desafios da contemporaneidade* (pp. 211-232). Campinas: Alínea.

Tôrres, E. M. (2006). *A viuvez na vida dos idosos*. Dissertação de mestrado não publicada, Universidade Federal da Bahia, Salvador.

Triandis, H. C., Manrn, G., Betancourt, H., Lisansky, J., & Chang, B. (1982). *Dimension of familism among hispanic and mainstream navy recruits*. Champaing: University of Illinois.

Walsh, F. (1995). A família no estágio tardio da vida. Em B. Carter & M. McGoldrick (Orgs.), *As mudanças no ciclo de vida familiar: uma estrutura para terapia familiar* (pp. 269--287). Porto Alegre: Artes Médicas.

Wallace, D. C., Witucki, J. M., Boland, C. S., & Tuck, I. (1998). Cultural context of caregiving with elders. *Journal of Multicultural Nursing and Health, 4*, 42-48.

Zarit, S. H., Stevens, H. E., & Edwards, A. B. (1996). Caregiving: Research and clinical intervention. In R. T. Woods (Ed.), *Handbook of the clinical psychology of aging* (pp. 331--368). Chichester: John Wiley & Sons.

Maus-tratos na infância e o rompimento do ciclo intergeracional da violência

Marcela Madalena | Denise Falcke

O bebê humano é o mais frágil de todas as espécies animais e é aquele que depende integralmente de um adulto cuidador para sobreviver. A criança também precisa de um adulto cuidador capaz de suprir suas necessidades físicas e emocionais e de proporcionar um ambiente seguro e que estimule seu desenvolvimento. Nesse sentido, destaca-se a importância da família como a instituição social que geralmente oferece um ambiente favorável ao desenvolvimento humano. Vale salientar que não basta que esse ambiente oferecido pelos cuidadores seja fisicamente seguro, ele precisa ser emocionalmente seguro para que a criança possa se desenvolver de forma saudável (Biglan, 2015). Nesse sentido, é necessário refletir sobre o que ocorre quando os adultos, que deveriam garantir o bem-estar da criança, são justamente aqueles que geram alto nível de estresse no ambiente. Sabe-se que as experiências de maus-tratos sofridas dentro de casa, sendo um dos pais o agressor ou ambos, podem ser devastadoras ao longo de todo o desenvolvimento do indivíduo.

O Brasil é um dos países com as mais altas taxas de maus-tratos contra crianças (Viola et al., 2016), fazendo deste um problema de grande impacto na saúde pública. Além disso, os pais são considerados os principais perpetradores de violência contra as crianças. Com relação à prevalência, de acordo com dados da Organização Mundial da Saúde (OMS, 2014), um quarto dos adultos relatou ter sido abusado fisicamente na infância. Além disso, uma em cada cinco mulheres e um em cada 13 homens relataram ter sofrido abuso sexual quando criança. Esse cenário revela a necessidade de constantes estudos sobre a violência presente ao longo do desenvolvimento infantil, sendo causada justamente pelas pessoas que deveriam ser porto seguro e exemplo.

O objetivo deste capítulo é refletir sobre os maus-tratos contra crianças e adolescentes, analisando suas formas de expressão, os fatores de risco para sua ocorrência, suas consequências ao desenvolvimento, o ciclo intergeracional da violência e as possibilidades de rompimento desse ciclo. Entende-se que essa reflexão seja uma possibilidade de agregar conhecimento sobre o fenômeno, favorecendo o fortalecimento de programas, especialmente preventivos, de combate ao maus-tratos na infância.

Tipologia de maus-tratos

São várias as formas de maus-tratos cometidos contra crianças e adolescentes. De acordo com a OMS (2014), define-se como maus-tratos qualquer forma de violência e negligência contra a criança, considerando-se crianças as pessoas menores de 18 anos. Segundo Teicher e Samson (2013), essas experiências podem ser divididas de duas formas: ativas e passivas.

Maus-tratos ativos

- **Abuso emocional:** qualquer forma de dano ao desenvolvimento emocional, por meio de atitudes que desqualifiquem a criança, prejudiquem seu desenvolvimento emocional e sua autoestima.
- **Agressão verbal:** comunicações (p. ex., gritos, xingamentos) com a intenção de gerar intensa humilhação ou medo extremo.
- **Manipulação emocional:** exposição da criança a situações com o objetivo de gerar vergonha, culpa ou medo, buscando atingir necessidades emocionais do perpetrador ou persuadir a criança a realizar ações contra sua vontade.
- **Testemunho de violência doméstica:** exposição da criança a situações de adultos em casa humilhando, ameaçando e/ou ferindo fisicamente outro membro da família.
- **Abuso físico:** intencionalmente causar danos à integridade física da criança ou humilhação por meio de empurrões, chutes, puxões de cabelo, entre outros.
- **Punição corporal extrema:** disciplina envolvendo castigos físicos que causem danos à integridade física da criança.
- **Abuso sexual:** adultos ou crianças mais velhas tocando o corpo da criança de forma sexual ou forçando a criança a tocar o corpo do agressor de forma sexual, ou forçando a criança a se envolver em outras atividades com conteúdo sexual ou tentativa de relação sexual.

Maus-tratos passivos

- **Negligência emocional:** falha em suprir necessidades emocionais básicas da criança, ser indiferente ao sofrimento da criança.
- **Negligência física:** falha em suprir as necessidades básicas da criança, como alimentação, roupas, segurança física, supervisão adequada, saúde bucal e saúde física.

É importante a disseminação de informações sobre todas as experiências que podem ser consideradas maus-tratos infantis para que essas atitudes que podem prejudicar o bem-estar e o desenvolvimento de crianças e adolescentes se tornem de conhecimento universal. Durante muito tempo, em nosso contexto social, o uso da força física com "fins educativos" teve permissividade social (Falcke & Rosa, 2011). Assim, ainda é comum que as pessoas naturalizem expressões de violência no âmbito familiar.

Partindo desses pressupostos, podem ser destacados fatores que se configuram como possíveis desencadeadores da violência contra crianças e adolescentes. Os maus-tratos infantis constituem-se em um fenômeno complexo e multideterminado, não sendo possível atribuir uma única causa para a sua ocorrência. Trata-se de um conjunto de múltiplos fatores que podem contribuir para que pais ou cuidadores cometam maus-tratos infantis, sendo relevante que tais atos possam ser identificados a fim de preveni-los.

Fatores de risco para situações de maus-tratos na infância

Uma pergunta que certamente surge diante da ocorrência de violência contra crianças e adolescentes é: afinal, o que leva pais a cometerem violência contra seus filhos? Como dito anteriormente, o fato é que não existe um único fator que explique o comportamento violento contra as crianças, há um conjunto de variáveis que contribuem para esse resultado. Todavia, a identificação dos fatores de risco para a ocorrência dos maus-tratos faz-se relevante para uma intervenção mais efetiva por parte das políticas públicas e dos profissionais da saúde e comunidade.

Segundo dados da OMS (2014), existem algumas características típicas das crianças que sofrem maus-tratos, de seus pais e cuidadores, do relacionamento familiar e da comunidade que os colocam em um grupo de risco. Entre as características das crianças estão: ter menos de 4 anos de idade ou ser adolescente, ser indesejado pelos pais, ter necessidades especiais, chorar de forma persistente ou ter características físicas anormais. Entre as características dos pais ou cuidadores estão: dificuldade de vínculo com o bebê, ter sido vítima de maus-tratos na infância, falta de conhecimento a respeito do desenvolvimento infantil, abuso de álcool ou drogas, envolvimento com atividades criminosas e dificuldades financeiras. Entre as características do relacionamento estão: problemas de saúde física ou mental de um membro da família, violência entre outros membros da família, isolamento ou falta de uma rede de apoio. As características da comunidade incluem: desigualdade social, falta de moradia ou de serviços e instituições que apoiem as famílias, fácil disponibilidade de álcool e outras drogas, políticas ou programas inadequados para prevenir maus-tratos infantis, normas sociais e culturais que promovam a violência, que apoiem os castigos físicos ou diminuam a posição da criança na relação entre pais e filhos e padrões de vida precários.

Essas são situações que estudos prévios já vincularam a uma predisposição para a ocorrência de maus-tratos e, por isso, devem servir de alerta aos profissionais de educação, saúde e assistência social. No entanto, elas não são imprescindíveis para que as situações de violência ocorram e, por isso, não devem ser determinantes para a identificação de sua existência. Muitos outros elementos devem ser considerados nessa avaliação, inclusive as possíveis consequências advindas da violência contra crianças e adolescentes.

Consequências desenvolvimentais dos maus-tratos na infância

As experiências de maus-tratos são causadoras de prejuízos emocionais e, inclusive, podem levar à ocorrência de anormalidades do desenvolvimento neurológico da criança. Estudos apontam que as experiências de maus-tratos impactam determinadas regiões cerebrais como o corpo caloso, o neocórtex esquerdo, o hipocampo e a amígdala (Grassi-Oliveira, Ashy, & Stein, 2008; Raine, 2013). Desse modo, a forma como a criança é criada, especialmente nos primeiros anos, traz consequências para toda a vida, impactando suas habilidades sociais e emocionais, sua saúde mental e física, assim como suas habilidades para lidar com diferentes eventos do seu desenvolvimento. (Sanders & Mazzucchelli, 2018).

De acordo com a OMS (2014), as crianças vítimas de maus-tratos correm maior risco de incidência de problemas comportamentais, físicos e mentais. A metanálise realizada por Norman e colaboradores (2012) identificou a associação dessas experiências com o desenvolvimento, na idade adulta, de depressão, ansiedade, transtorno de estresse pós-traumático, transtorno do pânico, transtornos alimentares, uso de drogas, tentativas de suicídio, infecções sexualmente transmissíveis e comportamentos sexuais de risco. Além disso, as experiências de maus-tratos na infância estão associadas a reproduzir a violência ou a ser alvo de violência na idade adulta.

Alguns autores identificaram o abuso físico na infância como o principal preditor da perpetração da violência contra o parceiro na idade adulta (Fergusson, Boden, & Horwood, 2008), enquanto outros identificaram o abuso físico juntamente com a negligência como fatores predisponentes da violência conjugal (Fang & Corso, 2008). Outros autores ainda identificaram o abuso sexual com maior poder preditivo (Fang & Corso, 2007). O fato é que, de forma geral, as experiências de maus-tratos na infância, em suas diferentes manifestações, estão associadas à perpetração de violência conjugal na idade adulta, o que já se apresenta como um consenso na literatura (Jin, Doukas, Beiting, & Viksman, 2014; McKinnly, Caetano, Ramisetty-Mikler, & Nelson, 2009).

Além disso, as experiências de maus-tratos na infância não estão associadas apenas à perpetração da violência, mas também a ser vítima de violência no relacionamento amoroso (Stith et al., 2000). Considerando as associações com a vitimização da violência conjugal, observa-se que o uso de drogas e crimes praticados pelos pais (Fergusson et al., 2008), ter sido vítima de abuso físico e sexual (Afifi et al., 2009) e ter sido vítima de negligência e abuso físico (Widom,

Czaja, & Dutton, 2014) estão associados à vitimização na conjugalidade.

As associações entre maus-tratos na infância e violência conjugal foram identificadas tanto em homens quanto em mulheres (Afifi et al., 2009; Fergusson et al., 2008; McKinney, Caetano, Ramisetty-Mikler, & Nelson, 2009), ainda que o impacto dessas experiências tenha sido diferente entre os sexos. De acordo com a metanálise realizada por Stith e colaboradores (2000), para os homens, essas experiências estavam mais associadas à perpetração da violência, enquanto, para as mulheres, estavam mais associadas a ser vítima da violência. No entanto, o estudo de Fergusson e colaboradores (2008) identificou que os maus-tratos na infância tiveram poder explicativo maior para a violência sofrida pelos homens na idade adulta do que pelas mulheres.

Ainda que alguns resultados precisem ser melhor compreendidos e investigados, observa-se que existe um ciclo de repetição do comportamento violento entre as gerações, tanto no caso dos homens quanto no caso das mulheres. Nesse sentido, pode-se refletir sobre o impacto de ter sido vítima direta de maus-tratos na infância e de ter testemunhado a violência entre os cuidadores, que se transformam em modelos negativos de exercício da conjugalidade e contribuem para a perpetuação do ciclo de violência.

Ciclo intergeracional da violência

É comum constatarmos que pais de crianças que sofrem maus-tratos também foram vítimas na infância, o que nos leva a observar a repetição do comportamento violento e o ciclo intergeracional da violência. Ainda que não se trate de uma regra sem exceções, compreende-se que a história de pais que sofreram abuso ou negligência é um dos principais fatores de risco para as situações de maus-tratos na infância (OMS, 2014).

A teoria da aprendizagem social compreende o ciclo intergeracional da violência por meio da concepção de que, ao crescer em um ambiente violento, o indivíduo aprende essa forma de comportamento por meio da observação e da experiência, passando a repetir o comportamento aprendido (Bandura, 1983; Bandura, Ross, & Ross, 1963). As crianças que são criadas dessa maneira podem considerar esses comportamentos apropriados ou os únicos existentes, de modo que mesmo crianças expostas a experiências como abuso físico severo podem acreditar que essa é a forma como se educam os filhos, podendo utilizá-la com os seus próprios.

No entanto, ter sofrido maus-tratos não é fator determinante para a perpetração da violência na idade adulta, pois observa-se que muitas pessoas conseguem romper o ciclo de violência (Fang & Corso, 2007, 2008; Fehringer & Hindin, 2009; Fergusson, 2011; Jaoko, 2010; Yoshihma & Horrocks, 2010). Nesse sentido, pesquisas buscaram identificar quais fatores de proteção estão associados à não repetição do ciclo da violência, entre eles, estar em um casamento e ter maior escolaridade e suporte social (Li, Godinet, & Arnsberger, 2011) foram fatores identificados.

Um estudo realizado por Rosa, Haack e Falcke (2015), a partir do relato da história de vida de quatro mulheres, identificadas em estudo preliminar, que sofreram abuso e não o repetem com seus filhos, identificou que modelos de identificação funcionais, capacidade de maternagem, realização de psicoterapia e características individuais (como força de vontade e desejo de mudança) podem estar relacionados ao fenômeno da resiliência, contribuindo para o rompimento do ciclo de violência. Tais características devem ser estudadas, a fim de que possam subsidiar estratégias preventivas e terapêuticas para situações de violência intrafamiliar.

Programas de treinamento parental para tratamento e prevenção das situações de maus-tratos na infância

Sabe-se que as interações entre pais e filhos estão associadas ao desenvolvimento físico e emocional dos filhos, incluindo, como mencionado anteriormente, inclusive o desenvolvimento do cérebro. Pesquisas apontam que ambientes invalidantes ou violentos podem gerar anormalidades no desenvolvimento neurológico da criança, transtornos mentais, desregulação emocional e comportamentos violentos (Grassi-Oliveira et al., 2008; Jin et al., 2014; Raine, 2013). Por outro lado, quando esses ambientes são saudáveis e calorosos, contribuem positivamente para o desenvolvimento de comportamentos pró-sociais nas crianças e as tornam menos propensas a comportamentos antissociais, mesmo diante de contextos desfavoráveis (Biglan, Flay, Embry, & Sandler, 2012). Nesse sentido, os programas de treinamento de pais apontam resultados promissores na prevenção e promoção de saúde na infância.

O treinamento de pais é uma intervenção empiricamente sustentada, contando com mais de 45 anos de pesquisas que o consolidaram, tornando-o o tratamento padrão para prevenção de problemas de comportamento em crianças pequenas (Breitenstein et al., 2012). Tem como base o behaviorismo e os princípios da aprendizagem social. Existem muitos programas de treinamento de pais empiricamente sustentados. O objetivo do treino é ensinar habilidades para auxiliar os pais a educar os filhos por meio de um programa com estratégias estruturadas (Kazdin, 2010). Além de ser o tratamento de primeira escolha para diagnósticos como transtorno de déficit de atenção/hiperatividade, transtorno de oposição desafiante e transtorno da conduta, de acordo com a American Psychological Association (divisão 53 APA), é uma intervenção que atua de forma preventiva a situações de maus-tratos na infância.

Ao longo de décadas de pesquisas sobre o tema, houve um avanço metodológico nos estudos, partindo da proposta de estudos de caso único para ensaios clínicos randomizados em larga escala. Inicialmente, as preocupações eram formular intervenções considerando o impacto do ambiente no comportamento das crianças. Posteriormente, a preocupação passou a ser com a generalização e a efetividade da intervenção. Em relação à efetividade, uma metanálise realizada por Kaminski, Valle, Filene e Boyle (2008) investigou quais componentes estão relacionados ao sucesso da intervenção, tendo identificado as seguintes variáveis: ensinar habilidades de comunicação emocional aos pais; ensinar habilidades de interação positiva pais-criança; incluir a prática das novas habilidades ensinadas durante o programa; ensinar o uso correto do *time-out* (refere-se à retirada de reforçadores por um breve período de tempo); e ensinar aos pais a responder de forma consistente.

Atualmente, a preocupação em nível internacional centraliza-se na adaptação dos modelos de treinamento de pais para os subgrupos de crianças e famílias e na forma de realização da intervenção. A importância e o espaço que a forma de realização da intervenção tem recebido nos últimos tempos relacionam-se ao fato de que a intervenção atinge uma pequena parcela da população, além de que existe um percentual que inicia a intervenção, mas não a conclui (Breitenstein et al., 2012). Além disso, as famílias que mais carecem dos programas de treinamento parental são aquelas que menos têm acesso (Sanders & Mazzucchelli, 2018). Dessa forma, a intervenção no formato tradicional e na presença do terapeuta tem se mostrado uma barreira para diversas famílias. Diante disso, alternativas de viabilizar a realização da intervenção têm sido investigadas.

Observa-se que atualmente o uso da tecnologia tem ganhado espaço no campo da saúde, apresentando-se como possibilidade de viabilização do acesso da população ao conhecimento científico (Breitenstein, Gross, & Christophersen, 2014). Os programas de treinamento de pais realizados *on-line* são uma proposta bastante atual, que têm sido oferecidos com diferentes objetivos, inclusive a prevenção aos maus-tratos infantis.

Sanders, Baker e Turner (2012) investigaram, por meio de um ensaio clínico randomizado, a eficácia de um programa *on-line* de autoajuda parental, o conhecido Triplo P (Positive Parenting Program). Nesse estudo, os autores identificaram melhora significativa após a intervenção nas medidas de problemas de comportamento nas crianças, estilo parental disfuncional, confiança parental e raiva dos pais. Além disso, um estudo atual de revisão sistemática, que investigou formatos digitais de intervenções de treinamento de pais, identificou que o uso da tecnologia e a realização em formato digital tem grande potencial para implementação das intervenções, de modo a favorecer grande alcance da população que até então não era atingida pelos formatos tradicionais. Além disso, salientaram a importância de novos estudos que investiguem a efetividade dos métodos digitais de intervenção (Breitenstein et al., 2014).

Pode-se observar que, ao redor do mundo, alguns programas de treinamento parental empiricamente sustentados têm sido ofertados à população e implementados. De acordo com a revisão sistemática realizada por Altafim e Linhares (2016), que tinha por objetivo revisar a literatura atual sobre os programas universais de educação parental de prevenção de maus-tratos contra crianças, os mais frequentemente utilizados foram o ACT e o Triplo P. Enquanto internacionalmente os programas vêm sendo testados há décadas e o atual desafio dos pesquisadores e profissionais da saúde tem sido as diferentes formas de realização da intervenção e sua efetividade ao longo do tempo, a realidade brasileira é bastante distinta. Há ainda a necessidade de implementação e investigação desses programas universais e cientificamente sustentados na população brasileira. Conforme referido anteriormente, o Brasil é, inclusive, um dos países em que os índices de maus-tratos na infância são mais altos, de modo que carece fortemente de medidas preventivas dessas situações.

Entre os benefícios trazidos pela implementação dos programas parentais baseados em evidências encontram-se a diminuição de problemas emocionais e de comportamento nas crianças, a melhora das práticas parentais e o aumento das interações positivas entre pais e filhos e entre os irmãos (Sanders & Pickering, 2014). Esses programas também melhoram a competência parental dos pais que cometem maus-tratos contra os filhos (Timmer & Urquiza, 2014). É consenso na literatura que os programas parentais baseados em evidências são os mais eficazes na promoção de saúde mental e bem-estar em crianças, sendo efetivos para crianças que apresentam problemas de comportamento e para as que estão em risco de sofrer maus-tratos (Sanders & Mazzucchelli, 2018).

No Brasil, ainda existem poucos programas de treinamento parental baseados em evidências. No entanto, há iniciativas realizadas recentemente, por meio de pesquisas, que têm implementado um programa universal de prevenção de violência contra crianças. O programa ACT – Criando crianças em ambientes seguros (no original em inglês Adults and Children Together [ACT] – Raising Safe Kids Program) tem sido pesquisado por algumas universidades do Brasil (Altafim, Pedro, & Linhares, 2016; Silva & Williams, 2016; Pedro, Altafim, & Linhares, 2017).

O programa ACT tem como objetivo ajudar pais e cuidadores a oferecer um ambiente seguro e sem violência para as crianças (NCPFCE, 2015). Desenvolvido pela American Psychological Association, busca prevenir e reduzir as situações de maus-tratos contra crianças. A intervenção é proposta no formato grupal para pais de crianças de até 8 anos de idade.

São abordados no programa aspectos sobre o desenvolvimento da criança, fatores de risco e impacto dos maus-tratos na infância, estratégias positivas para resolução de problemas, manejo da raiva e estratégias educativas.

Pesquisas realizadas na população brasileira com o programa ACT trouxeram resultados satisfatórios, em que houve melhora significativa nas práticas parentais, assim como nos comportamentos das crianças (Altafim et al., 2016; Silva & Williams, 2016; Pedro et al., 2017). A pesquisa de Pedro e colaboradores (2017) identificou ainda a validade do programa ACT no contexto brasileiro para as classes B e C e escolas públicas e privadas.

Tais informações são promissoras para que se estimule a implantação e a disseminação do programa ACT em várias regiões do país. Entende-se que poderão ser obtidos melhores resultados, em longo prazo, para a diminuição dos índices de maus-tratos infantis, por meio de intervenções preventivas. Tais intervenções têm maior possibilidade de alcance a populações com diferentes características e podem auxiliar no exercício mais saudável da parentalidade, impactando positivamente o desenvolvimento dos filhos.

Considerações finais

Com as pesquisas no campo da parentalidade e a existência de programas de treinamento parental cientificamente sustentados, está cada vez mais clara a relação existente entre estratégias educativas parentais, desenvolvimento infantil, saúde pública e sociedade (L'Hote et al., 2018). Dessa forma, para que as crianças se desenvolvam bem, os pais precisam de suporte, apoio, informação e intervenções adequadas.

A forma como uma criança é criada por seus pais impactará fortemente o adulto que essa criança será no futuro em termos de saúde mental e repetição ou não do comportamento violento. Como visto no presente capítulo, uma criança que hoje sofre maus-tratos corre o risco de futuramente apresentar transtornos mentais ou mesmo estar em um relacionamento conjugal violento, como vítima ou perpetrador, e repetir o comportamento de maus-tratos contra seus filhos, perpetuando o ciclo transgeracional de violência.

De acordo com Volmert, Kendall-Taylor, Cosh e Lindland (2016), muitos pais percebem a parentalidade como um processo natural e automático. Por outro lado, as pesquisas apontam que, para que os pais sejam efetivos na educação de seus filhos, é necessário um conjunto de habilidades, conhecimento e prática, que não necessariamente ocorrem de forma natural e automática para os pais, pelo contrário, é algo a ser aprendido e melhorado continuamente (Sanders & Mazzucchelli, 2018).

O treinamento dos profissionais da saúde sobre a importância da prática baseada em evidências, assim como as pesquisas desses tratamentos na população brasileira, faz-se necessário para o avanço e a modificação da realidade. Políticas públicas voltadas à educação parental são essenciais, afinal, a forma como os pais educam os filhos dentro de suas casas tem impacto no desenvolvimento de indivíduos vulneráveis a desenvolver transtornos mentais, a se envolver com crimes, a impactar a vida das pessoas à sua volta e, consequentemente, a saúde pública. Garantir que pais eduquem os filhos em ambientes saudáveis é uma responsabilidade de todos e pode modificar a realidade social.

Referências

Afifi, T. O., MacMillan, H., Cox, B. J., Asmundson, G. J. G., Stein, M. B., & Sareen, J. (2009). Mental health correlates of intimate partner violence in a nationally representative sample of males and females. *The Journal of Interpersonal Violence, 24*(8), 1398-1417.

Altafim, E. R. P., & Linhares, M. B. M. (2016). Universal violence and child maltreatment prevention programs for parents: A systematic review. *Psychosocial Intervention, 25*(1), 27-38.

Altafim, E. R. P., Pedro, M. E. A., & Linhares, M. B. M. (2016). Effectiveness of ACT Raising Safe Kids Parenting Program in a developing country. *Children and Youth Services Review, 70*(36), 315-323.

Bandura, A. (1983). Psychological mechanisms of aggression. In: R. G. Geen & E. I. Donnerstein (Eds.), *Aggression: Theoretical and empirical reviews* (Vol. 1, pp. 1-40). New York: Academic Press.

Bandura, A., Ross, D., & Ross, S. A. (1963). Vicarious reinforcement and imitative learning. *Journal of Abnormal and Social Psychology, 67*(6), 601-607.

Biglan, A. (2015). *The nurture effect: How the science of human behavior can improve our lives & our world.* Oakland: New Harbinger.

Biglan, A., Flay, B. R., Embry, D. D., & Sandler, I. N. (2012). The critical role of nurturing environments for promoting human well-being. *American Psychologist, 67*(4), 257-271.

Breitenstein, S. M., Gross, D., & Christophersen, R. (2014). Digital delivery methods of parenting training interventions: A systematic review. *Worldviews on Evidence-Based Nursing, 11*(3), 168-176.

Breitenstein, S. M., Gross, D., Fogg, L., Ridge, A., Garvey, C., Julion, W., & Tucker, S. (2012). The Chicago Parent Program: Comparing 1-year outcomes for African American and Latino parents of young children. *Research in Nursing & Health, 35*(5), 475-489.

Falcke, D., & Rosa, L. W. (2011). A violência como instrumento educativo: Uma história sem fim? In: A. Wagner (Org.). *Desafios psicossociais da família contemporânea: Pesquisas e reflexões* (pp. 150-163). Porto Alegre: Artmed.

Fang, X., & Corso, P. S. (2007). Child maltreatment, youth violence, and intimate partner violence. *American Journal of Preventive Medicine, 33*(4), 281-290.

Fang, X., & Corso, P. S. (2008). Gender differences in the connections between violence experienced as a child and perpetration of intimate partner violence in young adulthood. *Journal of Family Violence, 23*(5), 303-313.

Fehringer, J. A., & Hindin, M. J. (2009). Like parent, like child: Intergenerational transmission of partner violence in Cebu, the Philippines. *Journal of Adolescent Health, 44*(4), 363-371.

Fergusson, C. J. (2011). Love is a battlefield: Risk factors and gender disparities for domestic violence among Mexican Americans. *Journal of Aggression, Maltreatment & Trauma, 20*(2), 227-236.

Fergusson, C. J., Boden, J. M., & Horwood, L. J. (2008). Developmental antecedents of interpartner violence in a New Zealand birth cohort. *Journal of Family Violence, 23*(8), 737-753.

Grassi-Oliveira, R., Ashy, M., & Stein, L. M. (2008). Psychobiology of childhood maltreatment effects of allostatic load? *Revista Brasileira de Psiquiatria, 30*(1), 60-68.

Jaoko, J. (2010). Correlates of wife abuse in the Maseno and Nairobi areas of Kenya. *International Social Work, 53*(1), 9-18.

Jin, X., Doukas, A., Beiting, M., & Viksman, A. (2014). Factors contributing to intimate partner violence among men in Kerala, India. *Journal of Family Violence, 29*(6), 643-668.

Kaminski, J. W., Valle, L. A., Filene, J. H., & Boyle, C. L. (2008). A meta-analytic review of components associated with parent training program effectiveness. *Journal of Abnormal Child Psychology, 36*(4), 567-589.

Kazdin, A. (2010). *O método Kazdin: Como educar crianças difíceis sem remédios, terapia ou conflitos.* São Paulo: Novo Século.

L'Hote, E., Kendall-Taylor, N., O'Neil, M., Busso, D., Volmert, D., & Nichols, J. (2018). *Talking about the science of parenting.* Washington, DC: FrameWorks Institute. Retirado de: https://www.parentingrc.org.au/wp-content/uploads/Talking-about-the-Science-of-Parenting.pdf.

Li, F., Godinet, M. T., & Arnsberger, P. (2011). Protective factors among families with children at risk of maltreatment: Follow up to early school years. *Children and Youth Services Review, 33*(1), 139-148.

McKinney, C. M., Caetano, R., Ramisetty-Mikler, S., & Nelson, S. (2009). Childhood family violence and perpetration and victimization of intimate partner violence: findings from a national population-based study of couples. *Annals of Epidemiology, 19*(1), 25-32.

National Center for Parent, Family and Community Engagement (NCPFCE) (2015). *Compendium of parenting interventions.* Washington: NCPFCE.

Norman, R. E., Byambaa, M., De, R., Butchart, A., Scott, J., & Vos, T. (2012). The long-term health consequences of child physical abuse, emotional abuse, and neglect: A systematic review and meta-analysis. *PlusMedicine, 9*(11), 1-32.

World Health Organization (WHO) (2014). *Global status report on violence prevention.* Geneva: WHO. Retirado de http://www.who.int/iris/handle/10665/145086.

Pedro, M. E. A., Altafim, E. R. P., & Linhares, M. B. M. (2017). ACT Raising Safe Kids Program to promote positive maternal parenting practices in different socioeconomic contexts. *Psychosocial Intervention, 26*(2), 63-72.

Raine, A. (2013). *The anatomy of violence: The biological roots of crime.* New York: Pantheon Books.

Rosa, L. W., Haack, K. R., Falcke, D. (2015). Rompendo o ciclo de violência na família: Concepções de mães que não reproduzem o abuso sofrido na infância com seus filhos. *Revista de Psicologia da IMED, 7*(2), 26-36.

Sanders, M. R., Baker, S., & Turner, K. (2012). A randomized controlled trial evaluating the efficacy of Triple P online with parents of children with early-onset conduct problems. *Behavior Research and Therapy, 50*(11), 675-684.

Sanders, M. R., & Mazzucchelli, T. G. (2018). *The power of positive parenting: Transforming the lives of children, parents, and communities using the Triple P system.* New York: Oxford.

Sanders, M. R., & Pickering, J. A. (2014). The importance of evidence-based parenting intervention to the prevention and treatment of child maltreatment. In S. Timmer & A. Urquiza. (2014). *Evidence-based approaches for the treatment of maltreated children: Considering core components and treatment effectiveness.* New York: Springer.

Silva, J. A., & Williams, L. C. A. (2016). Um estudo de caso com o programa parental ACT para educar crianças em ambientes seguros. *Temas em Psicologia, 24*(2), 743-755.

Stith, S. M., Rosen, K. H., Middleton, K. A., Busch, A. L., Lundeberg, K., & Carlton, R. P. (2000). The intergenerational transmission of spouse abuse: A meta-analysis. *Journal of marriage and the family, 62*(3), 640-654.

Teicher, M. H., & Samsom, J. A. (2013). Childhood maltreatment and psychopathology: A case for ecophenotypic variants as clinically and neurobiologically distinct subtypes. *The American Journal of Psychiatry, 170*(10), 1114-1132.

Timmer, S., & Urquiza, A. (2014). *Evidence-based approaches for the treatment of maltreated children: Considering core components and treatment effectiveness.* New York: Springer.

Viola, T. W., Salum, G. A., Kluwe-Schiavon, B., Sanvicente-Vieira, B., Levandowski, M. L., & Grassi-Oliveira, R. (2016). The influence of geographical and economic factors in estimates of childhood abuse and neglect using the Childhood Trauma Questionnaire: A worldwide meta-regression analysis. *Child Abuse & Neglect, 51*(2), 1-11.

Volmert, A., Kendall-Taylor, N., Cosh, I., & Lindland, E. (2016). *Perceptions of parenting: Mapping the gaps between expert and public understandings of effective parenting in Australia.* Washington: Frame Works Institute. Recuperado de https://www.frameworksinstitute.org/assets/files/Australia/PRC_MTG_Report_May_2016_final.pdf.

Yoshihma, M., & Horrocks, J. (2010). Risk of intimate partner violence: Role of childhood sexual abuse and sexual initiation in women in Japan. *Children and Youth Services Review, 32*(1), 28-37.

Widom, C. S., Czaja, S. J., & Dutton, M. A. (2008). Childhood victimization and lifetime revictimization. *Child Abuse and Neglect, 32*(8), 785-796.

ns
Família, socialização e escolarização:
a interdependência de fatores no desenvolvimento de crianças e jovens

Selma de Cássia Martinelli | Acácia A. Angeli dos Santos
Rebecca de Magalhães Monteiro

O interesse por estudos sobre a família deve-se fundamentalmente ao fato de que, desde o nascimento e durante toda a primeira infância, os principais cuidados e estímulos necessários ao crescimento e desenvolvimento infantil, sejam físicos, econômicos ou socioafetivos, são garantidos pela família. Esse suporte familiar é considerado essencial, já que a família também desempenha o papel de mediadora entre a criança e a sociedade.

A relevância da temática, sobretudo em virtude das alterações significativas verificadas na estrutura familiar nos últimos 20 anos, tem despertado o interesse de muitos pesquisadores. A quantidade de membros que compõem as famílias brasileiras diminuiu consideravelmente. Enquanto, no século passado, a média era de 4,5 pessoas, em 2000 tem-se, em média, 3,4 pessoas por grupo familiar. Outra característica observada é de que o padrão de família tradicional, composta pelo casal com filhos, modificou-se nos últimos anos. De acordo com dados da Pesquisa Nacional por Amostra de Domicílios (PNAD), publicados na revista do Instituto Brasileiro de Geografia e Estatística (IBGE, 2017), desde 2005 o perfil da configuração pai, mãe e filhos deixou de ser predominante nos domicílios brasileiros. Na pesquisa de 2015, o tradicional arranjo ocupava 42,3% dos lares pesquisados, sendo observada uma queda de 7,8 pontos percentuais em relação a 2005, quando abrangia 50,1% das moradias.

Ao mesmo tempo em que ocorreram essas transformações, constatou-se um crescimento da proporção de outros tipos de composição familiar. A formação de novos arranjos familiares levou a uma reformulação na definição e na própria organização familiar. Essas transformações causam mudanças na forma de os indivíduos pensarem e se relacionarem como membros de uma família (Dessen, 2010; Pontes, Féres-Carneiro, & Magalhães, 2015).

Ao detectar essas mudanças no estudo que conduziu, Dias (2011) elencou cinco tipos de famílias: *família nuclear, uniões livres, famílias recompostas, famílias monoparentais* e *famílias homoafetivas*. A *família nuclear* é constituída por dois adultos de sexos diferentes e os respectivos filhos biológicos ou adotados. Para o autor, embora esse modelo continue presente na sociedade, não é mais considerado referência nas pesquisas, como foi o caso dos estudos propostos no século XVIII. As famílias classificadas como de *uniões livres* referem-se ao grupo familiar que apresenta uma realidade semelhante ao casamento. Entretanto, não há um contrato escrito. Na *fa-*

mília recomposta, identifica-se a família reconstituída, ou seja, formada por laços conjugais após separações, ocasionando o convívio de meios-irmãos, que é a denominação aplicada a um irmão ou uma irmã que tem grau de parentesco apenas por parte do pai ou da mãe. Por sua vez, as *famílias monoparentais* são compostas pela presença do pai, ou da mãe e seus filhos. Ainda, segundo o autor, a formação da família não depende exclusivamente da presença de filhos, sendo que um casal sem filhos pode ser considerado uma unidade familiar.

A presença da família monoparental, na sociedade atual, tem crescido consideravelmente e, com o aumento no número de divórcios, a incidência de filhos morando com um dos progenitores é maior a cada ano (Santos & Santos, 2009). Essa característica também se aplica à família homoafetiva, a partir da legalidade do casamento homoafetivo em alguns países. Para Dias (2011), a *família homoafetiva* é constituída pela união de duas pessoas do mesmo sexo, com a presença ou não de filhos de relacionamentos anteriores ou de filhos adotados pelo casal. Essas novas organizações são importantes para se compreender a diversidade presente no ambiente familiar, e esta deve ser considerada para se desenvolver pesquisas com famílias.

Apesar dessas novas configurações, sabe-se que a família participa de maneira efetiva na formação do sujeito, o que pode contribuir ou não, dependendo dos recursos proporcionados pelo ambiente familiar, tanto para a motivação quanto para o seu desempenho escolar. Langford, Browsher, Maloney e Lillis (1997), com base em uma revisão da literatura, observaram que o suporte familiar e social esteve associado a aspectos como competência social, enfrentamento de problemas, percepção de controle, senso de estabilidade, autoconceito, afeto positivo e bem-estar psicológico dos filhos. Ao lado disso, um alto nível de suporte familiar relacionou-se à baixa prevalência de transtornos ansiosos e de humor.

Estudiosos destacam que o ambiente familiar tanto pode ser fonte de recursos para um bom desenvolvimento, funcionando como mecanismo de proteção para a criança, por ajudar a lidar com as dificuldades e contribuir para a competência, quanto pode levar a reações inadaptadas e a maior vulnerabilidade aos riscos, tanto inerentes a cada fase do desenvolvimento quanto circunstanciais (Baptista, 2005; D'Avila-Bacarji, Marturano, & Elias, 2005; Guidetti & Martinelli, 2009). Contudo, vale ressaltar que o suporte ao desenvolvimento da criança reflete uma disposição dos pais para investir tempo e recursos em arranjos da vida familiar, favorecendo, dessa forma, um maior ajustamento interpessoal, bem como o desenvolvimento cognitivo e o desempenho escolar (Baptista, 2007; Bradley & Corwyn, 2002).

Para além das questões de desenvolvimento, Cooper, Lindsay e Nye (1999) afirmam que a família também tem papel-chave no sucesso escolar das crianças. Nesse sentido, os pais podem contribuir para o desenvolvimento intelectual de seus filhos de diversas formas como, por exemplo, preparando as crianças para a entrada na escola, valorizando a educação, mostrando apreço pelas habilidades dos filhos, encorajando-os e estimulando-os, delimitando padrões, estabelecendo hábitos de estudo, ajudando nos deveres de casa, acompanhando o progresso escolar, recompensando os esforços, enfim, apoiando em todas as atividades relacionadas à escola.

Ainda nessa direção, Fonseca (1999) destaca que o progresso escolar está associado a duas características importantes no que se refere às práticas educativas: o suporte à autonomia e a estruturação de regras e rotinas. Desse modo, os pais devem estimular a independência e a autonomia da criança, permitindo que ela resolva problemas por si mesma. Os pais devem prestar todo o apoio e a assistência necessários, além de organizar a vida da criança em termos de horários e rotinas, ou seja, estabelecendo um cotidiano regrado.

Conforme apontado por Silva e Hasenbalg (2000), em um estudo amplo sobre a educação no Brasil, o contexto familiar em que a criança está inserida pode contribuir de diversas formas para o desenvolvimento e o desempenho escolar infantil. Entre os elementos presentes nesse contexto, destacam-se os recursos econômicos ou o capital econômico, em geral dimensionados pela renda familiar. Segundo os autores, costuma-se estudar a situação de bem-estar material dos domicílios considerando-se os recursos físicos, como aqueles que facilitam a aprendizagem das crianças, e os bens de consumo, como geladeira, televisão, rádio, etc. Também são referidos os recursos educacionais ou capital cultural, definido pela distribuição da educação entre os membros adultos da família. Nesse caso, a escolaridade dos pais e o consumo cultural da família (como acesso a livros e hábitos da leitura) sugerem que os pais podem prover ou melhorar as chances de os filhos obterem benefícios futuros da educação. Por fim, destaca-se a estrutura familiar, representada pelo tamanho da família, pelas relações estabelecidas entre seus membros e pela participação e acompanhamento dos pais na vida dos filhos.

Outras condições presentes no contexto familiar também têm sido apontadas como forte preditoras do desempenho escolar. Estudos indicam que crianças têm um melhor desempenho escolar quando vivem em um ambiente familiar sob predominante clima emocional positivo, no qual seus membros incentivam, organizam e reforçam comportamentos que visam ao sucesso escolar (Dessen, 2010; Marturano, 1999; Monteiro & Santos, 2013). Assim, é importante salientar que o conceito de recurso familiar aqui adotado está apoiado na pesquisa realizada por Bradley, Caldwell e Rock (1988), também adotado por Marturano (1999). Eles englobam todos aqueles recursos que favorecem o desempenho escolar, incluindo materiais educacionais e o envolvimento dos pais, especialmente no compartilhamento de atividades, supervisão e organização das rotinas.

Pode-se dizer então que a família e a escola são os principais sistemas de suporte de que a criança dispõe para enfrentar os desafios da aprendizagem. Nessa equação, segundo Marturano e Loureiro (2003), a escola pode ser vista como a ampliação do contexto sociocultural da criança, no qual os papéis sociais e as exigências formais de aprendizagem apresentam-se como novas oportunidades de interação com outras pessoas e situações. Além disso, o ambiente familiar pode contribuir oferecendo às crianças tanto uma base segura de estabilidade emocional quanto a disponibilidade de materiais e brinquedos e a supervisão das atividades escolares dos filhos (Marturano, 2006).

Sob essa perspectiva, Santos, Martinelli e Monteiro (2012), por meio de uma revisão de literatura, analisaram as condições presentes no ambiente familiar que poderiam ser apontadas como relevantes e fundamentais ao desempenho escolar infantil. Considerando a abrangência dos aspectos envolvidos nessa relação família-escola e o maior ou menor ajustamento emocional e social de crianças e jovens, este capítulo analisará as temáticas em questão a partir de estudos mais recentes.

Como apontado por D'Avila-Bacarji e colaboradores (2005), é possível analisar o tipo de suporte escolar oferecido pela família às crianças. Nesse caso, pode-se verificar que os estudos têm se diferenciado na análise destes suportes, com prevalência sobre aqueles de natureza material e de natureza afetiva. Uma parte desses estudos investigam como os pais percebem a oferta de suporte aos seus filhos, enquanto outros se detiveram na percepção dos filhos quanto ao suporte oferecido pelos pais.

Entre os estudos do primeiro grupo, a pesquisa conduzida por Monteiro e Santos (2013) teve como um dos objetivos investigar os recursos familiares e sua relação com o desempenho em compreensão de leitura de alunos do 3º ao 5º ano do ensino fundamental de uma escola pública e de outra particular de Belo Horizonte. Participaram do estudo 404 crianças, com idades entre 7 e 13 anos (M = 9,10; DP = 1,20) e seus respectivos pais. Os instrumentos utilizados foram o Inventário dos Recursos do Ambiente Familiar (RAF) e dois Testes de Cloze para avaliar a compreensão de leitura. Os resultados revelaram uma correlação positiva e significativa entre as categorias e o total do RAF com os escores médios do Cloze. Com base neles foi possível inferir que, quanto maior o suporte, a interação e os recursos familiares, melhor foi o desempenho na compreensão de leitura. A magnitude de correlação encontrada foi entre o escore médio dos testes de Cloze e a categoria recursos materiais no ambiente físico ($r = 0,43$), indicando que a disponibilidade de livros, jornais, revistas e brinquedos favorece a compreensão de leitura, entendida como processo resultante da interação de pistas contextuais e conhecimento prévio. As autoras ressaltam ainda que a disponibilidade de recursos da família, incluindo a interação entre pais e filhos, pode contribuir para um melhor rendimento da criança na escola. Contar histórias, conversar sobre o dia da criança, incentivar a leitura de livros, proporcionar passeios e enriquecimento cultural, assim como disponibilizar tempo para passar com os filhos, podem ser determinantes no desenvolvimento infantil.

Sob a mesma perspectiva, Ribeiro, Ciasca e Capelatto (2016) verificaram a relação entre os recursos familiares e o desempenho escolar de 23 alunos do 5º ano do ensino fundamental de uma escola pública brasileira. Os instrumentos utilizados foram o Teste de Desempenho Escolar (TDE), aplicado nos alunos, e o RAF, em forma de entrevista e respondido pelos pais dos alunos. A partir das correlações obtidas, foi possível verificar que a posse de livros e o acompanhamento dos afazeres escolares por parte dos pais estão relacionados a uma melhora no desempenho da escrita, da leitura e da aritmética; ter brinquedos pedagógicos que estimulem a criança auxilia o sucesso escolar; assim como o acompanhamento dos pais nas tarefas escolares, que estimula o desenvolvimento da criança. Nesse sentido, os autores discutem a importância de não apenas estabelecer rotina para as crianças realizarem as atividades, mas também da supervisão dos pais e da interação entre pais e filhos, assim como mostrado na correlação positiva e significativa entre o acompanhamento dos pais nas tarefas escolares e o melhor desempenho no TDE.

Outros aspectos interessantes foram abordados na pesquisa de Ribeiro e colaboradores (2016), Costa, Montiel, Bartholomeu, Murgo e Campos (2016). Esses autores também investigaram a relação entre o desempenho escolar e os recursos familiares. Diferentemente dos estudos anteriores, os autores investigaram o suporte familiar a partir da percepção das crianças. Este tipo de análise faz parte de um segundo grupo de investigações e considera que o suporte ofertado pode ser identificado de maneira diferente por quem o recebe e, por isso, considera importante a análise por parte dos filhos.

Participaram do estudo 102 crianças de 8 a 10 anos, com média de idade de 9 anos (DP = 0,77). Todos eram alunos de uma escola localizada em um município do interior do Estado do Maranhão. Os instrumentos utilizados foram o Inventário de Percepção de Suporte Familiar e Teste de Desempenho de Escrita, Leitura e Matemática para o ensino fundamental. Entre os resultados da análise de regressão, que teve como variável dependente o desempenho em português e como variável independente os fatores de suporte familiar, duas outras variáveis se destacaram significativamente: a autonomia familiar e a adaptação familiar. Foi possível inferir, a partir desses resultados, que a percepção da criança sobre a sua família produzir autonomia, confiança e liberdade nas relações, bem como a expressão de sentimentos positivos quanto à família, foram os aspectos da percepção do suporte familiar que mais se relacionaram ao bom desempenho em português.

Com foco na percepção de alunos sobre suas orientações motivacionais e os suportes parentais, Guidetti e Martinelli (2017) investigaram 342 crianças de ambos os sexos, com idades de 7 a 13 anos, de três escolas municipais do interior do estado de São Paulo. Foram analisadas as orientações motivacionais e a percepção infantil do suporte familiar. Os resultados revelaram que as orientações motivacionais e o suporte educativo familiar apresentaram declínio, conforme o avanço da escolaridade. Nesse sentido, foi detectada uma correlação positiva, significativa, mas baixa entre a motivação intrínseca e o suporte familiar afetivo, educativo e material. Detectou-se, além disso, correlação negativa, significativa e baixa entre a motivação extrínseca e o aspecto afetivo do suporte familiar. As autoras consideram que os resultados possibilitaram o aprofundamento dos conhecimentos do suporte familiar na motivação escolar, revelando que ele está relacionado à motivação intrínseca dos alunos com o progredir da escolaridade.

Também ganham espaço nas pesquisas internacionais estudos sobre um tipo de comportamento de pais que são excessivamente envolvidos e protetores e que buscam eliminar ou resolver pessoalmente os obstáculos que os filhos encontram. Esse tipo de comportamento, um tipo de suporte parental, foi chamado de "pais helicópteros" (*helicopter parents*) (Cline & Fay, 1990). De acordo com essa definição, a dinâmica relacional entre pai e filho está pautada pela hiperproteção e o controle, de modo que os pais parecem "pairar" sobre os filhos diante de qualquer condição interpretada como ameaça. Esses tipos de pais comunicam-se constantemente, intervindo nos assuntos dos filhos, investindo pessoalmente na realização dos objetivos dos filhos e não permitindo que eles possam resolver suas próprias questões pessoais (LeMoyne & Buchanan, 2011; Padilla-Walker & Nelson, 2012; Segrin, Woszidlo, Givertz, Bauer, & Taylor Murphy, 2012).

As pesquisas realizadas até o momento para medir objetivamente os efeitos da parentalidade helicóptero e o seu impacto não obtiveram resultados claros. A maioria dos estudos envolve adolescentes e estudantes universitários ingressantes para investigar os efeitos desse tipo de parentalidade no comportamento dos jovens. Padilla-Walker e Nelson (2012) examinaram o papel moderador do afeto parental na relação entre parentalidade helicóptero e índices de ajustamento da criança (autoestima e envolvimento escolar) e desajuste (comportamentos de risco) na idade adulta emergente. Os participantes incluíram 438 estudantes de graduação de quatro universidades nos Estados Unidos (média = 19,65, DP = 2,00, faixa etária = 18-29; 320 mulheres). Por meio de análises de regressão, identificou-se uma aumentada associação da parentalidade helicóptero com níveis mais baixos de autoestima, altos níveis de comportamentos de risco para adultos que relataram baixos níveis de afeto materno de seus pais (especialmente de suas mães), mas não para aqueles com altos níveis de afeto. A discussão dos autores é voltada para o papel moderador do afeto dos pais e a importância das percepções dos adultos sobre o relacionamento entre pais e filhos.

Ainda nessa direção, Schiffrin e colaboradores (2013) examinaram a teoria da autodeterminação como o potencial mecanismo subjacente que explica essa relação de parentalidade helicóptero. Os estudantes universitários (N = 297) completaram medidas que avaliavam parentalidade helicóptero, autonomia de apoio aos pais, depressão, ansiedade, satisfação com a vida e satisfação psicológica básica. Os estudantes que informaram ter pais excessivamente controladores relataram níveis significativamente mais altos de depressão e menos satisfação com a vida. Além disso, os efeitos negativos da parentalidade helicóptero no bem-estar dos estudantes universitários foram amplamente explicados pela percepção de violação das necessidades psicológicas básicas dos alunos quanto à autonomia e à competência.

Para examinar a relação entre a parentalidade helicóptero e os problemas pessoais e interpessoais, Odenweller, Booth-Butterfield e Weber (2014) investigaram 268 jovens da geração *millennial*. Os jovens responderam sobre o tipo de paternidade, os estilos parentais e os padrões de comunicação familiar de seus pais e sobre aspectos de si próprios: neuroticismo, dependência interpessoal e eficácia de enfrentamento. Os resultados revelaram associações positivas entre a parentalidade helicóptero com o estilo autoritário e a orientação de conformidade e tendências neuróticas dos *millennials*, a dependência de outros e as habilidades de enfrentamento ineficazes. As implicações dos efeitos negativos da parentalidade helicóptero incluem ambientes familiares disfuncionais e desenvolvimento imaturo dessa geração.

O mecanismo de parentalidade helicóptero também foi estudado por Reed, Duncan, Lucier-Greer, Fixelle e Ferraro (2016). Os autores examinaram como o suporte e a autoeficácia podem afetar o bem-estar de jovens universitários. Para as análises, foi usada a modelagem de equações estruturais, com uma amostra de 461 estudantes universitários adultos de uma universidade do sudeste dos Estados Unidos. A paternidade de apoio à autonomia e a parentalidade helicóptero exerceram efeitos indiretos sobre ansiedade, depressão, satisfação com a vida e saúde física. Os resultados também indicaram que o apoio dos pais à autonomia estava diretamente relacionado à satisfação com a vida e à saúde física, quando se considerava a autoeficácia. Já a educação dos pais helicópteros não estava diretamente relacionada ao bem-estar.

Em síntese, foi possível verificar que, dos principais achados das pesquisas descritas, destaca-se a importância do suporte familiar para o sucesso escolar, seja na percepção da família (Monteiro & Santos, 2013; Ribeiro et al., 2016), seja na percepção dos filhos (Costa et al., 2016; Guidetti & Martinelli, 2017), bem como as implicações do suporte parental associado ao tipo de comportamento de pais quanto ao desenvolvimento psíquico, escolar e social dos filhos (Padilla-Walker & Nelson, 2012; Schiffrin et al., 2013; Odenweller et al., 2014; Reed et al., 2016). Tais estudos reforçam a relevância do tema estudado e apontam para a necessidade de pesquisas voltadas às ações e/ou às intervenções relacionadas à orientação para famílias por meio de práticas que possam atingir principalmente pessoas com pouco acesso às informações aqui tratadas.

É possível afirmar que a pesquisa voltada ao contexto familiar, embora de difícil execução, é bastante relevante para os estudos nas áreas de psicologia educacional, da família e escolar. Sabe-se que, à medida que as crianças crescem, aumenta a necessidade de autonomia e, com o tempo, elas se empenham para se tornarem adultos e jovens independentes. Contudo, nem sempre é tarefa fácil aos pais administrar de forma coerente e efetiva o suporte oferecido às crianças, de forma a proporcionar condições para um desenvolvimento mais pleno dos filhos. Um dos pontos levantados, que parece ser essencial e recomendado, é que os pais ajustem o seu nível de envolvimento em relação aos diversos aspectos que compõem o desenvolvimento psicológico, escolar e social dos filhos. Esse envolvimento pode favorecer a antecipação de problemas futuros e de difícil resolução na vida adulta.

As pesquisas envolvendo essa temática fundamentam-se em dados empíricos, os quais permitem discussões e reflexões, para fundamentar práticas de orientação a pais e professores. Apesar da relevância desses estudos, muitos obstáculos ainda precisam ser transpostos para que se possa chegar à compreensão mais abrangente dessa intrincada relação família-escola-aprendizagem. Para além dos desafios enfrentados pelos pesquisadores, cumpre também destacar a necessidade de que esses estudos sejam mais acessíveis a pais e educadores. Para estes últimos, o acesso aos estudos permitiria maior aplicabilidade nas práticas diárias.

Referências

Baptista, M. N. (2005). Desenvolvimento do inventário de percepção de suporte familiar (IPSF): Estudo psicométricos preliminares. *Psico-USF, 10*(1), 11-19.

Baptista, M. N. (2007). Inventário de percepção de suporte familiar (IPSF): Estudo componencial em duas configurações. *Psicologia Ciência e Profissão, 27*(3), 496-509.

Bradley, R. H., Caldwell, B. M., & Rock, S. L. (1988). Home environment and school performance: A ten-year follow-up and examination of three models of environmental action. *Child Development, 59*(4), 852-867.

Bradley, R. H., & Corwyn, R. F. (2002). Socioeconomic status and child development. *Annual Review of Psychology, 53*(1), 371-399.

Cline, F. W., & Fay, J. (1990). *Parenting with love and logic: Teaching children responsibility*. Colorado Springs: Pinon.

Cooper, H., Lindsay, J. J., & Nye, B. (1999). Homework in the home: How student, family, and parenting-style differences relate to the homework process. *Contemporary Educational Psychology, 25*(4), 464-487.

Costa, K. D., Montiel, J. M., Bartholomeu, D., Murgo, C. S., & Campos, N. R. (2016). Percepção do suporte familiar e desempenho em leitura e escrita de crianças do ensino fundamental. *Revista Psicopedagogia, 33*(101), 154-163.

D'Avila-Bacarji, K. M. G., Marturano, E. M., & Elias, L. C. S. (2005). Suporte parental: Um estudo sobre crianças com queixas escolares. *Psicologia em Estudo, 10*(1), 107-115.

Dessen, M. A. (2010). Estudando a família em desenvolvimento: Desafios conceituais e teóricos. *Psicologia Ciência e Profissão, 30*(Esp), 202-219.

Dias, M. O. (2011). Um olhar sobre a família na perspectiva sistêmica: O processo de comunicação no sistema familiar. *Gestão e Desenvolvimento*, (19), 139-156.

Fonseca, C. (1999). *Família e honra*. Porto Alegre: UFRGS.

Guidetti, A. A., & Martinelli, S. C. M. (2009). Desempenho em leitura e suas relações com o contexto familiar. In A. A. A. Santos, E. Boruchovitch, & K. L. Oliveira (Orgs.), *Cloze: Um instrumento de diagnóstico e intervenção* (pp. 283-309). São Paulo: Casa do Psicólogo.

Guidetti, A. A., & Martinelli, S. C. (2017). Percepções Infantis: Relações entre motivação escolar e suporte familiar. *Psico-USF, 22*(3), 515-525.

Instituto Brasileiro de Geografia e Estatística (IBGE) (2017). 2017: O ano da agricultura. *Retratos*, (6), 1-28. Recuperado de https://agenciadenoticias.ibge.gov.br/media/com_mediaibge/arquivos/3ee63778c4cfdcbbe4684937273d15e2.pdf.

Langford, C. P. H., Browsher, J., Maloney, J. P., & Lillis, P. (1997). Social support: A conceptual analysis. *Journal of Advanced Nursing, 25*(1), 95-100.

LeMoyne, T., & Buchanan, T. (2011). Does "hovering" matter? Helicopter parenting and its effect on well-being. *Sociological Spectrum, 31*(4), 399-418.

Marturano, E. M. (1999). Recursos do ambiente familiar e dificuldades de aprendizagem na escola. *Psicologia: Teoria e Pesquisa, 15*(2), 135-142.

Marturano, E. M. (2006). O inventário de recursos do ambiente familiar. *Psicologia Reflexão e Crítica, 19*(3), 498--506.

Marturano, E. M., & Loureiro, S. R. (2003). O desenvolvimento socioemocional e as queixas escolares. In A. Del Prette & Z. A. P. Del Prette (Orgs.), *Habilidades sociais, desenvolvimento e aprendizagem*. Campinas: Alínea.

Monteiro, R. M., & Santos, A. A. A. (2013). Recursos familiares e desempenho de crianças em compreensão de leitura. *Psico, 44*(2), 273-279.

Odenweller, K. G., Booth-Butterfield, M., & Weber, K. (2014). Investigating helicopter parenting, family environments, and relational outcomes for millennials. *Communication Studies, 65*(4), 407-425.

Padilla-Walker, L. M., & Nelson, L. J. (2012). Black hawk down?: Establishing helicopter parenting as a distinct construct from other forms of parental control during emerging adulthood. *Journal of Adolescence, 35*(5), 1177--1190.

Pontes, M. F., Féres-Carneiro, T., & Magalhães, A. S. (2015). Famílias homoparentais e maternidade biológica. *Psicologia & Sociedade, 27*(1), 189-198.

Reed, K., Duncan, J. M., Lucier-Greer, M., Fixelle, C., & Ferraro, A. J. (2016). Helicopter parenting and emerging adult self-efficacy: Implications for mental and physical health. *Journal of Child and Family Studies, 25*(10), 3136-3149.

Ribeiro, R., Ciasca, S. M., & Capelatto, I. V. (2016). Relação entre recursos familiares e desempenho escolar de alunos do 5º ano do ensino fundamental de escola pública. *Revista Psicopedagogia, 33*(101), 164-174.

Santos, A. A. A., Martinelli, S. C., & Monteiro, R. M. (2012). Suportes e recursos familiares: relações com o contexto escolar. In M. N. Baptista & M. L. M. Teodoro (Eds.), *Psicologia de família: Teoria, avaliação e intervenção* (pp. 137-144). Porto Alegre: Artmed.

Santos, J. B., & Santos, M. S. C (2009). Família monoparental brasileira. *Revista Jurídica, 10*(92), 1-30. Recuperado de http://www.planalto.gov.br/ccivil_03/revista/revistajuridica/Artigos/PDF/JonabioBarbosa_ Rev92.pdf.

Segrin, C., Woszidlo, A., Givertz, M., Bauer, A., & Taylor Murphy, M. (2012). The association between overparenting, parent-child communication, and entitlement and adaptive traits in adult children. *Family Relations, 61*(2), 237-252.

Silva, N. V., & Hasenbalg, C. (2000). Tendências da desigualdade educacional no Brasil. *Dados, 43*(3), 243-445.

Schiffrin, H. H., Liss, M., Miles-McLean, H., Geary, K. A., Erchull, M. J., & Tashner, T. (2013). Helping or hovering? The effects of helicopter parenting on college students' well--being. *Journal of Child and Family Studies, 23*(3), 548-557.

Transtornos da aprendizagem:
o que a família tem a ver com isso?

Katya Luciane de Oliveira | Tamiris Sasaki de Oliveira | Maíra Bonafé Sei

Família e escola

A família é o primeiro grupo social de que alguém faz parte e se configura em um elemento mediador da relação entre o indivíduo e a sociedade (Christovam & Cia, 2013). Por meio da família, o indivíduo constrói vínculos afetivos e desenvolve habilidades e recursos necessários para a satisfação de suas necessidades básicas e para sua adaptação à cultura existente. Como grupo, a família desempenha importante função psicossocial de proteção aos seus membros, oferecendo suporte ante adversidades que podem surgir ao longo da vida (Mombelli, Costa, Marcon, & Moura, 2011).

O cenário contemporâneo é de famílias estruturadas nas mais diversificadas configurações, que não se referem mais ao modelo tradicional de papéis e obrigações definidas para homens e mulheres (Santos, Araújo, Negreiros, & Cerqueira-Santos, 2018). Pode-se citar, como exemplos desses modelos de organizações modernas de famílias, as pessoas que vivem sozinhas ou com seus companheiros sem a oficialização do matrimônio. Há também as novas modalidades de união legalmente reconhecidas pelo sistema jurídico, como os casais homoafetivos, as famílias compostas somente por um dos genitores e os filhos, entre outras possibilidades (Dessen, 2010; Saraiva-Junges & Wagner, 2016).

Nesse contexto de vida, segundo Casarin e Ramos (2007), ocorrem situações que contribuem ao distanciamento entre os membros das famílias. Com o fenômeno da globalização, é possível observar que o excessivo uso de tecnologias, as obrigações do trabalho e até mesmo a satisfação das necessidades básicas afetam os momentos em família. Assim, pais e filhos passam muito tempo fora de casa e, por vezes, deixam de realizar as refeições juntos e dialogar sobre o cotidiano (Costa, Montiel, Bartholomeu, Murgo, & Campos, 2016). Nos momentos em família, há a prevalência de fatores que podem favorecer a socialização dos indivíduos e estimular aprendizagens significativas sobre a cultura e as regras de convivência do contexto em que se vive. Por outro lado, a falta de convivência pode ocasionar o desenvolvimento de algum tipo de dificuldade socioemocional (Petrucci, Borsa, & Koller, 2016).

A família torna-se um meio de suporte no enfrentamento das dificuldades e pressões advindas do contexto social quando oferece aos seus membros uma convivência afetiva que envolve o apoio, o carinho, a atenção, o cuidado, o espaço para a autonomia e o diálogo. A presença e a participação da família tornam-se essenciais para as relações do indivíduo com as instituições sociais, especialmente a escola (Souza & Baptista, 2008).

Posto isso, o início do período escolar, com a saída do ambiente familiar, possibilita à criança o enfrentamento do desconhecido, momento no qual é preciso lidar com valores, ideias, costumes, relações e regras diferentes das vivenciadas até o momento com a família (Guidetti & Martinelli, 2017). Em qualquer contexto cultural, espera-se que os pais interajam e participem das atividades escolares dos filhos, auxiliando nas tarefas de casa, participando de reuniões junto à escola, enfim, que estejam preocupados com os progressos e o futuro de seus filhos (Saraiva-Junges & Wagner, 2016). Contudo, sabemos que essa não é a realidade de muitos alunos, pois, geralmente, há pouca participação dos pais e, quando ela existe, nem sempre é harmoniosa e espontânea. Muitos pais vão à escola somente quando convocados pela equipe escolar por alguma queixa de conduta ou dificuldade de aprendizagem de seus filhos (Ramos & Fonseca, 2015).

De acordo com Menezes e Faria (2013), o aluno pode ter mais dificuldades de atenção e de se comportar de forma socialmente aceita se não dispõe do suporte da família durante o período escolar. No núcleo familiar, é importante que cada um compreenda que o suporte aos filhos é parte de suas responsabilidades cotidianas, pois a organização familiar, a harmonia, o diálogo, a autonomia e as oportunidades de vivenciar novas situações e desafios irão proporcionar ao indivíduo a sensação de estar seguro e amparado (Barijan, Viana, Carvalho, Barros, & Landim, 2018).

Ribeiro, Ciasca e Capellato (2016) consideram que a família e a escola realizam funções primordiais que se inter-relacionam com o bom desempenho do aluno e com sua socialização. Os processos de ensino e de aprendizagem e a aquisição de conhecimentos configuram a preocupação central da escola; outro aspecto diz respeito ao papel social, às funções e aos deveres dos indivíduos na sociedade. Todos esses fatores são considerados no cotidiano escolar (Dessen & Polonia, 2007).

Escola e família, como instituições complexas, podem proporcionar ou não aos indivíduos os recursos necessários para o desenvolvimento dos aspectos cognitivos. Em relação aos fatores ligados ao processo de aprendizagem, a interação, a comunicação familiar positiva, a organização, os estímulos e a disponibilidade de recursos ambientais podem ser determinantes para o sucesso ou o fracasso dos alunos no ambiente escolar (Costa et al., 2016).

Autores como Marturano e Elias (2016) e Osti (2016) demonstram que pais que dão atenção aos seus filhos e manifestam interesses nas suas obrigações escolares e preocupação com a aprendizagem podem estimular senso de disciplina e empenho dos filhos em resolver e participar de atividades escolares para alcançar melhores resultados acadêmicos. Por conseguinte, é importante que o aluno perceba o suporte recebido pela família, para que, assim, consiga resolver problemas, tomar decisões, traçar metas e objetivos relevantes para as escolhas apropriadas ao seu futuro acadêmico e profissional (Pozzobon & Marin, 2017). Dessa forma, a responsabilidade com a aprendizagem é vista como um dever compartilhado pelo próprio aluno, pela família e pela escola. A família, portanto, é o primeiro, mas não o único, contexto capaz de proporcionar ao indivíduo as relações e as experiências necessárias para o seu desenvolvimento global. Família e escola se complementam cotidianamente na tarefa árdua de favorecer o desenvolvimento humano na sociedade (Dessen & Polonia, 2007).

Contudo, quando há uma pessoa com necessidades educacionais especiais, a função da família torna-se ainda mais determinante, pois essa pessoa precisará de cuidados específicos relacionados à demanda imposta pela necessidade especial específica (Silva & Fedosse, 2018). A rotina da família poderá sofrer alterações por conta das atividades de estímulos necessárias que desde cedo as crianças precisam por conta de sua condição. Sob essa perspectiva, na sequência serão trazidas as considerações sobre as dificuldades e os transtornos da aprendizagem e algumas implicações na díade família-escola.

Transtornos e dificuldades da aprendizagem

O Fundo das Nações Unidas para a Infância (Unicef) é uma agência presente em 191 países. Em 2018, publicou dados de um estudo realizado no Brasil (Unicef, 2018), no qual constatou que aproximadamente 7 milhões dos 35 milhões de alunos regulamente matriculados nos ensinos fundamental e médio apresentam algum tipo de atraso entre a idade cronológica e o ano escolar no qual estão matriculados. No caso do ensino fundamental, o atraso escolar atinge 5 milhões de alunos.

Na literatura científica sobre o assunto, empregam-se terminologias distintas para classificar fatores que interferem no desenvolvimento escolar. Entre elas está "dificuldades de aprendizagem", e, no caso de classificação psiquiátrica, emprega-se também "distúrbios" ou "transtornos", conforme o *Manual diagnóstico e estatístico de transtornos mentais* (DSM-5) (American Psychiatric Association [APA], 2014).

Para Inácio, Oliveira e Santos (2018), o processo de aprendizagem seria o resultado de alterações funcionais e neuroquímicas que modificam o sistema nervoso central (SNC). Assim, o processo de aprender e sua origem envolvem a interação entre fatores *intrínsecos* e *extrínsecos*. Os fatores *intrínsecos* são comumente divididos em primários e secundários. As dificuldades primárias seriam aquelas que determinariam alguma diferença entre o desempenho escolar e a habilidade intelectual, não sendo relacionadas a fatores psicológicos ou sensoriais, mas capazes de afetar significativamente o processo de aprendizagem do aluno (p. ex., transtorno de leitura, transtorno de matemática). As dificuldades secundárias atingem o desenvolvimento típico da pessoa (paralisias, quadros epiléticos), interferindo também no processo de aprendizagem, conforme apontam Moojen e Costa (2016).

Os fatores *extrínsecos*, segundo Rotta (2006), dizem respeito às dificuldades de aprendizagem que envolvem vários aspectos capazes de alterar o aprendizado de uma pessoa, mas sem apresentar alguma causa neurológica. Trata-se de uma dificuldade que interfere na aprendizagem do aluno, mas tende a desaparecer se houver fatores interferentes como reforço escolar, maior empenho e dedicação, adequações pedagógicas por parte da equipe escolar e supervisão e orientação da família de modo a mitigar ou superar a dificuldade (Inácio et al., 2018).

Para Rotta (2006), as alterações podem ser de ordem física (dificuldades auditivas, visuais e sensoriais), psicológica (comportamentos de ansiedade, depressão, timidez, insegurança, baixa autoestima, transtornos psiquiátricos graves, como fobias, depressão grave, transtornos do humor, transtorno da conduta e transtorno de oposição desafiante) e neurológica (paralisia cerebral, epilepsia e deficiência intelectual).

A deficiência intelectual é definida, segundo a American Association on Intellectual and Developmental Disabilities (AAIDD, 2010), como uma capacidade limitada em relação ao funcionamento intelectual. Essas limitações interferem na adaptação e no desenvolvimento social e prático da pessoa. Em termos legais, conforme apontam Anache e Cavalcante (2018, p. 1), a Lei nº 13.146, de 2015, preconiza que a pessoa com deficiência apresenta "[...] impedimentos de longo prazo de natureza física, mental, intelectual ou sensorial, os quais, em interação com diversas barreiras, podem obstruir sua participação plena e efetiva na sociedade em igualdades de condições com as demais pessoas".

Desde muito pequenas, as crianças com deficiência intelectual apresentam algumas necessidades que são específicas em relação ao desenvolvimento da aprendizagem e à interação social. Essa condição exige mais atenção e modifica a rotina familiar. A participação da família no trabalho de estimulação é fundamental, pois as interações familiares nas práticas educacionais e nas intervenções clínicas de forma afetuosa, confiante e equilibrada irão proporcionar o desenvolvimento da segurança, do bem-estar, e a garantia da extensão do trabalho realizado pelos profissionais tanto da educação como da saúde para o contexto domiciliar (Azevedo, Cia, Spinazola, & Mendes, 2015). Nessa mesma linha, Matsukura e Yamashiro (2012) apontam que a participação dos membros da família, tais como irmãos e avós, nas relações cotidianas é uma fonte de suporte e apoio aos pais e às crianças com necessidades educativas especiais.

De acordo com Omote (1994), as relações interpessoais das pessoas com necessidades especiais, em sua maioria, são limitadas ao contexto familiar. Dessa forma, Saraiva-Junges e Wagner (2016) argumentam que o papel da família na inclusão da pessoa com deficiência pode ser definido de duas formas: a família pode favorecer ou interditar as relações da pessoa com necessidades especiais na comunidade e na escola e pode, também, impedir a construção de um processo de inclusão da pessoa nas relações da própria família. As duas formas estão interligadas, pois a integração da pessoa com necessidades especiais no contexto familiar favorece a inclusão no contexto social e escolar. Quando uma falha, a outra consequentemente será prejudicada. A inclusão da pessoa com deficiência intelectual passa a ser fundamental para se buscar formas que garantam um direito que deveria ser universal, qual seja, o acesso à educação.

Políticas de inclusão e participação familiar

Ao longo dos anos, a educação inclusiva alcançou avanços expressivos, principalmente na década de 1990 com a Declaração de Salamanca (Organização das Nações Unidas para a Educação, a Ciência e a Cultura [Unesco], 1994), a qual tinha como proposta o cumprimento de uma educação inclusiva que visava a responder às necessidades educacionais dos alunos de forma singular, ressaltando que todos têm o direito à educação. Deve-se destacar também a Lei nº 9.394, de 20 de dezembro de 1996, a qual estabeleceu as Diretrizes e Bases da Educação Nacional (LDBEN). A LDBEN é direcionada para as necessidades do aluno e caracteriza-se pela flexibilidade para responder às transformações sociais. Constitui um marco importante para os avanços da educação e dos direitos dos alunos no Brasil.

Nesse sentido, a educação inclusiva é garantida por lei e vista como um dever da família e do Estado, tendo por objetivo o desenvolvimento integral do educando, para que este esteja apto ao exercício da cidadania e preparado para o mercado de trabalho (Brasil, 2015). A lei estabelece as adaptações necessárias para o ensino no que se refere ao currículo, aos métodos e aos recursos. O direito do aluno com algum transtorno no desenvolvimento, seja ele um déficit ou uma habilidade superior, é garantido por meio do atendimento educacional especializado (AEE) em qualquer nível de ensino, de forma gratuita, aos que estiverem preferencialmente inseridos no ensino regular (Brasil, 1996).

O AEE tem o objetivo de construir e organizar os recursos pedagógicos e de acessibilidade para promover a participação dos alunos com necessidades educativas especiais considerando suas necessidades específicas. Tal atendimento pode ser ofertado nas escolas de ensino regular e nas escolas especiais. Trata-se de um serviço obrigatório e complementar, pois visa ao atendimento às necessidades específicas do aluno. A adesão, entretanto, ao trabalho por parte dos alunos é facultativa, isto é, as crianças e os jovens com deficiência e seus responsáveis podem escolher frequentá-lo ou não (Carvalho, 2013).

Entre os direitos educacionais especializados assegurados pela Lei nº 13.146 e listados em seu art. 11 (Brasil, 2015, p. 1) estão aqueles direcionados a pessoas que apresentem:

> I – deficiência: aqueles que têm impedimentos de longo prazo de natureza física, intelectual, mental ou sensorial;
> II – transtornos globais do desenvolvimento: aqueles que apresentam um quadro de alterações no desenvolvimento neuropsicomotor, comprometimento nas relações sociais, na comunicação ou estereotipias motoras, incluindo-se nessa definição estudantes com autismo clássico, síndrome de Asperger, síndrome de Rett, transtorno desintegrativo da infância (psicoses) e transtornos invasivos sem outra especificação;
> III – transtornos funcionais específicos: aqueles que apresentam transtorno da aprendizagem, como disgrafia, disortografia, dislexia, discalculia ou transtorno de déficit de atenção/hiperatividade, entre outros;
> IV – altas habilidades ou superdotação: aqueles que apresentam potencial elevado

e grande envolvimento com uma ou mais áreas do conhecimento humano, isoladas ou combinadas: intelectual, liderança, psicomotora, artes e criatividade.

No atual cenário educacional brasileiro, a inclusão de alunos com necessidades especiais no ensino regular expandiu nos últimos anos. Nesse sentido, discussões e reflexões na área da educação passaram a ser necessárias, pois a inclusão propõe uma nova forma de relação, tanto no que tange os valores e as atitudes de quem compõe as instituições, a equipe escolar e as famílias, quanto na organização e na dinâmica pedagógica, política e social. Logo, trata-se de um manejo que não visa a construção de uma estrutura especial para cada necessidade do aluno, e sim a transformação da estrutura educacional presente para que possa ser suficiente para atender às demandas de todos (Araújo & Silva, 2017).

Sob essa perspectiva, Matiskei (2004) observa que as políticas públicas de inclusão escolar possibilitam o planejamento e a implementação de propostas de trabalho, com o objetivo de expandir as possibilidades de inserção social dos grupos excluídos, seja devido à condição financeira, cor, etnia, religião ou por questões de ordem física ou cognitiva, entre outros fatores. Diversas formas de exclusão ocorrem, assim como há os parâmetros sociais que determinam padrões de normalidade, o que se pode observar historicamente quanto ao ideal estético, cultural, econômico e cognitivo. Por isso, refletir sobre a inclusão de um modo geral significa admitir que existe exclusão no acesso aos serviços. Além disso, as ações de inclusão escolar ultrapassam os portões da escola, uma vez que impõem uma reflexão intersetorial, de modo a integrar as áreas da saúde, ação social, trabalho e família, com o objetivo de favorecer o processo de aprendizagem.

O tema da educação inclusiva é fundamentado na ideia de que o indivíduo pode ser escolarizado no ensino comum independente do seu comprometimento. Por essa razão, a interação entre pais e escola é fundamental para a efetivação da inclusão escolar. Ferraz, Araújo e Carreiro (2010) ressaltam a comunicação como um fator que auxilia no trabalho com as expectativas por parte da família e dos professores em relação aos processos de ensino e de aprendizagem, mas também no reconhecimento de seus papéis nesse momento, tornando a parceria harmoniosa, respeitosa e confiante na construção desse processo para eles e para os estudantes.

Nesse contexto, a família desde muito cedo busca ajuda para lidar com esse momento, sendo, muitas vezes, orientada pelos serviços de saúde a buscar instituições especializadas no atendimento a crianças que apresentam necessidades especiais. As famílias encontram nas instituições especializadas outras famílias com os mesmos afetos ou que já passaram pela mesma situação e se encontram em outro momento. Além disso, dos encontros citados, outro ponto importante das instituições se refere ao acesso às informações a respeito das necessidades da criança.

O modo como os pais são acolhidos pelas instituições e a forma como as informações são ofertadas às famílias nesse momento de fragilidade emocional são primordiais para a construção dos laços afetivos entre os membros da família e a criança que apresenta alguma necessidade especial. Dessa forma, a atuação profissional tem um papel relevante em todo o processo, haja vista que os profissionais que conseguem acolher e construir uma relação de confiança e segurança com as famílias podem identificar situações familiares que possivelmente irão afetar o desenvolvimento emocional, cognitivo e social dessas crianças (Glat & Pletsch, 2004).

As unidades básicas de saúde, as instituições especializadas e as escolas (regular e especial), muitas vezes, devido aos procedimentos e ao funcionamento próprio, têm dificuldades em trabalhar junto com as famílias, e, desse modo, as intervenções ficam centradas nas necessidades da criança. O cotidiano e o funcionamento das famílias geralmente são invadidos por atividades que podem ocupar todo tempo de um de seus membros ou ainda envolver todos os membros da família, o que tem efeitos para as relações que são construídas (Luiz & Nascimento, 2012; Omote, 2006).

Luiz, Pfeiter, Sigolo e Nascimento (2012) evidenciaram em suas pesquisas que alguns pais consideram que os professores não estão capacitados para educar seus filhos. Tal fato expõe um debate importante em relação à formação dos professores e psicólogos escolares e ao suporte oferecido pelo sistema educacional a esses profissionais para que possam lidar de forma segura e habilitada com a diversidade dentro da sala de aula. Assim, repensar a atuação, rever criticamente a forma de ensinar e intervir, bem como avaliar os preconceitos existentes no contexto educacional quando se pensa nas necessidades educativas especiais, são fatores relevantes que podem melhorar a prática profissional de psicólogos e educadores e incidir de forma positiva sobre a confiança que a família tem em relação à escola. Por se tratar de assunto tão complexo que envolve família/escola/aluno com necessidades educativas especiais, parece imprescindível tecer considerações acerca dos desafios e avanços necessários, conforme apresentados na sequência.

Considerações finais: os desafios da área e a singularidade da prática

A literatura propõe que se considere como de grande importância o papel desempenhado pela família no caso de crianças com necessidades especiais e os mais variados transtornos que demandem um atendimento educacional especializado para garantia de uma educação efetivamente inclusiva. Nesse sentido, entende-se que o grupo familiar pode estimular a criança ao oferecer suporte e favorecer o desenvolvimento, mas também pode acarretar ou implicar em dificuldades diversas. Em consonância, Braga, Scoz e Munhoz (2007) argumentam que há famílias cujas características facilitam a aprendizagem, como é o caso daquelas que apresentam maior engajamento e disposição em relação ao potencial de aprendizagem da criança. Outras características das famílias, apontam esses autores, podem justamente gerar dificuldades no processo de aprendizagem dos familiares com necessidades especiais.

Nessa direção, apesar do amplo reconhecimento do lugar da família na promoção da saúde de seus membros, entende-se que as intervenções junto ao grupo familiar ainda são pouco realizadas, ou, quiçá, noticiadas na literatura acadêmica no cenário brasileiro. Isso pode decorrer do fato de que poucos cursos de graduação das áreas de educação e saúde oferecem disciplinas que promovam uma compreensão acerca da dinâmica familiar para intervenções dirigidas à família como um todo. Com isso, as intervenções junto a esse público costumam concentrar-se mais nas crianças, deixando à família um contato mais pontual com os espaços de cuidado.

Por outro lado, apesar de escassos, há trabalhos que estendem o olhar para incluir a família na compreensão da problemática dos seus filhos e nas propostas de intervenção. Para Braga e colaboradores (2007, p. 158), por exemplo, "todo tratamento ou toda ação psicopedagógica precisa mobilizar a circulação do conhecimento no grupo familiar".

Sobre o tema, Andrada (2003), ao descrever o papel do psicólogo escolar, apresenta proposta de intervenção embasada na teoria sistêmica e realizada na própria escola. Podem participar dos encontros a criança, sua família e, por vezes, o professor responsável pelo aluno em questão. Dessa forma, o atendimento da família pode ocorrer na escola e, caso haja necessidade de um trabalho mais aprofundado em relação à dinâmica familiar, o encaminhamento à psicoterapia familiar fora da escola é uma opção (Andrada, 2003).

Steigleder (2016) realizou um estudo de seguimento de crianças com queixa de dificuldade escolar que passaram pelo psicodiagnóstico em um serviço-escola de psicologia. Foram entrevistadas mães de seis crianças avaliadas, duas das quais tinham sido encaminhadas para a psicoterapia familiar. Por meio do estudo, soube-se que ambas as famílias não haviam procurado o atendimento familiar indicado. Acredita-se que tal fato sinaliza uma resistência da família em aceitar que a dificuldade pode estar localizada não apenas na criança-problema, demandando que determinadas questões sejam trabalhadas pelos demais familiares (Sei &

Zanetti, 2017). Por outro lado, há situações nas quais o resultado da avaliação psicológica gera esse tipo de encaminhamento e a família concorda, vinculando-se à psicoterapia familiar para estabelecer um processo de desenvolvimento da criança a partir desse tipo de intervenção clínica (Sei, Zuanazzi, Oliveira, Lúcio, & Cordeiro, 2019).

Pode-se, por fim, mencionar o estudo de Bernardes e Silva (2016). Os autores discorrem sobre uma avaliação feita com famílias cujos filhos apresentavam dificuldades de aprendizagem. Utilizaram a entrevista familiar estruturada, o genograma, o ecomapa e o projeto de vida familiar. As sessões familiares, com duração de 1h30, foram realizadas na residência dessas famílias, para permitir observar alguma situação de vulnerabilidade, como uso de drogas e violência. Essas observações permitiam perceber se o foco da família estava mais voltado à própria subsistência, o que facilitava a avaliação de condições de destinar maior atenção às dificuldades de aprendizagem dos filhos. Os encontros com as famílias indicaram a repetição do aspecto transgeracional das dificuldades de aprendizagem ao longo das gerações. As autoras argumentam ser, então, necessária uma interlocução entre a escola e os pontos de cuidado da comunidade.

Compreende-se que o quadro é complexo, com diversos desafios aos profissionais da área. As vias de intervenção e os contextos nos quais podem ser efetuadas variam, com ilustrações de trabalhos em instituições escolares, clínicas psicológicas, serviços de saúde em geral, entendendo-se ser ainda necessários avanços na pesquisa e consolidação de práticas interventivas com famílias no cenário dos transtornos da aprendizagem.

É preciso mencionar nesta conclusão a necessidade de algumas reflexões sobre a falta de políticas públicas e atendimento especializado no desenvolvimento educacional pleno do aluno com dificuldades ou transtornos da aprendizagem. Esse é o real desafio para nossos governantes. Mudar a realidade desses alunos que, muitas vezes, são colocados em salas de recursos multifuncionais que não apresentam a estrutura e o preparo necessários para atender de forma especializada a especificidade da dificuldade do aluno é um desafio a ser superado. Isso exigirá mobilização dos diversos profissionais que atuam nessa realidade e dos pais e familiares da criança. A luta pela ampliação dos direitos ainda é uma ação em andamento e necessita galgar patamares em direção a um maior desenvolvimento. Um bom exemplo da ampliação desses direitos seria o fato desse aluno ser avaliado por uma equipe multidisciplinar especializada capaz de realizar um diagnóstico minucioso e traçar possíveis intervenções, pois na prática isso não acontece com tanto rigor. Faltam recursos, mão de obra especializada e, sobretudo, iniciativas governamentais.

Postas essas considerações, cabe refletir sobre a nossa prática profissional em escolas e instituições públicas ou em organizações educacionais especializadas, especialmente porque os autores deste capítulo têm experiência no manejo junto às famílias de crianças e jovens com necessidades educativas especiais. A indicação é de considerar que há uma certa solidão dos profissionais que se sentem desamparados frente aos procedimentos avaliativos e interventivos direcionados às crianças que demandam um diagnóstico para serem incluídas em atendimentos especializados. Embora a literatura científica traga formas e manejos, a prática profissional ainda precisa se desenvolver em estudos que possam evidenciar a eficácia de certos métodos e práticas já consagrados na teoria. Os profissionais que têm sua atuação voltada a essa especificidade sabem o quanto o campo prático muitas vezes é árido de informações acerca do manejo adequado para cada indivíduo atendido.

Pensando nisso, expomos alguns protocolos construídos com base no que a literatura científica discorre sobre o assunto, mas sobretudo com base na experiência do manejo na área. Procuramos com isso oferecer algum subsídio avaliativo inicial para aqueles que se interessam pela área ou de algum modo têm um fluxo de pessoas atendidas com essas especificidades. Os protocolos foram pensados por faixa etária ao desenvolvimento a ser avaliado (e pensando ser complementar a roteiros de anamneses). Não se pretende com isso impor algo padronizado, mas sim apresentar questões norteadoras que temos empregado em nossa prática e que esperamos que auxiliem profissionais que estão no campo prático, assim como nós mesmas.

Referências

American Association on Intellectual and Developmental Disabilities [AAIDD]. (2010). *Intellectual disability: definition, classification and systems of support* (11th ed.). Washington: AAIDD.

American Psychiatric Association [APA] (2014). *Manual diagnóstico e estatístico de transtornos mentais: DSM-5* (5. ed.). Porto Alegre: Artmed.

Anache, A. A., & Cavalcante, L. D. (2018). Análise das condições de permanência do estudante com deficiência na educação superior. *Psicologia Escolar e Educacional*, 22(spe), 115-125.

Andrada, E. G. C. (2003). Família, escola e a dificuldade de aprendizagem: intervindo sistemicamente. *Psicologia Escolar e Educacional*, 7(2), 171-178.

Araújo, N. S. R., & Silva, E. R. A. (2017). A inclusão do aluno com deficiência intelectual na escola regular. *Revista Científica FATECIE*, 2(2), 95-113.

Azevedo, T. L., Cia, F., Spinazola, C. C., & Mendes, E. G. (2015). Avaliação das mães de crianças pequenas público-alvo da educação especial sobre um programa de intervenção. *Revista Brasileira de Educação Especial*, 21(3), 377-394.

Barijan, G. F. N., Viana, H. B., Carvalho, E. G. A., Barros, M. J. A., & Landim, A. (2018). A participação da família na educação escolar da criança: uma experiência clínica. *Lecturas: Educación Física y Deportes*, 22(237). Recuperado de http://www.efdeportes.com/index.php/EFDeportes/article/view/207/80.

Bernardes, C. F. S., & Silva, D. B. (2016). A dificuldade na aprendizagem escolar e o contexto familiar. *Anais VIII FIPED*, 1, 1-6. Recuperado de http://editorarealize.com.br/revistas/fiped/trabalhos/TRABALHO_EV057_MD1_SA3_ID1094_30092016104112.pdf.

Braga, S. S., Scoz, B. J. L., & Munhoz, M. L. P. (2007). Problemas de aprendizagem e suas relações com a família. *Revista Psicopedagogia*, 24(74), 149-159.

Brasil (1996). *Lei nº 9.394, de 20 de dezembro de 1996*. Recuperado de https://www2.senado.leg.br/bdsf/bitstream/handle/id/70320/65.pdf.

Brasil (2015). *Lei nº 13.146, de 6 de julho de 2015*. Recuperado de http://www.planalto.gov.br/ccivil_03/_Ato2015-2018/2015/Lei/L13146.htm.

Carvalho, E. N. S. (2013). Educação especial e inclusiva no ordenamento jurídico brasileiro. *Revista Educação Especial*, 26(46), 261-276.

Casarin, N. E. F., & Ramos, M. B. J. (2007). Família e aprendizagem escolar. *Revista Psicopedagogia*, 24(74), 182-201.

Christovam, A. C. C., & Cia, F. (2013). O Envolvimento parental na visão de pais e professores de alunos com necessidades educacionais especiais. *Revista Brasileira de Educação Especial*, 19(4), 563-581.

Costa, K., Montiel, J. M., Bartholomeu, D., Murgo, C. S., & Campos, N. R. (2016). Percepção do suporte familiar e desempenho em leitura e escrita de crianças do ensino fundamental. *Revista Psicopedagogia*, 33(101), 154-163.

Dessen, M. A. (2010). Estudando a família em desenvolvimento: Desafios conceituais e teóricos. *Psicologia: Ciência e Profissão*, 30(Spe), 202-219.

Dessen, M. A., & Polonia, A. C. (2007). A família e a escola como contextos de desenvolvimento humano. *Paidéia (Ribeirão Preto)*, 17(36), 21-32.

Ferraz, C. R. A., Araújo, M. V., & Carreiro, L. R. R. (2010). Inclusão de crianças com síndrome de Down e paralisia cerebral no ensino fundamental I: Comparação dos relatos de mães e professores. *Revista Brasileira de Educação Especial*, 16(3), 397-414.

Glat, R., & Pletsch, M. D. (2004). O papel da universidade frente às políticas públicas para educação inclusiva. *Revista Benjamin Constant*, 29(1), 3-8.

Guidetti, A. A., & Martinelli, S. C. (2017). Percepções infantis: Relações entre motivação escolar e suporte familiar. *Psico-USF*, 22(3), 515-525.

Inácio, F. F., Oliveira, K. L., & Santos, A. A. A. (2018). Memory and intellectual styles: Performance of students with learning disabilities. *Estudos de Psicologia (Campinas)*, 35(1), 65-75.

Luiz, F. M. R., & Nascimento, L. C. (2012). Inclusão escolar de crianças com síndrome de Down: experiências contadas pelas famílias. *Revista Brasileira de Educação Especial*, 18(1), 127-140.

Luiz, F. M. R., Pfeifer, L. I., Sigolo, S. R. R. L., & Nascimento, L. C. (2012). Inclusão de crianças com síndrome de Down. *Psicologia em Estudo*, 17(4), 649-658.

Marturano, E. M., & Elias, L. C. S. (2016). Família, dificuldades no aprendizado e problemas de comportamento em escolares. *Educar em Revista*, (59), 123-139.

Matiskei, A. C. R. M. (2004). Políticas públicas de inclusão educacional: Desafios e perspectivas. *Educar em Revista*, (23), 185-202.

Matsukura, T. S., & Yamashiro, J. A. (2012). Relacionamento intergeracional, práticas de apoio e cotidiano de famílias de crianças com necessidades especiais. *Revista Brasileira de Educação Especial*, 18(4), 647-660.

Menezes, R. L. C., & Faria, M. B. F. (2013). Incidência de variantes ambientais familiares no processo de aquisição de linguagem escrita/leitura. *Revista Prolíngua*, 8(2), 286-295.

Mombelli, M. A., Costa, J. B., Marcon, S. S., & Moura, C. B. (2011). Estrutura e suporte familiar como fatores de risco de stress infantil. *Estudos de Psicologia (Campinas)*, 28(3), 327-335.

Moojen, S., & Costa, A. C. (2016). Semiologia psicopedagógica. In N. T. Rotta, L. Ohlweiler, & R. S. Riesgo (Orgs.), *Transtornos da aprendizagem: Abordagem neurobiológica e multidisciplinar* (2. ed., pp. 103-112). Porto Alegre: Artmed.

Omote, S. (1994) Deficiência e não deficiência: Recortes do mesmo tecido. *Revista Brasileira de Educação Especial, 1*(2), 65-73.

Omote, S. (2006). Inclusão e a questão das diferenças na educação. *Perspectiva, 24*(Esp), 251-272.

Organização das Nações Unidas para a Educação, a Ciência e a Cultura (Unesco). (1994). *Declaração de Salamanca: Sobre princípios, políticas e práticas na área das necessidades educativas especiais.* Salamanca: Unesco.

Osti, A. (2016). Contexto familiar e o desempenho de estudantes do 5º ano de uma escola no interior de São Paulo. *Educação Temática Digital, 18*(2), 369-383.

Petrucci, G. W., Borsa, C. J., & Koller, S. H. (2016). A Família e a escola no desenvolvimento socioemocional na infância. *Trends in Psychology/Temas em Psicologia, 24*(2), 391-402.

Pozzobon, M., & Marin, A. H. (2017). Suporte familiar e metas profissionais de adolescentes com baixo desempenho escolar. *Investigação Qualitativa em Ciências Sociais, 3.* Recuperado de https://proceedings.ciaiq.org/index.php/ciaiq2017/article/viewFile/1429/1386.

Ramos, S., & Fonseca, L. (2015). Um meio de aproximação da família à escola através da matemática. *Revista de Estudios e Investigación en Psicología y Educación, Extr*(5), 98-102.

Ribeiro, R., Ciasca, S. M., & Capelatto, I. V. (2016). Relação entre recursos familiares e desempenho escolar de alunos do 5º ano do ensino fundamental de escola pública. *Revista Psicopedagogia, 33*(101), 164-174.

Rotta, N. T. (2006). Dificuldades para a aprendizagem. In: Rotta, N. T. *Transtornos da aprendizagem: Abordagem neurobiológica e multidisciplinar* (pp. 113-123). Porto Alegre: Artmed.

Santos, J. V. O., Araújo, L. F., Negreiros, F., & Cerqueira-Santos, E. (2018). Adoção de crianças por casais homossexuais: As representações sociais. *Trends in Psychology, 26*(1), 139-152.

Saraiva-Junges, L. A., & Wagner, A. (2016). Os estudos sobre a relação família-escola no Brasil: Uma revisão sistemática. *Educação: revista quadrimestral, 39*(Esp), s114-s124.

Sei, M. B., & Zanetti, S. A. S. (2017). A psicoterapia psicanalítica de casal e família na Universidade de Londrina. In M. Y. Okamoto, & T. S. Emídio (Orgs.), *Perspectivas psicanalíticas atuais para o trabalho com grupos e famílias na Universidade* (pp. 36-47). São Paulo: Cultura Acadêmica.

Sei, M. B., Zuanazzi, A. C., Oliveira, K. L., Lúcio, P. S., & Cordeiro, S. N. (2019). Da avaliação à psicoterapia em um serviço-escola de psicologia: má interlocução entre práticas. *Gerais: Revista Interinstitucional de Psicologia, 12*(1), 96-106.

Silva, R. S., & Fedosse, E. (2018). Perfil sociodemográfico e qualidade de vida de cuidadores de pessoas com deficiência intelectual. *Cadernos Brasileiros de Terapia Ocupacional, 26*(2), 357-366.

Souza, M. S., & Baptista, M. N. (2008). Associações entre suporte familiar e saúde mental. *Psicologia Argumento, 26*(54), 207-15.

Steigleder, B. G. (2016). *Psicodiagnóstico: Follow up de casos atendidos em um serviço escola.* Trabalho de conclusão de curso, Universidade Federal do Rio Grande do Sul, Porto Alegre. Recuperado de https://www.lume.ufrgs.br/handle/10183/157168.

United Nations Children's Fund (Unicef) (2018). *UNICEF: 7 milhões de estudantes brasileiros têm dois ou mais anos de atraso escola.* Recuperado de https://nacoesunidas.org/unicef-7-milhoes-de-estudantes-brasileiros-tem-dois-ou-mais-anos-atraso-escolar/.

12

O contexto familiar e sua influência no desenvolvimento vocacional de jovens

Marucia Patta Bardagi | Maria Célia Pacheco Lassance
Marco Antônio Pereira Teixeira

A família é, para a maioria das pessoas, o principal contexto ou ambiente do desenvolvimento psicológico inicial do ser humano. É nela que o indivíduo experimenta suas primeiras ligações afetivas e onde se formam as primeiras impressões sobre quem ele é e sobre como o mundo é. A partir dessas experiências iniciais, o sujeito desenvolve um senso daquilo que considera relevante para a vida e aprende a reconhecer suas capacidades e habilidades, além daquilo que é esperado dele. As experiências vividas no cenário familiar formam a base da construção de projetos e metas profissionais futuras. De fato, o contexto familiar influencia o desenvolvimento vocacional não apenas durante a infância, a adolescência e a vida adulta jovem, mas também na vida adulta média e na maturidade. Neste capítulo, o foco recai sobre o papel da família no desenvolvimento inicial de carreira dos filhos. Está organizado em três partes: primeiro, são descritos alguns modelos teóricos de desenvolvimento e aconselhamento de carreira, com ênfase na importância do contexto familiar. Em um segundo momento, apresentam-se estudos internacionais e brasileiros que tratam da influência da família no desenvolvimento vocacional. Por fim, na última parte, são feitas sugestões de como os aspectos familiares podem ser incorporados às intervenções em orientação de carreira com jovens.

Modelos teóricos de desenvolvimento vocacional

O desenvolvimento da psicologia vocacional pode ser descrito por meio de três grandes paradigmas que emergiram ao longo dos séculos XX e XXI (Savickas, 2015). O primeiro corresponde a uma concepção estática de desenvolvimento e de escolha de carreira. Nesse paradigma, entende-se que as pessoas têm características e habilidades que seriam mais adequadas para alguns tipos de ocupações. A escolha de uma profissão se resumiria, então, a uma decisão pontual baseada na combinação entre as características pessoais e as características das ocupações, não se dando relevância ao papel do indivíduo nesse processo nem a possíveis mudanças que podem ocorrer no indivíduo e no contexto do mundo do trabalho. Nesse paradigma, portanto, a família não é considerada um fator de influência significativo para o desenvolvimento vocacional (Savickas, 2015).

Em meados do século XX, o pesquisador e orientador de carreira Donald Super apresentou uma nova perspectiva para o desenvolvimento vocacional, caracterizando o segundo paradigma (Savickas, 2015). Para Super, Savickas e Super (1996), o desenvolvimento vocacional seria um processo que ocorre *ao longo de toda a vida* por meio do confronto com tarefas evolutivas previstas em estágios ou maxiciclos sequenciais: crescimento (infância), exploração (adolescência), estabelecimento (adulto jovem), manutenção (adulto maduro) e desengajamento (velhice). Assim, em vez de se tomar a escolha profissional como um evento "ponto-no-tempo", passa-se a estudar o comportamento vocacional por meio de sucessivas escolhas e ajustamentos que responderiam a demandas sociais enfrentadas em cada etapa do desenvolvimento, da infância à velhice. A família, então, torna-se um cenário relevante para o desenvolvimento vocacional, especialmente nos estágios de crescimento e exploração.

No estágio de crescimento (aproximadamente de 4 a 14 anos), espera-se que a criança comece a entender o que é o trabalho e a considerar o seu futuro como um adulto trabalhador, ainda que, muitas vezes, com um baixo grau de realismo. Nessa etapa, a criança deve desenvolver um senso de controle sobre suas próprias atividades que poderão, futuramente, resultar em interesses vocacionais. Ela deve formar também uma ideia de como fazer escolhas vocacionais e adquirir confiança para fazer e implementar escolhas de carreira (Savickas, 2013). A curiosidade – um dos elementos básicos da experiência da infância – é o motor que leva ao comportamento exploratório e à obtenção de informações sobre si mesmo e o ambiente. Nesse sentido, a família influencia o desenvolvimento vocacional provendo suporte para a exploração e oferecendo estímulos que permitem à criança desenvolver suas primeiras ideias sobre o mundo do trabalho e como se relacionar com ele (Savickas, 2013).

No estágio de exploração (14 a 25 anos), espera-se que o adolescente ou o adulto jovem envolva-se em experiências para ampliar o conhecimento que tem sobre si mesmo, sobre as ocupações e sobre o mundo do trabalho, em um movimento que o aproxima de uma escolha profissional mais concreta (Savickas, 2013). Esse processo de tradução do autoconceito mais geral para o autoconceito vocacional segue uma sequência de três tarefas evolutivas – cristalização (primeiras decisões que ainda são gerais e imprecisas, mas requerem exploração dos elementos possíveis), especificação (as possibilidades são, paulatinamente, substituídas pelas probabilidades, exigindo do jovem que categorize as informações, estabelecendo relações mais específicas com a realidade de suas possibilidades) e implementação (definida uma preferência, demanda teste de hipóteses de adequação da preferência a realidades concretas de trabalho) (Savickas, 2013).

O paradigma evolutivo, embora considere o desenvolvimento ao longo da vida, apresenta uma perspectiva um tanto linear de carreira, preocupando-se pouco com as mudanças – por vezes radicais – que podem ocorrer na trajetória ocupacional. O terceiro paradigma da psicologia vocacional busca complementar o segundo paradigma, dando ênfase para o sentido pessoal que as escolhas e a própria trajetória profissional têm para o indivíduo (Savickas, 2013). Ainda que existam certas expectativas sociais ou tarefas evolutivas de carreira que ajudam as pessoas a dar sentido à sua trajetória, a imprevisibilidade e as constantes mudanças do mundo do trabalho contemporâneo tornam as carreiras mais maleáveis e menos lineares, exigindo uma capacidade constante de adaptação e de construção de um sentido pessoal da carreira.

Uma das perspectivas teóricas do terceiro paradigma, denominada *life design* (Savickas et al., 2009), propõe que, para trabalhadores da organização do trabalho contemporânea, os desafios são novos e passam pela transposição da ideia de etapas sequenciais que levariam a uma vida de trabalho organizada com um crescente ajustamento ao mundo do trabalho. Em um contexto mais fluido, flexível e incerto, os indivíduos necessitam de vigilância constante em relação a questões e decisões de carreira, de forma a realizarem ajustamentos constantes e estarem inseridos em um propósito e um planejamento para além dos cargos e promoções. Trata-se de uma perspectiva de longo prazo e, ao mesmo tempo, de comportamentos adaptativos concretos e imediatos.

Assim, a identidade laboral é vista como a construção que o indivíduo faz, ao longo de toda a vida, a partir da interpretação dos resultados de suas experiências, organizadas em torno de um tema (Savickas, 2011). Esse tema se forma e se transforma desde a infância e pode ser identificado por meio da narrativa que o indivíduo constrói a partir das várias histórias (micronarrativas) que compõem sua história de carreira (macronarrativa). O tema "denota uma perspectiva móvel que impõe significado pessoal às memórias passadas, às experiências presentes e às aspirações futuras" (Savickas, 2011, p. 26). Para fazer esse ajustamento constante, espera-se que o indivíduo desenvolva adaptabilidade de carreira (Savickas, 2013), operacionalizada em quatro dimensões. Pessoas com alta adaptabilidade preocupam-se com o futuro, mantendo-se otimistas e esperançosas (dimensão preocupação); são curiosas, exploram possibilidades internas e do contexto, para além das observações imediatas (dimensão curiosidade); responsabilizam-se pelos resultados de suas ações e decisões (dimensão controle) e desenvolvem confiança de que serão bem-sucedidas nas suas escolhas (dimensão confiança).

Fica claro aqui que o desenvolvimento dessas competências – representadas pela dimensão da adaptabilidade – ocorre desde a infância, principalmente a partir do contexto familiar, tendo como principais ingredientes as relações afetivas entre pais e filhos, bem como as experiências a que crianças e jovens são expostos e a segurança percebida para explorar o contexto de forma a expandir sua percepção de mundo.

O que se percebe a partir desses modelos mais contemporâneos de desenvolvimento vocacional é a necessidade e a relevância de se considerar as questões contextuais não como pano de fundo do desenvolvimento vocacional, mas como questão constitutiva do processo. Isto é, uma tomada de decisão de carreira pode ser um evento ponto-no-tempo, mas consiste, certamente, em um momento construído ao longo da biografia pessoal, constituída de uma narrativa inserida em um contexto social de relações, principalmente aquelas mediadas e elaboradas por meio das relações familiares.

Pesquisas sobre a influência familiar no desenvolvimento vocacional

A literatura empírica internacional sobre a relação família-carreira é bastante extensa, e não focaliza somente o período da adolescência ou adultez jovem. De forma geral, os estudos crescentemente alinham-se às perspectivas evolutivas, contextualistas e construtivistas, buscando identificar variáveis e processos do desenvolvimento vocacional a partir da infância. Bryant, Zvonkovic e Reynolds (2005) e Whiston e Keller (2004) realizaram extensas revisões da literatura, nas quais descreveram e avaliaram os achados empíricos sobre os fatores parentais que afetam o desenvolvimento vocacional de crianças e adolescentes.

Ao contrário do cenário internacional, em que os estudos envolvendo as relações familiares e o desenvolvimento de carreira dos diferentes membros da família são bastante profícuos e procuram avaliar especificamente o impacto de determinadas variáveis familiares sobre características vocacionais dos filhos, no Brasil o volume de estudos realizados sobre o tema não é tão expressivo. Embora os estudos ainda privilegiem o período da adolescência, em função da estrutura educacional brasileira que pressupõe uma decisão profissional quanto à continuidade dos estudos ao final do ensino médio, percebe-se um crescimento de pesquisas acerca de outros contextos e etapas de carreira, corroborando uma perspectiva longitudinal de desenvolvimento profissional (Savickas, 2013), para a qual é preciso relacionar os aspectos e as demandas pessoais e profissionais em todos os momentos da vida.

Para descrever os estudos empíricos nacionais e internacionais que tratam da influência da família no desenvolvimento vocacional de jovens, neste capítulo será utilizada uma estrutura de categorias baseada em Bryant e colaboradores (2005). Esses autores delimitaram como variáveis de carreira: (1) o desenvolvimento de conhecimentos, crenças e valores ocupacionais; (2) o desenvolvimento do processo exploratório; e (3) o desenvolvimento de aspirações, autoeficácia e realizações. Além dessas variáveis, também serão incluídos neste capítulo os estudos recentes que enfatizam o papel familiar no (4) desenvolvimento da adaptabilidade de carreira dos jovens e os estudos que avaliam (5) as percepções dos filhos sobre a influência familiar no seu desenvolvimento de carreira e as percepções dos pais sobre o desenvolvimento de carreira dos filhos.

O papel da família no desenvolvimento de conhecimentos, crenças e valores ocupacionais

Os pais constituem o principal recurso que crianças e adolescentes utilizam, direta ou indiretamente, para formar seus conhecimentos e crenças sobre as ocupações e a preparação necessária para exercê-las (p. ex., Galinsky, 2000). A família molda também as concepções das crianças e dos jovens sobre o trabalho e sua motivação para o estudo e a carreira. Filhos que percebem seus pais realizados no trabalho tendem a desenvolver atitudes mais positivas frente ao trabalho e são mais engajados nas tarefas escolares (Lee, Scholar, & Porfeli, 2015). Embora a influência familiar tenha efeito em um amplo espectro de referências sobre as ocupações, os dados apontam que as crianças estariam mais conscientes dos benefícios financeiros do que psicológicos acerca das motivações parentais para o trabalho. Elas percebem as atitudes parentais em relação ao trabalho mais negativamente do que seus próprios pais e têm pouco conhecimento direto sobre o trabalho deles. O quanto os pais são capazes de influenciar o conhecimento, as atitudes e as crenças de crianças e adolescentes acerca do mundo do trabalho parece estar associado à proximidade física e emocional em relação aos filhos (p. ex., Young, Paseluikho, & Valach, 1997). As variáveis apontadas como determinantes nessa proximidade, em geral, são: as jornadas de trabalho, o conflito entre a agenda de trabalho e a agenda de atividades de pais e filhos, a natureza do trabalho, o nível de fadiga após o trabalho e as prioridades que levam à diminuição do tempo com os filhos (p. ex., Zvonkovic, Notter, & Peters, 2006).

Situação familiar e apoio parental parecem influenciar as expectativas de atingir objetivos relacionados à carreira entre jovens (Metheny & McWirther, 2013). Ainda, estudos apontam a importância dos processos relacionais intrafamiliares no desenvolvimento de crenças a respeito da tomada de decisão de carreira. Contextos familiares coesos, que caracterizam um espaço familiar funcional e positivo, diminuem a presença de crenças disfuncionais sobre a carreira, além de propiciar decisão mais qualificada sobre a carreira e ansiedade e conflito externo reduzidos (Lustig & Xu, 2018). O padrão de funcionalidade do núcleo familiar está relacionado com maior ou menor facilidade na transição para a vida adulta. A família funciona como facilitadora quando oferece apoio emocional e comunicação aberta, permitindo que os jovens encontrem seu caminho de forma autônoma e segura. Por outro lado, famílias excessivamente aglutinadas ou que apresentem alto grau de desligamento emocional dificultam a transição para a vida adulta, uma vez que potencializam os conflitos e as incertezas frente aos obstáculos à transição (Bunge, Galantine, Hauck, Marconi, & De Felice, 2012). Resultados similares foram encontrados por Fiorini e Bardagi (2018). Esses autores constataram que universitários com níveis mais elevados de diferenciação do *self* e adaptabilidade de carreira apresentavam também maior equilíbrio entre coesão e flexibilidade na interação familiar e percepções positivas da comunicação e da satisfação em relação à família.

Outros estudos brasileiros mostram que os estilos educacionais adotados pelos pais parecem ter implicação no bem-estar psicológico dos filhos, especialmente em momentos decisivos, como a escolha profissional (Hutz & Bardagi, 2006). A própria configuração familiar (pais casados ou separados, ordem de nascimento dos filhos), por conta do padrão de interação que se estabelece nas famílias, traz implicações para os sentimentos e projetos estabelecidos pelos filhos (Magalhães, 2008). Verifica-se que o apoio emocional dos pais e o incentivo materno à autonomia estão relacionados à redução de sintomas de estresse na etapa de escolha profissional de adolescentes e de preparação para o vestibular (Faria, Weber, & Ton, 2012).

O papel da família no desenvolvimento do comportamento exploratório

Muitos estudos demonstram que a qualidade do relacionamento entre pais e filhos (vinculação afetiva e suporte) influencia muitos dos processos exploratórios que são relevantes para o desenvolvimento vocacional. A responsividade parental às necessidades da criança proporciona uma base segura para o desenvolvimento da curiosidade, para a exploração do ambiente à sua volta e para o desenvolvimento posterior de relações de confiança com professores e profissionais que possam auxiliar na solução de problemas e conflitos, bem como para o engajamento crescente em experiências que levem à independência e à autonomia necessárias à assunção dos papéis adultos (p. ex., Lee & Hughey, 2001). Além disso, o engajamento dos pais em atividades conjuntas com seus filhos (tanto em atividades escolares quanto extraescolares) afeta a extensão da exploração de interesses na infância, que, por sua vez, está associada à exploração dos interesses e ao planejamento vocacional na adolescência. Entretanto, filhos que percebiam seus pais como exigentes são os que demonstram crenças mais elevadas acerca da utilidade do comportamento exploratório (Faria, Pinto, & Vieira, 2015). Controle, supervisão e disciplina, quando associados à responsividade, estão ligados claramente à segurança para explorar a si mesmo e ao ambiente.

O nível socioeconômico das famílias também pode ampliar ou restringir a exploração. Famílias de classe média tendem a oportunizar maior acesso à informação ocupacional aos seus jovens do que famílias desfavorecidas, o que é também determinado pela rede de contatos mais extensa e pelas possibilidades de proporcionar inserção em programas de orientação profissional de qualidade (p. ex., Lareau, 2003). A situação de emprego dos pais também pode ter impacto significativo para a exploração vocacional. Um estudo realizado em Portugal (Faria, 2013) mostrou que adolescentes de famílias nas quais pelo menos um dos pais estava desempregado tendiam a apresentar crenças mais negativas de exploração, menos comportamentos exploratórios e reações afetivas mais negativas em relação à exploração vocacional do que adolescentes de famílias nas quais ambos os pais estavam empregados. Observou-se nesses adolescentes uma visão mais pessimista das possibilidades do mercado de trabalho para ingressar em sua profissão preferida, além de satisfação reduzida com as informações obtidas sobre as profissões e maior estresse na tomada de decisão.

Também em Portugal, Simões, Gamboa e Paixão (2016) observaram que a exploração vocacional (especialmente a exploração do meio) foi beneficiada por uma intervenção que propiciava o envolvimento parental na resolução de dilemas de carreira. Os autores concluíram que a percepção do adolescente sobre o interesse dos seus pais ou cuidadores às suas opções de carreira está positivamente associada aos comportamentos de exploração.

O papel da família no desenvolvimento das aspirações, autoeficácia e realizações

Considerando-se a importância de modelos de comportamento nas relações entre pais e filhos, os sentimentos de insegurança no emprego impactam na autoeficácia de carreira dos filhos (Zhao, Lim, & Teo, 2012) e na motivação intrínseca para o trabalho (Lim & Sng, 2006). Os estilos parentais (em especial aspectos de responsividade e exigência) são outro aspecto bastante descrito na literatura a exercer influência direta sobre a autoeficácia e as dificuldades de tomada de decisão de carreira em diferentes culturas (Koumoundourou, Tsaousis, & Kounenou, 2011; Murgo, Barros, & Sena, 2018; Sovet & Metz, 2014). O apoio parental percebido em relação a questões de carreira e o estímulo à autonomia também impactam positivamente na autoeficácia dos filhos (Guan et al., 2016; Katz, Cohen, Green-Cohen, & Morsiano-Davidpur, 2018).

Variáveis parentais como autoeficácia percebida, recursos financeiros, nível educacional, estimulação intelectual e experiências concretas com o trabalho constituem uma rede de relacionamentos importantes para o desenvolvimento das aspirações, escolhas e realizações acadêmicas e ocupacionais de crianças e adolescentes. A formação parental e o nível socioeconômico são fatores motivacionais que estimulam a busca da manutenção de uma posição social ou mesmo de superação da posição conquistada pela geração anterior. Estudos apontam, no cenário brasileiro, de forma consistente, a importância do impacto positivo da maior escolaridade parental e das oportunidades culturais e educacionais oferecidas aos filhos na formação e na motivação para os estudos, na maior independência e autonomia dos filhos, na ampliação de opções de carreira percebidas e no desempenho no vestibular, na maior capacidade de planejar a carreira e nas ações de preparação e busca de trabalho (p. ex., Bardagi & Hutz, 2006; Gaioso, 2005; Leal, Melo-Silva, & Teixeira, 2015; Magalhães, 2008; Ribeiro, 2005; Silva, 2004).

Nesse sentido, os trabalhos de Ribeiro (2005) e Gaioso (2005) mostram que a ausência de modelos familiares de educação superior e a ausência de uma história familiar relacionada às instituições, às carreiras e às rotinas universitárias podem ser fortes razões para o abandono de curso superior. Esses estudos costumam relacionar o *background* familiar com o conjunto de valores de trabalho e expectativas de desempenho e metas passadas aos filhos, além de relacioná-lo com o conjunto de oportunidades de desenvolvimento de interesses e habilidades e aquisição de conhecimentos (objetivos e sociais) oferecidos aos filhos, que mais diretamente vão modelar as decisões profissionais.

O papel da família no desenvolvimento da adaptabilidade

O impacto dos valores de carreira e da adaptabilidade dos pais sobre o desenvolvimento de carreira dos filhos é mediado pelas práticas educativas. Suporte e engajamento parental são mediadores relevantes entre valores intrínsecos de realização, de equilíbrio entre trabalho e família e desenvolvimento da adaptabilidade de carreira nos filhos. A adaptabilidade de carreira dos pais está significativamente associada a suporte e interferência parental. Pais com alta adaptabilidade são capazes de superar dificuldades nas suas próprias carreiras e, assim, fornecer modelos, sugestões e oportunidades de desenvolvimento relevantes e positivas, mas também, por confiarem em seus próprios julgamentos, podem utilizar estratégias de interferência, dificultando o desenvolvimento de comportamento exploratório e de autonomia nas decisões de carreira (Guan et al., 2016, 2018).

Estudos sobre as percepções de pais e filhos acerca da importância/influência da família na carreira dos filhos

Algumas pesquisas têm procurado desenvolver modelos e instrumentos que avaliem dimensões ou aspectos relevantes de influência parental nas escolhas profissionais conforme a percepção de jovens e adolescentes. Turner, Alliman-Brissett, Lapan, Udipi e Ergun (2003) construíram a Escala de Suporte Parental Relacionada à Carreira (*Career-Related Parent Support Scale*), identificando quatro dimensões: assistência instrumental, apoio emocional, encorajamento verbal e modelagem relacionada à carreira. Posteriormente, Keller e Whiston (2008) desenvolveram o Checklist de Comportamentos Parentais relacionados à Carreira (*Parent Career Behavior Checklist*), com duas subescalas: apoio psicossocial (mais geral, não específico à carreira) e ação instrumental (comportamentos específicos de apoio ao processo de escolha). Já Dietrich e Kracke (2009) propuseram a Escala de Comportamentos Parentais Percebidos Relacionados à Carreira (*Perceived Parental Career-Related Behaviours Scale*), com três dimensões: apoio, interferência e falta de engajamento. Por sua vez, Fouad e colaboradores (2010) propuseram a Escala de Influência da Família (*Family Influence Scale*), com quatro dimensões: apoio informacional (ajudar a obter informações), apoio financeiro (apoio instrumental), expectativas familiares (no sentido de esperar decisões específicas ou rejeitar opções) e valores (expectativa de escolhas coerentes com valores familiares). No Brasil, recentemente, foi desenvolvida a Escala de Envolvimento Parental na Decisão Vocacional (Alves, Masiero, Dias, & Teixeira, 2018), que avalia dois componentes: apoio à tomada de decisão vocacional e apoio à exploração vocacional. Apesar de algumas diferenças entre esses instrumentos, percebe-se claramente que o apoio, seja ele mais emocional ou instrumental (envolvendo auxílio para a obtenção de informações e decisão), é um fator central na influência parental nos processos de decisão vocacional.

Estudos brasileiros indicam de forma consistente em seus resultados que os pais são citados espontaneamente pelos adolescentes e adultos jovens como fontes importantes de influência para as escolhas de carreira, muitos deles apontando a influência familiar como principal na tomada de decisão (p. ex., Bardagi & Hutz, 2008; Bolzani, 2009; Pereira, 2007). No entanto, em diversos estudos, não fica claro como os pais exercem influência, sendo possível apenas identificar a frequência com que são citados pelos jovens.

Quando se analisa mais especificamente de que maneiras os jovens percebem a influência familiar, os estudos costumam apontar aspectos positivos, como apoio recebido dos pais ao estudo, informações recebidas sobre formação e instituições de ensino, incentivo a escolhas independentes e baseadas no interesse e existência de familiares como modelos bem-sucedidos de trabalho (Alves, 2004; Moura, Sampaio, Menezes, & Rodrigues, 2003; Teodoro, 2005). Quando são vistos de forma negativa, os aspectos familiares da influência aparecem como pressão para a escolha de determinadas profissões, baixo índice de comunicação familiar sobre trabalho e carreira, expectativas de alto desempenho em relação aos filhos, pouco apoio às dúvidas e às opções dos adolescentes (Bardagi & Hutz, 2008).

Os estudos que comparam as influências de pais e amigos descrevem predomínio dos pais como determinantes para a definição de objetivos pessoais (carreira ou curso escolhido) e os amigos como fontes mais importantes de apoio social e intimidade (Pereira, 2007; Santos, 2005). Alguns resultados apontam, ainda, que os filhos se identificam significativamente menos com a profissão das mães do que com a profissão dos pais. Há menor identificação com as profissões dos pais entre filhos de alunos da rede pública em relação a filhos de alunos da rede privada, e os alunos tendem a se aproximar das profissões dos pais consideradas agradáveis (interessantes e com turno de trabalho flexível) e se afastar das consideradas sacrificantes (Gastaldon, 2007).

São raros os estudos brasileiros cujo objetivo envolve uma avaliação da percepção dos pais em relação às escolhas e ao desenvolvimento profissional dos filhos (p. ex., Almeida, 2009; Mansão, 2002; Oliveira, 2000). Tais estudos costumam descrever que os pais preocupam-se com uma escolha que venha aliada ao prazer com o mercado de trabalho, com o vestibular e com a adequação entre o projeto profissional e o de vida; como ações para auxiliar o filho em seu processo de escolha os pais indicaram a manutenção do diálogo e a busca de informações sobre as profissões. Pais percebem que sua influência se dá por meio de diálogo, apoio emocional e material e influência pelo exemplo (Oliveira & Dias, 2013). Existe ainda expectativa dos pais quanto ao trabalho da escola, no sentido de integração permanente por meio de encontros organizados nos quais tenham possibilidade de ser orientados e possam discutir e trocar experiências com outros pais sobre os sentimentos experimentados no processo de escolha profissional dos adolescentes.

Entre as principais dificuldades apontadas pelos pais neste momento, como indicam os trabalhos de Almeida (2009) e Oliveira (2000), estão a percepção de que os filhos são excessivamente dependentes e imaturos, de que sentem-se ambíguos frente ao processo de crescimento e independência dos filhos, de que interferem diretamente na escolha profissional dos filhos; e de que atribuem ao vestibular o significado de vitória e realização deles próprios, demonstrando sentirem-se avaliados em seu papel parental pelo desempenho dos filhos.

Reflexões sobre os achados empíricos e as implicações futuras para a pesquisa e a prática de orientação de carreira de jovens

Os estudos internacionais e nacionais têm pontos comuns. Em primeiro lugar, assume-se que a família é o contexto de influência mais relevante para o desenvolvimento vocacional de crianças e adolescentes e que exerce efeitos concretos na qualidade do desenvolvimento de carreira do adulto. Em segundo lugar, assume-se também a necessidade de, na medida do possível, incluir os pais nos processos de intervenção de carreira com jovens. Variáveis parentais como nível socioeconômico, acessibilidade e qualidade de relacionamento permeiam a grande parte das conclusões dos estudos. Famílias de nível socioeconômico baixo tendem a apresentar expectativas e aspirações mais modestas e a oferecer aos filhos menos oportunidades de exploração, uma vez que a qualidade da exploração depende de recursos materiais, de modelos de identificação para autoeficácia na escolha e no desempenho profissional, bem como de aspirações profissionais.

Nesse sentido, o aumento no número de estudantes de baixa renda no ensino superior nos últimos anos, assim como de primeira geração (os primeiros da família a ingressar na universidade), se coloca como um desafio para pesquisadores e orientadores profissionais, na medida em que é necessário compreender melhor como o contexto familiar desses estudantes impacta no desenvolvimento de carreira e que tipo de intervenções podem ser desenvolvidas para atender às necessidades específicas dessa população.

Além disso, filhos de adultos insatisfeitos com seu trabalho e com o nível educacional e profissional atingido tendem a ver a vida profissional como tediosa e difícil. Apresentam motivação para exploração, aspirações e percepção de autoeficácia para escolhas de carreira diminuídas. Nesse sentido, é preciso trabalhar com crianças e adolescentes nesses contextos a ampliação das oportunidades educacionais e o contato com modelos profissionais diversificados. Adultos com boas condições socioeconômicas provavelmente têm níveis mais altos de escolaridade e, portanto, maior possibilidade de inserir-se em uma profissão ou ocupação de sua escolha, o que aumenta a probabilidade de satisfação e, consequentemente, de tornarem-se modelos de referências positivas em relação ao trabalho, uma vez que têm expectativas e aspirações ocupacionais mais favoráveis.

No entanto, os pais mais bem-sucedidos também correm o risco de exigir demasiado dos filhos em termos de desempenho e restringir os espaços de livre escolha em favor de certas opções estereotipadas percebidas como de maior prestígio social e ganho financeiro.

Ainda, a qualidade do relacionamento, a funcionalidade da dinâmica familiar, avaliadas por meio de aspectos como responsividade, dedicação, qualidade de tempo disponível para acompanhar o desenvolvimento da criança, e mesmo as atitudes positivas em relação ao crescente aumento da independência da criança e do adolescente, parecem estar entre as variáveis mais fortemente associadas a um desenvolvimento vocacional ajustado em virtude do suporte necessário para que a criança explore o mundo à sua volta e, a partir dessa exploração, avalie seus resultados e aja de acordo com a avaliação, fazendo escolhas que irão reproduzir as condições de satisfação e realização. Pais superprotetores, dominadores e possessivos constituem um obstáculo à experimentação, pois impedem os filhos de arriscarem-se, fracassarem e aprenderem com o fracasso, e de serem bem-sucedidos em suas experiências e, assim, tornarem-se mais autoconfiantes.

Portanto, suporte e encorajamento estão na base do comportamento exploratório e, por conseguinte, da construção da carreira. Os contextos sociais e escolar e, particularmente, o familiar oferecem a maior parte das oportunidades de experimentação ao jovem. Entretanto, a família, e especialmente os pais, constitui a fonte principal de referências e identificações, favorecendo a construção de um mapa por meio do qual irão delinear suas escolhas vocacionais. Assim, tanto nos contextos escolares quanto de atendimento de orientação de carreira, promover reflexões e atividades que favoreçam essas interações familiares positivas é extremamente benéfico para o desenvolvimento de carreira dos filhos e pode funcionar como medida protetiva de futuros conflitos e inseguranças nas transições profissionais.

Com relação às implicações para a prática de orientação, uma vez que a disposição de muitos pais é a de auxiliar seus filhos nos processos de exploração e planejamento vocacional, e uma vez que os temas de carreira estão intrinsecamente relacionados com os outros contextos de vida (estudo, lazer, comunidade, família) (Super et al., 1996), a avaliação sobre a dinâmica familiar deve tornar-se tema essencial no aconselhamento de carreira. Ao clarificar e tornar mais funcionais as relações familiares, o orientador deve estar consciente de que está também agindo sobre a maneira como essas relações constroem o desenvolvimento de competências exploratórias e o planejamento vocacional das crianças e dos adolescentes. A intervenção com os pais pode centrar-se no auxílio à percepção de suas próprias expectativas e aspirações acerca do trabalho, suas trajetórias profissionais, seus próprios processos de escolha. Com os filhos, a intervenção pode levar à reflexão de padrões limitantes internalizados ao longo da infância e adolescência e de como esses padrões afetam a extensão, a qualidade e a quantidade de seu comportamento exploratório, bem como suas aspirações e seus planos de carreira futuros.

Referências

Almeida, F. H. (2009). *Orientação de pais com filhos em processo de escolha profissional: Uma intervenção em grupo operativo*. Dissertação de mestrado não publicada, Universidade de São Paulo, Ribeirão Preto.

Alves, S. C. (2004). *Aspiração e escolha profissional: Um produto de relações sociais?* Dissertação de mestrado não publicada, Universidade de Brasília, Brasília.

Alves, C. F., Masiero, L. R. O., Dias, A. C. G., & Teixeira, M. A. P. (2018). Construção e análise das propriedades psicométricas da escala de envolvimento parental na decisão vocacional (EEPDV). *Avaliação Psicológica, 17*(3), 292-300.

Bardagi, M. P., & Hutz, C. S. (2008). Apoio parental percebido no contexto da escolha inicial e da evasão de curso universitário. *Revista Brasileira de Orientação Profissional, 9*(2), 31-44.

Bolzani, B. (2009). *Orientação profissional: Tecendo perspectivas para os alunos da rede pública de ensino: Um estudo na Escola Técnica Estadual Dr. Júlio Cardoso*. Dissertação de mestrado não publicada, Universidade Estadual Paulista Júlio de Mesquita Filho, Franca.

Bunge, M., Galantine, N. R., Hauck, A. M., Marconi, A. P. L., & De Felice, E. M. (2012). O jovem adulto que reside com os pais: Um estudo exploratório. *Mudanças: Psicologia e Saúde, 20*(1-2), 51-62.

Bryant, B. K., Zvonkovic, A. M., & Reynolds, P. (2005). Parenting in relation to child and adolescent vocational development. *Journal of Vocational Behavior, 69*(1), 149-175.

Dietrich, J., & Kracke, B. (2009). Career-specific parental behaviors in adolescents' development. *Journal of Vocational Behavior, 75*(2), 109-119.

Faria, L. C. (2013). Influência da condição emprego/desemprego dos pais na exploração e indecisão vocacional de adolescentes. *Psicologia: Reflexão e Crítica, 26*(4), 772-779.

Faria, L. C., Pinto, J. C., & Vieira, M. (2015). Construção da carreira: O papel da percepção dos filhos acerca dos estilos parentais na exploração vocacional. *Psicologia: Reflexão e Crítica, 28*(1), 194-2013.

Faria, R. R., Weber, L. N., & Ton, C. T. (2012). O estresse entre vestibulandos e suas relações com a família e a escolha profissional. *Psicologia Argumento, 30*(68), 43-52.

Fiorini, M. C., & Bardagi, M. P. (2018). Funcionamento familiar, diferenciação do self e adaptabilidade de carreira de universitários brasileiros. *Psicología desde el Caribe, 35*(3), 210-223.

Fouad, N. A., Cotter, E. W., Fitzpatrick, M. E., Kantamneni, N., Carter, L., & Bernfeld, S. (2010). Development and validation of the Family Influence Scale. *Journal of Career Assessment, 18*(3), 276-291.

Gaioso, N. P. L. (2005). *A evasão discente na educação superior no Brasil: Na perspectiva de alunos e dirigentes*. Dissertação de mestrado não publicada, Universidade Católica de Brasília, Brasília.

Galinsky, E. (2000). *Ask the children: The breakthrough study that reveals how to succeed at work and parenting*. New York: Quill.

Gastaldon, C. F. (2007). *Fatores que influenciam na escolha da profissão no ensino superior: Um estudo de caso na cidade de Criciúma (SC)*. Dissertação de mestrado não publicada, Universidade do Extremo Sul Catarinense, Criciúma.

Guan, Y., Wang, Z., Gong, Q., Cai, Z., Xu, S. L., Xiang, Q., ... Tian, L. (2018). Parents' career values, adaptability, career-specific parenting behaviors, and undergraduates' career adaptability. *The Counseling Psychologist, 46*(7), 922-946.

Guan, P., Capezio, A., Restubog, S. L. D., Read, S., Lajom, J. A. L., & Li, M. (2016). The role of traditionality in the relationships among parental support, career decision-making self-efficacy and career adaptability. *Journal of Vocational Behavior, 94*, 114-123.

Hutz, C. S., & Bardagi, M. P. (2006). Indecisão profissional, ansiedade e depressão na adolescência: A influência dos estilos parentais. *Psico-USF, 11*(1), 65-73.

Katz, I., Cohen, R., Green-Cohen, M., & Morsiano-Davidpur, S. (2018). Parental support for adolescents' autonomy while making a first career decision. *Learning and Individual Differences, 65*, 12-19.

Keller, B. K., & Whiston, S. C. (2008). The role of parental influences on young adolescents' career development. *Journal of Career Assessment, 16*(2), 198-217.

Koumoundourou, G., Tsaousis, I., & Kounenou, K. (2011). Parental influences on Greek adolescents' career decision-making difficulties: The mediating effects of core self-evaluations. *Journal of Career Assessment, 19*(2), 165-182.

Lareau, A. (2003). *Unequal childhoods: Class, race, and family life*. Berkeley: University of California.

Leal, M. S., Melo-Silva, L. L., & Teixeira, M. O. (2015). Crenças para lidar com tarefas de carreira em estudantes do ensino médio. *Avaliação Psicológica, 14*(1), 125-132.

Lee, H., & Hughey, K. F. (2001). The relationship of psychological separation and parental attachment to the career maturity of college freshmen from intact families. *Journal of Career Development, 27*(4), 279–293.

Lee, B., Scholar, P., & Porfeli, E. (2015). Youths' socialization to work and school within the family. *International Journal for Educational and Vocational Guidance, 15*(2), 145-162.

Lim, V. K., & Sng, Q. S. (2006). Does parental job insecurity matter? Money anxiety, money motives, and work motivation. *Journal of Applied Psychology, 91*(5), 1078-1087.

Lustig, D., & Xu, L. (2018). Family-of-origin influence on career thoughts. *The Career Development Quarterly, 66*(2), 149-161.

Magalhães, M. O. (2008). Relação entre ordem de nascimento e interesses vocacionais. *Estudos de Psicologia (Campinas), 25*(2), 203-210.

Mansão, C. S. M. (2002). *Orientação profissional no ensino médio: Perspectivas dos pais.* Dissertação de mestrado não publicada, Pontifícia Universidade Católica de Campinas, Campinas, SP.

Metheny, J., & McWirther, E. H. (2013). Contributions of social status and family support to college students' career decision self-efficacy and outcome expectations. *Journal of Career Assessment, 21*(3), 378-394.

Moura, C. B., Sampaio, A. C. P., Menezes, M. V., & Rodrigues, L. D. (2003). Uso de relatos escritos como instrumento de avaliação e intervenção em orientação profissional. *Estudos em Psicologia (Campinas), 20*(3), 83-98.

Murgo, C. S., Barros, L. O., & Sena, B. C. S. (2018). Associações entre estilos parentais, interesses e indecisão profissional em estudantes de ensino médio. *Psico-USF, 23*(4), 693-703.

Oliveira, I. M. D. A. (2000). *De quem é o vestibular: A mãe frente à diferenciação do filho.* Dissertação de mestrado não publicada, Universidade Católica de Pernambuco, Recife.

Oliveira, C. T., & Dias, A. C. G. (2013). Percepções parentais sobre sua participação no desenvolvimento profissional dos filhos universitários. *Revista Brasileira de Orientação Profissional, 14*(1), 61-72.

Pereira, F. N. (2007). *A participação dos amigos nas escolhas profissionais de adolescentes.* Dissertação de mestrado não publicada, Universidade Federal do Espírito Santo, Vitória.

Ribeiro, M. A. (2005). O projeto profissional familiar como determinante da evasão universitária: Um estudo preliminar. *Revista Brasileira de Orientação Profissional, 6*(2), 55-70.

Santos, L. M. M. (2005). O papel da família e dos pares na escolha profissional. *Psicologia em Estudo, 10*(1), 57-66.

Savickas, M. L. (2011). *Career Counseling: Theories of psychotherapy series.* Washington: APA.

Savickas, M. L. (2013). The theory and practice of career construction. In S. D. Brown & R. W. Lent (Eds.), *Career development and counselling: Putting theory and research to work* (2nd ed, pp. 147-183). Hoboken: Wiley.

Savickas, M. L. (2015). Career counseling paradigms: Guiding, developing, and designing. In P. Hartung, M. Savickas, & W. Walsh (Eds.), *The APA handbook of career interventions* (pp. 129-143). Washington: APA.

Savickas, M. L., Nota, L., Rossier, J., Dauwalder, J. P., Duarte, M. E., Guichard, J., & van Vianen, A. E. M. (2009). Life designing: A paradigm for career construction in the 21st century. *Journal of Vocational Behavior, 75*(3), 239-250.

Silva, M. M. (2004). *Inserção profissional e condição social: Trajetórias de jovens graduados no mercado de trabalho.* Tese de doutorado não publicada, Universidade Federal de Santa Catarina, Florianópolis.

Simões, E., Gamboa, V., & Paixão, O. (2016). Promoting parental support and vocational development of 8th grade students. *Revista Brasileira de Orientação profissional, 17*(1), 1-11.

Sovet, L., & Metz, A. J. (2014). Parenting styles and career decision-making in French and Korean adolescents. *Journal of Vocational Behavior, 84*(3), 345-355.

Super, D. E., Savickas, M. L., & Super, C. M. (1996). The life-span, life-space approach to careers. In D. Brown, & L. Brooks (Eds.), *Career choice and development* (3rd ed., pp. 178-221). San Francisco: Jossey-Bass.

Teodoro, E. G. (2005). *Escolhas profissionais de adolescentes em carreiras técnicas no Centro Federal de Educação Tecnológica do Pará.* Dissertação de mestrado não publicada, Universidade Federal do Pará, Belém.

Turner S. L., Alliman-Brissett A., Lapan, R. T., Udipi, S., & Ergun, D. (2003). The career-related parent support scale. *Measurement and Evaluation in Counseling and Development, 36*(2), 83-92.

Whiston, S. C., & Keller, B. K. (2004). The influences of the family of origin on career development: A review and analysis. *The Counseling Psychologist, 32*(4), 493-568.

Young, R. A., Paseluikho, M., & Valach, L. (1997). Emotion in the construction of career in conversations between parents and adolescents. *Journal of Counseling and Development, 76,* 36-44.

Zhao, X., Lim, V. K., & Teo, T. S. (2012). The long arm of job insecurity: Its impact on career-specific parenting behaviors and youths' career self-efficacy. *Journal of Vocational Behavior, 80*(3), 619-628.

Zvonkovic, A. M., Notter, M. L., & Peters, C. L. (2006). Family studies: Situating everyday family life at work, in time and across contexts. In E. Kossek, S. Sweet, & M. Pi Castouphes (Eds.), *The work-family handbook* (pp. 141-164). New York: Lawrence Erlbaum.

Famílias de crianças em situação de vulnerabilidade social

Silvia H. Koller | Clarissa De Antoni | Maria Elisa Fontana Carpena

Este capítulo tem como objetivo atualizar ideias relacionadas às famílias de crianças em situação de vulnerabilidade pessoal e social por meio da teoria bioecológica do desenvolvimento humano (TBDH), preconizada por Bronfenbrenner (2011). Uma criança pode ser considerada em situação de vulnerabilidade pessoal quando seu desenvolvimento não ocorre de acordo com o esperado para a sua faixa etária, segundo os parâmetros de sua cultura.

A presença de fatores de risco externos ou internos, como físico (doenças genéticas ou adquiridas, prematuridade, problemas de nutrição, entre outros), social (exposição a um ambiente violento ou a drogas) ou psicológico (efeitos de abuso, negligência ou exploração), pode determinar vulnerabilidade. Eventos externos de risco estão relacionados às condições adversas do ambiente no qual as crianças se desenvolvem. Eles podem ser riscos proximais (em microssistemas nos quais elas interagem face a face) ou distais (sistemas nos quais elas não estão presentes, mas que têm influência sobre elas – nível exossistêmico ou macrossistêmico) (Bronfenbrenner, 2011).

A vulnerabilidade social é definida pela falta de acessibilidade a serviços, como os de saúde, social, habitação, trabalho, educação, segurança, e à garantia de manutenção de direitos. Também pode ser compreendida a partir das mudanças sociais ocorridas nos últimos anos, que mostram como a sociedade não está totalmente preparada para lidar com essas mudanças, ocasionando preconceito ou discriminação. Antes de definir o que seriam famílias de crianças em situação de vulnerabilidade social, é interessante percorrer a definição de famílias em geral ao longo das últimas décadas.

Definindo família

A família é o primeiro sistema de relações interpessoais. É o microssistema fundamental para a interação das pessoas com o ambiente ampliado, no qual elas agem com reciprocidade, afeto, equilíbrio de poder e estabilidade. É o palco inicial do desenvolvimento humano, das transições ecológicas e dos processos proximais. Nela, as pessoas tanto constroem sua história e suas rotinas quanto são construídas pela permeabilidade dos valores, das tradições e dos segredos da intergeracionalidade e do que dela herdam. Nas últimas décadas, as inúmeras mudanças sociais levaram as ciências humanas a redefinir o construto de família. Como ela se forma, qual a sua importância e como desempenha seu papel na sociedade são questões permanentes para estudiosos do tema. Até recentemente, a família aparecia como principal e único sistema ecológico de orientação das pessoas nos primeiros anos de vida. Sua configuração era baseada na presença de um pai-provedor, de uma mãe-cuidadora e dos filhos nascidos da união entre eles. O bem-estar e a proteção de todos os membros, ao longo do desenvolvimento no ciclo vital, eram tarefas fundamentais dos pais, que também apareciam como modelos proximais principais e responsáveis por todas as consequências no desenvolvimento dos filhos. Fugir a essa equação significava se tornar alvo de discriminação.

As transformações ocorridas na sociedade geraram uma nova definição de família. Novas organizações e reorganizações familiares foram se estabelecendo e desafiando a definição anterior. A mãe-cuidadora tornou-se a mulher-mãe que ganha espaço no mercado de trabalho, assumindo uma jornada tripla: sua atividade profissional *mais* os cuidados com o bem-estar dos membros da família *mais* o cuidado pessoal e de seu próprio desenvolvimento. O pai-provedor revela-se o homem-pai e deixa de ser o único provedor para passar a contar com a participação da mulher na manutenção da casa. Dele passa a ser exigido que expresse sentimentos, compartilhe afazeres domésticos, envolva-se na educação e no cuidado dos filhos e esteja ao lado da mulher no cotidiano da família. E, evidentemente, que também cuide de seu desenvolvimento e cuidado pessoal. Novas formações de famílias homoafetivas também compõem esse novo cenário.

A nova configuração familiar, que desvenda a estrutura e o funcionamento do microssistema familiar e doméstico, no entanto, independe do fato de seus membros viverem juntos ou separados. Recentemente, estudos e pesquisas avançaram no entendimento das dinâmicas e dos papéis familiares ao enfatizar a família como um microssistema em si mesmo e em sua inter-relação com fatores sociais e econômicos para o entendimento dos problemas. Mulheres gestoras familiares configuram um novo padrão familiar, e a presença paterna em famílias de nível socioeconômico baixo é cada vez menos frequente. Assim, famílias monoparentais ou sem a presença parental também são reconhecidas. Entretanto, esses novos arranjos e configurações também trazem um desafio: a construção de padrões interacionais múltiplos que configuram novas ordens sociais e, assim, provocam resistência e ataques de um grupo mais conservador.

Uma revisão histórica da maternidade, desde a Idade Média, mostrou que a exaltação do amor materno é fato recente na civilização ocidental (Kniebiehler & Fouquet, 1983). Os fatos históricos sugerem que, até o século XVIII, predominava uma conduta de indiferença materna. Apenas no final daquele século teve início a exaltação do amor materno no discurso de filósofos, médicos e políticos. Começou, então, o processo de ativar os sentimentos de culpa nas mulheres que abortavam ou que não queriam amamentar. No século XIX, o culto à maternidade ampliou o lugar da mãe e da criança na sociedade. Conforme Ariès (1985), isso aconteceu na época em que novas condições de vida levavam os homens cada vez mais para fora de casa, cabendo à mulher a função de cuidadora/educadora. No século XX, com o surgimento de teorias psicológicas, reforçou-se a tendência de responsabilizar a mãe pelos problemas dos filhos. Kniebiehler e Fouquet (1983) demonstraram que os vínculos das mães com os filhos não se desenvolviam por instinto nem dependiam da biologia dos laços de sangue. Para Maldonado (1989), aspectos como o convívio e a disponibilidade para cuidar de uma criança e acompanhar seu desenvolvimento são determinantes na construção do amor e do vínculo da mãe com o filho.

Famílias monoparentais, reconstituídas, extensivas, homoafetivas e não consanguíneas, entre outras, são possibilidades e são vivenciadas na atualidade (De Antoni & Koller, 2000). Não significa que elas não existissem antes, apenas estavam encobertas pelo imaginário idealizado socialmente. A psicologia, como ciência humana, depara-se com um novo desafio: precisa de estudos que abordem contextos e processos de desenvolvimento e deve lidar com o desvelamento da realidade das famílias e a influência que exercem sobre o ser humano.

A instituição tradicional casamento, que era considerada necessária e, por vezes, obrigatória para a constituição de uma família, aparece com novas configurações. A obrigatoriedade do casamento é um imperativo atualmente muito questionável. Não são necessários casamentos para a constituição de uma família. Muitas famílias são descritas pela presença de pais não casados, que vivem separados e/ou nunca viveram juntos, têm novos companheiros, têm a guarda compartilhada ou são do mesmo sexo. Há produções independentes, filhos de pai ou mãe solteiros ou separados, padrastos e madrastas e seus filhos em agrupamentos, avós que se tornaram mães/pais de seus netos. Existe a necessidade clara de entender tais contextos, conhecer valores e acolher costumes e novas culturas. Continuam sendo necessárias pesquisas sistemáticas e rigorosas para produzir conhecimento sobre o construto família. Portanto, esse contexto ecológico proximal que as pessoas chamavam de família não pode mais ser facilmente definido.

A melhor forma de lidar com essa realidade e com o desafio de defini-la, por questões metodológicas ou terapêuticas, deve ser fazendo uma pergunta direta para as pessoas com quem os psicólogos querem trabalhar: quem é a sua família? Resposta difícil de antecipar em alguns casos. Porém, a partir da resposta, planejamentos podem ser estabelecidos. Não cabe aos pesquisadores ou terapeutas prescreverem uma receita do que é uma família aos seus participantes ou clientes. Se houver necessidade de ter um padrão para a manutenção do necessário e desejado rigor metodológico, por exemplo, em uma pesquisa, essa configuração poderá ser colocada *a priori*, mas não se pode exigir que os participantes sejam enquadrados ou enquadrem suas definições de família nesse padrão. Certamente, a definição *a posteriori* precisa ser levada em conta. Aspectos emocionais, afetivos e culturais devem ser considerados na definição de quem é a família de cada pessoa.

É evidente que as mudanças socioculturais e econômicas impactam a forma de vida das pessoas. É inegável a importância de ambos os pais ou de representantes dessas figuras no desenvolvimento de crianças e adolescentes. A participação da família na vida dos filhos cumpre uma função básica de cuidado e referência que ainda perdura. Uma boa vinculação com pessoas próximas, relações estáveis, face a face, comunicação e manutenção do respeito à hierarquia de poder têm sido apontados como fatores protagonistas na construção de uma estrutura emocional segura. Apoio e proteção, independentemente da configuração e do funcionamento do agrupamento estabelecido, garantem o seu funcionamento para construir valores, crenças e projetos de vida para todos os seus membros.

A família é mais do que a soma dos seus membros. É mais que um agrupamento de pessoas. É um contexto ecológico dinâmico no qual as pessoas compartilham seu desenvolvimento. Há um sentimento de pertença entre seus membros e em relação a esse contexto (Bronfenbrenner, 1996). Historicamente, as funções da família têm atendido a dois diferentes objetivos: um interno, de proteção psicossocial de seus membros; e outro externo, de acomodação e transmissão da cultura. Observa-se a presença de um viés paradoxal da família como formadora, dando à pessoa a noção de pertencimento, ao mesmo tempo em que a situa em um mundo independente, concedendo-lhe autonomia (Minuchin, 1988).

Mesmo com tantas mudanças, há aspectos tradicionais que ainda vigoram e são considerados na história da família. Como resultado dos desafios que se apresentam, a principal tarefa psicossocial da família, que é proteger seus membros, ficou ainda mais importante, apesar das diversas configurações e funcionamentos. Atualmente, o nível de interação face a face em atividades compartilhadas parece diminuir a cada dia. No entanto, a interação e a comunicação presentes e ativas são de interesse na saúde emocional dos membros da família.

Zamberlan (2002) sugeriu que o processo para cumprir o compromisso de acompanhar o desenvolvimento dos filhos requer compreensão e flexibilidade dos adultos, assim como respeito à individualidade das crianças. A família é um grupo dinâmico que precisa reformular-se internamente para se adequar à passagem de seus membros pelo ciclo vital e às inúmeras mudanças da própria vida e da sociedade. Portanto, a família, identificável como a menor unidade da sociedade, precisa manter--se suficientemente capaz de ter continuidade

(Minuchin, 1988). Crianças adequadamente criadas são menos vulneráveis ao estresse e dele se recuperam com maior facilidade, pois seu poder de adaptação e seus recursos internos são de grande valia nas horas críticas (Rutter, 2007). Assim, ao pensar em famílias na atualidade, deve-se considerar as influências macrossistêmicas que potencializam fatores de risco. Cultura, pobreza, violência são indícios dessas influências. A seguir, serão apresentadas algumas ideias sobre famílias de crianças em situação de vulnerabilidade social.

Família e cultura

A sociedade em que as crianças nascem e se desenvolvem produz adultos que operam psicologicamente de uma maneira particular e de acordo com os modos culturalmente constituídos. Um ambiente facilitador e seus ajustes adaptativos progressivos às necessidades individuais poderiam ser isolados como parte do estudo da saúde. A aprendizagem social apontou para o fato de que, durante sua vida, as crianças estão expostas a vários modelos cuja influência relativa depende de sua disponibilidade, homogeneidade e heterogeneidade, assim como de suas interações (Bandura & Walters, 1978). No processo inicial da socialização, as famílias influenciam tanto o comportamento quanto o sentido de identidade das crianças.

A importância da família nas relações sociais em que ela se inscreve e na vida emocional de seus membros é indiscutível. Conforme Reis (1994), é na família, mediadora entre a pessoa e o seu contexto, que se aprende a perceber o mundo e a tomar lugar nele. Sendo a formadora da primeira identidade social, ela é o primeiro "nós" a que os seres humanos aprendem a fazer referência. Cerveny (1997) salientou que, como instância de articulação entre o pessoal e a coletividade, o privado e o público, e o modelo da vida de relação, a família poderia ser considerada aquela organização que, ao mesmo tempo em que sofre, também espelha o impacto das transformações e constitui o *locus* do redimensionamento individual em suas interações com o contexto mais amplo. Essas ideias, embora tecidas nas décadas passadas, ainda parecem muito atuais.

Carlo, Koller, Raffaelli, & Guzman (2007), em um estudo sobre a família latino-americana, centraram sua análise sobre o familismo e a interdependência familiar, o papel da família expandida, as tendências pró-sociais e cooperativas, a orientação coletiva e o gênero. Essas características foram descritas como marcadores nas famílias da região que são adaptáveis, servindo para aumentar o sucesso dos indivíduos nessas sociedades. Essas características também podem ser concebidas como fatores de resiliência, ou seja, fatores que protegem os indivíduos de ambientes de alto risco ou de condições adversas. Uma das marcas características de muitas famílias latinas é o forte valor de unidade e conexão, o qual se reflete na identificação do familismo – apego e lealdade à família.

Pais brasileiros e latinos incentivam seus filhos a permanecerem fisicamente e psicologicamente juntos da família, por meio de frequentes interações sociais e proximidade física. Em muitas famílias latinas, os membros mais velhos mantêm papéis ativos nas atividades familiares. Há uma ênfase de sua contribuição para a família, atribuindo-lhes a responsabilidade pelas tarefas domésticas e pelo cuidado das crianças e dos jovens (Zayas & Solari, 1994). Membros jovens da família são, em geral, criados pelos pais, irmãos, tios, tias e avós. As regras de respeito para com os membros adultos da família têm sido colocadas como base na socialização e, geralmente, há consequências (p. ex., reprovação social, vergonha) quando essas regras são violadas. Além disso, mesmo quando os filhos entram na idade adulta, os pais (e avós) são procurados como fontes de apoio financeiro, instrumental e emocional. Relações familiares positivas podem ajudar a proteger os filhos de se envolverem em comportamentos de risco. Vários estudos têm demonstrado apoio à família, indicando que ligações familiares fortes e maior controle parental estão associados a um menor uso de álcool e de substâncias psicoativas, assim como menos envolvimento em gangues (Kerr, Beck, Shattuck, Kattar, & Uriburu, 2003).

Família e pobreza

Estudos sobre famílias em situação de risco pessoal e social, especialmente aquelas expostas à pobreza e ao empobrecimento, atraíram a atenção de pesquisadores no campo das ciências humanas na década de 1990. Entretanto, são raros os estudos atuais na psicologia sobre esse fenômeno no Brasil. A pobreza é definida como uma situação de vida resultante de escassos recursos materiais (moradia, alimentação, acesso à saúde e à educação), enquanto os riscos são analisados como níveis de saúde insatisfatória ou de doenças recorrentes e baixa ou insuficiente escolaridade. A família tem sido abordada como um contexto que pode atuar como fator de risco ou proteção no desenvolvimento de seus componentes. Por um lado, autores apontam as interações positivas que as famílias podem mobilizar diante de situações de estresse e vulnerabilidade social, denominando-as de resiliência familiar (Walsh, 2017; Yunes, 2012). Por outro lado, eventos estressores podem produzir maior vulnerabilidade social das famílias. A condição socioeconômica precária de certas famílias impõe maiores dificuldades para a sua sobrevivência e pode desencadear episódios de risco, como abandono, negligência e violência. Além disso, muitas famílias convivem com a criminalidade em seu ambiente ecológico, marcado pelo tráfico de drogas ou por mortes em disputa de território por facções criminosas.

Com base em dados recolhidos no *Millennium Cohort* do Reino Unido, Schoon, Jones, Cheng e Maughan (2011) encontraram evidências de que a pobreza e a existência de eventos adversos podem causar sérios danos à saúde física e mental. Seus resultados correspondem à perspectiva da vulnerabilidade, com base no dano causado pela pobreza e pelo empobrecimento (Luthar, 1999). Por exemplo, as dificuldades econômicas têm sido associadas a um maior risco de rompimento de relações. Muitos estudos exploram a pobreza como um fator de risco potencial no desenvolvimento pessoal. Viver na pobreza em si é um fator de risco que ameaça o bem-estar e as oportunidades, influenciando o desenvolvimento pessoal e os relacionamentos. A pobreza e o empobrecimento podem transformar relacionamentos, aumentando os conflitos entre os pais, e as relações entre pais e filhos (Cecconello & Koller, 2000). Portanto, cabe um olhar multidimensional sobre a pobreza, com ênfase na compreensão sobre o bem-estar social na aplicabilidade de políticas públicas sociais e os processos de inclusão em programas governamentais (Moura Júnior, Cidade, Ximenes, & Sarriera, 2014).

Por outro lado, deve-se levar em conta que a adversidade pode provocar o desenvolvimento de habilidades adicionais e mais fortes (Morais, Neiva-Silva, & Koller, 2010). Muitos estudos latino-americanos e africanos concentram-se em investigar como o empobrecimento e a pobreza somados à instabilidade familiar influenciam o desenvolvimento das crianças. Esse reconhecimento tem apoiado políticas sociais para projetar intervenções mais eficientes para melhorar o desenvolvimento humano e o bem-estar, podendo ser usadas em outros países e culturas. Esses dados também são capazes de ajudar a desvendar a ocorrência, o tempo, a gravidade, a intensidade e a duração dos riscos, determinando, assim, o modo de preveni-los. Nem todas as pessoas reagem igualmente à adversidade, sendo que algumas podem ajustá-la de forma positiva.

A noção da pobreza como outro aspecto importante na vulnerabilização das famílias passa por mudanças conceituais importantes. Estudos em psicologia evolutiva direcionaram seus esforços para entender diferenças individuais no desenvolvimento de pessoas em relação a situações ambientais semelhantes (Kotliarenco & Dueñas, 1992). As famílias em situação de pobreza estão submetidas a uma série de demandas que se constituem em poderosas fontes de ameaça e estresse crônico. As crianças pobres e suas famílias estão expostas a condições precárias que desafiam o desenvolvimento adequado à saúde mental, e sabe-se que os efeitos da privação material sobre a saúde mental são cumulativos.

A dificuldade para satisfazer as necessidades básicas da família desencadeia nos pais sentimentos de dor, culpa e preocupação por se verem como fracassados em seus papéis (Kotliarenco & Cáceres, 1995). Muitas reações dos pais que vivem na pobreza condicionam consideravelmente a qualidade de vida de seus filhos. É possível que a reação dos pais ao estresse ambiental se traduza na exigência à obediência permanente por parte da criança, aplicando castigos físicos, escasseando carinho e falhando nas respostas às necessidades dos filhos.

Vulnerabilidade e resiliência familiar

A resiliência pode ser compreendida como um fenômeno individual ou grupal. Masten e Garmezy (1985) definiram resiliência como uma capacidade para resistir ou se recuperar de desafios que ameaçam a estabilidade, a viabilidade ou o desenvolvimento de uma pessoa. É uma característica que não se aplica apenas a indivíduos, mas também a sistemas ecológicos, como grupos e comunidades, inclusive famílias. Ungar (2012) acrescentou que, em contextos adversos, a resiliência consiste em navegar por caminhos em busca de recursos psicológicos, sociais, culturais e materiais que sustentem o bem-estar e a capacidade individual e coletiva de negociar esses recursos dentro de suas culturas.

Nessa perspectiva, Trzesniak, Libório e Koller (2012) salientaram a importância de estabelecer dimensões críticas para o entendimento do construto resiliência. O mesmo procedimento vale para o construto vulnerabilidade. Para chegar a eles, tais construtos devem ser comparados com outros que apresentem quase todas as suas características, mas não pertençam ao sistema a ser examinado (p. ex., indivíduos, grupos de pares, família, comunidade, cultura). Como uma construção, a resiliência teria seis dimensões fundamentais: 1. trata-se de um sistema que, devido a; 2. um conjunto não exclusivo de recursos internos a si próprio, é capaz de; 3. funcionar normalmente, apesar de exposto a um; 4. contexto; 5. de estresse; e 6. significativo. Koller (2011) adicionou bem-estar a essas dimensões críticas, considerando-as fundamentais para o desenvolvimento.

O conceito de vulnerabilidade seria aplicado a um sistema que contraria a dimensão crítica 3, mesmo na presença de todas as outras, pois indica um funcionamento não adaptado. Quanto mais completa estiver a informação sobre essas dimensões críticas, melhor será a definição. É sabido que, durante décadas, a definição de resiliência desafiou pesquisadores de ciências humanas. Todos aqueles que trabalham com seres humanos estão conscientes de que há algum tipo de característica, capacidade, processo ou fenômeno que indica que as pessoas podem superar os eventos estressantes e continuar seu ciclo de desenvolvimento. Isso é diferente da mera adaptação e é de difícil identificação e mensuração.

Walsh (2017) definiu a resiliência familiar como uma capacidade de seus membros de lidar com situações adversas. Esse enfrentamento torna os membros mais unidos e capazes de administrar outras situações. Três condições que auxiliam na promoção da resiliência familiar foram identificadas: a forma como estão estabelecidos os padrões de organização, os processos de comunicação e os sistemas de crenças. A análise desses "processos-chave" (Walsh, 2016) da resiliência familiar permite compreender como as famílias estão estruturadas e como funcionam. Na concepção sistêmica, a ideia de estrutura permite conhecer como estão estabelecidas as relações, que envolvem relações de poder (hierarquia e tomadas de decisão) e de interação (coesão e sentimentos de pertencimento) (De Antoni et al., 2009).

A estrutura de funcionamento pode revelar o estado em que as relações são estabelecidas. Toda família tem uma estrutura e um funcionamento, que podem ser sofisticados, precários, organizados, caóticos, etc. A expressão *famílias desestruturadas*, por exemplo, utilizado no cotidiano de alguns profissionais, não condiz com essa concepção e deveria ser evitada. Por mais que, na perspectiva externa, a família não consiga organizar-se para enfrentar seus problemas, todas têm em si uma estrutura e um funcionamento. Por exemplo: o abuso de substâncias ilícitas por parte de um adolescente e, consequentemente, seu isolamento da família e a negação ou apatia dos pais sobre o comportamento do filho sugerem que a família não estabelece uma comunicação aberta e eficaz. Tal descrição revela sua estrutura caótica e como seu funcionamento pode reforçar o afastamento físico e emocional dos seus membros: eles funcionam assim.

Além disso, há uma inter-relação das características individuais e a forma de criação das pessoas, considerando a família como um importante potencial no desenvolvimento da resiliência em seu meio. As pessoas constroem suas próprias experiências, havendo evidências empíricas de relações entre as características familiares e parentais, o que tem sido interpretado como a influência que a família exerce sobre as conquistas das crianças, o seu nível socioeconômico e a saúde mental delas. A família não pode ser considerada um sistema único, tendo em vista que o que afeta os seus membros são os microambientes que os cercam. Rutter (2007) argumentou que, frente a uma mesma experiência externa, as pessoas de uma mesma família podem ter "percepção compartilhada", ou seja, manifestar reações muito diferentes entre si, embora partilhem da experiência no mesmo evento.

Lipp (1996, p. 93) apontou para o papel importante dos pais na resistência ou na vulnerabilidade que os filhos desenvolvem em relação ao estresse, partindo não só de questões relacionadas à hereditariedade, como também de fatores ligados à aprendizagem. Segundo a autora, "os pais exercem um papel fundamental na aquisição, pela criança, de estratégias naturais para lidar com o estresse e a forma mais positiva de ver a vida, com interpretações saudáveis em relação a eventos do dia a dia e sua percepção de que é capaz de lidar com o mundo ao seu redor de modo competente". O modo adotado por uma criança para lidar com o estresse determinará sua resistência quando adulta.

O bom relacionamento familiar, a competência materna e a capacidade de transmitir valores, entre outros fatores, também favorecem o desenvolvimento da resiliência. O ser humano necessita do grupo para sobreviver, e a família tem sido identificada como o contexto básico para oferecer alimentação, proteção e ensinamento para as crianças (Minuchin, 1988). A sobrevivência humana, em todas as sociedades, é resultado do pertencimento a agregações sociais.

Conceitos sobre famílias encontrados na literatura se referem, de modo geral, a um sistema aberto, dinâmico, sociocultural, adaptativo, homeostático e governado por regras de origem externa ou interna. As funções da família atendem a dois diferentes objetivos: um interno, de proteção psicossocial de seus membros; e outro externo, de acomodação e transmissão da cultura. No estudo de Claus e colaboradores (2018) sobre resiliência em famílias com situações de abuso de substâncias, os familiares reconheceram que suas forças facilitadoras perpassam a religiosidade/espiritualidade, os sistemas de crenças, o apoio do serviço especializado de saúde mental e as amizades. A rede de apoio, a coesão e a comunicação assertiva da família também são forças facilitadoras desse processo.

Considerações finais

Investigar a relação que as pessoas mantêm com suas famílias, em princípio, parece um desafio. Embora nas últimas décadas seja notável a mudança na configuração e no funcionamento familiar, é curioso observar que esses tópicos permanecem tabus e mitos no que se refere a outros arranjos que fogem ao modelo original e tradicional. A sociedade ainda insiste na transmissão do modelo de família nuclear, e qualquer composição diferente dessa é classificada como desestruturada. O significado de família, no entanto, parece transcender tais preceitos e preconceitos. Na última década, poucos estudos foram publicados sobre resiliência familiar, sobre vulnerabilidade social familiar e sobre crianças que vivem nessas famílias; portanto, ainda é um campo a ser explorado pelos pesquisadores.

Uma abordagem que enfatize a força entre as famílias não é apenas um argumento para os estudiosos. Pesquisas rigorosas e sistemáticas mostram-se necessárias para oferecer informações cruciais para a manutenção de programas de intervenção mais eficazes. Uma abordagem para estudar os pontos fortes das famílias amplia a compreensão das forças e promove o desenvolvimento de programas de prevenção destinados a fomentar características de resiliência das famílias, em vez de dar ênfase em programas de intervenção destinados a corrigir problemas já manifestos e patologias. Além disso, ferramentas de diagnóstico para identificar os pontos fortes existentes entre as pessoas, as famílias e as comunidades, nos mais diversos níveis ecológicos, podem permitir que as suas forças sejam canalizadas de maneira mais eficaz.

Referências

Ariès, P. (1985). *História social da criança e da família*. Rio de Janeiro: Zahar.

Bandura, A., & Walters, R. (1978). *Aprendizaje social e desarrollo de la personalidad*. Madrid: Alianza.

Bronfenbrenner, U. (1996). *A ecologia do desenvolvimento humano: Experimentos naturais e planejados*. Porto Alegre: Artmed.

Bronfenbrenner, U. (2011). *Bioecologia do desenvolvimento humano: Tornando os seres humanos mais humanos*. Porto Alegre: Artmed.

Carlo, G., Koller, S., Raffaelli, M., & Guzman, M. R. (2007). Culture-related strengths among Latin American families: A case study of Brazil. *Marriage & Family Review, 41*(3/4), 335-360.

Claus, M. I. S., Zerbetto, S. R., Gonçalves, A. M. S., Galon, T., Andrade, L. G. Z., & Oliveira, F. C. (2018). The family strengths in the context of psychoactive substance dependence. *Escola Anna Nery, 22*(4). Recuperado de http://www.scielo.br/scielo.php?script=sci_abstract&pid=S1414-81452018000400224&lng=pt&nrm=iso&tlng=en.

Cecconello, A. M., & Koller, S. H. (2000). Social competence and empathy: Study about resilience with children in poverty. *Estudos de Psicologia, 5*(1), 71-93.

Cerveny, C. M. O. (1997). *Ciclo vital da família*. Trabalho apresentado na XXVII Reunião Anual de Psicologia em Ribeirão Preto, São Paulo, SP.

De Antoni, C., & Koller, S.H. (2000). A visão de família entre adolescentes que sofreram violência intrafamiliar. *Estudos de Psicologia, 5*, 347-381.

De Antoni, C., Teodoro, M., & Koller, S. H. (2009). Coesão e hierarquia em famílias fisicamente abusivas. *Universitas Psychologica, 8*(2), 399-412.

Kerr, M. H., Beck, K., Shattuck, T. D., Kattar, C., & Uriburu, D. (2003). Family involvement, problem and prosocial behavior outcomes of Latino Youth. *American Journal of Health Behavior, 27*(Suppl 1), S55-S65.

Kniebiehler, Y., & Fouquet, C. (1983). *La femme et les médecins: Analyse historique*. Paris: Hachette Littérature Générale.

Koller, S. H. (2011). Resilience: Definitions, measurements, and conclusions. *ISSBD Bulletin, 59*, 15-19.

Kotliarenco, M. A., & Cáceres, I. (1995). *Una posible posibilidad frente al estres de las famílias en pobreza: Los mecanismos protectores*. Trabalho apresentado no Seminário Pobreza e Desenvolvimento Humano, Chile.

Kotliarenco, M. A., & Dueñas, V. (1992). *Vulnerabilidad versus resilience: Una propuesta de acción educativa*. Trabalho apresentado no Seminário Pobreza e Desenvolvimento Humano, Chile.

Lipp, M. N. (1996). Atitudes parentais e o desenvolvimento de resiliência ao estresse. *Psicologia, Reflexão e Crítica, 4*, 91-96.

Luthar, S. S. (1999). *Poverty and children's adjustment*. Newbury Park: Sage.

Maldonado, M. T. (1989). *Maternidade e paternidade: Situações especiais e de crise na família*. Petropolis: Vozes.

Masten, A. S., & Garmezy, N. (1985). Risk, Vulnerability, and protective factors in developmental psychopathology. In. B. B. Lahey, & A. E. Kazdin (Eds.). *Advances in clinical child psychology*. (Vol. 8, pp. 1-52). New York: Plenum.

Minuchin, S. (1988). *Famílias: Funcionamento e tratamento*. Porto Alegre: Artes Médicas.

Morais, N., Neiva-Silva, L., & Koller, S. H. (2010). *Endereço desconhecido: Crianças e adolescentes em situação de rua*. São Paulo: Casa do Psicólogo.

Moura Júnior, J. F., Cidade, E. C., Ximenes, V. M., & Sarierra, J. C. (2014). Concepções de pobreza: Um convite a discussão psicossocial. *Temas de Psicologia, 22*(2), 341-352.

Reis, J. R. T. (1994). *Psicologia social: O homem em movimento*. São Paulo: Brasiliense.

Rutter, M. (2007). Resilience, competence and coping. *Child Abuse & Neglect, 31*(3), 205-209.

Schoon, I., Jones, E., Cheng, H., & Maughan, B. (2011). *Resilience in children facing poverty and family disadvantage: Evidence from the UK Millennium Cohort*. New York: Sage.

Trzesniak, P., Libório, R. C., & Koller, S. H. (2012). Resilience and children's work in Brazil: lessons from physics for psychology. In M. Ungar (Ed.). *The social ecology of resilience: Culture, context, resources, and meaning* (pp. 13-31). New York: Springer.

Ungar, M. (2012). *The social ecology of resilience: Culture, context, resources, and meaning*. New York: Springer.

Walsh, F. (2016). Family resilience: A developmental psychology. *European Journal of Developmental Psychology, 13*(3), 313-324.

Walsh, F. (2017). Resilience in couples and families. In J. L. Lebow, A. Chambers & D. Breunlin (Eds.). *Encyclopedia of couple and family therapy*. New York: Springer.

Yunes, M. A. M. (2012). Strategies to promote resilience in families of low income exposed to social and environmental risk. *Global Journal of Community Psychology, 3*(4), 1-14.

Zamberlan, M. A. T. (2002). Interação mãe-criança: Enfoques teóricos e implicações decorrentes de estudos empíricos. *Estudos de Psicologia, 7*(2), 399-406.

Zayas, L. H., & Solari, F. (1994). Early childhood socialization in Hispanic families: Context, culture and practice implications. *Professional Psychology: Research and Practice, 25*(3), 200-206.

Família e diversidade sexual:
relacionamentos homossexuais, conjugalidade e parentalidade

Elder Cerqueira-Santos

Este capítulo trata da família formada por pessoas do mesmo sexo. Falar de família e homossexualidade envolve uma série de temáticas inerentes ao campo que procuram dar conta de uma ampla diversidade de dinâmicas familiares. Passa pela constituição familiar do casal do mesmo sexo, pelas famílias compostas por pais ou mães homossexuais que revelaram sua orientação após relacionamento heterossexual e constituem novo núcleo, assim como por adotantes homossexuais (casais ou indivíduos) e pessoas que se utilizaram de tecnologias reprodutivas para a constituição da parentalidade. Para ilustrar este capítulo, será apresentado o caso de Paulo e Marcelo, um casal de homens participantes de um estudo que acompanhou por dois anos famílias formadas por pessoas do mesmo sexo no Brasil e no Canadá (Cerqueira-Santos & Bourne, 2016).

> Paulo e Marcelo se conhecem há 11 anos, namoraram por quatro anos, coabitaram por mais dois, até que em 2011 estabeleceram a oficialização de união estável, sendo o primeiro casal do mesmo sexo a realizar tal ato na cidade onde moravam. Os dois relatam históricos diferentes sobre a vivência da sexualidade e de relacionamentos com outros homens, até mesmo versões diferentes sobre o relacionamento atual. Paulo teve um histórico heterossexual, casou-se com uma mulher e nunca viveu abertamente a homossexualidade, até o relacionamento atual "empurrá-lo para fora do armário". Marcelo diz que "desde sempre foi *gay*", toda a família sabe e apoia a vivência da sua sexualidade e celebrou o casamento com Paulo. Logo após a oficialização da união estável, os dois pensaram em adotar uma criança. Inscreveram-se no cadastro de adoção como casal e aguardaram três anos, até a chegada de João, que já tinha 4 anos de idade.

Desde a década de 1990, estudos brasileiros indicam que é necessário compreender os estigmas que permeiam os relacionamentos homoafetivos, para, assim, buscar novos olhares que permitam o reconhecimento legal e social na constituição dessas relações já existentes na sociedade (Féres-Carneiro, 1997). Apesar disso, mesmo com avanços nos campos acadêmico e jurídicos, as questões que envolvem os relacionamentos e as constituições familiares de pessoas do mesmo sexo ainda são polêmicas e de pouca aceitação social, sendo alvo de preconceito, violência, discriminação e exclusão social. Tais formas de preconceito têm sido consideradas homofobia, que pode ser caracterizada como uma atitude hostil a homossexuais, de modo a designar o outro como inferior, anormal, desviante (Borrillo, 2001). Entende-se, assim, que esse grupo de pessoas enfrenta questões específicas nos seus relacionamentos e em suas dinâmicas familiares. Questões que envolvem desde a falta de suporte social e familiar até o não reconhecimento jurídico de direitos comuns às pessoas heterossexuais, como relatado no caso de Paulo e Marcelo.

> "Já pensávamos em oficializar a nossa união desde que começamos a morar juntos, mas não era possível no Brasil. Hoje, mesmo em união estável, ainda não nos sentimos tratados pelo Estado com nossos direitos plenos. Por exemplo, o próprio casamento não é lei, trata-se de uma decisão jurídica que autoriza a união civil. Não nos sentimos protegidos contra crimes homofóbicos, e isso é grave!" (Marcelo, 38 anos)

Neste capítulo, a família constituída por pessoas homossexuais é pensada de forma ampla, tentando elencar elementos comuns aos desafios listados. Questões legais, psicológicas e sociais devem ser debatidas para que tais configurações familiares ganhem cada vez mais visibilidade e acesso a direitos. Primeiro, faz-se uma breve conceituação dos termos na área da sexualidade humana, seguindo tratando sobre como historicamente as relações sexuais e afetivas entre pessoas do mesmo sexo produziram diversas formas de interação familiar e suas repercussões nas formações familiares, com foco na parentalidade pela adoção. Após, passa-se ao tema da homofobia e formas de ajustamento para a vivência dos relacionamentos e famílias de pessoas homossexuais. Por fim, são levantados desafios atuais no campo de estudos e atuação.

Sexualidade: revendo conceitos

Faz-se necessário pensar a homossexualidade e suas formas de expressão contemporânea para dar continuidade a este capítulo. No entanto, discutir a homossexualidade exige breve reconhecimento de outras dimensões da sexualidade humana que tratam de gênero e comportamentos sexuais. Parte-se do entendimento de que a sexualidade humana pode ser compreendida a partir de quatro dimensões principais que interagem de forma dinâmica (Nunan & Cerqueira-Santos, 2018). Resumidamente, seriam elas:

- **Sexo biológico:** também tratado como sexo designado ao nascimento e que caracteriza machos, fêmeas ou intersexuais a partir do critério anatomofisiológico.
- **Identidade de gênero:** autoidentificação dos indivíduos com a ideia de ser mulher ou homem (ainda com possibilidade de autoidentificações não binárias); também aqui deve-se pensar nas identidades trans.
- **Expressão de gênero:** comportar-se de forma feminina, masculina ou andrógina, segundo normas e papéis sociais esperados e aprovados ou desaprovados para cada categoria.
- **Orientação sexual:** caracterizada pela atração por pessoas do sexo oposto ou do mesmo sexo biológico ou gênero, ou seja, ser heterossexual, bissexual, homossexual, além de outras nomenclaturas.

Tais dimensões são apresentadas de forma didática para expressar a complexidade da sexualidade humana, mesmo sabendo que não se trata de uma taxonomia da sexualidade. Isso porque esses campos se entrelaçam e se tornam complexos nas experiências pessoais. Nesse modelo, os elementos não biológicos são fundamentais, porém não exclusivos no exercício da sexualidade, dando destaque a um processo ou desempenho que envolve regras, normas e expectativas sociais baseadas no binarismo normativo (macho e fêmea, homem e mulher, feminino e masculino) que, na organização majoritária, devem estar harmonicamente em acordo. Trata-se da ideia de expectativa da linearidade corpo-sexo-gênero que rege o desenvolvimento sexual. No entanto, esse alinhamento foi motivo para a construção de argumentos morais, legais e médicos sobre as orientações sexuais que geraram discriminação, preconceito e exclusão (Silva & Cerqueira-Santos, 2014). Conforme expressa Marcelo, do nosso caso:

"Eu sempre fui *gay*, desde que me lembro. Quase sempre foi difícil, mas tudo contornado e aqui estou. Mas lembro bem na adolescência que sentia nos outros a curiosidade sobre meu desenvolvimento de gênero, como se eu não fosse virar homem. Até eu me perguntei sobre isso, sobre o que é ser homem, se eu um dia iria querer ser mulher. Mas foi passando e fui entendendo que minha orientação sexual não definia meu gênero. Que cada um tem sua trajetória, alguns mais femininos e outros não. O fato é que até hoje brincam perguntando quem é a mulher de relação. Ou seja, é querer pensar o relacionamento entre pessoas do mesmo sexo a partir do modelo binário heterossexual; e isso não funciona." (Marcelo, 38 anos)

Dessa forma, a vivência da sexualidade-homossexualidade em uma sociedade regida pela heteronormatividade pode originar nos indivíduos, com condutas sexuais consideradas "desviantes ou anormais", sentimentos de repulsa da própria condição sexual. Esses sentimentos impactam diretamente no modo de se relacionar com outros sujeitos pertencentes ao seu grupo social e à sociedade em geral, gerando sentimentos de inadequação e instabilidade nos relacionamentos amorosos e de parceria sexual (Costa & Nardi, 2015). Nessa perspectiva, em virtude do preconceito contra a diversidade sexual e de gênero, os casais do mesmo sexo carecem de reconhecimento social e, muitas vezes, não expõem as suas experiências conjugais e parentais, abdicando de suporte social e oficial que apoiariam a relação (Cerqueira-Santos et al., 2017).

Relacionamentos homossexuais: avanços e desafios

"Em 2011, quando soubemos da decisão do STF sobre as uniões de pessoas do mesmo sexo, comemoramos como uma vitória, mas começou uma luta para a oficialização da nossa união. Fomos em três cartórios, mas somente no quarto o nosso pedido foi aceito. Chegamos a pensar qual era a importância de um papel, tentando nos convencer de que não faria tanta diferença, mas faz diferença. Dá para fazer uma lista enorme de vantagens do ponto de vista jurídico – imposto de renda, pensão, plano de saúde, etc. Mas o mais significativo é o reconhecimento público e do Estado de algo que já acontecia de fato. Somos um casal! Estamos construindo uma família. Quer mais do que isso?" (Paulo, 40 anos)

Nas últimas décadas, a vivência da sexualidade tem passado por diversas mudanças na cultura ocidental, o que move o crescente interesse por esse tema que passa pela sociedade de forma ampla, pelas esferas jurídicas e pelo interesse acadêmico, incluindo a psicologia. Os relacionamentos homossexuais compõem esse núcleo de interesse de forma primordial, uma vez que evocam valores morais, religiosos, tradições societais, interesses econômicos e questões jurídicas. Pessoas do mesmo sexo coabitando, formando laços conjugais e tendo filhos é um fenômeno recorrente. A visibilidade e a garantia de direitos para essas pessoas constituem uma questão atual.

Até há cerca de uma década, o modelo jurídico para a organização de família no Brasil partia de uma noção única do que seria família (Dias, 2011). Sob essa noção, a família constituída por casais de sexo oposto tomava lugar não somente central, mas dominante ao ponto de excluir qualquer outra possibilidade legal de oficialização entre pessoas do mesmo sexo. Não havia previsão de outras possibilidades (mesmo que de fato já existentes). Dessa forma, a visibilidade e o ativismo LGBTQ+ parecem ter sido fundamentais para o início de um debate com vistas a não exclusão de dinâmicas familiares já em prática. Em outras palavras, trata-se do debate sobre o casamento civil entre pessoas do mesmo sexo e direitos a ele associados, debate que o Brasil vivenciou após a virada dos anos 2000 (Carbonera, 2013).

Sobre esse debate jurídico, é importante relatar a criação e a absorção do neologismo "homoafetividade ou homoafetivo", conforme aponta Dias (2011). Tal neologismo, nem sempre aceito por ativistas ou mesmo pelos indivíduos envolvidos, trouxe para o campo do direito a marca da força das relações afetivas para além da relação sexual, ou seja, destacou um dos elementos constitutivos que aproxima a noção de família ao padrão normativo heterossexual (apesar de não ser usual o termo heteroafetivo para pessoas do sexo oposto, mas sim heterossexual). Dias (2011) argumenta que a alteração do termo homossexualismo para homossexualidade, como marco da despatologização das orientações sexuais e não mais heterossexuais, foi insuficiente para que o campo do direito se despisse de preconceitos e aceitasse as "novas" configurações familiares como "normais". Severas críticas são dirigidas ao termo homoafetividade, especialmente pela necessidade de circunscrever a conjugalidade ao afeto e excluir as diversas formas de organização de uma relação, especialmente o conteúdo erótico-sexual. No entanto, tal mudança terminológica parece ter surtido efeito para a visibilidade dessas relações como de natureza afetiva, humanizando o homossexual para juristas e operadores do direito, assim como mobilizando a opinião pública.

Usando a terminologia homoafetiva, em 2011, o Supremo Tribunal Federal do Brasil (STF) decidiu que as uniões homoafetivas são de mesmas características das uniões estáveis heterossexuais. Nas palavras do ministro Ayres Britto: "Trata-se, isto sim, de uma união essencialmente afetiva ou amorosa" (Brasil, 2011). Dois anos depois, o Conselho Nacional de Justiça (CNJ) decidiu que todos os cartórios do país devem realizar tais uniões.

O debate provocado pela militância e pelo direito também repercute no campo da psicologia, havendo então nessa área a preferência pelo termo homoerotismo para caracterizar as relações entre pessoas do mesmo sexo. Para Lira, Morais e Boris (2016), o termo homoerotismo descreve de forma mais clara e diversa a ampla possibilidade de configurações nas relações entre pessoas do mesmo sexo, sem necessariamente desconsiderar os aspectos afetivos. Dessa forma, mantém-se também a reciprocidade entre as terminologias consagradas "heterossexual" e "homossexual".

A diversidade de formações e de terminologias, a falta de reconhecimento social, a persistência do preconceito, entre outros fatores, dificultam a obtenção de números precisos sobre famílias formadas por pessoas homossexuais. No Brasil, logo após a decisão do STF, o Instituto Brasileiro de Geografia e Estatística (IBGE) começou a criar indicadores sobre a coabitação de pessoas do mesmo sexo em relacionamentos afetivos. O primeiro levantamento foi criticado pela falta de treinamento dos pesquisadores sobre a temática e o possível obscurecimento dos dados. Foram computadas 60 mil famílias constituídas por casais do mesmo sexo (IBGE, 2012). Informações mais precisas, apesar da limitação da judicialização dos relacionamentos, são as estatísticas de indicadores sociais e registro civil, que apontaram um aumento no número de casamentos entre cônjuges do mesmo sexo nos últimos seis anos consecutivos. Houve 5.887 uniões realizadas em 2017, um aumento de 10% em relação ao ano anterior (IBGE, 2017).

Parentalidade e homossexualidade

Além da oficialização e do reconhecimento das uniões de pessoas do mesmo sexo, outras questões surgem na esteira do debate social e jurídico. Uma delas é a possibilidade de ter e educar filhos em configurações diversas. Por exemplo, mulheres lésbicas podem ter acesso à parentalidade por meio da inseminação artificial por doador conhecido ou desconhecido, da adoção e da tutela ou de guarda compartilhada/unilateral de filhos vindos de relacionamentos anteriores. Já a maioria dos homens *gays* torna-se pais no contexto de casamentos heterossexuais anteriores, por meio de mães substitutas/solidárias/de aluguel ou por meio da adoção (Carneiro, Tasker, Salinas-Quiroz, Leal, & Costa, 2017; Wycisk, 2015). De fato, no Brasil, a maior parte das notificações sobre a parentalidade de homens *gays* e mulheres lésbicas ocorre em processos de adoção, mesmo que seja unilateral (Marmol, 2016). Porém, ainda há dificuldade na consolidação de direitos, devido à existência de uma parcela populacional conservadora que cultiva ideais moralistas e religiosas, além de se mostrar contrária a assuntos relacionados à diversidade de gênero (Cerqueira-Santos & Santana, 2015; Cerqueira-Santos, Carvalho, Nunes, & Silveira, 2017).

É comum encontrar na literatura recente estudos que evidenciam que pessoas conservadoras têm menos tendência a compreender a adoção por casais homossexuais como algo em progresso na sociedade (Cerqueira-Santos et al., 2017b). Em tais grupos, as práticas de formação familiar tradicionais e as visões estreitas acerca da parentalidade predominam sobre o contexto amplo de constituição familiar. A associação entre conservadorismo e preconceito, especialmente contra a diversidade sexual e de gênero, é bem analisada por Costa e Nardi (2015). A adoção é apenas um dos aspectos de onde partiremos para debater a parentalidade.

> "Pensamos em adotar uma criança por muito tempo, até revelar esta ideia e pôr as coisas em prática. São vários estágios. Primeiro, é convencer amigos e família depois, pois pensamos que é importante ter o apoio dessas pessoas. Alguns aceitam logo a ideia, mas outros colocam logo questões como: dois homens não sabem cuidar de uma criança pequena, a criança vai sofrer preconceito, etc. Depois vêm as questões jurídicas. Ouvimos que, para casais do mesmo sexo, a investigação é mais minuciosa. Parece que duvidam mais do nosso relacionamento e da nossa capacidade." (Paulo, 40 anos)

A adoção homoparental é entendida como a modalidade de adoção na qual o casal adotante é constituído por homossexuais (Patterson, 2009) ou por apenas um indivíduo que se declara homossexual. Costa, Caldeira, Fernandes, Pereira e Leal (2013) realizaram um levantamento no qual mostram a situação da adoção homoparental em diversos países. Segundo os autores, há diferenças na legislação de cada país sobre a permissão para tal tipo de adoção; na Europa, por exemplo, Bélgica, Dinamarca, Islândia, Holanda, Noruega, Suécia e Reino Unido permitem a adoção por dois homens ou duas mulheres, assim como por solteiros que não declaram a orientação sexual.

No Brasil, desde 2011, casais homoafetivos conseguiram o direito de oficializar a união civil; assim, a adoção pelo casal passou a ser possível. Não há vedação legal para a instituição da adoção de crianças por casais homossexuais no país. Conforme o Estatuto da Criança e do Adolescente (Brasil, 1990), a orientação sexual não pode ser critério de exclusão ou hierarquização de candidatos à adoção. Para além do ponto de vista jurídico, o reconhecimento pela união homoafetiva representa puramente um empenho coletivo com o interesse de unir patrimônios, e nada mais do que isso. No direito de família, quando se fala de união, esta é considerada muito mais do que um esforço de unir patrimônio. É uma comunhão de vida, de existência, projetos de vida, intimidade, privacidade, projeto de felicidade pessoal (Rios, 2002).

Vários estudos recentes investigam a parentalidade entre casais homossexuais (Cerqueira-Santos & Bourne, 2016; Lira et al., 2016; Murphy, 2013; Riggs & Due, 2010), revelando um aumento do interesse neste fenômeno na comunidade de *gays* e lésbicas, com algumas repercussões. No entanto, alguns casais ainda adiam os planos com receio do preconceito e das dificuldades jurídicas impostas a eles (Santos, Araújo, Cerqueira-Santos, & Negreiros, 2018). Em um estudo italiano, Baiocco e Fiorenzo (2013) mostraram que *gays* e lésbicas justificam uma menor vontade de ter filhos pensando nos problemas que vão enfrentar, como preconceito e falta de suporte de pessoas próximas e instituições. Uma das consequências dessa falta de perspectiva positiva é a desistência da ideia de adoção por medo de falhas no processo de parentalidade. De forma semelhante, Pacilli, Taurino, Jost e van der Toorn (2011) encontraram uma avaliação negativa de práticas parentais de *gays* e lésbicas em grupos de alta exibição de homofobia. Tal avaliação ultrapassa o grupo majoritário e é introjetada pelo próprio grupo não heterossexual.

Em estudo de revisão sistemática da literatura, Cecílio, Scorsolini-Comin e Santos (2013) apontam que, no Brasil, em uma década (2000-2010), apenas dez estudos sobre a adoção homoparental foram realizados e publicados nas principais bases de dados científicos do país. São três artigos empíricos e sete teóricos. Os autores destacam especialmente três tendências nos estudos sobre a temática: a preocupação com as consequências da adoção para as crianças (aspectos desenvolvimentais negativos e positivos); as alternativas na busca da parentalidade; e as questões ligadas à adoção em si (legislação, mudanças históricas, etc.). Recentemente, Santos e colaboradores (2018) atualizaram esse debate e demonstraram que o conservadorismo está na raiz dessas três argumentações negativas contra a adoção homoparental: preconceito sofrido pelas crianças, desadequações desenvolvimentais e ausência de estrutura familiar socialmente reconhecida.

Em estudo sobre as crenças de profissionais, Araújo, Cruz, Sousa e Castanha (2007) identificaram que estudantes universitários de direito e de psicologia são contrários à adoção por casais homoafetivos. Segundo tal estudo, os universitários dos dois cursos alegam justamente a melhor decisão para as crianças, ancorados em noções negativas sobre como um casal homoafetivo poderia educar seus filhos. O argumento principal seria a carência de referencial de ambos os sexos para o desenvolvimento saudável da criança. Curiosamente, estudantes de psicologia revelaram a mesma opinião, provavelmente amparados em modelos psicológicos clássicos e pouco críticos frente às novas formas de parentalidade. Quase dez anos depois, Cerqueira-Santos e Santana (2015) encontraram resultados semelhantes em estudantes do último ano de psicologia e de serviço social.

Como ressaltado por Campos e Costa (2004), os aspectos subjetivos estão presentes nos estudos psicossociais de adoção. Tal pesquisa mostra que a opinião de profissionais muitas vezes ultrapassa a técnica ou as variáveis racionais na elaboração de pareceres, gerando dúvidas, medos e confusões entre profissionais e adotantes. Nesse sentido, o Conselho Federal de Psicologia publicou em 2008 uma "cartilha" (CFP, 2008) que orienta psicólogos do judiciário na atuação em varas de adoção com o propósito de amenizar possíveis atuações enviesadas de alguns profissionais. Nos campos do direito e do serviço social, Silva e Tavares (2007) destacam que poucos avanços são percebidos e relatados sobre práticas profissionais, talvez ainda pela desatualização na formação de graduação nestas áreas sobre questões de desenvolvimento humano e sexualidade.

Preconceito e enfrentamento

"Acredito que sofremos duplo ou triplo preconceito quando tomamos a decisão de adotar. O primeiro é sobre a adoção em si. Ainda há julgamentos sobre crianças adotadas, especialmente em adoção tardia, após os 4 anos de idade. Depois, pelo fato de ser homem, como se homem não pudesse ou não soubesse educar uma criança sem uma mãe, uma mulher. Finalmente, por ser um casal *gay*." (Marcelo, 38 anos)

Especificamente entre homens *gays*, estudos revelam uma representação dominante de papéis excludentes quando se fala em paternidade e homossexualidade masculina, principalmente pela impossibilidade de o casal ter um filho biológico. A adoção tem sido uma das formas mais comuns de concretizar o desejo de parentalidade entre homens *gays*. No entanto, o processo de adoção cercado pelo preconceito tem gerado consequências difíceis para pais, mães e filhos, conforme relatado em pesquisas nacionais e internacionais.

Por exemplo, pais em transição para a parentalidade adotiva apresentavam alta internalização do estigma relacionado à diversidade sexual e de gênero, além de viverem em contextos em que a adoção não era legalizada para pais e mães *gays*; no caso de lésbicas, elas experimentaram o maior aumento em sintomas depressivos e de ansiedade (Goldberg & Smith, 2011). Ao contrário, Riggle, Rostosky e Horne (2010) afirmam que casais do mesmo sexo que vivem em ambientes nos quais suas uniões são reconhecidas pelo Estado apresentam menores indicadores de estresse, depressão e ansiedade. No Brasil, o estudo de Cerqueira-Santos e colaboradores (2017b) também indica menos resultados negativos para famílias do mesmo sexo que recebem apoio social e familiar nos seus contextos de interação, especialmente a aceitação pela família extensa de cada lado.

Dessa forma, a literatura científica tem sido consistente ao apresentar evidências de que, apesar das adversidades, casais que assumem publicamente a sexualidade e a parentalidade encontram mais caminhos para o exercício positivo das suas relações como companheiros e pais/mães. Em uma revisão sistemática de literatura sobre resiliência em lésbicas, *gays* e bissexuais, realizada por Lira e Morais (2017), foram identificados apenas três estudos que investigaram a resiliência no microssistema familiar, apontando para alguns fatores de proteção que interagem auxiliando as famílias a encontrar soluções adaptativas e a garantir novos recursos para lidar com variáveis adversas. Entre tais fatores de proteção da resiliência familiar, observou-se o fato de ser otimista e aprender a combater o estigma internalizado que pode surgir em um contexto discriminatório, o nível de escolaridade dos pais e os altos níveis de renda familiar. Além disso, os estudos apontam para a habilidade de construir emoções positivas e atribuir significados positivos a ser uma família, bem como a encontrar um propósito na interação familiar diária, a fomentar a coesão familiar, a estabilidade e os bons níveis de qualidade conjugal e a aumentar a qualidade das interações e dos vínculos entre mães/pais e filhos.

Segundo Meyer (2015), pais *gays* e mães lésbicas que experienciam episódios constantes de preconceito e discriminação pela condição de minoria sexual conseguem desenvolver estratégias positivas e superam obstáculos ao desempenho da parentalidade. Exemplo disso são os estudos relatados por Golderg (2010), que indicam a prevalência de uma estratégia comum entre casais do mesmo sexo, que é a divisão dos cuidados com a crianças de forma mais equilibrada e com compartilhamento dos papéis. Cerqueira-Santos e Bourne (2016) apresentam essa mesma discussão em estudo com crianças canadenses que foram adotadas por pais *gays*.

Apesar de tais avanços, poucos estudos internacionais (e nenhum estudo brasileiro) tratam do acompanhamento de crianças adotadas por casais *gays* com o objetivo de investigar aspectos desenvolvimentais nessas novas configurações familiares. Os poucos achados até o momento não constatam diferenças significativas em ajustamento psicológico ou comportamento sexual e de gênero quando comparadas a crianças em famílias heterossexuais e homossexuais (Cerqueira-Santos & Bourne, 2016). O que os estudos apontam é que crianças filhas de casais homoafetivos possam passar por mais situações de dificuldade em certas interações sociais, como preconceito na escola, em instituições e em família extensa (Golombok et al., 2014). No entanto, existe também a hipótese de que crianças educadas sem a figura feminina apresentem comportamentos de gênero menos estereotipados (Goldberg, 2010).

Considerações finais

A visibilidade alcançada pela população homossexual e suas formas de relacionamento têm gerado grande impacto no padrão normativo patriarcal, que rege a ideia de família na cultura brasileira. Isso não seria possível sem a atuação de movimentos sociais e a mobilização política em torno do tema. No entanto, tais alterações alertam para a necessidade de atualizações no campo da psicologia, que deve responder a novas demandas de forma adequada. Tal tema ainda não faz parte dos currículos de formação de psicólogos na maioria dos cursos do Brasil e ainda tem sido pouco discutido nas reformas curriculares.

Conforme apontam Nunan e Cerqueira-Santos (2018), as questões de gênero e de orientação sexual vão além da vivência individual e fazem parte da estrutura social, assim como formas de interação entre grupos que instituem os padrões culturais. Em outras palavras, falar sobre diversidade de gênero é, no fundo, falar sobre preconceito e suas formas de reprodução e impacto nos grupos e indivíduos. É tarefa da psicologia.

Apesar dos avanços no campo dos direitos da população não heterossexual, algumas dimensões do preconceito contra minorias sexuais estão arraigadas na sociedade e ainda são reproduzidas diariamente. Elas se manifestam desde a forma de microagressões até a negação de direitos fundamentais. Conforme revisado neste capítulo, um dos elementos fundamentais nesse processo é o pensamento conservador.

Dessa forma, a produção de conhecimentos sobre as relações socioafetivas e sexuais de indivíduos homossexuais tem relevância no sentido de propor possibilidades de ajustamento e mudança social para o bem-estar dessa população. Como destacou o Ministro Ayres Britto (Brasil, 2011), os indivíduos homossexuais devem ter o direito de exercer sua homossexualidade como uma forma de satisfação das suas necessidades e desejos.

Assim, é necessária a produção de evidências empíricas em intervenções e atuações profissionais que contribuam para a redução do preconceito e da discriminação de minorias sexuais. É tarefa da psicologia promover ambientes seguros para o desenvolvimento de pessoas e grupos de forma a aumentar a qualidade de vida e o bem-estar de pais *gays*, mães lésbicas e seus filhos.

Referências

Araújo, L. F., O., Cruz, J. S., Sousa, V. C., & Castanha, A. R. (2007). Adoção de crianças por casais homoafetivos: um estudo comparativo entre universitários de direito e de psicologia. *Psicologia & Sociedade, 19*(2), 95-102.

Baiocco, R., & Fiorenzo, L. (2013). Sexual orientation and the desires and intentions to become parents. *Journal of Family Studies, 19*(1), 90-112.

Borrillo, D. (2001). *L'homophobie*. Paris: Universitaires de France.

Brasil. *Lei nº 8.069, de 13 de julho de 1990*. Recuperado de http://www.planalto.gov.br/ccivil_03/leis/l8069.htm.

Brasil. Supremo Tribunal Federal. *ADI 4.277 e ADPF 132*, Rel. Min. Ayres Britto, j. 05/05/2011.

Campos, N. M. V., & Costa, L. F. (2004). A subjetividade presente no estudo psicossocial da adoção. *Psicologia: Reflexão e Crítica, 17*(1), 95-104.

Carbonera, S. M. (2013). Aspectos históricos e socioantropológicos da família brasileira: Passagem da família tradicional para a família instrumental e solidarista. In J. B. Menezes, A. C. H. Matos (Orgs.), *Direito das famílias: Por juristas brasileiras* (pp. 98-123). São Paulo: Saraiva.

Carneiro, F. A., Tasker, F., Salinas-Quiroz, F., Leal, I., & Costa, P. A. (2017). Are the fathers alright? A systematic and critical review of studies on gay and bisexual fatherhood. *Frontiers in Psychology, 8*, 1636.

Cecílio, M. S., Scorsolini-Comin, F., & Santos, M. A. (2013). Produção científica sobre adoção por casais homossexuais no contexto brasileiro. *Estudos de Psicologia (Natal), 18*(3), 507-516.

Cerqueira-Santos, E., & Bourne, J. (2016). Estereotipia de gênero nas brincadeiras de faz de conta de crianças adotadas por casais homoparentais. *Psico-USF, 21*(1), 125-133.

Cerqueira-Santos, E., Carvalho, C. A. S. G., Nunes, L. M., & Silveira, A. P. (2017a). Homofobia internalizada e religiosidade entre casais homoafetivos. *Temas em Psicologia, 25*(2), 691-702.

Cerqueira-Santos, E., Silva, B. B., Rodrigues, H. S., & Araújo, L. (2017b). Contato interpessoal com homossexuais e crenças sobre a adoção homoparental. *Revista Subjetividades, 17*(2), 87-100.

Cerqueira-Santos, E., & Santana, G. (2015). Adoção homoparental e preconceito: Crenças de estudantes de direito e serviço social. *Temas em Psicologia, 23*(4), 873-885.

Conselho Federal de Psicologia (CFP) (2008). *Adoção: Um direito de todos e todas*. Brasília: CFP.

Costa, A. B., & Nardi, H. C. (2015). Homofobia e preconceito contra diversidade sexual: Debate conceitual. 2015. *Temas em Psicologia 23*(3), 715-726.

Costa, P. A., Caldeira, S., Fernandes, I., Rita, C., Pereira, H., & Leal, I. (2013). Atitudes da população portuguesa em relação à homoparentalidade. *Psicologia: Reflexão e Crítica, 26*(4), 790-798.

Dias, M. B. (2011). *Diversidade sexual e direito homoafetivo*. São Paulo: Revista dos Tribunais.

Féres-Carneiro, T. (1997). A escolha amorosa e interação conjugal na heterossexualidade e na homossexualidade. *Psicologia: Reflexão e Crítica, 10*(2), 351-368.

Goldberg, A., & Smith, J. (2011). Stigma, social context, and mental health: Lesbian and gay couples across the transition to adoptive parenthood. *Journal of Counseling Psychology, 58*(1), 139-150.

Goldberg, A. (2010). *Lesbian and gay parents and their children: Research on the family life cycle*. Washington: APA.

Golombok, S., Mellish, L., Jennings, S., Casey, P., Tasker, F., & Lamb, M. E. (2014). Adoptive gay father families: Parent-child relationships and children´s psychological adjustment. *Child Development, 85*(2), 456-468.

Instituto Brasileiro de Geografia e Estatística (IBGE) (2012). *Censo Brasileiro de 2010*. Rio de Janeiro: IBGE.

Instituto Brasileiro de Geografia e Estatística (IBGE) (2017). *Estimativas da População de 2016*. Rio de Janeiro: IBGE.

Lira, A. N., & Morais, N. A. (2017). Resilience in lesbian, gay, and bisexual (LGB) populations: An integrative literature review. *Sexuality Research and Social Policy, 10*(3), 1-11.

Lira, A. N., Morais, N. A., & Boris, G. D. J. B. (2016). (In)visibilidade da vivência homoparental feminina: Entre preconceitos e superações. *Psicologia: Ciência e Profissão, 36*(1), 20-33.

Marmol, L. C. N. (2016). Perspectivas da adoção em famílias homoparentais. *Intertem@ s, 29*(29). Recuperado de http://intertemas.toledoprudente.edu.br/revista/index.php/Juridica/article/view/5262/5014.

Meyer, I. H. (2015). Resilience in the study of minority stress and health of sexual and gender minorities. *Psycho-*

logy of Sexual Orientation and Gender Diversity, 2(3), 213--219.

Murphy, D. A. (2013). The desire for parenthood: Gay men choosing to become parents through surrogacy. *Journal of Family Issues, 34*, 1104-1124.

Nunan, A., & Cerqueira-Santos, E. (2018). Diversidade de gênero e terapia cognitivo comportamental. In C. B. Neufeld, E. Falcone, B. Rangé (Orgs.). *Procognitiva* (pp. 98-113). Porto Alegre: Artmed.

Pacilli, M. G., Taurino, A., Jost, J. T., & van der Toorn, J. (2011). System justification, right-wing conservatorism, and internalized homophobia: Gay and lesbian attitudes toward same-sex parenting in Italy. *Sex Roles, 6*(5), 580-595.

Patterson, C. (2009). Children of lesbian and gay parents: Psychology, law, and policy. *American Psychologist, 64*(8), 727–736.

Riggle, E. D. B., Rostosky, S. S., & Horne, S. G. (2010). Psychological distress, well-being, and legal recognition in same-sex couple relationships. *Journal of Family Psychology, 24*(1), 82-86.

Riggs, D. W., & Due, C. (2010). Gay men, race and surrogacy in India. *Outskirts: Feminisms Along the Edge, 22*. Recuperado de https://www.researchgate.net/publication/259338036_Gay_men_race_privilege_and_surrogacy_in_India.

Rios, R. R. (2002). *O princípio da igualdade e a discriminação por orientação sexual: A homossexualidade no direito brasileiro e norte-americano.* São Paulo: Revista dos Tribunais.

Santos, J. V. O., Araújo, L. F., Cerqueira-Santos, E., & Negreiros, F. (2018). Conservadorismo, posicionamento político e preconceito contra casais adotivos homossexuais. *Estudos de Psicologia (Natal), 23*(1), 57-66.

Silva, B. B., & Cerqueira-Santos, E. (2014). Apoio e suporte social na identidade social de travestis, transexuais e transgêneros. *SPAGESP: Revista da Sociedade de Psicoterapias Analíticas Grupais do Estado de São Paulo, 15*(2), 27-44.

Silva, A. P. R., & Tavares, M. T. (2007). Adoção por homossexuais no Brasil. *Horizonte Científico, 1*(1), 1-22.

Wycisk, J. (2015). The minority stress of lesbian, gay and bisexual parents: Specificity of polish context. *Polish Psychological Bulletin, 46*(4) 594-606.

Leitura recomendada

Pereira, C. R., Torres, A. R. R., Falcão, L., & Pereira, A. S. (2013). O papel de representações sociais sobre a natureza da homossexualidade na oposição ao casamento civil e à adoção por famílias homoafetivas. *Psicologia: Teoria e Pesquisa, 29*(1), 79-89.

15

Suicídio e o impacto na família

Makilim Nunes Baptista | Hugo Ferrari Cardoso

Este capítulo versa sobre a associação entre os comportamentos suicidas (ideação, tentativa e suicídio) e a família, mais especificamente sobre o suporte social/familiar. É composto por subtópicos que inicalmente abordarão as taxas de suicídio no mundo e no Brasil e os principais fatores de risco associados ao fenômeno do suicídio, além da definição do suporte social/familiar. Na sequência, apontam-se alguns construtos e/ou variáveis aos quais o suporte social/familiar está associado como fator de risco/proteção. Então, abordam-se as várias relações entre a família e o comportamento suicida, por intermédio de pesquisas recentes sobre essas duas temáticas. O objetivo deste capítulo é expor ao leitor as últimas descobertas científicas e apresentar uma visão crítica sobre a importância do suporte familiar à saúde mental e à prevenção do suicídio.

Comportamento suicida

O suicídio é estudado na literatura científica há décadas, e, apesar de não haver uma definição consensual sobre os termos que envolvem o comportamento suicida (ideação, tentativa e suicídio), podem-se adotar definições contempladas por associações internacionais específicas, como Centers for Disease Control and Prevention (CDC), a American Pychiatric Association (APA), a Organização Mundial da Saúde (OMS) ou o National Institute of Mental Health (NIMH). Como exemplo, o NIMH (2018) e o CDC (2018) assumem como ideação suicida um pensamento, uma consideração ou o planejamento do suicídio; consideram tentativa de suicídio um comportamento autodirigido, potencialmente prejudicial e não fatal com a intenção de morte; e o suicídio é a morte causada por comportamento intencional e prejudicial.

As taxas de incidência de suicídio no mundo são preocupantes, já que aproximadamente 800 mil pessoas tiram sua própria vida por ano, sugerindo 10,5 mortes por 100 mil habitantes. Ademais, para cada suicídio, há uma previsão de outras 20 tentativas não consumadas. Na faixa etária entre 15 a 29 anos, o suicídio é a segunda maior causa de morte no mundo (World Health Organization [WHO], 2019a). No Brasil, em 2016, a taxa de suicídios foi de 6,1/100 mil habitantes, sendo maior em homens (9,7/100 mil) do que em mulheres (2,8/100 mil), o que acompanha as tendências mundiais em termos de distribuição por sexo (WHO, 2019b).

Ainda no Brasil, uma pesquisa com dados da declaração de óbitos do Sistema de Informação sobre Mortalidade (SIM), no período de 2011 a 2016, encontrou 48.204 casos de tentativas de suicídio, ocorrendo a maioria na faixa etária de 10 a 39 anos (73,1%) e em mulheres (69%), o que também vem ao encontro da literatura internacional. Apesar de as mulheres tentarem mais pôr fim em suas vidas, os homens utilizariam métodos mais letais. No período de 2011 a 2015, foram registrados 55.649 óbitos por suicídio no Brasil, ocorrendo mais comumente na faixa etária que engloba idosos (70 anos ou mais), pessoas com baixa escolaridade, solteiros/viúvos/divorciados, tendo como principais métodos enforcamento, intoxicação exógena e armas de fogo (Brasil, 2017). Apesar da prevalência poder estar associada ao menor poder aquisitivo no Brasil, países ricos podem apresentar taxas altas de suicídio. Famílias abastadas não estão isentas desse tipo de fenômeno.

De forma geral, o comportamento suicida é um problema de saúde pública e um fenômeno complexo. É de difícil avaliação e previsão, englobando diferentes fatores de risco e de proteção, sendo eles biológicos e psicossociais. Por ser um fenômeno multicausal, torna árdua a tarefa de atribuir responsabilidades específicas a cada um dos vários fatores que influenciam o fenômeno. Isso porque esses fatores também podem ter diferentes interações de indivíduo para indivíduo, sendo também influenciados pela cultura e pelo conjunto de crenças de cada um (Baptista, Hauck-Filho, & Borges, 2017a; Bolton, Gunnell, & Turecki, 2015; Erford, Jackson, Bardhoshi, Duncan, & Atalay, 2018; Runeson et al., 2017; Botega, Werlang, Cais, & Macedo, 2006).

Fatores de risco e de proteção estão associados a variáveis que aumentam ou diminuem a probabilidade de o comportamento suicida concretizar um evento. Tais fatores já são bem estabelecidos na literatura, mesmo intercambiáveis e dependentes da metodologia utilizada nos diferentes estudos. Alguns dos fatores de risco e proteção mais bem estudados do comportamento suicida também estão associados a diversos transtornos mentais (p. ex., episódio depressivo maior [EDM], transtorno bipolar, abuso de substâncias, transtorno de estresse pós-traumático [TEPT]). Alguns dos principais fatores são desesperança, impulsividade, orientação sexual, histórico e suporte familiar, déficits cognitivos e estratégias inadequadas de resolução de problemas, traços de personalidade (neuroticismo, extroversão, abertura a experiência, agradabilidade e conscienciosidade), ansiedade, agressividade, perfeccionismo, desinibição comportamental, eventos estressantes de vida, aspectos genéticos (responsáveis pelo comportamento violento), entre outros. Importante lembrar que a concepção de valores culturais, religiosos, divulgação midiática, acesso a meios para o suicídio, pouco acesso a serviços de saúde mental, desenvolvimento precário de programas de detecção e prevenção, geralmente associados a questões econômicas e políticas de um país, são também fatores importantes na etimologia, epidemiologia, prevenção e compreensão do comportamento suicida (Baptista, 2004; Kleiman, Riskind, Schaefer, & Weingarden, 2012; Klonsky, May, & Saffer, 2016; Large, et al., 2017; O'Connor & Nock, 2014; Turecki & Brent, 2016)

De forma complementar, Franklin e colaboradores (2017) realizaram uma metanálise sobre os principais fatores de risco em comportamentos suicidas. Inicialmente, eles descreveram os sinais de perigo e/ou fatores de risco apontados pelas principais organizações e associações de saúde dos Estados Unidos, tais como CDC, NIMH e OMS, entre outras. Diversos sinais importantes foram descritos, tais como perdas ou estressores atuais, tentativas anteriores, abuso de substâncias, falta de propósito em viver, ansiedade, agitação e problemas de sono, isolamento social, expressão de raiva ou ira, comportamentos imprudentes ou de risco, mudanças dramáticas no humor, comunicação oral sobre ideação ou planejamento de suicídio, sentimento de ser um fardo para os outros, dor emocional insuportável, perda de interesse por atividades que antes eram apreciadas (anedonia), entre outros. Em relação aos fatores de risco, complementando os já comentados anteriormente, problemas físicos sérios ou crônicos, crenças de que o suicídio é um comportamento nobre, ser exposto a outros comportamentos suicidas (de outrem), problemas legais (p. ex., prisão), ser refugiado, imigrante ou indígena complementam a lista anterior.

É importante lembrar que apresentar alguns desses fatores de risco não é sinônimo de desenvolver comportamento suicida. Um fator estressante isolado, por si só, não necessariamente tem a capacidade de disparar o comportamento suicida, já que a maioria dos seres humanos pode apresentar diversos fatores de risco sem, no entanto, apresentar ideação ou tentativas de suicídio (para um aprofundamento na temática, consultar Baptista [2004]). Como visto, diversos são os fatores de risco/proteção para o comportamento suicida, sendo todos eles relevantes e intercambiáveis. No entanto, em virtude deste capítulo abordar especificamente uma temática de aspectos familiares, a ênfase será dada nos estudos e nas relações entre suporte social (incluindo suporte da família e amigos) e comportamento suicida. Para tanto, o intuito será, inicialmente, contextualizar o que se compreende por família e suporte social/familiar. Então, esses contextos serão relacionados ao comportamento suicida.

Sociedade e família

A sociedade é o núcleo em que o ser humano nasce, aprende, treina suas habilidades relacionais e se desenvolve. Tais habilidades e características são contempladas nos diversos tipos de suporte social preconizados por Rodriguez e Cohen (1998) e Seeman (1998). Eles relatam a existência de diferentes tipos de apoio que alguém pode receber da rede social, sendo três os mais amplamente estudados: suporte emocional, suporte instrumental e suporte informacional. O suporte emocional refere-se a dar conselhos, ouvir os problemas dos outros, mostrar-se empático e confiável. São auxílios que as pessoas oferecem ao conversar com alguém e que são percebidos como expressão de carinho, cuidado e preocupação. O suporte instrumental é relacionado a ajudas práticas que outros podem prover a alguém; por exemplo, cuidados com crianças, empréstimos financeiros, auxílio de transporte, entre outros. Esse tipo de suporte pode ser oferecido não somente por pessoas, mas também por instituições (p. ex., igrejas e organizações). O último tipo, o suporte informacional, está relacionado a receber de outras pessoas noções indispensáveis para que o indivíduo possa guiar e orientar suas ações à solução de algum problema ou no momento de tomar uma decisão.

Como apontam Šedivy, Podlogar, Kerr e De Leo (2017), as sociedades em que se observam pessoas preocupadas em cuidar do bem-estar dos semelhantes, desenvolvendo um senso comunitário de preocupação com o outro por meio de comportamentos altruístas no cerne das relações, proporcionam maior suporte social aos membros daquele grupo social. Pode ser um grupo pequeno (religioso), um bairro, uma cidade ou mesmo a cultura que está engendrada em um país. Esse tipo de visão a respeito do bem-estar alheio também auxilia no desenvolvimento de sentimentos e comportamentos recíprocos entre as pessoas daquele grupo, já que ser acolhido, respeitado e cuidado também gera o comportamento semelhante em relação ao cuidado do outro. Assim, sociedades cada vez mais preocupadas com o sucesso particular de seus membros tendem a gerar também indivíduos mais egoístas em termos de objetivos privados e menos preocupados com seus semelhantes, o que provavelmente traz consequências negativas a todos da comunidade. Como afirma Cobb (1976), a reciprocidade de cuidados mútuos sociais tende a beneficiar a todos, aumentando a percepção de pertencimento social, o que consequentemente gera um fator de prevenção ao desenvolvimento de transtornos mentais e comportamentos suicidas.

De forma geral, o suporte social pode auxiliar as pessoas a dividir sentimentos, procurar compreender seus problemas, debater a respeito das frustrações, construir autoestima e diminuir a perda de esperança (Chang, Chang, Martos, & Sallay, 2018; Winfree Jr. & Jiang, 2010). Outro ponto importante relacionado ao suporte se refere ao trinômio quantidade, qualidade e percepção. Assim, um indivíduo pode fazer parte de vários grupos sociais, tais como clubes e grupos religiosos, mas não perceber suporte social. Outro pode ter restrições de convívio com vários grupos e, no entanto, sentir-se conectado à sociedade e às pessoas e perceber um adequado suporte social/familiar (Hollingsworth et al., 2018).

Logo, em primeiro lugar, a quantidade de pessoas, de amigos nas redes sociais, ou de *likes* não significa percepção de suporte social, nem mesmo, como dito anteriormente, a estrutura da família tradicional. Além disso, a maneira como cada um interpreta a realidade à sua volta também interferirá na valorização do suporte social/familiar. Ainda que uma pessoa perceba seu suporte social como sendo adequado, o modo de se beneficiar dessa rede pode também variar (Kleiman & Riskind, 2013). Nesse sentido, por exemplo, adolescentes que tentaram suicídio e/ou estão deprimidos podem perceber o suporte familiar como muito pior, quando comparado aos seus cuidadores (familiares). Ademais, os pais podem não interagir de forma adequada com os filhos, por acreditarem que é suficiente garantir suporte financeiro para suprir todas as necessidades deles, inclusive as necessidades emocionais (Lipschitz, Yen, Weinstock, & Spirito, 2012). Desse modo, programas que desenvolvam a capacidade de comunicação entre pais e filhos podem ser bastante importantes como prevenção de comportamentos suicidas (Rajalin, Wickholm-Pethrus, Hursti, & Jokinen, 2009).

A família pode ser considerada um grupo social de fulcral importância no desenvolvimento do ser humano, apesar de suas várias configurações e especificidades culturais. A definição padrão, apresentada em dicionários, não consegue sequer cobrir um espectro da variabilidade cultural encontrada, ou seja, a definição de que a família é a união entre pai, mãe e um filho, morando juntos, ou um grupo de pessoas relacionadas entre si, ou mesmo um grupo de pessoas com ancestralidade comum (Michaelis, 2019). Independentemente da definição adotada, em diversas sociedades, os laços familiares parecem ser um elo social importante na vida das pessoas.

Os conceitos de estrutura e suporte familiar podem auxiliar na melhor compreensão das características da família. A estrutura familiar seria a constituição física e de nomenclaturas preestabelecidas socialmente e/ou legalmente. Ou seja, uma estrutura tradicionalista seria composta por pai, mãe e filhos. Porém, outras estruturas são possíveis, tais como padrasto, mãe e filhos; mãe e filhos; filho e avó; entre outros arranjos possíveis. Logo, o que se conhece sobre nomenclatura e/ou constituição estaria englobado nesse conceito. Um pai, por exemplo, pode exercer diversos papéis e/ou funções, podendo ter como função principal oferecer suporte financeiro ao filho sem estabelecer relacionamento afetivo ou comunicativo adequado, sem ao menos orientar um filho sobre regras, papéis e situações difíceis. Nesse caso, o conceito seria o suporte familiar associado à qualidade das relações entre as pessoas (Baptista, Baptista, & Dias, 2001).

Então, uma pessoa pode ter uma estrutura familiar tradicional (pai, mãe e irmãos), mas carecer de suporte familiar adequado, enquanto outra pessoa pode ter uma estrutura não tradicional, como, por exemplo, um pai falecido desde muito cedo, morar com a mãe e a avó, e perceber um adequado suporte familiar. Então, o que seria o suporte familiar? Baptista (2009) define o suporte familiar como a percepção de cada membro da família sobre alguns aspectos fundamentais nas relações. Entre esses aspectos estão a expressão de afetividade verbal e não verbal entre as pessoas da família (carinho), interesse, proximidade, acolhimento, comunicação, interação, respeito, empatia, clareza nas regras familiares, comunicação, habilidades nas resoluções de problemas em conjunto, inter-relações proativas, confiança, liberdade e privacidade entre os membros da família.

Independentemente de este capítulo ter foco no comportamento suicida, o suporte social/familiar está associado a diversos construtos, tais como: autoconceito (Baptista, Rueda, & Brandão, 2017b; Baptista, Rigotto, Cardoso, & Rueda, 2012); desesperança (Baptista, Carneiro, & Cardoso, 2014); crenças irracionais (Lemos, Baptista, & Carneiro, 2011); autoeficácia e *locus* de controle (Baptista, Alves, & Santos, 2008a); abuso de substâncias (Baptista, Lemos, Carneiro, & Morais, 2013; Lemos Antunes, Baptista, & Tufik, 2012); depressão (Baptista, Carneiro, & Sisto, 2010; Baptista, Souza, & Alves, 2008b); saúde mental (Dias & Baptista, 2009; Souza, Baptista, & Alves, 2008; Souza & Baptista, 2008; Souza, Baptista, & Baptista, 2010); personalidade (Baptista, Santos, Alves, & Souza, 2009); eventos estressantes (Sanchez & Baptista, 2009); entre outros. Assim, o suporte social/familiar esteve associado a maiores níveis de autoconceito, autoeficácia, *locus* de controle interno, saúde mental e características saudáveis da personalidade (extroversão, agradabilidade e conscienciosidade).

De maneira inversa, o suporte social/familiar também esteve relacionado a menores níveis de neuroticismo, desesperança, crenças irracionais, abuso de substâncias, depressão e eventos estressantes, demonstrando, assim, que parece ser um fator protetivo da saúde mental como um todo. De qualquer forma, a despeito de o suporte familiar estar associado a diversos outros construtos, que também se relacionam com o comportamento suicida, como é o caso da depressão, da autoestima, da personalidade, entre outros, as relações entre o comportamento suicida e as relações sociais e familiares parecem ser bem estabelecidas na literatura, como abordado a seguir.

Comportamento suicida e família

De forma geral, é muito difícil, como dito anteriormente, adotar explicações simplistas para fenômenos complexos, como são os transtornos mentais e os fenômenos como o suicídio. Modelos teóricos procuram explicar o comportamento suicida, mesmo que nenhum deles consiga prever ou visionar completamente a questão (O'Connor & Nock, 2014).

Na literatura, entre os diversos modelos explicativos a respeito da associação entre saúde mental, mais especificamente sobre transtornos mentais e fatores de risco, pode-se encontrar o modelo diátese-estresse. Ele sugere que algumas pessoas têm predisposições para o desenvolvimento de alguns transtornos mentais. Entretanto, essa predisposição somente seria desencadeada por "gatilhos" (eventos estressantes), fatores de risco específicos. Assim, fazendo uma analogia com esse modelo, o comportamento suicida também poderia ser causado por questões familiares estressoras, tais como conflitos, separação, abuso (físico, sexual, psicológico) e problemas financeiros (Podolak, 2015) em pessoas com outras predisposições específicas.

Outros modelos teóricos, como é o caso da teoria interpessoal, sugerem variáveis que envolvem questões pessoais, sociais e relacionais como fundamentais, como, por exemplo, o sentimento de pertencimento – o quanto o indivíduo se sente ligado a determinado grupo (micro ou macro) –, contrário ao sentimento de alienação social. Inclusive, esse prisma mais social do comportamento suicida foi amplamente abordado por Durkheim (2004). Segundo Chu e colaboradores (2015) e Sommers-Flanagan e Shaw (2017), o sentimento de falta de pertencimento, a percepção de que a pessoa é um fardo social/familiar e a dificuldade em se ligar (conectar) aos outros são fatores bastante importantes na avaliação do comportamento suicida.

O sentimento de falta de pertencimento, inclusive, compreende duas facetas: a solidão, em que o indivíduo se sente desconectado de outros, e a falta de reciprocidade ou a sensação de não ter alguém para recorrer. Tais características também podem sofrer a influência dos modelos e relacionamentos familiares, além, é claro, de características biológicas e psicológicas. Igualmente, a percepção de que o indivíduo é um fardo para a família, os amigos e a sociedade apresenta duas facetas, sendo a primeira a característica da pessoa não gostar de si própria (ou se odiar) e a suscetibilidade – a tendência a se sentir sem importância, ou, até mesmo, acreditar que a própria morte pode fazer mais bem do que mal aos outros. As medidas de solidão podem confundir percepção de falta de suporte social com outros construtos, tais como depressão ou desesperança. Não se pode afirmar que alguém que se sente solitário não possa ter percepção de adequado suporte social (Kleiman, Riskind, & Shaefer, 2014; Ma, Batterham, Calear, & Han, 2016).

Ainda, do ponto de vista de estressores sociais/familiares, alguns parecem ser também potentes, tais como falecimento da pessoa amada, divórcio ou separação marital. Segundo Latham e Prigerson (2004), a perda de uma pessoa amada, por exemplo, é considerada um dos maiores eventos estressantes na vida de alguém, podendo ser um gatilho no desencadeamento de sintomatologia depressiva e comportamento suicida.

Alguns fenômenos sociais também podem afetar direta ou indiretamente fatores de risco capazes de funcionarem como gatilhos. Por exemplo, uma crise financeira em um país pode ter um efeito "dominó", gerando desemprego em pais de família, que, juntamente com outros fatores de risco, aumentam a probabilidade de alguns homens cometerem ou tentarem o suicídio. A família, desde cedo, parece desempenhar um papel importante, tanto como fator de risco para o desenvolvimento de transtornos mentais quanto para o comportamento suicida.

Já é bem estabelecido na literatura que negligência parental, abandono, abuso físico, emocional e/ou sexual na infância aumentam a probabilidade de diversos transtornos mentais e comportamentos suicidas nas fases seguintes (Norman et al., 2012). Essas características isoladamente não são as responsáveis pela ocorrência desses fenômenos, mas, sim, a mediação dessas características, consideradas como distais em outras variáveis também importantes. Variáveis distais podem ser consideradas aquelas que ocorrem temporalmente distantes do desfecho (p. ex., comportamento suicida). Podem também não ter associação direta e, mesmo assim, ter a capacidade de influenciar o evento. Já as variáveis proximais seriam aquelas mais relacionadas ao evento ou que ocorrem temporalmente mais próximas ao desfecho.

Assim, o abandono, a negligência ou qualquer tipo de abuso provavelmente atuam diretamente no desenvolvimento de características da personalidade do futuro adulto (p. ex., aumento de neuroticismo) e nos estilos cognitivos (p. ex., estratégias inadequadas de enfrentamento de problemas). Adolescentes com dificuldades em resolução de problemas podem ter maior probabilidade, dependendo de outras variáveis em conjunto, de desenvolver estratégias de enfrentamento adequadas aos eventos estressores mais crônicos e sequenciais (Serafini et al., 2015). As variáveis proximais estariam relacionadas a questões biológicas, genéticas ou fatores epigenéticos, à desinibição comportamental, ao abuso de substâncias, a eventos de vida, à desesperança, ao humor deprimido (ou a alguma outra psicopatologia relacionada com o comportamento suicida), à ideação suicida, a tentativas anteriores e, obviamente, à influência da mídia, ao acesso a meios letais e ao pouco acesso a serviços especializados em saúde mental. A Figura 15.1 especifica melhor os possíveis caminhos e as variáveis influenciadoras do suicídio (Turecki & Brent, 2015).

É importante lembrar que a família também desempenha um importante papel em fatores associados ao comportamento suicida, principalmente do ponto de vista de proteção, nos casos de desencadeamento e no acompanhamento de transtornos mentais nas pessoas, no abuso de substâncias, além de nos cuidados de saúde mental e física. De forma geral, os membros da família podem discutir os problemas de saúde de seus membros, procurar informações sobre a problemática, chegar a conclusões sobre quais profissionais consultar, marcar consultas, acompanhar o familiar na consulta, compreender e engendrar as recomendações dos profissionais de saúde, supervisionar o familiar doente, dar apoio emocional, entre outros comportamentos importantes.

Outras questões sociais relacionadas ao suicídio também devem ser consideradas, ainda que não devam ser vistas como variáveis isoladas, tais como os modelos de comportamento familiares expressos aos membros quando alguém da família se suicida, sugerindo uma forma de resolução de problemas. Principalmente para crianças e adolescentes, o suicídio de alguém próximo (seja familiar ou amigo) pode ser bastante expressivo e sugerir algum efeito de transmissão social (modelo em que aquela forma de resolver problemas é bastante viável). Além disso, crianças e adolescentes podem utilizar modelos inadequados de resolução de problemas e serem influenciados pela mídia, por intermédio de mecanismos como imitação e sugestionabilidade. Ademais, relacionamentos afetivos familiares inadequados ou inexistentes, baixo monitoramento parental, conflitos e falta de coesão na família, além da perda de pais na tenra idade, também podem ser considerados fatores de risco ao comportamento suicida (O'Connor & Nock, 2014; Serafini et al., 2015; Sheftall, Mathias, Furr, & Dougherty, 2013).

Fatores de risco populacionais

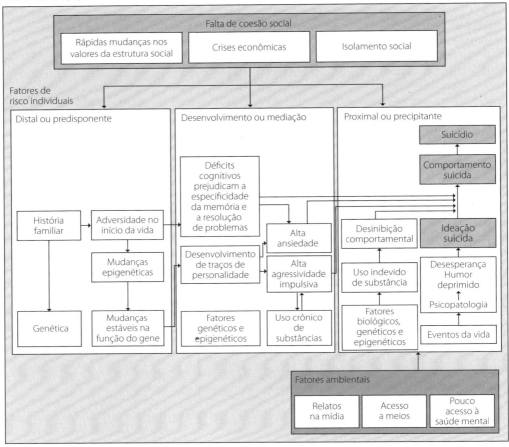

FIGURA 15.1 | Variáveis influenciadoras do suicídio.
Fonte: adaptada de Turecki & Brent (2016).

Indivíduos que percebem e realmente utilizam a rede social disponível de apoio podem se beneficiar de diversas formas, como discutir sobre os problemas de vida com amigos/família e auxiliar na resolução desses problemas, o que implicaria no aumento da autoestima e, consequentemente, na diminuição de sintomatologia depressiva, caso houvesse a ideação suicida. Vínculos seguros com os pais na infância e na adolescência parecem proporcionar maior probabilidade de o indivíduo apresentar representações positivas de si, como maiores autoestima e autoeficácia (Sharaf, Thompson, & Walsh, 2009).

O indivíduo que percebe e utiliza as redes sociais também pode ampliar sua percepção de pertencimento social. Essas relações sociais ampliariam os eventos positivos na vida, "distraindo" ou mudando o foco de pensamentos suicidas (Kleiman & Riskind, 2013). A baixa percepção de suporte social e a percepção de baixa conectividade com outros pode levar o indivíduo a acreditar que é um fardo. Ele acredita que, ao expor seus problemas, atrapalhará o outro, o que poderá também funcionar como um gatilho para o comportamento suicida. Além disso, baixa conectividade e morar sozinho podem aumentar as chances de um indivíduo se sentir isolado (Hollingsworth et al., 2018; Purcell et al., 2012), sendo que morar sozinho também é um fator de risco para indivíduos que têm ideação suicida. Ademais, ter a sensação de que faz parte de um grupo social (conectividade social) e que pode contar com esse grupo pode aumentar as chances de utilização dessa rede como suporte em momentos de estresse, além de reduzir o isolamento social e a solidão, fatores considerados antecedentes ao comportamento suicida (Sharaf et al., 2009).

Outro aspecto importante que pode estar indiretamente relacionado com a baixa percepção de suporte social/familiar é o uso de drogas na adolescência, principalmente em ambientes escolares. O abusador de drogas pode aumentar as chances de se afastar de um suporte adequado, inclusive proporcionando conexões fracas com as normas sociais e com a comunidade, incluindo a escola, os professores e os grupos sociais extracurriculares. Esse comportamento pode aproximá-lo de outros grupos de risco, como, por exemplo, outros adolescentes que não têm pais preocupados com a supervisão e o acompanhamento de atividades diárias, grupos violentos e que realizam pequenos delitos para conseguir mais drogas, entre outros (Winfree Jr. & Jiang, 2010). De qualquer forma, na adolescência, o suporte dos pais, dos amigos próximos e da escola parece ser complementarmente importante (Miller, Esposito-Smythers, & Leichtweis, 2015).

Por último, os fatores de personalidade também estão diretamente associados ao suporte social. Como aponta Ayub (2015), pessoas com habilidade à alta extroversão também aumentariam a possibilidade de desenvolver relações mais saudáveis com outras pessoas ao dispor da capacidade de ampliar o suporte social. Além disso, a estabilidade emocional seria uma característica também protetiva de comportamento suicida, já que auxilia nas relações estáveis com outras pessoas.

Considerações finais

O suicídio é um fenômeno complexo, multifacetado e depende de inúmeros fatores de risco e proteção, sendo considerado um problema de saúde pública nacional e mundial. Variáveis biológicas, psicológicas e sociais, em diferentes combinações, podem ser importantes preditoras do comportamento suicida. Assim, este capítulo teve como objetivo ampliar a compreensão a respeito dos fatores sociais, especificamente o suporte social/familiar e sua relação com o comportamento suicida.

Como demonstrado, o suporte social/familiar pode ser considerado um dos mais importantes fatores de risco/proteção no comportamento suicida. A família e outros grupos sociais parecem ser fundamentais no desenvolvimento de características que protegem os indivíduos contra o desencadeamento dos mais variados transtornos mentais, bem como o comportamento suicida. Além disso, esses grupos também são importantes suportes ao tratamento de transtornos mentais e às intervenções psicossociais associadas à ideação e a tentativas de suicídio.

O suporte familiar está associado ao desenvolvimento de estratégias de enfrentamento adequadas, ao aumento de autoestima, à autoeficácia, à proatividade (*locus* de controle), ao amortecimento de eventos estressantes, ao sentimento de pertencimento, à expectativa de futuro (esperança) e a medidas de saúde mental. Mesmo com o desenvolvimento de transtornos mentais e/ou comportamento suicida, ainda assim, a família torna-se um importante aliado em intervenções específicas.

Assim, a inclusão de amigos e família na prevenção e na intervenção de comportamentos suicidas parece ser uma opção adequada, principalmente quando se trata da faixa de desenvolvimento adolescente, já que os parentes e os amigos também podem ser gravemente desestabilizados pelo suicídio de alguém afetivamente próximo (Asarnow, Berk, Hughes, & Anderson, 2014; Ayub, 2015; Sandler, Tein, Wolchik, & Ayers, 2016; Spino, Kameg, Cline, Terhorst, & Mitchell, 2016). Da mesma forma, desenvolver programas que implementem mudanças para reduzir o isolamento social das pessoas pode ter impactos positivos na diminuição de comportamentos suicidas (Poudel-Tandukar et al., 2011).

Referências

Asarnow, J. R., Berk, M., Hughes, J. L., & Anderson, N. L. (2014). The SAFETY Program: A treatment-development trial of a cognitive-behavioral family treatment for adolescent suicide attempters. *Journal of Clinical Child & Adolescent Psychology, 44(1)*, 194-203.

Ayub, N. (2015). Predicting suicide ideation through intrapersonal and interpersonal factors: The interplay of big-five personality traits and social support. *Personality and Mental Health, 9(4)*, 308-318.

Baptista, M. N. (2004). *Suicídio e depressão: Atualizações*. Rio de Janeiro: Guanabara-Koogan.

Baptista, M. N. (2009). *Inventário de percepção de suporte familiar: IPSF*. São Paulo: Vetor.

Baptista, M. N., Baptista, A. S. D., & Dias, R. R. (2001). Estrutura e suporte familiar como fatores de risco na depressão de adolescentes. *Psicologia: Ciência e Profissão, 21(2)*, 52-61.

Baptista, M. N., Alves, G. A. S., & Santos, T. M. M. (2008a). Suporte familiar, autoeficácia e lócus de controle: Evidência de validade. *Psicologia: Ciência e Profissão, 28(2)*, 260-271.

Baptista, M. N., Souza, M. S., & Alves, G. A. S. (2008b). Evidências de validade entre a Escala de Depressão (EDEP), o BDI e o Inventário de Percepção de Suporte Familiar (EDEP). *Psico-USF, 13(2)*, 211-220.

Baptista, M. N., Santos, T. M. M., Alves, G. A. S., & Souza, M. S. (2009). Correlation Between Perception on Family Support and Personality Trait in University in an University Sample. *International Journal of Hispanic Psychology, 1*, 167-186. Recuperado de https://www.researchgate.net/publication/286634094_Correlation_between_perception_of_family_support_and_personality_trait_in_an_university_sample.

Baptista, M. N., Carneiro, A. M., & Sisto, F. F. (2010). Estudo psicométrico de escalas de depressão (EDEP e BDI) e o Inventário de Percepção de Suporte Familiar-IPSF. *Revista Psicologia em Pesquisa, 4(1)*, 65-73.

Baptista, M. N., Rigotto, D. M., Cardoso, H. F., & Rueda, F. J. M. (2012). Soporte social, familiar y autoconcepto: Relación entre los constructos. *Psicología desde el Caribe, 29(1)*, 1-18.

Baptista, M. N., Lemos, V. A., Carneiro, A. M., & Morais, P. R. (2013). Perception of family support in dependents of alcohol and others drugs: Relationship with mental disorders. *Adicciones, 25(3)*, 220-225.

Baptista, M., N., Carneiro, A. M., & Cardoso, H. F. (2014). Depression, family support and hopelessness: a correlated study. *Universitas Psychologica, 13(2)*, 693-702.

Baptista, M. N., Hauck-Filho, N., & Borges, L. (2017a). Avaliação em psicologia clínica. In M. R. C. Lins, & J. C. Borsa (Eds.), *Avaliação psicológica: Aspectos teóricos e práticos* (pp. 355-367). São Paulo: Vozes.

Baptista, M. N., Rueda, F. J. M., & Brandão, E. M. (2017b). Suporte familiar e autoconceito infantojuvenil em acolhidos, escolares e infratores. *Revista Psicologia em Pesquisa, 11(1)*. Recuperado de http://ojs2.ufjf.emnuvens.com.br/psicologiaempesquisa/article/view/23478.

Bolton, J. M., Gunnell, D., & Turecki, G. (2015). Suicide risk assessment and intervention in people with mental illness. *BMJ, 351*, h4978-h4978.

Botega, N. J., Werlang, B. G., Cais, C. F. S., & Macedo, M. M. K. (2006). Prevenção do comportamento suicida. *Psico, 37(3)*, 213-220.

Brasil. Ministério da Saúde (2017). Suicídio: Saber, agir e prevenir: Campanha de prevenção ao suicídio. *Boletim Epidemiológico, 48*, 1-14. Recuperado de http://portalarquivos2.saude.gov.br/images/pdf/2017/setembro/21/2017-025-Perfil-epidemiologicodas-tentativas-e-obitos-por-suicidio-no-Brasil-e-a-rede-de-atencao-a-saude.pdf.

Center for Disease Control and Prevention (CDC) (2018). *Violence Prevention*. Recuperado de https://www.cdc.gov/violenceprevention/suicide/fastfact.html.

Chang, E. C., Chang, O. D., Martos, T., & Sallay, V. (2018). Loss of hope and suicide risk in Hungarian college students: How the presence of perceived family support makes a positive difference. *The Family Journal, 26(1)*, 119-126.

Chu, C., Klein, K. M., Buchman-Schmitt, J. M., Hom, M. A., Hagan, C. R., & Joiner, T. E. (2015). Routinized assessment of suicide risk in clinical practice: An empirically informed update. *Journal of Clinical Psychology, 71(12)*, 1186-1200.

Cobb, S. (1976). Social support as a moderator of life stress. *Psychosomatic Medicine, 38(5)*, 300-314.

Dias, R. R., & Baptista, M. N. (2009). Medidas repetidas de suporte familiar e saúde mental em mães de crianças em UTI pediátrica. *Universitas Psychologica, 8(1)*, 125-136.

Durkheim, É. (2004). *O suicídio*. São Paulo: Martins Fontes.

Erford, B. T., Jackson, J., Bardhoshi, G., Duncan, K., & Atalay, Z. (2017). Selecting suicide ideation assessment instruments: A meta-analytic review. *Measurement and Evaluation in Counseling and Development, 51(1)*, 42-59.

Franklin, J. C., Ribeiro, J. D., Fox, K. R., Bentley, K. H., Kleiman, E. M., Huang, X., & Nock, M. K. (2017). Risk factors for suicidal thoughts and behaviors: A meta-analysis of 50 years of research. *Psychological Bulletin, 143(2)*, 187-232.

Hollingsworth, D. W., Slish, M. L., Wingate, L. R., Davidson, C. L., Rasmussen, K. A., O'Keefe, V. M., ... Grant, D. M. (2018). The indirect effect of perceived burdensomeness on the relationship between indices of social support and suicide ideation in college students. *Journal of American College Health, 66(1)*, 9-16.

Kleiman, E. M., Riskind, J. H., Schaefer, K. E., & Weingarden, H. (2012). The moderating role of social support on the relationship between impulsivity and suicide risk. *Crisis, 33(5)*, 273-279.

Kleiman, E. M., & Riskind, J. H. (2013). Utilized social support and self-esteem mediate the relationship between perceived social support and suicide ideation. *Crisis, 34(1)*, 42-49.

Kleiman, E. M., Riskind, J. H., & Schaefer, K. E. (2014). Social support and positive events as suicide resiliency factors: Examination of synergistic buffering effects. *Archives of Suicide Research, 18(2)*, 144-155.

Klonsky, E. D., May, A. M., & Saffer, B. Y. (2016). Suicide, suicide attempts, and suicidal ideation. *Annual Review of Clinical Psychology, 12*(1), 307-330.

Large, M., Kaneson, M., Myles, N., Myles, H., Gunaratne, P., Ryan, C. (2016). Meta-Analysis of longitudinal cohort studies of suicide risk assessment among psychiatric patients: Heterogeneity in results and lack of improvement over time. *PLoS ONE* 11(6): e0156322.

Latham, A. E., & Prigerson, H. G. (2004). Suicidality and bereavement: Complicated grief as psychiatric disorder presenting greatest risk for suicidality. *Suicide and Life--Threatening Behavior, 34*(4), 350-362.

Lemos, V. D. A., Baptista, M. N., & Carneiro, A. M. (2011). Suporte familiar, crenças irracionais e sintomatologia depressiva em estudantes universitários. *Psicologia: Ciência e Profissão, 31*(1), 20-29.

Lemos, V. D. A., Antunes, H. K. M., Baptista, M. N., & Tufik, S. (2012). Low family support perception: A'social marker'of substance dependence? *Revista Brasileira de Psiquiatria, 34*(1), 52-59.

Lipschitz, J. M., Yen, S., Weinstock, L. M., & Spirito, A. (2012). Adolescent and caregiver perception of family functioning: Relation to suicide ideation and attempts. *Psychiatry Research, 200*(2-3), 400-403.

Ma, J., Batterham, P. J., Calear, A. L., & Han, J. (2016). A systematic review of the predictions of the interpersonal-psychological theory of suicidal behavior. *Clinical Psychology Review, 46*, 34-45.

Michaelis (2019). *Moderno dicionário da língua portuguesa*. Recuperado de http://michaelis.uol.com.br/moderno-portugues/busca/portugues-brasileiro/fam%C3%ADlia/.

Miller, A. B., Esposito-Smythers, C., & Leichtweis, R. N. (2015). Role of social support in adolescent suicidal ideation and suicide attempts. *Journal of Adolescent Health, 56*(3), 286-292.

National Institute of Mental Health (NIMH) (2018). *Suicide*. Recuperado de https://www.nimh.nih.gov/health/statistics/suicide.shtml.

Norman, R. E., Byambaa, M., De, R., Butchart, A., Scott, J., & Vos, T. (2012). The long-term health consequences of child physical abuse, emotional abuse, and neglect: A systematic review and meta-analysis. *PLoS Medicine, 9*(11), e1001349.

O'Connor, R. C., & Nock, M. K. (2014). The psychology of suicidal behavior. *Lancet Psychiatry, 1*(1), 73-85.

Podolak, E. (2015). Suicide risk assessment: Searching for true positive. *International Journal of Adolescent Medicine and Health, 27*(2),221-223.

Poudel-Tandukar, K., Nanri, A., Mizoue, T., Matsushita, Y., Takahashi, Y., Noda, M., ... Tsugane, S. (2011). Social support and suicide in Japanese men and women-the Japan Public Health Center (JPHC)-based prospective study. *Journal of Psychiatric Research, 45*(12), 1545-1550.

Purcell, B., Heisel, M. J., Speice, J., Franus, N., Conwell, Y., & Duberstein, P. R. (2012). Family connectedness moderates the association between living alone and suicide ideation in a clinical sample of adults 50 years and older. *The American Journal of Geriatric Psychiatry, 20*(8), 717-723.

Rajalin, M., Wickholm-Pethrus, L., Hursti, T., & Jokinen, J. (2009). Dialectical behavior therapy-based skills training for family members of suicide attempters. *Archives of Suicide Research, 13*(3), 257-263.

Rodriguez, M. S., & Cohen, S. (1998). Social support. *Encyclopedia of Mental Health, 3*, 535-544. Recuperado de https://s3.amazonaws.com/academia.edu.documents/30741391/socsupchap98.pdf?AWSAccessKeyId=AKIAIWOWYYGZ2Y53UL3A&Expires=1554875597&Signature=2pyxKFRawwVJspGMpIFzpnNFGcQ%3D&response-content-disposition=inline%3B%20filename%3DSocial_support.pdf.

Runeson, B., Odeberg, J., Pettersson, A., Edbom, T., Adamsson, I. J., & Waern, M. (2017). Instruments for the assessment of suicide risk: A systematic review evaluating the certainty of the evidence. *Plos One, 12*(7), e0180292.

Sanchez, F. I. A., & Baptista, M. N. (2009). Avaliação familiar, sintomatologia depressiva e eventos estressantes em mães de crianças autistas e assintomáticas. *Contextos Clínicos, 2*(1), 40-50.

Sandler, I., Tein, J. Y., Wolchik, S., & Ayers, T. S. (2016). The effects of the family bereavement program to reduce suicide ideation and/or attempts of parentally bereaved children six and fifteen years later. *Suicide and Life-Threatening Behavior, 46*, S32-S38.

Šedivy, N. Z., Podlogar, T., Kerr, D. C. R., & De Leo, D. (2017). Community social support as a protective factor against suicide: A gender-specific ecological study of 75 regions of 23 European countries. *Health & Place, 48*, 40-46.

Seeman, T. E. (1998). *Social support and social conflict*. Recuperado de http://www.macses.ucsf.edu/Research/Psychosocial/notebook/socsupp.html.

Serafini, G., Muzio, C., Piccinini, G., Flouri, E., Ferrigno, G., Pompili, M., ... Amore, M. (2015). Life adversities and suicidal behavior in young individuals: A systematic review. *European Child & Adolescent Psychiatry, 24*(12), 1423-1446.

Sharaf, A. Y., Thompson, E. A., & Walsh, E. (2009). Protective effects of self-esteem and family support on suicide risk behaviors among at-risk adolescents. *Journal of Child and Adolescent Psychiatric Nursing, 22*(3), 160-168.

Sheftall, A., Mathias, C., Furr, R. M., & Dougherty, D. (2013). Adolescent attachment security, family functioning, and suicide attempts. *Attachment & Human Development, 15*(4), 368-383.

Sommers-Flanagan, J., & Shaw, S. L. (2017). Suicide risk assessment: What psychologists should know. *Professional Psychology: Research and Practice, 48*(2), 98-106.

Souza, M. S., & Baptista, M. N. (2008). Associações entre suporte familiar e saúde mental. *Psicologia Argumento, 26*(54), 207-215.

Souza, M. S., Baptista, M. N., & Alves, G. A. S. (2008). Suporte familiar e saúde mental: Evidências de validade baseada na relação entre variáveis. *Aletheia (ULBRA), 28*, 45-59.

Souza, M. S., Baptista, A. S. D., & Baptista, M. N. (2010). Relação entre suporte familiar, saúde mental e comportamentos de risco em estudantes universitários. *Acta Colombiana de Psicologia, 13*(1), 143-154.

Spino, E., Kameg, K. M., Cline, T. W., Terhorst, L., & Mitchell, A. M. (2016). Impact of social support on symptoms of depression and loneliness in survivors bereaved by suicide. *Archives of Psychiatric Nursing, 30*(5), 602-606.

Turecki, G., & Brent, D. A. (2016). Suicide and suicidal behaviour. *The Lancet, 387*(10024), 1227-1239.

Winfree Jr, L. T., & Jiang, S. (2010). Youthful suicide and social support: Exploring the social dynamics of suicide--related behavior and attitudes within a national sample of US adolescents. *Youth Violence and Juvenile Justice, 8*(1), 19-37.

World Health Organization (2019a). *Preventing suicide: A global imperative*. Recuperado de https://www.who.int/mental_health/suicide-prevention/world_report_2014/en/.

World Health Organization (2019b). *Suicide rate estimates, age--standardized: Estimates by country.* Recuperado de http://apps.who.int/gho/data/node.main.MHSUICIDEASDR?lang=en.

Leituras recomendadas

Baptista, M. N., Alves, G. A. S., Souza, M. S., & Lemos, V. A. (2008). Inventario de percepción del soporte familiar: Evidencia de validez con grupos criterio. *Sistemas Familiares, 24*(2), 49-61.

Cardoso, H. F., Baptista, M. N., & Rueda, F. J. M. (2014). Evaluation of social support: Analysis of the literature in the database EBSCO, Academic Search between 2001 to 2011. *Psicología desde el Caribe, 31*(2), 280-303.

Cohen, L. M. (1998). Suicide, hastening death, and psychiatry. *Archives of Internal Medicine, 158*(18), 1-4.

PARTE III

Avaliação familiar no Brasil

Instrumentos para avaliação familiar no Brasil

Maycoln L. M. Teodoro | Marcela Mansur-Alves

A avaliação psicológica no Brasil ganhou mais espaço nos meios acadêmicos e profissionais nas últimas décadas. Isso se deve, em grande parte, à formação de grupos de pesquisas nos programas de pós-graduação, à criação do Sistema de Avaliação de Testes Psicológicos (Satepsi) (Conselho Federal de Psicologia [CFP], 2003) e à regulamentação do uso, da elaboração e da comercialização dos testes psicológicos pelo CFP (2018a). Ademais, mais recentemente, o reconhecimento da avaliação psicológica como especialidade na psicologia (CFP, 2018b) e a regulamentação da prestação de serviços psicológicos, incluída a avaliação, por meio de tecnologias de informação e comunicação, pela Resolução nº 11/2018 (CFP, 2018c), trazem ainda maior potencial de expansão e a necessária reflexão sobre a prática profissional da área.

O grande interesse pela avaliação psicológica reflete-se especificamente na avaliação familiar. No entanto, ainda se percebe uma considerável distância em relação a outras áreas da avaliação, como a avaliação de construtos de inteligência e personalidade, nos contextos de trânsito e organizacional. Um indicativo dessa diferença é o número de instrumentos produzidos para a avaliação familiar. A razão para essa discrepância é possivelmente histórica, já que o interesse pela avaliação da inteligência e personalidade aplicada a contextos e processos seletivos é muito mais antigo. Outra dificuldade na sistematização de instrumentos para a avaliação familiar é a definição de família e suas várias possibilidades de definição.

A definição de família mais utilizada em pesquisas internacionais é a chamada nuclear, que limita as relações ao relacionamento dos pais com as crianças e com os irmãos. Tal concepção está vinculada a uma ideia tradicional, segundo a qual os pais são um casal heterossexual e estão no primeiro casamento. Teodoro (2009) resumiu algumas razões para que esse seja o tipo de família mais estudado na literatura. O primeiro motivo consiste em que, mesmo com o aumento da taxa de divórcio e de famílias constituídas por casais homoafetivos, a maior parte das famílias ainda é nuclear, o que justificaria a predominância de estudos desse tipo familiar. O segundo motivo refere-se às vantagens metodológicas dessa escolha, o que produz uma padronização do tamanho e dos membros familiares incluídos nas pesquisas, especialmente se comparadas às configurações familiares monoparentais.

Tendo em vista a variedade de definições de família, o estudante ou o clínico pode questionar-se sobre qual deverá ser escolhida para a avaliação familiar. Teodoro (2009) sugere três possibilidades que podem orientar didaticamente essa investigação. A primeira definição de família possível é arbitrária e baseia-se em uma escolha prévia pelo clínico ou pelo pesquisador. É o caso da família nuclear quando definida pelo investigador. Essa opção facilita a compreensão de resultados de pesquisa familiar por limitar o seu conceito a um determinado número de membros. Por outro lado, limita o clínico a uma formação familiar que, muitas vezes, não condiz com a realidade da família nem com as suas hipóteses sobre o funcionamento daquele sistema familiar.

Para resolver tal problema, podem ser utilizadas outras duas possibilidades. Uma delas é deslocar a investigação da família para as relações familiares, como pai-criança, mãe-criança, etc. A vantagem dessa estratégia é poder analisar os diversos subsistemas e suas regras internas de funcionamento separadamente. Por exemplo, caso o clínico considere que a avó desempenhe importante função no sistema familiar e que, por esse motivo, deva ser avaliada, ele pode solicitar a sua inclusão ao paciente. A outra possibilidade é perguntar ao testando qual a sua concepção de família e, a partir daí, representar o sistema descrito. Dessa maneira, a avaliação é feita com a perspectiva de família do próprio investigado. Deve-se ressaltar que tal opção possibilita, assim como a anterior, avaliar famílias extensas, com pessoas externas ao sistema familiar.

A avaliação psicológica da família deve ser baseada, como qualquer outro processo de avaliação psicológica, em hipóteses desenvolvidas pelo clínico sobre o funcionamento do sistema familiar. De modo similar, na investigação científica, o pesquisador seleciona os instrumentos mais adequados para testar as suas hipóteses de pesquisa. Isso nos leva à conclusão de que o uso de instrumentos psicológicos constitui-se em um meio para que o clínico ou o pesquisador obtenha dados para uma conclusão em particular. Importante também destacar que, na clínica, o uso de instrumentos psicológicos deve vir acompanhado de entrevistas e outras técnicas que auxiliam na compreensão da complexidade do sistema familiar.

O objetivo deste capítulo é apresentar ao leitor alguns instrumentos de avaliação familiar desenvolvidos ou adaptados para o Brasil. Pretende-se, assim, oferecer um mapa para que o clínico e o pesquisador possam investigar suas hipóteses com técnicas padronizadas e adequadas aos seus objetivos. Deve-se ressaltar, entretanto, que não se tem a pretensão de esgotar todos os instrumentos existentes em virtude da limitação do espaço. Então, sugerimos a leitura de outros capítulos neste livro para o conhecimento de outras técnicas de investigação familiar.

Apesar de semelhantes para o clínico e o pesquisador as razões para a escolha do instrumento psicológico que investigaram as hipóteses de funcionamento familiar, é necessário levar em consideração na avaliação clínica o fato de o instrumento ter sido considerado favorável para uso profissional pelo CFP. Isso implica uma tarefa para o psicólogo clínico: consultar regularmente a página do Satepsi e verificar quais instrumentos podem ser utilizados na avaliação psicológica de família. Por outro lado, o pesquisador pode basear sua escolha naqueles instrumentos que estão adaptados para o Brasil e que oferecem as melhores propriedades psicométricas, geralmente relatadas em artigos científicos. Por esse motivo, a apresentação dos instrumentos psicológicos será dividida em duas partes. A primeira será constituída por aqueles que constam como aprovados para uso pelo CFP até o início de 2019. A segunda conterá instrumentos que ainda não foram submetidos ou avaliados pelo CFP.

Instrumentos aprovados pelo Conselho Federal de Psicologia

Entrevista Familiar Estruturada (EFE)

Constitui-se em um processo de avaliação interacional entre o entrevistador e os membros da família. O avaliador procura, durante a entrevista, investigar dimensões relativas à comunicação, às regras, aos papéis, à liderança, aos conflitos, entre outros, por meio de tarefas verbais e não verbais. Trata-se de um método clínico que busca realizar um diagnóstico interacional da família. A EFE começou a ser desenvolvida na década de 1970 e obteve, em 2005, a aprovação do CFP para o seu uso clínico. Suas propriedades psicométricas vêm sendo investigadas nos últimos anos e apresentam escores satisfatórios (Féres-Carneiro, 1997, 2005).

> *Autora:* Terezinha Féres-Carneiro.
> *O que avalia:* interação familiar.
> *Onde foi desenvolvido:* Brasil.
> *Quem é avaliado:* os membros da família que estiverem presentes durante a sessão.
> *Público-alvo:* pais, mães e filhos de 4 a 14 anos.
> *Principais publicações:* Féres-Carneiro (1997, 2005).

Inventário de Estilos Parentais (IEP)

Trata-se de um inventário que investiga sete práticas educativas. As duas primeiras práticas são consideradas positivas, enquanto as outras cinco são negativas. A primeira é a monitoria positiva e se refere ao conhecimento sobre onde se encontram os filhos e suas preferências. A segunda é o comportamento moral e aborda o ensino de valores como honestidade e empatia aos filhos. Entre as práticas negativas, situam-se a punição inconsistente, que investiga o grau em que os pais educam os filhos de maneira inconsistente; a negligência, que se refere à ausência dos pais na educação dos filhos; a disciplina relaxada, ilustrada pelo estabelecimento de regras que não são respeitadas pelos próprios pais; a monitoria negativa, que ocorre quando os pais fiscalizam em demasia; e, finalmente, o abuso físico, que consiste no uso de castigos físicos para controlar o comportamento dos filhos. O IEP contém 42 questões, sendo que as respostas são dadas por meio de uma escala Likert de três pontos em três versões: do filho em relação à mãe, do filho em relação ao pai e dos pais em relação ao filho.

> *Autora:* Paula Gomide.
> *O que avalia:* práticas educativas.
> *Onde foi desenvolvido:* Brasil.
> *Quem é avaliado:* as respostas são dadas pelos filhos adolescentes em relação aos pais e pelos pais em relação ao filho.
> *Público-alvo:* para crianças de 9 anos até adolescentes de 19 anos.
> *Principais publicações:* Gomide (2006) e Sampaio e Gomide (2007).

Inventário de Percepção de Suporte Familiar (IPSF)

Investiga três características do suporte familiar. A primeira é denominada afetivo-consistente e avalia a expressão de afetividade entre os membros familiares, incluindo proximidade, clareza nas regras intrafamiliares, consistência de comportamentos e verbalizações e habilidades na resolução de problemas. A segunda característica avaliada é denominada adaptação familiar, composta por itens referentes a sentimentos e a comportamentos negativos em relação à família. A terceira característica é chamada de autonomia e investiga relações de confiança, liberdade e privacidade entre os membros. Os entrevistados respondem às perguntas sobre a família por meio de uma escala Likert de três pontos. O IPSF apresenta propriedades psicométricas de validade e fidedignidade adequadas.

> *Autor:* Makilim Baptista.
> *O que avalia:* percepção do suporte familiar.
> *Onde foi desenvolvido:* Brasil.
> *Quem é avaliado:* suporte familiar da família como um todo percebido pelo testando.
> *Público-alvo:* crianças de 11 anos até adultos de 57 anos (amostra de normatização).
> *Principais publicações:* Baptista (2009) e Baptista e colaboradores (2009).

Roteiro de Entrevista de Habilidades Sociais Educativas Parentais (RE-HSE-P)

Refere-se ao conjunto de habilidades sociais dos pais utilizado na prática educativa dos filhos e engloba comportamentos como comunicação, expressão dos sentimentos e estabelecimento de limites. O roteiro visa a identificar as habilidades de familiares de crianças na pré-escola, sendo composto por categorias de comportamentos. As perguntas são realizadas de modo que a sua frequência seja analisada por uma escala Likert de três pontos. Essas categorias incluem temas como manter conversação, expressar sentimentos, demonstrar carinho, etc. As propriedades psicométricas deste instrumento são adequadas e demonstram boa discriminação entre grupos (Bolsoni-Silva & Loureiro, 2010).

Autores: Alessandra Bolsoni-Silva, Sonia Loureiro e Edna Marturano.
O que avalia: habilidades sociais educativas parentais.
Onde foi desenvolvido: Brasil.
Quem é avaliado: percepção dos pais sobre as suas habilidades sociais e educativas em relação ao filho.
Público-alvo: pai, mãe ou responsáveis, mas não há informação sobre idade da amostra de normatização.
Principal publicação: Bolsoni-Silva e Loureiro (2010).

Inventário de Habilidades Sociais Conjugais (IHSC)

Objetiva avaliar o repertório de habilidades sociais conjugais que podem ser entendidas como um conjunto de comportamentos próprios da interação social com o cônjuge que contribuem para o bom relacionamento entre ambos e para a satisfação conjugal. É um instrumento de autorrelato composto por 32 itens que avaliam a frequência de emissão de comportamentos socialmente habilidosos no contexto do relacionamento conjugal. São avaliadas as habilidades sociais assertivas, empáticas, de expressão de afeto positivo, de automonitoria e comunicação. O instrumento apresenta evidências de validade por meio da análise de sua estrutura interna, a convergência com outros instrumentos que avaliam construtos semelhantes e a confiabilidade por meio da análise da sua consistência interna (Villa, 2005).

Autores: Miriam Bratfisch Villa e Zilda A. P. Del Prette.
O que avalia: habilidades sociais conjugais.
Onde foi desenvolvido: Brasil.
Quem é avaliado: os cônjuges podem ser avaliados individualmente ou em conjunto.
Público-alvo: adultos e jovens casados (formalmente ou não) que tenham cursado no mínimo o ensino médio e com faixa etária de 20 a 70 anos.
Principais publicações: Villa (2005) e Del Prette, Villa, de Freitas e Del Prette (2008).

Instrumentos não exclusivos de psicólogos e não avaliados pelo Conselho Federal de Psicologia

Sistema de Avaliação do Relacionamento Parental (SARP)

Consiste em um roteiro de entrevista com o objetivo principal de avaliar a qualidade do relacionamento entre pais e filhos (ou entre as crianças e seus responsáveis legais). Em geral, pode ser utilizado para subsidiar recomendações acerca da disputa de guarda e/ou regulamentação de visitas. A versão final do SARP é composta por dois eixos principais (competências parentais e necessidades dos filhos) e oito dimensões (relação interparental, características afetivo-emocionais, cuidados básicos, proteção frente a riscos reais, sistema de normas e valores, segurança emocional, desenvolvimento da identidade, educação e lazer) que agregam 26 itens. O instrumento apresenta evidências de confiabilidade interexaminadores e validade clínica e no contexto jurídico-forense (Lago, 2012).

Autores: Vivian de Medeiros Lago e Denise Ruschel Bandeira.
O que avalia: relacionamento parental.
Onde foi desenvolvido: Brasil.

(Continua)

(Continuação)

> *Definição de relacionamento parental:* engloba aspectos como a função de apoio, a proteção e a responsabilidade com seus filhos, as práticas educativas, a preocupação com cuidados corporais e as necessidades afetivas dos filhos (Lago, Amaral, Bosa, & Bandeira, 2010).
> *Público-alvo:* crianças de 5 a 12 anos e seus respectivos responsáveis.
> *Principal publicação:* Lago (2012).

Escala de Violência entre Parceiros Íntimos (EVIPI)

É um instrumento de autorrelato que oferece suporte para rastrear, identificar e avaliar as vítimas de violência entre parceiros íntimos, sobretudo no que concerne à injúria e à violência física corporal; aos danos à saúde, à sexualidade e ao patrimônio; e ao controle comportamental. A aplicação pode ser realizada individual ou coletivamente, com duração aproximada de 15 a 25 minutos. Pode ser utilizada nos contextos clínico ou jurídico.

> *Autores:* Lélio M. Lourenço e Makilim Nunes Baptista.
> *O que avalia:* violência íntima.
> *Onde foi desenvolvido:* Brasil.
> *Definição de violência íntima:* qualquer comportamento observado em um relacionamento íntimo que cause prejuízos físicos, psicológicos ou sexuais aos envolvidos no relacionamento.
> *Público-alvo:* pessoas de 18 a 65 anos em um relacionamento afetivo.
> *Principal publicação:* Lourenço e colaboradores (2013).

Instrumentos não avaliados pelo Conselho Federal de Psicologia

Os instrumentos descritos a seguir podem ser utilizados em pesquisa, mas não na elaboração de avaliações clínicas pelos psicólogos.

Familiograma (FG)

Avalia a percepção da afetividade e do conflito familiar nas díades familiares (p. ex., pai-mãe, filho-pai, filho-mãe, etc.). A afetividade é definida como um conjunto de emoções positivas no relacionamento interpessoal, enquanto o conflito é caracterizado como uma gama de sentimentos negativos que podem ter o estresse e a agressividade no sistema familiar como fontes geradoras. As díades são selecionadas de acordo com o desejo do investigador, podendo seguir uma lista predefinida ou acompanhar a descrição de família dada pelo entrevistando. Para cada uma delas, o entrevistado deverá informar, por meio de uma lista de adjetivos (alegre, agradável, nervoso, estressante, etc.) e de uma escala Likert (que varia de um a cinco) como é cada relacionamento. O FG pode ser aplicado em crianças, adolescentes e adultos, permitindo a classificação das famílias em quatro diferentes categorias de acordo com a intensidade da afetividade e do conflito familiar (Quadro 16.1). As famílias pertencentes ao tipo I são aquelas descritas como tendo alta afetividade e baixo conflito. As famílias do tipo II apresentam alta afetividade e alto conflito. Já as famílias classificadas como tipo III apresentam baixa afetividade e baixo conflito, enquanto as do tipo IV têm baixa afetividade e alto conflito. Esse instrumento contém propriedades de validade e fidedignidade adequadas (Teodoro, 2006).

QUADRO 16.1 | Classificação de tipos de família de acordo com os construtos afetividade e conflito do familiograma

Tipo I	Tipo II	Tipo III	Tipo IV
Alta afetividade	Alta afetividade	Baixa afetividade	Baixa afetividade
Baixo conflito	Alto conflito	Baixo conflito	Alto conflito

Autor: Maycoln Teodoro.
O que avalia: relações familiares de afetividade e conflito em díades.
Onde foi desenvolvido: Brasil.
Quem é avaliado: os membros são definidos pelo entrevistando ou previamente pelo entrevistador. Os escores obtidos referem-se à cada díade familiar e, se somados, à toda a família.
Público-alvo: crianças (a partir de 8 anos), adolescentes e adultos.
Principais publicações: Teodoro (2006) e Teodoro, Cardoso e Freitas (2010).

Inventário do Clima Família (ICF)

Investiga as dimensões teóricas de coesão, apoio, hierarquia e conflito familiar em adolescentes e adultos. Contém 22 itens que devem ser pontuados em uma escala Likert de cinco pontos (desde não concordo até concordo plenamente). O construto conflito avalia a relação agressiva, crítica e conflituosa entre os membros da família (p. ex., "Os conflitos são comuns"; "As pessoas criticam umas às outras com frequência"). O fator hierarquia está relacionado a uma clara diferenciação de poder no âmbito da família, na qual as pessoas mais velhas têm mais influência sobre as decisões familiares. Representa o nível de poder e controle no sistema familiar (p. ex., "É comum que algumas pessoas proíbam outras de fazer algo sem explicar o porquê", "Uns mandam, enquanto outros obedecem"). A dimensão apoio contém itens que descrevem o suporte material e emocional dos membros, avaliando a existência de suporte emocional e material dado e recebido na família (p. ex., "Procuramos ajudar as pessoas da nossa família quando percebemos que estão com problemas", "Quando alguém está doente, os outros cuidam dele"). Finalmente, a coesão familiar foi definida como o vínculo emocional entre os membros da família. (p. ex., "As pessoas sentem-se felizes quando toda a família está reunida", "As pessoas gostam de passear e estar juntas"). Os resultados psicométricos do ICF apontam para uma estrutura fatorial compatível com o modelo de quatro fatores e *alphas* de Cronbach superiores a 0,80.

Autor: Maycoln Teodoro.
O que avalia: clima familiar (coesão, apoio, hierarquia e conflito familiar).
Onde foi desenvolvido: Brasil.
Quem é avaliado: as respostas são dadas de acordo com a concepção de família do entrevistando, e os escores obtidos refletem a família como um todo.
Público-alvo: adolescentes e adultos.
Principal publicação: Teodoro, Allgayer e Land (2009).

Parental Bonding Instrument (PBI)

Investiga, a partir da percepção de adolescentes e adultos, o vínculo estabelecido com os pais durante a infância e a adolescência. É constituído por 25 itens que compõem as escalas e avaliam aspectos como cuidado e superproteção/controle. O participante deve eleger a alternativa que melhor descreve sua relação com cada um dos pais separadamente aplicando uma escala Likert que varia de zero a três pontos. Altos escores na escala de cuidado representam percepções de carinho e proximidade, ao passo que, na escala de superproteção/controle, representam percepções de proteção excessiva, vigilância e infantilização. A partir dessas duas escalas, é possível obter quatro classificações de vínculos entre pais e filhos. A primeira (cuidado ótimo) contempla os pais que obtêm alta pontuação em cuidado e baixa em superproteção/controle. O segundo grupo (controle afetivo) engloba pais com alta pontuação em cuidado e em superproteção/controle. O terceiro (controle sem afeto) abrange pais com baixa pontuação em cuidado e alta em superproteção/controle. Por fim, o último (negligente) engloba os pais com baixa pontuação em cuidado e em superproteção/controle. O PBI foi adaptado para a língua portuguesa por Hauck e colaboradores (2006) e teve suas propriedades psicométricas avaliadas por Teodoro e colaboradores (2010).

Autores: G. Parker, H. Tupling e L.B. Brown.
O que avalia: vínculo estabelecido com os pais durante a infância e a adolescência (cuidado e superproteção).
Onde foi desenvolvido: Estados Unidos.
Quem é avaliado: as respostas são dadas para as relações do entrevistando com a mãe e o pai separadamente.
Principais publicações: Parker, Tupling e Brown (1979), Hauck e colaboradores (2006).

Escalas para Avaliação dos Estilos Parentais

Analisam a exigência e a responsividade percebidas pelos adolescentes em relação aos seus pais. A exigência está relacionada às atitudes dos pais em estabelecer limites e regras aos filhos, incluindo supervisão e cobrança desses limites e regras, enquanto a responsividade diz respeito à capacidade dos pais em atender às necessidades dos filhos, incluindo apoio emocional e desenvolvimento da autonomia e da autoafirmação. O instrumento é respondido pelo filho adolescente em relação aos pais, sendo composto por 24 itens e uma escala Likert de cinco pontos. A combinação dos escores das escalas permite identificar o estilo parental: altos níveis de exigência e responsividade resultam no estilo autoritativo; alto nível de exigência combinado com baixa responsividade resulta no estilo autoritário; alto nível de responsividade e baixo nível de exigência caracterizam o indulgente; e baixos níveis de exigência e responsividade caracterizam o negligente. As propriedades psicométricas das escalas foram investigadas e apresentam índices de validade e fidedignidade adequados (Teixeira, Bardagi e Gomes, 2004).

Autores: Marco Teixeira, Marúcia Bardagi e William Gomes.
O que avaliam: estilos parentais (exigência e responsividade).
Onde foram desenvolvidas: Brasil.

Quem é avaliado: as respostas são dadas pelos filhos adolescentes em relação aos pais.
Principal publicação: Teixeira, Bardagi e Gomes (2004).

Teste do Sistema Familiar (FAST)

Avalia coesão e hierarquia por meio da representação de seus membros familiares. É constituído por um tabuleiro monocromático dividido em 81 quadrados (5 cm × 5 cm), peças confeccionadas em madeira representando figuras masculinas e femininas (8 cm) e blocos cilíndricos com três diferentes alturas (1,5 cm; 3 cm; 4,5 cm). A partir da descrição da família pelo entrevistando, solicita-se que ele disponha todos os membros no tabuleiro de acordo com duas regras:

1. os membros que têm mais intimidade devem ficar mais próximos; e
2. os membros que têm mais poder devem ficar mais altos.

A coesão é medida por meio da distância das peças, calculada pelo teorema de Pitágoras. Para avaliar a hierarquia, conta-se o número de blocos de cada membro. A coesão e a hierarquia podem ser divididas em baixa, média e alta; a partir daí, as famílias e os subsistemas podem ser classificados em balanceados (hierarquia média combinada com coesão média ou alta), não balanceados (hierarquia alta ou baixa combinada com coesão alta ou baixa) e instáveis (hierarquia média com coesão baixa ou hierarquia baixa ou alta combinada com coesão média). As famílias podem ser representadas em três situações: típica (como a família é no dia a dia), ideal (como o entrevistado gostaria que a família fosse) e conflituosa (a família é vista como uma situação em conflito).

Autor: Thomas Gehring.
O que avalia: coesão e hierarquia familiar.
Onde foi desenvolvido: Suíça.

(Continua)

(Continuação)

Quem é avaliado: os membros avaliados são definidos pelo testando. Os escores obtidos refletem a família como um todo e os seus subsistemas.
Público-alvo: crianças (a partir de 7 anos), adolescentes e adultos.
Principal publicação: Gehring (1998) e De Antoni, Teodoro e Koller (2009).

Teste de Identificação Familiar (FIT)

Pode ser aplicado a pessoas alfabetizadas e consiste em 12 adjetivos (calmo, independente, etc.) que descrevem características de personalidade. O objetivo do instrumento é investigar, de modo indireto, a autocongruência (eu sou do jeito que gostaria de ser) e os padrões de identificação real (eu me acho parecido com...) e ideal (eu gostaria de ser parecido com...). Para isso, solicita-se ao entrevistado que diga quais são os membros de sua família e, a partir daí, solicita-se que descreva cada um deles com os adjetivos e com uma escala Likert que varia de um a cinco (não concorda a concorda totalmente). Além disso, ele deve descrever a si mesmo (*self* real) e como gostaria de ser (*self* ideal). Todos os escores são associados por meio da correlação de Pearson para se chegar aos valores de autocongruência (*self* real e ideal: "Eu sou como gostaria de ser"), identificação real com a mãe (*self* real e descrição da mãe: "Eu sou como a minha mãe"), identificação ideal com a mãe (*self* ideal e descrição da mãe: "Eu gostaria de ser como a minha mãe"), etc. O instrumento foi traduzido para a língua portuguesa e demonstra boa discriminação entre amostras clínicas e não clínicas (Käppler, 1998; Teodoro, 2009).

Autores: Helmut Remschmidt e Fritz Mattejat.
O que avalia: autocongruência e identificação familiar real e ideal.
Onde foi desenvolvido: Alemanha.
Quem é avaliado: os membros avaliados são escolhidos antecipadamente pelo entrevistador ou pelo entrevistado.

Público-alvo: crianças (a partir de 7 anos), adolescentes e adultos.
Principais publicações: Remschmidt e Mattejat (1999) e Teodoro e colaboradores (2005).

Escala Fatorial de Satisfação com o Relacionamento de Casal (EFS-RC)

Este instrumento objetiva avaliar a satisfação conjugal entendendo-a como uma avaliação cognitiva positiva de um objeto comparando-o com objetos semelhantes que têm características também consideradas positivas (Wachelke, Andrade, Cruz, Faggiani, & Natividade, 2004). Nesse caso, o relacionamento do casal é entendido como amoroso/sexual marcado pela estabilidade. Trata-se de um instrumento de autoadministração breve, composto por nove itens do tipo Likert que operacionaliza duas dimensões do relacionamento: atração física e sexualidade ("Meu(minha) companheiro(a) é fisicamente atraente para mim") e afinidade de interesses e comportamentos entre companheiros da relação ("Meu(minha) companheiro(a) e eu gostamos de participar de atividades similares"). O instrumento foi construído para a língua portuguesa e apresenta evidências de validade por meio de análise de sua estrutura interna, convergência com construtos semelhantes e consistência interna (Wachelke, Andrade, Souza, & Cruz, 2007).

Autores: João Fernando Rech Wachelke, Alexsandro Luiz de Andrade, Roberto Moraes Cruz, Robson Brino Faggiani e Jean Carlos Natividade.
Onde foi desenvolvido: Brasil.
Quem é avaliado: o casal é avaliado com relação à sua satisfação conjugal.
Público-alvo: adultos e jovens casados em relacionamento estável.
Principais publicações: Wachelke e colaboradores (2004) e Wachelke e colaboradores (2007).

Escala de Ajustamento Diádico (EAD)

Desenvolvida para avaliar a percepção de casais sobre seus relacionamentos afetivos. É um instrumento de autorrelato com 32 itens que objetivam mensurar: consenso diádico (nível de concordância do casal sobre as várias questões básicas da relação, como dinheiro, tarefas domésticas, entre outras), satisfação diádica (percepção do casal sobre divórcio, felicidade, compromisso com o futuro do relacionamento), coesão diádica (senso de compartilhamento emocional do casal) e expressão de afeto (percepção de concordância dos membros do casal quanto a demonstrações de afeto e relações sexuais). Os itens são respondidos em escala Likert de cinco, seis ou sete pontos, com os extremos sendo, em geral, "nunca" e "o tempo todo". O escore total do instrumento pode variar de 0 a 151 e é obtido pela soma dos escores nas quatro subescalas. A EAD apresenta evidências de validade baseadas na análise de estrutura interna e preditiva, bem como níveis adequados de consistência interna para a língua portuguesa (Hernandez, 2008).

Autor: Graham Spanier.
O que avalia: ajustamento diádico.
Onde foi desenvolvido: Estados Unidos.
Público-alvo: adultos e jovens casados (formalmente ou não), desde que em relacionamento estável.
Principais publicações: Hernandez (2008), Hernandez e Hutz (2009) e Spanier (1976).

Considerações finais e direções futuras

O objetivo deste capítulo foi auxiliar o leitor a escolher instrumentos psicológicos que avaliem a família e as relações familiares. Entretanto, deve-se salientar que nenhuma investigação clínica pode prescindir de entrevistas com os pacientes, de modo a complementar os dados. A avaliação psicológica da família vem desenvolvendo-se nos últimos anos no Brasil, e, consequentemente, o número de instrumentos tem aumentado continuamente. Por esse motivo, os estudantes e clínicos devem consultar o Satepsi regularmente e observar as suas mudanças.

A seleção e o uso adequado dos instrumentos psicológicos dependem de um treinamento adequado do profissional da psicologia, que só deverá aplicá-los após conhecer muito bem a teoria e o material de cada teste ou escala. Por isso, o psicólogo deverá ler cuidadosamente o manual de cada instrumento antes de sua aplicação. Seguir todas as recomendações propicia uma boa aplicação do teste, assim como as orientações contidas no manual garantem a qualidade dos resultados obtidos.

Referências

De Antoni, C., Teodoro, M. L. M., & Koller, S. H. (2009). Coesão e hierarquia em famílias fisicamente abusivas. *Universitas Psychologica,* 8(2), 399-412.

Baptista, M. N. (2009). *Inventário de Percepção de Suporte Familiar - IPSF.* São Paulo: Vetor.

Baptista, M. N., Teodoro, M. L. M., Cunha, R. V., Santana, P. R., & Carneiro, A. M. (2009). Evidência de validade entre o Inventário de Percepção de Suporte Familiar (IPSF) e o Familiograma (FG). *Psicologia: Reflexão e Crítica,* 22, 466-473.

Bolsoni-Silva, A. T., & Loureiro, S. R. (2010). Validação do roteiro de entrevista de habilidades sociais educativas parentais (RE-HSE-P). *Avaliação Psicológica,* 9(1), 63-75.

Conselho Federal de Psicologia (CFP) (2003). *Resolução CFP nº 002/2003.* Recuperado de https://site.cfp.org.br/tag/resolucao-cfp-n0022003/.

Conselho Federal de Psicologia (CFP) (2018a). *Resolução CFP nº 009/2018.* Recuperado de http://satepsi.cfp.org.br/docs/Resolu%C3%A7%C3%A3o-CFP-n%C2%BA-09-2018-com-anexo.pdf.

Conselho Federal de Psicologia (CFP) (2018b). *Apaf reconhece avaliação psicológica como especialidade em psicologia.* Recuperado de https://site.cfp.org.br/apaf-reconhece-avaliacao-psicologica-como-especialidade-em-psicologia/.

Conselho Federal de Psicologia (CFP) (2018c). *Resolução CFP nº 11/2018.* Recuperado de https://site.cfp.org.br/wp-content/uploads/2018/05/RESOLU%C3%87%C3%83O-N%C2%BA-11-DE-11-DE-MAIO-DE18.pdf.

De Antoni, C., Teodoro, M. L. M., & Koller, S. H. (2009). Coesão e hierarquia em famílias fisicamente abusivas. *Universitas Psychologica,* 8, 399-412.

Del Prette, Z. A. P., Villa, M. B., de Freitas, M. G., & Del Prette, A. (2008). Estabilidade temporal do inventário de habilidades sociais conjugais (IHSC). *Avaliação Psicológica,* 7(1), 67-74.

Féres-Carneiro, T. (1997). Entrevista Familiar Estruturada: Um método de avaliação das relações familiares. *Temas em Psicologia,* 3, 63-94.

Féres-Carneiro, T. (2005). *Entrevista Familiar Estruturada: Um método clínico de avaliação das relações familiares*. 1. ed. São Paulo: Casa do Psicólogo.

Gehring, T. (1998). *Family System Test – FAST, Manual*. Göttingen: Hogrefe & Huber.

Gomide, P. I. C. (2006). *Inventário de Estilos Parentais. Modelo teórico: Manual de aplicação, apuração e interpretação*. Petrópolis: Vozes.

Hauck, S., Schestatsky, S., Terra, L., Knijnik, L., Sanchez, P., & Ceitlin, L. H. F. (2006). Adaptação transcultural para o português brasileiro do Parental Bonding Instrument (PBI). *Revista de Psiquiatria do Rio Grande do Sul, 28*, 162-168.

Hernandez, J. A. E. (2008). Avaliação estrutural da escala de ajustamento diádico. *Psicologia em Estudo, 13*(3), 593-601.

Hernandez, J. A. E., & Hutz, C. S. (2009). Transição para a parentalidade: ajustamento conjugal e emocional. *Psico, 40*(4), 414-421.

Käppler, K. C. (1998). Padrões de identificação em famílias: Um estudo comparativo entre crianças com e sem problemas psicológicos. *Cadernos de Psicologia, 8*, 241-252.

Lago, V. D. M. (2012). *Construção de um sistema de avaliação do relacionamento parental para situações de disputa de guarda*. Tese de doutorado, Universidade Federal do Rio Grande do Sul. Recuperado de https://www.lume.ufrgs.br/bitstream/handle/10183/56830/000855861.pdf?sequence=1&isAllowed=y.

Lago, V. M., Amaral, S. C. E., Bosa, C. A., & Bandeira, D. R. (2010). Instrumentos que avaliam a relação entre pais e filhos. *Journal of Human Growth and Development, 20*(2), 330-341.

Lourenço, L. M., Baptista, M. N., Almeida, A. A., Basílio, C., Koga, B. M., Hashimoto, J. K. F., ... Andrade, G. C. (2013). Panorama da violência entre parceiros íntimos: Uma revisão crítica da literatura. *Interamerican Journal of Psychology, 47*(1), 91-99.

Parker, G., Tupling, H., & Brown, L. B. (1979). A Parental Bonding Instrument. *British Journal of Medical Psychology, 52*, 1-10.

Remschmidt, H., & Mattejat, F. (1999). *Der Familien-Identifikations-Test (FIT). Manual* [The Family Identification Test. Manual]. Göttingen: Hogrefe.

Sampaio, I. T. A., & Gomide, P. I. C. (2007). Inventário de Estilos Parentais (IEP) – Gomide (2006). Percurso de padronização e normatização. *Psicologia Argumento, 25*, 15-26.

Spanier, G. B. (1976). Measuring dyadic adjustment: New scales for assessing the quality of marriage and similar dyads. *Journal of Marriage and the Family, 38*(1), 15-28.

Teixeira, M. A. P., Bardagi, M. P., & Gomes, W. B. (2004). Refinamento de um instrumento para avaliar responsividade e exigência parental percebidas na adolescência. *Avaliação Psicológica, 3*, 1-12.

Teodoro, M. L. M. (2006). Afetividade e conflito em díades familiares: Avaliação com o Familiograma. *Interamerican Journal of Psychology, 40*, 395-390.

Teodoro, M. L. M. (2009). Família, bem-estar e qualidade de vida de crianças e adolescentes. In: V. G. Haase; F. O. Ferreira; F. J. Penna. (Org.). *Aspectos biopsicossociais da saúde na infância e adolescência*. (p. 111-122) Belo Horizonte: Coopmed.

Teodoro, M. L. M., Allgayer, M., & Land, B. R. (2009). Desenvolvimento e validade fatorial do Inventário do Clima Familiar (ICF) para adolescentes. *Psicologia: Teoria e Prática, 11*, 27-39.

Teodoro, M. L. M., Benetti, S. P. C., Schwartz, C. B., & Mônego, B. (2010). Propriedades psicométricas do Parental Bonding Instrument e associação com funcionamento familiar. *Avaliação Psicológica, 9*, 243-251.

Teodoro, M. L. M., Cardoso, B. M., & Freitas, A. C. H. (2010). Afetividade e conflito familiar e sua relação com a depressão em crianças e adolescentes. *Psicologia: Reflexão e Crítica, 23*, 324-333.

Teodoro, M. L. M., Käppler, C., Rodrigues, J. L., Freitas, P. M., & Haase, V. G. (2005). The Matson Evaluation of Social Skills with Youngsters (MESSY) and its adaptation for Brazilian Children and Adolescents. *Interamerican Journal of Psychology, 39*, 239-246.

Villa, M. B. (2005). *Habilidades sociais no casamento: Avaliação e contribuição para a satisfação conjugal*. Tese de doutorado, Universidade de São Paulo.

Wachelke, J. F. R., Andrade, A. L., Souza, A. M., & Cruz, R. M. (2007). Estudo complementar da validade fatorial da Escala Fatorial de Satisfação em Relacionamento e predição de satisfação global com a relação. *Psico-USF, 12*(2), 221-225.

Wachelke, J. F. R., Andrade, A. L. D., Cruz, R. M., Faggiani, R. B., & Natividade, J. C. (2004). Medida da satisfação em relacionamento de casal. *Psico-USF, 9*(1), 11-18.

17

Entrevista familiar:
técnicas de escuta e investigação

Terezinha Féres-Carneiro | Orestes Diniz Neto

O objetivo deste capítulo é refletir sobre o desenvolvimento de técnicas de entrevista e avaliação familiar, apontando os desdobramentos epistêmicos, metodológicos e teóricos e seus impactos sobre o estudo, a investigação e a abordagem clínica da família. A entrevista psicológica é a mais antiga e valiosa técnica no contexto de investigação, avaliação e intervenção clínica. Em sentido mais amplo, toda situação de diálogo, com o objetivo de permitir um maior conhecimento do outro ou determinada situação psicológica, é uma entrevista psicológica que se diferencia de outros usos e técnicas de entrevista. No entanto, sendo a psicologia uma ciência de um saber em dispersão (Figueiredo, 2018), também ocorrem diferentes maneiras de compreender, conceituar e atuar em uma entrevista clínica, diagnóstica ou de avaliação psicológica. Além disso, as técnicas de avaliação podem ser conceituadas como situações de entrevista estruturada (Féres-Carneiro, 1996, 2014). Cabe ressaltar que toda técnica de entrevista diagnóstica ou avaliativa é também uma intervenção, assim como toda intervenção valida ou refuta uma hipótese clínica.

A entrevista clínica, em que praticamente toda a atividade clínica ocorre, é o ato mais complexo da práxis psicológica. O ato clínico psicológico é, portanto, de enorme complexidade, pois é o resultado da ação em diversos contextos teóricos psicológicos, sociais, éticos, estéticos, políticos e filosóficos. Tais contextos perpassam e agenciam, consciente ou inconscientemente, o clínico e seus clientes em cada momento da entrevista. A compreensão da dimensão psicológica da clínica de família é, nesse sentido, o resultado de um complexo processo de desenvolvimento epistêmico, metodológico e de explicitação teórica no qual as técnicas foram e são construídas. O campo de aplicação de técnicas de entrevista e avaliação familiar está mais amplo e envolve desde áreas clássicas, como terapia e aconselhamento de família, até áreas mais amplas, como psicologia jurídica, escolar, empresarial, militar, hospitalar e saúde da família, entre outras (Gottman, Gottman, & Atkins, 2011; Sholevar & Schwoeri, 2007).

Certamente foi a abordagem psicodinâmica que primeiro aplicou e desenvolveu o olhar clínico psicológico em uma situação de entrevista. Autores como Freud, Jung e Adler, cada qual seguindo pressupostos e orientações teóricas diferentes, apontaram para a importância do ambiente e do relacionamento familiar para a constituição psicológica do indivíduo (Schwartz, 2018). Freud, provavelmente o mais influente teórico clínico, já assinalava em 1905 que prestar atenção às condições humanas e sociais dos enfermos é tão importante quanto considerar os dados psicopatológicos e somáticos, e ressaltava o interesse do psicanalista de dirigir-se, sobretudo, às relações familiares dos pacientes. De fato, Freud (1968) faz referência à importância da família em vários momentos de sua obra. Refere-se, por exemplo, às influências externas e familiares do paciente que poderiam explicar muitos dos casos de fracasso terapêutico. Ele notava que, quando a neurose se relacionava a conflitos entre os membros de uma família, muitas vezes os saudáveis preferiam não prejudicar os próprios interesses para colaborar com a recuperação dos enfermos. Porém, apesar de suas observações clínicas argutas sobre a influência familiar na produção de quadros clínicos, Freud nunca desenvolveu teoria ou técnicas de tratamento familiar ao tratamento individual (Schwartz, 2018).

Outras áreas do conhecimento, como a antropologia, desde o final do século XIX, ressaltam a importância da família em suas múltiplas configurações. Uma delas é ser o núcleo estruturador da sociedade, o meio de transmissão da cultura e o fundamento para o processo de humanização. Os estudos antropológicos interculturais revelam a impossibilidade de organização social sem a estrutura familiar. Portanto, a unidade familiar e conjugal é conceituada como o primeiro nível lógico de análise da relação entre a construção do sujeito e o meio sociocultural. Assim, métodos de avaliação e entrevista familiar foram desenvolvidos à medida que diversas teorias sobre a família surgiram sob diferentes paradigmas psicológicos, mesmo que todos se fundamentem na hipótese da influência dos grupos sociais na construção da identidade do sujeito e no agenciamento de seu comportamento. Contudo, dada a suposição que dominou o olhar da psicologia desde o seu surgimento até quase metade do século XX – de que a situação clínica seria o encontro individual por excelência –, a maior parte das técnicas foi desenvolvida para a entrevista individual.

Em situações que envolviam questões eminentemente interpessoais, como no aconselhamento matrimonial ou familiar, prevalecia o encontro individual como estratégia clínica e investigativa (Gottman & Notarius, 2002; Gurman, 2015), mesmo que alguns pioneiros, como Akerman, em 1938, defendessem a possibilidade e a utilidade de abordar a família como totalidade de um modo produtivo. Com o desenvolvimento de novas abordagens psicológicas, a visão reducionista ao individual foi sendo substituída pelo uso amplo de técnicas de entrevista e de avaliação familiar na clínica psicológica.

Esboço histórico

O desenvolvimento de técnicas de entrevista e de avaliação familiar foi influenciado por aspectos epistemológicos, metodológicos e paradigmáticos, tornando a história do desenvolvimento das ideias mais complexa e entrelaçada. É possível observar etapas de desenvolvimento marcadas pelo surgimento de novas metodologias, abordagens e técnicas que se sobrepunham, mesclavam-se ou coexistiam com outras abordagens. Novos modos de atuar na investigação psicológica e na prática clínica foram inaugurados (Féres-Carneiro & Diniz-Neto, 2008). Resumidamente:

- A primeira etapa começa no final do século XIX e início do século XX. Os primeiros estudos sobre família são marcados pelo uso de teorias gerais pouco sistemáticas, com orientação religiosa ou sociológica, nas abordagens teórica e técnica. O método de entrevista era empírico e descrevia relações gerais. A entrevista individual era predominante. Aspectos de disfunção na família eram atribuídos à atuação disfuncional individual de cunho moral.
- A segunda etapa é marcada pelo uso de conceitos e ideias da abordagem psicanalítica, aplicados apenas em entrevistas individuais. Surgem estudos com testes psicológicos de personalidade e família. Os construtos são inteiramente centrados no sujeito, visto como predominantemente monádico. A psicopatologia é individual, derivada de aspectos intrapsíquicos, contextualizada na família e produtora de disfunções familiares. A fantasia inconsciente tem prevalência sobre as relações familiares.

- A terceira etapa ocorre no final da década de 1930. Os precursores da terapia familiar começam relutantemente a realizar entrevistas conjuntas com membros da família, porém orientados por conceitos aplicáveis à psicologia individual. A técnica de entrevista individual é usada concomitantemente com dois ou mais membros da família. A psicopatologia individual combina-se para criar um quadro disfuncional, chamado de *Folie à deux*. Os aspectos intrapsíquicos são prevalentes na etiologia.
- A quarta etapa, nas décadas de 1940 e 1950, é marcada pelo desenvolvimento de conceitos referentes à família ou ao casal, com características específicas e irredutíveis à psicologia individual. Na psicanálise, as aplicações da teoria de relações de objetos à família e aos casais orientam novas teorias e técnicas. Surgem os primeiros estudos sobre família e esquizofrenia. A família torna-se objeto de estudo, assim como a psicopatologia, e a disfunção é vista como sintoma do aparelho psíquico familiar ou do sistema comunicacional familiar.
- A quinta etapa, nas décadas de 1950 e 1960, adota a abordagem sistêmica, sob influência da primeira fase da teoria da cibercultura, a primeira cibernética. É quando o interesse do intrapsíquico desloca-se para o comunicacional e passa do individual ao sistema familiar. Escolas de pensamento sistêmico, como transgeracional, estrutural, solução de problemas e estratégica, são exemplos clássicos desse período criativo em termos de técnicas de entrevista e avaliação. Surgem as técnicas de entrevista com equipe de observação e os atendimentos em terapia conjunta. Os processos homeostáticos são centrais para as formulações teóricas do diagnóstico e da intervenção. Nesse caso, a disfunção é observada como funcional e homeostática no contexto mais amplo da família.
- A sexta etapa, no fim da década de 1960 e início da década de 1970, inclui outras abordagens, como o behaviorismo e o humanismo. Ambas desenvolvem teorias e propostas para o tratamento de famílias, tornando complexo o campo marcado pela diversificação de escolas. Métodos de entrevista e abordagem da família são propostos por e inspirados nessas escolas do pensamento psicológico para desenvolver técnicas de avaliação e de entrevista individual. Os estudos da psicologia da família afirmam-se como um campo de pesquisa psicossocial básica independente, embora relacionada com a terapia de família. Outras teorias psicopatológicas emergem, derivadas das teorias psicopatológicas de outras escolas. Padrões recíprocos de condicionamento são estudados como base no pensamento disfuncional, assim como processos cognitivos.
- A sétima etapa, no final da década de 1970 e início da década de 1980, presencia o surgimento da segunda etapa da cibercultura, a segunda cibernética. Há o deslocamento do foco do objeto-sistema para o sujeito-sistema, o que expõe a complexidade da construção do objeto em seu entrelaçamento com o olhar do clínico e as técnicas de estudo. A Escola de Milão é paradigmática nesse período ao propor o modelo de entrevista com grupo de supervisão que atua durante o atendimento. O foco desloca-se dos processos homeostáticos para os processos de auto-organização. A disfunção é compreendida como parte do funcionamento familiar auto-organizado.
- A oitava etapa, na década de 1980, é marcada pelas críticas feministas, pós-modernas e multiculturais, que revelam os limites das escolas de terapia de família, apontando suas técnicas como capazes de perceber que os agentes são repetidores de processos de constru-

ção social e marcadas pelo domínio ideológico sobre a mulher, a cultura e a raça. Novos procedimentos propostos modificam as técnicas de entrevistas, questionando os padrões de avaliação com seus vieses ideológicos. As escolas construtivistas e construcionistas sociais propõem técnicas de entrevista que desafiam as distinções clássicas entre entrevistador e entrevistado, causando rupturas nas fronteiras e integrando o sistema terapêutico por meio do diálogo. A disfunção familiar é relacionada a processos de gerenciamento de domínio de classe, raça, gênero e cultura.

- A nona etapa, no final da década de 1980 e início da década de 1990, abrange os estudos sobre eficácia terapêutica que revelam padrões consistentes de resultados positivos para diversas escolas de terapia de família. Surgem modelos articulados e integrados, renovando-se o diálogo com outras formas de conhecimento, como filosofia, psicopatologia, psiquiatria, neurociência, sexologia e terapia breve. Modelos sistêmicos matemáticos não lineares são desenvolvidos e aplicados ao estudo de famílias e casais, resultando em modelos preditivos para causalidades de dissolução e manutenção conjugal que, quando utilizados com técnicas de entrevista e avaliação apropriadas, podem chegar a mais de 98% de acerto (Gottman, 1998; Gottman & Gottman, 2015). A disfuncionalidade familiar é abordada como fenômeno complexo que ultrapassa a possibilidade de redução por teorias simples.
- A décima etapa, que vai da década de 1990 à década de 2000, tem sido caracterizada por uma diversidade de olhares e diálogos sobre a atuação da psicologia da família. A terapia de família se expande a outros contextos, como psicologia hospitalar, saúde da família, psicologia do trabalho, entre outros.

Reflexões epistemológicas e metodológicas sobre a diversidade

Como compreender a diversidade de olhares sobre a ciência e a técnica da entrevista familiar? A entrevista familiar, assim como a entrevista individual, é uma atividade complexa com uma diversidade de funções nas quais são empregadas diferentes técnicas. De fato, todos os aspectos do enquadramento dos participantes no diálogo filosófico, teórico, metodológico, ético, estético e antropológico refletem-se no encontro da entrevista psicológica familiar. DeBruyne, Hurmam e Deschoutheete (1977) propõem um modelo quadripolar dinâmico para transpor a metodologia em ciências sociais à complexidade do campo da entrevista clínica e da avaliação familiar e suas técnicas (Diniz-Neto, 2005). Nesse modelo, cada polo relaciona-se com os demais em um processo dinâmico, revelador da tensão conceitual e do caráter autorreferente de cada abordagem:

Polo teórico   Polo epistemológico

Entrevista clínica familiar

Polo metodológico   Polo técnico

O polo epistemológico fundamenta, orienta e valida as práticas clínicas, oferecendo enquadramentos relacionados a visões antropológicas, filosóficas, ontológicas, éticas e estéticas. Diversas orientações são possíveis nesse polo, tais como as abordagens fenomenológica, empírica existencialista, estruturalista, dialética e construtivista. Assim, o polo epistemológico fundamenta filosoficamente o olhar que constrói teorias. Mahoney (1998) observa que, dos 190 autores mais citados em livros clássicos de história da psicologia, 40 são filósofos.

O polo teórico sempre reflete uma base filosófica e um olhar ao descrever aspectos ligados ao objeto de estudo. No caso de entrevistas clínicas e técnicas de avaliação familiar, as teorias organizam-se ao redor de questões como:

o que é a família? Como surge ou se desenvolve? Como mantém sua estrutura, sua dinâmica e seus processos? Como se torna saudável ou disfuncional? Como abordá-la tecnicamente e nela intervir? É importante salientar que a maneira como cada uma dessas questões pode ser formulada recebe a influência da visão filosófica que antecede a própria pergunta. Assim, talvez a grande dificuldade de se estabelecer um diálogo enriquecedor entre as várias escolas de terapia de família deva-se principalmente à confusão nos níveis de observação entre elementos primários e construtos teóricos. As teorias fazem referência aos construtos, muitas vezes como se fossem dados primários, perdendo em objetividade, o que dificulta o consenso.

O polo metodológico refere-se ao uso de métodos de investigação orientados por procedimentos psicológicos científicos que, por sua vez, estarão fundamentados em quadros de análise que permitirão um espaço de abordagem dos objetos teóricos de sua prática. De fato, o que se avalia nunca é a família em si, mas a possibilidade e o limite de uma leitura do clínico sobre uma realidade complexa no âmbito de determinada metodologia. A existência de inúmeros métodos oferece uma ampla gama de opções para o psicólogo em sua prática. O método clínico pode seguir uma orientação fenomenológica, psicanalítica, estrutural, sistêmica ou construtivista. Essa riqueza permite a utilização de esquemas variados que devem estar em consonância teórica e epistemológica com uma prática clínica daí decorrente.

Por outro lado, os diferentes métodos implicam enquadramentos técnicos diversos para favorecer uma gama de interações multivariadas, o que poderia ser lido como resultado "anômalo" ou mesmo nem ser observado em outra abordagem. Portanto, podem ser desconsiderados ou mesmo classificados como espúrios e pouco significativos por teóricos de outra escola (Diniz-Neto, 1997).

Portanto, o universo da técnica de entrevista fica enriquecido por diferentes fontes que, quando usadas, conferem grande produtividade ao campo. As técnicas têm significado apenas quando compreendidas no enquadramento de sua produção. Seus resultados devem ser avaliados em função da teoria que sustenta as técnicas. Esses vários polos não se configuram como aspectos isolados, mas em uma relação dinâmica, constituindo o todo de cada abordagem. É dessa dinâmica que emergem várias abordagens tanto de avaliação e de entrevista familiar quanto de propostas terapêuticas, com seus aspectos comuns e específicos.

Construindo teorias da entrevista

Os primeiros estudos sobre família e casais fundamentavam-se, no início do século XX, em hipóteses que relacionavam o funcionamento familiar e conjugal à estrutura de personalidade dos membros da família (Gottman & Notarius, 2002; Gottman & Gottman, 2015). Esta parecia uma hipótese razoável, derivada do paradigma newtoniano-cartesiano, que supunha os aspectos elementares de um fenômeno que poderiam explicar a sua complexidade. Ou seja, a psicologia da família não seria mais que a soma das características e combinações das personalidades de seus membros. Gottman (1998) assinala que esses estudos, baseados em técnicas de entrevistas ingênuas sobre casais e famílias, revelaram o primeiro padrão nas pesquisas sobre casais: a avaliação da personalidade dos parceiros sofria um efeito halo ao considerar a relação conjugal.

Desse modo, a avaliação dos traços e das características da personalidade de cada cônjuge modificava-se de acordo com a qualidade da relação no momento da avaliação. Assim, traços de personalidade descritos pelo próprio indivíduo, seu cônjuge ou seus familiares eram inúteis para qualquer previsão ou compreensão sobre o funcionamento conjugal ou familiar. Apenas com o desenvolvimento de técnicas psicométricas mais precisas é que se tornou possível avançar de padrões ingênuos de investigação da personalidade para procedimentos metodologicamente mais robustos. No entanto, tais estudos pouco contribuíram para relacionar as características do funcionamento familiar aos traços específicos de personalidade.

Com a emergência do paradigma psicanalítico como escola teoricamente dominante e bem articulada, as pesquisas e intervenções em famílias, como o aconselhamento matrimonial, apropriaram-se de conceitos e teorias da psicanálise (Sholevar & Schwoeri, 2007). Contudo, as técnicas de entrevista e intervenção continuaram individuais em um primeiro momento. Apenas na década de 1930, de modo relutante, Oberndorf (1938) realizou as primeiras sessões conjugais conjuntas, enquanto outros pioneiros, como Akermam (1938), realizavam entrevistas familiares. Essas experiências não foram realizadas sem hesitação, sob severas críticas e reservas do meio psicológico, em especial da psicanálise clássica. A entrada de um membro da família no *setting* terapêutico, em especial do cônjuge, era considerada teoricamente temerária e possivelmente danosa ao processo terapêutico. Porém, os resultados clínicos obtidos com essas abordagens revelaram que tal modo de proceder poderia ser produtivo, abrindo novas possibilidades de investigação e teorização no meio psicanalítico (Nichols & Schawartz, 1998; Pinsof, Breunlin, Chambers, Solomon, & Russel, 2015). Novas técnicas de investigação e intervenção foram desenvolvidas durante as décadas de 1950 e 1960, em especial sob a influência da escola de relações objetais (Pinsof et al., 2015).

Nas décadas de 1950 e 1960, um novo paradigma surgiu sob nome de cibernética como resposta transdisciplinar aos desafios com problemas ligados ao tratamento e ao processamento da informação e ao funcionamento cognitivo. A cibernética gerou muitas ideias seminais, novas hipóteses e disciplinas (Varela, Thompson, & Rosch, 2003). Tal movimento está na origem das ciências cognitivas, da ciência da informação e da teoria geral dos sistemas. A teoria geral dos sistemas foi proposta por von Bertalanffy (1973) como uma abordagem geral, aplicável ao funcionamento de sistemas abertos. Suas hipóteses centrais giram em torno de padrões ou propriedades redundantes, comuns a sistemas abertos, sejam eles sistemas fisiológicos, químicos, psicológicos, econômicos ou sociais. Esses sistemas exibiriam, cada qual com o seu grau de complexidade e especificidade, propriedades gerais de globalidade, de retroalimentação e de equifinalidade. Sua dinâmica podia ser explicada por esses princípios fundamentados em padrões de causalidade circular (Rousseau, 2015).

No campo das ciências psicológicas, o foco de estudo deslocou-se do indivíduo para o grupo, do fenômeno "isolado" para o sistema. Assim, novas formas de entrevista familiar e conjugal desenvolveram-se à medida que terapeutas e pesquisadores, inspirados por essa nova maneira de pensar os fenômenos psicológicos, realizavam suas pesquisas. Várias delas utilizaram métodos de entrevista familiar conjunta, observando e interagindo com a família, com vistas a descrever os padrões do funcionamento familiar sob novos conceitos. Um dos trabalhos seminais mais importantes nesse campo talvez tenha sido a abordagem da comunicação com matriz da organização social realizado por Bateson, Jackson, Haley e Weakland em 1956. O foco descritivo e técnico deslocara-se do mundo intrassubjetivo para os aspectos comunicacionais, como o contexto. Isso permitia a emergência de significado ante os processos sistêmicos dos quais o indivíduo participava. Nessa perspectiva, o comportamento que parecia sem sentido ou patológico tomava outro significado quando compreendido como parte de um processo sistêmico-comunicacional familiar (Kelledy & Lyons, 2018).

Bateson e colaboradores (1956) descreveram um complexo processo de trocas comunicacionais envolvendo famílias com membros esquizofrênicos. Esse padrão de comunicação era caracterizado por uma forte relação vital, por uma injunção comunicacional paradoxal e por uma forte injunção para responder em um contexto que tornava impossível fugir da relação ou metacomunicar-se. Tal padrão era marcado pela repetição, sendo possível apenas uma resposta paradoxal nesse contexto. Os autores nomearam esse padrão de duplo-vínculo (*double-bind*). A esquizofrenia seria, assim, a única resposta possível a um contexto comunicacional disfuncional (Chaney, 2017).

Esse trabalho inspirou diversos outros, como o realizado por Wynne, Ryckoff, Day e Hirsch (1958). Ao estudar 58 famílias com membros esquizofrênicos isoladas no hospital luterano de La Cruz, eles descreveram aspectos ligados ao funcionamento da comunicação familiar. Essas famílias pareciam funcionar em padrões de pseudomutualidade, um estado de aparente cooperação, que escondia tentativas de controle recíproco ou pseudo-hostilidade. Trata-se de um estado aparente de confronto que ocultava uma relação próxima e entrelaçada. No mesmo ano, Lidz, Terry e Fleck (1958), ao estudar famílias de membros esquizofrênicos, descreveram padrões de cisma ou divórcio emocional aparente, compensado por processos de controle recíproco por meio de uma triangulação (obliquidade) de outros membros da família. Laing e Esterson (1964), utilizando-se de um referencial teórico existencial, observaram padrões de relacionamento familiar em que os padrões comunicacionais expressavam a impossibilidade de o membro doente da família afirmar-se existencialmente, criando um processo que chamaram de mistificação.

Construtos como pseudomutualidade, pseudo-hostilidade (Wynne et al., 1958), cisma e obliquidade (Lidz et al., 1958) ou mistificação (Laing & Esterson, 1964) e duplo-vínculo (Bateson et al., 1956) só poderiam ser descritos pela observação do funcionamento familiar em um nível sistêmico. Assim, observações da interação da família em entrevista clínica levaram ao desenvolvimento de novas técnicas de avaliação familiar, de terapia familiar e de novos usos de entrevistas (Gonzales, 2018).

Desse modo, a terapia de família surgiu orientando-se por dois paradigmas: a abordagem psicanalítica e a abordagem sistêmica. Durante as décadas de 1960 e 1970, surgiram diversas escolas com diferentes pressupostos, teorias e técnicas. Autores comportamentais cognitivistas e humanistas compreendem a importância da abordagem familiar e propõem modelos e técnicas terapêuticas inspiradas em suas abordagens (Hanna, 2019).

Do ponto de vista técnico de entrevista, autores sistêmicos e psicanalistas ou de outras abordagens de família passaram a realizar entrevistas conjuntas em esquemas variados, ora atendendo à família como um todo, ora incluindo apenas membros da família, ora atendendo a grupos de família ou várias gerações da família em uma mesma sessão. A técnica de entrevista refletia o modelo teórico, sendo possível a presença de um ou de um par de terapeutas, ou de atendimento com uma equipe de supervisão. A diversidade de técnicas utilizadas expande-se exponencialmente: são introduzidas técnicas dramáticas de confrontação, comunicacionais e narrativas, entre muitas outras, com especial ênfase nos aspectos verbais e não verbais. O quadro de análise e interpretação revela a complexidade das teorizações de cada escola de terapia e investigação, que focavam o sistema familiar como um sistema estrutural, ou de comunicação cibernética, ou de comunicação emocional, ou de transmissão transgeracional. Todas as abordagens nesse período são marcadas, contudo, pelo viés da primeira cibernética (Hanna, 2019).

Na década de 1970, surge a escola de Milão, que, ao criticar a identificação das escolas sistêmicas de terapia de família com a perspectiva da primeira cibernética, propõe uma releitura da obra de Gregory Bateson, redescobrindo e aplicando a visão ecossistêmica desse autor (Féres-Carneiro, 1996). As escolas sistêmicas adotaram uma visão da comunicação ou interação como evento objetivo a ser descrito, e não como uma construção da qual participa a própria equipe terapêutica. O desenvolvimento da técnica de entrevista da escola de Milão pode ser visto como uma mudança de paradigma. Inicialmente, a equipe dessa escola adotava as técnicas de entrevista da escola de solução de problemas do Mental Research Institute, na qual a família era atendida por um terapeuta em uma sessão observada por uma equipe (Watzlawick, Beavin, & Jackson, 1981). Esta equipe auxiliava na elaboração de uma descrição diagnóstica do modo pelo qual a família interagia, processando seu problema de forma homeostática. Também propunha intervenções a serem utilizadas na sessão seguinte. Essa técnica foi modificada com a introdução de um casal de terapeutas na sessão. O objetivo é produzir ressonâncias e identificações com a família. As sessões rapidamente desenvolveram uma direção própria, adotando-se o modelo de um único terapeuta e a utilização de intervenções da equipe de supervisão, que passa a intervir no processo da própria sessão. Conceitos sistêmicos foram desenvolvidos à medida que a técnica de entrevista de diagnóstico sistêmico e a intervenção evoluíram (Gonzalez, 2018; Hanna, 2019).

Surge então a entrevista circular. É uma técnica de entrevista produtiva de interação com a família, revelando aspectos do seu funcionamento ao focar os aspectos ecossistêmicos da família (Tomm, 1987a). A entrevista circular refere-se a um modo específico de desenvolver um padrão de interação entre o terapeuta e a família. Esse modo de inquirir reflete algumas contribuições de Bateson, referentes à posição central do processo circular nos fenômenos mentais, o qual é orientado à identificação dos "padrões que conectam" pessoas, ações, contextos, acontecimentos, ideias, crenças, etc., em sequências recorrentes ou cibernéticas. Na entrevista circular, as questões são formuladas com o objetivo de revelar as conexões recorrentes, levando a família e o terapeuta a desenvolver uma compreensão da situação problemática em uma visão sistêmica (Gonzalez, 2018).

Assim, o contexto no qual o problema emerge fica mais claro, possibilitando que as alternativas não problemáticas emerjam como consequência natural da nova compreensão. O grupo de Milão esboçou três princípios para orientar a conduta do terapeuta: levantamento de hipóteses, circularidade e neutralidade. A *neutralidade* refere-se à atitude do terapeuta de família de não se aliar a nenhum membro específico, procurando manter-se curioso e aberto sobre os padrões de funcionamento. A *circularidade* denota a busca de compreensão do enlaçamento dos diversos aspectos de funcionamento da família que revelam a multiplicidade de olhares e vivências. O *levantamento de hipóteses* refere-se à construção constante de hipóteses centradas na circularidade, mantendo uma atitude de curiosidade e abertura, apoiando a neutralidade. Cada aspecto dos princípios da entrevista circular fomenta os outros, criando um processo circular e produzindo novas visões modificadoras da realidade familiar (Gonzales, 2018; Hanna, 2019; Palazzoli et al., 1987).

Outros aspectos do método de questionamento circular começaram a ser descritos (Hoffman, 1989, 1990; Lipchick & De Shazer, 1986). Questões circulares gerais de dois tipos, *questões diferenciais* e *questões contextuais*, por exemplo, foram associadas a padrões fundamentais de simetria e complementaridade de Bateson, revelando a reciprocidade entre ações, percepções e crenças de membros de uma família de modo eficaz (Tomm, 1987a, 1987b, 1987c). À medida que os efeitos das críticas pós-modernas e da segunda cibernética na terapia de família foram explorados, surgiram escolas construtivistas e construcionistas sociais. Para elas, o questionamento ancora-se na noção de que as experiências vividas são muito mais ricas que as narrativas construídas e de que outros sentidos podem emergir da confrontação com eventos não historiados. Além disso, as histórias vividas, como as histórias futuras, podem ser coloridas pelas histórias presentes narradas por diferentes perspectivas. O sentido hermenêutico, no entanto, deve orientar o questionamento reflexivo, ancorando-se no diálogo, e não em supostos processos considerados teoricamente *a priori* (Gonzales, 2018).

Assim, outros modos de questionar, presentes na prática clínica, foram diferenciados por Freedman e Combs (1996). São pertinentes ao contexto do dialógico terapêutico as seguintes questões: desconstrutivas, de abertura de espaço, de preferências, de desenvolvimento de histórias e de significado. As questões desconstrutivas convidam a olhar as histórias a partir de um novo viés, devolvendo a autoria da narrativa ao próprio cliente por explicitar crenças, práticas e atitudes que as sustentam, desafiando a construção de narrativas dominantes e/ou limitadoras. As questões de abertura de espaço exploram episódios inéditos, capazes de contradizer ou refutar a narrativa limitada ao oferecer alternativas dirigidas para a abertura de conversação em tópicos inusitados para a narrativa dominante. Já as questões sobre preferências convidam à avaliação dos significados alternativos, surgidos nas novas narrativas em relação às histórias problemáticas. As questões de desenvolvimento de histórias propiciam a reautoria da narrativa das histórias vividas para contextualizá-las em um processo, esclarecendo detalhes e enriquecendo a narrativa de modo a propiciar uma nova compreensão das histórias contadas com inserção do novo, daquilo que foi negligenciado. Por fim, as questões sobre significado incitam à criação de novos significados por envolver o linguajar reflexivo dos significados emergentes a partir de episódios singulares, direções e histórias preferidas (Maturana, 1997).

Outros processos reflexivos são explorados no contexto terapêutico desde a década de 1950. Quando o terapeuta dialoga com a família ou com os clientes em conjunto, ele constrói o contexto a partir do qual os membros da equipe elaboram suas narrativas e compreensões orientadas por seus sistemas de significados preexistentes. E, quando a equipe de supervisão compartilha suas reflexões, estas passam a construir o contexto a partir do qual o terapeuta e os clientes construirão seus significados. Parte-se do contexto anterior surgido no diálogo terapêutico para criar uma hierarquia reflexiva. Andersen (1987), em um contexto pós-moderno, invalidou o campo hierárquico de atendimento, com importantes consequências, ao introduzir uma lógica reflexiva e dialógica entre a equipe de atendimento e a família, convidando os clientes a assistir às discussões da equipe terapêutica sobre a atuação da família e do terapeuta após uma sessão de terapia de família (Hanna, 2019). O Quadro 17.1 apresenta um resumo das características e técnicas de entrevista das escolas de família mais representativas.

Como compreender de um modo produtivo e articulado as várias possibilidades de atuação em uma entrevista? Nesse sentido, Tomm (1987a) propõe, em um enquadramento sistêmico, um modelo de atuação na entrevista que considera que o questionamento, como técnica de entrevista psicológica, organiza-se em função da intenção do entrevistador, que pode estar orientada para o foco descritivo ou para o foco interventivo. O foco descritivo aborda modificações na compreensão do problema, e seu principal objetivo é modificar o agente terapêutico. Já o foco interventivo objetiva atuar terapeuticamente com o cliente. A lógica do questionar pode ser linear ou circular. Há quatro modos de perguntar, combinando o foco na descrição do problema com a lógica linear ou circular ou o foco na intervenção com lógica linear ou circular. Tomm (1987b) aponta que o questionar, como toda comunicação, tem importantes efeitos no sistema terapêutico (cliente e terapeuta), definindo papéis e posições ao longo da entrevista. Além do princípio da neutralidade, da circularidade e do levantamento de hipóteses, o autor propõe o princípio da estrategização (Tomm, 1987a, p. 7):

> "Estrategizar" pode ser definido como a atividade cognitiva do terapeuta (e da equipe) na elaboração de planos alternativos de ação, avaliando as possíveis consequências das várias alternativas e decidindo como proceder em cada momento particular, com base na melhor utilidade terapêutica. Enquanto um princípio de entrevista, a "estrategização" impõe ao terapeuta escolhas intencionais sobre o que ele deve ou não deve fazer a fim de avançar para o alvo da mudança terapêutica.

Esse princípio difere da proposição da escola estratégica, pois ocorre em todo o contexto clínico. Refere-se também à escolha de foco e intenção, considerando os efeitos sobre o sistema terapêutico. É importante ressaltar que, em princípio, não existe um modo de questionar melhor que outro, mas que em cada situação o entrevistador tem a responsabilidade de escolher os passos de sua atuação, tanto ética quanto esteticamente, ao encaminhar a entrevista. Diferentes situações e hipóteses clínicas levarão a diferentes modos de interagir e questionar.

No caso de a intenção do entrevistador ser investigativa, o foco será descritivo e a lógica do questionar será linear. Esse modo de perguntar gerará questões que procurarão relações de causalidade linear. Exemplos de questões lineares são as de definição de problema, de explanação de problema ou de descrição temporal do problema. Esse modo de perguntar produz o efeito de julgamento sobre o terapeuta e é estabilizador sobre o cliente, a família ou o indivíduo. Isso porque conduz o terapeuta à posição de especialista, aquele que conhece o problema e busca um diagnóstico definido, aceitando as distinções e os significados que o cliente faz sobre sua situação. Assim, as ações do terapeuta são avaliadas e julgadas em função da expectativa

Psicologia de família 175

QUADRO 17.1 | Escolas de terapia familiar de base sistêmica

Escolas	Estratégica	Estrutural	Transgeracional	Solução de problemas	Escola de Milão	Escola Construtivista
Representantes	Jay Haley	Salvador Minuchin	Murrey Bowen	Jackson, Watzlawick e Weakland	Pallazoli, Prata, Cechin e Boscolo	Goolishian, Anderson e Mahoney
Família como	Sistema comunicacional relacional no qual se estabelece desde o início uma luta pelo poder e pelo domínio da relação.	Sistema como grupo natural estruturado em subsistemas que evoluem no tempo. Enfatiza a inter-relação dos subsistemas.	Sistemas intergeracionais evoluindo e servindo de suporte ao processo de diferenciação de seus membros.	Sistema cibernético comunicacional, retroalimentado. As disfunções são parte de processos homeostáticos, manutenção do sistema e suas conexões.	Uma unidade total inserida em sistemas maiores com os quais interage. Minimiza aspectos de hierarquia e organização na família.	Sistema construído na comunicação e na linguagem. Historicamente interpretada, mudando no fluxo comunicacional.
Comunicação	A comunicação se dá como um processo de luta pelo poder e domínio na relação em aspectos verbais e não verbais.	Utiliza a comunicação verbal, não verbal e metafórica, estimulando a expressão das diferenças por meio da interação.	Revela os padrões de relacionamento que se desenvolvem na família, os aspectos verbais e não verbais.	Verbal e não verbal, com ênfase no processo homeostático disfuncional que gera e mantém o sintoma.	Enfoque nos aspectos verbais e não verbais, com ênfase no aspecto circular e total da comunicação em andamento.	Atividade intrínseca do estar vivo. Organiza e constrói a realidade. Proporciona encaixes sistêmicos.
Sintoma	Metáfora do contrato familiar e da solução de compromisso. Organizado em uma sequência disfuncional de comunicação de luta pelo poder.	Pressões intra e extrafamiliares levam à mudança. O sintoma é visto como uma estabilização diante de uma mudança necessária, mas paralisante.	Revela aspectos de indiferenciação emocional da família que se revela, e é mantido pelos entrelaçamentos triangulares dentro da família.	Como processo comunicacional que mantém o sistema equilibrado em um padrão comunicacional estabilizado no tempo.	Como um impedimento da família continuar o seu ciclo de desenvolvimento, por meio de uma estabilização homeostática disfuncional.	Como resultado de construções da realidade e desencaixe comunicacional sistêmico.

(Continua)

(Continuação)

Escolas	Estratégica	Estrutural	Transgeracional	Solução de problemas	Escola de Milão	Escola Construtivista
Mudança	O terapeuta, instância de maior poder, rompe a sequência comunicacional que mantém o problema.	O terapeuta une-se ao sistema, criando uma crise terapêutica. Nesse contexto, a mudança poderá ocorrer terapeuticamente.	A mudança se dá pela diferenciação e pela aprendizagem sobre o sistema emocional familiar.	Alteração de padrões comunicacionais que modificam a maneira comum de tratar a dificuldade.	Mudança total do sistema familiar. Não existe cura, seja na teoria, seja na prática, apenas mudança das configurações.	Mudança das construções sistêmicas. O sintoma constrói o sistema autônomo.
Agente terapêutico	Perito que usa o poder na relação com a família para alterar a comunicação disfuncional como metagovernador.	O terapeuta individual utiliza o *self* como caixa de ressonância, e as alianças terapêuticas para alterar o sistema.	Terapeuta individual que interage esclarecendo os padrões emocionais e destriangulando os afetos.	Equipe terapêutica ou individual, oferecendo um subsistema terapêutico para estimar o padrão que mantém o problema e a intervenção que irá alterar o problema.	Equipe terapêutica composta por um terapeuta e equipe de supervisão, procurando garantir uma objetividade sistêmica, enfatizando o aspecto de não lateralidade.	Interlocutores coconstrutores da realidade: individual, equipe. Ruptura da hierarquia formal.
Objetivo terapêutico	Romper a sequência disfuncional, reorganizando a família, restabelecendo as fronteiras geracionais, em um novo pacto de poder e relação na família.	Estruturar a família, ajudando-a a lidar com as mudanças emergentes. Definir claramente os subsistemas familiares e seus papéis.	Favorecer o processo de destriangulação e o processo de diferenciação emocional de todos os membros.	Alteração do padrão comunicacional que mantém o problema, possibilitando a emergência de um novo padrão comunicacional.	Alteração dos padrões disfuncionais por meio de mínima intervenção possível, ênfase nos aspectos ecológicos do sistema familiar.	Coconstruir diferentes descrições da realidade, com alternativas mais ricas. Perturbar os padrões de encaixe propiciando alternativas.

(Continua)

(Continuação)

Escolas	Estratégica	Estrutural	Transgeracional	Solução de problemas	Escola de Milão	Escola Construtivista
Técnicas de entrevista e coleta de dados	Por meio de observação da comunicação verbal e não verbal, das sequências das interações.	Por meio de dramatizações, observação da interação familiar, das diferenças individuais e da união ao sistema.	Nas sessões se observam os padrões de interações e as triangulações no sistema e com o terapeuta.	Por meio de focalização sobre o problema e as tentativas de resolução.	Questionamento circular, enfocando as diferenças pela discussão das opiniões de cada um dos membros sobre os outros.	Interlocução com o sistema. Método compreensivo. Diálogo terapêutico.
Técnicas terapêuticas	Diretivas, tarefas, prescrições paradoxais, táticas terapêuticas, diretivas ambíguas, ênfase no positivo, utilização da resistência. Hipnose como modelo.	Dramatização, rearranjo espacial da família, escalonamento de estresse, alianças estratégicas, alteração do contexto ou efeito do sintoma, designação de tarefas.	Definir os triângulos emocionais, diferenciar os triângulos, ensinar o funcionamento emocional e servir de modelo assumindo a posição "eu".	Prescrição de tarefas, prescrição do sintoma, prescrição paradoxal.	Questionamento circular, conotação positiva, prescrição paradoxal, contraparadoxo.	Contexto construtivista, abandono de técnicas, ou uso de todas.
Número de sessões	Em geral, menos de 12.	Semanais no início e com maior espaçamento no final da terapia (mensal).	Livre, em geral ao redor de 12. Pode incluir as famílias de origem.	No máximo 10 sessões semanais.	Em geral, 10 sessões mensais.	Indefinido.
Estrutura das sessões	Sessão simples.	Sessão simples.	Sessão simples.	Sessão, prescrição e pós-sessão.	Pré-sessão, sessão, intervalo, intervenção pós-sessão.	Continua, com intervalo e intervenção.
Promoção de mudanças	Na sessão e por meio de tarefas de casa.	Durante as sessões e em tarefas de casa.	Nas sessões e na aprendizagem após.	Fora da sessão geralmente por meio de prescrição paradoxal.	Mudança ocorre entre as sessões.	Na mudança da construção das narrativas comunicacionais.

de reparo que o cliente tiver, ao mesmo tempo em que confirma, ainda que parcialmente, a pontuação na sequência de eventos geradora das descrições da realidade, das definições e dos significados do cliente, estabilizando-o em sua posição.

Na intenção exploratória do entrevistador, o foco é descritivo e a lógica, circular. O questionamento circular ocorre nesse caso. Diversos tipos de perguntas circulares foram descritos na literatura, algumas das quais envolvem questões de diferença de contexto e percepção dos membros da família ou questões de efeitos comportamentais entre os membros familiares. As questões circulares geram um efeito liberador sobre a família, pois o problema não está mais localizado em alguém. Sentimentos de culpabilização são substituídos por corresponsabilidade pela situação. O efeito desse modo de questionar sobre o terapeuta é liberador, pois o coloca na posição de neutralidade.

Quando a intenção do terapeuta é corretiva, a lógica é linear e o foco, interventivo. O questionamento estratégico ocorre nesse campo, no qual as perguntas são realizadas a partir de hipóteses que relacionam uma sequência linear de ações entre os membros da família. O objetivo desse modo de inquirir é produzir uma mudança em determinada direção indicada pela hipótese clínica. Questões de orientação ou de confrontação são alguns exemplos. Ele estimula os membros da família a tornarem-se coercitivos e a confrontar o terapeuta.

Já na intenção facilitadora dos processos de auto-organização do sistema, a lógica é circular e o foco, interventivo. Nesse momento, são realizadas as questões reflexivas. Estas introduzem hipóteses circulares sobre o sistema, provocando a mudança terapêutica por meio da retroação entre níveis de significado. O efeito sobre a família é produtivo e criador sobre o terapeuta. Tomm (1987a, 1978b, 1987c) utiliza o modelo CMM (*Comunication Meaning-Manager*), de Pearce e Cronen (1980), para compreender o efeito desse modo de perguntar (Cronen, 2017).

No modelo CMM, a comunicação humana encontra seu significado em uma rede autorreferente de relações entre níveis de significados e crenças: conteúdo da declaração, ato da fala, episódio da interação, relação interpessoal, roteiro de vida, padrão cultural. Assim, cada nível de significado pode referendar os demais em uma rede, validando o significado de determinado nível ou contradizendo-o. Portanto, a comunicação humana é abordada como um complexo processo de interação, em que os significados produzidos são mantidos ou alterados pela interação entre os participantes, enquanto a comunicação é proposta como um processo gerador circular de criação conjunta pelos envolvidos. Pearce e Cronen (1980) diferenciaram e descreveram regras da organização desse processo gerador, propondo duas amplas categorias de regras: reguladoras das ações e constitutivas dos significados.

As regras reguladoras são injunções sobre o grau em que comportamentos ou ações devem ser efetivados e em que situações específicas: quando a integridade de alguém é desafiada, é "obrigatório" defender-se. As regras constitutivas relacionam-se ao processo de atribuir um significado particular a uma declaração, a um evento ou a uma situação. No contexto de um confronto, por exemplo, um cumprimento "indica" sarcasmo. Uma rede dessas regras guia o interagir e a comunicação. As regras constitutivas funcionam reflexivamente, determinando retroações estabilizadoras (*loops* mágicos) ou retroações modificadoras de significado (*loops* inesperados). As questões reflexivas produzem a retroação entre níveis, podendo gerar mudanças de significado pela dissonância entre esses níveis e levar a *loops* inesperados (Cronen, 2017).

Entrevista familiar

O processo de avaliação e diagnóstico da entrevista familiar é guiado pela orientação teórica do clínico. O terapeuta de família de orientação comportamental focará nos antecedentes e consequentes do comportamento familiar problemático e coletará dados nessa área. Terapeutas de família de orientação comunicacional tenderão a buscar padrões de interação que mantêm os padrões homeostáticos disfuncionais. Clínicos de orientação analítica abordarão os eventos traumáticos, a reação transferencial intrafamiliar que pode modelar as interações atuais e a identificação projetiva dos membros da família. Na escola transgeracional, o foco poderá recair nas lealdades entre gerações e deficiências no nível de diferenciação psicológica dos membros da família. Clínicos construtivistas e pós-modernos abordarão a construção de narrativas e realidades compartilhadas no campo conversacional (Hanna, 2019). Assim, a dispersão de olhares teóricos enriquece as possibilidades de investigação na entrevista familiar.

O contexto da avaliação, terapêutico, judicial ou outro, influenciará o processo da entrevista. A diversidade de teorias sobre a disfunção familiar também dirige o olhar do clínico. Os objetivos de uma entrevista familiar inicial incluem: identificar as variáveis familiares e individuais que podem ter influência decisiva na situação familiar problemática; abordar o funcionamento da família, assim como sua dinâmica, sua estrutura e seu desenvolvimento, de acordo com o ciclo de vida familiar e de seus membros; conduzir a sessão de tratamento inicial, quando necessário. Esses objetivos influenciam a escolha de estratégias na entrevista e mostram ao clínico no que prestar atenção, como aspectos pessoais e interpessoais e intrapsíquicos. Uma exploração sistemática da estrutura familiar pode ser complementada por intervenções iniciais para testar hipóteses sobre funcionamento, flexibilidade do sistema familiar e possibilidade de atendimento conjunto. Assinalar as expectativas positivas passa a ser prioritário para despertar aspectos reparadores presentes nos recursos da família (Hanna, 2019).

Para autores como Haley (1979) e Minuchin (1992), a entrevista diagnóstica inicial é dividida em três momentos: estágio social, estágio de questionamento multidimensional, com exploração da estrutura, e estágio de desenvolvimento. No estágio social, o clínico age criando um *setting* social e culturalmente adequado à família, possibilitando a investigação e a intervenção psicoterapêutica inicial. Os aspectos de interação e enquadramento são tão importantes quanto o ambiente físico, que pode ter o aspecto de uma sala de visita, com mesa material de brinquedo e cadeiras para crianças pequenas, caso necessário. O *rapport* inicial pode incluir um tempo de conversação informal e o estabelecimento de relacionamento por meio de comunicação verbal e não verbal amistosa (Gurman, 2015; Hanna, 2019).

No estágio de questionamento multidimensional, o clínico investiga tanto o motivo da consulta quanto o modo como a família o descreve. A lógica do questionamento poderá seguir estrategicamente padrões investigativos ou circulares para o levantamento de informações que permitam a construção das primeiras hipóteses sobre a família. Essa construção referenda-se no quadro teórico e epistêmico do clínico que utilizará as técnicas que domina no método de sua escolha.

A apresentação da problemática inicial é frequentemente um estágio confortável para a família que tenderá a descrever a imagem oficial do problema. A exploração de visões alternativas dos outros membros da família deve ser feita respeitosamente, orientando-se pela neutralidade sistêmica. Áreas potencialmente problemáticas não reportadas devem ser investigadas, pois podem relacionar-se retroativamente com as dificuldades da família na área da queixa. A resistência em explorar outras áreas talvez esteja presente e surja na forma de convite à aliança com o terapeuta ou com a injunção para que ele aplique soluções preestabelecidas para o problema. É importante evitar confronto, já que a resistência pode ser compreendida como a comunicação silenciosa de áreas problemáticas de tensão acima da possibilidade de manejo da família. A abordagem de áreas problemáticas deve ser realizada com cuidado e respeito, apontando-se a necessidade de compreender amplamente o problema e de demonstrar que o ponto de vista de todos é importante.

Diversas técnicas podem ser utilizadas para explorar a estrutura, o desenvolvimento e as questões emergentes do ciclo familiar. Elas correspondem às condições da entrevista, bem como à orientação teórica e à habilidade técnica do entrevistador. O objetivo é a realização do diagnóstico familiar. Em toda entrevista, o clínico parte de suposições prévias fundamentadas em sua experiência e nas teorias pelas quais se orienta. No decorrer da entrevista, suposições gerais dão lugar ao conjunto de hipóteses derivadas das interações com a família, dos dados apresentados e das inferências derivadas do confronto das evidências com o quadro referencial do clínico. A diversidade de técnicas de entrevista soma-se à diversidade de instrumentos de avaliação familiar (Hanna, 2019).

Considerações sobre procedimentos específicos: avaliação familiar

As entrevistas clínicas de avaliação familiar e suas técnicas foram desenvolvidas consistentemente com o surgimento de escolas e paradigmas no estudo e tratamento de casais e famílias. O desenvolvimento complexo da área, desde a metade do século XX, já desafiava uma descrição e classificação simples do campo. Bodin (1968) classificou os métodos e processos de avaliação familiar em objetivos e subjetivos em função de suas características. As tarefas subjetivas poderiam ser classificadas como tarefas familiares (p. ex., a aplicação familiar do Teste de Apercepção Temática [TAT]) (Winter & Ferreira, 1965), e as entrevistas estruturadas (Watzlawick, 1969), ou inventários, como o inventário de força egoica familiar (Otto, 1962). As técnicas objetivas também foram classificadas em três grupos: baseadas na comunicação, como a pesquisa sobre padrões familiares (Haley, 1964); centradas nas teorias dos jogos, como o teste interpessoal de comportamento de jogo (Ravish, 1969); orientadas para a avaliação de resolução de conflitos, como a técnica das diferenças reveladas de Strocteck (1951).

Féres-Carneiro (1996), ao estudar os métodos de avaliação familiar, propõe a classificação em métodos objetivos, subjetivos e mistos, apontando, ainda, a possibilidade de utilização de testes psicológicos que, por sua constituição, poderiam ser adequadamente utilizados em processos de atendimento familiar. Entre estes, é possível citar o Teste de Mundo, de Buhler (1951), ou o Make a Picture Story (MAPS), de Shneidman (1947). Os métodos objetivos classificam-se em dois grupos:

1. métodos que utilizam questionários, como o questionário autorreferente, de Mann e Start (1972), e o índex familiar de tensão (Wells & Rabner, 1973);
2. métodos que utilizam jogos, como o teste de comportamento de jogo, de Ravish (1969).

Os métodos subjetivos, por sua vez, classificam-se em três grupos:

1. métodos que utilizam técnicas de desenho, como o desenho familiar conjunto (Bing, 1970), a arte diagnóstica familiar (Kwiatkowska, 1967) ou a avaliação familiar artística (Rubin & Magnussen, 1974);
2. métodos que se baseiam em técnicas psicodramáticas, como a técnica de esculpir a família (Simon, 1972) ou a entrevista familiar com marionetes (Irwin & Maloy, 1975);
3. métodos que utilizam testes projetivos, incluindo a aplicação familiar do TAT (Winter & Ferreira, 1965), o Rorschach familiar (Loveland, Wynne, & Singer, 1963) e a aplicação familiar do *Scenotest* (Cerveny, 1982).

Entre as técnicas mistas, estão a tarefa familiar (Minuchin, Guerney, Elbert, & Rosman, 1964), a entrevista estruturada de Watzlawick (1969), a primeira entrevista de Satir (1967), a entrevista familiar via videoteipe (Ford & Henrrick, 1971), a entrevista diagnóstica conjunta (Wells & Rabiner, 1973) e a entrevista familiar estruturada (Ferés-Carneiro, 1996). Outras técnicas de avaliação utilizam observação de reações emocionais em diversas situações, tarefas e ambientes, incluindo os de interação natural. Fundamentados nos estudos de Ekman (1983), que desenvolveu o *Facial Active Coding System* (FACS), um sistema de codificação de expressão emocional facial, outros sistemas de codificação foram desenvolvidos, como o *Specific Affect Coding System* (SPAFF) (Gottman, McCoy, Coan, & Collier, 1996). Esses sistemas são utilizados para traçar processos de comunicação emocional, permitindo previsão sobre a formação e a dissolução da conjugalidade com mais de 96% de precisão (Gottman, Murray, Swanson, Tyson, & Swanson, 2004; Gottman & Gottman, 2015).

O desenvolvimento contínuo do campo da psicologia e da terapia de família levou à proposta de inúmeras técnicas de estudo e diagnóstico familiar e conjugal. Lindholm e Touliatos (1993) identificaram, em cerca de 50 periódicos, no período de 1928 a 1988, mais de 946 instrumentos de avaliação familiar. Contudo, um levantamento de Boughner (1994) revelou que poucos clínicos utilizavam esses instrumentos padronizados de avaliação e diagnóstico, preferindo o uso de entrevista clínica de acordo com a sua abordagem teórica. Sholevar e Schwoeri (2007) observam que a mudança no sistema de atendimento, com a entrada de planos de saúde como terceira parte no processo, tem levado os profissionais a uniformizar de modo mais sistemático seus procedimentos de diagnóstico, incluindo o uso de instrumentos padronizados para avaliação.

No Brasil, a necessidade de instrumentos de avaliação e diagnóstico familiar pode ser notada pela publicação de apenas alguns inventários e testes voltados para avaliação familiar e aprovados para uso pelo Conselho Federal de Psicologia (CFP). Entre eles, podemos citar o Inventário de Estilos Parentais (IEP) (Gomide, 2006), o Inventário de Percepção de Suporte Familiar (IPSF) (Baptista, 2010), o Roteiro de Entrevista de Habilidades Sociais Educativas Parentais (REHSEP) (Bolsoni-Silva, 2010) e a Entrevista Familiar Estruturada (EFE) (Féres-Carneiro, 1996, 2014).

O uso desses instrumentos enriquece o estudo da família, propiciando uma melhor atuação na clínica, desde que sejam utilizados com parcimônia e como instrumentos complementares. A atuação terapêutica apropriada deriva de um diagnóstico compreendido como um conjunto de hipóteses úteis e produtivas. Assim, à medida que um diagnóstico familiar emerge, distinções de condições permitem ao terapeuta realizar indicações gerais de tratamento conforme o universo possível. A avaliação familiar é, contudo, um processo contínuo que orienta a atuação do clínico em cada sessão. Cabe ressaltar que a construção de hipóteses na prática clínica é sempre um processo de reavaliação, já que as hipóteses podem sempre se alterar, por não refletirem a especificidade da família ou por serem transformadoras, levando a novas dinâmicas e reestruturações (Féres-Carneiro, 2014; Hanna, 2019).

Considerações finais: perspectivas e questões

A complexidade do campo de entrevista e avaliação psicológica de famílias em muito ultrapassa qualquer modelo conceitual ou esquema simplificador de descrição. As técnicas de entrevista desenvolveram-se simultaneamente aos paradigmas sobre a família, ao processo disfuncional familiar, às relações com as psicopatologias individuais e à terapia familiar. O olhar sobre o grupo familiar evoluiu desde uma abordagem religiosa e de senso comum até a olhares mais críticos da filosofia e da sociologia para, finalmente, tornar-se diferenciado na abordagem psicológica da família. Devemos considerar, portanto, o estado atual dos estudos sobre família como mais uma etapa, na qual se colocam várias questões.

O estudo dos processos de entrevista familiar tem desafiado os limites impostos pelos pressupostos das escolas de terapia familiar, demonstrando ser um campo rico e desafiador. Estudos sobre os aspectos críticos da entrevista familiar têm descortinado relações entre a construção de hipóteses clínicas e as intervenções, mas também têm ressaltado a participação central da atuação da família como grupo capaz de funcionar em um nível produtor de disfunções e promotor de novas formas de relacionamento. A intervenção clínica fica, assim, enriquecida com a diversidade de olhares que descortinam novas modalidades de atuação e de produção de subjetividades no encontro terapêutico.

Referências

Akerman, N. W. (1938). The unity of the family. *Archives Pediatric, 2*, 51-62.

Andersen, T. (1987). The reflecting team: Dialogues and meta dialogues in clinical work. *Family Process, 26*(4), 415-428.

Baptista, M. N. (2010). *Coleção IPSF: Inventário de Percepção de Suporte Familiar*. São Paulo: Vetor.

Bateson, G., Jackson, D., Haley, J., & Weakland, J. (1956). Toward a theory of schizophrenia. *Behavioral Science, 1*(4), 251-264.

Bing, E. (1970). The conjoint family therapy. *Family Process, 11*(1), 173-197.

Bodin, A. M. (1968). Conjoint family assessment. In P. McReynolds (Ed.), *Advances in psychological assessment* (pp. 223-243). Palo Alto: Science e Behavior Books.

Bolsoni-Silva, A. T. (2010). Validação do roteiro de entrevista de habilidades sociais educativas parentais (RE-HSE-P). *Avaliação Psicológica, 9*(1), 63-75.

Boughner, S. R. (1994). Use of standardized assessment instruments by marital and family therapists: A survey. *Journal of Marital & Family therapy, 20*(1), 69-75.

Buhler, C. (1951). The world test: Manual of directions. *Journal of Child Psychiatry, 2*, 24-35.

Cerveny, C. M. O. (1982). *O Scenotest como instrumento de investigação das relações familiares, no processo do diagnóstico psicológico com crianças e adolescentes*. Dissertação de mestrado não publicada, Pontifícia Universidade Católica, São Paulo.

Chaney, A. (2017). *Runway: Gregory Bateson, the double bind and the rise of ecological consciousness*. Chapel Hill: University of North Carolina.

Cronen, V. (2017). We communicate, therefore I think. In R. W. Summers (Ed.), *Social psychology* (pp. 277-297). Sant Barbara: Greenwood.

Debruyne, P., Hurmam, J., & Deschoutheete, M. (1977). *A dinâmica da pesquisa em ciências sociais*. Rio de Janeiro: Francisco Alves.

Diniz-Neto, O. (1997). Psicoterapias: Paradigmas em colisão? *Cadernos de Psicologia do Departamento de Psicologia UFMG, 6*, 34-52.

Diniz-Neto, O. (2005). *Conjugalidade: Proposta de um modelo construcionista social de terapia de casal*. Tese de doutorado não publicada, Pontifícia Universidade Católica, Rio de Janeiro.

Ekman, P. (1983). *Emotion in the human face: Studies in emotion and social interaction*. Cambridge: Cambridge University.

Féres-Carneiro, T. (1996). *Família: Diagnóstico e terapia*. Petrópolis: Vozes.

Féres-Carneiro, T. (2014). Construindo saberes: O desafio de articular diferentes teorias e práticas. *Temas em Psicologia, 22*(4), 953-964.

Féres-Carneiro, T., & Diniz-Neto, O. (2008). De onde viemos? Uma revisão histórico-conceitual da terapia de casal. *Psicologia: Teoria e Pesquisa, 24*(4), 487-496.

Figueiredo, L. C. M. (2018). *Os Saberes Psi em questão: Sobre o conhecimento em psicologia e psicanálise*. Petrópolis: Vozes.

Ford, F., & Herrick, J. (1971). *Family assessment via videotaped interview*. Apresentado no 124º Encontro Anual da Associação Norte-Americana de Psiquiatria, Washington.

Freedman, J., & Combs, G. (1996). *Narrative therapy: The social construction of preferred realities*. New York: W. W. Norton.

Freud, S. (1968). A novela familiar do neurótico. In R. R. Ardid. *Sigmund Freud: Obras completas* (Vol. III, pp. 465-469). Madri: Biblioteca Nueva.

Gomide, P. I. C. (2006). *Inventário de estilos parentais*. Petrópolis: Vozes.

Gonzales, C. (2018). Circular questioning in couple and family therapy. In J. Lebow, A. Chambers, D. Breunlin (Eds.), *Encyclopedia of couple and family therapy* (pp. 1-4). New York: Springer.

Gottman, J. M., McCoy, K., Coan, J., & Collier, H. (1996). The Specific Affect Coding System (SPAFF) for observing emotional communication in marital and family interaction. In J. M. Gottman (Org.), *What predicts divorce? The Measures* (pp. 112-195). Mahwah: Lawrence Erinbaum Associates.

Gottman, J. M. (1998). Psychology and the study of marital process. *Annual Review of Psychology, 49*(1), 169-197.

Gottman, J. M., Murray, J. D., Swanson, C. C., Tyson, R., & Swanson, K. R. (2004). *The mathematics of marriage: Dinamic non linear models*. London: MIT.

Gottman, J. M., & Notarius, C. I. (2002). Marital research in the 20th century and a research agenda for the 21th century. *Family Process, 41*(2), 159-198.

Gottman, J. M., Gottman, J. S., & Atkins, L. A. (2011). The comprehensive soldier fitness component: family skills component. *American Psychologist, 66*(1), 52-57.

Gottman, J. M., & Gottman, J. S. (2015). Gottman couple therapy. In A. S. Gurman, J. L. Lebow, & D. K. Snyder (Orgs.), *Clinical handbook of couple therapy* (pp. 129-157). New York: Guilford.

Gurman, A. S. (2015). The theory and practice of couple therapy. In A. S. Gurman, J. L. Lebow, & D. K. Snyder (Orgs.), *Clinical handbook of couple therapy* (pp. 1-22). New York: Guilford.

Haley, J. (1964). Research on family patterns: an instrument of measurement. *Family Process, 3*(1), 41-65.

Haley, J. (1979). *Psicoterapia familiar*. Belo Horizonte: Interlivros.

Hanna, S. M. (2019). *Family therapy: Key elements across models*. New York: Routledge.

Hoffman, L. (1989). Una posición constructivista para la terapia familiar. *Psicoterapia y Família, 2*(2): 41-53.

Hoffman, L. (1990). Constructing realities: An art of lenses *family process, 29*(1), 1-12.

Irwin, E. C., & Maloy, E. S. (1975). Family puppet interview. *Family Process, 2*, 120-128.

Kelledy, L., & Lyons, B. (2018). Circular causality in family systems theory. In: J. Lebow, A. Chambers, D. Breunlin (Eds.), *Encyclopedia of couple and family therapy* (pp. 1-4). New York: Springer.

Kwiatkowska, H. Y. (1967). The use of families' art productions for psychiatric evaluation. *Bulletin of Art Therapy, 6*, 52-69.

Laing, R., & Esterson, A. (1964). *Sanity madness and family*. Baltimore: Penguin.

Lidz, T., Terry, D., & Fleck, S. (1958). The intrafamilial environment of schizophrenic patient: VI. The transmission of irrationality. *Archives of Neurology and Psychiatry*, 79(3), 305-316.

Lindholm, B. W., & Touliatos, J. (1993). Measurement trends in family research. *Psychology Report*, 73, 1265-1266.

Lipchick, E., & De Shazer, S. (1986). The purposeful interview. *Journal of Strategic and Systemic Therapies*, 5(1-2), 88-89.

Loveland, N., Wynne, L., & Singer, M. (1963). The family Rorschach: A technique for studying interaction. *Family Process*, 2(2), 187-215.

Mahoney, M. J. (1998). *Processos humanos de mudança*. Porto Alegre: Artmed.

Mann, J., & Start, S. (1972). The self-report questionnaire as a change agent in family therapy. *Family Process*, 11(1), 95-105.

Maturana, H. R. (1997). Ontologia do conversar. In C. Magro, M. Graciano, & N. Vaz (Orgs.), *A ontologia da realidade* (pp. 167-181). Belo Horizonte: UFMG.

Minuchin, S., Guerney, B., Elbert, S., & Rosman, B. (1964). A method for the clinical study of family interaction. *Journal of American Orthopsychiatry*, 34(5), 30-56.

Minuchin, S. (1992). *Família funcionamento e tratamento*. Porto Alegre: Artes Médicas.

Nichols, M. P., & Schwartz, R. C. (1998). *Family therapy: Concepts and methods*. Boston: Allyn and Bacon.

Oberndorf, C. P. (1938). Psychoanalysis of married couples. *Psychoanalytic Review*, 25, 453-475.

Otto, H. (1962). The personal and family strength research projects. *Mental Hygiene*, 48, 439-450.

Palazzoli, M. S. (1987). *Paradoxo e contra paradoxo*. São Paulo: Cultrix.

Pearce, W. B., & Cronen, V. E. (1980). *Communication action and meaning: The creation of social realities*: New York: Praeger.

Pinsof, W. M., Breunlin, D. C., Chambers, A. L., Solomon, A. H., & Russel, W. P. (2015). Psychodynamic and multigenerational approaches. In A. S. Gurman, J. L. Lebow, & D. K. Snyder (Org.), *Clinical handbook of couple therapy* (Chapter 6). New York: The Guilford.

Ravish, R. (1969). Game testing in conjoint marital psychotherapy. *America Journal of Psychotherapy*, 23(2), 217-229.

Rousseau, D. (2015). General Systems Theory: Its present and potential. *Systems Research and Behavioral Science*, 32(5), 522-533.

Rubin, J. A., & Magnussen, M. G. (1974). A family art evaluation. *Family Process*, 13(2), 185-200.

Satir, V. (1967). *Conjoint family therapy*. Palo Alto: Science and Behavior Books.

Schwartz, J. (2018). *Cassandra's daughter: History of psychoanalysis*. New York: Routledge.

Shneidman, E. (1947). The Make-A-Picture-Story (MAPS) projective personality test: A preliminary report. *Journal of Consulting Psychology*, 11(6), 315-325.

Sholevar, G. P., & Schwoeri, L. D. (2007). *Textbook of family and couple therapy*. Washington: APA.

Simon, R. M. (1972). Sculpting the family. *Family Process*, 11(1), 49-57.

Stroctbeck, F. (1951). Husband-wife interaction over revealed differences. *American Sociological Review*, 16(4), 468-473.

Tomm, K. (1987a). Interventive interviewing: Part I. Strategizing as a fourth guideline for the therapist. *Family Process*, 21(1), 3-13.

Tomm, K. (1987b). Interventive interviewing: Part II. Reflexive questioning as a means to reflexive questioning as a means to enable self-healing. *Family Process*, 26(1), 167-183.

Tomm, K. (1987c). Interventive interviewing: Part III. Intending to ask lineal, circular, reflexive or strategic questions? *Family Process*, 27(1), 1-15.

Varela, F., Thompson, E., & Rosch, E. (2003) *A mente incorporada: Ciências cognitivas e experiência humana*. Porto Alegre: Artmed.

Von Bertalanffy, L. (1973). *Teoria geral dos sistemas*. Petrópolis: Vozes.

Watzlawick, P. (1969). A structured family interview. *Family Process*, 50(2), 265-278.

Watzlawick, P., Beavin, J., & Jackson, D. (1981). *Pragmática da comunicação humana*. São Paulo: Cultrix.

Wells, C. F., & Rabner, E. L. (1973). The conjoint family diagnostic interview and family index of tension. *Family Process*, 12(2), 127-144.

Winter, W. D., & Ferreira, A. J. (1965). Story sequence analysis of family TATA's. *Journal of Projective Techniques*, 29, 392-397.

Wynne, L. C., Ryckoff, I. M., Day, J., & Hirsch, S. I (1958). Pseudo mutuality in the family relationship of schizophrenics. *Psychiatry*, 21(2), 205-220.

Leituras recomendadas

Adler, A. (1961). *A ciência da natureza humana*. São Paulo: Companhia Editora Nacional.

Figueiredo, L. C. M. (2004). *Revisitando as psicologias*. Petrópolis: Vozes.

Jung, C. G. (1972). *Fundamentos de psicologia analítica*. Petrópolis: Vozes.

18

Intimidade conjugal:
principais modelos teóricos

Lina Wainberg | Claudio Simon Hutz

A capacidade de construir e manter relações interpessoais íntimas é considerada uma necessidade vital pelos teóricos para a saúde mental e psicossocial dos seres humanos (Descutner & Thelen, 1991), sendo um importante preditor de bem-estar psicológico (Gore, Cross, & Morris, 2006) e também um critério de maturidade (Feldman & Gowen, 1998). Para a área da saúde, tornou-se, por isso mesmo, um critério fundamental para avaliar a "qualidade de vida" de uma pessoa ou de um casal.

Percebe-se, no entanto, que os estudos que investigam a temática da "intimidade" confundem esse conceito com outros próximos, como é o caso da sexualidade. Muitas vezes, os dois termos aparecem juntos (p. ex., intimidade sexual ou intimidade e sexualidade). Nesse caso, os dois fenômenos não são diferenciados (Rowland et al., 2009). A verdade é que autores que estudam a relação entre sexo e intimidade percebem que ambos estão relacionados, embora ainda não esteja clara a forma como essa relação ocorre (Patton & Waring, 1985).

Pensa-se a intimidade como uma necessidade humana básica, como apontam teorias de psicólogos proeminentes, entre eles Erikson (1987) e Bowlby (1969). Erikson (1987) foi um dos primeiros a introduzir a intimidade na teoria psicossocial, não apenas como qualidade para um casal romântico, mas também como capacidade individual. Em sua teoria do desenvolvimento, ele descreve os estágios da vida e afirma que os indivíduos só são capazes de abordar verdadeiramente a intimidade de suas relações quando formam uma identidade segura. Aqueles que não resolveram a tarefa vital de formar uma identidade podem entrar na arena das relações com o foco na exploração de autonomia e no estabelecimento de uma identidade em oposição à obtenção de uma verdadeira interdependência com outra pessoa (Marcia, 1966; Sanderson, Keiter, Miles, & Yopyk, 2007). Para Erikson, são necessárias três capacidades elementares para a obtenção da intimidade: desejo de se comprometer com outra pessoa, habilidade para compartilhar em nível pessoal profundo a vida com um parceiro e capacidade de comunicar os sentimentos e pensamentos pessoais a ele. Indivíduos que resolveram de modo favorável a crise psicossocial chamada de "intimidade *versus* isolamento" teriam então esses três componentes consolidados (Weinberger, Hofstein, & Whitbourne, 2008).

De maneira similar, a teoria do apego, de Bowlby, pode ser usada para se compreender a intimidade pelos estilos de apego (Bartholomew & Horowitz, 1991). Entre esses estilos, estão o perfil seguro, o temeroso, o preocupado e o desinteressado (Reis & Grenyer, 2004). Essa teoria entende que as pessoas diferem em suas crenças sobre o que esperar dos outros. Indivíduos com estilo de apego seguro sentem-se confortáveis em buscar a intimidade em suas relações próximas, incluindo depender dos outros e ter outros dependendo deles. Por outro lado, aqueles que desenvolveram um estilo temeroso ou arisco podem relutar em buscar a intimidade, talvez porque sejam incapazes de acreditar nas pessoas, porque enxergam negativamente os outros, ou ainda porque demonstram uma forte preferência por autossuficiência (Hazan & Shaver, 1987). Segundo Sanderson e colaboradores (2007), a busca por intimidade está fortemente associada ao conforto com a interdependência e a uma preocupação menor com o abandono.

Entre os teóricos das relações amorosas, Kaplan (1977) descreve a intimidade como a expressão de uma qualidade singular de proximidade emocional entre duas pessoas. Seria o "elo afetuoso" composto por atenção mútua, senso de responsabilidade, confiança, comunicação franca de sentimentos e sensações, assim como livre intercâmbio de informações acerca de ocorrências emocionais significativas.

Na clássica teoria do amor de Sternberg (1988), o relacionamento amoroso é descrito por um triângulo em cujos ângulos o autor propõe três fatores: a intimidade, a paixão e a díade "decisão/compromisso". Nessa concepção, a intimidade é um dos componentes do relacionamento amoroso, incluindo "dar e receber apoio emocional e outros comportamentos que proporcionam calor humano como comunicar-se aberta e honestamente, partilhar, sentir felicidade juntos, compreender um ao outro e valorizar a pessoa amada" (Masters, Johnson, & Kolodny, 1997, p.15). A intimidade representa o componente emocional, enquanto a paixão é o componente motivacional, e, por último, o compromisso abrange o componente cognitivo envolvido nas relações de amor (Overbeek, Ha, Scholte, de Kemp, & Engels, 2007).

Embora os conceitos de intimidade ou proximidade sejam compreendidos até por crianças (Gummerum & Keller, 2008), esses construtos ainda carecem de uma definição operacional (Waring, Tillman, Frelick, Russell, & Weisz, 1980). A literatura apresenta perspectivas diferentes e, muitas vezes, contraditórias sobre esses termos (Ben-Ari & Laave, 2007) e sobre como medi-los (Lippert & Prager, 2001).

Clark e Reis (1988) sustentam que uma definição única ainda não foi estabelecida no campo de estudo das relações humanas. Similarmente, Van den Broucke, Vendereycken e Vertommen (1995b) ressaltam o fato de que inexiste uma abordagem integrativa que ultrapasse as barreiras teóricas, sendo que a definição de intimidade depende da perspectiva adotada.

Considerando a importância do tema para as relações humanas e objetivando fugir do senso comum para a compreensão do fenômeno, este capítulo discute o que se entende por intimidade, suas principais confusões teóricas e as propostas de modelos teóricos. Para isso, desenvolve uma discussão que aborda as seguintes temáticas: diferenciação entre intimidade e autorrevelação e como ela se apresenta nas relações conjugais; relação entre intimidade e vulnerabilidade emocional; influência psicossocial na intimidade; e, por fim, instrumentos de medida desenvolvidos para a sua avaliação.

Intimidade e autorrevelação

Como se vê, a disputa semântica e conceitual em torno do tema é ampla. A capacidade das pessoas de se revelarem aos outros é descrita por vários autores – com alguma frequência – como o paradigma ideal da intimidade (Emmers-Sommer, 2004; Laurenceau, Barrett, & Rovine, 2005; Sprecher & Hendrick, 2004).

Em seus estudos, Dandeneau e Johnson (1994) definiram a intimidade como um "evento relacional em que a confiança [de uma pessoa] em revelar-se é devolvida [pelo interlocutor] com empatia comunicacional". Ou seja, para que haja intimidade, a responsividade – o comportamento verbal e não verbal que se converte em empatia, apoio e afeto do parceiro (Miller, Berg, & Archer, 1983 apud Marshall, 2008) – é tão ou mais importante do que a autorrevelação (*self-disclosure*) (Prager, 1995). Segundo Reis e Shaver (1988), o principal componente do processo de formação da intimidade é a abertura a revelar-se e a responsividade do parceiro. Para esse modelo, o desenvolvimento da intimidade começa com o oferecimento de informações pessoais e emocionais por um dos parceiros. Isso é compreendido pelo interlocutor como um gesto de confiança, de afeto e de comprometimento para o esforço em aumentar o grau de intimidade do parceiro. A revelação das emoções também demonstra aspectos centrais importantes de *self*, permitindo ao parceiro verificar e validar essas visões cultivadas pelo interlocutor de seu *self* (Reis & Patrick, 1996).

Ressalta-se, no entanto, que não é qualquer revelação que serve como preditor da intimidade. Reis e Shaver (1988) afirmam que diferentes tipos de revelações influenciam diferentemente a intimidade. É a revelação do afeto, e não simplesmente de fatos e informações, que faz a diferença (Cordova, Gee, & Warren, 2005; Laurenceau et al., 2005). Já Lippert e Prager (2001) salientam que são as revelações pessoais, e principalmente os afetos positivos cultivados sobre o parceiro, que fazem diferença para o estabelecimento da intimidade. A revelação de desejos, fantasias, ansiedades e emoções permite ao ouvinte compreender o outro e responder de acordo com o que o outro verdadeiramente sente e é.

Dessa forma, apesar do reconhecimento da influência que a autorrevelação exerce sobre a intimidade, tem-se sugerido que o processo de autorrevelação, por si só, não é suficiente para capturar a essência da intimidade (Korobov & Thorne, 2006; Waring & Chelune, 1983). Portanto, e ao contrário do tratamento trivial desses dois termos em muitos estudos, eles não se equivalem.

Bradford, Feeney e Campbell (2002) aquecem a discussão salientando que, no início de uma relação, algumas pessoas podem exceder-se na autorrevelação na tentativa de forjar uma intimidade que ainda inexiste. Dito de outra forma, diante de baixos níveis de intimidade, as pessoas estão motivadas para obter informações particulares sobre a natureza da relação. Elas querem avaliar quão recompensadora a relação pode vir a se tornar no futuro. Quando se desenvolvem altos níveis de intimidade, as pessoas conseguem estabelecer rotinas benéficas e interdependentes. Elas conhecem as atitudes do parceiro e estão comprometidas com a manutenção da relação. Assim, a conversa terá um impacto menor na intimidade devido à bem-definida concepção da relação em jogo (Laurenceau et al., 2005). Fica evidente, portanto, que esses autores percebem a diferenciação entre a autorrevelação e a intimidade.

Intimidade e relação conjugal

Entre as maiores correlações da intimidade, está a satisfação conjugal (Greef & Malherbe, 2001; Harper, Schaalje, & Sandberg, 2000; Kirby, Baucom, & Peterman, 2005; Mirgain & Cordova, 2007). Muitos estudos sobre casais partem do pressuposto de que a intimidade é requisito básico para a manutenção de um relacionamento conjugal.

No entanto, Bach e Wyden (1991) afirmam que milhões de casais, embora continuem a viver juntos em termos físicos e legais, na realidade estão emocionalmente apartados. Esse distanciamento afetivo seria o responsável por efeitos emocionais e físicos graves, como depressão e ataques cardíacos, entre outros. Goldberg (2000) destaca que as dificuldades nos relacionamentos são a causa dos frequentes sentimentos de alienação e exaustão que caracterizam a sociedade pós-moderna. A contrapartida parece também ser verdadeira, isto é, relacionamentos íntimos saudáveis podem contribuir para o bem-estar físico, emocional e psicológico (Hassebrauck & Fehr, 2002; Hook, Gerstein, Detterich, & Gridley, 2003), pois criam um ambiente no qual cada um dos parceiros pode satisfazer necessidades importantes (Kirby et al., 2005). Esse efeito foi constatado inclusive em estudos longitudinais (McAdams & Vaillant, 1982), que mostram como a motivação para intimidade é capaz de predizer o ajuste psicossocial do indivíduo 17 anos depois.

Contudo, a importância da relação varia entre as pessoas, assim como o grau de intimidade na relação. Enquanto alguns indivíduos precisam de anos para criar uma relação profunda, outros têm a capacidade de desenvolver relações íntimas ainda nos estágios iniciais (Gore et al., 2006). Assim, há também outra diferenciação relevante: a necessidade de distinguir os efeitos da intimidade da mera passagem de tempo de um relacionamento, questionando, assim, a noção de alguns autores (Emmers-Sommer, 2004), para os quais a intimidade é resultado do tempo de relacionamento. Theodore, Durán, Antoni e Fernandez (2004) afirmam que não se pode contar apenas com a variável tempo de relacionamento para prever a intimidade.

Modelos teóricos da intimidade

Alguns autores propõem várias categorias para compreender como se desenvolve a intimidade. Prager (1995), por exemplo, sugere três categorias: comportamentos relacionados (a revelação de informações privativas e de sentimentos positivos), afetos positivos (interações prazerosas) e cognição (percepção do parceiro como compreensivo). Essa autora verificou que cada uma dessas categorias contribuía de modo independente para a percepção da intimidade, enquanto Harper e colaboradores (2000) utilizaram em sua definição de intimidade a ideia de que há um processo de partilha de experiências íntimas em cinco áreas: emocional, social, sexual, intelectual e recreativa.

Berscheid, Snyder e Omoto (1989) definem a intimidade como um construto multidimensional que consiste em passar algum tempo junto (frequência), em uma variedade de interações conjuntas (diversidade), produzindo a percepção da influência que um tem nos planos, nas decisões e nas atividades do outro (força). Contudo, essa formulação tem sido criticada por negligenciar as qualidades cognitivas e afetivas associadas à intimidade (Aron, Aron, & Smollan, 1992).

Embora tais definições tentem determinar o que é a intimidade, Van den Broucke e colaboradores (1995b) mostram que alguns pesquisadores investigaram-na como um construto mais amplo, referindo-se à qualidade dos relacionamentos. Nesse sentido, Perlman e Fehr (1987 apud Van den Broucke et al., 1995b) identificaram quatro principais abordagens sobre o estudo da intimidade como um construto psicológico: o modelo desenvolvimental, no qual a crise de superação do isolamento e obtenção de relações íntimas é uma tarefa central do desenvolvimento e determinante na evolução da vida humana; o modelo motivacional, que admite intimidade como um motivo duradouro, o qual reflete a preferência individual ou a prontidão para experienciar proximidade, calor e comunicação. A intimidade é aqui considerada um atributo individual que se manifesta nas diversas situações interacionais; o modelo *equilibrium*, ao contrário das perspectivas anteriores, preconiza que a intimidade deve ser concebida como uma propriedade dos relacionamentos, em vez de um atributo individual. Aqui o entendimento básico é de que deve haver um equilíbrio entre o desejo de alcançar e de evitar intimidade nas interações para sentir-se confortável com o parceiro; e, por fim, o modelo equidade baseia a intimidade na teoria da equidade para relacionamentos pessoais. Embora o foco dessas formulações teóricas individuais e interacionais pareça contraditório, a intimidade pode ter propriedades de ambos os modelos. Considerar tanto os aspectos individuais quanto os diádicos parece uma abordagem integrativa, até mesmo porque, segundo Zeedyk (2006), as capacidades individuais só podem surgir a partir do engajamento íntimo com os outros.

Autores como Van den Broucke, Vendereycken e Vertommen (1995a) formularam seu modelo teórico de intimidade com base em seis dimensões estruturais, constituindo três fatores: três no nível diádico (afeto, cognitivo e interdependência instrumental); duas no nível individual (autenticidade e abertura); e uma no nível grupo social ou de rede (exclusividade). A grande vantagem desse modelo é que integra as visões descritas sobre intimidade conjugal, abrangendo perspectivas tanto teóricas quanto empíricas, e ainda acrescenta um terceiro, o nível social ou de rede, que foi negligenciado com frequência.

Para eles, o envolvimento da intimidade nos relacionamentos depende desses três fatores. No primeiro, o nível diádico, a intimidade é promovida pela autorrevelação mútua dos parceiros. No segundo, o nível individual, ambos os parceiros devem ter alcançado uma identidade segura. Ainda no nível individual, Gore e colaboradores (2006) consideram que a forma como cada um se define influencia a maneira como cada um pensa, sente e interage com os outros. O papel do *self-system* tem sido verificado como central nas relações (Cross, Bacon, & Morris, 2000; Markus & Kitayama,

1991). Por último, no nível social, os parceiros separaram-se emocionalmente de suas famílias de origem.

Há, contudo, um consenso entre cientistas e clínicos quanto a certos ingredientes essenciais que compõem a intimidade. A intimidade resume-se à sensação de autorrevelação, ao compartilhamento do seu eu interior e ao sentimento de estar próximo do parceiro (Kirby et al., 2005; Prager, 1995; Reis & Shaver, 1988). Em outras palavras, segundo Master e colaboradores (1997, p. 27):

> [...] uma dedicação mútua e um desejo de transformar essa dedicação em compromisso; partilhar livremente um com o outro; comunicar-se aberta e profundamente; valorizar o suficiente um relacionamento para imbuí-lo de vulnerabilidade e confiança; ternura; e esforçar-se constantemente para ter empatia um com o outro.

Betchen (2003) define a intimidade como um processo em andamento, envolvendo dois parceiros que alcançaram um grau de diferenciação saudável de suas famílias de origem (autonomia emocional). Consequentemente, contribui para a habilidade de estar em contato com os próprios sentimentos e expressá-los de forma livre, clara e racional, sem medo e sem consequências reais geradas pelo parceiro. Parceiros íntimos são próximos em termos emocionais, físicos e sexuais; portanto, a intimidade não é indicada pela mera existência ou sobrevivência de uma relação intacta. Ela representa muito mais. Segundo Cordova e colaboradores (2005), será a sensação de "conforto com a vulnerabilidade", ou intimidade segura, que admitirá a dimensão afetiva da intimidade, já que faz parte do desenvolvimento da intimidade compartilhar suas vulnerabilidades para que o outro possa dar suporte (Cordova & Scott, 2001).

Intimidade e vulnerabilidade

Cordova e Scott (2001) sustentam que a intimidade é um processo gerado pela capacidade do parceiro de fortalecer o outro quando este se mostra vulnerável. O comportamento será considerado vulnerável à medida que estiver associado ao ser penalizado pelos outros (direta ou indiretamente).

Segundo Cordova e colaboradores (2005), a relação íntima é caracterizada pelo acúmulo de eventos íntimos e de eventos supressores. Aqueles relacionamentos que são mais ricos em eventos íntimos do que supressores são percebidos como mais seguros e, com isso, mais íntimos. Nessa formulação, o grande desafio da intimidade genuína está na intrínseca presença do magoar emocionalmente. Em outros termos, a turbulência relacional é inerente à redefinição de uma relação como íntima (Solomon & Knobloch, 2004). No entender de alguns pesquisadores, a relação íntima acarreta a interferência do parceiro em uma série de atividades do dia a dia (Knobloch & Solomon, 2004). Essa interferência pode gerar turbulência aparente em níveis moderados de intimidade. Assim, são entendidas como fundamentais, para o maior envolvimento do casal, as mudanças graduais na incerteza e na interdependência relacional.

Mirgain e Cordova (2007) consideram que, devido a essa natureza desafiadora da intimidade, o funcionamento saudável de uma relação íntima requer uma adequada habilidade emocional. Por habilidade emocional, entende-se administrar os sentimentos gerados nas relações (p. ex., raiva, mágoa, etc.) de maneira adequada. Teoricamente, a habilidade emocional facilitaria o processo de intimidade pelo papel que esses sentimentos desempenham, seja na manutenção da vulnerabilidade de cada um, seja na habilidade de administrar a vulnerabilidade do parceiro (Cordova et al., 2005).

Em outros termos, Ben-Ari e Laave (2007) consideram que a proximidade requer duas forças opostas: autonomia e conexão. Baxter (1988) argumenta que, sem a conexão, as relações não adquirem identidade e não podem existir; contudo, sem a autonomia, os indivíduos não têm identidade e, consequentemente, não podem existir em uma relação. É importante ressaltar que a demanda por autonomia e conexão muda constantemente, e que o processo de manutenção dessas demandas é permanente.

Outro aspecto que deve ser considerado é a diminuição da incerteza na relação para o aumento da intimidade (Theiss & Solomon, 2008). Por incerteza relacional, entende-se o grau de confiança que as pessoas têm em sua percepção de envolvimento na relação interpessoal (Knobloch & Solomon, 2002). Constatou-se que, muito mais do que baixos níveis de incerteza iniciais, é a sua gradual diminuição, ou seja, o aumento da confiança ou da maior previsibilidade, que permite a construção de relações íntimas. O processo de redução de incerteza por si só é experienciado como recompensador e acelera a intimidade, ainda que alguma incerteza permaneça (Knobloch & Solomon, 2002).

Outra forma de compreensão do processo de tornar-se íntimo está no modelo desenvolvido por Hess, Fannin e Pollom (2007). Segundo esses autores, para compreender como as pessoas ficam próximas de alguém, é preciso que compreendamos as estratégias de aproximação e as de distanciamento. Assim, eles desenvolveram o conceito de afiliação para a dinâmica entre essas forças. Para as estratégias de distanciamento, os autores propõem três estratégias básicas: evitação (reduzir totalmente o contato com parceiro), desengajamento (reduzir a abertura e o respeito com o outro que caracterizaria uma atitude normal) e dissociação cognitiva (perceber menos conexão, desacreditando mentalmente o outro, ou distanciando o outro, a fim de diminuir o impacto psicológico que suas ações podem gerar). Para as estratégias de aproximação, os autores afirmam que a abertura, a atenção e o envolvimento seriam os meios de obtenção de proximidade. Quando essas duas variáveis são levadas em consideração, é possível adquirir uma visão mais precisa da descrição da afiliação, até porque as relações mais longas, de modo geral, apresentam alguma medida das duas variáveis.

A influência psicossocial na intimidade

Existem diferenças individuais na habilidade de fazer uso das gratificações das relações íntimas. A origem dessas diferenças provavelmente remonta à aprendizagem sobre a intimidade durante a infância e a adolescência, tanto na relação do indivíduo com a família quanto em relação ao modelo de vida conjugal dos pais (Waring, 1980). As relações com os amigos na adolescência também são influentes no treino dessa habilidade (Scharf & Mayseless, 2001).

Não se pode negar, porém, que a família e as regras sociais que orientam as relações de amizade estão inseridas em um contexto maior de normas culturais. Algumas pesquisas têm abordado a vivência da intimidade, comparando culturas mais ligadas ao individualismo ou ao coletivismo (Gao, 2001). Quanto aos aspectos da autorrevelação, o individualismo enfatiza a autoconfiança, a competição e a priorização dos objetivos pessoais frente aos objetivos grupais, enquanto o coletivismo enfatiza a interdependência, a harmonia interpessoal, a cooperação e a subordinação aos objetivos grupais frente aos pessoais (Marshall, 2008).

Tem-se sugerido que os casais de culturas coletivistas experienciam menos intimidade por terem suas necessidades satisfeitas principalmente nas relações familiares (Marshall, 2008). Outros dizem que as culturas individualistas atribuem uma maior ênfase à autorrevelação para a obtenção de intimidade do que as culturas coletivistas (Adams, Anderson, & Adonu, 2004). No entanto, uma possibilidade é que as ideologias tradicionais de gênero encorajem as mulheres a cultivar traços "femininos" que potencializam a responsividade, como simpatia, compreensão e sensibilidade, enquanto encorajam os homens a desenvolver traços "masculinos" de responsividade inibitória, como dominância e agressividade (Bem, 1974).

Outra possibilidade é a de que a intimidade conjugal seja mais importante nas culturas individualistas, justamente porque ela será o principal veículo de obtenção de satisfação dessas necessidades, ao passo que nas culturas coletivistas as relações conjugais podem servir para outros valores culturais, como reforçar a família e as ligações econômicas, em vez de satisfazer o interesse de alguém. Assim, baixos níveis de intimidade na cultura individualizada podem gerar consequências pessoais e relacionais particularmente negativas (Dion & Dion, 1993), enquanto na cultura coletivista pode não haver as mesmas consequências (Hsu, 1985).

Por fim, Marshall (2008) define que não é a cultura individualista ou coletivista que explica as diferenças culturais na intimidade, mas, sim, a ideologia relacionada ao papel de gênero. Logo, as diferenças culturais na intimidade podem não ser tão benignas assim nem causar importantes implicações nos relacionamentos. O autor salienta que as culturas tradicionais não medem as implicações que a socialização a que homens e mulheres são expostos pode suscitar na vivência da intimidade. Segundo eles, envolve o sentimento, o pensamento e o comportamento de que são essencialmente diferentes e, consequentemente, de que há uma maior distância empática e emocional.

Muitos acreditam que uma cultura com maior equidade propicia uma maior satisfação pessoal e conjugal (Munck & Korotayev, 2007). Várias pesquisas têm constatado uma capacidade de autorrevelação reduzida para homens que vivenciam papéis de gênero tradicionais (Neff & Suizzo, 2006), o que traz consequências para a intimidade. Uma explicação é que o tradicional papel de gênero masculino não encoraja a revelação de sentimentos que costumam ser vistos como afeminados ou homossexuais (Thompson & Pleck, 1986). Por outro lado, as mulheres tendem a autorrevelar-se com maior frequência (Dindia & Allen, 1992).

Apesar de Cordova e colaboradores (2005) considerarem que a diferença entre os sexos continua uma questão mal respondida que pode ser essencial para nossa compreensão do processo de intimidade no casamento, ainda assim percebem algumas tendências. Aparentemente, homens e mulheres experienciam a intimidade emocional de modos diferentes. Enquanto os homens utilizam a interação sexual para aumentar a intimidade (Hatfield, Sprecher, Pillemer, Greenberger, & Wexler, 1988; Korobov & Thorne, 2006), as mulheres precisam de intimidade emocional para se engajar sexualmente. Há também evidências de que os homens atribuem maior valor à capacidade de relaxar e de ser autêntico no estabelecimento da intimidade (Wagner-Raphael, Seal, & Ehrhardt, 2001), preservando, assim, sua individualidade, enquanto as mulheres tendem a incluir os outros como parte da sua definição de *self* (Cross & Madson, 1997). Desse modo, a sensação de intimidade apresenta uma influência maior da atitude (Mitchell et al., 2008) e da responsividade do parceiro (Reis & Patrick, 1996) para as mulheres. Enquanto elas parecem precisar mais desse *feedback* dos parceiros, os homens apresentam uma necessidade de autorrevelação menos dependente do que as parceiras responderão (Laurenceau et al., 2005).

Radmacher e Azmitia (2006) sintetizaram três perspectivas quanto à questão do gênero na compreensão da intimidade. A primeira delas postula que homens e mulheres compartilham da importância da intimidade, mas diferem em sua conceitualização, pois as mulheres experienciam a intimidade por meios tradicionais de autorrevelação, enquanto os homens a experienciam em atividades conjuntas (Floyd, 1997). No caso dos homens, as questões recreacionais e sexuais assumem um papel importante (Korobov & Thorne, 2006). A segunda perspectiva postula que os homens experienciam a intimidade por dois caminhos, a autorrevelação e as atividades compartilhadas, enquanto as mulheres atingem a intimidade primordialmente pela autorrevelação. A terceira perspectiva postula que homens e mulheres mobilizam a mesma conceitualização de intimidade; porém, como resultado da socialização dos homens, estes se autorrevelam menos do que as mulheres (Fehr, 2004). Há aqueles, no entanto, que verificaram que a cultura não influencia a intimidade. Segundo Gao (2001), a importância da intimidade pode ser culturalmente universal, mas a forma como é expressa pode variar de cultura para cultura.

Intimidade e orientação sexual

As particularidades da vivência da intimidade emocional entre parceiros do mesmo sexo são cada vez mais contempladas pelas pesquisas científicas. Segundo Guschlbauer, Smith, DeStefano e Soltis (2019), apesar dos estudos sobre intimidade entre casais homoafetivos serem limitados, um pequeno grupo de estudos indica com consistência que a intimidade emocional é o preditor mais importante na satisfação conjugal dos casais homoafetivos.

Casais homoafetivos enfrentam um estresse particular quando comparados aos heterossexuais: o aumento do estresse com a vivência de um ambiente estigmatizador das suas identidades e de sua orientação. As pesquisas demonstram que o estresse das minorias é largamente responsável por problemas de saúde dos indivíduos homoafetivos. No entanto, é limitada a literatura que examina os efeitos do estresse das minorias na qualidade conjugal. Recentemente, Guschlbauer e colaboradores (2019) investigaram uma amostra de 181 indivíduos em relacionamentos homoafetivos estáveis e verificaram que a homonegatividade internalizada e a manutenção do segredo da orientação relacionam-se com a intimidade emocional, e esta, por sua vez, relaciona-se à satisfação conjugal.

Frost e Meyer (2009) consideram que, para aliviar os sentimentos negativos decorrentes do autopreconceito, os indivíduos homoafetivos podem evitar relação de longa duração ou mais profundas. Ou, então, buscam oportunidades sexuais com pouca intimidade emocional ou proximidade interpessoal. Já nos relacionamentos de longo prazo, as experiências compartilhadas pelo parceiro podem servir como uma constante recordação da sua própria orientação e dos seus sentimentos negativos relacionados a ela. A homonegatividade poderá reduzir tanto o autorrespeito quanto o respeito pelo parceiro, prejudicando os sentimentos de afeto entre os parceiros (Keller & Rosen, 1988), aumentando os níveis de depressão, desistência da relação e inibição sexual (Green & Mitchell, 2002).

Já o segredo da orientação sexual priva os indivíduos homoafetivos do apoio social. Ao evitar contatos com outros, privam a si mesmos da validação e do suporte para suas relações (Almeida, Woods, Messineo, Font, & Heer, 1994). A restrição de apoio pode diminuir a habilidade de lidar com os estressores e as tensões encaradas por todo casal (Elizur & Mintzer, 2003), podendo contribuir para sua dissolução (Kurdek & Schmitt, 1987).

Devido a isso, questões específicas para essas populações deveriam ser contempladas nos instrumentos de intimidade. Além dos aspectos comuns a qualquer relacionamento afetivo, há, sim, particularidades que a discriminação das sociedades heteronormativas geram na vivência da intimidade.

Instrumentos de medida da intimidade

Considerando a complexidade do construto, tornam-se necessários instrumentos bem-elaborados para a sua medição. Repinski e Zook (2005) argumentam que instrumentos que se propõem a medir a intimidade por meio de apenas uma questão são problemáticos em termos de confiabilidade, devido à natureza subjetiva das respostas dos indivíduos. Para a execução das pesquisas sobre essa temática, os instrumentos descritos a seguir têm sido utilizados com maior frequência.

- **Waring Intimacy Questionnaire (WIQ)** (Waring, 1984): composto por 90 itens que medem oito dimensões:
  1. afeto (grau de expressão dos sentimentos de proximidade dos cônjuges);
  2. expressividade (grau de comunicação dos pensamentos, crenças, atitudes e sentimentos no casamento);
  3. compatibilidade (grau de capacidade dos cônjuges de trabalhar e brincar juntos confortavelmente);
  4. coesão (grau de comprometimento com o casamento);
  5. sexualidade (grau de comunicação e satisfação das necessidades sexuais);
  6. resolução de conflitos (grau de tranquilidade com que as diferenças de opiniões são resolvidas);
  7. autonomia (grau de conexão positiva do casal com a família e os amigos);
  8. identidade (grau de autoestima e autoconfiança do casal).
- **Personal Assessment of Intimacy in Relationships (PAIR)** (Schaefer & Olson, 1981): composto por 36 itens que acessam os níveis esperados e obtidos em cinco tipos de intimidade:
  1. emocional (experiência de proximidade de sentimentos);

2. social (amigos em comum e similaridades nas redes sociais);
3. sexual (experiências de compartilhar prazeres gerais e/ou atividade sexual);
4. intelectual (experiência de compartilhar ideias);
5. recreacional (experiência de compartilhar *hobbies* e/ou participação conjunta em eventos esportivos).

- **Miller Social Intimacy Scale (MSIS)** (Miller & Lefcourt, 1982): é uma escala de autorrelato com 17 itens que acessa os níveis máximos de intimidade experienciados na relação em curso.
- **Fear-of-Intimacy Scale** (Descutner & Thelen, 1991): analisa o medo de intimidade, estejam os entrevistados envolvidos ou não em um relacionamento. O medo de intimidade é entendido como a capacidade inibida de um indivíduo, devido à ansiedade, de trocar pensamentos e sentimentos de relevância pessoal com outro indivíduo que tenha importância afetiva. O construto de medo de intimidade leva em conta três características principais, e os autores propõem que somente a coexistência dessas três características é capaz de produzir intimidade:
  1. conteúdo (comunicação de informações pessoais);
  2. valência emocional (sentimentos fortes a respeito da troca de informação pessoal);
  3. vulnerabilidade (grande consideração com a intimidade do outro).
- **Marital Intimacy Questionnaire (MIQ)** (Van den Broucke et al., 1995a, 1995b): embora este seja um instrumento de pesquisa menos popular, a sua vantagem está na tentativa de integrar os modelos existentes. Busca, por exemplo, aproveitar as qualidades do PAIR quanto ao foco na comunicação e à delimitação das áreas de exercício da intimidade, mas tentando prover os componentes afetivos, individuais e situacionais que foram negligenciados por este instrumento. Segue a tendência do WIQ em agregar dimensões, mas especifica os níveis de sistema (individual, díade ou de rede social) que estas compõem. Além disso, Haning e colaboradores (2007) salientam a confusão conceitual (por meio de seus itens) feita por esses dois instrumentos entre intimidade e interação física e/ou satisfação sexual.

Não existem instrumentos em língua portuguesa para avaliar a intimidade de casais estáveis. Essa temática ainda precisa ser mais bem-investigada entre a população brasileira.

Considerações finais

As relações íntimas reconhecidamente influenciam a saúde emocional e a qualidade de vida. Devido a isso, baixos níveis de intimidade têm sido referidos como a causa mais comum para a busca por terapia de casal (Mitchell et al., 2008). A intimidade pressupõe muito mais do que a mera convivência com o passar do tempo. Ela requer entrega emocional, o que significa compartilhar não só as virtudes, mas também as fragilidades com o intuito de receber amparo e aceitação. O grande desafio é que a revelação das fragilidades de um pode gerar ansiedade no outro, e nem sempre é possível ter maturidade emocional para suportar. De acordo com Solomon e Knobloch (2004), para se atingir uma relação de maior envolvimento, os cônjuges devem desenvolver uma diferenciação de cada um como indivíduo, obter um consenso sobre a natureza da relação, regular os seus sentimentos de apego emocional, coordenar padrões de intercâmbio de recursos e cultivar uma pretensão de relacionamento a longo prazo.

Conforme Scharf e Mayseless (2001), para obter intimidade é necessário, em primeiro lugar, que se esteja inclinado a valorizá-la. Em segundo lugar, é fundamental que o sujeito seja capaz de tolerar e abraçar as emoções intensas que fazem parte das relações íntimas, além de compartilhar experiências emocionais livremente. Por fim, é preciso ser capaz de autorrevelar-se, bem como demonstrar reciprocidade e sensibilidade com os sentimentos do outro e preocupação com o seu bem-estar. A intimidade madura envolve simultaneamente a capacidade de autonomia, individualidade e separação no âmbito da relação. Os indivíduos devem primeiramente desenvolver um senso de identidade coerente, que lhes permitirá obter intimidade sem o medo de perder sua identidade (Erikson, 1968). Intimidade madura e genuína pressupõe um equilíbrio entre proximidade emocional e separação.

Dessa forma, fica evidente que, para a compreensão teórica da intimidade, o aspecto individual deve ser contemplado junto com o interpessoal. Assim, parece adequada a proposta de integrar teorias do desenvolvimento com os modelos interpessoais para a compreensão desse construto (Weinberger et al., 2008). Essa proposta entende que, além de características desenvolvidas individualmente, a relação também auxiliará ou dificultará esse processo, o que já pode ser visto em alguns estudos (Jarvis, McClure, & Bolger, 2019; Yoo, Bartle-Haring, Day, & Gangamma, 2014).

Apesar da importância da intimidade, a negociação das diferentes formas de vivenciá-la pode ser um grande desafio para os casais por uma série de razões. Primeiro, os parceiros podem diferir nos níveis de necessidade de intimidade. Segundo, mesmo que desejem os mesmos níveis de intimidade, os parceiros podem ter maneiras diferentes para atender a essas necessidades, o que pode variar de conversar com conteúdo autorrevelador até manter contato físico. Terceiro, questões de *timing* podem interferir na habilidade de um dos parceiros em atender a necessidade de intimidade do outro (Kirby et al., 2005). Devido a isso, a noção de que o processo de intimidade requer que ambos os parceiros participem é crucial (Reis & Shaver, 1988), principalmente quanto a certa concordância do que é ser íntimo e do grau de intimidade percebida (Lippert & Prager, 2001).

Assim, a proposta de tratamento para a obtenção e a melhora de intimidade de L'Abate e Sloan (1984) ainda parece pertinente. Nesse modelo, os autores propõem três módulos:

1. identidade e diferenciação;
2. comunicação das emoções;
3. negociação.

Cordova e colaboradores (2005) sugerem que as intervenções terapêuticas destinadas a acessar os problemas de intimidade dos casais talvez precisem direcionar-se diretamente à habilidade emocional dos clientes, já que as intervenções destinadas a facilitar a intimidade podem não ter resultado se houver déficit na habilidade de identificar ou de comunicar as emoções.

Importante também lembrar que Duncombe e Marsden (1995) entendem a intimidade como a última fronteira para a assimetria entre os gêneros. Segundo os autores, a menos que se reconheçam e que se discutam os fenômenos do comportamento emocional mais abertamente, os casais continuarão a sofrer de considerável dor e infelicidade. O passo inicial deverá ser a busca por conceitos e por uma linguagem para conversar sobre os problemas de intimidade emocional e de comportamento sexual. As mudanças necessárias para uma igualdade emocional deverão levar em conta como a identidade masculina heterossexual tradicionalmente esteve associada à manutenção da distância emocional e contra a intimidade, deixando a responsabilidade emocional para as mulheres (Weinberger et al., 2008). No momento em que elas assumem cada vez mais responsabilidades no mercado de trabalho, a aprendizagem dos homens na esfera emocional tem sido exigida, modificando a forma como as novas gerações aprenderão a ser íntimas.

Por fim, vale alertar para a influência das redes sociais, tais como Facebook e Instagram, que ganharam uma imensa popularidade e passaram a potencialmente afetar a forma como as pessoas constroem e mantêm as relações interpessoais. Há uma mudança importante na forma como as pessoas se comunicam com efeitos de mudança nas etapas necessárias para a constituição de uma relação. Este tema tem cada vez mais interessado os cientistas sociais e da saúde mental. Algumas evidências já estão estabelecidas. Já sabemos, por exemplo, que o uso excessivo do Facebook está associado ao aumento do ciúme e da insatisfação conjugal (Elphinston & Noller, 2011). Também que a quantidade de tempo investida nas redes sociais *on-line* aumenta o número de amigos *on-line*, mas não a proximidade emocional dos amigos *face-to-face* (Pollet, Roberts, & Dunbar, 2011). Além disso, as interações *on-line* têm sido associadas à solidão (Ong, Chang, & Wang, 2011) e a uma tendência à timidez nas relações sociais *off-line* (Ward & Tracey, 2004). No entanto, nem todo resultado encontrado em relação às redes sociais *on-line* e aos relacionamentos pessoais é negativo. Kujath (2011) verificou que a comunicação nas redes sociais serve como uma extensão, e não substitui a comunicação *face-to-face*. Ainda de forma deficitária, os estudos sobre os efeitos das redes sociais na vivência de proximidade afetiva e intimidade conjugal já apresentam alguns resultados. Hand, Thomas, Buboltz, Deemer e Buyanjarga (2013), apesar de não terem encontrado uma relação entre o uso que um indivíduo faz das redes sociais e a percepção da sua satisfação conjugal e intimidade, observaram que o efeito da percepção que se tem do uso que os parceiros fazem das redes sociais é negativo. Temos que estar atentos para os significados conferidos a essas novas formas de comunicação, flerte, demonstração de carinho e valorização, troca de informação, etc. A intimidade também está nesse contexto e deverá ser profundamente analisada sobre o grau de influência que recebe.

Referências

Adams, G., Anderson, S. L., & Adonu, J. K. (2004). The cultural grounding of closeness and intimacy. In D. J. Mashek, & A. P. Aron (Eds.), *The handbook of closeness and intimacy* (pp. 321-339). Mahwah: Lawrence Erlbaum Associates.

Almeida, R., Woods, R., Messineo, T., Font, R., & Heer, C. (1994). Violence in the lives of the racially and sexually different: A public and private dilemma. In R. Almeida (Ed.), *Expansions of feminist family therapy through diversity* (pp. 99 -126). New York: Harrington.

Aron, A., Aron, E. N., & Smollan, D. (1992). Inclusion of other in the self scale and the structure of interpersonal closeness. *Journal of Personality and Social Psychology, 63*(4), 596-612.

Bach, G. R., & Wyden, P. (1991). *O inimigo íntimo: Como brigar com lealdade no amor e no casamento*. São Paulo: Summus.

Bartholomew, K., & Horowitz, L. M. (1991). Attachment styles among adults: A test of a four-category model. *Journal of Personality and Social Psychology, 61*(2), 226-244.

Baxter, L. A. (1988). A dialectical perspective on communication strategies in relationship development. In S. W. Duck (Ed.), *Handbook of personal relationships: Theory, research and interventions* (pp. 257-273). Chichester: Wiley.

Bem, S. L. (1974). The measurement of psychological androgyny. *Journal of Consulting and Clinical Psychology, 42*(2), 155-162.

Ben-Ari, A., & Laave, Y. (2007). Dyadic closeness in marriage: from the inside story to a conceptual model. *Journal of Social and Personal Relationship, 24*(5), 627-644.

Berscheid, E., Snyder, M., & Omoto, A. M. (1989). The relationship closeness inventory: assessing the closeness of interpersonal relationships. *Journal of Personality and Social Psychology, 57*, 792-807.

Betchen, S. J. (2003). Suggestions for improving intimacy in couples in which one partner has attention-deficit/hyperactivity disorder. *Journal of Sex & Marital Therapy, 29*(2), 103-124.

Bowlby, J. (1969). *Attachment and loss* (Vol. 1). London: Hogarth.

Bradford, S. A., Feeney, J. A., & Campbell, L. (2002). Links between attachment orientations and dispositional and diary-based measures of disclosure in dating couples: A study of actor and partner effects. *Personal Relationships, 9*(4), 491-506.

Breitman, S. & Porto, A. C. (2001). *Mediação familiar: Uma intervenção em busca da paz*. Porto Alegre: Criação Humana.

Clark, M. S., & Reis, H. T. (1988). Interpersonal processes in close relationships. *Annual Reviews Psychology, 39*, 609-673.

Cordova, J. V., & Scott, R. L. (2001). Intimacy: A behavioral interpretation. *The Behavior Analyst, 24*(1), 75-86.

Cordova, J. V., Gee, C. B., & Warren, L. Z. (2005). Emotional skillfulness in marriage: intimacy as a mediator of the relationship between emotional skillfulness and marital satisfaction. *Journal of Social and Clinical Psychology, 24*(2), 218-235.

Cross, S. E., & Madson, L. (1997). Models of the self: Self-construals and gender. *Psychological Bulletin, 122*(1), 5-37.

Cross, S. E., Bacon, P., & Morris, M. (2000). The relational interdependent self-construal and relationships. *Journal of Personality and Social Psychology, 78*(4), 791-808.

Dandeneau, M. L., & Johnson, S. M. (1994). Facilitating intimacy: Interventions and effects. *Journal of Marital and Family Therapy, 20*(1), 17-33.

Descutner, C. J., & Thelen, M. H. (1991). Development and validation of a fear of-intimacy scale. *Psychological Assessment, 3*(2), 218-225.

Dindia, K., & Allen, M. (1992). Sex-differences in self disclosure: A meta-analysis. *Psychological Bulletin, 112*(1), 106-124.

Dion, K., & Dion, K. (1993). Individualistic and collectivistic perspectives on gender and the cultural context of love and intimacy. *Journal of Social Issues, 49*(3), 53-69.

Duncombe, J., & Marsden, D. (1995). "Workaholics" and "whingeing women": theorising intimacy and emotion work: The last frontier of gender inequality? *The Editorial Board of The Sociological Review, 43*(1), 150-169.

Elphinston, R. A., & Noller, P. A. (2011). Time to face it! Facebook intrusion and the implications for romantic jealousy and relationship satisfaction. *Cyberpsychology, Behavior, and Social Networking, 14*(11), 631–635.

Elizur, Y., & Mintzer, A. (2003). Gay males' intimate relationship quality: The roles of attachment security, gay identity, social support, and income. *Personal Relationships, 10*(3), 411-435.

Emmers-Sommer, T. M. (2004). The effect of communication quality and quantity indicators on intimacy and relational satisfaction. *Journal of Social and Personal Relationships, 21*(3), 399-411.

Erikson, E. H. (1950). *Childhood and society*. New York: Norton.

Erikson, E. H. (1968). *Identity youth and crisis*. New York: W. W. Norton & Company.

Erikson, E. H. (1987). *Infância e sociedade*. Rio de Janeiro: Zahar.

Fehr, B. (2004). Intimacy expectations in same-sex friendships: A prototype interaction pattern model. *Journal of Personality and Social Psychology, 86*(2), 265-284.

Feldman, S. S., & Gowen, L. K. (1998). Family relationships and gender as predictors of romantic intimacy in young adults: A longitudinal study. *Journal of Research on Adolescence, 8*(2), 263-286.

Floyd, K. (1997). Brotherly love: II. A development perspective on liking, love, and closeness in the fraternal dyad. *Journal of Family Psychology, 11*(2), 196-209.

Frost, D. M., & Meyer, I. H. (2009). Internalized homophobia and relationship quality among lesbians, gay men, and bisexuals. *Journal of Counseling Psychology, 56*(1), 97-109.

Gao, G. (2001). Intimacy, passion, and commitment in Chinese and US American romantic relationships. *International Journal of Intercultural Relations, 25*(3), 329-342.

Goldberg, C. (2000). Basic emotional communication (BEC) for intimate relating: Guidelines for dialogue. *Journal of Contemporary Psychotherapy, 30*(1), 61-70.

Gore, J. S., Cross, S. E., & Morris, M. L. (2006). Let's be friends: Relational self-construal and the development of intimacy. *Personal Relationships, 13*(1), 83-102.

Greef, A. P., & Malherbe, H. L. (2001). Intimacy and marital satisfaction in spouses. *Journal of Sex & Marital Therapy, 27*(3), 247-257.

Green, R.-J., & Mitchell, V. (2002). Gay and lesbian couples in therapy: Homophobia, relational ambiguity, and social support. In A. S. Gurman & N. S. Jacobson (Eds.), *Clinical handbook of couple therapy* (pp. 546-568). New York: Guilford.

Gummerum, M., & Keller, M. (2008). Affection, virtue, pleasure, and profit: Developing an understanding of friendship closeness and intimacy in western and Asian societies. *International Journal of Behavioral Development, 32*(3), 218-231.

Guschlbauer, A., Smith, N. G., DeStefano, J., & Soltis D. E. (2019). Minority stress and emotional intimacy among individuals in lesbian and gay couples: Implications for relationship satisfaction and health. *Journal of Social and Personal Relationships, 36*(3), 855-878.

Hand, M. M., Thomas, D., Buboltz, W. C., Deemer, E. D., & Buyanjarga, M. L. (2013). Facebook and romantic relationships: Intimacy and couple satisfaction associated with online social network use. *Cyberpsychology, Behavior, and Social Networking, 16*(1), 8-13.

Haning, R. V., O'Keefe, S. L., Randall, E. J., Kommor, M. J., Baker, E., & Wilson, R. (2007). Intimacy, orgasm likelihood, and conflict predict sexual satisfaction in heterosexual male and female respondents. *Journal of Sex & Marital Therapy, 33*(2), 93-113.

Harper, J. M., Schaalje, B. G., & Sandberg, J. G. (2000). Daily hassles, intimacy, and marital quality in later life marriages. *The American Journal of Family Therapy, 28*(1), 1-18.

Hassebrauck, M., & Fehr, B. (2002). Dimensions of relationship quality. *Personal Relationships, 9*(3), 253--270.

Hatfield, E., Sprecher, S., Pillemer, J. T., Greenberger, D., & Wexler, P. (1988). Gender differences in what is desired in the sexual relationship. *Journal of Psychology & Human Sexuality, 1*(2), 39-52.

Hazan, C., & Shaver, P. (1987). Romantic love conceptualized as an attachment process. *Journal of Personality and Social Psychology, 52*(3), 511-524.

Hess, J. A., Fannin, A. D., & Pollom, L. H. (2007). Creating closeness: Discerning and measuring strategies for fostering closer relationships. *Personal Relationships, 14*(1), 25-44.

Hook, M. K., Gerstein, L. H., Detterich, L., Gridley, B. E. (2003). How close are we? Measuring intimacy and examining gender differences. *Journal of Counseling e Development, 81*(4), 462-472.

Hsu, F. L. K. (1985). The self in cross-cultural perspective. In A. J. Marsella, G. A. De Vos, & F. L. K. Hsu (Eds.), *Culture and self: Asian and Western perspective* (pp. 24-55). New York: Tavistock.

Jarvis, S. N., McClure, M. J., & Bolger, N. (2019). Exploring how exchange orientation affects conflict and intimacy in the daily life of romantic couples. *Journal of Social and Personal Relationships*, 1-13.

Kaplan, H. S. (1977). *A nova terapia do sexo*. Rio de Janeiro: Nova Fronteira.

Keller, D., & Rosen, H. (1988). Treating the gay couple within the context of their families of origin. *Family Therapy Collections, 25*, 105-119.

Kirby, J. S., Baucom, D. H., & Peterman, M. A. (2005). An investigation of unmet intimacy needs in marital relationships. *Journal of Marital and Family Therapy, 31*(4), 313-325.

Knobloch, L. K., & Solomon, D. H. (2002). Intimacy and the magnitude and experience of episodic relational uncertainty within romantic relationship. *Personal Relationships, 9*(4), 457-478.

Knobloch, L. K., & Solomon, D. H. (2004). Interference and facilitation from partners in the development of interdependence within romantic relationships. *Personal Relationships, 11*(1), 115-130.

Korobov, N., & Thorne, A. (2006). Intimacy and distancing: Young men's conversations about romantic relationships. *Journal of Adolescent Research, 21*(1), 27-55.

Kujath, C. L. (2011). Facebook and myspace: complement or substitute for face-to-face interaction? *Cyberpsychology, Behavior, and Social Networking, 14*(1-2), 75-78.

L'Abate, L., & Sloan, S. (1984). A workshop format to facilitate intimacy in married couples. *Family Relations, 33*, 245-250.

Laurenceau, J. P., Barrett, L. F., & Rovine, M. J. (2005). The interpersonal process model of intimacy in marriage: A daily-diary and multilevel modeling approach. *Journal of Family Psychology, 19*(2), 314-323.

Lippert, T. A., & Prager, K. J. (2001). Daily experiences of intimacy: A study of couples. *Personal Relationships, 8*(3), 283-298.

Marcia, J. E. (1966). Development and validation of ego-identity status. *Journal of Personality and Social Psychology, 3*(5), 551-558.

Markus, H., & Kitayama, S. (1991). Culture and self: Implications for cognition, emotion, and motivation. *Psychological Review, 98*(2), 224-253.

Marshall, T. C. (2008). Cultural differences in intimacy: The influence of gender-role ideology and individualism collectivism. *Journal of Social and Personal Relationships, 25*(1), 143-168.

Masters, W. H., Johnson, V. E., & Kolodny, R. C. (1997). *Heterossexualidade*. Rio de Janeiro: Bertrand Brasil.

Mcadams, D. P., & Vaillant, G. E. (1982). Intimacy motivation and psychosocial adjustment: a longitudinal study. *Journal of Personality Assessment, 46*(6), 586-593.

Miller, R. S., & Lefcourt, H. M. (1982). The assessment of social intimacy. *Journal of Personality Assessment, 46*(5), 514-518.

Mirgain, S. A., & Cordova, J. V. (2007). Emotion skills and marital health: The association between observed and self-reported emotion skills, intimacy and marital satisfaction. *Journal of Social and Clinical Psychology, 26*(9), 983-1009.

Mitchell, A. E., Castellani, A. M., Herrington, R. L., Joseph, J. I., Doss, B. D., & Snyder, D. K. (2008). Predictors of intimacy in couples' discussions of relationship injuries: An observational study. *Journal of Family Psychology, 22*(1), 21-29.

Munck, V. C., & Korotayev, A. V. (2007). Wife-husband intimacy and female status in cross-cultural Perspective. *Cross-Cultural Research, 41*(4), 307-335.

Neff, K. D., & Suizzo, M. A. (2006). Culture, power, authenticity, and psychological well-being within romantic relationships: A comparison of European Americans and Mexican Americans. *Cognitive Development, 24*(4), 441-457.

Overbeek, G., Ha, T., Scholte, R., de Kemp, R., & Engels, R. C. (2007). Brief report: Intimacy, passion, and commitment in romantic relationships: Validation of a 'triangular love scale' for adolescent. *Journal of Adolescence, 30*(3), 523-528.

Ong, C. S., Chang, S. C., & Wang, C. C. (2011). Comparative loneliness of users *versus* nonusers of online chatting. *Cyberpsychology, Behavior, and Social Networking, 14*(1-2), 35-40.

Ortiz, L. F. (2005). Práctica pericial. In O. Varela, A. Sarmiento, S.M. Puhs, & Izcurdi, M A. *Psicología jurídica* (pp. 29-46). Buenos Aires: Paidós.

Patton, D., & Waring, E. M. (1985). Sex and marital intimacy. *Journal of Sex & Marital Therapy, 11*(3), 176-184.

Prager, K. J. (1995). *The psychology of intimacy*. New York: Guilford.

Pollet, T. V., Roberts, S. G. B., & Dunbar, R. I. M. (2011). Use of social network sites and instant messaging does not lead to increased offline social network size, or to emotionally closer relationships with offline network members. *Cyberpsychology, Behavior, and Social Networking, 14*(4), 253–258.

Radmacher, K., & Azmitia, M. (2006). Are there gendered pathways to intimacy in early adolescents' and emerging adults' friendships? *Journal of Adolescent Research, 21*(4), 415-448.

Reis, H. T., & Patrick, B. C. (1996). Attachment and intimacy: Component processes. In E. T. Higgins, & A. W. Kruglanski (Eds.), *Social psychology: Handbook of basic principles* (pp. 523-563). New York: Guilford.

Reis, H. T., & Shaver, P. (1988). Intimacy as an interpersonal process. In S. Duck (Ed.), *Handbook of personal relationships* (pp. 367-389). Chichester: Wiley & Sons.

Reis, S., & Grenyer, B. F. S. (2004). Fear of intimacy in women: Relationship between attachment styles and depressive symptoms. *Psychopathology, 37*(6), 299-303.

Repinski, D. J., & Zook, J. M. (2005). Three measures of closeness in adolescents' relationships with parents and friends: variations and developmental significance. *Personal Relationships, 12*(1), 79-102.

Rowland, J. H., Meyerowitz, B. E., Crespi, C. M., Leedham, B., Desmond, K., Belin, T. R., & Ganz, P. A. (2009). Addressing intimacy and partner communication after breast cancer: a randomized controlled group intervention. *Breast Cancer Research and Treatment, 118*(1), 99-111.

Sanderson, C. A., Keiter, E. J., Miles, M. G., & Yopyk, D. J. A. (2007). The association between intimacy goals and plans for initiating dating relationships. *Personal Relationships, 14*(2), 225-243.

Schaefer, M. T., & Olson, D. H. (1981). Assessing intimacy: The PAIR inventory. *Journal of Marital & Family Therapy, 7*(1), 47-60.

Scharf, M., & Mayseless, O. (2001). The capacity for romantic intimacy: Exploring the contribution of best friend and marital and parental relationships. *Journal of Adolescence, 24*, 379-399.

Solomon, D. H., & Knobloch, L. K. (2004). A model of relational turbulence: The role of intimacy, relational uncertainty, and interference from partners in appraisals of irritations. *Journal of Social and Personal Relationships, 21*(6), 795-816.

Sprecher, S., & Hendrick, S. S. (2004). Self-disclosure in intimate relationships: Associations with individual and relationship characteristics over time. *Journal of Social & Clinical Psychology, 23*(6), 857-877.

Sternberg, R. J. (1988). A triangular theory of love. *Psychological Review, 93*(2), 119-135.

Theiss, J. A., & Solomon, D. H. (2008). Parsing the mechanisms that increase relational intimacy: The effects of uncertainty amount, open communication about uncertainty, and the reduction of uncertainty. *Human Communication Research, 34*(4), 625-654.

Theodore, P. S., Durán, R. E., Antoni, M. H., & Fernandez, M. I. (2004). Intimacy and sexual behavior among HIV-positive men-who-have-sex-with-men in primary relationships. *Aids and Behavior, 8*(3), 321-331.

Thompson, E. H., & Pleck, J. H. (1986). The structure of male role norms. *American Behavioral Scientist, 29*(5), 531-543.

Van den Broucke, S., Vandereycken, W., & Vertommen, H. (1995a). Construction and validation of marital intimacy questionnaire. *Family Relations, 44*(3), 285-290.

Van den Broucke, S., Vandereycken, W., & Vertommen, H. (1995b). Marital intimacy: Conceptualization and assessment. *Clinical Psychology Review, 15*(3), 217-233.

Yoo, H., Bartle-Haring, S., Day, R. D., & Gangamma, R. (2014). Couple communication, emotional and sexual intimacy, and relationship satisfaction. *Journal of Sex & Marital Therapy, 40*(4), 275-293.

Wagner-Raphael, L. I., Seal, D. W., & Ehrhardt, A. A. (2001). Close emotional relationships with women *versus* men: A qualitative study of 56 heterosexual men living in an inner-city neighborhood. *The Journal of Men's Studies, 9*(2), 243-256.

Ward, C. C, & Tracey, T. J. G. (2004). Relation of shyness with aspects of online relationship involvement. *Journal of Social and Personal Relationships, 21*(5), 611-623.

Waring, E. (1984). The measurement of marital intimacy. *Journal of Marital and Family Therapy, 10*(2), 185-192.

Waring, E., & Chelune, G. (1983). Marital intimacy and self-disclosure. *Journal of Clinical Psychology, 39*(2), 183-190.

Waring, E. M., Tillman, M. P., Frelick, L., Russell, L., & Weisz, G. (1980). Concepts of intimacy in the general population. *Journal of Nervous and Mental Disease, 168*(8), 471-474.

Weinberger, M. I., Hofstein, Y., & Whitbourne, S. K. (2008). Intimacy in young adulthood as a predictor of divorce in midlife. *Personal Relationships, 15*(4), 551--557.

Zeedyk, M. S. (2006). From intersubjectivity to subjectivity: The transformative roles of emotional intimacy and imitation. *Infant and Child Development, 15*(3), 321-334.

A família no Judiciário

Evani Zambon Marques da Silva | Sonia Liane Reichert Rovinski

As importantes transformações da sociedade durante o século XX nos papéis sociais de homens e mulheres trouxeram mudanças significativas na constituição da família pela maior diversidade decorrente da ampliação dos direitos individuais e da influência da tecnologia. Se antes os "hábitos de família de classe média" guiavam o comportamento das pessoas e todos os demais comportamentos eram considerados "errados", agora o padrão das relações familiares pode ser considerado plural e em constante modificação (Tondo, 2001). A busca de legitimação e reconhecimento dessas mudanças na sociedade moderna passa, necessariamente, pela dimensão jurídica, fazendo emergir a "judicialização" das relações e dos conflitos interpessoais (Rifiotis, 2008). A partir desses processos, observa-se um incremento no foco do Judiciário sobre o grupo familiar como tentativa de legitimar direitos conquistados individualmente, como a guarda por genitores masculinos, ou novas configurações que já obtiveram reconhecimento social, como a união de casais homoafetivos.

O direito de família tenta responder a essas demandas, readaptando-se às necessidades das mudanças sociais. Inicialmente, o Código Civil de 1916 apresentava a definição de família como uma unidade de produção, calcada principalmente em laços patrimoniais. O modelo família era único e constituído pelo casamento e pelos filhos legítimos (apenas aqueles havidos no casamento), o que legitimava todo o poder do pai sobre a mulher e os filhos. Um marco importante na evolução do direito foi a Constituição Brasileira de 1988. Ela definiu que o objetivo fundamental de República era "promover o bem de todos" (art. 3º, IV), colocando em primeiro plano a preocupação com a dignidade, com a liberdade e a igualdade de cada cidadão. A influência desses novos valores sobre a legitimação da família substituiu a visão essencialmente econômica e passou a conceber a família como o núcleo formador da personalidade de seus membros. A comunicação emocional ocupa um espaço primordial e o ambiente familiar passa a ser considerado um "sistema democrático" (Farias, 2002, p. 61). A mudança deixa de lado a feição centralizadora e patriarcal em favor de um espaço aberto ao diálogo entre os membros da família, cujo objetivo é buscar a confiança recíproca.

Com o advento do novo Código Civil (Brasil, 2002), confirmou-se a valoração do afeto na estruturação do núcleo familiar, ainda que originariamente não houvesse referência explícita a esse tipo de vinculação afetiva. Suas contribuições foram, em especial, o reconhecimento e as garantias à filiação que não fosse natural (arts. nº 1.593 e nº 1.596) e a valoração das questões de realização pessoal em detrimento das questões patrimoniais, como, por exemplo, a definição do casamento como "comunhão plena de vida, com base na igualdade de direitos e deveres dos cônjuges" (art. nº 1.511). A legislação passa a utilizar expressamente a palavra "afeto" quando o Código Civil (Brasil, 2002) é modificado pela Lei da Guarda Compartilhada (Lei nº 11.698/2008) (Brasil, 2008).

Com essa mudança, o art. nº 1.583 passa a ter nova redação, definindo "o afeto nas relações com o genitor e com o grupo familiar" como um dos marcos para a definição da guarda unilateral. Deve-se salientar, ainda, a contribuição da legislação infraconstitucional na evolução do direito da família. Deve-se referir, nesse sentido, o Estatuto da Criança e do Adolescente (ECA) (Brasil, 1990), o Estatuto do Idoso (Lei nº 10.741/2003) (Brasil, 2003) e o Estatuto da Pessoa com Deficiência (Lei nº 13.146/2015) (Brasil, 2015a), todos voltados a garantias de direitos quanto à integridade e ao bem-estar de seus signatários. Mais recentemente, alguns segmentos sociais discutem, no país, a criação do Estatuto das Famílias (Projeto de Lei do Senado nº 470/2013) (Brasil, 2013). Se essa nova lei for aprovada, criam-se fundamentos jurídicos mais explícitos para a defesa de direitos das novas configurações familiares, além de discutir o valor jurídico da socioafetividade.

Conforme Farias (2002), com a evolução da legislação em relação ao direito de família, o grande desafio da contemporaneidade deixou de ser o reconhecimento dos novos modelos familiares, já constituídos como direitos. O objetivo passou a ser a busca de mecanismos de garantia de direitos a toda essa diversidade de configurações, cujos laços de afetividade seriam sua causa e finalidade. Para a atual legislação, a estruturação da sociedade em núcleos familiares só se justifica se esses núcleos forem encarados como refúgios para a realização da pessoa humana, como "[...] centro para a implantação de projetos de felicidade pessoal e para a concretização do amor" (Farias, 2002, p. 67).

Essa verdadeira mudança paradigmática no direito de família produz demandas cada vez mais complexas aos psicólogos forenses, que passam a exercer um papel fundamental nas situações de litígio no Judiciário. Cabe a esses profissionais não só levar aos autos a subjetividade das partes envolvidas nos processos, como também propor ações de intervenção que possam dar conta dos diferentes aspectos do conflito para minimizá-lo. Assim, seu trabalho pode ser feito por meio de avaliações psicológicas, as chamadas perícias judiciais, ou por meio de intervenções diretas com os usuários da instituição, como, por exemplo, mediação, orientação à adoção ou encaminhamento à rede de atendimento psicossocial. Todas essas atividades exigem do psicólogo adaptação de técnicas à realidade forense, sem, contudo, descaracterizar os aspectos éticos e técnicos de sua atividade profissional. Ainda que o psicólogo forense possa ter na base de sua atuação uma compreensão clínica dos sujeitos atendidos, precisa incluir em sua prática os aspectos da dinâmica judicial, de modo que os achados possam realmente auxiliar os agentes jurídicos em uma prática da justiça mais eficiente e, em última instância, beneficiar o próprio usuário do sistema.

Sobral, Arce e Prieto (1994), ao discutirem a intersecção entre a psicologia e o direito, mostram que ambas as disciplinas se preocupam com a compreensão, a predição e a regulação da conduta humana. Por outro lado, tais significados seriam muito diferentes na visão do psicólogo em relação ao legislador. O trabalho interdisciplinar gera a necessidade de contextualizar as demandas específicas que chegam ao psicólogo, que, em primeira instância, é visto como aquele profissional que compreende comportamentos e contribui para a sua regulação.

Quando um juiz determina o estudo psicológico de uma situação específica, ele nada mais quer do que receber elementos para melhor compreender circunstâncias para poder julgar. O objetivo é aplicar a lei para proteger e garantir os direitos dos envolvidos. Nesse sentido, é necessário conhecer e compreender os conceitos jurídicos em discussão e que geraram a necessidade de avaliação psicológica. Termos como "guarda compartilhada", "alienação parental" e "paternidade socioafetiva" supõem necessidade de uma legislação pertinente, com previsão de intervenções por parte do Estado.

Não basta ao psicólogo discutir os aspectos afetivos da avaliação que estão envolvidos nas relações familiares. Ele deve estar atento às repercussões de seus achados no mundo jurídico, analisando com critério a forma de expressá-los em seu relatório final. O psicólogo não tem a função de julgar. Seu trabalho restringe-se à apresentação de dados sobre a subjetividade das partes envolvidas no processo. Porém, definir os dados que serão apresentados e a relação que se estabelece entre eles pode denotar atos de julgamento que extrapolam a cientificidade da psicologia e reproduzir, muitas vezes, valores e crenças do próprio profissional.

Por outro lado, os objetivos daqueles que procuram a Justiça para a resolução de seus problemas podem orbitar em torno de interesses diversos dos que originaram o processo, como manter determinada situação de poder, definir parâmetros de identificação nas várias situações e ganhar tempo para alcançar metas diversas, entre muitos outros. Cabe ao psicólogo estar atento a situações de simulação ou dissimulação, ao encobrimento de situações de violência ou a falsas acusações de maus-tratos e abuso sexual. A abordagem clínica, nesse momento, não pode dar conta de toda a demanda, necessitando de um posicionamento mais crítico e incisivo, típico da entrevista psicológica investigativa (Rovinski & Stein, 2009).

Demandas atuais ao trabalho do psicólogo forense

Fica mais fácil entender as avaliações psicológicas nas Varas de Família, principalmente em relação a casos envolvendo disputas de guarda e regulamentação de visitas, ante o crescimento dos índices de separação conjugal informados pelo Instituto Brasileiro de Geografia e Estatística (IBGE, 2017). Esses dados mostram que, no Brasil, em 2017, houve um decréscimo na taxa de nupcialidade, que orbitou em torno de 2,3% em relação a 2016, no total dos casamentos registrados. No mesmo período, houve um acréscimo na taxa geral de divórcio de 2,3% (2016) para 2,48% (2017). Ainda que as separações judiciais concedidas no Brasil sejam caracterizadas, em sua maioria, pela consensualidade (76,2%), esses índices não podem ser desprezados sob o olhar de um contexto mais amplo. O aumento da taxa de divórcios leva à formação de novos arranjos familiares, com relações mais imbricadas e complexas. Quando os indivíduos separados ou divorciados iniciam uma nova união, formam um novo arranjo denominado "famílias reconstituídas". Especialmente no caso da presença de crianças, tais arranjos nem sempre funcionam de maneira harmônica e nem sempre trazem segurança aos filhos ou a necessária vigilância em fases precoces do desenvolvimento.

A via que o Judiciário tem encontrado para enfrentar essa grande demanda, compensando a sua falta de capacidade e de infraestrutura, além de disponibilizar ao cidadão novas formas de resolução de seus conflitos e implementar a cultura de paz, conforme proposto pela Organização das Nações Unidas, é a utilização de um método de resolução de conflitos, a chamada *mediação*. Essa proposta consiste na intervenção de um terceiro, pessoa física, independente, imparcial, competente, diligente e escolhido em consenso, que coordena reuniões conjuntas e individuais, promovendo o diálogo. O objetivo é ajudar as pessoas envolvidas em conflitos a construir conjuntamente a melhor e mais criativa solução (Braga Neto, 2009). Ainda que a atividade de mediador não seja exclusiva da psicologia, a formação nessa área de conhecimento potencializa a intervenção profissional para o desenlace mais produtivo possível das conflitivas familiares.

No entanto, sabe-se que nem todas as questões familiares são resolvidas de modo consensual. Situações que envolvem violência contra os filhos, desinteresse das partes em participar de processo de mediação ou conciliação, presença de psicopatologias que dificultam o diálogo entre os pais ou entre os pais e os filhos dificultam a viabilização das medidas de consenso e são encaminhadas à avaliação psicológica pericial. Nesse caso, o objetivo seria não apenas expor ao agente jurídico a dinâmica do litígio, mas também compreender os vínculos parentais com a criança, de forma a sugerir arranjos que possam garantir o seu contato com cada um dos genitores e a manutenção de seus vínculos afetivos (Brasil, 2008).

Nessa dinâmica da conflitiva parental, o conceito de síndrome de alienação parental (SAP) fica em grande evidência. Essa síndrome foi descrita pela primeira vez na década de 1980 pelo psiquiatra infantil norte-americano Richard Gardner (1987) para caracterizar as sequelas emocionais e comportamentais das crianças alijadas de um dos genitores (alienado) pelo outro (alienador), sem motivos concretos para isso. Ainda que alguns autores contestem a existência de tal síndrome, alegando a falta de critérios consistentes para a sua identificação (Bone, 2003), não há dúvida, para aqueles técnicos que trabalham no Judiciário, de que o processo de alienação é uma constante nos casos de separações litigiosas. Ele pode ser mútuo, às vezes ligado apenas a sentimentos de retaliação e de vingança do alienador, mas, outras vezes, integrado a dinâmicas complexas que envolvem aspectos psicopatológicos pessoais ou referentes à própria relação do casal em separação (Darnall, 2010). Com a promulgação da lei sobre a alienação parental (Lei nº 12.318/2010) (Brasil, 2010), o Judiciário passou a requerer a perícia psicológica ou biopsicossocial (art. 5º) para fundamentar intervenções que podem chegar à "suspensão da autoridade parental" (art. 6º, VII). Conforme Pereda e Arch (2009), essas situações ficam ainda mais complicadas diante de acusações de abuso sexual. Nesse caso, é preciso que o psicólogo avaliador procure distinguir entre aquelas situações que se mostram claramente infundadas daquelas em que se continua suspeitando de abuso.

Outras questões mais atuais que costumam ser encaminhadas para perícia psicológica dizem respeito ao reconhecimento pelo Judiciário do afeto como um valor jurídico. O afeto é entendido como elemento constituinte das relações e do próprio sujeito. Welter (2009, p. 115-116), ao discutir a paternidade socioafetiva, cita o julgamento proferido pelo Superior Tribunal de Justiça (STJ) em que se decidiu: "A verdadeira paternidade não pode se circunscrever na busca de uma precisa informação biológica; mais do que isso, exige uma concreta relação paterno filial, pai e filho que se tratam como tal, donde emerge a verdade socioafetiva". Conforme o autor, já não se podem mais negar as "paternidades genéticas e socioafetivas, ao mesmo tempo, com a concessão de todos os efeitos jurídicos" (Welter, 2009, p. 122), pois ambas fazem parte da trajetória humana.

Identificar as representações familiares da criança, assim como discutir as relações socioafetivas, é muito complexo e exige cautela quando a decisão for por uma avaliação psicológica. Isso porque envolve, além das representações da própria criança em relação aos adultos, as dos adultos em relação à criança. Mais recentemente, processos de indenização por "abandono moral" têm sido impetrados a genitores que não cumpriram as obrigações de seu poder familiar. Conforme Angeluci (2006), filhos que não receberam dos pais o afeto a que tinham direito passam a postular uma compensação pecuniária, criando uma referência sobre um possível "preço" do amor. Essa questão, ainda bastante polêmica, está fundamentada na visão do Judiciário sobre a importância do afeto na formação da pessoa no contexto familiar e faz parte das responsabilidades dos genitores no exercício de seu poder familiar.

O trabalho do psicólogo, nesse caso, não tem o objetivo de definir se alguém deveria ou não ser ressarcido pela falta de afetividade e muito menos o valor desse ressarcimento. Essas são questões jurídicas e dizem respeito a construtos da própria sociedade em relação a novos direitos que podem ser fundamentados juridicamente. A função da avaliação psicológica, nesses casos, será descrever a construção e a presença dos atuais vínculos afetivos, as representações socioafetivas de pais e filhos e as possíveis intenções subjacentes à reivindicação jurídica. A importância do trabalho está na capacidade descritiva do perito, de modo a oferecer elementos que possam auxiliar na compreensão do problema pelo julgador, cuja sentença será resultado de seu próprio convencimento.

Assim como as demandas apresentam-se diferenciadas, o trabalho do psicólogo pode se desenvolver de várias formas no contexto do direito de família. Este capítulo propõe discutir duas dessas formas de desenvolvimento que são consideradas mais comuns nessa prática. Foram selecionadas não devido ao fato de se constituírem como as melhores, mas porque são as mais difundidas e debatidas, embora continuem gerando inúmeras dúvidas entre os profissionais no momento da escolha e da aplicação.

Práticas do psicólogo forense

Avaliação psicológica

A avaliação psicológica constitui uma das provas de que o juiz poderá valer-se para alcançar o entendimento da situação que deverá julgar. Quando a avaliação psicológica é requerida por ele, significa perícia e, portanto, tem o valor de prova. A perícia é um "meio de prova porque se produz no processo e para o processo" (Varela, Sarmiento, Puhl, & Iscurdia, 2005). Ainda assim, a avaliação psicológica como perícia terá o valor que o juiz atribuir, uma vez que consta da lei (art. 479 do Novo Código de Processo Civil) que o juiz não está adstrito ao laudo, podendo julgar a situação sem levar em consideração a análise da perícia, mas indicando os motivos para tal (Brasil, 2015b).

É importante demarcar que a lógica subjacente às perícias é a do modelo adversarial, pois existem dois lados opostos que delegam a um terceiro, no caso o Poder Judiciário, a solução e o julgamento de quem tem razão ou de que modo a situação deveria ser resolvida (Silva, 2005). Inicialmente, a impressão é de que o psicólogo trabalha de forma diversa do que aprende na sua formação (já que a promoção da saúde mental é um dos fios condutores da psicologia) e de que os limites da atuação estariam mal-desenhados. No entanto, convém analisar a doutrina para concluirmos que a perícia, ou seja, a avaliação psicológica forense, está inserida em um processo judicial cujas balizas legais devem ser respeitadas. Conforme Moraes (2007, p. 95):

> O devido processo legal tem como corolários a ampla defesa e o contraditório, que deverão ser assegurados aos litigantes, em processo judicial ou administrativo, e aos acusados em geral [...].
>
> Por ampla defesa entende-se o asseguramento que é dado ao réu de condições que lhe possibilitem trazer para o processo todos os elementos tendentes a esclarecer a verdade ou mesmo de omitir-se ou calar-se, se entender necessário, enquanto o contraditório é a própria exteriorização da ampla defesa, impondo a condução dialética do processo (par conditio), pois a todo ato produzido pela acusação caberá igual direito da defesa de opor-se-lhe ou de dar-lhe a versão que melhor lhe apresente [...].

Os princípios que norteiam a perícia psicológica nas Varas de Família não guardam qualquer intimidade com o propósito de definir quem é melhor ou pior, quem é bom ou mau, mas destinam-se a oferecer elementos para a reflexão sobre o que seria mais apropriado para atender às várias necessidades do menor (Cezar-Ferreira, 2004). Na atualidade, trabalhos nacionais (Martins, 1999; Rovinski, 2013; Silva, 1999, 2005; Zimerman & Coltro, 2002) e internacionais (Fonseca, 2006; Sobral et al., 1994; Ortiz, 2005) apontam a perícia psicológica de importância cada vez maior na hierarquia das provas, tanto pela evolução da tecnologia quanto pela necessidade dos juízes de se apoiar gradativamente em conhecimentos e procedimentos de rigor científico. De modo geral, existe uma valorização do trabalho do psicólogo no meio jurídico, com indicadores que demonstram o auxílio real que o profissional pode dar, oferecendo elementos que poderão subsidiar as sentenças judiciais – função, aliás, para a qual ele foi convidado a opinar no processo daquela contenda que se configura diante dele.

Escopo da avaliação psicológica

A avaliação psicológica forense tem características específicas diferentes do contexto clínico. Para Caires (2003), a transposição direta do modelo clínico para atender a indagações judiciais pode levar a erros essenciais em relação a futuras decisões dos magistrados, como também levantar descrédito quanto ao alcance do que é informado. De modo geral, a não distinção entre esses contextos leva a uma série de conflitos e a procedimentos não éticos.

Um dos aspectos que diferenciam a atuação psicológica clínica da área forense é a própria relação do profissional com o cliente. Na clínica, o indivíduo busca, por iniciativa própria, a avaliação psicológica, ou comparece porque outros profissionais ou instituições o encaminharam, sempre com a preocupação de buscar auxílio. Na avaliação psicológica, realizada na área forense, o destinatário do trabalho é, antes de tudo, o chamado sistema de justiça, representado por advogados, membros do ministério público, juízes, delegados ou outras diversas instituições e/ou profissionais ligados a esse sistema, do qual emerge o próprio pedido de avaliação psicológica.

Assim, enquanto na área clínica o psicólogo tem como base uma postura de compreensão e auxílio, voltado ao entendimento do problema do outro para poder tratá-lo ou reduzir de algum modo seu sofrimento, na área forense o profissional deve se posicionar de forma mais objetiva e neutra, tendo como base uma postura investigativa de dados e de situações que, por vezes, como afirma Sullivan (2002 apud Fonseca, 2006), vai contra os interesses manifestos do indivíduo avaliado, relativizando a relação de confiança entre cliente e psicólogo.

Similarmente, na área clínica, há espontaneidade na procura e livre arbítrio para que os envolvidos na avaliação psicológica aceitem e sigam as conclusões ou os encaminhamentos derivados do trabalho. Na área forense, muitas vezes, o que o psicólogo avalia e conclui em seu trabalho será traduzido em determinações judiciais por parte do juiz, o que gera sentimentos de perseguição e desconfiança em quem é avaliado. Como exemplo, podemos citar o trabalho de Rodrigues, Couto e Hungria (2005) sobre as decisões judiciais nas Varas de Família da cidade de São Paulo: em 94,23% dos casos, o laudo psicológico contribuiu para a tomada de decisão.

Quando a demanda do juiz chega ao psicólogo perito, como ordem para a realização da perícia, o juiz quer, entre outras coisas, saber se determinada situação ocorreu, se existe alguém em situação de risco, se alguém é doente emocionalmente – questões que, em geral, abrangem eventos definidos de forma mais restrita ou interações de natureza não clínica (Rovinski, 2013). Um exemplo seria o encaminhamento para avaliação de um conflito familiar no qual o pai da criança, separado da mãe há alguns anos, desconfia de que, na casa da genitora, detentora da guarda de sua filha de apenas 3 anos, estejam sendo praticados atos libidinosos com a criança.

Nesses casos, a pesquisa do psicólogo deve ser direta e destinada a responder a questões como: se essa mãe é ou não suficientemente capaz de proteger sua filha (como? que tipo de rotina?), se esse pai tem motivações diretas ou indiretas para realizar esse tipo de denúncia, se há interesse do pai pela segurança da criança ou se há necessidade de atualizar o conflito que levou ao rompimento, quais são as características emocionais dessas figuras parentais, como se estabelece a dinâmica familiar, etc. Enfim, é preciso levantar elementos para a compreensão da dinâmica da situação que possam auxiliar o juiz a formar sua convicção e resolver a demanda judicial que se apresenta, no caso específico, uma ação de modificação de guarda.

É claro que, em decorrência do lugar que o psicólogo ocupa e dos interesses das pessoas avaliadas, as motivações para a realização da avaliação podem variar e gerar a falta de cooperação dos periciados. Conforme Fonseca (2006), nesses casos, um dos desafios para o psicólogo forense passa a ser o de contribuir para a identificação da mentira, da simulação ou da dissimulação. Na prática, observa-se que as pessoas costumam mostrar a sua face mais simpática quando estão diante de um psicólogo forense, ou tentam conduzir a situação para terrenos que desejam ou que atendam parcial ou totalmente a seus interesses. Por exemplo, no caso de uma genitora acusada de não proteger adequadamente sua filha, diante do psicólogo, ela procurará trazer documentos e testemunhos que ilustrem o quão "boa mãe" ela é, portando-se de forma carinhosa, além de poder preparar as palavras de sua filha a fim de confirmar sua versão dos fatos.

Castro (2013, p. 36), psicóloga que estuda as avaliações no âmbito das famílias, concluiu que "no Judiciário, um grande fator complicador é que, além desses encobrimentos derivados de defesas inconscientes, as pessoas podem dissimular e mentir, de forma consciente, nas entrevistas e até mesmo nos testes psicológicos, com a intenção de ganhar a causa ou livrar-se de uma punição". Assim, conforme determinação das Referências Técnicas para atuação do psicólogo em Varas de Família (Conselho Federal de Psicologia [CFP], 2010a), cabe aos psicólogos peritos sempre ouvir ambas as partes envolvidas no processo, ainda que haja dificuldade para localizar ou conseguir que uma delas compareça à entrevista. A criança também tem o direito de ser ouvida, mas essa escuta não pode ser confundida com a imposição de uma escolha. É importante que o psicólogo compreenda a participação da criança na dinâmica do litígio e os motivos que a levam, muitas vezes, a escolher um dos genitores.

Outro fator de diferenciação da avaliação na área forense diz respeito aos limites da confidencialidade. Em geral, as pessoas que chegam para a avaliação estão conscientes de que o material discutido durante esse procedimento será encaminhado e, posteriormente, utilizado pelo juiz para o julgamento da demanda judicial; no entanto, é sempre interessante que o psicólogo explicite o nível de sigilo.

Na prática, costuma-se iniciar a avaliação fazendo as apresentações de praxe (nome, cargo), discorrendo sobre a função daquela avaliação, de modo a explicitar que o psicólogo está ali para estudar e avaliar a situação sob o ponto de vista psicológico, e não para realizar qualquer tipo de julgamento. Contudo, deve-se fundamentar a compreensão do caso e, para isso, relatar os fatos que forem pertinentes à questão jurídica. É preciso informar ao juiz os elementos psicológicos envolvidos no caso judicial em questão para que ele possa formar sua opinião e, em última instância, realizar o julgamento necessário. Nesse caso, relatar os fatos que fundamentaram a decisão do psicólogo constitui mais um direito do periciado do que uma invasão de sua privacidade, pois só assim ele poderá conhecer os motivos que justificaram as conclusões do laudo e propor sua defesa, se necessária, pelo contraditório, com a apresentação de outras provas (inclusive outros laudos psicológicos).

As avaliações realizadas na área forense também divergem daquelas da clínica quanto à execução do plano de trabalho. Enquanto na área clínica o profissional dispõe de maior liberdade para a organização de seu trabalho, seguindo os marcadores da demanda de seu cliente e/ou da própria linha teórica adotada, na área forense, geralmente, há um espaço de tempo mais delimitado para que se realize a avaliação solicitada. O andamento processual poderá ficar paralisado, em alguns casos, até que a avaliação esteja concluída. Embora não haja definição legal acerca desse prazo, é rotina para o juiz estabelecer em torno de 30 a 60 dias para a realização dos trabalhos na esfera psicológica, tempo esse que pode ser ampliado conforme as necessidades técnicas do profissional, desde que adequadamente justificadas.

Silva (2009) explicita a necessidade de realização de um planejamento de trabalho, em se tratando das avaliações realizadas na área forense, para demarcar também algumas diferenças entre aquelas que são realizadas por profissionais dos tribunais daquelas realizadas por psicólogos nomeados da comunidade, indicados diretamente pelo magistrado e sem qualquer vínculo com os quadros dos tribunais. Há, portanto, a necessidade de uma leitura prévia dos autos para que seja estimado o número de sessões e de pessoas a serem ouvidas/avaliadas a fim de informar ao juiz o valor dos honorários periciais.

Um importante aporte que devemos realizar aqui é a questão da devolução das informações, como costumamos chamar as entrevistas devolutivas. Também há diferenças que demarcam a atuação na área clínica da área forense. Estudiosos da avaliação psicológica, entre os quais destacamos Arzeno (2003) e Ocampo (1986), falam sobre a importância da entrevista devolutiva na área clínica, a qual deve ser sempre realizada como um fechamento dos dados coletados e analisados, podendo ser feita de maneira individual ou com aqueles elementos da família que participaram do contexto avaliativo. Também pode ocorrer na forma de um ou mais encontros, já que não é raro surgirem conteúdos nas entrevistas devolutivas que ensejarão ainda algumas pontuações por parte do profissional. De maneira mais recente, pela Resolução nº 06/2019, o CFP reafirmou a necessidade da entrevista devolutiva, pontuando tal procedimento como um dever do psicólogo para a entrega do relatório ou laudo psicológico (art. 18) (CFP, 2019).

No entanto, no campo das avaliações que o psicólogo realiza por determinação judicial, o que se entende na prática é que nem sempre cabe a realização das entrevistas devolutivas aos usuários, mesmo porque o destinatário do trabalho vem a ser o juiz, como já foi explicado anteriormente. Na prática, a recomendação é a de que o profissional, após a realização da avaliação, entregue seu material (laudo) ao juízo e fique à disposição das partes para a discussão do caso se assim o desejarem (Silva, 2005). Essa discussão só deve ocorrer após o laudo tornar-se público por determinação do juízo. Deve-se evitar criar uma via de comunicação independente ao processo judicial, quando o psicólogo abandonaria seu papel de assessor dos agentes jurídicos para assumir a coordenação do processo. Esse tipo de atitude extrapolaria a perícia e colocaria o profissional em situações que não poderia manejar (Rovinski, 2013). Por outro lado, toda e qualquer contestação que as partes tenham interesse de fazer deve ser encaminhada pelos autos, e não por questionamento direto à pessoa do psicólogo.

Por fim, deve-se salientar a importância de o psicólogo forense estar informado sobre o funcionamento do sistema judicial das balizas legais de sua atuação, ou seja, quais os diplomas legais que amparam sua atuação. O psicólogo atuante na área forense deve conhecer minimamente o ECA, o Código de Processo Civil e o Código Civil (no caso de atuar com perícias e avaliações familiares) e a Lei de Execução Penal (no caso de atuar com avaliação de detentos e sistema penitenciário). Além disso, deve atualizar-se sobre leis específicas relacionadas à sua matéria de trabalho, tais como a Lei Maria da Penha, a Lei sobre a Alienação Parental, a Lei da Guarda Compartilhada e tantas quantas forem surgindo e que estiverem em consonância direta ou indiretamente com as demandas de sua prática profissional.

Mais recentemente foram publicadas pelo CFP resoluções que tratam sobre a prática do psicólogo forense. Entre elas, cabe salientar a Resolução nº 10/2010 (CFP, 2010c), que trata sobre a entrevista com crianças e adolescentes em situação de violência. Seu texto salienta a importância de levar em conta as peculiaridades do desenvolvimento da criança no momento da utilização das técnicas e da metodologia de avaliação, considerando, ainda, sua diversidade social, cultural e étnica. A resolução prevê que, ao realizar um estudo psicológico da criança em situação de violência, devem ser incluídas no processo todas as pessoas relacionadas a tal situação, identificando-se as condições psicológicas, suas consequências, possíveis intervenções e encaminhamentos.

Papéis do psicólogo na prática da avaliação forense

Os papéis que o psicólogo pode desempenhar nos processos de avaliação forense no direito de família são definidos pelo atual Código de Processo Civil (Brasil, 2015b), que estabelece de maneira bem distinta as atividades do perito oficial e do assistente técnico. O perito oficial é de confiança do juiz, designado por ele, ficando sujeito às mesmas determinações de impedimento e suspeição. Sua função é auxiliar o juiz em suas tomadas de decisão, e seu trabalho consiste em um exame no qual verifica e comprova os fatos de determinada questão. Ao final, deve elaborar um documento denominado laudo pericial, que será entregue ao juiz.

O assistente técnico é aquele psicólogo contratado por uma das partes envolvidas no litígio. Assim, por ser de confiança da parte, não se encontra sujeito a impedimentos ou suspeição. Sua função será auxiliar a parte naquilo que considerar correto, evitando práticas não éticas, que aviltem os limites da ciência e dos procedimentos esperados a sua profissão. Em sua prática, poderá formular quesitos ao perito e, posteriormente, analisar os procedimentos e os achados do perito, redigindo um documento chamado de parecer crítico (Brasil, 2015b).

O atual Código de Processo Civil define não apenas como parte do ritual processual a necessidade de informar às partes a data e o local do início da perícia, como ainda garante que o "[...] perito deve assegurar aos assistentes das partes o acesso e o acompanhamento das diligências e dos exames que realizar" (art. 466, parágrafo 2) (Brasil, 2015b). Essa determinação vai de encontro às orientações da Resolução nº 08/2010 do CFP (2010b), que veda ao assistente técnico estar presente no momento da avaliação realizada pelo perito. Deve o psicólogo seguir e defender o uso dessa orientação técnica frente aos agentes jurídicos, se necessário, na medida em que esta se encontra embasada em fundamentos éticos da profissão. Tal resolução também determina que fica vedado ao psicólogo atender como psicoterapeuta das partes em litígio, atuar como perito ou mesmo como assistente técnico das partes atendidas por ele e emitir documentos com informações à instância judicial sem o consentimento expresso das pessoas atendidas.

Em 2008, o Núcleo de Apoio de Serviço Social e de Psicologia do Tribunal de Justiça de São Paulo (Comunicado nº 01/2008 – Núcleo de Apoio) emitiu recomendações com o objetivo de aprimorar a prática de psicólogos e assistentes sociais nas Varas de Família. Nas recomendações sugeridas constam:

a) estar atento à qualificação do assistente técnico no início dos trabalhos, verificando se sua atuação foi deferida pelo juiz;
b) a relação entre peritos e assistentes técnicos deve ser pautada pelo espírito de colaboração, sendo recomendado que o compartilhamento das informações por parte do perito seja feito apenas com a anuência das partes;
c) o questionamento do trabalho técnico do perito psicólogo deve ser feito por um assistente técnico da área da psicologia;
d) a presença do assistente técnico no momento da avaliação do perito deve ser autorizada por ele, que analisará as variáveis intervenientes e dará ciência às partes por escrito;
e) a sugestão de que o assistente técnico não seja parente próximo, irmão ou amigo íntimo das partes, embora não tenha impedimentos.

Por último, cabe lembrar que assistentes técnicos e peritos devem ter relações amistosas, a fim de facilitar o trabalho de cada um, sem, com isso, descaracterizar suas atividades. O parecer crítico do assistente técnico deve ser sempre voltado à técnica utilizada na realização do laudo e à extensão de suas inferências. Falhas éticas devem ser dirigidas ao foro dos Conselhos Regionais de Psicologia.

Comunicação dos resultados

O trabalho decorrente da avaliação na área forense é sempre traduzido em documentos escritos que farão parte do processo instaurado. Assim como em seu trabalho na área clínica, o psicólogo deverá manter-se atualizado com as normatizações do CFP e dos Conselhos Regionais quanto à elaboração desses documentos. Especial atenção deve ser dada aos documentos quando o trabalho será destinado, de algum modo, ao sistema de justiça. A comunicação dos resultados deve ser clara, tecnicamente embasada e centrada no oferecimento de elementos que auxiliarão a Justiça a uma tomada de decisão; caso contrário, o material pode ser usado como fomento na guerra judicial travada entre as partes. Alberto (2006) elucida que o valor do trabalho do psicólogo na área forense depende do grau em que suas declarações sejam lógicas, consistentes, objetivas e assentadas nos dados de investigação.

O psicólogo poderá também, por determinação judicial, prestar oralmente esclarecimentos sobre a sua avaliação em audiência. Nossa recomendação é de que, nos casos em que já exista estudo prévio realizado, o psicólogo reporte-se estritamente ao conteúdo relatado no documento e, nos casos em que ainda não se realizou tal avaliação, que se esclareça à autoridade judiciária a importância da realização de um estudo aprofundado prévio que possa garantir respostas sobre os assuntos específicos envolvendo a ciência psicológica.

Conforme o atual Manual de Elaboração de Documentos (Resolução nº 06/2019) (CFP, 2019), o laudo psicológico deve não só apresentar as características de um documento técnico, de caráter demonstrativo, como também ter por objetivo a especificidade de apresentar um diagnóstico e/ou prognóstico, visando a oferecer orientações, subsidiar decisões ou dirigir encaminhamentos a partir de uma avaliação psicológica. A estrutura básica exigida pelo CFP consta de cinco itens:

1. **Identificação:** dados de identificação de quem elabora o laudo, do interessado que fez o pedido (no caso, da instituição jurídica, com número do processo e vara de origem) e finalidade da avaliação.
2. **Descrição da demanda:** informações referentes à problemática apresentada e aos motivos, razões e expectativas que produziram o pedido do documento.
3. **Procedimentos:** recursos e instrumentos técnicos a serem utilizados para coletar as informações à luz do referencial teórico-filosófico que os fundamenta.
4. **Análise:** exposição descritiva de forma metódica, objetiva e fiel dos dados colhidos e das situações vividas relacionadas à demanda e sua complexidade.
5. **Conclusão:** exposição dos resultados e/ou considerações a respeito de sua investigação a partir das referências que subsidiam o trabalho. O documento conclui informando a indicação do local em que foi elaborado, a data da emissão, a assinatura do psicólogo e o seu número no CRP.

Quanto ao parecer psicológico, a Resolução nº 06/2019 (CFP, 2019) propõe que este apresente a seguinte estrutura:

1. **Identificação:** nome do parecerista e sua titulação mais o nome do autor e sua titulação.
2. **Exposição de motivos:** transcrição do objetivo da consulta e/ou apresentação da questão em tese (no caso do documento jurídico, deve-se resumir os achados apresentados no laudo que justificam a crítica do parecer).
3. **Análise:** descrição minuciosa da questão explanada e argumentada com base nos fundamentos necessários, seja na ética, na técnica ou no corpo conceitual da ciência psicológica.
4. **Conclusão:** na parte final, o psicólogo deverá apresentar seu posicionamento a respeito da questão discutida.
5. **Resposta aos quesitos:** devem sempre ser todos respondidos. Em seguida, deve-se informar o local e a data em que foi elaborado e assinado o documento, o assinando com a informação do registro no CRP.

Uma importante mudança trazida por esta nova resolução é a distinção entre laudos e relatórios, incluindo nestes últimos a possibilidade do relatório multiprofissional. Essa distinção permitiu que o profissional que trabalha na área da justiça pudesse diferenciar a comunicação dos resultados da perícia, por meio do documento laudo, daqueles comunicados de avaliações que não se proponham a estabelecer diagnóstico conclusivo nem vínculo de causalidade, neste caso, por meio do documento relatório.

Cabe salientar que a Resolução nº 06/2019 emitida pelo CFP (2019) é um documento genérico e não visa a atender especificamente aos documentos emitidos pelos psicólogos na área forense. Por isso, são necessários alguns cuidados em sua adaptação para esse outro contexto. Primeiro, entende-se que a estrutura proposta pelo CFP para o laudo psicológico deveria acrescentar um item de "discussão" no qual os elementos psicológicos levantados e previamente discutidos fossem relacionados à questão jurídica. É imprescindível que nessa discussão haja fundamentação de trabalhos empíricos na área da psicologia forense que possam sustentar as inferências realizadas pelo psicólogo; nesse momento, as referências bibliográficas são bem-vindas e evidenciam a capacitação do profissional que realiza o documento.

Além disso, existe um verdadeiro paradoxo na adaptação do documento realizado pelo assistente técnico, conforme descrito pela Resolução nº 06/2019, que se constituiria no "parecer crítico" (CFP, 2019). Uma das atividades primordiais do assistente técnico é a formulação de quesitos ao perito, como meio de orientação à perícia. Assim, não caberia ao assistente técnico responder a esses quesitos em seu documento denominado *parecer*, mas, sim, ao perito em seu *laudo pericial*. É importante lembrar que o documento emitido pelo psicólogo integrará procedimentos jurídicos e deverá responder às normas legalmente estabelecidas por esses procedimentos.

Mediação

O trabalho de mediação apresenta inúmeros diferenciais em relação ao trabalho pericial que é desenvolvido junto aos conflitos familiares, tendo alcances, limites e indicações precisas para sua efetivação. Em sentido amplo, a mediação, conforme discutido por Müller (2005, p. 153), "alarga a visão normativista e abstrata de justiça, além de lidar de maneira mais eficiente com o subjetivo que normalmente chega ao Judiciário".

O que interessa no trabalho de mediação é que cada parte envolvida no conflito consiga transformar a visão que tem do outro, de si próprio e da situação. A mediação de conflitos trabalha com pessoas e não com casos, o que, nas palavras de Braga Neto (2009, p. 30), significa que "o eixo central da mediação pressupõe acolhê-las em suas habilidades e limitações, promovendo seu fortalecimento como indivíduos, objetos de direitos e deveres [...]".

Embora existam diversos trabalhos denominados mediação, este capítulo se limitará a trazer alguns apontamentos sobre a chamada *mediação familiar*, tentando, na medida do possível, diferenciá-la de outro trabalho convencional desenvolvido por psicólogos nos tribunais, já discutido aqui, chamado de *perícia*.

Estudos indicam que a mediação remonta a uma origem muito antiga, pois desde Confúcio, que viveu entre 550-479 a.C., já se valorizava a resolução de contendas de modo a se encontrar uma solução negociada (Breitman & Porto, 2001; Rodrigues & Wlater, 2007; Six, 2001). Ganancia (2001) destaca que a mediação familiar é nascida e conceituada na América do Norte, no início da década de 1970, difundindo-se pela Austrália, pelo Canadá e pela Grã-Bretanha, tendo entrado na França por influência das associações de pais divorciados. A autora define mediação familiar, levando em conta o procedimento e o método (Ganancia, 2001, p. 10):

> É um procedimento estruturado de gestão de conflitos pelo qual a intervenção confidencial e imparcial de um profissional qualificado, o mediador, visa a restabelecer a comunicação e o diálogo entre as partes. Seu papel é o de levá-los a elaborar, por eles próprios, acordos duráveis que levem em conta as necessidades de cada um e em particular das crianças em um espírito de corresponsabilidade parental.

A visão inicial da mediação consistia, sobretudo, em introduzir ações para minimizar as consequências negativas do divórcio no desenvolvimento dos filhos. Assim, a justiça familiar orbitou em torno de dois eixos: a coparentalidade (direito da criança de manter a ligação com ambos os genitores) e a responsabilização (devolver aos pais a responsabilidade pelo cuidado e pela organização da vida dos filhos após a separação, deixando ao juiz apenas um papel subsidiário). Hoje, sabe-se que a mediação vai muito além de uma técnica: ela é uma filosofia, um passo ético. Seu objetivo é tornar-se um instrumento qualificado para a pacificação do conflito.

A mediação tem como proposta não o diagnóstico, como é o caso da perícia, mas o restabelecimento da comunicação, a fim de que os envolvidos possam ver-se como parte que deu origem ao problema e como parte que pode dar outras soluções ao mesmo problema. Surge aí um primeiro diferencial entre a mediação familiar e a perícia judicial, pois a perícia não visa ao tratamento das relações familiares, nem necessariamente o acordo, mas, sim, o diagnóstico, ainda que, com o desenrolar do trabalho de avaliação, possa surgir nos envolvidos a compreensão da necessidade do diálogo. Já a mediação visa, segundo Serpa (1999), à negociação com intervenção neutra, à instalação de um clima de estabilidade.

A confidencialidade é um fator que diferencia o trabalho de mediação da perícia tradicional: toda e qualquer informação obtida no enquadre da mediação deve ser sigilosa, garantindo justamente que as pessoas sintam-se confortáveis para a discussão aberta do que desejam expor, dado que as informações não serão usadas em outros contextos fora da mediação (Castelo Branco, 2018). Outra diferença é quanto à voluntariedade, ou seja, a mediação deve surgir como uma proposta para as partes, e não como uma imposição, sendo o mediador alguém neutro, que seja aceito por todos os envolvidos no conflito: "Não há como impor a utilização desse método, dada a sua característica eminentemente voluntária" (Braga Neto, 2009). Sottomayor (200), estudiosa da mediação familiar na Europa, valoriza o livre-arbítrio para que o envolvimento com o trabalho proposto pelo mediador seja pleno. Nos Estados Unidos, em alguns estados, esse recurso é utilizado de forma obrigatória, quando acaba sendo criticado por se constituir em uma violação do direito fundamental dos cidadãos que recorrem ao tribunal e em uma intromissão do Estado na vida privada da família.

Vale também dizer que o próprio mediador pode reconhecer que o caso não admite o início ou a continuidade do trabalho. A mediação não pode ser generalizada como uma boa solução para todo tipo de conflito familiar ou, em outras palavras, "não pode ser vista como um remédio para todos os males" (Silva, 2005). Sua indicação deve ser reservada a situações que não coloquem em risco efetivo a criança ou, conforme ensina Serpa (1999, p.78), deve-se ater a "alguns fatores limitadores para o trabalho de mediação, que seriam o uso de drogas, o alcoolismo, o abuso sexual, psicológico e/ou físico, psicoses, os maus-tratos de crianças". Sottomayor (2004) acrescenta que situações que envolvam desequilíbrio de poderes entre as partes devem sempre ser excluídas.

A mediação pressupõe a disposição para a cooperação e a inexistência de graves distorções que afetem a comunicação e as relações entre as partes, especialmente violência e/ou ameaça. Já em uma perícia, esses fatores podem ser objeto de exame, pesquisa e conclusões quando existirem, sempre visando à preservação da saúde mental dos envolvidos e, principalmente, à averiguação da existência de riscos para crianças e adolescentes.

Com o mesmo raciocínio, podemos citar Vezzulla (2001, p. 34), psicólogo e mediador formado em Buenos Aires, que vem capacitando profissionais nos Tribunais do Brasil e de Portugal.

> É fundamental que o mediador tenha bem presente, para poder transmitir aos mediados, que a mediação apenas os poderá ajudar se eles desejarem preservar o relacionamento, melhorá-lo ou pelo menos não o prejudicar. Se esse interesse não existir, a mediação perde a maior de suas forças, e os acordos correm o risco de não serem cumpridos, pela falta de desejo de reconstruir ou preservar o relacionamento anterior à contenda, ou de recriar um novo relacionamento, já que o antigo fracassou.

Vários autores sugerem que a mediação não seja utilizada no contexto da Justiça, pois corre o risco de se tornar mais uma formalidade a ser seguida no andamento processual. Por isso, ela não deveria ser judicializada e/ou inclusa na parafernália de passos de um processo, permanecendo como uma alternativa ao sistema tradicional que aí está colocado.

A mediação foi regulada por legislação específica (Lei nº 13.140/2015) (Brasil, 2015c), tal como já ocorreu com outra forma de resolução alternativa denominada arbitragem (Lei nº 9.307/1996) (Brasil, 1996). Sua aplicação vem ocorrendo graças à valorização da harmonia social e da solução pacífica dos conflitos, que é preâmbulo da Constituição brasileira.

A justiça brasileira tem abordado diferentemente a questão da mediação familiar; alguns tribunais criaram provimentos próprios para a execução dessa modalidade alternativa de resolução de conflitos, buscando de uma certa forma a institucionalização do consenso. Atualmente, a aplicação da mediação busca sistematizar políticas judiciárias que almejam consolidar um Poder Judiciário mais participativo socialmente, menos oneroso para o cidadão e mais eficiente em termos de celeridade.

Considerações finais

A prática evidencia que o bom senso deve nortear aqueles que, porventura, sejam chamados ou desejam realizar avaliações psicológicas que façam a interface com a justiça. No entanto, além do bom senso, há que se investir em uma formação e ter humildade diante do saber científico que "por si só encerra possibilidades de alcances e limites" (Silva, 2005, p. 166), não deixando nunca de lembrar que em todos os casos atendidos há sempre sofrimento, permeado por longos anos de pendências judiciais e de morosidade da justiça.

Melton e colaboradores (1997) salientam a necessidade de que o profissional reconheça seus limites técnico-científicos antes de aceitar a realização de avaliações para a área forense. Os profissionais da área da psicologia clínica (ou de outras áreas da psicologia) precisam de uma formação específica para realizar trabalhos no campo forense, estando preparados para as tarefas que lhe forem confiadas. A prática forense requer conhecimentos e competências que não são oferecidos no treino geral para profissionais da saúde mental.

Para Fonseca (2006), cada vez mais têm sido discutidos critérios aos quais o testemunho pericial deve satisfazer para ser aceito pelo tribunal de justiça, de modo a reduzir a margem de erros das decisões que são tomadas nesse contexto. Sugere-se que a melhor maneira de o psicólogo responder a esse desafio seja fundamentando seu testemunho de perito em dados empíricos recolhidos ou produzidos por meio de uma metodologia rigorosa, além de informar os usuários de seu trabalho sobre os limites de uma prática razoável e empiricamente válida.

Tanto o refinamento dos critérios metodológicos na avaliação psicológica de caráter pericial quanto o manejo do caso conflituoso em um *setting* de mediação devem ser vistos como instrumentais importantes para as famílias no contexto do Judiciário, cabendo ainda a continuidade de estudos e pesquisas na área, já que constituem recursos de alcance e preservação de direitos considerados imprescindíveis para uma vida dotada de dignidade.

Referências

Alberto, I. M. (2006). O psicólogo na encruzilhada da ciência com a justiça. In A. C. Fonseca, M. R. Simões, M. C. T. Simões, & M. S. Pinho (Orgs.), *Psicologia forense* (pp. 437-470). Lisboa: Almedina.

Angeluci, C. A. (2006). Amor tem preço? *Revista CEJ, 10*(35), 47-53.

Arzeno, M. E. G. (2003). *Psicodiagnóstico clínico: Novas contribuições*. Porto Alegre: Artmed.

Bone, J. M. (2003). Parental alienation syndrome: Examining the validity amid controversy. *The Family Law Section, XX* (1), 24-27.

Braga Neto, A. (2009). Mediação de conflitos: Alguns princípios norteadores. *Revista MPD Dialógico, VI* (25), 30.

Brasil (1996). *Lei nº 9.307, de 23 de setembro de 1996*. Recuperado de http://www.planalto.gov.br/ccivil_03/leis/L9307.htm.

Brasil (2002). *Lei nº 10.406, de 10 de janeiro de 2002*. Recuperado de http://www.planalto.gov.br/ccivil_03/leis/2002/l10406.htm.

Brasil (2003). *Lei nº 10.741, de 1º de outubro de 2003*. Recuperado de http://www.planalto.gov.br/ccivil/leis/L10.741.htm.

Brasil (2008). *Lei nº 11.698, de 13 de janeiro de 2008*. Recuperado de http://www.leidireito.com.br/lei-11698.htm.

Brasil (2010). *Lei nº 12.318, de 26 de agosto de 2010*. Recuperado de http://www.planalto.gov.br/ccivil_03/_Ato2007-2010/2010/Lei/L12318.htm.

Brasil (2013). *Projeto de Lei do Senado nº 470, de 2013*. Recuperado de https://www25.senado.leg.br/web/atividade/materias/-/materia/115242.

Brasil (2015a). *Lei nº 13.146, de 16 de março de 2015*. Recuperado de http://www.planalto.gov.br/ccivil_03/_Ato2015-2018/2015/Lei/L13105.htm.

Brasil (2015b). *Lei nº 13.105, de 16 de março de 2015*. Recuperado de http://www.planalto.gov.br/ccivil_03/_Ato2015-2018/2015/Lei/L13105.htm.

Brasil (2015c). *Lei nº 13.140, de 26 de junho de 2015*. Recuperado de http://www.planalto.gov.br/ccivil_03/_ato2015-2018/2015/lei/l13140.htm.

Breitman, S. & Porto, A. C. (2001). *Mediação familiar: Uma intervenção em busca da paz*. Porto Alegre: Criação Humana.

Caires, M. A. F. (2003). *Psicologia jurídica: Implicações conceituais e aplicações práticas*. São Paulo: Vetor.

Castelo-Branco, M. J. (2018). *Mediação familiar*. Portugal: Chiado.

Castro, L. R. F. de. (2013). *Disputa de guarda e visitas: No interesse dos pais ou dos filhos?* Porto Alegre: Artmed.

Cezar-Ferreira, V. A. (2004). *Família, separação e mediação*. São Paulo: Método.

Conselho Federal de Psicologia (CFP). (2010a). *Referências técnicas para atuação do psicólogo em Varas de Família*. Brasília: CFP.

Conselho Federal de Psicologia (CFP) (2010b). *Resolução nº 08/2010*. Recuperado de www.pol.org.br/resolucoes.

Conselho Federal de Psicologia (CFP) (2010c). *Resolução nº 10/2010*. Recuperado de www.pol.org.br/resolucoes.

Conselho Federal de Psicologia (CFP). (2019). *Resolução nº 6, de 29 de março de 2019*. Recuperado de https://atosoficiais.com.br/cfp/resolucao-do-exercicio-profissional-n-6-2019-institui-regras-para-a-elaboracao-de-documentos-escritos-produzidos-pela-o-psicologa-o-no-exercicio-profissional-e-revoga-a-resolucao-cfp-no-15-1996-a-resolucao-cfp-no-07-2003-e-a-resolucao-cfp-no-04-2019?q=006/2019.

Darnall, D. (2010). *Beyond divorce casualties*. Maryland: Taylor.

Farias, C. C. (2002). A família da pós-modernidade: Em busca da dignidade perdida da pessoa humana. *Revista Trimestral do Direito Civil, 12*, 25-38.

Fonseca, A. C. (2006). Psicologia forense: Uma breve introdução. In A. C. Fonseca, M. R. Simões, M. C. T. Simões, & M. S. Pinho (Orgs.), *Psicologia forense* (pp. 3-23). Lisboa: Almedina.

Ganancia, D. (2001). Justiça e mediação familiar: uma parceria a serviço da co-parentalidade. *Revista do Advogado*, (62).

Gardner, R. A. (1987). *The parental alienation syndrome and the differentiation between fabricated and genuine child sex abuse*. New Jersey: Creative Therapeutics.

Instituto Brasileiro de Geografia e Estatística. (IBGE) (2017). *Estatística do registro civil 2017*. Recuperado de https://biblioteca.ibge.gov.br/visualizacao/periodicos/135/rc_2017_v44_informativo.pdf.

Martins, S. R. C. (1999). *Perícias psicológicas judiciais e a família: Proposta de uma avaliação sistêmica*. Dissertação de mestrado não publicada, Pontifícia Universidade Católica, São Paulo.

Melton, G., Petrila, J. Poythress, N., & Slobogin, C. (1997). *Psychological evaluations for the courts*. 2nd ed. New York: Guilford.

Moraes, A. (2007). *Direito constitucional* (21. ed.). São Paulo: Atlas.

Müller, F. (2005). Insuficiência da justiça estatal, mediação e conflito. In R. M. Cruz, S. K. Maciel, & D. C. Ramirez (Orgs.), *O trabalho do psicólogo no campo jurídico* (pp. 144-156). São Paulo: Casa do Psicólogo.

Núcleo de Apoio Profissional de Serviço Social e Psicologia. (2008). *Comunicado n167 01/2008: Núcleo de apoio*. Recuperado de http://webcache.googleusercontent.com/search?q=cache:AcJl_MNaPqIJ:www.crpsp.org.br/interjustica/pdfs/outros/Comunicado-TJ_SP-2008.pdf+&cd=1&hl=pt-BR&ct=clnk&gl=br&client=firefox-b.

Ocampo, M. L. S. (1986). *O processo psicodiagnóstico e as técnicas projetivas*. São Paulo: Martins Fontes.

Ortiz, L. F. (2005). Práctica pericial. In: O. Varela, A. Sarmiento, S. M. Puhs, & Izcurdi, M. A. *Psicología jurídica* (pp. 29-46). Buenos Aires: Paidós.

Pereda, N., & Arch, M. (2009). Abuso sexual infantil y síndrome de alienación parental: Criterios diferenciales. *Cuadernos de Medicina Forense, 15*(58), 279-287.

Rifiotis, T. (2008). Judiciarização das relações sociais e estratégias de reconhecimento: Repensando a 'violência' conjugal e a 'violência intrafamiliar'. *Revista Katálysis, 11*(2), 225-236.

Rodrigues, J. R., & Walter, E. (2007). *A prática da mediação e o acesso à justiça*. Belo Horizonte: Del Rey.

Rodrigues, M. C., Couto, E., & Hungria, M. C. L. (2005). A influência dos laudos psicológicos nas decisões judiciais das Varas de Família e sucessões do fórum central da capital de São Paulo. In Shine, S. (Org.), *Avaliação psicológica e lei* (pp. 19-36). São Paulo: Casa do Psicólogo.

Rovinski, S. L. R. (2013). *Fundamentos da perícia psicológica forense* (3. ed.). São Paulo: Vetor.

Rovinski, S. L. R., & Stein, L. M. (2009). O uso da entrevista investigativa no contexto da psicologia forense. In S. L. R. Rovinski, & R. M. Cruz, *Psicologia jurídica: Perspectivas teóricas e processos de intervenção* (pp. 67-74). São Paulo: Vetor.

Serpa, M. de N. (1999). *Mediação de família*. Belo Horizonte: Del Rey.

Silva, E. L. (2009). *Perícias psicológicas nas Varas de Família: Um recorte da psicologia jurídica*. São Paulo: Equilíbrio.

Silva, E. Z. M. (1999). *Paternidade ativa na separação conjugal*. São Paulo: Juarez de Oliveira.

Silva, E. Z. M. (2005). *Alcances e limites da psicologia jurídica: O impacto da avaliação psicológica na visão das partes envolvidas*. Tese de doutorado não publicada, Pontifícia Universidade Católica, São Paulo.

Six, J-. F. (2001). *Dinâmicas da mediação*. Belo Horizonte: Del Rey.

Sobral, J., Arce, R., & Prieto, A. (1994). *Manual de psicologia jurídica*. Buenos Aires: Paidós.

Sottomayor, M. C. (2004). *Regulação do exercício do poder paternal nos casos de divórcio*. Coimbra: Almedina.

Tondo, C. T. (2001). O ciclo de vida da família e suas conflitivas. In Instituto Interdisciplinar de Direito da Família (Coord.), *Família e interdisciplinaridade* (pp. 11-22). Curitiba: Juruá.

Varella, O., Sarmiento, A., Puhl, S., & Iscurdia, M. de los A. (2005). *Psicologia jurídica*. Buenos Aires: JCE.

Vezzulla, J. C. (2001). *Mediação: Teoria e prática e guia para utilizadores e profissionais*. Portugal: Agora.

Welter, B. P. (2009). Teoria tridimensional no direito de família: Reconhecimento de todos os direitos das filiações genética e socioafetiva. *Revista Brasileira de Direito das Famílias e Sucessões, X* (8), 104-126.

Zimerman, D. & Coltro, A. C. M. (2008). *Aspectos psicológicos da prática jurídica*. São Paulo: Millenium.

Leituras recomendadas

Associação dos Magistrados Brasileiros (2019). Recuperado de www.amb.com.br.

Brasil (1984). *Lei nº 7.210, de 11 de julho de 1984*. Recuperado de http://www.planalto.gov.br/ccivil_03/leis/L7210.htm.

Brasil (1990). *Lei nº 8.069, de 13 de julho de 1990*. Recuperado de http://www.planalto.gov.br/ccivil_03/leis/L8090.htm.

Brasil (2006). *Lei nº 11.340, de 7 de agosto de 2006.* Recuperado de http://www.planalto.gov.br/ccivil_03/_Ato2004-2006/2006/Lei/L11340.htm.

Conselho Federal de Psicologia (CFP). (2003). *Resolução nº 07/2003.* Recuperado de www.pol.org.br/resolucoes.

Conselho Federal de Psicologia (CFP). (2019). *Resolução nº 04/2019.* Recuperado de http://www.lex.com.br/legis_27773332_RESOLUCAO_N_4_DE_11_DE_FEVEREIRO_DE_2019.aspx.

Costa, L. F., Penso, M. A., Legnani, V. N., & Sudbrack, M. F. O. (2009). As competências da psicologia jurídica na avaliação psicossocial de famílias em conflito. *Psicologia & Sociedade, 21*(2), 233-241.

Krüger, L. L. (2009). Mediação do divórcio: Pressupostos teóricos para a prática sistêmica. In S. L. R. Rovinski, & R. M. Cruz (Orgs.), *Psicologia jurídica: Perspectivas teóricas e processos de intervenção* (pp. 235-246). São Paulo: Vetor.

Nalini, J. R. (1999). Tendências atuais na relação juiz--mídia. *Revista do Instituto dos Advogados de São Paulo, 2*(3), 13-17.

Sulllivan, J. R., Ramirez, E., Era, W. A., Razo, N. P., & George, C. A. (2002). Factors contributing to breaking confidentiality with adolescent clients: A survey of pediatric psychologists. *Professional Psychologists: Research and Practice, 33*(4), 396-401.

PARTE IV

Intervenções e práticas com famílias

Intervenção psicoeducativa na conjugalidade:
estratégias de resolução de conflitos conjugais

Adriana Wagner | Clarisse Mosmann | Angélica Paula Neumann

Você já se perguntou por que, entre tantas pessoas no mundo, escolheu esta para se casar? Para responder a esta pergunta, você provavelmente remeteu-se ao seu passado, quando conheceu seu parceiro. A maioria de nós tem lembranças prazerosas desses momentos. Lembramos como iniciou o namoro, como foi o primeiro encontro, o primeiro beijo, entre tantas outras memórias inesquecíveis.

Independentemente do tempo transcorrido entre esses momentos e os dias atuais, a maior parte das pessoas guarda as emoções como um tesouro, em um lugar especial da memória. Entretanto, para alguns, o contraste entre essas agradáveis lembranças e o sofrimento que vivenciam no presente, na sua relação conjugal, pode ser avassalador. Nessas uniões, muitas vezes, qualquer possibilidade de resgate do tempo parece um objetivo inatingível e, talvez por isso, nem mesmo almejado por casais que se veem soterrados pelas dificuldades da vida a dois.

Esse panorama não é privilégio de alguns poucos desafortunados, que não encontraram a sua cara-metade. Dados do Instituto Brasileiro de Geografia e Estatística (IBGE) mostram que, a partir dos anos 2000 até 2011, houve um aumento expressivo nos índices de divórcios, impulsionado parcialmente pelas mudanças na legislação que possibilitaram, a partir de 2010, o divórcio direto (IBGE, 2013). Após um período de queda nos índices, em 2016 e 2017, ocorreu um novo movimento de ascensão das taxas (IBGE, 2016, 2017). Esse fenômeno foi acompanhado da diminuição do tempo de duração das uniões, que caiu de 17 anos em 2007 para 14 anos em 2017 (IBGE, 2017).

Mesmo com as facilidades legais e a maior aceitação social do divórcio, pesquisas brasileiras mostram que uma parcela significativa daqueles que mantêm a coabitação vivencia relação de baixa qualidade. Esses índices variaram entre 19% de casais com baixos índices de ajustamento conjugal, segundo estudo de Rosado, Barbosa e Wagner (2016), até 32,3% de casais com baixos níveis de qualidade conjugal, conforme aferiu o estudo de Mosmann e colaboradores (2015).

Diante desses dados, passa a ser relevante perguntar: o que acontece nos relacionamentos que dificulta tanto a permanência e os bons níveis de satisfação conjugal? E, nessa perspectiva, de que forma os profissionais da área podem auxiliar os casais a otimizar os níveis de satisfação na vida a dois daqueles que têm o desejo de permanecer juntos? Eis aí um desafio que pretendemos discutir, descrevendo algumas estratégias de resolução de conflitos conjugais capazes de auxiliar casais e famílias tanto na clínica quanto no trabalho psicoeducativo.

Intervenção na conjugalidade

Vamos retomar nosso exercício inicial: pense no começo de seu relacionamento e em como ele está atualmente. Para muitos casais, existe um abismo entre esses dois períodos da vida conjugal. Mas o que sucedeu no decorrer do percurso? Como vocês chegaram ao ponto em que estão? Como se tornaram tão diferentes do que eram no início?

Alguns pesquisadores vão dizer que tudo isso decorre da paixão, ou melhor, da falta dela, pois esse sentimento nada mais é do que um processo químico que não dura mais de dois anos. Assim, o que vocês sentiam naquela época era apenas uma sensação inebriante, produzida pela liberação de determinados hormônios. Mas tudo, então, foi somente química? Nada dura para sempre? Pode até ser verdade, mas os resultados de uma pesquisa norte-americana com 706 casais que investigou a qualidade conjugal ao longo do tempo demonstraram que dois terços da amostra reportaram altos níveis de satisfação conjugal (Anderson, Van Ryzin, & Doherty, 2010). Em um estudo brasileiro com 750 casais casados ou em união estável, em primeira união ou em recasamento e juntos há, em média, 15 anos, 50% da amostra referiram índices bons a muito bons de qualidade conjugal (Mosmann et al., 2015). Se somente a química explicasse esse estado de paixão, poderíamos pensar que esses casais que se mantêm casados e felizes têm algum distúrbio hormonal, não é mesmo?

Certamente não, pois, quando o arrebatamento de sentimentos esmorece, é necessário que esses casais encontrem formas de lidar com o dia a dia. Todos os casais têm contas a pagar, problemas no trabalho, com os filhos, com a família de origem, enfim, dificuldades a serem superadas ou assimiladas, diante das quais a paixão, sozinha, não é capaz de sustentar. A consciência do caráter laborioso do casamento, porém, não é comum entre os cônjuges. Um dos fatores que dificulta a tomada de consciência sobre tais aspectos inerentes à conjugalidade são os mitos em torno do casamento. Tais mitos povoam o imaginário coletivo das pessoas casadas ou solteiras e colaboram para a crença de que, depois do casamento, os cônjuges, com a ajuda de algum mecanismo mágico, serão felizes na saúde e na doença, na alegria e na tristeza, na riqueza e na pobreza... Até que a morte os separe.

É do contraste entre as expectativas e as crenças sobre o casamento e a realidade cotidiana dos casais que brota a decepção. Entretanto, observa-se que a maioria das pessoas envolvidas em uma crise conjugal faria o possível para dar conta das dificuldades de seu casamento, mas, muitas vezes, não sabe como proceder e mesmo como fazer diferente. O não saber é extremamente compreensível, porque as pessoas não nascem sabendo como se relacionar amorosamente. Aceita-se que as pessoas precisam aprender a ser pais, por exemplo, mas supõe-se que não há como aprender a ser casal. Seria esse um aprendizado possível?

A educação para a conjugalidade está definida teoricamente como um treinamento preventivo/educacional para casais. Tal intervenção, de caráter breve, visa a engajar os membros do casal em processos de aprendizagem, reflexão, conscientização e treinamento de habilidades no intuito de que estabeleçam relações mais saudáveis e com maiores níveis de estabilidade (Halford & Bodenmann, 2013). Os programas de educação conjugal se baseiam nos pressupostos da ciência psicológica e da educação.

Na atualidade, há diferentes tipos de programas educativos para casais. Existem programas pré-nupciais, que auxiliam os casais a se prepararem para o casamento, e os conjugais, que atendem a casais que já estão casados. Alguns programas são realizados ao longo de algumas semanas, enquanto outros ocorrem de forma concentrada e intensiva. Outros, ainda, são realizados a distância, com instruções a serem seguidas pelos casais em suas residências transmitidas *on-line* ou por telefone. Em sua maioria, são programas estruturados, com início, meio e fim, e bem definidos (Neumann, Mosmann, & Wagner, 2015). Em geral, tais programas são direcionados para casais jovens, ou com níveis moderados a bons de satisfação conjugal. Isso ocorre por dois motivos: primeiro, sabe-se que as intervenções precoces são as mais eficazes para os casais; e segundo, porque o foco é instrumentalizar os cônjuges para não apresentarem demanda de intervenção terapêutica (Wagner & Mosmann, 2010). Apesar disso, estudos mostram que casais com as mais diferentes faixas etárias e com níveis variados de qualidade conjugal têm buscado programas de educação conjugal como um recurso para atender às demandas da conjugalidade (Bradford, Hawkins, & Acker, 2015; Neumann, Wagner, & Remor, 2019).

Esses programas se baseiam no fato de que existem fatores estáticos e dinâmicos envolvidos na conjugalidade. Os estáticos não podem ser modificados, sendo eles: as características da família de origem, a idade dos cônjuges, a fase do ciclo vital conjugal, por exemplo, entre outros. E os fatores dinâmicos são aqueles que podem ser modificados, tais como: as expectativas sobre o casamento, os padrões de comunicação, a capacidade de adaptação e as habilidades de resolução de conflitos (Halford, Markman, Kline, & Stanley, 2003). Frente a isso, é fundamental que se aposte nas intervenções voltadas aos fatores dinâmicos, considerando que expressam a natureza da interação conjugal. Além disso, favorecer o aprendizado de habilidades dinâmicas possibilita que os indivíduos lidem com as influências dos fatores estáticos de maneira mais funcional e ajustada. Esse entendimento fundamenta-se na definição do que é qualidade conjugal, sendo esta considerada um construto multidimensional e resultado de um processo dinâmico e interativo do casal (Mosmann, Wagner, & Féres-Carneiro, 2007). Este caráter processual abre possibilidades para mudanças e justifica um olhar mais aprofundado sobre cada um desses fatores dinâmicos, os quais passaremos a analisar.

Expectativas sobre o casamento

Um dos motivos pelos quais os casais têm dificuldades em lidar com o dia a dia do casamento é porque todos somos educados em um contexto cheio de mitos sobre a conjugalidade, que geram expectativas irreais sobre a vida a dois. Quando os cônjuges constatam na prática a discrepância entre mito e realidade, a decepção é tamanha que eles se sentem enganados. Inicia-se, então, a tendência a um processo de jogar a culpa no outro: foi o outro que não correspondeu às expectativas ou que mudou muito e já não é aquele com o qual iniciou uma relação arrebatadora e completa.

Vamos apresentar quatro mitos que consideramos essenciais trabalhar com os casais para que eles possam começar a ter diferentes perspectivas sobre o casamento e, principalmente, sobre o parceiro. Após listar esses mitos, pode-se trabalhar o desenvolvimento de novas habilidades de resolução de conflitos (Wagner et al., 2017).

Mito 1 – Se há amor e compromisso suficiente, o casal é capaz de enfrentar todas as dificuldades

Na verdade, o amor é fundamental para a formação do casal, mas não é o suficiente para mantê-lo. Este mito, além de criar a falsa ideia de que é o amor que dará conta das dificuldades e será capaz de resolvê-las, deixa os cônjuges culpados por sentirem que, se têm tantos conflitos e não conseguem resolvê-los, é em razão, provavelmente, de já não se amarem.

Mito 2 – Os problemas do início do casamento tendem a melhorar com o tempo

Em realidade, os problemas não resolvidos somente tendem a piorar com o passar do tempo. A estratégia de tentar ignorá-los acaba por incrementar os problemas conjugais porque cria o efeito bumerangue. Isto é, os conflitos não resolvidos tendem a retornar com mais força a cada novo desentendimento. Além disso, a não resolução gera sensação de frustração nos cônjuges, que vai se acumulando ao longo do tempo. Esse acúmulo tende a criar um armazenamento de sentimentos negativos em relação ao casamento e ao parceiro.

Mito 3 – Com quem você casa vai definir o quanto você será feliz no matrimônio

A satisfação conjugal tem muito menos a ver com as características pessoais do parceiro do que com a forma como as pessoas lidam com os conflitos. Este mito é perigoso devido ao seu caráter definitivo de sucesso no casamento com a escolha do parceiro. Isto é, se você escolheu errado é mais fácil trocar de parceiro do que tentar ser feliz com este que elegeu. Quando os casais percebem outras possibilidades e que só depende deles trabalhar para descobrir alternativas que venham a resolver suas dificuldades, seus recursos para aperfeiçoar os níveis de saúde do casamento são potencializados.

Mito 4 – Homens e mulheres têm diferentes necessidades e formas de estabelecer intimidade

Na realidade, homens e mulheres lidam com os problemas de maneiras distintas e isso não se refere a suas capacidades de estabelecerem intimidade. Este mito tende a aprisionar os homens no papel de emocionalmente distantes e as mulheres no de extremamente sensíveis e incompreendidas por seus parceiros. É comum que os homens tendam a falar menos do que as mulheres, especialmente sobre o que sentem, até porque foram estimulados de forma diferente que as mulheres, devido às diferenças de gênero que perpassam todo o processo educativo de qualquer pessoa. Esse aspecto, entretanto, não significa que homens não sejam capazes de relacionar-se intimamente, que não têm sentimentos profundos e que nunca queiram discutir a relação. A premissa central nessa análise é a de que tanto os homens quanto as mulheres buscam e necessitam de aceitação, apoio e afeto de seu cônjuge, embora a forma como expressem ou busquem isso seja distinta.

Tais mitos, expectativas e crenças são aqueles fatores considerados dinâmicos e possíveis de serem trabalhados em intervenções psicoeducativas para a conjugalidade. Os programas de intervenção objetivam dar informação aos casais sobre a realidade e a universalidade das dificuldades que se processam por trás desses mitos. Assim, pode-se ampliar a capacidade de construir expectativas baseadas nas reais possibilidades de cada cônjuge. A partir do conhecimento de quem é o parceiro, quais suas características pessoais, como ele lida com as dificuldades, sem pressupor que por ser homem ou mulher deve agir de determinada forma, os casais podem estabelecer expectativas reais e atingíveis para os seus relacionamentos.

Entretanto, sabemos que a maior parte dos casais não tem a oportunidade de participar de programas de educação conjugal. Então, vão estabelecendo formas de interagir e solucionar suas dificuldades baseadas nos recursos pessoais que cada um dispõe. Dessa forma, estruturam padrões de manejo de conflitos, muitas vezes disfuncionais, os quais precisam ser analisados para que possamos elucidar alternativas de padrões mais funcionais.

Padrões de interações conflituosas

Passaremos a descrever padrões estabelecidos por grande parte dos casais na forma de resolver suas dificuldades.

Negatividade recíproca

Ocorre com casais que apresentam um número muito superior de afirmações negativas em comparação com afirmações positivas em relação ao cônjuge. São parceiros que invariavelmente respondem mais de forma negativa em relação ao outro, por exemplo, acusando e rebaixando-se mutuamente. Com esses casais, há um padrão de percepção negativo do outro e do relacionamento, de maneira quase automática. Não é incomum diálogos do tipo: "Na hora da dificuldade, nunca posso contar contigo, és um egoísta, só pensas em ti...". Em resposta: "Tu sempre sabes tudo, não aceitas opiniões, então, te vira... Não és o poderoso da casa?", e assim sucessivamente, em uma sequência quase que interminável de trocas de xingamentos e desqualificações.

Escalada negativa

Os casais que apresentam este padrão são dominados por sequências de comportamentos negativos que, normalmente, se estabelecem em escalada, isto é, em aumento crescente da intensidade, e são de difícil interrupção. Um grande desafio para esses casais é encontrar uma alternativa mais adaptativa para sair do ciclo. Normalmente, a tentativa de parar a escalada negativa vem acompanhada de sentimentos negativos que alimentam o ciclo. Esses casais, então, podem permanecer durante anos em discussões sem fim, cada vez mais agressivas e ressentidas, sem que consigam interrompê-las.

Padrão de demanda e retirada

Neste padrão, um cônjuge ativamente provoca o outro e o hostiliza, enquanto o outro apenas se defende ou simplesmente não reage, ignorando as demandas do primeiro. Nessas interações, é mais comum que as mulheres adotem uma postura agressiva e hostil e os homens as ignorem. Nesses casais, um está continuamente provocando o outro, sendo que, quanto menos este outro reage, mais incomodado fica o provocador. Entretanto, o sexo do cônjuge parece não ser sempre determinante neste padrão, pois varia de acordo com quem adota a postura desafiadora ativa no momento. Até porque aquele que, supostamente, não reage está também provocando o outro com a pretensa indiferença. Dessa forma, reforça a permanência do ciclo de interação.

Guerrilha

De maneira geral, a maioria dos casais não estabelece acordos sobre as formas de lidar com os problemas, não são alertados para as dificuldades que enfrentarão, ainda na época da paixão inicial. E, quando se deparam com tais dificuldades, recorrem a estratégias de *guerrilha*, atirando para todos os lados. Este modelo pode ser muito danoso porque, algumas vezes, as mágoas que os cônjuges produzem mutuamente são severas. Ao considerar que a maioria não aprende novas formas de resolver os conflitos, os ressentimentos em relação ao outro vão se acumulando até chegarem a um ponto insustentável.

Apesar da forte tendência de os padrões conflituosos impactarem negativamente nos relacionamentos, é necessário considerar o todo da relação para compreender a sua reverberação na qualidade conjugal. Isso porque casais que discutem intensamente ou com frequência podem manifestar índices elevados de satisfação conjugal. De acordo com Driver, Tabares, Shapiro e Gottman (2016), pode-se resumir os dados sobre as interações conjugais em uma equação matemática: a cada comportamento negativo, são necessários cinco comportamentos positivos para manter um relacionamento satisfatório e estável. Assim, entende-se que casais felizes não são aqueles que nunca utilizam qualquer estratégia destrutiva. O que ocorre é que, em casais denominados "regulados", ambos os cônjuges têm mais comportamentos positivos do que negativos em sua interação diádica ao longo do tempo.

Os dados são relevantes porque os casais "regulados" apresentam maiores níveis de satisfação e estabilidade. Em suma, a satisfação e a estabilidade conjugal não estão associadas à ausência de conflitos, mas a uma complexa teia de fatores que leva em conta a quantidade de comportamentos positivos e negativos que os casais estabelecem. Nesse sentido, justifica-se o foco das intervenções conjugais nas estratégias de resolução dos conflitos, com o intuito de potencializar os comportamentos positivos e minimizar as interações negativas.

Estratégias de resolução de conflitos

Entre as estratégias de resolução de conflitos, algumas são apontadas como muito eficazes por casais que realizaram programas de educação conjugal (Markman, 2004; Rauer et al., 2014). Esses cônjuges reportam que a aprendizagem de padrões de comunicação mais eficazes, que incluem escuta efetiva e formas de respostas menos agressivas e mais empáticas, é o que mais utilizam posteriormente em seus relacionamentos. Os casais, ao avaliarem os resultados da participação no programa, salientam que se esforçam para manter essas estratégias ativas, pois as consideram muito eficazes. Resultados similares foram encontrados em estudos nacionais, nos quais os participantes de um programa de educação conjugal relataram a incorporação das estratégias aprendidas em seu dia a dia (Neumann & Wagner, 2017). Essas estratégias permaneceram sendo utilizadas mesmo após o término do programa (Neumann, Wagner, & Remor, 2018). Consideramos importante salientar, entre essas estratégias, quatro questões fundamentais para o desenvolvimento de padrões mais eficazes de resolução de conflitos:

Estar atento

É muito importante que os casais estejam atentos aos problemas e às dificuldades. Os problemas e as dificuldades não devem ser aceitos como fraquezas evitadas a todo custo, mas encarados como sinalizadores de investimento para mudar. Este comportamento, associado à desmistificação da ideia de que os problemas se resolvem sozinhos, possibilita aos casais assumirem a responsabilidade por seus relacionamentos, aceitando que precisam trabalhar para resolver as diferenças, pois negá-las não as faz desaparecer; pelo contrário, apenas fomenta seu crescimento.

Comunicação efetiva

A comunicação efetiva é essencial para a resolução dos conflitos. Mas o que é exatamente uma comunicação efetiva? Muitos casais têm estilos negativos de comunicação, apresentando dificuldades de comunicar-se de forma eficaz durante as discussões. Isso se expressa por juízos de valor que emitem durante uma discussão, representados por frases como: "Você sempre faz isso para me agredir", quando na realidade o melhor a dizer seria: "Isto que você está fazendo faz eu me sentir agredida". Essa seria uma alternativa de comunicação efetiva porque retira do outro a intenção de causar dano. Além disso, também é eficaz esclarecer a comunicação a fim de evitar o conflito por meio de frases menos agressivas e mais empáticas. Para isso, sugere-se repetir literalmente o que diz o outro. Por exemplo, quando um diz algo como: "Tu sempre fazes com que eu me sinta humilhado", o outro pode traduzir a ideia dizendo: "Tu estás dizendo que eu sempre te faço sentir humilhado". Dessa forma, gera-se a possibilidade de que aquele que comunicou possa escutar o que disse e reavaliar se é isso mesmo que está tentando dizer.

Evitar iniciar agressão

É fundamental que os casais aprendam que apenas um gesto ou uma palavra em tom ou com conteúdo agressivo, muitas vezes, causa mais danos do que muitos gestos de carinho. Os casais tendem a tratar com menos cuidado seu cônjuge do que pessoas estranhas, com as quais evitam iniciar agressões que podem ser evitadas. Tentar não agredir o outro tende a gerar um ciclo positivo, uma vez que quanto menos agressões e provocações, menos hostilidade, mágoa e ressentimento os cônjuges vão acumular na conta bancária-afetiva de seu casamento.

Lidando com as diferenças de gênero

Por questões culturais de construção dos papéis de gênero, os homens têm mais dificuldades em lidar com o conflito, e as mulheres tendem a interpretar essas atitudes como distanciamento afetivo. Assim, normalmente os homens se retiram ou se afastam em situações de discussão, e as mulheres tendem a demandar uma solução a todos os problemas com intermináveis discussões. O descompasso é interpretado pelos cônjuges como algo pessoal: "Ele não quer conversar sobre nossos problemas" e "Ela quer discutir qualquer mínimo problema". A chave aqui é mostrar aos cônjuges que ambos desejam o mesmo: ser felizes em seus relacionamentos. Em vez de focar o problema no outro, entendendo que ele não reage "como eu gostaria", perguntar ao cônjuge de que forma ele se sente mais confortável para lidar com um problema pode criar novas alternativas de resolução de conflitos, adequadas às necessidades de cada membro do casal.

As técnicas descritas derivam de pesquisas norte-americanas e foram testadas em programas de intervenção conjugal, pré e pós-nupciais (Stanley, Amato, Johnson, & Markman, 2006; Rauer et al., 2014), avaliadas pelos casais participantes como muito relevantes para a aprendizagem de diferentes formas de resolução de suas dificuldades. Além dessas, outras técnicas, testadas e validadas no contexto brasileiro, podem ser acessadas por meio do programa psicoeducativo para casais "Viver a dois: compartilhando este desafio" (Wagner et al., 2015).

Programa psicoeducativo "Viver a dois: compartilhando este desafio"

"Viver a dois: compartilhando este desafio" pode ser considerado o primeiro programa psicoeducativo para casais baseado em evidências desenvolvido no Brasil. Foi criado com base nas características relacionais da população sul-brasileira, mapeadas em um grande estudo documentado em diferentes obras (Delatorre & Wagner, 2015; Delatorre, Scheeren, & Wagner, 2017; Scheeren, Delatorre, Neumann, & Wagner, 2015; Scheeren, Vieira, Goulart, & Wagner, 2014; Wagner, Falcke, & Mosmann, 2015).

Trata-se de um programa estruturado, formado por seis oficinas que abordam as seguintes temáticas: história do relacionamento, mitos e expectativas conjugais, conteúdo, frequência, intensidade e resolução de conflitos, sexualidade e lazer. O objetivo do programa é proporcionar aos casais a ampliação do leque de estratégias utilizadas no enfrentamento de seus conflitos, bem como promover melhores níveis de qualidade na vida a dois (Wagner et al., 2015).

Nos estudos de validação, encontrou-se que a participação no programa foi eficaz para aprimorar o uso de estratégias de resolução de conflitos construtivas e para diminuir a frequência de uso das estratégias de afastamento e de envolvimento ativo no conflito. Após cinco meses do término do programa, os casais participantes se mantiveram melhores do que estavam antes do início do relacionamento, demonstrando a incorporação das estratégias no seu dia a dia (Neumann et al., 2018).

Apesar desses resultados, o conjunto de dados obtidos, associado à experiência de acompanhamento de alguns casais por um período maior e somado a resultados de estudos internacionais (Bradford et al., 2015; Markman & Ritchie, 2015), evidencia que não são todos os casais que se beneficiam de intervenções psicoeducativas. Aceitando a complexidade do relacionamento conjugal, em termos do processo de interação entre os cônjuges, sabemos das limitações quando as técnicas são isoladamente utilizadas. É necessário que se trabalhe em diferentes níveis com os casais, iniciando-se com conscientização em relação aos mitos e aos padrões de interação conflituosa e perpassando pelo treinamento de habilidades para o desenvolvimento de estratégias de resolução de conflitos mais eficazes, sem esquecer de que alguns casais requerem intervenções clínicas em âmbito psicoterapêutico para serem suficientemente auxiliados.

Desafios da intervenção na conjugalidade

Vários desafios são atribuídos aos programas de intervenção na conjugalidade, em especial, a sua eficácia. Isso se justifica pela dificuldade de mensuração dos resultados, visto que isolar o impacto da intervenção de outros fatores com potencial de influência na vida a dois é muito difícil. Apesar disso, muito já se avançou. No início deste século, Carroll e Doherty (2003) realizaram uma metanálise dos resultados obtidos nos programas de intervenção conjugais já publicados e concluíram que, de forma geral, são efetivos. Especialmente, mostram melhoras imediatas nos processos comunicativos de resolução de conflitos e na avaliação geral da satisfação conjugal. Mais recentemente, um grande número de estudos tem corroborado os efeitos destes programas em medidas de conflitos, satisfação e qualidade conjugal (Antle et al., 2013; Babcock, Gottman, Ryan, & Gottman, 2013; Bakhurst, McGuire, & Halford, 2017; Bradford, Drean, Adler-Baeder, Ketring, & Smith, 2017;

Einhorn et al., 2008; Fallahchai, Fallahi, & Ritchie, 2017; O'Halloran, Rizzolo, Cohen, & Wacker, 2013; Stanley et al., 2006; Williamson, Altman, Hsueh, & Bradbury, 2016).

Independentemente da comprovação empírica de sua efetividade, se considerarmos que somente cada casal sabe "...a alegria e a tristeza de serem o que são...", eles próprios são os melhores parâmetros para avaliar melhoras efetivas e duradouras. Nesse sentido, um dos desafios relatados pelos próprios cônjuges no desenvolvimento de habilidades interpessoais é a distância entre a aprendizagem de uma habilidade e o seu uso diário na vida a dois (Stanley et al., 2006; Scott, Rhoades, Stanley, Allen, & Markman, 2013). Esse aspecto reforça o caráter laborioso do casamento, mostrando que é necessário praticar as habilidades aprendidas constantemente até que elas sejam internalizadas e automatizadas.

Além disso, criticam-se alguns modelos de intervenção especialmente voltados à resolução de conflitos por tenderem a focar-se nos problemas, nas dificuldades e nas diferenças entre os cônjuges, enquanto seriam mais produtivos se voltados a conscientizar acerca das diferenças, mas também desmistificar a ideia de que elas são negativas. O foco não deveria ser o quanto as pessoas são distintas, mas o que cada casal deseja em comum. Potencializar as singularidades de cada um de forma a funcionarem em sentido cooperativo e produtivo é apostar que o casal passe de adversários a colaboradores.

Descreveremos a seguir o relato de um caso clínico, o qual ilustra alguns dos aspectos discutidos até aqui.

Caso clínico

Janaína, 29 anos, e Cláudio, 31, vão se casar em seis meses e acreditam que estão brigando muito. Nas palavras de Cláudio: "Se estamos brigando assim antes do casamento, imagina depois!". Uma colega de trabalho sugeriu que participassem de um programa de educação conjugal, como uma abordagem preventiva. No decorrer do programa, o casal teve a oportunidade de, inicialmente, relembrar a história do seu relacionamento, identificando os motivos que fizeram com que se apaixonassem e decidissem ficar juntos. Contam que isso auxiliou a falar das coisas boas da relação e que, muitas vezes, ficam obscurecidas pelas discussões. Nas semanas seguintes, o programa voltou-se ao tema dos conflitos, e Janaína e Cláudio foram estimulados a conversar sobre um motivo de conflito comum entre eles, buscando entender qual é o seu padrão de interação. Na percepção de Cláudio, Janaína é muito controladora. Fica muito angustiada se ele não atende o telefone e não para de ligar até que ele atenda, nem que para isso precise telefonar mais de 20 vezes. Cláudio se incomoda muito com isso, pois nesses momentos eles só discutem e não conseguem "se entender". Ambos ficam muito irritados, e já ocorreu de Janaína descontrolar-se e atirar objetos em Cláudio. Ela diz a ele que não sabe muito bem como isso se inicia e que fica muito envergonhada e culpada quando isso acontece, mas que algo "dispara" dentro dela se ele não a atende, e ela fica muito angustiada. Na última briga que tiveram, Cláudio estava assistindo ao jogo de futebol de seu time no estádio e pegou muito trânsito na saída, demorando mais do que o costume para chegar em casa. Janaína começou a telefonar preocupada com a demora, e ele não atendeu da primeira vez porque não ouviu o celular. Quando ele atendeu, ela já havia telefonado três vezes. Isso já o deixou irritado, mas falou a ela o que estava ocorrendo e que não iria demorar, o que, na verdade, ele não sabia ao certo. Entretanto, apesar do desejo de Cláudio de retornar rapidamente à casa, devido ao trânsito, ele demorou mais do que imaginava. Ela, então, passou a telefonar insistentemente até que ele chegasse em casa, o que o deixou extremamente irritado. Eles discutiram muito, até que ela atirou um vaso nele, machucando-o.

Ao longo do programa, eles se identificaram com muitos dos aspectos que o moderador falou nos momentos psicoeducativos. Entenderam que a ideia de que "Os problemas do início do casamento tendem a melhorar com o tempo" e de que "Se há amor e compromisso suficiente, o casal é capaz de enfrentar todas as dificuldades" são mitos, e que a precocidade de sua procura antes do casamento, provavelmente, lhes dá maiores chances de conseguir desenvolver habilidades de resolução de conflito mais eficazes. Nesse sentido, conseguiram visualizar de maneira mais clara o seu padrão de interação conflituosa: *escalada negativa*. A partir das diretrizes do moderador, conversaram e entenderam que Cláudio, embora se sinta vítima do descontrole de Janaína, incita seu comportamento não precisando exatamente onde está, ou quanto tempo demorará, por exemplo, desencadeando um padrão de comportamentos negativos. Ela, por sua vez, entendeu que entra em um processo de angústia e tentativa de controle, telefonando insistentemente a ele, e que precisa confiar na informação dada por Cláudio e encontrar uma forma de interromper esse processo, pois esses comportamentos geram uma escalada de irritação em ambos até chegar ao ponto máximo de descontrole e agressão. Ao perceberem o caráter processual da escalada negativa, eles puderam resgatar a autoria na interação e buscar alternativas de romper com o ciclo, a partir de estratégias mais saudáveis de convivência e resolução de conflitos.

Referências

Anderson, J. R., Van Ryzin, M. J., & Doherty, W. J. (2010). Developmental trajectories of marital happiness in continuously married individuals: A group-based modeling approach. *Journal of Family Psychology, 24*(5), 587-596.

Antle, B., Sar, B., Christensen, D., Karam, E., Ellers, F., Barbee, A., & Zyl, M. van. (2013). The impact of the Within My Reach relationship training on relationship skills and outcomes for low-income individuals. *Journal of Marital and Family Therapy, 39*(3), 346-357.

Babcock, J. C., Gottman, J. M., Ryan, K. D., & Gottman, J. S. (2013). A component analysis of a brief psycho-educational couples' workshop: One-year follow-up results. *Journal of Family Therapy, 35*(3), 252–280.

Bakhurst, M. G., McGuire, A. C. L., & Halford, W. K. (2017). Relationship education for military couples: A pilot randomized controlled trial of the effects of Couple CARE in Uniform. *Journal of Couple & Relationship Therapy, 16*(3), 167-187.

Bradford, A. B., Drean, L., Adler-Baeder, F., Ketring, S. A., & Smith, T. A. (2017). It's about time! Examining received dosage and program duration as predictors of change among non-distressed and distressed married couple and relationship education participants. *Journal of Marital and Family Therapy, 43*(3), 391-409.

Bradford, A. B., Hawkins, A. J., & Acker, J. (2015). If we build it, they will come: Exploring policy and practice implications of public support for couple and relationship education for lower income and relationally distressed couples. *Family Process, 54*(4), 639-654.

Carroll, J. S. & Doherty, W. J. (2003). Evaluating the effectiveness of premarital prevention programs: A meta-analytic review of outcome research. *Family Relations, 52*(2), 105-118.

Delatorre, M. Z., Scheeren, P., & Wagner, A. (2017). Conflito conjugal: Evidências de validade de uma escala de resolução de conflitos em casais do sul do Brasil. *Avances en Psicología Latinoamericana, 35*(1), 79-94.

Delatorre, M. Z., & Wagner, A. (2015). Estratégias de resolução de conflitos conjugais: Evidências de validade do CRBQ. *Avaliação Psicológica, 14*(2), 233-242.

Driver, J., Tabares, A., Shapiro, A. F., & Gottman, J. M. (2016). Interação do casal em casamentos com altos e baixos níveis de satisfação. In F. Walsh. *Processos normativos da família: Diversidade e complexidade* (pp. 58-77). Porto Alegre: Artmed.

Einhorn, L., Williams, T., Stanley, S. M., Wunderlin, N., Markman, H. J., & Eason, J. (2008). PREP inside and out: Marriage education for inmates. *Family Process, 47*(3), 341-356.

Fallahchai, R., Fallahi, M., & Ritchie, L. L. (2017). The impact of PREP training on marital conflicts reduction: A randomized controlled trial with Iranian distressed couples. *Journal of Couple & Relationship Therapy, 16*(1), 61-76.

Halford, W. K., & Bodenmann, G. (2013). Effects of relationship education on maintenance of couple relationship satisfaction. *Clinical Psychology Review, 33*(4), 512-525.

Halford, W. K, Markman, H. J., Kline, G. H., & Stanley, S. M. (2003). Best practice in couple relationship education. *Journal of Marital and Family Therapy, 29*(3), 385-406.

Instituto Brasileiro de Geografia e Estatística (IBGE). (2013). *Estatísticas de registro civil*. Rio de Janeiro. Recuperado de https://biblioteca.ibge.gov.br/pt/biblioteca-catalogo?view=detalhes&id=7135.

Instituto Brasileiro de Geografia e Estatística (IBGE). (2016). *Estatísticas de registro civil*. Rio de Janeiro. Recuperado de https://biblioteca.ibge.gov.br/pt/biblioteca-catalogo?view=detalhes&id=7135.

Instituto Brasileiro de Geografia e Estatística (IBGE). (2017). *Estatísticas de registro civil*. Rio de Janeiro. Recuperado de https://biblioteca.ibge.gov.br/pt/biblioteca-catalogo?view=detalhes&id=7135.

Markman, H. J. (2004). Couples research & practice: Toward a bolder boulder model. *The Family Psychologist, 19*(4), 4-6.

Markman, H. J., & Ritchie, L. A. (2015). Couples Relationship education and couples therapy: Healthy marriage or strange bedfellows? *Family Process, 54*(4), 655-671.

Mosmann, C. P., Levandowski, D. C., Costa, C. B. da, Zordan, E. P., Rosado, J. S., & Wagner, A. (2015). Qualidade conjugal: Como os casais avaliam seu relacionamento? In A. Wagner, D. Falcke, & C. P. Mosmann (Eds.), *Viver a dois: Oportunidades e desafios da conjugalidade* (pp. 101--112). São Leopoldo: Sinodal.

Mosmann, C., Wagner, A., & Féres-Carneiro, T. (2007). ¿Qué es la Calidad Conyugal? Una revisión de conceptos. *Cuadernos de Terapia Familiar, 67*, 213-229.

Neumann, A. P., Mosmann, C. P., & Wagner, A. (2015). Viver a dois: É possível educar para a conjugalidade? In A. Wagner, D. Falcke, & C. P. Mosmann (Eds.), *Viver a dois: Oportunidades e desafios da conjugalidade* (pp. 101-112). São Leopoldo: Sinodal.

Neumann, A. P., & Wagner, A. (2017). Reverberações de um programa de educação conjugal: A percepção dos moderadores. *Paidéia, 27*(Supl. 1), 466-474.

Neumann, A. P., Wagner, A., & Remor, E. (2018). Couple relationship education program "Living as Partners": Evaluation of effects on marital quality and conflict. *Psicologia: Reflexão e Crítica, 31*(26), 2-13.

Neumann, A. P., Wagner, A., & Remor, E. (2019). Programa de educação conjugal "viver a dois": Caracterização dos casais e indicadores de adesão. *Contextos Clínicos, 12*(1), 256-281.

O'Halloran, M. S., Rizzolo, S., Cohen, M. L., & Wacker, R. (2013). Assessing the impact of a multiyear marriage education program. *The Family Journal, 21*(3), 328-334.

Rauer, A. J., Adler-Baeder, F., Lucier-Greer, M., Skuban, E., Ketring, S. A., & Smith, T. (2014). Exploring processes of change in couple relationship education: Predictors of change in relationship quality. *Journal of Family Psychology, 28*(1), 65-76.

Rosado, J. S., Barbosa, P. V., & Wagner, A. (2016). Ajustamento conjugal: A função das características individuais, do casal e do contexto. *Psicologia em Pesquisa, 10*(1), 26-33.

Scheeren, P., Delatorre, M. Z., Neumann, A. P., & Wagner, A. (2015). O papel preditor dos estilos de apego na resolução do conflito conjugal. *Estudos e Pesquisas em Psicologia, 15*(3), 835-852.

Scheeren, P., Vieira, R. V. A., Goulart, V. R., & Wagner, A. (2014). Marital quality and attachment: The mediator role of conflict resolution styles. *Paidéia, 24*(58), 177-186.

Scott, S. B., Rhoades, G. K., Stanley, S. M., Allen, E. S., & Markman, H. J. (2013). Reasons for divorce and recollections of premarital intervention: Implications for improving relationship education. *Couple and Family Psychology: Research and Practice, 2*(2), 131–145.

Stanley, S. M., Amato, P. R., Johnson, C. A., & Markman, H. J. (2006). Premarital education, marital quality, and marital stability: Findings from a large, random, household survey. *Journal of Family Psychology, 20*(1), 117-126.

Wagner, A., & Mosmann, C. P. (2010). Educar para a conjugalidade: Que a vida não nos separe. In: L. C. Osório, & M. E. P. Valle. (Org.), *Manual de Terapia Familiar* (v. 2, pp. 261-270). Porto Alegre: Artmed.

Wagner, A., Falcke, D., & Mosmann, C. P. (Eds.). (2015). *Viver a dois: Oportunidades e desafios da conjugalidade*. São Leopoldo: Sinodal.

Wagner, A., Neumann, A. P., Mosmann, A. P., Levandowski, D. C., Falcke, D., Zordan, E. P., ... & Scheeren, P. (2015). *'Viver a dois: Compartilhando esse desafio': Uma proposta psicoeducativa para casais*. Porto Alegre: Sinodal.

Wagner, A., Neumann, A. P., Mosmann, A. P., Levandowski, D. C., Zordan, E. P., Boeckel, M. G., & Scheeren, P. (2017). *Vivir en pareja: El arte de enfrentar los conflitos*. Madrid: Editorial CCS.

Williamson, H. C., Altman, N., Hsueh, J., & Bradbury, T. N. (2016). Effects of relationship education on couple communication and satisfaction: A Randomized controlled trial with low-income couples. *Journal of Consulting and Clinical Psychology, 84*(2), 156–166.

Leitura recomendada

Markman, H., Stanley, S., & Blumberg, S. (2001). *Fighting for your marriage* (revised and updated edition). San Francisco: Jossey Bass.

21

Treinamento de pais:
programas de intervenção

Maria Isabel S. Pinheiro | Myrian Silveira | Vitor Geraldi Haase

O trabalho colaborativo que objetiva capacitar os pais a promover um desenvolvimento mais adaptativo dos seus filhos com problemas de comportamento tem-se apresentado como uma alternativa de sucesso aos enfoques tradicionais da psicoterapia com crianças e adolescentes. A possibilidade de desenvolver estratégias para o manejo de contingências em situação natural oferece recursos para promover a aprendizagem e a generalização dos novos comportamentos adquiridos (Haase et al., 2000; Gadelha & Vasconcelos, 2005; Martin & Pear, 2009). No tratamento dos problemas de comportamento infantil, os recursos desenvolvidos pela psicologia cognitiva e comportamental têm sido frequentemente utilizados, com grandes contribuições (Barkley, 2008; Kazdin, 2005; Webster-Stratton, 2005).

No *modelo cognitivo*, o pressuposto é que as emoções e os comportamentos das pessoas são influenciados por sua percepção dos eventos. Não é uma situação por si só que determina o que as pessoas sentem, mas, antes, o modo como elas *interpretam* uma situação (Beck, 1964).

O *modelo da análise do comportamento* é derivado dos princípios operantes da aprendizagem (Skinner, 2000). A análise funcional do comportamento se baseia tanto na identificação dos antecedentes (A) que eliciam um comportamento (B), quanto principalmente na identificação dos comportamentos consequentes (C) que contribuem para a manutenção do mesmo comportamento (esquema ABC). As intervenções podem ser baseadas em procedimentos destinados a modificar os antecedentes ou os consequentes, sendo que estes últimos são considerados mais eficientes.

A aplicação desses recursos nos enfoques tradicionais de psicoterapia com crianças e adolescentes apresenta limitações pela dificuldade de generalização dos ganhos para além do *setting* terapêutico. Dessa forma, o treinamento de pais, por meio da aplicação da teoria da análise do comportamento com as teorias cognitivas, demonstra evidência empírica no tratamento dos problemas comportamentais infantis ao considerar (Barkley, 2008; Kazdin, 2005):

1. a importância de modificar o comportamento indesejável no contexto natural contribuindo para sua generalização;
2. evitar a aprendizagem de comportamentos indesejáveis.

O *treinamento de pais* pode ser definido como um programa de orientação que reúne princípios da análise do comportamento e da psicologia cognitiva, compondo um conjunto de considerações e ações que, sob orientação do terapeuta, serão utilizadas pelos pais no manejo de comportamentos problemáticos dos filhos. Esse procedimento tem tido destacado investimento de pesquisadores da área, notadamente pelo efeito social e clínico dos resultados apresentados (Gresham, 2009; Del Prette & Del Prette, 2005; McMahon, 1999; Pinheiro, Haase, Del Prette, Amarante, & Amarante, 2006).

O treinamento de pais vem sendo utilizado para abordar vários problemas infantis, tendo por objetivo: promover competências funcionais em crianças autistas e com dificuldades de aprendizagem (Christophersen & Mortweet, 2002; Dessen & Silva, 2004; Leaf & McEachin, 1999; Lansky, 1991; Matson, Mahan, & LoVullo, 2009; Green, 1996); reduzir problemas comportamentais a partir da promoção de maior repertório de habilidades sociais (Michelson, Sugai, Wood, & Kazdin, 1983; Pinheiro et al., 2006); promover facilitadores para adesão a regras no círculo vicioso do mau comportamento (Barr & Parret, 2001; Hartman, Stage, & Webster-Stratton, 2003; Pinheiro, Del Prette, & Del Prette, 2009); tratar problemas comportamentais de crianças com transtorno de déficit de atenção/hiperatividade (TDAH) (Anastopoulos, Shelton, & Barkley, 2005; Kaminski, Valle, Filene, & Boyle, 2008); reduzir problemas de comportamento que aparecem na hora do dever de casa (Ames, 1993; Anesko & O'Leary, 1982; Balli, Demo, & Wedman, 1998; Kahle & Kelley, 1994; Power, Karustis, & Habboushe, 2001).

Este capítulo propõe apresentar informações teóricas e empíricas sobre o treinamento de pais e, em seguida, sugerir alguns exemplos de programas de intervenção.

Fundamentos teóricos e empíricos

Os problemas de comportamento na infância constituem uma queixa frequente em serviços de saúde mental e são multideterminados (Reid, Webster-Stratton, & Hammond, 2003). O repertório comportamental da criança é resultante de fatores genéticos, ambientais e psicossociais – e não só é influenciado como também influencia o comportamento dos pais (Bandura, 1977; Bronfenbrenner, 2002). Essa inter-relação, amplamente estudada na literatura nacional e internacional, tem destacado a importância do papel dos pais, do ambiente familiar, dos cuidadores e da escola no processo de orientação aos filhos. O reconhecimento da importância da família tem estimulado o desenvolvimento de programas específicos que oferecem aos pais algumas estratégias de condutas que favoreçam a promoção do desenvolvimento mais adaptativo de seus filhos, principalmente aqueles com dificuldades de comportamento.

As práticas educativas parentais, associadas às características pessoais da criança, contribuem para a formação do perfil funcional do filho, podendo reduzir ou ampliar os problemas comportamentais apresentados (Del Prette & Del Prette, 1999; Gomide, 2006). Baumrind (1971), a partir da análise de presença ou ausência de padrões de controle, associados à presença ou à ausência de envolvimento e de afeto com a criança, estabelece os estilos parentais que orientam o estilo educacional adotado pelos pais. Além disso, considera os seguintes fatores moderadores que podem favorecer o curso de desenvolvimento: a estrutura familiar, as características temperamentais e o repertório de habilidades sociais dos próprios pais.

É consenso na literatura os efeitos positivos para a melhora do repertório de habilidades sociais educativas parentais no manejo comportamental dos filhos (Michelson et al., 1983). Outros estudos apontaram que a presença de investimentos para desenvolver nos pais estratégias para a promoção de habilidades comunicativas é um componente preditor importante para o sucesso de um programa de treinamento de pais (PTP) (Reyno & McGrath, 2006; Kaminsk et al., 2008; McKee et al., 2008). Gresham (2009) define *habilidades sociais* como uma classe específica de comportamentos de um indivíduo para completar com sucesso uma tarefa social. As *habilidades sociais educativas* são as intencionalmente voltadas para a promoção do desenvolvimento e da aprendizagem do outro, em situação formal ou informal (Del Prette & Del Prette, 2001). O déficit nas habilidades sociais educativas dos pais se apresenta, muitas vezes, como um prejuízo no repertório do pai para lidar com as demandas próprias do papel de pai.

Pais que têm poucos recursos educativos utilizam com mais frequência estratégias punitivas, o que aumenta a probabilidade de ocorrência de maus-tratos e abuso infantil (Barth, 2009), e o investimento no desenvolvimento das habilidades sociais educativas parentais torna-se também uma medida importante na redução e na prevenção de casos de violência infantil. Um histórico de maus-tratos e problemas de comportamento que não são tratados de forma adequada durante a infância são fatores de risco importantes para o aparecimento de problemas na vida adulta, como, por exemplo, abuso de substâncias como álcool e drogas, distúrbios no trabalho e nos relacionamentos, além do risco aumentado para o desenvolvimento de transtornos mentais (Barth, 2009; Reyno & McGrath, 2006). Dessa forma, torna-se cada vez mais importante a elaboração e a aplicação de programas de intervenção eficazes, que sigam um rigor metodológico de comprovação científica.

Compreender os fatores que influenciam para o sucesso ou o insucesso dos PTP é crucial na tarefa de se elaborar um programa de intervenção. A identificação de fatores que impactam os resultados favorece também a escolha de estratégias que contribuem para o melhor desfecho. Estudos mostraram, por exemplo, que as características das crianças, dos pais e das famílias poderiam impactar no desfecho da intervenção (Reyno & MacGrath, 2006; McKee et al., 2008). Reyno e MacGrath (2006) analisaram quatro elementos principais associados ao desfecho da intervenção e a uma maior ou menor probabilidade de abandono do tratamento: variáveis demográficas da família, como nível socioeconômico e idade da mãe; características das crianças, como idade e gravidade dos sintomas; variáveis relacionadas à participação da família na intervenção; e características parentais, como presença de sofrimento mental materno. Os resultados indicaram que a condição socioeconômica e a saúde mental materna são fatores particularmente relevantes que impactam negativamente o acompanhamento dos pais na intervenção. Além disso, os autores demonstraram que a eficácia do treinamento de pais é impactada pela idade da criança, apresentando resultados mais significativos em crianças mais novas. McKee e colaboradores (2008) encontraram uma frequência maior de práticas parentais inadequadas em mães com histórico de depressão e observaram que as mães com diagnóstico de depressão apresentavam dificuldade de colocar em prática estratégias de manejo de comportamento, como estabelecimento de limites e disciplina.

Kaminsk e colaboradores (2008) mostraram que fatores não diretamente envolvidos com variáveis relacionadas às crianças ou às famílias também poderiam influenciar os resultados da intervenção. A partir de uma metanálise, os autores sintetizaram os resultados de 77 artigos que avaliaram PTP realizados com pais de crianças com idade variando de zero a 7 anos, publicados entre 1990 e 2008. Os resultados mostraram que alguns componentes e estratégias frequentemente utilizadas nos PTP são melhores preditores de sucesso do que outras. Os autores indicaram que os programas que investiram tempo de intervenção para promover interações positivas entre pais e filhos, com a presença de oportunidades para as práticas das habilidades aprendidas, apresentaram ganhos mais significativos e generalizáveis quando comparados a programas que não enfatizaram a prática parental positiva.

Portanto, para elaborar uma intervenção de treinamento de pais, é fundamental considerar a queixa comportamental apresentada pela família, identificada após uma avaliação detalhada, a idade da criança, o repertório de habilidades sociais dos pais, a qualidade da relação dos pais com os filhos e a estrutura familiar. Webster-Stratton (2005) discute, à luz da teoria do desenvolvimento, modelos para analisar os problemas de comportamento dos filhos. Nessa discussão, o autor nomeia como *early-starter* e *late-starter* problemas comportamentais como violência interpessoal, agressividade, oposição e abuso de substâncias. Os primeiros (*early-starter*) aparecem já na pré-escola e de maneira geral se tornam mais graves na adolescência. Os segundos (*late-starter*) referem-se às situações nas quais os problemas comportamentais surgem durante a adolescência, com prognóstico mais favorável. Essas identificações permitem que estratégias de intervenções sejam analisadas e estruturadas com objetivo de contribuir para o tratamento dos problemas comportamentais infantis já instalados e prevenir que novos comportamentos desadaptativos ocorram.

Para que um procedimento de intervenção tenha maior chance de sucesso e possa ser efetivamente utilizado como estratégia científica, o rigor metodológico deve ser considerado. A eficácia dos PTP vem sendo demonstrada por vários estudos em todos os níveis de evidência (Kazdin, 1997; Kazdin, Marciano, & Whitley, 2005; Ogden & Hagen, 2008). Os PTP são cada vez mais sugeridos, ao se identificar problemas comportamentais dos filhos, tanto externalizantes, quanto internalizantes. Os PTP também demonstram eficácia comprovada para o tratamento de uma diversidade de problemas de comportamento infantil, em variados formatos: palestras psicoeducativas, programas de orientação/treinamento individual e programas estruturados para serem trabalhados em grupo (Briesmeister & Schaefer, 2007).

No entanto, poucos estudos disponíveis na área apresentam rigor metodológico suficiente para serem incluídos em uma metanálise, tanto pela falta de estudos comparativos a outras intervenções, quanto de estudos que utilizam grupos de controle e avaliação de acompanhamento (Serketich & Dumas, 1996).

Treinamento de pais: um breve histórico

A parentalidade competente é uma preocupação antiga. Stern (1960), em sua monografia, defende que a parentalidade é um conjunto de competências aprendidas e transmitidas para os pais por meio de conselhos e provérbios culturais vindos de gerações mais antigas e que, por séculos, os pais vêm sendo convidados a repensar suas práticas. Nos anos 1950, o tema começou a ser discutido de forma mais ampla entre pesquisadores de diversos campos de atuação, possibilitando o surgimento dos primeiros programas envolvendo educação/treino parental.

A partir de 1950, estudiosos da terapia comportamental deram início à experimentação humana de técnicas até então só utilizadas em laboratório com animais. Os estudos teóricos se originaram a partir das investigações sobre condicionamento respondente desenvolvidas por Ivan Pavlov e dos estudos sobre comportamento operante (Skinner, 2000). O primeiro relato identificado com a eficiência de uma terapia familiar refere-se à intervenção bem-sucedida desenvolvida por Williams, em 1959, para reduzir acesso de raiva de uma criança pequena na hora de dormir. O princípio-chave do tratamento descrito em O'Dell (1974) estava relacionado à extinção de comportamento. Esse autor, em sua revisão, destacou os PTP como a mais bem-sucedida forma de intervenção para corrigir comportamentos infantis e relacionou vários estudos que contribuíram para o estágio atual desses programas. À medida que os estudos sobre a psicologia cognitiva e comportamental vêm avançando, melhores recursos são oferecidos aos clínicos da área.

Procedimentos de avaliação

Uma avaliação comportamental envolve tanto a coleta quanto o registro de dados e informações que contribuam para descrever o comportamento-alvo no modelo das relações causais que fundamenta a proposta terapêutica de análise do comportamento. Em seguida, deve-se investir na identificação detalhada da função comportamental, selecionar estratégias de tratamento adequadas e acompanhar analisando a sequência de resultados (Martin & Pear, 2009). A avaliação deve contemplar uma busca de informações completas, consistentes, orientada por uma hipótese diagnóstica bem estabelecida (Forehand et al., 2000).

O papel do clínico inicia com a coleta de dados objetiva e segura, utilizando tantas fontes quanto sejam necessárias para possibilitar o melhor conhecimento sobre o funcionamento da criança, dos pais e seu efeito na inter-relação familiar e social mais ampla. Vários instrumentos têm sido apresentados na literatura da área, com o objetivo de contribuir para o processo diagnóstico e de avaliação nos programas de intervenção comportamental. Nos programas apresentados a seguir, foram vários os instrumentos utilizados para avaliação, tais como:

- Entrevista semiestruturada com foco na percepção dos pais em relação aos problemas de comportamento do filho.
- Questionários de autor/relato:
  1. Questionário de Situações Domésticas (QSD) (Barkley, 1997): tem como objetivo identificar as diferentes situações nas quais a criança apresenta problemas em casa, com indicação da quantidade e da gravidade dos comportamentos desafiantes, opositivos e agressivos.
  2. Inventário de Comportamentos Importunos (ICI) (Barkley, 1997): quantifica a frequência de comportamentos inadequados (agressividade, desobediência a regras, etc.) apresentados pela criança, conforme avaliação dos pais.
  3. Child Behavior Checklist (CBCL) (Achenback, 1991): tem o objetivo de avaliar a percepção que os pais têm dos comportamentos do filho.
  4. Multimodality Treatment Study (MTA - SNAP – IV) (Mattos, Serra-Pinheiro, Rohde, & Pinto, 2006): apresenta um escore quantitativo da gravidade dos sintomas comportamentais da criança e pode ser respondido pelos pais e professores.

Um dos principais modelos utilizados atualmente em neuropsicologia do desenvolvimento é a análise funcional do comportamento ou o esquema baseado na tríplice contingência derivado dos princípios operantes da aprendizagem descritos por Skinner (2000). O autor defende que as consequências geradas por determinado comportamento definem a probabilidade de nova ocorrência do mesmo comportamento. É importante que os pais se transformem em peritos no que diz respeito à problemática apresentada pelos filhos. Barkley (2002) denomina de paternidade científica quando os pais admitem, tal como os cientistas, sua incerteza a respeito de algum assunto, procurando o máximo de informações sobre ele.

Exemplos de programas de intervenção

De modo a ilustrar as diversas facetas que os PTP podem tomar, este tópico abordará alguns exemplos de PTP que foram desenvolvidos no Laboratório de Neuropsicologia do Desenvolvimento (LND), da Universidade Federal de Minas Gerais. Além disso, será discutido, ao final, um exemplo de PTP desenvolvido por Power e colaboradores (2001) voltado para o manejo comportamental durante o dever de casa.

Nos programas realizados pelos pesquisadores do LND, queixas comportamentais apresentadas por crianças em situação de risco social foram atendidas com um PTP desenvolvido com base no programa de Barkley (1997). Além disso, foi criado um grupo de pais de crianças com problemas de comportamento, tendo sido incorporados elementos de habilidades sociais em um programa realizado em parceria com o Laboratório de Interação Social (LIS), da Universidade Federal de São Carlos (UFSCar) (Pinheiro et al., 2006). Por fim, foi desenvolvido um programa de intervenção no contexto de educação especial, a partir da formação de profissionais de uma Associação de Pais e Amigos dos Excepcionais (APAE) de Belo Horizonte.

Esses programas procuraram incorporar os princípios gerais subjacentes aos PTP, além de algumas estratégias validadas e compatíveis com as pesquisas na área. Nesse sentido, foram utilizadas nos PTP estratégias advindas do modelo de aprendizagem social (Bandura, 1977) e treinamento em habilidades sociais (DelPrette & Del Prette, 1999).

- **Modelo da aprendizagem social:** De acordo com Bandura (1977), grande parte do comportamento social é aprendido por meio de experiências interpessoais vicariantes, ou seja, por meio da observação do desempenho de outros. Esse modelo propõe a aquisição de habilidades por observação do comportamento do outro, por observação do próprio comportamento e por imitação. Na família, o comportamento dos pais torna mais provável o comportamento dos filhos mediante a aprendizagem observacional, formando-se uma cadeia de transmissão de regras de estilos de comportamentos de pais para filhos (Del Prette & Del Prette, 2005).

- **Treinamento em habilidades sociais (THS):** Consiste em uma estratégia cujo objetivo é a prevenção de futuras dificuldades comportamentais por meio do ensino e da facilitação de padrões de comportamentos pró-sociais que podem reduzir efetivamente a ocorrência de problemas de comportamento (Gresham, 2009). Compõe-se de diversos procedimentos comportamentais e cognitivos os quais não são considerados efetivos para o treinamento se tomados isoladamente (Caballo, 2009).

Um programa desenvolvido em grupo

Foi desenvolvido um programa em grupo e dele participaram 32 mães e dois pais com objetivo de verificar os efeitos de um PTP na redução das queixas comportamentais por meio do desenvolvimento de habilidades sociais educativas positivas nos pais participantes. Em 11 encontros semanais de 90 minutos, estratégias de manejo comportamental dos filhos baseadas na análise do comportamento e treino de habilidades sociais educativas dos pais foram trabalhadas. Após o encerramento de cada grupo, foi possível obter indicadores quantitativos e qualitativos sobre os efeitos da intervenção. A estrutura do programa, cuja sequência está apresentada no Quadro 21.1, foi desenvolvida a partir de uma revisão bibliográfica da área de problemas de comportamento infantil (ver Pinheiro et al., 2006; Pinheiro, Del Prette, & Del Prette, 2009).

QUADRO 21.1 | Sequência do programa: treinamento em habilidades sociais educativas para pais de crianças em trajetória de risco

Sessão	Objetivos da sessão	Procedimentos e instrumentos	Tarefas para casa
Primeira reunião	Avaliação pré-teste.	Entrevista Termo de consentimento livre e esclarecido Inventário de Habilidades Sociais ICI QSD	Não há.
Passo 1 Por que as crianças se comportam de maneira inadequada?	Integrar o grupo. Apresentar o programa aos pais. Contrato de funcionamento do grupo. Conhecer princípios da análise do comportamento.	Apresentação dos participantes Vivência 1 Apresentação do programa *Banner* Contrato relacionado ao compromisso ético e assiduidade **Principais procedimentos** Noções sobre desenvolvimento humano Análise do comportamento	Refletir e/ou listar comportamentos do filho que os pais consideram bons e comportamentos que os pais consideram inadequados.

(Continua)

(Continuação)

Sessão	Objetivos da sessão	Procedimentos e instrumentos	Tarefas para casa
Passo 2 Prestando atenção no bom comportamento do filho. "Faça um recreio especial".	Desenvolver a habilidade de identificar o bom comportamento do filho. Aumentar o envolvimento dos pais com a criança. Desanuviar o clima na família.	Apresentação, pelos participantes, das observações e resultados propostos para trabalho em casa *Banner* *Vídeo* **Principais procedimentos** Análise do comportamento Extinção de comportamento Reforçamento diferencial Treinamento em *role play*	Aplicar a técnica do recreio especial.
Passo 3 Aumentando a brincadeira independente.	Desenvolver nos pais a habilidade de reforçar a brincadeira independentemente do filho.	Apresentação, pelos participantes, das observações e resultados propostos para trabalho em casa *Banner* *Vídeo* **Principais procedimentos** Análise do comportamento Reforçamento diferencial Eensaio comportamental	Utilizar atenção diferencial para promover atividades independentes em situação estruturada.
Passo 4 Prestando atenção no comportamento de seguir instruções.	Os pais aprenderem a utilizar o reforço social contingente ao comportamento adequado.	Apresentação, pelos participantes, das observações e resultados propostos para trabalho em casa *Banner* *Vídeo* **Principais procedimentos** Análise do comportamento Reforçamento diferencial Treinamento tipo *role play*	Realizar a atividade proposta e atentar para a utilização do reforço social e para a resposta do filho. Alternar com as atividades das semanas anteriores.
Passo 5 Ensinando a "ler" o ambiente social.	Os pais devem desenvolver a habilidade da leitura do ambiente social.	Apresentação, pelos participantes, das observações e resultados propostos para trabalho em casa *Banner* Pictogramas **Principais procedimentos** Análise do comportamento Ensaio comportamental Treinamento tipo *role play*	Identificar e refletir sobre expressões utilizando pictogramas e situações naturais. Alternar com as atividades das semanas anteriores.

(Continua)

(Continuação)

Sessão	Objetivos da sessão	Procedimentos e instrumentos	Tarefas para casa
Passo 6 Facilitando e empatia e dando ordens eficientes.	Orientar os pais sobre a interferência do ambiente no atendimento das ordens pelo filho.	Apresentação, pelos participantes, das observações e resultados propostos para trabalho em casa *Banner* *Vídeo* **Principais procedimentos** Análise do comportamento Ensaio comportamental Treinamento tipo *role play*	Eleger o comportamento--problema apresentado pelo filho e trabalhar "ordens eficientes". Alternar com as atividades das semanas anteriores.
Passo 7 Melhorando o comportamento na escola.	Promover um trabalho colaborativo entre pais e professores.	Apresentação, pelos participantes, das observações e resultados propostos para trabalho em casa *Banner* *Carimbos* **Principais procedimentos** Análise do comportamento Reforçamento diferencial Monitorar atividades	Estabelecer contato com a escola. Alternar com as atividades das semanas anteriores.
Passo 8 Representação de papéis.	Desenvolver nos pais a compreensão do seu papel e a compreensão do papel do filho.	Apresentação, pelos participantes, das observações e resultados propostos para trabalho em casa *Banner* *Vivência 2* **Principais procedimentos** Análise do comportamento Ensaio comportamental Treinamento tipo *role play* Reforçamento diferencial	Utilizar *role play* a partir de uma situação cotidiana. Alternar com as atividades das semanas anteriores.
Passo 9 Desenvolvendo a capacidade de se expressar.	Trabalhar com os pais a compreensão e a utilização da assertividade.	Apresentação, pelos participantes, das observações e resultados propostos para trabalho em casa *Banner* **Principais procedimentos** Análise do comportamento Ensaio comportamental Treinamento tipo *role play* Reforçamento diferencial	Utilizar *role play*. Alternar com as atividades das semanas anteriores.
Sessão de encerramento	Avaliação pós-teste.	Inventário de Habilidades Sociais ICI QSD	Manter a atenção aos comportamentos do filho. Utilizar os recursos anteriores.

Os resultados quantitativos estão apresentados na Tabela 21.1. Uma estimativa dos efeitos do treinamento foi analisada por meio do método proposto por Kazis, Anderson e Meenan (1989). Os resultados obtidos por meio do ICI e QSD (Barkley, 1997) indicam que os efeitos do programa foram de intensidade moderada.

Para os resultados qualitativos, foram considerados os seguintes elementos, entre outras evidências:

- a assiduidade do grupo que concluiu o programa. A frequência em cada um dos encontros/passos ficou acima de 80%;
- em entrevista final, os pais valorizaram e destacaram os resultados obtidos;
- as várias atividades realizadas nas sessões de treinamento foram adaptadas pelos pais e aplicadas em situações de rotina;
- o relato do pais indicou adequação no uso de procedimentos para a solução de problemas (Pinheiro, 2006).

Um programa individual

A família de Paulo (nome fictício) procurou avaliação neurológica por solicitação da escola. O menino, que apresentava bom comportamento e desempenho geral, no último ano apresentou agitação e dificuldade para seguir regras. Paulo estuda em uma escola particular localizada em zona nobre da cidade. Problemas de oposição em seu comportamento vinham aumentando intensamente a ponto de prejudicar seu desempenho escolar. A neurologista infantil que o acompanha, com hipótese diagnóstica de transtorno de oposição, encaminhou para o treinamento de pais. Nascido no mês de setembro de 2003, não faz uso de medicação, é o segundo filho de uma família de dois filhos bem estruturada. Paralelamente ao treinamento de pais, Paulo iniciou com apoio psicopedagógico para acompanhar atividades escolares.

O programa foi desenvolvido com a mãe, tendo em vista as viagens frequentes do pai por motivo de trabalho. Nos primeiros contatos para avaliação, as queixas da mãe estavam relacionadas ao não atendimento às regras e à dificuldade de controle do comportamento do filho em diversas situações sociais. Ela relatava grande preocupação com a vida escolar do filho, cujo desempenho estava cada vez mais baixo. Preocupava-se também com controle efetivo de outros comportamentos, pois, naquele momento, ele só cumpria ordens em negociação com jogos de *videogame*. Vale dizer que os jogos que o filho "exigia" em negociação eram aqueles que os pais não permitiam por serem extremamente violentos. Muitas vezes a mãe se via obrigada a ceder para que o filho atendesse a idas de rotina ao médico, ao dentista, e assim por diante.

Em determinadas ocasiões, quando a mãe recorria ao pai para contribuir na solução de um conflito com o filho, sua preocupação era transferida pela "maneira rígida e agressiva com que o pai tratava o filho". Nos contatos para avaliação, a criança apresentou bom vocabulário, assim como um bom comportamento frente ao seguimento de regras e aos recursos para a solução de conflitos. Ao desempenhar atividades semelhantes na presença da mãe, ficaram evidentes a intolerância e a agressividade de Paulo. Durante a avaliação, ela se mostrou excessivamente preocupada com a postura do filho. Uma entrevista com a escola foi realizada para conhecer os comportamentos do menino também naquele contexto.

TABELA 21.1 | Dados descritivos e inferenciais dos resultados obtidos no comportamento das crianças, conforme avaliação feita pelos pais

	Pré-treino		Pós-treino	
	Média	DP	Média	DP
Soma de comportamentos importunos	32,22	19,183	24,03	14,252
Questionário Situações Domésticas	7,63	3,705	5,56	3,311

Ao iniciar o PTP, os pais responderam ao QSD de Barkley (1997). Quantificaram também, no mesmo formato do QSD, outros comportamentos que identificaram como queixa em situações de rotina familiar. Os trabalhos iniciaram após uma análise funcional de determinados comportamentos que poderiam estar contribuindo mais fortemente com o estresse familiar.

O programa de intervenção, que teve duração de quatro meses, foi desenvolvido basicamente com a mãe e alguns passos com a professora. Após as sessões em que foram trabalhadas "ordens efetivas" e "economia de fichas", foi possível identificar alguns ajustes no comportamento de Paulo. Uma segunda reunião com a escola foi realizada para avaliação do efeito do trabalho no contexto escolar. Os pais responderam novamente aos questionários após três meses de trabalho.

Foi agendada uma sessão com o pai, que vinha participando do programa apenas respondendo aos questionários e seguindo as orientações recebidas pela mãe. As dificuldades encontradas pelo pai no manejo do comportamento do filho também haviam reduzido significativamente. Programou-se um intervalo de 30 dias entre as sessões e a reavaliação. Os relatos indicaram que a mudança de comportamento ainda se mantinha.

Aproximadamente 90 dias após a última sessão, a mãe foi contatada para a assinatura do termo de consentimento livre e esclarecido, disponibilizando as informações relacionadas ao trabalho desenvolvido. Se relato breve para avaliar o comportamento do filho: "Estamos chegando da aula de natação. Paulo hoje pode fazer natação. É difícil acreditar como hoje ele atende às orientações dos professores".

No Quadro 21.2 estão relacionadas as principais estratégias utilizadas no programa desenvolvido com Paulo e os pais.

O Quadro 21.3 apresenta os resultados do QSD. O máximo de pontuação que se poderia obter em um QSD seria 144 pontos em nível de dificuldade. O número maior de pontos representa um número maior de dificuldades. Espera-se que, ao final do programa, o número de dificuldades encontrado seja menor que o inicial.

QUADRO 21.2 | Estrutura das sessões do programa de treinamento de pais

Item	Principais estratégias trabalhadas
01	Por que as crianças se comportam mal.
02	Prestando atenção ao bom comportamento do filho. Interação positiva.
03	Ordens efetivas.
04	Economia de fichas.
05	Ensinando a ler o ambiente.
06	Desenvolvendo a assertividade.
07	Suspensão e outros métodos disciplinares.
08	Manejo da criança em lugares públicos.
09	Antecipando problemas futuros.

QUADRO 21.3 | Dados obtidos por meio do Questionário de Situações Domésticas, respondido pelos pais

	Avaliação inicial (14/3/2010)	Avaliação final (30/6/2010)
Mãe	65 pontos	06 pontos
Pai	96 pontos	18 pontos

Educação especial e treinamento de pais: um modelo de programa de intervenção

Os problemas de comportamento apresentados por indivíduos com doenças neurológicas e psiquiátricas demandam esforços para melhorar sua funcionalidade e qualidade de vida. A utilização de técnicas psicológicas, cognitivas e comportamentais tem sido sugerida pela literatura internacional da área e aplicada com resultados importantes de sucesso (Mohsin et al., 2012; Reichow et al., 2013). Considerando a demanda de longo prazo e os aspectos contextuais envolvidos no manejo desses comportamentos inadequados e por vezes desadaptativos, a Organização Mundial da Saúde (OMS) tem indicado os PTP como estratégia para orientar essa população.

Uma equipe de pesquisadores do LND e quatro educadores de uma APAE no Estado de Minas Gerais envolveram-se na elaboração, na capacitação, na aplicação e na análise dos resultados de um programa que atendeu 26 educandos com idade média de 24,25 anos (DP = 9,07), variando entre 11 e 49 anos.

Os instrumentos utilizados para avaliação dos resultados do treinamento examinaram os seguintes aspectos: os comportamentos adaptativos dos educandos por meio da Escala Vineland de Comportamento Adaptativo (Sparrow, Balla, & Cicchetti, 1984), constituída por um *checklist* que avalia o desenvolvimento motor, comunicacional e de atividades de vida diária e de autocuidado (AVDs). Foi utilizado também o Inventário de Estilos Parentais (IEP) (Gomide, 2006) com o objetivo de caracterizar os estilos educativos mais predominantes nas condutas dos pais participantes com seus filhos. Os pais também tiveram a inteligência avaliada por meio do teste de Matrizes Progressivas de Raven (Raven, 2008). Além disso, foi utilizada a Escala de Depressão de Beck (BDI II) (Beck, Steer, & Brown, 2012) como rastreio de sintomas da depressão parental. Por fim, foi mensurado o nível socioeconômico das famílias por meio do Critério Brasil de Nível Socioeconômico (Associação Brasileira de Empresas de Pesquisa [ABEP], 2010).

Os profissionais foram devidamente orientados para a aplicação dos instrumentos. Antes de iniciar a intervenção, foram aplicados a escala de comportamento, o teste de inteligência, a escala de rastreio de sintomas depressivos, além de uma entrevista semiestruturada para coleta de dados sobre história clínica. No pós-teste, foram aplicadas novamente a escala de comportamento, de rastreio de sintomas depressivos parentais e três escalas avaliando o grau de satisfação dos participantes com a intervenção (Escala de Satisfação dos Pacientes com Serviço de Saúde Mental [SATIS-BR], Inventário de Satisfação do Consumidor [Bandeira & Silva, 2012] e Therapy Attitude Inventory [TAI] [Eyberg, 1992]).

Os recursos materiais de apoio oferecidos para favorecer a compreensão, o estudo e a condução do PTP estão apresentados na Figura 21.1.

A Figura 21.2 apresenta o esquema, em três níveis, do PTP desenvolvido:

Módulo A: as três sessões iniciais previstas para esse módulo propõem investimento no vínculo afetivo, habilidades sociais educativas dos pais, disciplina não coercivia e compreensão das relações causais que embasam a análise do comportamento.

Módulo B: utiliza um programa para modificação do comportamento como recurso para discutir e apresentar a teoria dos cinco fatores que contribuem no formato comportamental da criança, compreender e exercitar a análise funcional do comportamento.

Módulo C: propõe atenção para relação de tríplice contingência, manter e ajustar o programa em desenvolvimento com ênfase na aprendizagem sem erro, manejo do comportamento desadaptativo e aprendizagem contínua de novas competências.

As intervenções realizadas pelos profissionais da APAE mostraram resultados positivos quanto à aquisição de novas habilidades, como as AVDs e as habilidades de autocuidado pelos educandos. Além disso, foram observadas mudanças nas atitudes dos pais em relação aos comportamentos desadaptativos dos filhos, principalmente àqueles relacionados à rigidez e a estereotipias. Isso pode ser explicado pelo investimento na psicoeducação, medida

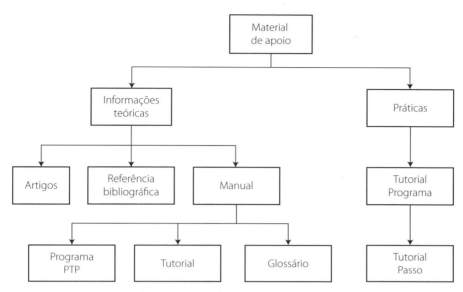

FIGURA 21.1 | Representação esquemática dos módulos utilizados para capacitar os profissionais da educação.
Fonte: Pinheiro (2015, p. 96).

que promoveu a compreensão dos pais sobre as dificuldades e as limitações de seus filhos e equilibrou as expectativas quanto ao desenvolvimento. A condução do PTP pelos próprios profissionais da instituição também proporcionou uma maior aproximação dos pais com as atividades que seus filhos realizavam na escola, possibilitando maior generalização dos ganhos. Portanto, os resultados positivos identificados na aplicação do PTP demonstram o sucesso da capacitação de profissionais, sejam eles psicólogos ou não, tornando possível a aplicação dessa modalidade de intervenção em outras instituições de ensino e de saúde.

Programa de treinamento de pais no dever de casa

O dever de casa está presente na rotina dos estudantes desde a educação básica até o ensino superior. Vários estudos mostram que essas atividades contribuem para a melhor aprendizagem do conteúdo, além de apresentar impactos positivos na aquisição de autonomia do aluno, contribuir para o desenvolvimento de estratégias de organização e o manejo do tempo pelos alunos e ajudar na promoção da autoeficácia do estudante (Corno & Xu, 1998; Kitsantas & Zimmerman, 2009; Xu, 2011; Zimmerman & Kitsantas, 2005; Kitsantas, Cheema, & Ware, 2011). Junto aos benefícios para os estudantes, o dever de casa funciona também como um elo entre escola e família, ajudando os pais a saber o que se passa na rotina escolar do filho e vice-versa. Por fim, trata-se de um momento importante de interação entre pais e filhos, já que, na maioria das vezes, a presença dos pais é requisitada na hora de ajudar os filhos nos deveres (Cooper, Robinson, & Patall, 2006).

É bastante comum que crianças com TDAH tenham dificuldades na realização dos deveres de casa já que, em geral, têm hesitação em se envolver em atividades que requerem esforço mental intenso e contínuo (American Psychiatric Association [APA], 2014). Além do mais, elas podem correr alto risco de reprovação e, em alguns casos, podem até mesmo abandonar a escola. Pesquisas mostram que esse grupo tende a ser menos participativo nos deveres acadêmicos em relação aos seus pares e são menos atentos e produtivos durante a execução de atividades em sala de aula ou em casa (Abikoff

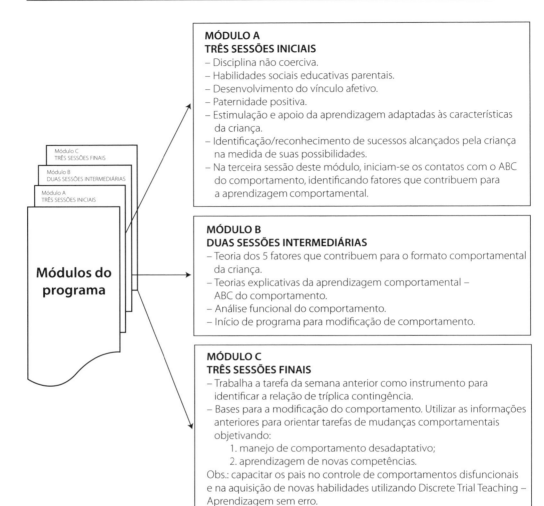

FIGURA 21.2 | Módulos do programa de treinamento de pais – APAE.
Fonte: Pinheiro (2015, p. 98).

& Gittelman, 1985; Habbousche et al., 2001). Os sistemas educacionais e as famílias, muitas vezes, não estão preparados para oferecer o suporte necessário para superar as dificuldades desse grupo.

Em resposta a esse problema, Power e colaboradores (2001) desenvolveram um programa de intervenção de treinamento de pais, intitulado Homework Success Program (HSP). A intervenção é realizada em grupo, com duração de dez semanas e sete sessões, sendo destinada para pais de crianças até o 6º ano do ensino fundamental. Os autores colocam que adaptações podem ser feitas para que o programa se mostre efetivo também para crianças mais adiantadas.

Os objetivos do programa foram ensinar estratégias comportamentais para pais de crianças de uma escola, psicoeducação sobre o TDAH e desenvolvimento de habilidades colaborativas com os professores. Os educadores também foram convidados a participar do programa, por meio da elaboração de objetivos mais realísticos sobre os deveres de casa, com mudanças na estrutura e no modo de avaliação das tarefas. Além disso, os autores propuseram também a realização de uma intervenção paralela com as crianças, visando a reforçar as estratégias comportamentais aprendidas nos grupos dos pais a partir de atividades lúdicas. A decisão pela utilização do grupo de intervenção com os próprios estudantes – prática pouco comum em protocolos de intervenção no dever de casa – deve-se ao fato de que o estabelecimento de objetivos pelos próprios alunos aumenta o nível de motivação, compreensão e cooperação das crianças na aplicação das práticas propostas na intervenção com os pais, possibilitando também a generalização dos resultados.

Os participantes do estudo foram indicados por profissionais da saúde. Os efeitos da intervenção foram avaliados a partir de quatro aspectos: *performance* acadêmica dos alunos dos pais participantes; sintomas de TDAH e outras variáveis comportamentais; estresse parental e funcionamento familiar; e satisfação dos participantes sobre o tratamento.

Os critérios de exclusão foram a presença de transtornos da conduta nas crianças, comportamentos internalizantes e comportamentos autoagressivos. As sessões tiveram duração de 90 minutos. Nos primeiros 15 minutos de todas as sessões, era realizado um encontro entre os pais e os filhos junto com os líderes do grupo para discussão das pautas a serem tratadas, o que facilitava a comunicação entre a intervenção com os pais e as crianças. As sessões foram divididas da seguinte forma:

- **Sessão 1:** introdução, orientação e descrição dos objetivos do programa, psicoeducação sobre a relação do TDAH com os problemas do dever de casa e compartilhamento de experiências entre os membros do grupo.
- **Sessão 2:** estabelecimento de regras e oferecimento de comandos, apresentação do ABC do comportamento (antecedente – comportamento – consequência), descrição do ritual do dever de casa, discussão sobre como estabelecer regras e comandos de forma mais eficiente.
- **Sessão 3:** reforço positivo, treino de técnicas e apresentação dos diferentes tipos de reforços.
- **Sessão 4:** administração do tempo no dever de casa e estabelecimento de metas, discussão sobre metas realizáveis, descrição da Ferramenta de Estabelecimento de Metas (Power et al., 2001), foco na importância do reforço para alcançar objetivos terapêuticos.
- **Sessão 5:** ensino e uso estratégico de consequências negativas e descrição desse tipo de consequência.
- **Sessão 6:** integração das habilidades aprendidas previamente, prevenção de problemas futuros, revisão do que já foi aprendido e foco no sucesso já alcançado.
- **Sessão 7 (acompanhamento):** discussão dos sucessos, das dificuldades e dos novos problemas que surgiram durante o período sem a intervenção.

No final do programa, os pais receberam orientação sobre como buscar ajuda para lidar com problemas futuros, por meio da aplicação de estratégias de resolução de problemas. Os participantes ganharam um certificado de conclusão da intervenção e tiveram de preencher instrumentos pós-avaliação. Era esperado que, ao fim do programa, fossem identificados efeitos positivos nos quatro aspectos avaliados.

Um estudo com um grupo de cinco famílias mostrou efeitos positivos na redução de problemas de comportamentos relacionados ao dever de casa. Além disso, os resultados obtidos na comparação dos escores dos instrumentos de pré e pós-avaliação mostraram que as crianças não aumentaram a quantidade de dever de casa. Uma das explicações para isso é que, antes da intervenção, as crianças não tinham problemas com os deveres escolares. No entanto, foi observado que as crianças aumentaram a precisão de acertos nessas atividades. Por fim, observou-se redução nos conflitos na relação entre pais e filhos em muitos casos, e a maioria das famílias se mostrou satisfeita com o programa.

Considerações finais

A preocupação com a parentalidade competente é tão antiga quanto a discussão de estratégias que podem assegurá-la. Vêm de longa data as iniciativas de grupos profissionais que atuam no trabalho da competência parental. Não só os psicólogos marcam presença nessa área, mas também psiquiatras infantis, assistentes sociais, professores, gestores educacionais e religiosos (Stern, 1960).

Na área da psicologia cognitiva e comportamental, a psicologia tem trazido contribuições importantes, apresentando resultados consistentes, questões que sugerem novas pesquisas e avanço em seus estudos. Os PTP têm oferecido estratégias para atender indivíduos na adaptação psicossocial, na promoção de novas habilidades e no processo de desenvolvimento de pessoas com lesões ou disfunções do sistema nervoso central.

Este capítulo apresentou alguns formatos e uma breve orientação sobre modelos de desenvolvimento que podem ser utilizados na construção de novos PTP. Em sua estrutura, os programas devem procurar abarcar o perfil da população a ser atendida e a queixa básica a ser trabalhada.

Programa 1: as principais questões consideradas na elaboração do programa estavam relacionadas à disciplina dos filhos (queixa inicial dos pais). No processo da avaliação, foram identificados possíveis riscos considerando-se a moradia (comunidade residencial com alta frequência de tráfico de drogas, prisões, assassinatos) e o déficit nas habilidades sociais educativas dos pais. Os resultados quantitativos apontaram efeito de intensidade moderada, enquanto os resultados qualitativos apresentaram várias respostas nas entrevistas de pós-teste, indicando que os pais valorizaram positivamente o programa e os resultados obtidos.

Programa 2: a avaliação inicial permitiu definir o objetivo geral do programa e elaborar, durante o processo, cada passo para trabalhar queixa específica. Por exemplo, a queixa inicial estava relacionada com a oposição. *Objetivo geral:* trabalhar questões relacionadas ao transtorno de oposição da criança. *Objetivos específicos:* atender à orientação dos pais no seguimento de regra relacionada com o *videogame*, não provocar a irmã e cumprir as tarefas escolares. Os resultados indicaram bom efeito, tanto quantitativos quanto qualitativos, do programa.

Programa 3: as demandas apresentadas pelos pais de indivíduos com doenças neurológicas e psiquiátricas requerem esforços de longo prazo para melhorar a funcionalidade e a qualidade de vida dos envolvidos. Um PTP procurou capacitar metodológica e cientificamente profissionais da educação especial na utilização de estratégias para corrigir problemas comportamentais e beneficiar o desenvolvimento do filho.

Programa 4: o Program Homework Success for Children with ADHD é uma intervenção de treinamento de pais realizada em grupos, baseada nos princípios da análise do comportamento. A intervenção foi formada por sete sessões, sendo a última de acompanhamento, realizada um mês após o final da terapia. O modo como o programa foi estruturado pelos autores possibilita a sua aplicação em diversos contextos (desde clínica até instituições de ensino). Um estudo com cinco famílias mostrou impactos positivos do programa na redução de problemas de comportamentos durante o dever de casa e, consequentemente, melhora do desempenho acadêmico das crianças (Power et al., 2001).

Para as perspectivas futuras, Skinner (2000) resume com maestria as dificuldades e as exigências impostas aos cientistas do comportamento, nomeando de "engenhosidade" os mecanismos necessários para se trabalhar atendendo às exigências técnicas, "um processo" que não pode ser facilmente imobilizado.

> O comportamento é uma matéria difícil, não porque seja inacessível, mas porque é extremamente complexo. Visto que é um processo, e não uma coisa, não pode ser facilmente imobilizado para observação. É mutável, fluido e evanescente e, por essa razão, faz grandes exigências técnicas da engenhosidade e energia do cientista. Contudo, não há nada essencialmente insolúvel

nos problemas que surgem deste fato (Skinner, 2000, p. 16).

Não há algo mais comum nem mais importante que o comportamento humano. Mais importante se torna ao compreendermos e investirmos no comportamento infantil, no seu processo de aprendizagem e na relevância de sua adequação não só para o desenvolvimento da criança específica, como também para o desenvolvimento da sociedade como um todo. As características de sua engenhosidade e a relevância do tema exigem o envolvimento de várias áreas de pesquisa apresentando mais recursos, mais compreensões e mais questionamentos.

Podemos considerar que são recentes o investimento e a utilização controlada de estratégias nas pesquisas envolvidas com o comportamento humano; contudo, são indiscutíveis seus resultados cada vez mais efetivos e a importância de perseguir uma melhor qualidade de vida e o bem-estar dos indivíduos.

Referências

Abikoff, H., & Gittehnan, R. (1985). The normalizing effects of methylphenidate on the classroom behavior of ADDH children. *Journal of Abnormal Child Psychology*, 13(1), 33-44.

Achenbach, T. M. (1991). *Integrative guide for the CBCL/4-18, YSR, and TRF profiles*. Burlington: University of Vermont.

Ames, C. (1993). How school-to-home communications influence parent beliefs and perceptions. *Equity and Choice*, 9(3), 44–49.

American Psychiatric Association (APA) (2002). *DSM-IV-TRTM - Manual diagnóstico e estatístico de transtornos mentais*. (4.ed. rev.). Porto Alegre: Artmed.

American Psychiatric Association (APA). (2014). *Manual diagnóstico e estatístico de transtornos mentais: DSM-5*. (5.ed.) Porto Alegre: Artmed.

Anastopoulos, A. D., Shelton, T. L., & Barkley, R.A. (2005). Family-based psychosocial treatments for children and adolescents with attention-deficit/hiperactivity disorder. In E. D. Hibbs, & P. S. Jensen (Orgs.), *Psychosocial treatments for child and adolescent dirorders: Empirically based stratefies for clinical practice* (2nd ed., pp. 327-350). Washington: APA.

Anesko, K. M., & O'Leary, S. G. (1982). The effectiveness of brief parent training for the management of children's homework problems. *Child and Family Behavior Therapy*, 4(2/3), 113-126.

Associação Brasileira de Empresas de Pesquisa (ABEP). (2010). *Critério Brasil de Classificação Econômica*. São Paulo: ABEP.

Balli, S. J., Demo, D. H., & Wedman, J. F. (1998). Family involvement with children's homework: An intervention in the middle grades. *Family Relations*, 47(2), 149–157.

Bandeira, M., & Silva, M. A. (2012). Escala de satisfação dos pacientes com os serviços de saúde mental (SATIS-BR): Estudo de validação. *Jornal Brasileiro de Psiquiatria*, 61(3), 124-132.

Bandura, A. (1977). *Social learning theory*. New Jersey: Prentice-Hall.

Barkley, R. A. (1997). *Defiant children: A clinician's manual for assessment and parent training* (2nd ed.). New York: Guilford.

Barkley, R A. (2002). *Transtorno de déficit de atenção/hiperatividade (TDAH): Guia completo para pais e profissionais de saúde*. Porto Alegre: Artmed.

Barkley, R. A. (2008). *Transtorno de déficit de atenção/hiperatividade: Manual para diagnóstico e tratamento* (3. ed.) Porto Alegre: Artmed.

Barr, R. D., & Parrett, W. H. (2001). *Hope fulfilled for at-risk and violent youth: K-12 programs that work*. Boston: Allyn and Bacon.

Barth, R. P. (2009). Preventing child abuse and neglect with parent training: Evidence and opportunities. *The Future of Children*, 19(2),95-118.

Baumrind, D. (1971). Current patterns of parental authority. *Developmental Psychology Monograph*, 4, 1-103.

Beck, A. T. (1964). Thinking and depression: II. Theory and therapy. *Archives of General Psychiatry*, 10(6), 561-571.

Beck, A. T., Steer, R. A., & Brown, G. K. (2012). *Manual do inventário de depressão de Beck (BDI-II)*. São Paulo: Casa do Psicólogo.

Briesmeister, J. M., & Schaefer, C. E. (2007). *Handbook of parent training: Helping parents prevent and solve problem behaviors* (3rd ed.). Hoboken: Wiley.

Bronfenbrenner, U. (2002). *A ecologia do desenvolvimento humano: Experimentos naturais e planejados*. Porto Alegre: Artmed. (Original publicado em 1979).

Caballo, V. E. (2009). Abordagem cognitiva na avaliação e intervenção sobre habilidades sociais. In Z. A. P. Del Prette, & A. Del Prette (Orgs.), *Psicologia das habilidades sociais: Diversidade teórica e suas implicações* (pp. 67-107). Petrópolis: Vozes.

Christophersen, E., & Mortweet, S. L. (2002). *Parenting that works: Building skills that last a lifetime*. Washington: APA.

Cooper, H., Robinson, J. C., & Patall, E. A. (2006). Does homework improve academic achievement? A synthesis of research 1987-2003. *Review of Educational Research*, 76(1), 1-62.

Corno, L., & Xu, J. (1998). *Homework and personal responsibility*. Paper presented at the Annual Meeting of the American Educational Research Association, San Diego.

Del Prette, Z. A. P., & Del Prette, A. (1999). *Psicologia das habilidades sociais: Terapia e educação*. Petrópolis: Vozes.

Del Prette, Z.A P., & Del Prette, A. (2001). O uso de vivências no treinamento de habilidades sociais. In M. L. Marinho, & V. E. Caballo (Orgs.), *Psicologia clínica e da saúde* (pp. 117-135). Londrina: UEL.

Del Prette, Z. A. P., & Del Prette, A. (2005). *Psicologia das habilidades sociais na infância: Teoria e prática*. Rio de Janeiro: Vozes.

Densen, M. A., & Silva, N. L. P. (2004). A família e os programas de intervenção: tendências atuais. In E. G. Mendes, M. A. Almeida, & L. C. A. Williams (Orgs.), *Temas em educação especial: Avanços recentes* (pp. 179-187). São Carlos: EDUFSCar.

Eyberg, S. (1992). Parent and teacher behavior inventories for the assessment of conduct problem behavior in children. In L. Vander Creek, S. Knapp, & T. L. Jackson (Eds.), *Innovations in clinicial practice: A source book*. Sarasota: Professional Resource.

Forehand, R., Brody, G. H., Armistead, L., Dorsey, S., Morse, E., Morse, P. S., & Stock, M. (2000). The role of community risks and resources in the psychosocial adjustment of at-risk children: An examination across two community contexts and two informants. *Behavior Therapy, 31*(3), 395-414.

Gadelha, Y. A., & Vasconcelos, L. A. (2005). Generalização de estímulos: aspectos conceituais, metodológicos e de intervenção. In J. A. Rodrigues & M. R. Ribeiro (Org.), *Análise do comportamento: Pesquisa teoria e aplicação*. São Paulo: Artmed.

Gomide, P. I. C. (2006). *Inventário de estilos parentais – Modelo teórico – Manual de aplicação, apuração e interpretação*. Petrópolis: Vozes.

Green, G. (1996). Early behavioral intervention for autism: What does research tell us? In C. Maurice, G. Green, & S. C. Luce (Eds.), *Behavioral intervention for young children with autism: A manual for parents and professionals* (pp. 29-44). Austin: PRO-ED.

Gresham, F. M. (2009). Análise do comportamento aplicada às habilidades sociais. In Z. A. P. Del Prette, & A. Del Prette (Orgs.), *Psicologia das habilidades sociais: Diversidade teórica e suas implicações* (pp. 17-66). Petrópolis: Vozes.

Haase, V. G., Käppler K. C., Schaefer, A., Heleno, C. T., Dagnoni, J. M., & Freitas, P. C. (2000). *Disciplina não coerciva: Treinamento de pais*. Belo Horizonte: FAFICH/UFMG.

Habbousche D. F., Daniel-Crotty, S., Karustis, J. L., Leff, S. S., Costigan, T. E., Goldstein, S. G., ... Power, T. J. (2001). A Family school homework intervention program for children with attention-deficit/Hyperactivity disorder. *Cognitive and Behavioral Practice, 8*(2), 123-136.

Hartman, R. R., Stage, S. A., & Webster-Stratton, C. (2003). A growth curve analysis of parent training outcomes: Examining the influence of child risk factors (inattention, impulsivity, and hyperactitity problems), parental and family risk factors. *Journal of Child Psychology and Psychiatry, 44*(3), 388-398.

Kahle, A. L., & Kelley, M. L. (1994). Children's homework problems: A comparison of goal setting and parent training. *Behavior Therapy, 25*(2), 275–290.

Kaminski, J. W., Valle, L. A, Filene, J. H, & Boyle, C. L. (2008). A meta-analytic review of components associated with parent training program effectiveness. *Journal of Abnormal Child Psychology, 36*(4), 567-589.

Kazdin, A. E. (1997). Parent management training: Evidence, outcomes, and issues. *Journal of the American Academy of Child & Adolescent Psychiatry, 36*(10), 1349--1356.

Kazdin, A. E. (2005). Child, parent, and family-based treatment of agressive and antissocial child behavior. In E. D. Hibbs, & P. S. Jensen (Orgs.), *Psychosocial treatments for child and adolescent disorders: Empirically based strategies for clinical practice* (2. ed., pp. 327-350). Washington: APA.

Kazdin, A. E., Marciano, P. L., & Whitley, M. K. (2005). The therapeutic alliance in cognitive-behavioral treatment of children referred for oppositional, aggressive, and antisocial behavior. *Journal of Consulting and Clinical Psychology, 73*(4), 726-730.

Kazis, E. L., Anderson, J. J., & Meenan, R. F. (1989). Effect sizes for interpreting changes in health status. *Medical Care, 27*(3 Suppl), 178-189.

Kitsantas, A., & Zimmerman, B. J. (2009). College students' homework and academic achievement: The mediating role of self-regulatory beliefs. *Metacognition and Learning, 4*(2), 97-110.

Kitsantas, A., Cheema, J., & Ware, H. W. (2011). Mathematics achievement: The role of homework and self--efficacy beliefs. *Journal of Advanced Academics, 22*(2), 310-339.

Lansky, V. (1991). *101 ways to make your child feel special*. Chicago: Contemporary Books.

Leaf, R., & McEachin, J. (1999). *A work in progress: Behavior management strategies and a curriculum for intensive behavioral treatment of autism*. New York: DRL. Books.

Martin, G., & Pear, J. (2009). *Modificação de comportamento: O que é e como fazer*. São Paulo: Roca.

Matson, J. L., Mahan, S., & LoVullo, S. V. (2009). Parent training: A review of methods for children with developmental disabilities. *Research in Developmental Disabilities, 30*(5), 961-968.

Mattos, P., Serra-Pinheiro, M. A., Rohde, L. A., Pinto, D. (2006). Apresentação em português, para uso no Brasil do instrumento MTA-SNAP-IV de avaliação de sintomas de transtorno de déficit de atenção/hiperatividade e sintomas de transtorno desafiador e de oposição. *Revista Psiquiátrica do Rio Grande do Sul, 28*(3), 290-297.

Maurice, C. (1993). *Behavioral intervention for young children with autism: A manual for parents and professionals*. Austin: PRO-ED.

McKee, L., Forehand, R., Rakow, A., Reeslund, K., Roland, E., Hardcastle, E., & Compas, B. (2008). Parenting specificity an examination of the relation between three parenting behaviors and child problem behaviors in the context of a history of caregiver depression. *Behavior modification, 32*(5), 638–658.

McMahon, R. J. (1999). Treinamento de pais. In: Caballo, V. E. (Org.), *Manual de técnicas de terapia e modificação do comportamento* (pp. 399-422). São Paulo: Santos.

Michelson, L., Sugai, D. P., Wood, R. P., & Kazdin, A. E. (1983). *Social skills assessment and treining with children: An Empirically based handbook*. New York: Plenum.

Mohsin, M. N., Mohsin, M. S., & Shabbir, M. (2012). Development and validation of ecological inventories of a child with intellectual disabilities. *Elixir Education Tech, 43*, 6627- 6630.

O'Dell, S. (1974). Training parents in behavior modification: A review. *Psychological Bulletin, 81*(7), 418-433.

Ogden, T., & Hagen, K. A. (2008). Treatment effectiveness of parent management training in Norway: A randomized controlled trial of children with conduct problems. *Journal of Consulting and Clinical Psychology, 76*(4), 607-621.

Pinheiro, M. I. S. (2006). Treinamento em habilidades sociais educativas para pais de crianças em trajetória de risco. Dissertação de mestrado não publicada, Universidade Federal de São Carlos, São Carlos.

Pinheiro, M. I. S. (2015). *Estudo da viabilidade de capacitação de profissionais envolvidos com educação especial na condução de programas de treinamento de pais*. Tese de doutorado não publicada, Faculdade de Medicina, Universidade Federal de Minas Gerais, Belo Horizonte.

Pinheiro, M. I. S., Del Prette, A., & Del Prette, G. (2009). Crianças com problemas de comportamento: uma proposta de intervenção via treinamento de pais em grupo. In V. G. Haase, F.O. Ferreira, & F. J. Penna (Orgs.), *Aspectos biopsicossociais da saúde na infância e adolescência* (pp.523--535). Belo Horizonte: Coopmed.

Pinheiro, M. I. S., Haase, V. G., Del Prette, A., Amarante, C. L. D., & Del Prette, Z. A. P. (2006). Treinamento de habilidades sociais educativas para pais de crianças com problemas de comportamento. *Psicologia: Reflexão e Crítica, 19*(3), 407-414.

Power, T. J., Karustis, J. L., & Habboushe, D. E. (2001). *Homework success for children with ADHD: A family-school intervention program*. New York: Guilford.

Raven. J. C. (2008). *Matrizes progressivas: Escala geral* (4. ed.). Rio Janeiro: CEPA.

Reichow, B., Servili, C., Yasamy, M. T., Barbui, C., & Saxema, S. (2013). Non-specialist Psychosocial Interventions for Children and Adolescents with Intellectual Disability or Lower-Functioning Autism Spectrum Disorders: A Systematic Review. *PLoS Med 10*(12), e1001572.

Reid, M. J., Webster-Stratton, C., & Hammond, M. (2003). Follow-up of children who received the incredible years intervention for oppositional-defiant disorder: Maintenance and prediction of 2-year outcome. *Behavior Therapy, 34*(4), 471-491.

Reyno, S. M., & McGrath, P. J. (2006). Predictors of parent training efficacy for child externalizing behaviour problems: A meta-analytic review. *Journal of Child Psychology and Psychiatry, 47*(1), 99-111.

Serketich, W., & Dumas, J. E. (1996). The efectiveness of behavioral parent training to modify antisocial behavior in children: A meta-analysis. *Behavior Therapy, 27*(2), 171-186.

Skinner, B. F. (2000). *Ciência e comportamento humano*. São Paulo: Martins Fontes.

Sparrow, S. S., Balla, D. A., & Cicchetti, D. V. (1984). *Vineland Adaptive Behavior Scales*. Cicle Pines: American Guidance Service.

Stern, H. H. (1960). *Parent education an international survey: Special Monograph*. Hamburg: University of Hull.

Webster-Stratton, C. (2005). The Incredible Years: A training series for the prevention and treatment of conduct problems in young children. In E. D. Hibbs, & P. S. Jensen (Orgs.). *Psychosocial treatments for child and adolescent disorders: Empirically based strategies for clinical practice* (2nd. ed., pp. 507-555). Washington: APA.

Williams, C. G. (1959). The elimination of tantrum behavior by extinction procedures. *Journal of Abnormal and Social Psychology, 59*, 269.

Xu, J. (2011). Homework emotion management at the secondary school level: Antecedents and homework completion. *Teachers College Record, 113*(3), 529-560.

Zimmerman, B., & Kitsantas, A. (2005). Homework practice and academic achievement. the mediating role of self--efficacy and perceived responsibility beliefs. *Contemporary Educational Psychology, 30*(4), 397-417.

Leituras recomendadas

Butterworth, B. (2005). The development of arithmetical abilities. *Journal of child psychology and psychiatry and allied disciplines, 46*(1), 3-18.

Del Prette, A., & Del Prette, Z. A. P. (2003). Aprendizagem sócio-emocional na infância e prevenção da violência: Questões conceituais e metodologia da intervenção. In A. Del Prette. A., & Z. A. P. Del Prette (Org.), *Habilidades sociais, desenvolvimento e aprendizagem* (pp. 83-127). Campinas: Alínea.

Haase, V. G., Käppler, K. C., & Schaefer, A. (2000). Um modelo de intervenção psicoeducacional para prevenção da violência no ambiente familiar e escolar. In V. G. Haase, R. R Neves, C. Käppler, M. L.M. Teodoro, & G. M. O. Wood (Org.), *Psicologia do desenvolvimento: Contribuições interdisciplinares* (pp. 265-282). Belo Horizonte: Health.

Hayde, J. S., Else-Quest, N. M., Alibali, M. W., Knuth, E., & Romberg, T. (2006). Mathematics in the home: Homework practices and mother-child interactions doing mathematics. *Journal of Mathematical Behavior, 25*(2), 136-152.

Papalia, D. E., & Olds, S. W. (2000). *Desenvolvimento humano* (7. ed.). Porto Alegre: Artmed.

Webster-Stratton, C. (1990). Enhancing the efectiveness of self-administred videotape parent training for families with condust-problem children. *Journal of Abnormal Child Psychology, 18*(5), 479-492.

Webster-Stratton, C. (1997). Early Intervention for families of preescholl children with conduct problems. In M. J. Guralnick (Org.), *The Effectiveness of Early Intervention* (pp. 429-453). Baltimore: Paul H. Brookes.

Webster-Stratton, C., & Hammond, M. (1997). Treating children with early-onset conduct problems: A comparison of child and parent training interventions. *Journal of Consulting and Clinical Psychology, 65*(1), 93-109.

22

Manejo familiar de crianças com transtorno de déficit de atenção/hiperatividade

Marina Stahl Merlin | Adriana Said Daher Baptista

Este capítulo pretende instrumentalizar pais e profissionais frente a crianças cuja agitação, agressividade e excesso de energia estão presentes de forma prejudicial à dinâmica familiar. O manejo proposto será permeado por material científico e pela teoria psicológica de referência para a modificação de comportamento (Caballo, 1999), sempre voltados para a prática clínica e familiar.

Contextualizando o transtorno de déficit de atenção/hiperatividade

Atualmente, percebe-se um aumento na agitação mental e motora das crianças. Hipóteses explicativas sugerem que a era da internet, iniciada a partir de 1990, reduziu a capacidade de foco da população em geral, ao mesmo tempo em que se percebeu maior engajamento em atividades virtuais. O acesso fácil e rápido a informações, proporcionado pelo mundo virtual, propicia a diminuição da capacidade de esperar, aguardar uma resposta ou resolver uma dificuldade, mudando, nesse sentido, o perfil comportamental das crianças e jovens desta nova era, em especial quando comparadas a gerações anteriores.

Paralelamente a essa mudança no paradigma de acesso a informações e mundo virtual, existem quadros psiquiátricos e psicológicos que compartilham comportamentos de pouca autorregulação, topograficamente observados em crianças hiperativas, mas que são reconhecidos e estudados anteriormente a esse processo moderno de vida cibernética. Especificamente, o transtorno de déficit de atenção/hiperatividade (TDAH) é bastante polêmico e mal compreendido, pois tem sido associado a problemas de excessos comportamentais motores indiscriminadamente.

O TDAH refere-se a um quadro nosológico cuja primeira referência ocorreu em 1798, com descrições médicas de crianças agitadas e desatentas. Definições sucessivas foram sendo refinadas até sua primeira publicação formal na segunda edição do *Manual diagnóstico e estatístico de transtornos mentais* (DSM-II) (American Psychiatric Association [APA], 1968), referido como "reação hipercinética da criança". Essa compilação foi retratada logo após o registro de Conners e Eseinberg sobre o efeito positivo do metilfenidato para crianças com o quadro em questão (Sharkey & Fitzgerald, 2007).

O uso de estimulantes para casos de TDAH surgiu em 1937, na tentativa de Charles Bradley em tratar a criança Emma Pendleton Bradley, acometida por encefalite letárgica durante uma epidemia na Europa. Ao fazer a inalação da benzedrina, um broncodilatador usado para asma, detectou-se melhora dos sintomas de agitação e desatenção. A partir desse momento, estudos foram conduzidos na tentativa de compreender e adequar o uso dessa classe medicamentosa, chegando-se, assim, ao metilfenidato, patenteado por uma empresa farmacêutica em 1954 como "Ritaline" (Sharkey & Fitzgerald, 2007).

O diagnóstico de transtorno de déficit de atenção/hiperatividade

O diagnóstico do TDAH deve abranger uma avaliação detalhada dos diferentes aspectos da vida do indivíduo, incluindo minimamente os aspectos a seguir.

- **Clínicos:** por meio da entrevista clínica com os responsáveis e com a criança, verificar os antecedentes mórbidos pessoais, antecedentes mórbidos familiares e a presença/manifestação dos sintomas nucleares (desatenção, hiperatividade e impulsividade) e dos sintomas secundários (repercussões emocionais e percepção de qualidade de vida diante dos prejuízos em diferentes setores de sua vida).
- **Neuropsicológicos:** por meio do exame neuropsicológico obter o nível de desenvolvimento das habilidades cognitivas, especialmente da atenção e das funções executivas.
- **Ambientais:** pesquisar sobre a qualidade da estrutura familiar (relações afetivas, suporte dos pais e irmãos, rotinas, modelos comportamentais) e dos relacionamentos sociais.
- **Escolares:** o desempenho escolar deve ser investigado por meio da análise do material escolar (caderno, provas, trabalhos) e de solicitação de um relatório da escola descrevendo as dificuldades e as facilidades comportamentais e acadêmicas da criança.

Os **critérios diagnósticos** para o TDAH continuam passando por modificações e adequações, de acordo com achados científicos que contribuem para a melhor compreensão desse quadro nosológico. A versão mais recente do manual de classificação diagnóstica, o DSM-5 (APA, 2014), sugere que os sintomas de desatenção e hiperatividade/impulsividade não sejam apenas uma manifestação de comportamento opositor ou desafiador ou, ainda, uma manifestação de hostilidade ou dificuldade para compreender tarefas/instruções. Ressalta que adolescentes (a partir de 17 anos) e adultos devem apresentar pelo menos cinco sintomas de cada aspecto avaliado. Cinco critérios são utilizados e devem ser satisfeitos para que o diagnóstico seja de fato realizado. Entre eles estão os descritos no Quadro 22.1.

Os **prejuízos** causados pela presença dos comportamentos de desatenção, hiperatividade/impulsividade podem variar dependendo da gravidade desses sintomas, que determinarão a presença de um quadro de TDAH leve, moderado ou grave. Destaca-se, ainda, que os sintomas podem mudar ao longo da vida e, portanto, pode haver predominância de sintomas de hiperatividade na infância, mas a evolução pode ser com predominância de sintomas de desatenção na vida adulta. Nesse sentido, é possível classificar a predominância dos sintomas na apresentação atual (nos últimos seis meses), sendo oportuno classificá-lo como TDAH com: *apresentação combinada* (se tanto o critério A1 quanto o critério A2 são preenchidos nos últimos seis meses); *apresentação predominantemente desatenta* (se o critério A1 é preenchido, mas não o critério A2); ou *apresentação predominantemente hiperativa/impulsiva* (se o critério A2 é preenchido, mas não o critério A1).

O diagnóstico de TDAH é por si só uma etapa desafiadora, geralmente sendo um diagnóstico de exclusão, ou seja, inclui a exclusão de outros transtornos. Assim, o reconhecimento do TDAH pode incluir um percurso de tentativas e erros, especialmente quando não realizado por profissionais especializados e com experiência clínica suficiente para diferenciar funcionalmente os sintomas nucleares do TDAH de sintomas decorrentes de outras condições clínicas como ansiedade, depressão, transtorno do humor bipolar, quadros demenciais, entre outros.

A análise cuidadosa dos sintomas torna-se essencial, pois, além de transtornos com sintomatologia semelhante, no TDAH estes variam conforme o contexto e podem ser mínimos ou ausentes em condições específicas, como, por exemplo, quando o indivíduo está recebendo recompensas frequentes por comportamento apropriado (comportamento consequenciado imediatamente); quando está sob supervisão de alguém (p. ex., a mãe, a secretária, o tutor, o terapeuta); quando está em uma situação de interesse ou nova; quando está recebendo estímulos externos consistentes/contínuos (como ocorre por meio de telas eletrônicas); e quando estão em situações de interação individual, ou seja, o indivíduo e mais uma pessoa (APA, 2014).

QUADRO 22.1 | Critérios diagnósticos para TDAH segundo o DSM-5

Critério A1 **Sintomas de desatenção**	Pelo menos 6 (para crianças) e pelo menos 5 (para adolescentes com mais de 17 anos e adultos) dos seguintes sintomas persistem por no mínimo seis meses, frequentemente, em um grau que é inconsistente com o nível do desenvolvimento e têm impacto negativo diretamente nas atividades sociais e acadêmicas/profissionais.
a.	Frequentemente não presta atenção em detalhes ou comete erros por descuido em tarefas escolares, no trabalho ou durante outras atividades (p. ex., negligencia ou deixa passar detalhes, o trabalho é impreciso).
b.	Frequentemente tem dificuldade de manter a atenção em tarefas ou atividades lúdicas (p. ex., dificuldade de manter o foco durante aulas, conversas ou leituras prolongadas).
c.	Frequentemente parece não escutar quando alguém lhe dirige a palavra diretamente (p. ex., parece estar com a cabeça longe, mesmo na ausência de qualquer distração óbvia).
d.	Frequentemente não segue instruções até o fim e não consegue terminar trabalhos escolares, tarefas ou deveres no local de trabalho (p. ex., começa as tarefas, mas rapidamente perde o foco e facilmente perde o rumo).
e.	Frequentemente tem dificuldade para organizar tarefas e atividades (p. ex., dificuldade em gerenciar tarefas sequenciais, dificuldade em manter materiais e objetos pessoais em ordem, trabalho desorganizado e desleixado, mau gerenciamento do tempo, dificuldade em cumprir prazos).
f.	Frequentemente evita, não gosta ou reluta em se envolver em tarefas que exijam esforço mental prolongado (p. ex., trabalhos escolares ou lições de casa; para adolescentes mais velhos e adultos, preparo de relatórios, preenchimento de formulários, revisão de trabalhos longos).
g.	Frequentemente perde coisas necessárias para tarefas ou atividades (p. ex., materiais escolares, lápis, livros, instrumentos, carteiras, chaves, documentos, óculos, celular).
h.	Com frequência é facilmente distraído por estímulos externos (para adolescentes mais velhos e adultos, pode incluir pensamentos não relacionados).
i.	Com frequência é esquecido em relação a atividades cotidianas (p. ex., realizar tarefas, obrigações; para adolescentes mais velhos e adultos, retornar ligações, pagar contas, manter horários agendados).

(Continua)

(Continuação)

Critério A2 **Sintomas de hiperatividade/ impulsividade**	**Pelo menos 6 (para crianças) e pelo menos 5 (para adolescentes com mais de 17 anos e adultos) dos seguintes sintomas persistem por no mínimo seis meses, frequentemente, em um grau que é inconsistente com o nível do desenvolvimento e têm impacto negativo diretamente nas atividades sociais e acadêmicas/profissionais.**
a.	Frequentemente remexe ou batuca as mãos ou os pés ou se contorce na cadeira.
b.	Frequentemente levanta da cadeira em situações em que se espera que permaneça sentado (p. ex., sai do seu lugar em sala de aula, no escritório ou em outro local de trabalho ou em outras situações que exijam que se permaneça em um mesmo lugar).
c.	Frequentemente corre ou sobe nas coisas em situações em que isso é inapropriado. (Nota: em adolescentes ou adultos, pode se limitar a sensações de inquietude.)
d.	Com frequência é incapaz de brincar ou se envolver em atividades de lazer calmamente.
e.	Com frequência "não para", agindo como se estivesse "com o motor ligado" (p. ex., não consegue ou se sente desconfortável em ficar parado por muito tempo, como em restaurantes, reuniões; outros podem ver o indivíduo como inquieto ou difícil de acompanhar).
f.	Frequentemente fala demais.
g.	Frequentemente deixa escapar uma resposta antes que a pergunta tenha sido concluída (p. ex., termina frases dos outros, não consegue aguardar a vez de falar).
h.	Frequentemente tem dificuldade para esperar a sua vez (p. ex., aguardar em uma fila).
i.	Frequentemente interrompe ou se intromete (p. ex., mete-se nas conversas, jogos ou atividades; pode começar a usar as coisas de outras pessoas sem pedir ou receber permissão; para adolescentes e adultos, pode intrometer-se em ou assumir o controle sobre o que outros estão fazendo).
Critério B	Vários sintomas de desatenção ou hiperatividade/impulsividade estavam presentes antes dos 12 anos de idade.
Critério C	Vários sintomas de desatenção ou hiperatividade/impulsividade estão presentes em dois ou mais ambientes (p. ex., em casa, na escola, no trabalho; com amigos ou parentes; em outras atividades).
Critério D	Há evidências claras de que os sintomas interferem no funcionamento social, acadêmico ou profissional ou de que reduzem sua qualidade.
Critério E	Os sintomas não ocorrem exclusivamente durante o curso de esquizofrenia ou outro transtorno psicótico e não são mais bem explicados por outro transtorno mental (p. ex., transtorno do humor, transtorno de ansiedade, transtorno dissociativo, transtorno da personalidade, intoxicação ou abstinência de substância).

Fonte: APA (2014, p. 59-60).

Atualmente, o TDAH é compreendido como um conjunto de comportamentos com início na infância, caracterizando um atraso no desenvolvimento em relação a certas funções cognitivas e comportamentais, como a atenção, a hiperatividade e a impulsividade. Barkley (2019), ao estudar com mais detalhes os comportamentos pertencentes ao transtorno, enfatiza que este se apresenta pelo desenvolvimento aquém para a idade cronológica das funções executivas, sobretudo da capacidade de autocontrole, caracterizando-o como um transtorno no controle inibitório mais do que um transtorno na atenção. Assim, nessa visão, a pessoa com TDAH apresenta dificuldades em inibir estímulos concorrentes, seu comportamento motor e suas vontades.

A diversidade de combinações dos sintomas nucleares (desatenção, hiperatividade e impulsividade) causa sintomas emocionais que, apesar de não estarem descritos no DSM-5, são responsáveis por comportamentos como irritabilidade, impaciência, baixa resistência à frustração, oscilação de humor, explosões emocionais e problemas de relacionamento interpessoal. A incapacidade de autocontrole, como em uma situação em que o indivíduo deve-se manter focado na sala de aula, ou naquela em que precisa controlar sua raiva, costuma gerar arrependimento e percepção negativa de si.

O **impacto** do TDAH nos relacionamentos envolve a sensação, no outro, de ser desinteressante e desrespeitado. As falhas atencionais em uma conversa podem ser mal compreendidas, como falta de interesse no assunto em pauta. A incapacidade em ter controle da sua necessidade de movimentação, muitas vezes manifestada por meio de comportamentos de cutucar o colega ou fazer barulho em momento inoportuno, também é interpretada como atitude desrespeitosa. De tal modo, ao longo da vida, a criança com TDAH costuma receber rótulos sociais negativos, que erroneamente relacionam tais comportamentos a problemas na educação parental ou a falhas morais (Brown, 2017).

O atraso na aquisição dos processos cognitivos subjacentes ao TDAH pode ser evidenciado por meio de resultados inferiores em testes neuropsicológicos de atenção, memória, planejamento e funções executivas, apesar dessas alterações não serem suficientemente específicas para servir como índices diagnósticos. Da mesma forma, dificuldades de aprendizagem e desempenho profissional podem sofrer prejuízos pela ocorrência dessas alterações nas funções cognitivas (Brown & Kennedy, 2019).

Entre as funções mais comumente alteradas nas pessoas com TDAH estão as **funções executivas**, que se referem à integração de processos cognitivos destinados à execução de comportamentos dirigidos a uma meta. Segundo Diamond (2013), essas funções exigem a interação de no mínimo três componentes: (1) memória operacional (capacidade de manter uma informação em mente para a execução de uma atividade), (2) controle inibitório (capacidade de inibir estímulos concorrentes ou, ainda, comportamentos impulsivos) e (3) flexibilidade cognitiva (capacidade de alternar a atenção entre duas ou mais atividades, mudar o ponto de vista e ter agilidade mental).

Outras habilidades derivam dessas três principais, como a capacidade de planejamento, de iniciar e finalizar uma atividade, de monitorar os comportamentos sociais, de regular as emoções, o raciocínio, a capacidade de resolução de problemas, a seleção e a integração de informações atuais e as previamente memorizadas (Lezak, Howieson, Bigler, & Tranel, 2012). O lobo frontal, particularmente a região pré-frontal, tem sido relacionado com essas funções. Apesar de não haver indícios de lesão retratada no lobo frontal, alterações no funcionamento dos circuitos frontoestriatais são evidenciadas em exames de imagem funcional e apresentam papel importante na patogênese do TDAH (Shaw et al., 2013).

Além de alterações no funcionamento cerebral, estudos longitudinais demonstraram que também existem diferenças estruturais entre o cérebro de crianças com TDAH e de crianças com desenvolvimento típico, como menor espessura cortical nas regiões do giro do cíngulo e medial pré-frontal. Ainda foi demonstrado que, independentemente da gravidade dos sintomas iniciais, ao longo do tempo, o prognóstico do transtorno é dependente das condições do desenvolvimento cerebral, ou seja, além da especificidade genética, o envolvimento entre genes e ambiente tem sido referido como predominante na evolução dos sintomas (Faraone, Biederman, & Mick, 2006).

A interação entre aspectos neurobiológicos e o ambiente vem sendo estudada desde o século passado, com importantes descobertas sobre o impacto de fatores sociais e ambientais na manifestação dos comportamentos (Fisher, 2008; Pinheiro, 1994). A influência dos aspectos ambientais na modificação dos sintomas do TDAH também foi estudada em gêmeos monozigóticos e mostrou diferença entre sintomas e comorbidades apresentadas entre os irmãos com cargas genéticas idênticas e ambientais semelhantes, porém não iguais (Nakao, Radua, Rubia, & Mataix-Cols, 2011; Pingauld, 2010; Valera, Faraone, Murray, & Seidman, 2007).

A **carga genética** e **hereditária** do TDAH é relatada desde 2003, com o início do Projeto Genoma pelo National Institute of Health, Estados Unidos, cujo objetivo foi o mapeamento dos genes humanos, incluindo os genes causadores de doenças (Tercyak, 2010). Apesar de, até hoje, não se ter determinado exatamente os genes relacionados ao TDAH, há estudos que apontam que filhos de pais (pai ou mãe) com TDAH têm 40 vezes mais chances de apresentar o transtorno ao longo da vida quando comparados a filhos de pais sem o transtorno, e pais e parentes biológicos de primeiro grau de crianças com TDAH apresentam um risco relativo entre quatro a nove vezes maior de também apresentarem sintomas em comparação aos pais com filhos sem TDAH (Faraone et al., 2006; National Institute of Mental Health [NIMH], 1997).

Frequentemente, ao longo do tratamento de crianças com TDAH, são descobertos sintomas do transtorno em seus pais. Tal fato reforça a herdabilidade do transtorno, assim como vem sendo associado a piores desfechos do tratamento comportamental, em especial quando a mãe tem TDAH e apresenta inconsistência frente aos comportamentos do filho, muitas vezes causando o aumento na frequência de comportamentos disruptivos. Pais que apresentam sintomas de desatenção, hiperatividade e/ou impulsividade proporcionam situações de maior exposição ambiental aos seus filhos, ou seja, propiciam modelos comportamentais inadequados e contraproducentes (Thapar & Stergiakouli, 2008). Nesse sentido, compreende-se o TDAH como um transtorno do neurodesenvolvimento que pode ter diferentes desfechos e apresentações, dependendo da presença/ausência de fatores protetivos ambientais.

Intervenções após o diagnóstico de transtorno de déficit de atenção/hiperatividade

Os **protocolos** de tratamento baseados em evidências científicas para crianças com TDAH enfatizam a necessidade de, primeiramente, realizar a modificação do ambiente, para, então, se os sintomas continuarem causando prejuízos significativos em pelo menos uma área da vida, iniciar com a terapia farmacológica. A medicação cuja eficácia se mostra mais satisfatória no tratamento para o TDAH é o psicoestimulante, o qual deve ser utilizado em associação com manejo comportamental para que ocorram as mudanças derivadas da neuroplasticidade. Em outras palavras, o uso da medicação tem sido relacionado ao favorecimento da maturação neurológica de crianças cujo treino comportamental é realizado em associação (National Institute for Health and Care Excellence [NICE], 2018).

O processo de **manejo familiar** é consequência do diagnóstico correto do TDAH na criança e em seus genitores, apoiado na avaliação das condições ambientais que propiciam os comportamentos-sintomas e no treinamento dos pais para controle dos estímulos ambientais.

Em relação ao diagnóstico, o fato de os manuais de referências serem descritivos e, portanto, topográficos, justifica a limitação clínica dos profissionais não especializados em diferenciar sintomas de desatenção, hiperatividade e/ou impulsividade de diferentes quadros que se assemelham com TDAH. Tratando-se de uma dificuldade comportamental, mesmo que de origem neurobiológica, é essencial considerar a função dos seus sintomas no ambiente, relacionando os aspectos antecedentes e consequentes

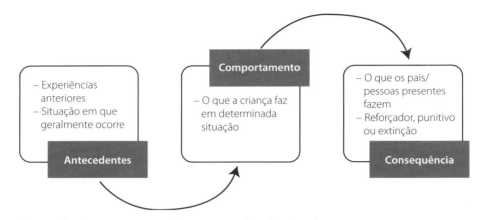

FIGURA 22.1 | Informações necessárias para a análise funcional.

de cada um deles, assim como sua história de desenvolvimento; ver Figura 22.1 (Organização Mundial da Saúde [OMS], 1993).

A **análise funcional** dos sintomas possibilita o diagnóstico correto e a adoção de estratégias eficientes no manejo desses casos. O termo hiperatividade vem sendo associado a sintomas de agitação, agressividade e impulsividade. Tais sintomas fazem parte de uma grande variedade de quadros neuropsiquiátricos (TDAH, transtorno do humor bipolar, transtorno de ansiedade, transtorno do espectro autista, transtorno obsessivo-compulsivo, transtornos da aprendizagem, transtorno do processamento auditivo central, entre outros), como também de alterações psicológicas (comportamentos aprendidos). Nesse sentido, pode-se considerar que crianças hiperativas podem pertencer a grupos distintos de origem sintomática, ou seja, uma criança que apresenta dificuldade em se manter sentada na sala de aula pode apresentar tal comportamento por uma dificuldade em compreender o conteúdo, por não conseguir se autorregular a ponto de se manter sentada, por excesso de energia, por ansiedade ante algum fato concorrente, como uma obsessão que requer a emissão de uma compulsão, enfim, em virtude de diversos motivadores desse mesmo comportamento (OMS, 1993).

O manejo comportamental depende da compreensão de seu motivo, que, em termos da análise do comportamento, seria a função pela qual este comportamento está ocorrendo e o que o mantém no repertório da criança. Isto é, faz-se necessário conhecer as relações entre os eventos ambientais e as atividades do organismo, identificando quadros neurobiológicos e aspectos ambientais antes do planejamento terapêutico.

A respeito dos **aspectos ambientais**, compreende-se que um ambiente protetivo para uma criança com TDAH significa um ambiente que a auxilie naquilo que lhe é limitado neuroquimicamente, como, por exemplo, no funcionamento das capacidades executivas. O treinamento de pais tem se mostrado como tratamento de primeira linha em crianças com TDAH, especialmente naquelas com idade pré-escolar.

Ao iniciar um plano de manejo comportamental, é imprescindível a compreensão das situações antecedentes, ou seja, das situações em que os comportamentos indesejados geralmente ocorrem. Assim, pode-se planejar uma intervenção adequada, iniciando pela definição dessas situações, conforme sugerido no Quadro 22.2.

As intervenções que melhor apresentam resultados nos estudos com crianças com TDAH são aquelas cujas **técnicas de modificação de comportamento** são utilizadas. Tais técnicas envolvem três procedimentos básicos: o reforçamento, a punição e a extinção de um comportamento. No primeiro procedimento, ocorre a apresentação de um estímulo reforçador positivo ou a retirada de um estímulo aversivo

QUADRO 22.2 | Modelo de investigação de situação antecedente atual

Quando há problemas de seguir comandos, regras ou outras dificuldades comportamentais?		
Em casa	**Na escola**	**Outras situações**
( ) brincando sozinho.	( ) durante as atividades.	( ) no supermercado.
( ) brincando com amigo.	( ) durante o recreio.	( ) na casa dos avós.
( ) nas refeições.	( ) nos corredores.	( ) quando fica com a babá.
( ) para se vestir.	( ) no carro indo para aula.	( ) quando está com sono.
( ) para tomar banho.	( ) no banheiro.	( ) quando está com fome.
( ) outros:	( ) outros:	( ) outros:

para que a frequência daquele comportamento aumente. A punição é um procedimento pouco desejável, por ter como consequências efeitos colaterais emocionais como medo, raiva ou ansiedade. Este ocorre quando após um comportamento é apresentado um estímulo aversivo (p. ex., uma repreensão) ou retirado um estímulo reforçador (um castigo como não poder jogar *videogame*) no intuito de diminuir a frequência de um comportamento. Já a extinção é o procedimento em que não são apresentados estímulos após um comportamento, no intuito de enfraquecer a probabilidade deste ocorrer no futuro. A extinção é vista como o procedimento mais eficiente e menos devastador em um processo de controle comportamental (Caballo, 1999; Carvalho Neto & Mayer, 2011).

No exemplo de uma criança emitir o comportamento de se recusar a fazer a lição em casa (antecedente atual), vale a pena compreender como foram as experiências anteriores dessa criança nessa situação (antecedentes históricos), ou seja, quais experiências anteriores podem estar determinando a ocorrência desse comportamento atualmente. Para uma criança com dificuldades escolares, a recusa em fazer a lição poderia ser decorrente de sua inabilidade em lidar com suas limitações. Nesse caso, pode-se entender que o comportamento de se recusar a fazer a lição de casa deve ter sido positivo em experiências anteriores (reforçado negativamente, pois a livrou do contato com a situação de frustrar-se ao não conseguir realizar a atividade) e, por isso, está novamente ocorrendo (ver Quadro 22.3).

Os pais precisam estar atentos ao contexto em que o comportamento da criança ocorre para a decisão sobre qual consequência irão fornecer. Na situação relatada anteriormente, se os pais oferecem ajuda e colaboram para que a criança consiga realizar a tarefa, e se ela obtém bons resultados (consegue fazer a lição), esta deverá se esquivar com menor frequência em outras situações semelhantes.

Ainda em relação ao controle das consequências a um comportamento, devem-se oferecer consequências aos comportamentos adequados em detrimento dos inadequados. Por exemplo, se a criança não responde ao ser chamada, porém, ela olha para você ao ouvir a sua voz, deve-se dar atenção a este comportamento (p. ex., dizendo: "Que bom que você me olhou!").

QUADRO 22.3 | Exemplo de análise funcional do comportamento

Antecedente	Comportamento	Consequência	Procedimento
Dificuldades escolares + Fracasso nas lições em casa	Recusa-se a fazer lições	Livra-se do fracasso	Reforço negativo
	Faz lição com os pais	Finaliza a atividade	Reforço positivo

Segundo Barkley (2013), o treinamento de pais deve focar em instrumentalizá-los a valorizar comportamentos positivos da criança e a diminuir a atenção ante comportamentos negativos. Ou seja, o manejo comportamental deve visar ao fortalecimento de bons comportamentos e o enfraquecimento de comportamentos indesejados. Para isso é necessário:

- aumentar o uso de consequências imediatas e consistentes (continuamente, sem falhas) diante de situações de não obediência. O atraso das consequências é especialmente disfuncional em casos de TDAH, já que estes, por conta de suas especificidades cognitivas, necessitam de uma relação entre comportamento e consequência óbvia para que ocorra a aprendizagem (Sonuga-Barke, Sergeant, Nigg, & Willcutt, 2008);
- substituir a repetição de comandos por ações, já que a consequência deve ser apresentada imediatamente após o comportamento, e, se diversas repetições dos comandos verbais ocorrerem, haverá atraso na consequenciação do comportamento de não obedecer ao comando;
- reconhecer e encerrar situações de confronto com a criança, pois estas não apresentam bom controle comportamental em indivíduos com TDAH, além de que discussões costumam envolver demandas emotivas que geram punições recíprocas.

A tarefa de treinamento dos pais para a análise do comportamento de seus filhos em termos de antecedentes e consequentes deve envolver orientações profissionais com certa frequência, pelo menos até que estes aprendam a fazer esse tipo de análise de forma mais autônoma. Assim, pretende-se que os pais possam prever determinado comportamento (em que contexto este ocorre?) e planejar o tipo de consequência que apresentará para que o comportamento de seu filho aumente ou diminua de frequência.

A **conversa** deve ser uma ferramenta presente na relação entre pais e sujeitos com TDAH, já que a autopercepção deve ser incentivada e auxiliada. A pessoa com TDAH geralmente tem *feedback* negativos mais frequentes do que os positivos, atrapalhando uma formação real de sua autoimagem. Nesse contexto, a descrição da contingência, ou seja, a explicação do que antecedeu e consequenciou determinado comportamento, faz-se necessária para a aprendizagem da auto-observação.

Outra abordagem que deve ser inserida no treinamento dos pais de pessoas com TDAH é o **controle de estímulos**, ou seja, a estruturação do ambiente em que elas estão inseridas. Controlar estímulos refere-se ao fato de externalizar condições que deveriam ser memorizadas e resgatadas em nosso cérebro.

O treinamento de pais envolve a capacitação destes em **organizar o ambiente**, controlando distrações e criando estratégias para auxiliar habilidades como a memória operacional, o planejamento e o controle inibitório. Isso significa que, se a criança não consegue realizar as etapas de uma rotina, esta deve estar externalizada e sinalizada no ambiente, fazendo o papel de suas funções executivas de memorizar as etapas, monitorar se seus comportamentos estão sendo adequados, inibir a vontade de fazer outras atividades, etc.

De acordo com o modelo de externalização da rotina ilustrado na Figura 22.2, a criança deve ter acesso à sinalização assim que acorda e deve, ativamente, assinalar os itens conforme vai completando as tarefas. A atividade sugere que a criança participe do monitoramento das etapas e obtenha satisfação em completar cada atividade até, finalmente, a tarefa toda. O acompanhamento de um adulto, ou até de um irmão sem tais dificuldades, é necessário até que a criança se adapte a esse recurso.

O auxílio parental, nessa situação, visa a suprir a imaturidade executiva dos indivíduos com TDAH, e não o treino dos comportamentos necessários para a execução da rotina. Crianças com TDAH em geral sabem o que fazer, mas não como fazer, ou seja, teoricamente elas sabem que precisam acordar, vestir-se, tomar café da manhã, etc., mas, na prática, sua inabilidade em inibir estímulos concorrentes (como um brinquedo que está no sofá ou a televisão que

Tarefa	Descrição da tarefa com etapas	Assinalar ao concluir
	Trocar de roupa: 1 - Tirar o pijama e deixar em cima da cama. 2 - Pegar o uniforme + meia + tênis. 3 - Colocar a camiseta + calça + meia + tênis.	_____ _____ _____
	Tomar café da manhã: 1 - Ir para a cozinha. 2 - Comer. 3 - Colocar o prato e o copo na pia.	_____ _____ _____
	Escovar o dentes: 1 - Pegar a escova e a pasta. 2 - Colocar a pasta na escova. 3 - Escovar os dentes. 4 - Bochechar e cuspir.	_____ _____ _____ _____
	Pegar a mochila: 1 - Pegar a mochila. 2 - Pegar garrafa de água. 3 - Entrar no carro.	_____ _____ _____

FIGURA 22.2 | Modelo de externalização da rotina matutina para crianças com TDAH.

está ligada em um programa que o chama atenção) as desfocam do objetivo.

As intervenções ambientais para TDAH devem sempre visar a diferença entre suprir (remediar, prover, preencher) e treinar (habilitar, capacitar, exercitar). Nesses casos, é necessário **suprir a capacidade de controle das funções executivas**, já que não há um comportamento patológico (doença), e sim um comportamento inapropriado (imaturidade) para a idade cronológica. Em comparação com pessoas sem TDAH, os indivíduos com o transtorno apresentam comportamentos que se diferem quantitativamente (o nível de desenvolvimento é inferior), e não qualitativamente (o comportamento não é patológico). As habilidades cognitivas de crianças com TDAH se desenvolverão, chegando ao ápice perto dos 30 anos, assim como em pessoas sem TDAH. No entanto, estarão sempre em degraus inferiores da maturidade esperada, já que o TDAH é um transtorno crônico do desenvolvimento, como demonstra a Figura 22.3 (Barkley, 2019).

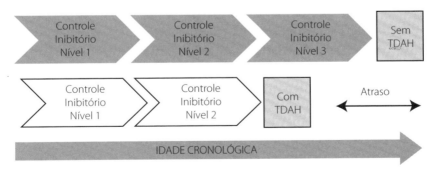

FIGURA 22.3 | Diferença no desenvolvimento das habilidades executivas nas pessoas com e sem TDAH.
Fonte: Barkley (2019).

Sendo o TDAH um transtorno cujo prejuízo acomete o desenvolvimento do controle cognitivo do cérebro, Thomas E. Brown (2017) descreve os déficits mais comuns relacionados às funções executivas, sendo elas a capacidade de **ativação** (organizar uma tarefa e iniciá-la), o **foco** (manter e alternar o foco entre duas ou mais tarefas), o **esforço** (regular o estado de alerta, manter-se em uma tarefa por períodos mais longos e persistir após uma interrupção), o **controle das emoções** (lidar com frustrações e modular a expressão de suas reações emocionais), a **memória** (usar a linguagem internalizada para se lembrar de comandos ou imagens, utilizar a memória de curto prazo e resgatar informações na memória) e a **ação** (dificuldade em se automonitorar e agir conforme o contexto).

Tais déficits estão presentes desde o início da infância, apesar de essa deficiência executiva ser menos percebida nessa faixa etária, já que crianças costumam ser monitoradas por adultos em suas atividades diárias e, portanto, não são requisitadas a planejar, controlar o tempo nas atividades, etc. Na medida em que crescem, a exigência de autonomia aumenta e as dificuldades começam a ficar evidentes. O atraso maturacional (que pode variar entre dois e três anos) atrapalha a aquisição de funções de autogerenciamento das crianças com TDAH e justifica maior suporte e estrutura familiar no cotidiano delas (Shaw et al., 2007).

As dificuldades em "ativar" comportamento referem-se à **procrastinação**, ou seja, o adiamento de uma atividade. Nessas situações, sugere-se que seja identificado o motivo pelo qual a criança está evitando tal atividade, já que é entendendo o motivador da procrastinação que se planeja sua resolução. Exemplos de situações possíveis estão descritas no Quadro 22.4 com intuito de ilustrar o tipo de pensamento que se deve ter frente tais situações.

QUADRO 22.4 | Modelos de ação para evitar a procrastinação

	Motivador	Plano de ação
Situação	Ter dificuldade na realização.	Procurar auxílio no intuito de diminuir a aversão.
Exemplo	Não sabe fazer os exercícios que envolvem conta de dividir.	Ligar para uma colega da escola e combinar de fazerem juntos, ou pedir auxílio para um dos pais, ou, ainda, do professor.
Situação	Não saber como iniciar.	Fazer um planejamento passo a passo, estabelecendo e descrevendo etapas.
Exemplo	Precisa fazer um trabalho da escola sobre índios.	Descrever o material necessário (figuras de índios, papel sulfite, lápis de cor, cola), determinar as etapas (procurar a figura, escrever o texto sobre os índios, colar a figura após o texto, guardar na mochila).
Situação	Exigir muito esforço.	Dividir a tarefa em diversas tarefas menores, rápidas e fáceis de fazer.
Exemplo	Ler um livro.	Separar o livro em diversas partes e ler um pouco por dia. Por exemplo, se o livro tem 30 páginas e a criança acha razoável ler 5 páginas por dia, programar 6 dias para a leitura.
Situação	Ter atividades concorrentes.	Evitar o ambiente em que se encontra o estímulo concorrente.
Exemplo	Ler na sala de televisão.	Sair da sala de televisão e procurar um espaço em que não haja outros possíveis distratores, como, por exemplo, um escritório.

O uso de *timer*, despertador e outros auxiliares tecnológicos que emitam sinais auditivos são de grande utilidade na sinalização ambiental, especialmente em situações que exigem **automonitoramento** de sua **ação**. Por exemplo, quando uma pessoa com TDAH está trabalhando no computador e perde a noção de tempo, atrasando-se para comparecer a um compromisso marcado, houve falha na sua capacidade de monitorar seu tempo, acessando a informação memorizada de que teria outros compromissos logo a seguir. Como essas pessoas muitas vezes apresentam déficits nas funções executivas, o automonitoramento é falho e pouco se consegue controlar a passagem do tempo.

A externalização da informação necessária para que determinado comportamento ocorra deve ser uma atitude frequente tanto em casa quanto na escola. Pessoas com TDAH com falhas na **memória operacional** precisam de pistas visuais ou auditivas que as auxiliem no controle de seu comportamento. Assim, é útil deixar regras de comportamento, planejamento das atividades e lembretes diversos escritos em painéis, de preferência com cores e desenhos. Apesar de óbvias, algumas regras e combinados não vêm à mente daqueles que têm TDAH quando precisam, levando-os ao não seguimento de regras e à má compreensão de suas atitudes. A consequência dessa dificuldade geralmente repercute em punições verbais e reações emocionais de derrota por essas crianças.

Nesse contexto, o uso de informações no ambiente substitui a função das habilidades cognitivas de forma funcional. Recomenda-se, portanto, o uso de sinalizadores visuais (cartões contendo regras, etapas de uma tarefa ou rotina), de alarmes sonoros frequentes ao longo do dia ou de uma atividade que auxilie na percepção da passagem do tempo, o uso de leitura em voz baixa (tornando a leitura um comportamento mais físico e menos mental), o registro de comportamentos produtivos e desejáveis de forma gráfica e, quando apropriado, o uso de recompensas imediatas e motivadoras.

Os comandos dados a crianças com TDAH devem ser claros e concisos, considerando-se sua dificuldade de foco às instruções complexas que exigem maior participação da memória operacional. Ainda em relação ao **foco** e ao **esforço**, recomenda-se que as crianças aprendam a perceber o momento de necessidade de pausas durante uma atividade que requer atenção focada. Esse treino envolve, inicialmente, a sinalização (verbal ou visual) feita por um supervisor sobre o aumento da frequência de comportamentos de desviar a atenção ou da queda no rendimento de uma atividade cognitiva. É feita a medição sobre o tempo que a criança consegue manter-se atenta (*span atencional*). Posteriormente, a criança é treinada a perceber tais indicativos de forma sucessiva, até que esse tipo de monitoramento se torne possível.

O uso de alarmes que sinalizem a passagem do tempo médio de *span atencional* é útil para a organização das atividades de forma que a produtividade se mantenha mais ou menos constante. As pausas são recomendadas e devem ocorrer por meio da alternância entre atividades cognitivas e motoras, ou seja, se a criança está fazendo uma lição de casa e se percebe desatenta, uma pausa para comer uma fruta ou beber água é bem-vinda. Nessa situação, é importante que a criança tenha um sinalizador para o momento que deve retomar a atividade, devendo a pausa ter duração suficiente para que haja descanso, mas não desengajamento da tarefa. Aconselha-se que os intervalos não sejam maiores do que 10 minutos, por conta da facilidade com que iniciam novas atividades que as distraiam.

Para o **controle das emoções**, orienta-se que, inicialmente, a criança saiba nomear seus sentimentos, para que, depois de reconhecidos, ela possa adequar sua manifestação. Os modelos de nomeação de sentimentos por pais são de extrema importância, especialmente quando os pais costumam conversar sobre seus próprios sentimentos ou sugerir nomeações aos sentimentos de outras pessoas.

Já a manifestação dos sentimentos envolve a capacidade de controle inibitório, ou seja, de inibir o impulso ante uma situação que propicia determinado sentimento. Nessas situações, pode-se sugerir que a criança saia/seja retirada da situação que está estimulando a ocorrência das emoções (procedimento denominado *time out*), ou, ainda, os pais podem sugerir formas adequadas de manifestação emocional, como, por exemplo, a comunicação verbal, tal como falar para o irmão que este o deixou com raiva ao pegar seu brinquedo sem permissão. Sempre que possível, deve-se sinalizar à criança que ela está demonstrando sinais de desagrado e que deve analisar o que lhe está chateando e planejar como verbalizar tal sentimento de forma adequada.

O controle das emoções, apesar de não ser um sintoma descrito nos manuais de classificação, é um aspecto essencial no quadro de TDAH. A dificuldade em manifestar adequadamente as emoções cria situações de exclusão social na escola e em casa. O impulso ao responder a uma situação de raiva ou irritação agressivamente, muitas vezes, rotula a criança com TDAH como "mal-educada", "malvada" e "inaceitável socialmente". Pais com bom controle emocional podem auxiliar filhos impulsivos; no entanto, é frequente a necessidade de intervenção comportamental profissional, tanto para a criança quanto para os pais, no intuito de criar condições in loco de desenvolvimento de repertório social adequado.

Considerações finais

O TDAH é um transtorno de difícil diagnóstico, que sofre atualmente banalização e pouca competência de profissionais da saúde em reconhecer e conduzir esses casos. Seu percurso histórico iniciou no século passado com relatos de casos com boa resposta à psicoestimulantes, e, desde então, novos entendimentos sobre suas manifestações, causas e prognósticos vêm sendo conquistados.

Mudanças nos critérios diagnósticos vêm ocorrendo como consequência de descobertas e estudos científicos sobre o tema. Atualmente, o TDAH é compreendido como um transtorno do desenvolvimento, e, portanto, com início na infância. É um transtorno que apresenta quadros heterogêneos cuja característica principal é o atraso nas aquisições cognitivas referentes ao autocontrole, mais do que na dificuldade atencional.

Seu curso clínico vai se modificando ao longo do tempo, de forma a haver alterações de sintomatologia entre as diferentes fases da vida. Sabe-se que as alterações comportamentais, especialmente as referentes à hiperatividade, diminuem de frequência e intensidade, enquanto o controle do impulso e a desatenção se mantêm presentes na vida adulta.

A repercussão da convivência com indivíduos com TDAH sem tratamento promove dificuldades no convívio e no dia a dia, sobrecarregando as relações sociais e familiares, muitas vezes gerando alto nível de estresse para eles e seus pais. Comumente são encontrados quadros de humor depressivo em sujeitos com TDAH e/ou familiares decorrentes dos conflitos que o transtorno causa. Os comportamentos manifestos no TDAH são geralmente inaceitáveis socialmente, propiciando a exclusão e o preconceito diante do diagnóstico.

Além da compreensão real sobre o TDAH, os familiares devem assumir um papel de extrema importância no prognóstico do transtorno. Para tanto, o treinamento de pais/responsáveis tem sido o tratamento de primeira linha, especialmente para crianças pré-escolares.

A utilização de reforçamento de comportamentos positivos, de diário comportamental, de *feedback* constante para favorecer o autoconhecimento, uso de consequências imediatas, de instruções rápidas e claras e da externalização das informações podem atenuar o impacto dessas dificuldades. No entanto, é necessário que os pais de crianças com TDAH entendam, de fato, que se trata de um transtorno que as limita ao realizar atividades que seriam geralmente esperadas para sua faixa etária. Apesar de estudos recentes sugerirem que o treino comportamental associado ao uso de medicação possibilita a neuroplasticidade e a maturação das habilidades cognitivas afetadas, mais pesquisas e diferentes manejos devem ser testados na busca de melhores desfechos e na redução do sofrimento dos indivíduos com TDAH e seus familiares.

Referências

American Psychiatric Association. (APA) (1968). *Diagnostic and statistical manual of mental disorders*. (2. ed.) Washington: American Psychiatric Association.

American Psychiatric Association (APA). (2014). *Manual diagnóstico e estatístico de transtornos mentais: DSM-5*. (5.ed.) Porto Alegre: Artmed, 2014.

Barkley, R. A. (2019). *30 essential ideas you should know about ADHD*. Presented at CADDAC conference ADHD – All in the family, Toronto, Canada.

Barkley, R. A. (2013). *Defiant children: A clinician's manual for assessment and parent training*. 3rd ed. New York: The Guilford.

Brown, T. E. (2017). *Outside the box: Rethinking ADD/ADHD in children and adults: A practical guide*. Arlington: American Psychiatric.

Brown, T. E., & Kennedy, R. J. (2019). Estabelecendo um plano psicossocial para o controle do TDAH. In L. A. Rodhe, J. K. Buitelaar, G. Faraone, & V. Stephen (Orgs.), *Guia para a compreensão e manejo do TDAH da World Federation of ADHD*. Porto Alegre: Artmed.

Caballo, V. (1999). *Manual de técnicas de terapia e modificação de comportamento*. São Paulo: Santos.

Carvalho Neto, M. B., & Mayer, P. C. M. (2011). Skinner e a assimetria entre reforçamento e punição. *Acta Comportamental, 19*, 21-32. Recuperado de https://www.redalyc.org/html/2745/274520890004/.

Diamond, A. (2013). Funções executivas. *Annual Review of Psychology, 64*(1), 135-168.

Faraone, S. V., Biederman, J., & Mick, E. (2006). The age-dependent decline of attention deficit hyperactivity disorder: a meta-analysis of follow-up studies. *Psychological Medicine, 36*(2), 159-165.

Faraone, S. V., Biederman, J., Spencer, T., Mick, E., Murray, K., Petty, C., ... Monuteaux, M. C. (2006). Diagnosing adult attention deficit hyperactivity disorder: Are late onset and subthreshold diagnoses valid? *American Journal of Psychiatry, 163*(10), 1720-1729.

Fisher, E. B. (2008). The importance of context in understanding behavior and promoting health. *Annals of Behavioral Medicine, 35*(1), 3-18.

Lezak, M. D., Howieson, D. B., Bigler, E. D., & Tranel, D. (2012). *Neuropsychological assessment* (5th ed.). New York: Oxford University.

Nakao, T., Radua, J., Rubia, K., Mataix-Cols, D. (2011). Gray matter volume abnormalities in ADHD: voxel-based meta-analysis exploring the effects of age and stimulant medication. *American Journal of Psychiatry, 168*(11), 1154-1163.

National Institute for Health and Care Excellence (NICE) (2018). *Guideline [NG87] Attention deficit hyperactivity disorder: Diagnosis and management*. Recuperado de https://www.nice.org.uk/guidance/ng87/resources/attention-deficit-hyperactivity-disorder-diagnosis-and-management-pdf-1837699732933.

National Institute of Mental Health (NIMH) (1997). *Genetics and mental disorders: Report of the National Institute of Mental Health's Genetics Workgroup*. Recuperado de https://www.nimh.nih.gov/about/advisory-boards-and-groups/namhc/reports/genetics-and-mental-disorders-report-of-the-national-institute-of-mental-healths-genetics-workgroup.shtml.

Organização Mundial da Saúde (OMS) (1993). *Classificação de transtornos mentais e de comportamento da CID-10: Descrições clínicas e diretrizes diagnósticas*. Porto Alegre: Artmed.

Pinheiro, M. (1994). Comportamento humano: interação entre genes e ambiente. *Educar em Revista*, (10), 53-57.

Pingault, J. B., Viding, E., Galéra, C., Corina, U., Greven, Y. Z., Plomin, R., & Rijsdijk, F. (2015). Genetic and environmental influences on the developmental course of attention-deficit/hyperactivity disorder symptoms from childhood to adolescence. *JAMA Psychiatry, 72*(7):651-658.

Sharkey, L., & Fitzgerald, M. (2007). The History of Attention Deficit Hyperactivity Disorder. In M. Fitzgerald, M. Bellgrove, M. Gill, *Attention-deficit hyperactivity disorder: Handbooks* (pp. 3-11). England: John Wiley & Sons.

Shaw, P., Eckstrand, K., Sharp, W., Blumenthal, J., Lerch, J. P., Greenstein, D., & Rapoport, J. L. (2007). Attention-deficit/hyperactivity disorder is characterized by a delay in cortical maturation. *Proceedings of the National Academy of Sciences of the United States of America, 104*(49), 19649-19654.

Shaw, P., Malek, M., Watson, B., Greenstein, D., de Rossi, P., & Sharp, W. (2013). Trajectories of cerebral cortical development in childhood and adolescence and adult attention-deficit/hyperactivity disorder. *Biological Psychiatry, 74*(8), 599-606.

Sonuga-Barke, E. J., Sergeant, J. A., Nigg, J., & Willcutt, E. (2008). Executive dysfunction and delay aversion in attention deficit hyperactivity disorder: Nosologic and diagnostic implications. *Child and Adolescent Psychiatric Clinics of North America, 17*(2), 367-384.

Tercyak, K. P. (2010). *Handbook of genomics and the family: Psychosocial context for children and adolescents (issues in clinical child psychology)*. Washington: Springer.

Thapar, A., & Stergiakouli, E. (2008). An overview on the genetics of ADHD. *Xin li xue bao. Acta psychologica Sinica, 40*(10), 1088-1098.

Valera, E. M., Faraone, S. V., Murray, K. E., & Seidman, L. J. (2007). Meta-analysis of structural imaging findings in attention-deficit/hyperactivity disorder. *Biological Psychiatry. 61*(12),1361-1369.

Vitiello, B., Lazzaretto, D., Yershova, K., Abikoff, H., Paykina, N., McCracken, J. T., & Riddle, M. A. (2015). Pharmacotherapy of the Preschool ADHD Treatment Study (PATS) Children Growing Up. *Journal of the American Academy of Child and Adolescent Psychiatry, 54*(7), 550-556.

Leituras recomendadas

Barkley, R. A. (2016). *Managing ADHD in school: The best evidence-based methods for teachers*. Winsconsin: Pesi Publishing & Media.

Chronis-Tuscano, A., O'Brien, K. A., Johnston, C., Jones, H. A., Clarke, T. L., Raggi, V. L., & Seymour, K. E. (2011). The relation between maternal ADHD symptoms & improvement in child behavior following brief behavioral parent training is mediated by change in negative parenting. *Journal of Abnormal Child Psychology, 39*(7), 1047-1057.

Gleason, M. M., Egger, H. L., Emslie, G. J., Greenhill, L. L., Kowatch, R. A., Lieberman, A. F., ... Zeanah, C. H. (2007). Psychopharmacological treatment for very young children: Contexts and guidelines. *Journal of the American Academy of Child & Adolescent Psychiatry, 46*(12), 1532-1572.

23

Práticas da terapia de família no Brasil

Laíssa Eschiletti Prati | Silvia H. Koller

O objetivo deste capítulo é discutir a configuração das diversas práticas adotadas pelos terapeutas familiares brasileiros. A diversificação dessas práticas é semelhante ao desenvolvimento humano, conforme proposto por Bronfenbrenner (1996). A teoria bioecológica do desenvolvimento humano trabalha com a noção de ambiente ecológico: uma série de estruturas encaixadas que influenciam o desenvolvimento humano com maior ou menor intensidade, os chamados microssistema, mesossistema, exossistema e macrossistema. O microssistema consiste em inter-relações face a face no ambiente imediato da pessoa em desenvolvimento. O mesossistema é formado por todos os microssistemas dos quais participa a pessoa em desenvolvimento. O exossistema refere-se a contextos que influenciam o que acontece no ambiente imediato da pessoa. Por fim, o macrossistema diz respeito aos padrões globais de ideologia, história e organização das instituições sociais (Bronfenbrenner & Morris, 1998).

As alterações nas práticas terapêuticas acontecem quando profissionais (pessoas em desenvolvimento) interagem com outras pessoas (colegas, professores, alunos e clientes) ou ideias (símbolos) em seus diversos contextos. Todos esses processos consideram a história de vida de cada uma das pessoas (tempo). Os dados das práticas dos terapeutas familiares brasileiros foram obtidos em estudos complementares e compõem o contexto bioecológico de desenvolvimento da terapia familiar no Brasil (micro, meso, exo e macrossistemas). Considerou-se como macrossistema todos os referencias teóricos da terapia familiar disponibilizados por publicações reconhecidas, tais como livros de autores reconhecidos internacionalmente (p. ex., Cecchin, Lane, & Ray, 2001; Minuchin & Fischman, 1990) ou nacionalmente (Vasconcellos, 2002; Macedo, 2008) e periódicos como *Family Process*, *Journal of Marital and Family Therapy*, *Mudanças* e *Pensando Famílias*.

Um questionário semiestruturado, aplicado em 57 formadores de terapeutas familiares, acessou o exossistema. Esse instrumento identificou, entre outros aspectos, os referenciais teóricos disponíveis para os profissionais utilizarem em prática clínica e em cursos de formação. Os profissionais entrevistados selecionam autores e abordagens que são transmitidos aos estudantes em formação. Desse modo, classificam a literatura disponível, reconhecem e qualificam os diversos referenciais disponíveis no macrossistema.

O acesso ao mesossistema ocorreu por meio de um questionário *on-line* respondido por 308 terapeutas familiares formados, de diversas regiões brasileiras e vinculados à Associação Brasileira de Terapeutas Familiares (Abratef). Além de explorar possíveis diferenças regionais, investigaram-se as práticas adotadas na clínica com famílias em todo o território brasileiro. Em 2019, foi feito um novo contato com os terapeutas de família brasileiros para a atualização das informações anteriormente coletadas. Na ocasião, o mesmo questionário foi completado por 25 terapeutas.[1] As atitudes dos terapeutas em relação a uma família específica não foram exploradas, mas, sim, posicionamentos e recursos que poderiam ser acionados em caso de contexto clínico microssistêmico. As atitudes diante de um caso específico foram exploradas (microssistemicamente) com a realização de grupos focais com oito terapeutas familiares de Porto Alegre.

Um contexto não pode ser compreendido sem a relação com os demais, visto que há uma troca recíproca de informações (Bronfenbrenner & Morris, 1998). Esse movimento possibilita o crescimento da terapia familiar. Nesse sentido, serão apresentados e discutidos os principais resultados dessa pesquisa, com vistas a compor o ambiente bioecológico das práticas da terapia familiar brasileira, analisando-se contexto a contexto.

Parte-se da constatação macrossistêmica de que há, na realidade brasileira, um movimento explícito pela integração teórica, bem como a busca por novos referenciais e conhecimentos. Para os terapeutas formadores, as diversas abordagens utilizadas são percebidas como um leque de recursos clínicos. A crença é de que quanto mais conhecem técnicas, abordagens e escolas, maior a capacidade de usar recursos pessoais para compor uma forma pessoal de trabalho. Essa integração é o que possibilita o desenvolvimento da família que busca terapia (Aun, Vasconcellos, & Coelho, 2005; Cecchin et al., 2001; Dias & Ferro-Bucher, 1996; McNamee, 2004; Rycroft, 2004). A efetiva ação terapêutica tem, na opinião dos formadores participantes do estudo, uma relação direta com a competência técnica, o conhecimento teórico dos terapeutas e a sua habilidade pessoal de lidar com o caso em atendimento.

A configuração teórica da terapia familiar brasileira começa a ser definida em nível exossistêmico com a constatação de que os formadores elegeram linhas diferentes (Tabela 23.1). Alguns autores específicos são mais utilizados em sua própria prática clínica. Por exemplo, 31 dos 57 formadores participantes do estudo afirmaram identificação com o referencial teórico sistêmico. Outros 25 disseram seguir o construcionismo social. Além disso, poucos citaram a identificação com apenas uma linha teórica, mencionando duas, três ou mais referências para a condução de seu trabalho. Não foi identificada uma única linha prevalente ou um autor referência nas práticas dos formadores brasileiros. Portanto, a proposta de integrar modelos e compor uma prática multiteórica configura-se em um nível bioecológico.

Ao investigar os autores mencionados pelos formadores para conduzir sua prática clínica com famílias, foram identificados três grupos de profissionais. O primeiro identifica-se com autores referência na terapia familiar (considerados clássicos). Nesse grupo, os profissionais informaram utilizar tanto Andolfi, Minuchin, Papp, Whitaker e Sluzki (expoentes sistêmicos) quanto Bowlby, Winnicott e Freud (expoentes psicanalíticos). O resultado sugere certa inconsistência teórica por haver uma aproximação de autores reconhecidamente sistêmicos com outros identificados com a psicanálise. A coerência nesse grupo não está necessariamente ligada aos autores utilizados, mas ao fato de seus membros acessarem diversos modelos e, a partir deles, compor seu modo de trabalhar. Ou seja, há um conhecimento e uma valorização da caminhada desses profissionais. Na realidade brasileira, assim como em outros contextos, a psicanálise era a base teórica que predominava nos consultórios nas décadas de 1960 e 1970. Com o crescimento da abordagem sistêmica, alguns terapeutas passaram a conhecer e a adotar as propostas clínicas dessa teoria. Entretanto, no contexto brasileiro, não houve um movimento de abandono da psicanálise. Desde o primeiro momento (década de 1970), a proposta de integração de abordagens é uma realidade. Por isso, a construção de uma modalidade de trabalho que aproxima expoentes

---

[1] Tendo em vista o pequeno número de participantes, os dados coletados serão utilizados apenas de maneira descritiva (quando possível).

TABELA 23.1 | Frequências e porcentagens das linhas teóricas de identificação dos formadores de terapia familiar (respostas múltiplas, n = 57)

	f[a]	%	% casos
Sistêmica	31	19	54
Construcionismo social	25	15	44
Construtivismo	15	9	26
Narrativa	14	9	25
Estrutural	13	8	23
Estratégica	11	7	19
Psicanálise	10	6	18
Pós-moderna	8	5	14
Psicodinâmica	6	4	11
Psicodrama	5	3	9
Intergeracional	4	2	7
Trigeracional	3	2	5
Cognitivo-comportamental	2	1	4
Escola de Roma	2	1	4
Grupo de Milão	2	1	4
Teoria dos vínculos	2	1	4
Terapia breve	2	1	4
Colaborativa	1	1	2
Comunicacional	1	1	2
Dinâmica de grupo	1	1	2
Experiencial-simbólica	1	1	2
Teoria do objeto originário concreto (Prof. Armando Ferrari)	1	1	2
Terapia corporal	1	1	2
Várias	1	1	2
Total	**162**	**100**	

[a] Número de respostas múltiplas = 162.

das duas abordagens (psicanalítica e sistêmica) representa esse movimento de integração constantemente vivenciado no Brasil.

O segundo grupo aproximou-se mais de autores pós-modernos. Há profissionais que utilizam Andersen, Cecchin, Elkaïm e White em sua prática clínica. O terceiro grupo identificado foi o que apoiou sua prática em autores que construíram e desenvolveram mais aspectos teóricos do que práticos na terapia familiar. Os autores identificados como referências na clínica por esse grupo de formadores são Bateson, Bowen, Esteves de Vasconcellos, Maturana e Morin. Salienta-se a presença de uma autora brasileira (Esteves de Vasconcellos, 2002) entre os expoentes teóricos dos formadores. Isso indica uma valorização das construções dos profissionais brasileiros, somada às contribuições internacionais.

Os formadores de terapeutas familiares no Brasil apresentaram uma boa consistência teórica quanto às linhas de identificação e aos autores utilizados na clínica. Essa mesma coerência esteve presente na análise dos autores considerados fundamentais para a formação em terapia familiar. A clínica é caracterizada por três grupos de palavras, as quais se referem a:

1. características dos profissionais (postura ética, experiência, disponibilidade, escuta, acolhimento, integração teórica, afeto, reflexão, empatia, criatividade, crenças nas possibilidades, espontaneidade);
2. características do processo terapêutico (técnicas, processo de mudança, abordagens terapêuticas, desafio, busca de recursos, interdisciplinaridade); e
3. características da relação terapêutica (construção conjunta, vínculo, ressonâncias, diálogo).

Os principais desafios apontados pelos formadores foram auxiliar o desenvolvimento dos alunos, apresentar modelos, promover a mudança de pensamento linear para circular, possibilitar uma abertura para o novo e para a criatividade, além de garantir a constante formação pessoal dos próprios formadores. Essas respostas indicam que os formadores se percebem como uma ferramenta fundamental na clínica e no processo de formação. Eles se propõem a desenvolver essa atividade com base em três eixos: construção de referências teóricas, prática clínica supervisionada e trabalho de *self* (Tabela 23.2). Portanto, visam a transmitir tanto premissas clínicas quanto teóricas aos que cursam a formação em terapia em suas instituições de ensino. Não têm a proposta de apresentar modelos a serem seguidos, mas estão atentos a estruturar base teórica sólida, que permita a construção de uma postura coerente entre estilo pessoal e abordagens teóricas utilizadas.

Os principais autores ensinados durante a formação indicam duas tendências entre os formadores. Um grupo tem preferência por ensinar autores pós-modernos (White, Andersen, Maturana e Bateson), enquanto o outro ensina autores sistêmicos clássicos (Haley, Whitaker, Andolfi e Minuchin). A análise dos autores ensinados e utilizados na clínica evidencia que há uma coerência entre os grupos, ou seja, os formadores que apresentam uma tendência mais pós-modena na clínica consideram que os autores dessa abordagem são indispensáveis à formação. O mesmo acontece com o grupo de teóricos tradicionais. Os grupos de identificação das práticas clínicas dos formadores voltam a se repetir na clínica: aqueles que ensinam e utilizam autores teóricos (Bateson), os que utilizam e ensinam autores pós-modernos (Andersen, Maturana e White) e os que utilizam e ensinam autores clássicos da terapia familiar (Minuchin e Andolfi). Essa constatação indica que as interações durante a formação possibilitam trocas construtivas, nas quais os estudantes aprendem não apenas os autores que os formadores consideram válidos, mas também como os terapeutas formadores aplicam esses autores na prática clínica.

Os terapeutas formados no Brasil conhecem diversas abordagens. O acesso a essa diversidade é considerado um ponto positivo, uma vez que não limita o conhecimento dos profissionais. Os formadores ensinam a maneira de trabalhar de diversos autores reconhecidos internacionalmente (em seminários teóricos) e como eles próprios as utilizam (supervisão de atendimentos clínicos). A supervisão (direta ou

TABELA 23.2 | Frequência e porcentagem das respostas sobre componentes da formação em terapia familiar (n = 57)

Respostas	f[a]	%	% casos
Teoria			
Embasamento teórico	25	18	44
Conhecimento de várias teorias após a mudança de paradigma	2	1	4
Estudo teórico de temas e autores na terapia familiar	2	1	4
Saber interdisciplinar	1	1	2
Prática clínica			
Atendimento clínico de família	19	13	33
Prática supervisionada	12	8	21
Atendimento em terapia conjunta	2	1	4
Conhecimento de técnicas	3	2	5
Observação de atendimentos	2	1	4
Conhecimento de diferentes supervisores	1	1	2
Trabalho de *self*			
Conhecimento de seu *self*	13	9	23
Trabalho pessoal focado na família de origem e na família atual	5	4	9
Desenvolvimento da pessoa do terapeuta	6	4	11
Trabalhar a história do terapeuta	4	3	7
Capacidade de criticar-se e de receber comentários	1	1	2
Consideração das capacidades pessoais	1	1	2
Mudança paradigmática	1	1	2
Terapia pessoal ou familiar	1	1	2
Articulação do tripé formativo			
Articulação entre o estudo teórico e a reflexão sobre a prática	5	4	9
Desenvolvimento do terapeuta para articular teoria e prática	2	1	4
Teoria associada à prática clínica e ao trabalho do *self*	1	1	2

(Continua)

(Continuação)

Posturas			
Clareza do que está fazendo e para que (paradigma)	5	4	9
Manutenção de um estado de permanente aprendizado	4	3	7
Desenvolver habilidades e competências	2	1	4
Saber conviver	3	2	5
Saber fazer	3	2	5
Saber aprender	3	2	5
Saber ser	2	1	4
Consistência ética	1	1	2
Grupo			
Discussão em grupos/abertura para trocas	4	3	7
Exercícios simulados	2	1	4
Aspectos práticos da formação			
Conhecimento de outros institutos	1	1	2
Curso de quatro anos com aulas teóricas e práticas	1	1	2
Didática de ensino	1	1	2
Envolvimento com os problemas sociais da comunidade	1	1	2
Totais	142	100	

[a] Número de respostas múltiplas = 142.

indireta) e o trabalho de *self* capacitam o estudante a desenvolver uma forma pessoal de agir frente às famílias em atendimento ao integrar os modelos ensinados com as posturas sugeridas pelas práticas dos formadores combinadas com o estilo pessoal. Entretanto, o modo como os formadores integram os conhecimentos teóricos para compor sua maneira de trabalhar influencia as práticas dos terapeutas na formação. São poucos os terapeutas brasileiros que defendem como forma de trabalho um modelo terapêutico único. Contudo, há um movimento internacional em que cada forma de trabalho indica uma possibilidade, e, mais importante do que compor escolas e buscar seguidores, cada modelo é uma oportunidade de inspirar novos profissionais (Hoffman, 2002). Como a formação envolve explicitar a forma de trabalhar de um profissional reconhecido no meio profissional, os alunos podem considerá-la adequada à sua própria realidade, construindo um grupo de seguidores sem se apropriar de alternativas.

Ao serem analisados os efeitos da formação na maneira pessoal de integração teórico-prática dos terapeutas (nível exossistêmico), chamou a atenção que 82% dos terapeutas brasileiros participantes do estudo em 2008 e 76% dos participantes em 2019 concordaram totalmente com a afirmação de que questões éticas sempre permeiam a prática clínica. Tendo em vista que os formadores também apontaram que a postura ética é fundamental na caracterização da clínica, confirmou-se que durante a formação há a transmissão não somente dos autores e das teorias a serem utilizadas, mas também da postura do profissional. Essa postura foi reforçada quando se identificou que 50,2% dos profissionais em 2018 e 52% dos participantes em 2019 discordaram da afirmação de que os terapeutas deveriam ter objetivos terapêuticos próprios, os quais não estavam necessariamente obrigados a comunicar aos clientes.

Os terapeutas familiares informaram buscar a construção de um espaço de confiança e acolhimento para a garantia de um bom processo terapêutico (93% concordaram em 2008, e 88%, em 2019), confirmando a caracterização da clínica dos formadores. Além disso, 78% dos terapeutas em 2008 e 80% em 2019 afirmaram que estabelecer uma boa aliança terapêutica é o principal objetivo da primeira entrevista.

Os profissionais não enfatizaram a necessidade de mudar a estrutura de personalidade das pessoas para gerar a mudança do funcionamento do sistema familiar (76,6% dos participantes em 2008 e 64% em 2019 discordaram desta afirmação) e não pressupunham a neutralidade do profissional (68% em 2008 e 60% em 2019 discordaram). Além disso, 56,5% dos profissionais em 2008 e 40% em 2019 consideraram a resistência um conceito útil para o processo clínico. Essas três últimas posições dos terapeutas familiares indicam que ao menos um dos aspectos apresentados pelos formadores como desafios inerentes à formação parece ter sido atingido: transformar um pensamento linear em sistêmico.

Outras afirmações sobre o pensamento do terapeuta familiar brasileiro indicaram que:

- 88% consideram fundamental estar atento à cultura da família para o estabelecimento dos objetivos terapêuticos (em ambas as coletas);
- 86% em 2008 e 90% em 2019 concordam que a evolução da terapia ocorre por meio de conversas seguras e sinceras entre os membros do sistema terapêutico (família + terapeuta);
- 79% em 2008 e 72% em 2019 consideram importante negociar objetivos concretos e tangíveis com as famílias;
- 72% em 2008 e 88% em 2019 julgam que o ritmo da progressão do tratamento é definido pelos clientes;
- 62% em 2008 e 64% em 2019 concordam que os terapeutas devem analisar as informações para verificar o que está realmente acontecendo na família.

Quanto ao trabalho de *self*, uma premissa da formação, verificou-se que 90% dos terapeutas participantes em 2008 e 100% dos participantes em 2019 concordaram que é fundamental na formação. Entre eles, 67% em 2008 e 80% em 2019 afirmaram que a história de vida do terapeuta entra em ressonância com a história de vida da família, e 79% em 2008 e 88% em 2019 concordaram que, entre os recursos disponíveis aos terapeutas familiares, está a sua própria experiência de vida.

Um aspecto bastante evidenciado foi o de que cada profissional transmitia aos alunos a sua forma de integrar teorias e utilizá-las na clínica sem a intenção de servir de modelo. O principal objetivo era permitir que os profissionais encontrassem sua forma pessoal de agir (Prati & Koller, 2007). Esse desejo dos formadores, ao analisarem as práticas dos terapeutas, tem sido parcialmente atingido. Apesar de identificados inúmeros posicionamentos semelhantes entre os participantes do estudo, pode-se assegurar que os profissionais com formação na região Sul têm um posicionamento um pouco diferente dos profissionais de outras regiões. Em comparação aos profissionais da região Sudeste, os profissionais da região Sul concordaram mais com a afirmação de que a complexidade do problema influenciava o tempo de resolução. Ao mesmo tempo, os profissionais da região Sudeste concordaram mais com a ideia de a construção da realidade ser útil no processo clínico. Essas diferenças podem ter sido influenciadas pelas vivências durante a formação (conduzidas por diferentes profissionais).

Os terapeutas de família que responderam ao questionário *on-line* indicaram não adotar uma única abordagem teórica. Apesar disso, assumiam posturas coerentes com uma linha de atuação. Para melhor compreender o que orientava essa coerência, foi realizada uma análise fatorial a fim de identificar agrupamentos entre as escolas adotadas na clínica e as premissas teóricas investigadas. A análise fatorial permite identificar inter-relações entre diversas variáveis, construindo agrupamentos (fatores). Esse processo permite encontrar relações que não ficam claras ao se analisar cada item separadamente e enriquece a resposta dos dados. Os resultados dessa análise fatorial mostraram que aspectos teóricos orientavam as opções por abordagens a serem seguidas (Tabela 23.3). Ou seja, os profissionais fizeram escolhas entre as diversas teorias de modo a manter uma consistência com as escolas de identificação em suas práticas.

As premissas que abordavam aspectos teóricos correlacionavam-se com quase todas as abordagens adotadas pelos profissionais (com exceção da abordagem sistêmico-humanista).

As premissas que enfocavam aspectos clínicos eram mais valorizadas pelos seguintes modelos: estrutural, trigeracional, grupo de Milão e psicodinâmico. Todas essas abordagens defendem que é no encontro terapêutico que ocorrem as principais mudanças do processo clínico. É fundamental para tais escolas, portanto, estar atento à constituição de um espaço de confiança e trocas que possibilitem o repensar de comportamentos e a mudança para uma atitude mais positiva. O fator pós-moderno apresentou correlações positivas com os referenciais teóricos que a literatura indica como referências desse momento (construcionismo social e narrativas) e negativas com os referenciais mais diretivos entre os investigados (cognitivo-comportamental, estratégico e psicodinâmico).

Quanto às abordagens dos profissionais brasileiros, não foi possível identificar um modelo que remetesse a uma única tendência de atuação. O modelo mais utilizado (mesmo por um pequeno grupo da amostra) é o sistêmico-

TABELA 23.3 | Coeficientes das correlações entre escolas adotadas na clínica pelos terapeutas familiares e fatores criados a partir das premissas teóricas investigadas

	Fator 1 Clínico	Fator 2 Teórico	Fator 3 Pós-moderno
Centrado nas soluções ($n = 180^a$)	0,010	0,171*	0,046
Centrado nos problemas ($n = 253$)	0,021	0,126*	-0,012
Cognitivo-comportamental ($n = 285$)	0,047	**0,306****	-0,142*
Construcionista social ($n = 285$)	0,094	**-0,273****	**0,267****
Estratégico ($n = 296$)	0,083	**0,362****	-0,133*
Estrutural ($n = 296$)	**0,174****	**0,239****	-0,008
Grupo de Milão ($n = 294$)	0,126*	**0,184****	0,058
Narrativa ($n = 286$)	0,080	**-0,198****	**0,243****
Psicodinâmica ($n = 287$)	0,144*	**0,268****	-0,134*
Sistêmico-construtivista ($n = 300$)	0,088	**-0,172****	0,080
Sistêmico-humanista ($n = 233$)	0,011	0,034	0,001
Trigeracional ($n = 296$)	**0,199****	**0,165****	-0,011

*$p < 0,05$; **$p < 0,01$.

[a] O n de cada abordagem varia porque foram considerados apenas os terapeutas que conhecem o modelo referido.

-construtivista. A análise da escola mais utilizada e das variâncias quanto ao local de formação indicou com um pouco mais de detalhes as diferenciações identificadas entre os profissionais brasileiros. Essa foi a única variável que apresentou algumas tendências que diferenciam as formas de trabalhar em todas as regiões brasileiras. Segundo os participantes do estudo, os profissionais formados no Centro-Oeste, Norte e Nordeste usam mais as orientações do Grupo de Milão do que os profissionais do Sudeste. Os profissionais da região Sul, por sua vez, usam mais conceitos psicodinâmicos do que os profissionais do Centro-Oeste, Norte e Nordeste do país. Não foi identificada uma tendência predominante na região Sudeste. Essas diferenças nunca foram reportadas na literatura. Os textos publicados no Brasil, em sua maioria, apresentam uma tendência em divulgar o que está sendo desenvolvido pelo autor, sem apontar características da sua região. Os textos organizados por Macedo (2008), apresentando diversas experiências vivenciadas pelos terapeutas, também não identificam essas tendências.

Apesar dessas diferenças, não foi possível identificar a predominância de alguma abordagem na prática brasileira. A análise de fatores quanto a agrupamento de escolas (Tabela 23.4) indicou que houve uma divisão semelhante à percebida na prática dos formadores: modelos sistêmicos, pós-modernos e de pouca identificação. Há um grupo de profissionais que utiliza abordagens tradicionais da terapia familiar e outro grupo que adota posturas pós-modernas. O terceiro grupo dos formadores indicou uma preocupação com autores teóricos, apontando escolas de menores identificações (que não são ensinadas explicitamente pelos formadores).

TABELA 23.4 | Matriz padrão da análise fatorial das variáveis sobre utilização de abordagens clínicas

Padrão matricial[a]	Componentes		
	Modelos sistêmicos	Modelos pós-modernos	Modelos de pouca identificação
Modelo estrutural	0,850		
Modelo estratégico	0,838		
Modelo do grupo de Milão	0,756		
Modelo trigeracional	0,628		
Modelo centrado nos problemas	0,417		
Modelo construcionista social		0,844	
Terapia narrativa		0,774	
Modelo sistêmico-construtivista		0,705	
Terapia familiar cognitivo-comportamental		0,747	
Terapia sistêmico-humanista			0,740
Terapia familiar psicodinâmica			0,538
Modelo centrado em soluções			0,459

Método de extração: análise de componentes principais.
Método de rotação: *Oblimin* com normalização de Kaiser.
[a] Rotação convergente em seis interações.

Percebe-se no Brasil uma preocupação em discutir novas integrações teóricas, o que assinala uma constante expansão das abordagens utilizadas por terapeutas familiares (Fernandes, 2008; Rodrigues, Horta, & Costa, 2008). Pode ser um reflexo da busca por novas abordagens pelos terapeutas (nível mesossistêmico), o que exige atualização constante por parte dos formadores (contexto exossistêmico). A análise dos dados coletados em 2019 indicou que novas abordagens são mais divulgadas entre os terapeutas. Por exemplo, o número de terapeutas que afirmou não conhecer o modelo de terapia breve centrado em soluções reduziu de 41,6% em 2008 para 13,6% em 2019. Outra indicação da integração com abordagens mais modernas foi identificada com os modelos de terapia familiar cognitivo-comportamental e narrativo (respectivamente reconhecidos por 7,5% e 7,1% em 2008. Entretanto, todos os participantes em 2019 afirmaram conhecer essas abordagens).

A análise da variância dos fatores estruturados a partir das abordagens teóricas quanto às regiões de formação indicou novamente diferenças entre as regiões Sul e Sudeste. Os terapeutas formados na região Sul utilizam mais os modelos sistêmicos e de menor identificação que os profissionais da região Sudeste. Novamente aqui as diferenças podem se definir pelas práticas dos formadores, mas não é possível uma confirmação teórica dessas diferenças nesses estudos. É possível identificar, por meio de uma leitura macrossistêmica, que alguns expoentes da terapia familiar de São Paulo e Rio de Janeiro publicam artigos utilizando conceitos pós-modernos (p. ex., Rapiso, 2002) e que autores da região Sul utilizam autores mais tradicionais em seus estudos (p. ex., Osório, 2006). Contudo, esse ponto também merece ser aprofundado em outros estudos.

A análise de técnicas dos terapeutas familiares brasileiros indicou sobreposição e ampliação do uso de técnicas de determinadas escolas para outras abordagens clínicas (Tabela 23.5). Por exemplo, um terapeuta que se identifica com o modelo sistêmico utiliza conotação positiva do sintoma, confrontação, contrato terapêutico, definição e contexto de limites e de objetivos, entre outras técnicas tradicionalmente sistêmicas. Entretanto, esse mesmo profissional adota linguagem de pressuposições, perguntas circulares e de orientação ao futuro, técnicas características de outros movimentos da terapia familiar. Já um terapeuta identificado com o modelo pós-moderno indica equipe reflexiva, metáforas, perguntas circulares e linguagem de pressuposições, bem como a construção de genograma e coro grego (técnicas sistêmicas por excelência). Nesse ponto do estudo, especificamente, ficou evidente que não é preocupação separar as escolas que propõem técnicas diferentes.

Os terapeutas combinam diversas técnicas, conforme a necessidade do caso em atendimento. Percebem-se correlações estatisticamente

TABELA 23.5 | Correlações entre técnicas utilizadas na clínica e fatores identificados a partir das escolas adotadas por terapeutas familiares brasileiros

	Modelos sistêmicos	Modelos pós-modernos	Modelos de menor identificação
Confrontação (n = 304[a])	0,264**	-0,175**	0,333**
Conotação positiva do sintoma (n = 308)	0,333**	0,066	0,164**
Contrato terapêutico (n = 307)	0,191**	0,090	0,088
Definição de contexto (n = 301)	0,166**	0,067	0,178**
Definição de limites (n = 290)	0,314**	-0,079	0,316**
Definição de objetivos (n = 305)	0,184**	0,039	0,322**
Desequilíbrio de aliança (n = 274)	0,323**	-0,129*	0,288**

(Continua)

(Continuação)

	Modelos sistêmicos	Modelos pós-modernos	Modelos de menor identificação
Dramatizações (n = 306)	**0,170****	0,068	**0,182****
Elogios (n = 304)	**0,182****	0,026	**0,188****
Equipe como coro grego (n = 221)	0,157*	0,156*	0,055
Equipe reflexiva (n = 299)	0,015	**0,279****	0,066
Genograma (n = 305)	**0,296****	**0,193****	0,068
Hipnose (n = 299)	0,060	0,059	0,001
Linguagem de pressuposições (n = 232)	0,161*	**0,351****	0,151*
Metáforas (n = 308)	**0,172****	**0,215****	0,074
Mudanças pré-tratamento (n = 196)	0,149*	0,013	**0,252****
Pacto com o diabo (n = 171)	0,134	0,012	0,123
Perguntas circulares (n = 304)	**0,231****	**0,299****	-0,090
Perguntas de projeção ao futuro (n = 304)	0,117*	**0,293****	**0,164****
Prescrições invariáveis (n = 267)	**0,361****	-0,081	**0,219****
Provações (n = 202)	**0,228****	-0,055	**0,277****
Redefinição ou reestruturação (n = 305)	**0,351****	0,032	**0,317****
Registro em vídeo (n = 307)	0,128*	**0,229****	0,086
Rituais (n = 307)	**0,329****	0,038	0,120*
Tarefas diretas (n = 306)	**0,390****	-0,095	**0,351****
Tarefas paradoxais (n = 302)	**0,290****	-0,092	**0,303****
Trabalho em equipe (n = 308)	0,078	**0,194****	0,118*
Trabalho sobre o progresso dos clientes (n = 289)	0,139*	**0,224****	**0,183****

*p < 0,05; **p < 0,01.
a O n de cada técnica varia porque foram considerados apenas os terapeutas que conhecem a técnica referida. Os que marcaram "não conheço" foram considerados *missing*.

significativas entre as seguintes técnicas: linguagem de pressuposições, perguntas de projeção de futuro e trabalho sobre o progresso dos clientes e os três fatores de agrupamento das escolas. Essas técnicas são propostas de tendências pós-modernas (abordagens comunicacionais e terapia breve focada na solução). A correlação dessas técnicas com os três fatores indicou uma alteração na relação terapêutica: por meio delas, os terapeutas encontram outras formas de acessar a família. Porém, os objetivos podem estar coerentes com os objetivos estabelecidos pelos profissionais (coerentes ou não com essas abordagens). Por exemplo, perguntas de projeção ao futuro (abordagem comunicacional) ampliam a visibilidade de uma disfunção, permitindo refletir sobre o funcionamento da família em determinado momento (abordagem estrutural).

As técnicas confrontação e desequilíbrio de aliança diferenciam os terapeutas do modelo pós-moderno dos demais (correlações negativas com o pós-moderno e positivas com os demais). Esse resultado demonstra uma coerência da postura teórica com as técnicas utilizadas. Os terapeutas pós-modernos tendem a assumir posturas de maior igualdade de poder com as famílias que chegam à terapia. Essa atitude contraria a confrontação (exige postura "mais poderosa" do terapeuta do que da família) e o desequilíbrio de aliança. O modo de compreensão do poder familiar é um aspecto que pode definir essa diferença entre os dois fatores (White & Epston, 1990).

Os terapeutas que adotam modelos sistêmicos utilizam-se do contrato terapêutico. Os terapeutas identificados com os modelos pós-modernos optam pela equipe reflexiva, e os que seguem os modelos de menor identificação escolhem as mudanças pré-tratamento. Esta última técnica caracteriza o fator terapia breve focada em soluções. Esses resultados indicam que, apesar de haver maior utilização de técnicas, sobrepondo abordagens teóricas, ainda é possível identificar uma coerência entre a postura terapêutica de identificação e as técnicas utilizadas por eles. Essas três correlações são exemplos de que a formação de terapeutas familiares no Brasil, apesar de ensinar diversas teorias para a composição da maneira pessoal de trabalhar, mantém uma coerência entre referencial teórico e técnicas. Assim, os formadores que utilizam determinada abordagem tendem a ensiná-la aos estudantes, e o ensino proporcionado (teórico e prático) apresenta uma consistência teórica suficiente para orientar as práticas dos novos terapeutas familiares.

Foi percebida uma maior diferenciação quanto à utilização de técnicas entre os terapeutas que seguem tendências sistêmicas (tradicionais) e os pós-modernos. Essa divisão é esperada e coerente com a literatura disponível sobre a evolução da terapia familiar. Todavia, ao serem analisadas as técnicas que apresentam correlações com os três fatores, configura-se uma proposta de integração das teorias mais modernas com as mais tradicionais. Ou seja, ocorre a inclusão de técnicas mais narrativas e comunicacionais no leque de opções dos terapeutas mais tradicionais. As técnicas tradicionais não são abandonadas por esses profissionais, o que ocorre é que há a inclusão de técnicas pós-modernas nas práticas dos terapeutas identificados com os modelos sistêmicos.

Quanto aos terapeutas que se identificam com modelos pós-modernos, há uma tendência mais evidente em abandonar algumas técnicas sistêmicas em virtude da necessidade de reenquadramento da relação terapêutica. Assim, adota-se uma postura mais comunicacional e de igualdade de poder entre terapeuta e família em atendimento. A abordagem pós-moderna questiona diversos pontos das abordagens sistêmicas tradicionais. As diferenças geram discussões públicas entre expoentes da área, indicando polêmicas e visão diferenciada de terapia e de processo terapêutico nessas duas abordagens (Anderson, 1999; Combs & Freedman, 1998; Minuchin, 1998; Sluzky, 1998).

Para identificar diferenças entre os terapeutas de diferentes regiões do Brasil quanto às técnicas, foi realizada uma investigação de análise de variância (Anova). Esse teste estatístico permite identificar diferenças entre médias de diversos grupos para evidenciar diferenças e semelhanças. A análise da variância das técnicas utilizadas por local de formação novamente mostra diferença na atuação dos profissionais da região Sul em comparação ao restante do Brasil (Tabela 23.6). Os terapeutas familiares formados na região Sul adotam mais a confrontação, o desequilíbrio de alianças e as tarefas diretas do que os profissionais que se formaram no restante do Brasil.

Ainda em comparação com os profissionais formados no Sudeste, os da região Sul adotam mais as seguintes técnicas: definição de limites, mudanças pré-tratamento, provações e trabalho sobre o progresso dos clientes. Os profissionais da região Sudeste diferenciam-se dos formados na região Sul pela adoção de rituais. Essas diferenças confirmam as tendências teóricas dos profissionais, sendo a região Sul mais tradicional do que as outras. Esse dado pode refletir uma questão cultural ou perspectivas da formação (abordagens utilizadas pelos formadores). De qualquer modo, são aspectos ma-

TABELA 23.6 | Descrição de médias e desvio-padrão de utilização de técnicas por profissionais distribuídos por regiões e valor da Anova[a]

Técnica	Região Sul M (SD)	Região Sudeste M (SD)	Demais regiões M (SD)	F	DF	P
Confrontação	2,40 (0,57)	2,04 (0,65)	2,05 (0,74)	7,172	3	< 0,01
Definição de limites	2,59 (0,56)	2,30 (0,62)		5,471	3	< 0,01
Desequilíbrio de aliança	2,17 (0,61)	1,80 (0,65)	1,82 (0,58)	6,940	3	< 0,01
Mudanças pré-tratamento	1,74 (0,70)	1,40 (0,59)		3,909	3	< 0,01
Provações	1,96 (0,74)	1,57 (0,69)		4,171	3	< 0,01
Rituais	1,96 (0,74)	2,14 (0,63)		2,971	3	< 0,05
Tarefas diretas	2,62 (0,50)	2,28 (0,61)	2,31 (0,66)	7,372	3	< 0,01
Trabalho sobre o progresso dos clientes	2,64 (0,55)	2,40 (0,62)		3,363	3	< 0,05

[a] Foram listadas somente as técnicas com distribuição normal que apresentaram diferenças estatisticamente significativas na comparação das médias dos grupos.
M = média; SD = desvio-padrão.

crossistêmicos e exossistêmicos a influenciar as atitudes e a postura dos terapeutas durante os atendimentos.

A análise da utilização de conceitos pelos terapeutas familiares brasileiros indica uma pequena fragilidade na construção teórica dos profissionais. Os conceitos mais conhecidos são os de estrutura e de relatos. O primeiro é característico do modelo estrutural (agrupado no fator sistêmico), e o segundo é um conceito mais trabalhado pelas abordagens comunicacionais (pós-modernas). No entanto, os conceitos de estrutura, hierarquia de poder e jogo patológico da família são utilizados por profissionais que se identificam com os três fatores construídos a partir da investigação fatorial das abordagens utilizadas (Tabela 23.7). Ou seja, a compreensão de estrutura, hierarquia e jogos relacionais conduz os olhares de todos os terapeutas familiares brasileiros participantes do estudo, independentemente das abordagens teóricas utilizadas por eles. O conceito de relato é mais utilizado por profissionais que se identificam tanto com as abordagens pós-modernas quanto com os modelos de identificação reduzida.

A análise da correlação dos conceitos com as abordagens teóricas pode indicar uma prática apoiada em conceitos teóricos inconsistentes, uma vez que algumas correlações fogem ao esperado pela literatura. Por exemplo, o conceito de estrutura familiar – característico da escola estrutural (agrupada nos modelos sistêmicos) – correlaciona-se negativamente com esse fator e positivamente com os modelos pós-modernos. Outra possibilidade de compreensão dessas incoerências é considerar que os terapeutas estão mais preocupados com o sucesso das intervenções na clínica (resolução dos problemas apresentados pelas famílias) e menos atentos aos conceitos que permeiam a maneira como lidam com os sistemas em tratamento.

Essa hipótese foi investigada em discussão de um caso clínico. Os participantes dos grupos focais indicaram que o processo clínico tem

TABELA 23.7 | Correlações entre conceitos utilizados e fatores identificados a partir das escolas adotadas por terapeutas familiares brasileiros

	Modelos sistêmicos	Modelos pós-modernos	Modelos de menor identificação
Comunicação paradoxal (n = 297[a])	-0,302**	0,100	-0,175**
Estilo de cooperação (n = 251)	0,019	-0,142*	-0,148*
Estrutura familiar (n = 302)	-0,269**	0,117*	-0,224**
Exceções (n = 142)	0,025	-0,014	-0,010
Hierarquia de poder (n = 297)	-0,277**	0,125*	-0,178**
Jogo patológico da família (n = 258)	-0,158*	0,134*	-0,143*
Norma familiar (n = 265)	-0,067	0,128*	-0,100
Relatos (n = 297)	-0,048	-0,142*	-0,165**
Tentativas ineficazes de solução (n = 205)	-0,109	-0,030	0,066

*p < 0,05; **p < 0,01.
[a] O n de cada conceito varia porque foram considerados apenas os terapeutas que conhecem o conceito referido.

etapas seguidas em que não se identifica uma orientação teórica de referência. O primeiro momento é caracterizado pela investigação da dinâmica familiar e do problema apresentado pela família. Vinculado a essa exploração, há um trabalho de levantamento e verificação de hipóteses clínicas caracterizando o segundo momento. Quando surge uma hipótese que é verificada na dinâmica familiar, os terapeutas passam para o terceiro momento: a definição da abordagem e do foco do tratamento. Essas etapas são semelhantes às propostas por terapeutas estruturais (Minuchin & Fishman, 1990) e breves (Fisch, Weakland, & Segal, 1982).

A porta de entrada na família é o paciente identificado. Os terapeutas investigam o problema apresentado pela família, mas têm o objetivo de construir uma visão sistêmica do problema (diluindo a responsabilidade desse paciente e desenvolvendo uma compreensão do problema que envolva todos da família). Durante a exploração do problema e a verificação de hipóteses, fica evidente a construção de um entendimento do caso apoiada em modelos tradicionais da terapia familiar. Em especial, é possível identificar o modelo estrutural, bastante difundido pelos formadores (Minuchin é o autor mais citado por eles), e o conceito de estrutura familiar, que é um dos mais conhecidos e utilizados por terapeutas brasileiros.

Na discussão do caso clínico, foram identificadas as seguintes abordagens: estrutural (investigação de fronteiras, limites, distribuição de poder, segredos), estratégica (identificação do paciente, diluição de poder), trigeracional (exploração de legados e relações com a família de origem) e psicanálise (vínculos). Todas essas abordagens auxiliaram os participantes do estudo a construir hipóteses e perguntas que verificassem a veracidade das hipóteses ou não.

Entretanto, quando se passou a investigar as formas de trabalhar com a família, a postura dos terapeutas seguiu tendências pós-modernas e ligadas aos modelos de menor identificação, tais como: a terapia breve voltada ao problema (investigação do problema para construção de uma visão sistêmica sobre ele), a terapia breve focada em soluções (investigação de aspectos positivos na dinâmica familiar), a escola narrativa (coconstrução de histórias alternativas à história do problema) e a terapia familiar cognitivo-comportamental (possibilidades de mudança de comportamento ou de compreensão do problema).

Essa constatação indicou novamente a integração de modelos tradicionais com abordagens mais contemporâneas. A análise das interações com o microssistema terapêutico demonstrou que os terapeutas utilizam conceitos tradicionais para compreender o caso e conceitos pós-modernos para estabelecer uma relação terapêutica. A relação clínica foi caracterizada por maior proximidade e igualdade entre terapeuta e família, seguindo tendência pós-moderna. Essa aproximação de abordagens não chega a compor um cenário de incoerências nas práticas da terapia familiar. Tal postura indica uma forma de trabalhar que é resultado da integração dos três eixos propostos pela formação em terapia familiar no Brasil: o referencial teórico, a prática supervisionada e o trabalho de *self*. Nesse ponto, também se percebeu a influência do exossistema sobre o microssistema terapêutico.

A análise detalhada das práticas dos terapeutas familiares indicou, portanto, a integração de leituras tradicionais da família com a postura clínica das abordagens mais contemporâneas. Com esse movimento, amplia-se a noção de si mesmo como recurso clínico. As vivências pessoais e outras experiências na clínica são acionadas para a definição do foco clínico. Esse envolvimento pessoal apareceu em todos os níveis ecológicos do desenvolvimento das práticas terapêuticas, demonstrando que o trabalho de *self* é fundamental para o bom funcionamento da clínica brasileira.

O grupo focal evidenciou que os terapeutas estavam mais preocupados em definir um foco no trabalho que estivesse de acordo com a demanda da família. Para isso, partiam de experiências pessoais e estudos teóricos para investigar as hipóteses a serem construídas. O posicionamento dos terapeutas era o de que só haveria possibilidade de mudança se a família se engajasse no processo e, para que isso acontecesse, era fundamental estabelecer objetivos claros e concretos. Era importante ainda que terapeuta e família concordassem com os objetivos combinados, mesmo que fossem recontratados ao longo do processo. Nem todos os autores utilizados pelos profissionais que participaram do grupo focal foram citados pelos formadores. Essa ampliação teórica foi considerada indispensável ao processo de formação. Os formadores esperavam que os terapeutas buscassem modelos e autores diferentes daqueles ensinados por eles, indicando, assim, caminhadas pessoais de contínuo aprendizado.

Os terapeutas participantes dos grupos focais tinham noção de que suas práticas se baseavam em diversas teorias. Porém, não estavam acostumados com o exercício de identificar os fatores que permeiam suas decisões no processo clínico nem com a verificação de coerência entre eles. Observou-se entre os terapeutas uma sensação de não ser necessária essa identificação (de autores e conceitos que conduzem a clínica) por considerarem que suas atitudes estavam colaborando para o sucesso terapêutico. Suas experiências pessoais eram percebidas como influenciadoras de sua prática mais do que os modelos teóricos aprendidos na formação. A postura de aparente despreocupação com a teoria utilizada na clínica pode ser compreendida como apropriação dos conceitos aplicados. Após algum tempo de familiarização e apropriação de uma teoria, seus conceitos e suas técnicas são somados aos demais recursos do terapeuta (sejam eles recursos disponibilizados por outras teorias ou por vivências pessoais). Quando a teoria não apresenta uma diretriz de atuação clara, o terapeuta acessa recursos pessoais, sem refletir se as posturas adotadas são definidas por determinada teoria, se são construídas a partir de integração teórica ou se são resultado de vivência pessoal (Rycroft, 2004).

O que se pode identificar, portanto, é que a abordagem integrativa utilizada pelos terapeutas familiares brasileiros permite a construção de um estilo que possibilita a utilização de diversos recursos pessoais de forma criativa e consistente. Percebe-se que os conceitos tradicionais continuam conduzindo à construção de hipóteses clínicas e que os conceitos pós-modernos definem o tipo de condução do processo da terapia. Contudo, não há uma preocupação dos terapeutas familiares de identificar e definir essa postura. Esses profissionais estão sempre preocupados em acionar recursos (independentemente de abordagens teóricas) que possibilitem a mudança e o crescimento dos que chegam à terapia. Esse objetivo da clínica perpassa todos os níveis ecológicos, indicando uma unidade na definição de objetivos no campo da terapia familiar.

A análise ecológica desse estudo indica que são ensinadas as abordagens teóricas que "fazem sentido" para a realidade brasileira. O processo acontece tanto do nível exossistema para o microssistema quanto do microssistema para o exossistema. Por exemplo, os formadores têm contato com determinada abordagem, estudam e colocam em prática as técnicas e os conceitos propostos por ela. Se essa proposta terapêutica faz sentido, então é incorporada à formação. Cada terapeuta que cursa a formação pode escolher utilizá-la ou não, respeitando seu estilo pessoal e suas vivências clínicas. Quando os terapeutas acessam outras teorias e as consideram úteis, conversam com seus formadores ou colocam essas ideias em prática (na terapia) para confirmar a utilidade ou não dessa abordagem. Isso gera um espaço de discussão e trocas entre os diversos níveis ecológicos.

Identificou-se coerência entre o que é ensinado e o que é colocado em prática por terapeutas brasileiros, tanto no que se refere aos modelos adotados quanto às técnicas utilizadas. Não se observou tanta coerência no que se refere aos conceitos. Essa incoerência pode ser resultado do fato de o foco maior estar na prática clínica do que no estudo de referenciais teóricos por parte dos terapeutas familiares.

Esse estudo, que adota uma compreensão ecológica da terapia familiar, revela que cada terapeuta cria seu modelo "ampliando as possibilidades" da família e percebendo todos os modelos terapêuticos como possíveis recursos a serem utilizados quando necessário. Tanto a dinâmica familiar quanto a história dos terapeutas fundamentam o processo terapêutico, e ambas se modificam durante a evolução da terapia. Escolas mais tradicionais orientam o diagnóstico da família, enquanto os modelos mais pós-modernos conduzem a postura em atendimento.

A diversidade teórica, a postura de contínua adaptação e mudança por parte dos terapeutas familiares e a preocupação com o sucesso terapêutico (foco maior nas técnicas do que nas teorias) constroem uma unidade na terapia familiar brasileira. Apesar de diferentes locais de formação e de diferentes identidades profissionais, os terapeutas familiares brasileiros construíram um ambiente ecológico rico, que possibilita o desenvolvimento dessa profissão de modo teoricamente coerente, com a possibilidade de compor estilo pessoal único. Novas escolas continuam sendo incorporadas às práticas terapêuticas ampliando constantemente a bagagem teórica e técnica dos profissionais brasileiros.

Referências

Anderson, H. (1999). Reimagining family therapy: Reflections on Minuchin's invisible family. *Journal of Marital and Family Therapy, 25*(1), 1-8.

Aun, J., Vasconcellos, M. J. E. de., & Coelho, S. (2005). *Atendimento sistêmico de famílias e redes sociais* (Vol. 1). Belo Horizonte: Ophicina de Arte & Prosa.

Bronfenbrenner, U. (1996). *A ecologia do desenvolvimento humano: Experimentos naturais e planejados*. Porto Alegre: Artes Médicas.

Bronfenbrenner, U., & Morris, P. (1998). The ecology of developmental processes. In W. Damon (Ed.), *Handbook of child psychology* (Vol. 1, pp. 993-1027). New York: John Wiley & Sons.

Cecchin, G., Lane, G., & Ray, W. (2001). *Irreverenza: Una strategia di sopravvivenza per I terapeuti* (2nd ed.). Milano: Franco Angeli.

Combs, G., & Freedman, J. (1998). Tellings and retellings. *Journal of Marital and Family Therapy, 24*(4), 405-408.

Dias, C. M., & Ferro-Bucher, J. (1996). Modalidades de supervisão em terapia familiar e a realidade brasileira. *Mudanças, 4*(5/6), 41-58.

Prati, L. E., & Koller, S. H. (2007). Formação em terapia familiar: desafio dos formadores *Pensando Famílias 11*(1), 115-126.

Fernandes, M. (2008). Contribuições da abordagem gestáltica para a terapia familiar. In R. M. Macedo. *Terapia familiar no Brasil na última década* (pp. 48-55). São Paulo: Roca.

Fisch, R., Weakland, J., & Segal, L. (1982). *The tacics of change: Doing therapy briefly*. San Francisco: Jossey-Bass.

Hoffman, L. (2002). *Family therapy: An intimate story*. New York: W. W. Norton & Company.

Macedo, R. M. (2008). *Terapia familiar no Brasil na última década*. São Paulo: Roca.

McNamee, S. (2004). Promiscuity in the practice of family therapy. *Journal of Family Therapy, 26*(3), 224-244.

Minuchin, S. (1998). Where is the family in narrative family therapy? *Journal of Marital and Family Therapy, 24*(4), 397-403.

Minuchin, S., & Fishman, H. (1990). *Técnicas de terapia familiar*. Porto Alegre: Artes Médicas.

Osório, L. C. (2006). *Novos paradigmas em psicoterapia*. São Paulo: Casa do Psicólogo.

Rapiso, R. (2002). *Terapia sistêmica de família: Da instrução à construção* (2. ed.). Rio de Janeiro: NOOS.

Rodrigues, V. S., Horta, R. L., & Costa, L. G. (2008). Construção de consensos: Paradigma sistêmico e modelo cognitivo-comportamental em transtornos por uso de substâncias psicoativas. In R. M. Macedo (Ed.), *Terapia familiar no Brasil na última década* (pp. 72-78). São Paulo: Roca.

Rycroft, P. (2004). When theory abandon us: Wading through the 'swampy lowlands' of practice. *Journal of Family Therapy, 26*, 245-259.

Schwartz, R. C. (1999). Narrative therapy expands and contracts family therapy's horizons. *Journal of Marital and Family Therapy, 25*(2), 263-267.

Sluzky, C. (1998). In search of the lost family: A footnote to Minuchin's essay. *Journal of Marital and Family Therapy, 24*(4), 415-417.

Vasconcellos, M. J. E. de. (2002). *Pensamento sistêmico: O novo paradigma da ciência*. Campinas: Papirus.

White, M., & Epston, D. (1990). *Narrative means to therapeutic ends*. New York: Norton.

Perícia psicológica em Varas de Família

Edna Maria Brandão

O direito de família tem buscado atender a demanda social e suas novas configurações, tais como uniões homoafetivas, igualdade parental, paternidade ou maternidade socioafetiva, abandono afetivo, entre outras. Também busca garantir direito à diversidade com base, principalmente, nas relações de afeto. Nesse sentido, o profissional de psicologia que atua no contexto forense passou a se deparar com novos desafios em sua prática cotidiana. O objetivo deste capítulo é abordar o trabalho com as famílias envolvidas nas ações impetradas nas Varas de Família dos Tribunais de Justiça e o lugar ocupado pela avaliação psicológica, chamada de perícia judicial no contexto da legislação pertinente.

As Varas de Família do Poder Judiciário reúnem ações judiciais que dizem respeito aos assuntos ligados às questões que envolvem familiares e afins, tais como divórcio, disputa ou modificação de guarda de filhos, regulamentação de visitas, pensão alimentícia, investigação de paternidade, tutela e curatela, inventário, entre outras. Todos os processos judiciais impetrados nas Varas de Família são regidos por leis gerais, no caso pela Constituição Federal (Brasil, 1988) e pelo Código de Processo Civil (Brasil, 2015a).

Já o processamento das ações abarcam diferentes legislações, quais sejam, o Estatuto da Criança e do Adolescente (Brasil, 1990), o Estatuto do Idoso (Brasil, 2003), o Estatuto da Pessoa com Deficiência (Brasil, 2015b) e leis mais específicas, como a Lei Maria da Penha (Brasil, 2006), a Lei da Alienação Parental (Brasil, 2010) e a Lei da Guarda Compartilhada (Brasil, 2014), entre outras. As diretrizes legais versam sobre como devem ser as relações entre o psicólogo e o sistema de justiça e indicam, basicamente, como o profissional atuará em termos jurídicos, preservando-se a autonomia teórica e técnica.

Com relação ao divórcio e seus desdobramentos, ao se observar o crescimento dos índices de divórcios apontados pelo Instituto Brasileiro de Geografia e Estatística (IBGE) ao longo dos anos, torna-se compreensível o aumento da demanda judicial, sobretudo em casos de disputa de guarda ou regulamentação de visitas dos pais aos filhos. Apesar de nem todos os divórcios serem judicializados ou conflituosos, ainda assim, em se tratando de um olhar mais amplo, o número de divórcios que buscam a via judicial para solução de divergências ou conflitos também sofreu aumento (Tallmann, Zasso, & Martins, 2019).

Nesse cenário, a guarda dos filhos, que outrora era primazia materna, passou a ser disputada pelos pais e compartilhada entre os genitores (Tallmann, Zasso, & Martins, 2019). Para além da disputa, casos de denúncias de abuso sexual intrafamiliar e acusações de alienação parental se tornaram menos incomuns e constituem temas complexos na prática profissional em psicologia jurídica.

Embora o abuso sexual infantojuvenil não seja parte inerente das ações de guarda de filhos, certamente é um tema importante para o qual o psicólogo forense deve ser versado ao realizar a avaliação psicológica (Huss, 2011). As denúncias de abuso sexual infantojuvenil em Varas de Família exigem tomadas de decisões pelos psicólogos em relação às avaliações, que podem ter consequências importantes na vida dos envolvidos.

Muitas vezes, as denúncias de abuso sexual nas ações de família não apresentam informações claras de ocorrência de crime e deixam dúvidas se de fato aconteceram, podendo se referir a falsas acusações ou suspeitas sem fundamento por parte de um dos ex-cônjuges, ou ainda serem fruto de implantação de falsas memórias na criança. Ademais, a dificuldade e a complexidade nas avaliações se elevam em casos de crianças de tenra idade, entre outros motivos, pelas limitações quanto à capacidade de expressão e verbalização. Quando há ausência de provas físicas, não há indicadores específicos que determinem se a criança ou o adolescente foi vítima de violência sexual intrafamiliar (Herman, 2005). Daí a importância de uma avaliação abrangente, que integre diferentes fontes de informações, a fim de reunir o maior número de elementos possíveis visando ao interesse e à melhor proteção integral da criança ou do adolescente.

Nas ações em Varas de Família, outro tema complexo e desafiador para o profissional é a suspeita ou acusação da ocorrência de alienação parental, que pode ser entendida como um conjunto de comportamentos, conscientes ou não, que pode perturbar a relação entre o filho e o outro genitor (Darnall, 1999). No Brasil, único país com legislação específica sobre o assunto, a definição legal descreve a alienação parental como a interferência na formação psicológica da criança ou do adolescente e que pode ser promovida ou induzida por um dos genitores ou por outros familiares, para que repudie ou cause prejuízo aos vínculos com um genitor (Brasil, 2010). A mesma lei determina a importância da avaliação psicológica do fenômeno.

Contudo, embora a lei aponte a necessidade de aptidão técnica profissional para diagnosticar a alienação parental, há controvérsias acerca do tema, pois não há critérios ou indicadores claros para a identificação ou a caracterização da alienação parental que possam ser utilizados pelos profissionais atuantes na área (Fermann, Foschiera, Chambart, Bordini, & Habigzang, 2017). Brandão e Baptista (2016) compilaram uma revisão integrativa acerca do assunto mostrando a incipiência do tema e a escassez de estudos, sobretudo de pesquisas empíricas.

O trabalho do psicólogo com famílias dentro do sistema de justiça levou a American Psychological Association (APA, 1994) a publicar diretrizes para avaliações de guarda de filhos. Tais diretrizes consistem em recomendações focadas no processo avaliativo. Entre elas, pode-se destacar o foco no interesse psicológico da criança e no seu bem-estar, na capacidade do exercício da parentalidade dos pais quanto às necessidades psicológicas e de desenvolvimento da criança. No que diz respeito ao trabalho do psicólogo que atua como perito, o documento apontou a importância da postura objetiva e imparcial, da prática não discriminatória, da competência especializada, além de diretrizes gerais quanto aos procedimentos a serem utilizados na avaliação em casos de disputa de guarda de filhos.

No Brasil, o Conselho Federal de Psicologia (CFP) mostrou-se atento ao trabalho dos psicólogos em situações de litígios familiares. Tal preocupação deu origem à publicação das referências técnicas para atuação dos psicólogos em Varas de Família (CFP, 2010a). Pereira e Matos (2011) afirmam que a literatura aponta a perícia forense com famílias como uma das áreas mais difíceis de avaliação. Em concordância, Huss (2011) considera a avaliação familiar no âmbito do sistema de justiça como um dos temas mais complexos na psicologia forense e um desafio profissional para o psicólogo.

Avaliação psicológica e perícia judicial

A avaliação psicológica consiste em exame compreensivo com o objetivo de oferecer respostas a questões específicas no que diz respeito ao funcionamento psíquico de uma pessoa em determinado momento da vida, além de tentar predizer, se possível, o funcionamento em um tempo futuro (American Educacional Research Association [AERA], APA, & National Council on Measurement in Education [NCME], 2014). Na Resolução nº 9 do CFP (2018), a avaliação psicológica é definida como um processo estruturado de investigação de fenômenos psicológicos, composto por métodos, técnicas e instrumentos, com o objetivo de prover informações à tomada de decisão, no âmbito individual, grupal ou institucional, com base em demandas, condições e finalidades específicas.

Já o termo "perícia" origina-se do latim e significa ter conhecimento especial ou grande habilidade em determinada atividade ou área específica, além de destreza e proficiência. Em termos jurídicos, refere-se a um exame de caráter técnico, por pessoa especializada, de um fato, estado ou valor de um objeto litigioso, cujos resultados servirão de meio de prova que o juiz precisará conhecer para tomar decisão (Michaelis, 2019). O detalhamento da perícia, em termos jurídicos, está previsto no Código de Processo Civil (Brasil, 2015a).

Antes de adentrar ao tema da perícia no contexto jurídico, é importante apontar elementos acerca das diferenças entre perícia, como atividade processual técnica e meio probatório, e avaliação psicológica praticada no contexto clínico, nas diferentes áreas em que se realiza, a qual não deve ser transposta diretamente para o ambiente forense sem as devidas adaptações. A perícia judicial difere de outras modalidades de avaliação, em primeiro lugar, por seu objetivo, qual seja, subsidiar decisão legal quando esta necessita de compreensão do funcionamento psicológico das pessoas envolvidas.

Para além da citada diferença, pode-se apontar ainda a relação estabelecida entre o profissional e o avaliado, a qual não se baseia na busca espontânea pela avaliação por parte da pessoa atendida, pois não estaria participando se não houvesse uma questão legal a ser resolvida. Nesse sentido, o perito ocupa uma posição mais investigativa, cuja conclusão pode inclusive ir contra os interesses do atendido.

A avaliação pericial, devido ao caráter compulsório, também pode acarretar resistência ou falta de cooperação das pessoas chamadas a participar dos atendimentos, além da possibilidade de ocorrência de mentiras, simulação e dissimulação, uma vez que há interesses contraditórios entre as partes na busca pelo ganho da causa judicial. Outro aspecto a ser considerado diz respeito ao sigilo e à confidencialidade que não podem ser garantidos, uma vez que os resultados da avaliação serão transcritos em um laudo que permite acesso aos operadores do direito, advogados de ambas as partes, promotores de justiça e juízes.

Ademais, na perícia, há um prazo delimitado e determinado pelo juiz. Se esse prazo é ultrapassado pelo perito, deve ser devidamente justificado e fundamentado. Desse modo, a avaliação não se estende no tempo, como pode ocorrer em um contexto clínico pontualmente, pois a perícia busca respostas a questões legais (Rovinski, 2013; Silva & Rovinski, 2012).

De todo modo, a perícia deve descrever os vínculos afetivos e os conflitos individuais e familiares de maneira a oferecer elementos que possam auxiliar o julgador na tomada de decisão, a fim de atender ao interesse dos envolvidos, sobretudo crianças e adolescentes. Nesse sentido, o psicólogo perito judicial pode (e deve) lançar mão de todos os recursos disponíveis em termos de técnicas de avaliação, quais sejam, entrevistas, testes psicológicos, visitas familiares, informações adicionais, etc., algumas das quais são abordadas a seguir.

Entrevista psicológica

A perícia forense se inicia pelo estudo detalhado e atento dos autos da ação processual que gerou a solicitação do estudo psicológico, a fim de identificar a demanda e as questões pertinentes à área da psicologia para a qual o perito foi chamado a responder. Nessa etapa, são considerados aspectos como gênero, idade, nível de escolaridade, limitações físicas ou mentais das pessoas a serem atendidas, entre outras variáveis, e levantadas hipóteses que serão investigadas e posteriormente confirmadas ou descartadas.

Nessa fase também é importante que o perito avalie se tem conhecimento técnico para a realização da perícia e se não mantém relações de parentalidade, amizade ou outro tipo de conhecimento em relação às pessoas que são partes na ação judicial. Analisadas as questões metodológicas e éticas, o perito poderá (se for o caso) se declarar suspeito ou impedido de efetuar a perícia, de acordo com o art. 157 do Código de Processo Civil (Brasil, 2015a).

Após o aceite do psicólogo perito em realizar o trabalho, este deverá elaborar a metodologia que será utilizada e as técnicas que serão empregadas no curso do estudo psicológico, as quais podem se alterar dependendo do andamento da avaliação. Nesse sentido, em diferentes contextos, a entrevista psicológica é a técnica mais utilizada para a investigação, bem como na perícia judicial forense.

Cohen, Swerdlik e Sturman (2014) apontaram três tipos de entrevista psicológica: estruturada, semiestruturada e livre de estruturação. Na entrevista estruturada ou dirigida, as perguntas são previamente formuladas, e o entrevistador se atém às questões de forma rígida. Já na entrevista semiestruturada, também chamada de semidirigida, há um roteiro formulado antecipadamente, porém o psicólogo pode questionar outros assuntos que julgar necessário, tornando-a flexível. Por fim, na entrevista livre, embora o profissional tenha um norte a seguir, não há questionamentos elaborados de forma antecipada, e a exploração de temas flui ao longo da entrevista.

Em se tratando especificamente da entrevista forense, Meloy (1991) propôs seis dimensões que a caracterizam. A primeira aponta para o contexto coercitivo, já comentado anteriormente, em que as pessoas são forçadas total ou parcialmente a participar da avaliação. Mesmo no caso em que a solicitação partiu de uma das partes envolvidas, há invasão da privacidade e exposição dos motivos que levaram ao litígio judicial. Na prática, por exemplo, se um dos cônjuges de um ex-casal não conseguiu tecer um acordo acerca da guarda ou da visitação aos filhos e decide buscar a via judicial, ambos terão que participar do estudo psicológico, bem como os filhos e, por vezes, outros familiares e pessoas envolvidas.

A segunda dimensão diz respeito à ausência total ou parcial de sigilo, que pode constituir uma limitação para a verbalização do atendido, e, ainda, segundo o autor, para o psicólogo, uma vez que não foi treinado em sua formação profissional para lidar com essa ausência. Destaca-se que a obrigatoriedade do psicólogo perito de informar os participantes dos limites da confidencialidade e da divulgação de informações está prescrita em diretrizes específicas da APA (1994) em casos de avaliação de guarda de filhos. Neste caso, vale lembrar que a perícia foi solicitada pelo juízo da causa e que, portanto, há informações que terão que ser divulgadas, independentemente da permissão ou não dos atendidos. Pode ocorrer, por exemplo, que o perito tenha que descrever partes das entrevistas realizadas com os participantes ou ainda tome conhecimento de um fato relevante para a causa e que deverá ser indicado no laudo.

Na terceira dimensão, Meloy (1991) menciona a diferença relacionada ao fato de que as informações coletadas na entrevista forense serão transmitidas a um público leigo, constituindo-se uma preocupação para o perito na análise dos achados e na confecção do laudo, sobretudo com uso de termos e expressões técnicas. Nesse sentido, o perito deve ser capaz de traduzir os resultados das técnicas empregadas em termos compreensíveis para todos os envolvidos no processo judicial, considerando as pessoas que estão litigando, os advogados de ambas as partes, o promotor de justiça e o juiz. Por exemplo, o psicólogo deve evitar termos próprios de determinada abordagem psicológica ou citar resultados em termos de escores, tabelas e normas. Quando fizer isso, deve explicar seu significado e relacionar ao caso avaliado.

A distorção consciente de informações, a simulação (fingir sintomas que não existem) e a dissimulação (ocultar sintomas que existem) constituem a quarta dimensão. De acordo com

Meloy (1991), tais elementos podem decorrer do contexto coercitivo em que se dá a entrevista e/ou de fatores externos como ganhos financeiros ou garantia de direitos. Pode-se dizer que a judicialização nas Varas de Família, salvo exceções, traz intrinsicamente uma disputa. Por isso, os envolvidos podem (e não raramente o fazem) lançar mão de recursos para saírem vitoriosos ao final do processo judicial. Nesse sentido, por se tratar de avaliação psicológica compulsória, o perito deve estar atento aos interesses das pessoas envolvidas e à forma como verbalizam e se comportam nas entrevistas.

Como quinta dimensão, o autor cita a questão da discordância ou verificação, regida pelo princípio jurídico da ampla defesa, ou seja, os resultados apontados pelo perito podem ser contestados. Daí a importância de o trabalho do psicólogo estar embasado nos fundamentos científicos de seus dados. Em termos práticos, na perícia forense, não raramente uma das partes ou ambas podem ficar descontentes com o laudo apresentado nos autos e, por meio de seus advogados, apresentar críticas a fim de desqualificá-lo como meio de prova a ser usada na decisão judicial. Nesse caso, o perito pode ser chamado a responder, explicar ou complementar o trabalho pericial, bem como a detalhar a metodologia utilizada que resultou no laudo apresentado.

Por fim, como sexta e última dimensão, o autor aponta o papel do perito como investigador, caracterizado pela imparcialidade e pela objetividade. Nesse sentido, o psicólogo forense, embora possa fazer orientações e encaminhamentos, abre mão do papel terapêutico e assume uma posição mais de compreender e avaliar a conduta do indivíduo do que de modificá-la. Por exemplo, o perito atende uma mãe que, devido à depressão, não apresenta condições de cuidar dos filhos, e o pai se mostra com melhores condições de exercer a guarda das crianças. Pode-se dizer que o psicólogo, em sua formação, seja preparado para promover a saúde mental e o bem-estar do indivíduo, porém, no contexto jurídico, embora mantenha essa postura durante o atendimento, o tempo hábil e a finalidade da perícia farão ele ter de focar no objetivo, como auxiliar da justiça, e dar informações que possam subsidiar a decisão do juiz quanto a qual dos genitores reúne, no momento da avaliação, as melhores condições para exercer a guarda dos filhos.

Para além das dimensões elencadas por Meloy (1991), no que diz respeito à atuação em Varas de Família, a entrevista é realizada em todos os casos, ora entrevistando os membros da família de forma individual, ora atendendo a família conjuntamente. Nesse sentido, Férez-Carneiro e Neto (2012) discorreram sobre entrevistas no trabalho com famílias. Na entrevista familiar, os autores destacam como objetivos abordar o funcionamento, a dinâmica, a estrutura e o desenvolvimento do ciclo familiar e identificar variáveis que influenciam a situação problemática. O percurso da entrevista consiste em partir de suposições técnicas e chegar até hipóteses diagnósticas, passando por análise de evidências e inferências, além de se somar a outras técnicas e instrumentos de avaliação.

A entrevista no ambiente pericial deve envolver a atenção aos detalhes em relação à postura, à linguagem corporal, à expressão não verbal, ao contato visual do entrevistado, etc. O profissional, em tempo integral durante a entrevista, pode (e deve) lançar mão da técnica de observação, a fim de apreender aquilo que, porventura, não tenha sido diretamente expresso pela pessoa entrevistada. As discrepâncias entre a verbalização e a postura e as emoções associadas no momento da fala, por exemplo, podem fugir à detecção de instrumentos padronizados, os quais podem ser usados de forma complementar e são abordados mais adiante. Contudo, destaca-se aqui a importância da entrevista psicológica forense no início e durante o trabalho pericial.

Na execução da perícia nos processos de família, é de fundamental importância a entrevista com a criança envolvida na ação judicial, desde que possível em termos de idade. Borges e Baptista (2018) abordaram aspectos da entrevista, conhecida como entrevista lúdica ou hora lúdica, destacando pontos como atenção desde o momento da chegada da criança até quando ela está se despedindo para ir embora, somados a detalhes relevantes como quem a levou ao atendimento, como ela se comporta na presença de um ou de outro genitor ou parente, se entra sozinha ou não à sessão, entre outros. Adicionalmente, na hora lúdica podem ser observadas as escolhas da criança, os brinquedos de que faz uso, as brincadeiras que elege, o uso da fantasia e da imaginação, as pessoas a quem ela se refere, as lembranças a que recorre, entre outros elementos importantes.

Testes psicológicos

Enquanto a entrevista psicológica, independentemente da teoria que embasa o trabalho do psicólogo perito, está presente em todas as avaliações, nem todos os profissionais lançam mão do uso de testes psicológicos. Contudo, de forma complementar à entrevista psicológica, o perito poderá elaborar um protocolo com uma bateria de testes psicológicos. Tais testes abarcam escalas, inventários, questionários e métodos projetivos, com prévia consulta aos instrumentos aprovados no Sistema de Avaliação de Testes Psicológicos (Satepsi) do CFP, e podem auxiliar na compreensão do sujeito ou da situação-problema.

Nesse sentido, há profissionais que optam por uma bateria fixa de testes de acordo com a demanda da avaliação solicitada. Porém, vale ressaltar que, para ações judiciais semelhantes, há especificidades na dinâmica familiar e nas queixas dos envolvidos. Desse modo, a metodologia a ser empregada dependerá das características de cada caso. Melton, Petrila, Poythress e Slobogin (1997) propuseram quatro fatores a serem considerados na escolha dos testes psicológicos. Em primeiro lugar, a relevância à questão legal específica que motivou o pedido do estudo psicológico ou ao construto subjacente à questão legal. Em segundo lugar, a natureza hipotética dos resultados dos testes e a importância de destacar esse aspecto no laudo a ser encaminhado à autoridade jurídica. As limitações na reconstrução de contextos é a dimensão apontada como o terceiro fator a ser observado. De maneira geral, os testes permitem avaliar as condições atuais dos avaliados, e o perito deve estar atento às solicitações de caráter retrospectivo, mesmo sabendo que os elementos de personalidade e o funcionamento cognitivo possam se manter estáveis ao longo do tempo. Nesse caso, dados de avaliações psicológicas anteriores podem auxiliar na compreensão do contexto atual. Por fim, como quarto fator, a importância de considerações sobre a validade aparente dos achados. Isso significa tornar mais acessíveis aos agentes jurídicos os resultados e dados estatísticos que produziram as inferências apontadas no relatório final.

Teodoro (2012) reuniu os instrumentos aprovados até 2011 para uso nas avaliações que envolvem famílias, entre eles: a Entrevista Familiar Estruturada (EFE) (Férez-Carneiro, 1996), o Inventário de Estilos Parentais (IEP) (Gomide, 2006), o Inventário de Percepção do Suporte Familiar (IPSF) (Baptista, 2010) e o Roteiro de Entrevista de Habilidades Sociais Educativas Parentais (RE-HSE-P) (Bolsoni-Silva, 2010). De forma complementar, em período posterior à pesquisa de Teodoro (2012), por meio de consulta ao Satepsi (CPF, 2019b), foi possível encontrar para uso no contexto familiar a Escala de Habilidades Sociais Conjugais (IHSC) (Villa & Del Prette, 2012), bem como de uso não privativo de psicólogos o Sistema de Avaliação do Relacionamento Parental (SARP) (Lago & Bandeira, 2013) e a Escala de Violência entre Parceiros Íntimos (EVIPI) (Lourenço & Baptista, 2014). Por fim, em desenvolvimento, pode-se citar ainda a Escala de Alienação Parental (Gomide, Camargo, & Fernandes, 2016) e a Escala de Rastreamento de Indicadores de Alienação Parental (ERIAP) (Brandão, 2017).

Como se pode observar, é reduzida a quantidade de testes psicológicos voltados para a avaliação familiar. Convém destacar ainda que inexistem instrumentos psicológicos específicos para uso em perícia forense, sobretudo direcionados às avaliações que envolvem denúncias ou suspeitas de alienação parental e abuso sexual, temas complexos nas avaliações em Varas de Família, conforme anteriormente explicitado. Grisso (2003) defendeu o enfrentamento do desafio na criação e no desenvolvimento de instrumentos de avaliação que atendam, especificamente, a demanda jurídica, e que, segundo o autor, se encontram avançados há décadas em países desenvolvidos, denominados Forensic Assessment Instruments.

Os métodos e as técnicas de avaliação, incluindo os testes psicológicos tradicionais e os instrumentos específicos que fossem direcionados à população atendida no sistema de justiça, poderiam ampliar ainda mais a avaliação psicológica no contexto judicial. Ademais, poderia haver maior uniformidade nos procedimentos de avaliação, uma vez que amostras normativas poderiam favorecer a interpretação de resultados e possibilitar a comparação de tais resultados, de modo a enriquecer a validade e a confiabilidade dos instrumentos (Rovinski, 2013).

Informações de terceiros

Além da entrevista e dos testes psicológicos, outra ferramenta importante na perícia forense é a obtenção de informações adicionais por meio de múltiplos informantes. O Código de Processo Civil (Brasil, 2015a), que rege a perícia forense em Varas de Família, expressa em seu art. 473, §3º, que o desempenho da função pericial pode valer-se de todos os meios necessários para a realização do trabalho, entre eles a escuta de testemunhas, a obtenção de informações e a solicitação de documentos que estejam em poder das partes em litígio. É permitido, ainda, solicitar documentos para repartições públicas ou outros elementos importantes ao esclarecimento do objeto da perícia.

No mesmo sentido, a Resolução nº 8 do CFP (2010b) estabelece, de acordo com as especificidades de cada situação, a possibilidade de o perito judicial utilizar, além das entrevistas e dos testes psicológicos, visitas domiciliares e institucionais e outras técnicas reconhecidas pelo conselho profissional. O uso de múltiplas fontes de informação, desde que legais e éticas, tende a enriquecer o trabalho técnico e a ampliar a avaliação psicológica. A importância da utilização de múltiplos métodos de coleta de dados pelo psicólogo perito também é uma diretriz da APA (1994) nos casos de disputa de guarda dos filhos.

No documento intitulado Referências Técnicas para Atuação dos Psicólogos em Varas de Família publicado pelo CFP (2010a) consta a indicação para inclusão de familiares e/ou pessoas de referência nos atendimentos com crianças e adolescentes. Huss (2011) também enfatiza que, na perícia forense relativa à guarda de crianças, o psicólogo deve incluir na avaliação muitas pessoas, além dos filhos, pais e demais cuidadores da criança ou do adolescente, tais como babás, avós, irmãos não envolvidos diretamente na disputa dos pais, pessoas significativas para os pais, seus novos parceiros ou pessoas que morem na mesma casa que a criança.

Adicionalmente, Rocha e Emerich (2018) escreveram sobre a importância de múltiplos informantes na avaliação psicológica com crianças, bem como a análise dos níveis de concordância e a discrepância das informações obtidas por terceiros. Eles ressaltam que o método é sugerido por diversos pesquisadores da área. Os autores destacaram que a obtenção e a integração de informações adquiridas com diferentes fontes podem oferecer uma visão mais ampla e completa da situação na qual a criança está inserida, bem como quanto aos recursos disponíveis para avaliação e, se for o caso, intervenção psicológica.

Na perícia forense com famílias, as informações de terceiros ocupam um papel importante, como registros escolares, internações hospitalares, relatórios do Conselho Tutelar, entrevistas com cuidadores, membros da família extensa, pediatras, professores ou outros profissionais que tenham acesso à criança ou ao adolescente. Contudo, Rovinski (2013) ressalta a importância de o perito observar com cautela o envolvimento de entrevistados com as partes que litigam judicialmente no que tange ao oferecimento de informações distorcidas, a fim de ajudar na concretização dos interesses daquele com quem tem relações familiares, de amizade ou profissionais.

Entrevista devolutiva

Ao final do processo avaliativo, nos mais variados contextos de atuação dos psicólogos, o resultado da avaliação psicológica é transmitido ao avaliado por meio da entrevista devolutiva. Na atuação como perito forense, a devolutiva se traduz no laudo que será juntado aos autos da ação processual e tornado público para manifestação dos advogados das partes envolvidas e do representante do Ministério Público. Vale ressaltar que, no contexto jurídico, a entrevista devolutiva tem a particularidade de, se comunicada às pessoas que participaram da avaliação antes de ser dada ciência a ambos os advogados, ao Ministério Público e ao juiz, poder mudar o curso do processo e prejudicar os envolvidos.

Nesse sentido, como mencionado, a devolutiva é produzida sob a forma de laudo, diretamente ao solicitante, ou seja, ao juízo. Rovinski (2013) destaca ser temerária a devolução dos resultados aos avaliados antes do encaminhamento ao juiz, considerando, além de interferências no curso do processo, o fato de as partes tomarem ciência do trabalho, por meio do perito, poder influenciar nos prazos para contestações e recursos processuais e criar uma via de comunicação independente entre o perito e as partes, externa ao processo judicial.

A autora sugere que, se for o caso, o perito se coloque à disposição das partes para esclarecimentos de dúvidas atinentes ao laudo após a juntada deste aos autos da ação judicial. Lembrando que o laudo pericial e todos os documentos coletados durante a perícia, protocolos dos testes aplicados, anotações das entrevistas, relatórios e informações de instituições, etc., devem ser guardados por cinco anos de acordo com a Resolução nº 6/2019 do CFP (2019a).

Assistente técnico

Na perícia forense, outro elemento diferencial importante é a figura do assistente técnico, o qual pode ser contratado por uma ou por ambas as partes que litigam judicialmente. Sua atuação está prevista no Código de Processo Civil, bem como foi definida pela Resolução nº 8 do CFP (2010b) para os profissionais que atuam nas questões atinentes à família.

Nos artigos da referida resolução, as atribuições do perito que assessora o juízo e do assistente técnico das partes são delineadas no sentido de que haja colaboração e isenção ética profissional. Ambos os profissionais devem respeitar a autonomia teórico-técnica e evitar qualquer tipo de interferência mútua no trabalho de avaliação.

O profissional assistente técnico deverá conhecer profundamente as questões inerentes à atuação no ambiente jurídico, bem como as legislações que o regem. O psicólogo assistente técnico poderá formular quesitos para serem respondidos pelo perito judicial e questionar tecnicamente, por meio de parecer crítico, a análise e as conclusões realizadas pelo psicólogo perito em seu laudo, que inclusive deve seguir as normas ditadas pela Resolução nº 6/2019 (CFP, 2019a), que se encontra em vigor.

Vale lembrar que, além do assistente técnico, quesitos a serem respondidos pelo perito também podem ser elaborados pelo Ministério Público e pelo juiz. Destaca-se, no entanto, que, embora o direito requeira respostas imediatas e objetivas, o laudo psicológico aponta tendências e indicadores, em conformidade com o expresso na Resolução nº 6/2019 (CFP, 2019a), na qual consta que os documentos emitidos pelo psicólogo deverão considerar a natureza dinâmica, não definitiva e não cristalizada do seu objeto de estudo.

Considerações finais

Abordou-se aqui a atuação do profissional de psicologia no ambiente forense, mais especificamente nas Varas de Família. Contudo, a psicologia jurídica, uma das especialidades reconhecidas pela Resolução nº 13 do CFP (2007), se mostra mais abrangente e em desenvolvimento com o trabalho realizado nas Varas da Infância e Juventude, de Violência Doméstica, no Sistema Prisional, nas Instituições de Acolhimento e de Internação de crianças e adolescentes, além dos psicólogos que atuam no Ministério Público e, mais recentemente, na Defensoria Pública.

Revela-se de fundamental importância a formação e a constante atualização técnico-científica dos profissionais de psicologia que atuam na área forense. Ademais, esforços devem continuar sendo empregados no desenvolvimento de técnicas de entrevistas, de testes psicológicos e de procedimentos de avaliação, por meio de pesquisas com a população atendida pelo Poder Judiciário, que possam auxiliar os peritos judiciais na execução do trabalho junto às Varas de Família dos Tribunais de Justiça.

Para além dos limites da perícia forense, muitas vezes restrita ao estudo, ao diagnóstico e ao laudo, faz-se necessário ampliar o campo de atuação para intervenções preventivas – por meio de mecanismos de mediação, conciliação, oficinas de parentalidade, entre outras –, que possibilitem a reflexão dos pais quanto ao divórcio e ao reflexo do conflito para os filhos. Dessa forma, cada vez mais poderá ser assegurada, de modo efetivo, a proteção integral dos direitos das crianças e dos adolescentes, sujeitos em desenvolvimento, dentro do contexto familiar, sobretudo nas relações fragilizadas pelo litígio.

Referências

American Psychological Association (APA) (1994). *Guidelines for child custody evaluations*. Washington: APA.

American Educational Research Association (AERA), American Psychological Association (APA), National Council on Measurement in Education (NCME) (2014). *Standards for educational and psychological testing*. Washington: AERA.

Baptista, M. N. (2010). *Inventário de percepção do suporte familiar*. São Paulo: Vetor.

Bolsoni-Silva, A. T. (2010). Validação do roteiro de entrevista de habilidades sociais educativas parentais. *Avaliação Psicológica, 9*(1), 63-75.

Borges, L., & Baptista, M. N. (2018). Avaliação psicológica e psicoterapia na infância. In M. R. C. Lins, M. Muniz, & L. M. Cardoso (Orgs.), *Avaliação psicológica infantil*. São Paulo: Hogrefe.

Brandão, E. M., & Baptista, M. N. (2016). Alienação Parental: revisão integrativa e construção de um instrumento de rastreamento. *Psicologia Argumento, 34*(84), 65-75.

Brandão, E. M. (2017). *Construção e estudos psicométricos preliminares da Escala de Rastreamento de Indicadores de Alienação Parental – ERIAP*. Tese de Doutorado, Universidade São Francisco, Campinas, SP. Recuperado de https://webcache.googleusercontent.com/search?q=cache:znnYVdYxG6IJ:https://www.usf.edu.br/galeria/getImage/427/1561723861495265.pdf+&cd=1&hl=pt--BR&ct=clnk&gl=br.

Brasil (1988). *Constituição da República Federativa do Brasil de 1988*. Recuperado de http://www.planalto.gov.br/ccivil_03/constituicao/constituicao.htm.

Brasil (1990). *Lei nº 8.069, de 13 de julho de 1990*. Recuperado de http://www.planalto.gov.br/ccivil_03/leis/l8069.htm.

Brasil (2003). *Lei nº 10.741, de 1 de outubro de 2003*. Recuperado de https://webcache.googleusercontent.com/search?q=cache:-yVdETzOQHEJ:https://www2.camara.leg.br/legin/fed/lei/2003/lei-10741-1-outubro-2003--497511-normaatualizada-pl.pdf+&cd=3&hl=pt--BR&ct=clnk&gl=br.

Brasil (2006). *Lei nº 11.340, de 7 de agosto de 2006*. Recuperado de http://www.planalto.gov.br/ccivil_03/_ato2004--2006/2006/lei/l11340.htm.

Brasil (2010). *Lei nº 12.318, de 26 de agosto de 2010*. Recuperado de http://www.planalto.gov.br/ccivil_03/_ato2007--2010/2010/lei/l12318.htm.

Brasil (2014). *Lei nº 13.058, de 22 de dezembro de 2014*. Recuperado de http://www.planalto.gov.br/ccivil_03/_ato2011--2014/2014/lei/l13058.htm.

Brasil (2015a). *Lei nº 13.105, de 16 de março de 2015*. Recuperado de http://www.planalto.gov.br/ccivil_03/_ato2015--2018/2015/lei/l13105.htm.

Brasil (2015b). *Lei nº 13.146, de 6 de julho de 2015*. Recuperado de http://www.planalto.gov.br/ccivil_03/_ato2015--2018/2015/lei/l13146.htm.

Cohen, R. J., Swerdlik, M. E., & Sturman, E. D. (2014). Testagem e avaliação psicológica. In R. J. Cohen, M. E. Swerdlik, & E. D. Sturman (Orgs.), *Testagem e avaliação psicológica: Introdução a testes e medidas*. Porto Alegre. Artmed.

Conselho Federal de Psicologia (CFP). (2003). *Resolução nº 7, de 14 de junho de 2003*. Brasília: CFP.

Conselho Federal de Psicologia (CFP) (2010a). *Referências técnicas para atuação do psicólogo em varas de família*. Brasília: CFP.

Conselho Federal de Psicologia (CFP) (2010b). *Resolução nº 8, de 30 de junho de 2010*. Brasília: CFP.

Conselho Federal de Psicologia (CFP) (2018). *Resolução nº 9, de 25 de abril de 2018*. Brasília: CFP.

Conselho Federal de Psicologia (CFP) (2019a). *Resolução nº 6, de 29 de março de 2019*. Brasília: CFP.

Conselho Federal de Psicologia (CPF) (2019b). *Sistema de Avaliação de Testes Psicológicos – SATEPSI*. Recuperado de http://www.satepsi.cfp.org.br.

Darnall, D. (1999). Parental alienation: Not in the best interest of the children. *North Dakota Law Review, 75*(2), 232-364.

Féres-Carneiro, T. (1996). *Família: Diagnóstico e terapia*. Petrópolis: Vozes.

Féres-Carneiro, T., & Neto, O. D. (2012). Entrevista familiar: Técnicas de escuta e investigação. In M. N. Baptista, & M. L. M. Teodoro (Orgs.), *Psicologia da família: Teoria, avaliação e intervenção*. Porto Alegre: Artmed.

Fermann, I. L., Foschiera, L. N., Chambart, D. I., Bordini, T. C. P. M., & Habigzang, L. F. (2017). Perícias psicológicas em processos judiciais envolvendo suspeita de alienação parental. *Psicologia: Ciência e Profissão, 37*(1), 35-47.

Gomide, P. I. C. (2006). *Inventário de estilos parentais*. Petrópolis: Vozes.

Gomide, P. I. C., Camargo, E. B., & Fernandes, M. G. (2016). Análise das propriedades psicométricas da Escala de Alienação Parental. *Paidéia, 26*(65), 291-298.

Grisso, T. (2003). *Evaluating competencies*. New York: Plenum.

Herman, S. (2005). Improving decision making in forensic child sexual abuse evaluations. *Law and Human Behavior, 29*(1), 87-120.

Huss, M. T. (2011). *Psicologia forense: Pesquisa, prática clínica e aplicações*. Porto Alegre: Artmed.

Lago, V. M., & Bandeira, D. R. (2013). *SARP - Sistema de Avaliação do Relacionamento Parental*. São Paulo: Casa do Psicólogo.

Lourenço, L. M., & Baptista, M. N. (2014). *Escala de Violência entre Parceiros Íntimos – EVIPI*. São Paulo: Hogrefe.

Michaelis. (2019). *Dicionário on line*. São Paulo: Melhoramentos. Recuperado de http://www.michaelis.uol.com.br/moderno-português.

Meloy, J. R. (1991). A entrevista forense. In R. J. Craig. *Entrevista clínica e diagnóstica*. Porto Alegre: Artmed.

Melton, G., Petrila, J., Poythress, N., & Slobogin, C. (1997). *Psychological evaluations for the court*. New York: Guilford.

Pereira, A., & Matos, M. (2011). Avaliação psicológica das responsabilidades parentais nos casos de separação e divórcio. In M. Matos, R. A. Gonçalves, & C. Machado, (Orgs.), *Manual de psicologia forense: Contextos e desafios*. Lisboa: Braga.

Rocha, M. M., & Emerich, D. R. (2018). A importância de múltiplos informantes na avaliação psicológica infantil. In M. R. C. Lins, M. Muniz, L. M. Cardoso (Orgs.), *Avaliação psicológica infantil*. São Paulo: Hogrefe.

Rovinski, S. L. R. (2013). *Fundamentos da perícia psicológica forense*. São Paulo: Vetor.

Silva, E. Z. M., & Rovinski, S. L. R. (2012). A família no judiciário. In M. N. Baptista, & M. L. M. Teodoro (Orgs.), *Psicologia da família: Teoria, avaliação e intervenção*. Porto Alegre: Artmed.

Tallmann, H., Zasso, J., & Martins, R. (2019). Pais dividem responsabilidades na guarda compartilhada dos filhos. *Revista Retratos*. Recuperado de https://agenciadenoticias.ibge.gov.br/agencia-noticias/2012-agencia-de-noticias/noticias/23931-pais-dividem-responsabilidades-na-guarda-compartilhada-dos-filhos.

Teodoro, M. L. M. (2012). Alguns instrumentos para avaliação familiar no Brasil. In M. N. Baptista, & M. L. M. Teodoro (Orgs.), *Psicologia da família: Teoria, avaliação e intervenção*. Porto Alegre: Artmed.

Villa, M. B., & Del Prette, Z. A. P. (2012). *Inventário de habilidades sociais conjugais*. São Paulo: Casa do Psicólogo.

Terapia de casais:
avaliação e intervenção

Renata Moreira Coelho | Maycoln L. M. Teodoro

Minha dor é perceber, que apesar de termos feito tudo, tudo o que fizemos, ainda somos os mesmos e vivemos como nossos pais.

(Antonio Belchior, 1976)

O casamento, ou qualquer outra configuração possível de parceria íntima, forma a base das famílias, que são o pilar fundamental da sociedade. Trabalhar com casais envolve um manejo habilidoso por parte dos terapeutas, já que exige ouvir as demandas, compreender as vulnerabilidades que estão por detrás dos conflitos, promover motivação para o processo clínico, criar aliança terapêutica neutra e administrar as intensas emoções que se apresentam durante as sessões, o que pode ser um grande desafio. O objetivo deste capítulo é apresentar um modelo de avaliação e intervenção em casais, visando a auxiliar terapeutas que lidam com dilemas conjugais em sessões de terapia de casal, ou até mesmo em processos de terapias individuais. Iremos abordar, de forma introdutória, a história da terapia de casal no universo das psicoterapias, trazendo as contribuições referentes aos processos de avaliação, as principais teorias e as intervenções para esse público. Queremos que você se sinta encorajado a atuar nessa área como uma forma promissora de obter resultados terapêuticos e sociais. Produzir intervenções eficazes com casais pode ser um grande desafio, mas, ao mesmo tempo, é uma via muito gratificante de resultados reais e duradouros.

Muitas perguntas chegam aos consultórios de psicoterapia individual e envolvem dilemas e demandas presentes na vida conjugal dos pacientes:

"Por que não consigo resolver os meus conflitos conjugais?"

"Por que não consigo uma receita mágica, ou uma varinha de condão que garanta a chegada do meu príncipe encantado?"

"Por que sempre escolho pessoas que me fazem mal ou me decepcionam?"

"Por que todos os meus amigos se dão bem nos relacionamentos e eu não?"

"Por que me sinto dependente das pessoas que eu começo a sair?"

"Por que acho que nunca vou encontrar alguém a minha altura?"

Nos últimos 50 anos, o tema relacionamento conjugal tem sido amplamente estudado. Percebe-se, na atualidade, que os modelos conjugais estão sendo modificados, e o casamento assume outra posição no ciclo vital das pessoas (Henriques, Jablonski, & Féres-Carneiro, 2004; Zordan, Falcke, & Wagner, 2009). Pesquisadores buscam identificar e compreender as variáveis que podem influenciar a satisfação nas relações amorosas (Robles, Slatcher, Trombello, & McGinn, 2013), já que a maior parte das pessoas irá se casar ou experimentar uma união estável em suas vidas (Mosmann, Wagner, & Féres-Carneiro, 2006). Em várias esferas, clínicos e pesquisadores discutem o que define um relacionamento satisfatório. Devido à complexidade desse fenômeno, os resultados apontam que não há uma receita pronta nem respostas simples para tal questionamento (Amato, Johnson, Booth, & Rogers, 2003; Johnson, Amoloza, & Booth, 1992; Karney & Bradbury, 1995). A capacidade de construir e manter relações interpessoais íntimas tem sido apontada pela literatura como uma necessidade vital para a saúde mental e psicossocial. Essa capacidade é um preditor de bem-estar psicológico e um critério de maturidade no relacionamento conjugal (Cross, Bacon, & Morris, 2000; Feldman, Gowen, & Fischer, 1998).

A proposta de intervenção pelo desenvolvimento de habilidades conjugais, gerando reconexões íntimas e atendendo às necessidades emocionais básicas de cada cônjuge, é consenso na maioria das teorias de casais. É também apontada pela literatura como fator crítico na prevenção do divórcio e na satisfação conjugal. Inúmeras intervenções foram desenvolvidas com o objetivo de prevenir o sofrimento no relacionamento a dois. Nas últimas décadas, a intervenção com casais tem-se consolidado por meio de diversas abordagens teóricas. Entre elas, destaca-se a terapia cognitivo-comportamental (TCC), que, combinada com outros métodos, tem sido utilizada por psicoterapeutas com eficácia no atendimento de casais e famílias.

Partindo da história

Albert Ellis, há quase 60 anos, apresentou os primeiros escritos sobre a influência das cognições nos problemas conjugais (Ellis & Harper, 1961). Para Ellis, as disfunções em um relacionamento ocorriam quando os indivíduos abrigavam crenças irracionais ou irrealistas sobre seus parceiros e faziam avaliações negativas quando suas expectativas não eram atendidas.

Tais processos cognitivos fazem os indivíduos experimentarem fortes emoções negativas no relacionamento, como raiva, frustração, tristeza, alterando seus comportamentos em relação a seus parceiros. Ellis enfatizava que as cognições individuais mediavam as reações emocionais e comportamentais. As décadas de 1960 e 1970 foram relevantes no campo das terapias de casal e família, com uma maior ênfase a modelos de interação familiar (Nichols & Schwartz, 2008). Terapeutas comportamentais utilizavam princípios e técnicas em casais disfuncionais. A teoria do intercâmbio social e as estratégias de aprendizagem operantes facilitavam interações mais satisfatórias entre os casais disfuncionais (Stuart, 1969; Liberman, 1970; Weiss, Hops, & Patterson 1973). Liberman, em 1970, afirmou que era necessária uma análise cuidadosa do comportamento familiar para produzir mudanças no sistema familiar. Fallon, em 1988 (apud Norre, Van den Broucke, & Vandereycken, 2006), destacou que existem forças múltiplas que poderiam operar dentro de uma família, encorajando, assim, terapeutas de casais e famílias a adotar uma abordagem sistêmica aberta e observar tais forças.

Na década de 1990, ideias como a escuta empática, as habilidades eficientes de resolução de problemas e a expressão clara e objetiva de pensamentos e emoções começaram a ser inseridas nos processos de psicoterapia, podendo ajudar casais e os membros de uma família a reduzirem conflitos, produzindo uma melhora importante no funcionamento familiar (Mueser & Glynn, 1999). Gottman (2013) e Christensen (2010) indicaram a importância de reduzir interações negativas como atos agressivos e de evitação como forma disfuncional de lidar com o estresse. Naquele momento, a ideia era ensinar os cônjuges a reconhecerem o que precipitava a discórdia para então reestruturar comportamentos.

Pesquisadores comportamentais deixaram de lado a resistência com as técnicas cognitivas e começaram a aplicá-las em terapia de casal (Holtzworth-Munroe et al., 1992; Hahlweg, Bacucom, & Markman, 1988). A partir de então, os fatores cognitivos continuaram a ganhar um enfoque cada vez maior na literatura e na pesquisa em terapia de casal. Dattilio, Padesky, Bacon e Epstein (1990) começaram a adaptar os modelos de avaliação e intervenção em TCC individual para casais. Identificar as crenças distorcidas que os parceiros experimentavam sobre o outro, assim como avaliar as habilidades de comunicação e resolução de problemas, eram o alvo das pesquisas daquela época.

Os estudos em terapia de casal e família na abordagem cognitivo-comportamental têm sido indicados com o maior índice de estudos controlados do que qualquer outra modalidade (Dattilio, 2005). No âmbito dos relacionamentos, a maioria dos estudos se concentra em intervenções comportamentais apresentando evidências substanciais para treinamentos de comunicação, resolução de problemas e contratos comportamentais. Entretanto, poucos estudos examinam o impacto de procedimentos em reestruturação cognitiva, apesar de uma maioria esmagadora de especialistas reconhecer a contribuição proveitosa das técnicas cognitivo-comportamentais nas particularidades dos tratamentos. A TCC é uma ciência em amadurecimento que tem grande potencial de integração com outras abordagens. A maneira colaborativa no trabalho com os pacientes visa a promover mudanças nos campos cognitivos, afetivos e comportamentais (Dattilio, 1998, 2005; Dattilio & Epstein, 2005). Além disso, Friedberg (2006) destaca que as técnicas utilizadas pela TCC tendem a atrair pacientes que desejam uma psicoterapia breve, pragmática, proativa na resolução dos problemas e com uma proposta de construir habilidades que ajudem nos conflitos familiares.

Uma realidade

Quase metade das pessoas adultas que busca terapia o faz por problemas na vida conjugal (Arias & House, 2007). Apesar da diversidade de causas dessa procura, somente 19% dos pares procuraram a terapia de casal para melhorar seu relacionamento atual, ou seja, como fonte de prevenção para futuras crises conjugais. Por outro lado, 37% dos casais divorciados procuraram a terapia de casal antes de terminar o casamento (Stanley, Amato, Johnson, & Markman, 2006).

Inúmeras intervenções foram desenvolvidas ao longo das últimas décadas com o objetivo de prevenir sofrimentos que advêm dos relacionamentos conjugais. Essas intervenções psicoeducativas, mais comumente oferecidas nos Estados Unidos sob a forma de educação pré-marital, são procuradas por cerca de metade dos casais que se casa pela primeira vez (Doss, Rhoades, Stanley, Markman, & Johnson, 2009). Embora eles melhorem significativamente a satisfação no relacionamento no pós-intervenção e acompanhamento (Hawkins, Blanchard, Balwin, & Fawcett, 2008), os efeitos das intervenções em psicoterapia não são satisfatórios o suficiente como proposto.

Um dado interessante observado por Féres-Carneiro (2003) é que os mesmos fatores que levam ao casamento são aqueles que também explicam a manutenção dos conflitos ou a ruptura do vínculo conjugal. As uniões tendem a começar com uma expectativa otimista e romântica de satisfação e geram frustração e desesperança (Mosmann et al., 2006). Atualmente, os parceiros não aceitam que o casamento não corresponda às suas expectativas de felicidade, prazer, compreensão mútua e companheirismo, sendo o rompimento conjugal cada vez mais frequente (Féres-Carneiro, 1998; Straube, Gonçalves, & Centa, 2003).

Problemas de relacionamento entre os casais e a insatisfação no casamento têm sido apontados como um dos maiores estressores da vida, levando a transtornos psiquiátricos, mentais e físicos. Sintomas depressivos, transtornos alimentares, alcoolismo, alterações no sistema imunológico, dor crônica e problemas cardíacos são algumas das consequências citadas na literatura (Epstein & Schlesinger, 1988; Horneffer & Fincham, 1996; Granvold, 2004). Além disso, perturbações conjugais também trazem consequências negativas para filhos e familiares (Gottman & Silver, 2000), podendo gerar violência entre os parceiros, além de chegar a consequências extremas, como homicídio ou suicídio (Bell & Naugle, 2008). Os custos potenciais da crise conjugal e do divórcio têm motivado a busca de intervenções para ajudar os casais a lidarem com os conflitos (Horneffer & Fincham, 1996). A terapia de casal se propõe a reduzir os níveis de sofrimento, aumentando a saúde emocional do relacionamento e, consequentemente, dos indivíduos.

Há esperança

Embora a pesquisa sobre programas de prevenção e terapia de casal seja encorajada pelos estudos nesta área, o alcance dessas intervenções no nível populacional é limitado. Casais em conflitos enfrentam várias barreiras até chegarem aos consultórios de psicoterapia. Situação financeira, constrangimento, desesperança, dificuldades territoriais, crenças disfuncionais sobre a psicoterapia são alguns dos fatores que dificultam a chegada dos casais até os consultórios de psicoterapia. Visto dessa forma, clínicos e pesquisadores precisam promover alternativas que façam melhorias significativas no funcionamento das relações conjugais e familiares, gerando um equilíbrio ideal entre eficácia e alcance.

Pensando em aumentar o alcance da ciência para os relacionamentos conjugais, pode-se pensar na utilização de instrumentos proporcionados pela tecnologia para facilitar e otimizar a vida de um modo geral. A integração entre novas e velhas tecnologias é desejável em termos econômicos e recomendável do ponto de vista da construção do conhecimento (Cysneiros, 2017). Um estudo de Postel, Hann e De Jong (2008) aponta que o uso de plataformas digitais como forma de ampliação do atendimento psicológico é uma tendência. A internet possibilita que grande parte da população tenha acesso às intervenções terapêuticas. Porém, apesar dos benefícios, há ainda poucos estudos que abordam o tema, e os existentes apresentam baixa qualidade metodológica, sugerindo a necessidade de estudos mais robustos.

Na última década, foi possível perceber um aumento exponencial do uso de tecnologias e plataformas virtuais, sobretudo a internet, como formas de angariar notícias, entretenimento e até mesmo educação a distância. O uso das tecnologias da informação e comunicação (TIC) promove novas possibilidades de levar ciência, informação e educação para mais pessoas, transpondo barreiras territoriais, espaciais e temporais (Chaquime, Corrêa, & Mill, 2016; Oliveira, Barros, & Goulart 2016). Os vídeos educativos apresentam-se como um instrumento didático e tecnológico e têm sido utilizados como ferramentas nas estratégias de educação, potencializando práticas de aprendizagem autônoma, favorecendo a consciência crítica e a promoção da saúde (Razera, Buetto, Lenza, & Sonobe, 2014). Os vídeos demonstram a relevância da sua aplicabilidade nos processos de ensino e de aprendizagem, pois combinam vários elementos, como imagens, texto e som, em um único objeto de promoção do conhecimento (Dalmolin et al., 2016).

O ponto de partida

Às vezes, apenas reconhecer o que está acontecendo em vez do que "deveria" estar acontecendo é tudo o que é necessário para transformar nossa experiência.
(Mark Williams, John Teasdale,
Zindel Segal e Jon Kbat Zinn, 2007)

Psicoterapeutas relatam nunca ter experimentado o desejo de atender casais, sendo que muitos até relutam ou não aceitam pacientes em seus consultórios que apresentem tais demandas. Ao longo de muitos anos trabalhando com casais, podemos afirmar que a resistência dos colegas e alunos advém de nunca terem nem ao menos tentado. Mais da metade dos pacientes em terapia individual apresentará queixas relacionadas a relacionamentos conjugais e familiares. Perguntem-se quantos de seus pacientes relatam apresentar dificuldades com as relações conjugais e familiares? Quantos estão lidando com transtornos de depressão e ansiedade engatilhados por situações conjugais e familiares? Essa realidade nos coloca diante de uma necessidade de desmitificar mitos e paradigmas em relação às terapias de casal e família.

Os pacientes constroem ativamente a sua realidade e, a partir do início do processo clínico de psicoterapia, nós, terapeutas, nos tornamos, junto a eles, construtores dessa realidade. O processo de avaliação se inicia com uma entrevista com todos os membros, e, na sequência, entrevistas individuais, como mostra a Figura 25.1

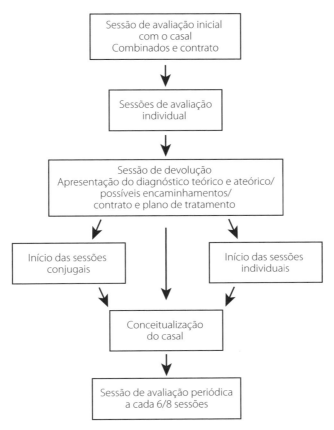

FIGURA 25.1 | Proposta de avaliação de casais.

Avaliando o casal

> Todo casamento tem determinadas tarefas emocionais que marido e mulher precisam realizar juntos para que ele evolua e se solidifique: quando essas tarefas não são cumpridas, o casamento deixa de ser um porto seguro nas tormentas da vida e passa a ser mais uma tormenta.
>
> (Gottman & Silver, 2000, p.187)

O processo de avaliação de um casal deve ser preferencialmente iniciado com a presença dos dois na primeira sessão. Esse cuidado é primordial para preservar o maior "patrimônio" terapêutico que é a aliança com os pacientes envolvidos no processo. A aliança terapêutica irá ancorar todas as intervenções, trazendo a motivação necessária para que os pacientes se comprometam, aproveitem-se do esforço, despendam tempo, rompam com seus padrões antigos de funcionamento, e, possivelmente, abalem os outros significativamente, arriscando a sentir a ansiedade de serem "diferentes". Sabemos que um processo de mudança envolve alto grau de motivação de todos os envolvidos e, com isso, o primeiro contato servirá como alicerce para instilar esperança, aliado às metas e aos objetivos que serão traçados.

Vale destacar que algumas vezes não é possível realizar a primeira sessão de avaliação com todos presentes, pois algumas barreiras podem impedir esse primeiro contato. O ideal é que todos sejam convidados; resistências, contudo, poderão surgir. Os membros que não comparecem às vezes adiam o processo, prejudicando toda intervenção (Dattilio & Epstein, 2003). O que vale aqui é levar em consideração a importância de construir uma aliança neutra e sólida com todos os envolvidos. Sessões de avaliação individuais para os ausentes ou um telefonema particular reforçando o convite podem servir como um grande aliado nessa situação.

Outro aspecto importante é destacar que o processo de avaliação acontecerá ao longo de todas as etapas do processo terapêutico, da fase inicial à final. A avaliação de um casal ou de uma família é um processo vivo que requer reavaliações constantes para possíveis correções e alterações nos planos terapêuticos. É de suma importância que os psicoterapeutas estejam atentos e flexíveis para corrigirem de forma cautelosa e antecipada possíveis mudanças de rotas.

Cada psicoterapeuta terá a sua maneira para conduzir a entrevista inicial, porém é importante destacar alguns aspectos fundamentais a serem observados por meio dos questionários, autorretratos e observação das interações entre os participantes. São eles (Baucom & Epstein, 2008; Snyder, Cavell, Heffer, & Magrum, 2005; Dattilio & Freeman, 1992):

- identificar os problemas atuais e as frequências de interação positiva e negativa (dados para a construção da lista de problemas e metas);
- identificar potencialidades e recursos existentes na relação que possam ser ativados para a resolução de problemas iniciais em terapia;
- identificar pela linha da vida os acontecimentos relevantes da vida do casal;
- identificar aspectos cognitivos, afetivos, comportamentos envolvidos na interação conjugal e familiar;
- verificar possíveis estressores externos que podem exercer influência sobre o casal;
- avaliar a habilidade de cada cônjuge para se comunicar e resolver problemas;
- avaliar se o casal está indicado ou não para terapia;
- investigar se o casal apresenta algum diagnóstico psiquiátrico e quais os tratamentos;
- investigar possíveis traumas e abusos físicos, sexuais ou psicológicos;
- investigar perdas precoces significativas, entre outras questões.

Durante as sessões de avaliação conjugal, o terapeuta terá a oportunidade de conhecer o funcionamento atual e passado da interação familiar. Aspectos típicos do funcionamento aparecem e, mais do que coletar as informações e as histórias sobre os problemas e disfunções, é válido que o terapeuta se conecte com os padrões nas interações. Terapeutas cognitivo-comportamentais traduzem as informações encontradas na avaliação de maneira empírica, formulando hipóteses que serão testadas por meio da coleta de informações adicionais nas sessões subsequentes.

Sabemos que os pacientes procuram terapia de casal após um longo período lidando com os conflitos e que normalmente chegam para terapia já apresentando uma crise conjugal. É muito comum ouvirmos que a terapia será a última alternativa, que já se sentem cansados, desesperançosos. Os pacientes, como "soldados cansados", relatam, com frequência, que a lista de problemas só aumenta com o passar do tempo. Casais tendem a chegar para a primeira sessão repletos de emoções negativas, prontos para acusar e atacar o outro como culpado daquele problema vivenciado. Uma maneira de neutralizar as emoções negativas para que possamos conduzir a sessão de avaliação da maneira mais produtiva possível é começar o questionamento pelas seguintes perguntas (Rizzon, Mosmann, & Wagner, 2013):

- Como e onde se conheceram?
- Como se deu a atração entre eles?
- O que mais chamou atenção no parceiro?
- Quando decidiram ficar juntos?
- Como era o padrão da relação no início do relacionamento?
- Quais expectativas eles tinham antes de decidir se casar?
- Por quanto tempo essas expectativas se confirmaram?
- Quais planos e projetos fizeram juntos?

Para finalizar a primeira etapa de ativação de emoções agradáveis, o terapeuta poderá perguntar (Dattilio, 2006):

- O que aconteceria caso o que incomoda vocês pudesse magicamente desaparecer de um momento para o outro?

Tais perguntas levam o casal a ativar memórias, que, na maioria das vezes, foram agradáveis. As emoções negativas deixam lugar para emoções positivas, trazendo, assim, um cenário clínico mais tranquilo para que a entrevista inicial possa ser conduzida de maneira mais produtiva. É bastante favorável, principalmente para o terapeuta iniciante, organizar as informações trazidas pelos membros da família em forma de tabela ou diagrama. Na Figura 25.2 está descrito um exemplo que poderá auxiliar nessa organização.

Vale também, neste momento inicial, construir uma linha da história de vida do casal. Nela serão inseridos os principais eventos transversais que trouxeram impacto conjugal, assim como a interpretação individual de cada membro sobre esse evento, como mostra o exemplo da Figura 25.3.

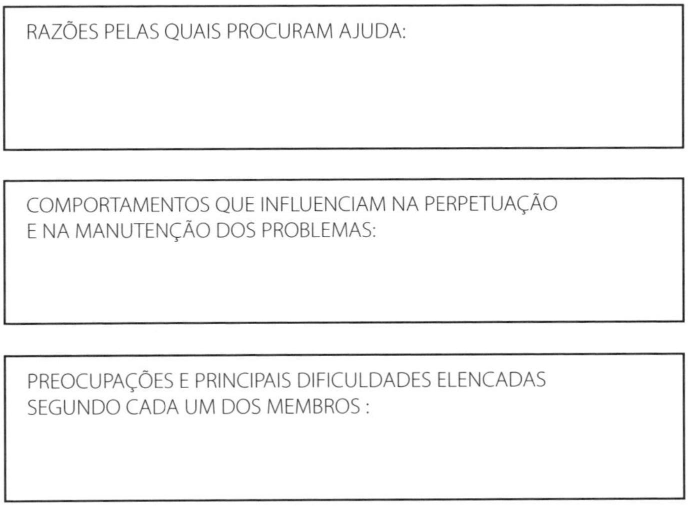

RAZÕES PELAS QUAIS PROCURAM AJUDA:

COMPORTAMENTOS QUE INFLUENCIAM NA PERPETUAÇÃO E NA MANUTENÇÃO DOS PROBLEMAS:

PREOCUPAÇÕES E PRINCIPAIS DIFICULDADES ELENCADAS SEGUNDO CADA UM DOS MEMBROS:

FIGURA 25.2 | Diagrama de avaliação conjugal.

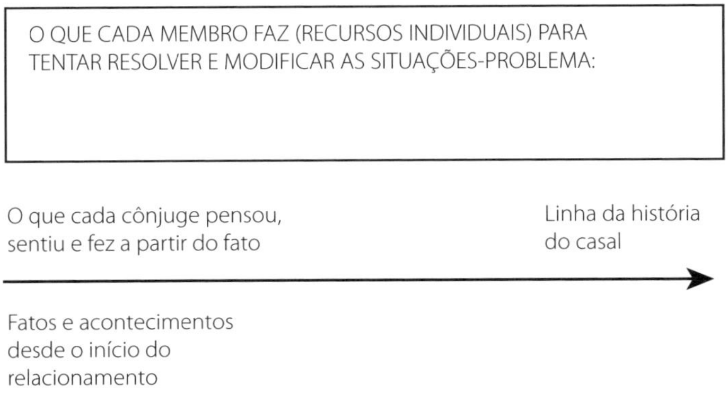

O QUE CADA MEMBRO FAZ (RECURSOS INDIVIDUAIS) PARA TENTAR RESOLVER E MODIFICAR AS SITUAÇÕES-PROBLEMA:

O que cada cônjuge pensou, sentiu e fez a partir do fato

Linha da história do casal

Fatos e acontecimentos desde o início do relacionamento

FIGURA 25.3 | Linha do tempo conjugal.

Avaliação individual

Consideramos as sessões de avaliação individual um ponto de acerto de arestas fundamental para o início do processo de intervenção. Essa etapa é um momento para os terapeutas aplicarem questionários padronizados, inventários e testes para coletar informações sobre como o indivíduo se sente em relação a si mesmo, aos outros e ao futuro familiar. Como o tempo do terapeuta é curto e limitado, os inventários nos oferecem uma gama de dados relevantes e úteis para um bom planejamento de intervenção.

Avaliar as motivações individuais, checar as crenças limitantes de cada membro e verificar possíveis traumas e abusos, assim como relacionamentos extraconjugais, são etapas importantes para que o terapeuta possa conduzir de maneira mais eficaz as etapas de um planejamento de intervenção. É nessa sessão que a interação com cada membro se consolidará, e o terapeuta terá a oportunidade de, individualmente, promover possíveis encaminhamentos e esperança para o alcance dos resultados.

Algumas crenças irrealistas comuns ao estresse no relacionamento e problemas de comunicação entre os casais podem ser checadas por meio do Inventário de Crenças no Relacionamento, de Eidelson e Epstein (1982):

1. O desacordo é destrutivo.
2. Os parceiros devem ser capazes de ler pensamentos e sentimentos um no outro.
3. Os parceiros não podem mudar seus relacionamentos.
4. As diferenças de gênero determinam os problemas de relacionamento.
5. Deve-se ser um parceiro sexual perfeito.

Dependendo da hipótese acerca de diagnósticos psicopatológicos em algum dos membros da família/casal, o terapeuta deverá encaminhar o caso para um acompanhamento individual em paralelo. Algumas ferramentas são amplamente utilizadas nos processos de TCC. O questionamento socrático e a seta descendente (Santos & Medeiros, 2017) ajudam o terapeuta no manejo de perguntas guiadas para levar os pacientes às hipóteses clínicas formuladas ao longo dos processos.

O *questionamento socrático* é um método bastante utilizado para guiar as entrevistas iniciais. Por meio de perguntas abertas (sistemáticas), o terapeuta irá desfazendo objeções, enfraquecendo defesas, a fim de poder explorar e mais bem avaliar os pensamentos e as crenças fundamentais dos indivíduos envolvidos no processo.

A *seta descendente*, desenvolvida por Beck e colaboradores (1979), é uma forma de abordagem que utiliza o questionamento socrático. O terapeuta, a partir de um pensamento inicial, insere perguntas como:

O uso da seta descendente serve para revelar,

"Sendo assim, o que isso significa para você, ou sobre você?"
↓
Preciso ficar casado porque é mais seguro.
↓
Se eu me separar, não vou conseguir me virar sozinha.
↓
Não sou boa o suficiente para conduzir minha vida e meus problemas.
↓
Algo de ruim poderá acontecer.
↓
Não devo correr risco, pois sou um fracasso.

de forma rápida, as possíveis crenças centrais que orquestram os comportamentos disfuncionais. Além disso, possibilita conscientizar o paciente sobre a cadeia de pensamentos para que ele avalie as conclusões equivocadas que reforçam suposições incorretas. Em geral, os membros se mostram mais abertos para descrever dificuldades pessoais quando estão na sessão individual.

Sessão de devolução

Após as sessões de avaliação familiar, conjugal e individual, o terapeuta irá agendar uma sessão para dar *feedback*. Os problemas apresentados pelo casal serão colocados de forma sintetizada. Nesse momento, é oportuno que o terapeuta faça combinações e contratos. A TCC é uma abordagem colaborativa, portanto, o terapeuta compartilha, nesse momento, suas primeiras impressões e hipóteses clínicas do trabalho. Ele deve proporcionar um resumo conciso do que foi percebido e avaliado, incluindo:

- As potencialidades dos membros e da família/casal.
- As principais preocupações e desafios que serão encontrados.
- Os estressores externos que podem estar contribuindo com a disfuncionalidade, como desemprego, adoecimento, psicopatologias individuais, etc.
- Os primeiros padrões (em forma de ciclos) que parecem influenciar os problemas atuais.

Nesse momento, terapeuta e casal organizam as prioridades clínicas, buscam formas de aliviar possíveis barreiras que possam reduzir o estresse e propõem os combinados em relação às sessões. Alguns tópicos serão fundamentais para garantir um processo eficaz:

- Explicar sobre a importância da presença e do comprometimento nas sessões.
- Estabelecer regras sobre a comunicação fora das sessões via grupo de WhatsApp (o terapeuta poderá criar um grupo da família/casal para que as comunicações fora das sessões sejam feitas sempre naquele ambiente).
- Estabelecer os valores das sessões em conjunto e das individuais.
- Realizar sessões de avaliações periódicas.
- Combinar níveis de urgência para intervenções extras.

Conceitualizando o casal

Espero que em 10 anos a terapia cognitiva não mais exista como uma escola de terapia. Espero que o que chamamos de terapia cognitiva (conceituações cognitivas e planos de tratamento fundamentados em pesquisa, colaboração e descoberta guiada) seja considerado como o básico de toda boa terapia, da mesma forma como os princípios de Carl Rogers de calor, empatia e cuidado genuíno com pacientes foram adotados como o básico necessário a todas às relações terapêuticas.

(Beck, 1995)

Os terapeutas cognitivo-comportamentais têm como objetivo produzir mudanças nos pensamentos, no sistema de significados, nos padrões de crenças, produzindo transformações emocionais e comportamentais duradouras. Acreditamos que, com esse processo, os pacientes irão alcançar alívio ou remissão total dos sintomas (Beck, 1993). Pela teoria cognitiva de psicopatologia e psicoterapia (Knapp, 2004), a cognição é o principal elemento envolvido na manutenção dos transtornos psicológicos.

Para os cognitivistas comportamentais, se faz necessário uma avaliação realista dos padrões cognitivos, emocionais e comportamentais do casal, a fim de que o processo terapêutico resulte em mudanças emocionais e comportamentais duradouras pela modificação das crenças disfuncionais básicas dos pacientes (Beck & Clark, 1997). Em uma relação conjugal, encontramos o cenário teórico apresentado na Figura 25.4.

O processo de conceitualização cognitiva poderá ajudar o paciente a compreender de forma clara o que mantém suas dificuldades e seus padrões desadaptativos, além de ajudar na promoção de motivação e esperança para mudança. Uma vez que o casal se depara com seu diagrama de conceitualização, ambos percebem os ciclos destrutivos que geram escaladas de conflitos. A partir dessa compreensão, fica mais fácil o processo de reestruturação desse padrão, podendo apresentar novas formas de o casal se relacionar.

Outras vantagens de se construir uma conceitualização de caso para casais:

- Sintetiza a experiência do paciente/casal.
- Normaliza os problemas e é validante.
- Promove engajamento.

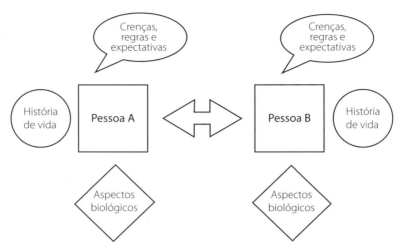

FIGURA 25.4 | Modelo teórico do relacionamento conjugal.

- Torna inúmeros problemas mais manejáveis.
- Orienta a escolha, o foco e a sequência das intervenções.
- Identifica os pontos fortes e desenvolve resiliência.
- Sugere intervenções mais simples com maior custo-benefício.
- Antecipa e aborda problemas na terapia.
- Ajuda a entender a não resposta em terapia e sugere rotas alternativas para mudanças.
- Possibilita uma supervisão de alta qualidade.

Quando o terapeuta não conceitualiza, ele corre o risco de o seu trabalho ficar vago e irrelevante mesmo com o uso de técnicas cognitivas. O profissional despreparado poderá frustrar-se diante das dificuldades e descartar a utilização dessa técnica fundamental para o êxito do processo terapêutico. A conceitualização cognitiva para casais é, portanto, uma etapa na qual o terapeuta coordena as informações obtidas na formulação do caso, utilizando um diagrama de orientação. A conceitualização de caso funciona como um mapa que orienta o trabalho a ser realizado com o cliente (Beck & Clark, 1997). O terapeuta a utiliza a fim de obter a estrutura para o entendimento de cada casal, o que o auxilia no planejamento das estratégias terapêuticas utilizadas ao longo do tratamento (Kuyken, Fothergill, Musa, & Chadwick, 2005; Persons, Roberts, Zalecki, & Brechwald, 2006).

Kuyken, Padesky e Dudley (2010) definem a conceitualização de caso como um processo no qual terapeuta e cliente participam conjuntamente. O objetivo inicial é descrever toda situação-problema vivida pelo casal e, em seguida, explicar as dificuldades descritas.

Buscando aprimorar as limitações do diagrama de conceitualização individual para o de casal, Cardoso (2016, 2018) desenvolveu um modelo de conceitualização específico para casais, objetivando facilitar a avaliação, a psicoeducação e a intervenção com esse público. O modelo de Cardoso (2018) é composto pelos seguintes componentes:

- **História de vida** de cada parceiro (antes e depois do início da relação).
- **Processos cognitivos** dos parceiros (crenças centrais, regras e expectativas).
- **Crenças** referentes ao relacionamento que a parceria desenvolveu.
- **Estratégias de enfrentamento** utilizadas (que ajudam e dificultam na qualidade da relação).
- **Consequência** dos processos anteriores.

Vamos praticar

A conceitualização do caso, em terapia de casal, muitas vezes, se torna um grande desafio para o psicoterapeuta. Entende-se que este processo é uma "pedra fundamental" para a condução de um planejamento terapêutico efetivo. O diagrama apresentado na Figura 25.5 foi desenvolvido por Cardoso (2018) para auxiliar o terapeuta iniciante, e até mesmo os mais experientes, na organização dos dados relevantes em cada caso.

Percebemos que, a partir desse diagrama, o casal poderá compreender mais bem seus padrões de interação negativa, podendo se com-

História de vida do parceiro A
Antes do relacionamento: família desestruturada, morou em vários locais, pois o pai era pastor de uma igreja.
Após o início do relacionamento: não consegue lidar com as mudanças impostas pelo trabalho da esposa.

História de vida do parceiro B
Antes do relacionamento: família estruturada, sempre morou no mesmo local até se casar.
Após o início do relacionamento: está sempre em trânsito devido ao trabalho como engenheira de minas.

Processos cognitivos do parceiro A
Crenças centrais: desamor, nunca serei verdadeiramente amado.
Regras: se ela aceitar as mudanças impostas pelo emprego, então significa que não me ama.
Expectativas: que a esposa recuse a promoção no emprego.

Processos cognitivos do parceiro B
Crenças centrais: desvalor, me sinto um fracasso.
Regras: se eu não aceitar as mudanças impostas pelo meu emprego, então serei mandada embora.
Expectativas: que ele compreenda o momento profissional.

Crenças referentes ao relacionamento
A-B: ela me coloca em segundo plano, esse casamento nunca dará certo.
B-A: ele não respeita o meu trabalho, esse casamento irá me tornar infeliz.

Estratégias de enfrentamento
Ajuda: buscar terapia.
Dificulta: não se aproximar dela afetivamente, ignorando-a e inibindo as emoções.

Estratégias de enfrentamento
Ajuda: escutar sem brigar quando ele reclamar sobre o trabalho dela.
Dificulta: chegar tarde em casa, fazendo muitas horas extras.

Consequências para o relacionamento: desconexão, frieza, poucas interações positivas, brigas que se estendem por semanas, sexo de pouca qualidade e desesperança.

FIGURA 25.5 | Diagrama de conceitualização (Cardoso, 2018).

prometer com as etapas seguintes do processo terapêutico de maneira mais sólida e colaborativa. Diversos autores (Bieling & Kuyken, 2003; Beck & Clark, 1997; Kuyken et al., 2005; Persons et al., 2006) indicam a conceitualização cognitiva como o elemento vital da TCC.

O processo terapêutico

Não há nada permanente, exceto a mudança.

(Heraclitus, 1925)

Avaliar e conceitualizar os padrões conjugais são a etapa inicial em terapia de casal. Ainda nessa primeira fase, o terapeuta deverá investir tempo no processo de psicoeducação do modelo proposto; ao fazer isso, iniciará um trabalho com as cognições. A psicoeducação conjugal visa a instruir o casal sobre o funcionamento dos modelos cognitivos-comportamentais, podendo incluir a prescrição de leitura de livros, vídeos, modelagem, tarefas e ensaios comportamentais.

Aprender a identificar pensamentos automáticos e as distorções cognitivas é o primeiro degrau desse aprendizado. Geralmente, os pensamentos automáticos do casal tendem a ser sobre cada um dos cônjuges ou sobre o relacionamento. As distorções cognitivas inseridas nessas interpretações irão interferir na comunicação e poderão acentuar os conflitos. Portanto, aprender a identificar e a monitorar as cognições distorcidas é um passo fundamental para o caminho da reestruturação cognitiva. Segundo Dattilio (2005), são 10 as distorções mais comuns feitas pelos casais.

1. **Inferência arbitrária:** quando um dos cônjuges extrai conclusões negativas de alguma situação vivida pelo casal.
2. **Abstração seletiva:** quando um dos parceiros toma algum detalhe de uma interação e lhe atribui um significado negativo, sem levar em conta o contexto no qual está inserido.
3. **Hipergeneralização:** quando, tomando como base apenas um ou dois elementos isolados de uma situação, um cônjuge estende suas interpretações para outras similares.
4. **Magnificação ou minimização:** quando um dos cônjuges interpreta de modo ampliado ou diminuído alguma situação.
5. **Personalização:** quando algum cônjuge, sem razões suficientes para isso, atribui a si próprio a responsabilidade de alguma situação.
6. **Pensamento dicotômico:** quando o cônjuge percebe a situação de forma polarizada. O pensamento "tudo ou nada".
7. **Rotulação:** quando o cônjuge define o outro a partir de alguma imperfeição ou erro cometido em algum momento anterior da vida.
8. **Visão em túnel:** quando o cônjuge percebe a realidade sob um único ângulo, geralmente aquele que corresponde ao estado de humor do momento.
9. **Explicações tendenciosas:** quando um cônjuge faz interpretações parciais e negativas sobre alguma situação.
10. **Leitura mental:** quando o cônjuge começa a acreditar que não precisa conversar sobre determinada situação por já "adivinhar" o que o outro pensa.

Vamos praticar

A seguir constam alguns exemplos de distorções cognitivas entre os casais. Procure identificar qual foi a distorção de pensamento contida nos trechos:

- "Eu sabia que não iria dar certo o nosso casamento." **(Inferência arbitrária)**
- "Eu sei o que o Estêvão irá pensar se eu for trabalhar no final de semana." **(Leitura mental)**
- "Ela não gostou da minha comida." **(Rotulação)**
- "Ele está magoado comigo e nunca mais vai querer me perdoar." **(Hipergeneralização)**
- "Todos os homens são violentos, não podemos confiar, nunca!" **(Explicações tendenciosas)**

- "Nosso casamento não tem solução." **(Visão em túnel)**
- "Ele deve estar me traindo." **(Visão em túnel)**

Ajudar os pacientes a identificar as distorções cognitivas é um passo importante na etapa inicial de terapia de casais. Somente a habilidade de identificar as distorções pode ser um alívio para as emoções desagradáveis.

Um recurso importante em terapia de casal é o registro dos pensamentos automáticos. Por meio desses registros, o terapeuta poderá demonstrar ao casal como seus pensamentos estão ligados às suas respostas emocionais e comportamentais. É bastante útil utilizar quadros de registro (Figura 25.6) de pensamento para que possam se apropriar do modelo teórico, facilitando, assim, a identificação, o monitoramento e as futuras modificações nos padrões disfuncionais.

O terapeuta deverá incentivar o casal a fazer registros dos pensamentos automáticos em um bloco de notas ou caderno de terapia. Observar as situações nas quais as emoções estiverem alteradas pode ser um indicador de que um pensamento automático negativo (PAN) entrou em cena na mente dos pacientes. O caderno de terapia deve ser fortemente incentivado pelo terapeuta. Pacientes que fazem registros avançam de maneira mais rápida do que os que não estão engajados em fazê-los. Após o casal já estar conseguindo registrar o diário dos pensamentos, deve ser sugerido que monitore a frequência dos pensamentos e a intensidade das emoções que o acompanham.

Após o casal já estar conseguindo identificar e monitorar os pensamentos automáticos, é sugerido que o terapeuta inicie as etapas de desafios de pensamentos como mostra o Quadro 25.1.

Recomenda-se que o casal observe como cada um pensa, identificando as distorções cognitivas, compartilhando os pensamentos automáticos de forma empática e assertiva, como será treinado no processo de terapia de casal.

Trabalhando com as emoções

As emoções primárias desadaptativas são ativadas quando um organismo identifica significado semelhante entre as situações ou relações atuais e algo que já aconteceu anteriormente, com reações inadequadas ao contexto.

(Hartle e colaboradores, 2010)

Young (2003), um pesquisador relevante no estudo da personalidade, dentro da teoria do esquema, divide as necessidades da criança e do adolescente em cinco domínios, desde o nascimento até meados da adolescência. O primeiro deles é o vínculo seguro. Todos nós temos necessidade de nos sentirmos seguros, protegidos, pertencentes e aceitos. O segundo domínio é a autonomia. Deixar a criança se sentir capaz é fundamental para a aquisição de crenças de competência e valor na vida adulta. O terceiro domínio é um marco significativo, pois se refere aos limites. Colocar limites com afeto pode diferenciar com intensidade a formação de uma personalidade saudável. O quarto domínio é o de expressão e validação das emoções. Ensinar a criança a nomear as emoções, mostrando a ela que todas as nossas emoções têm uma função e são válidas, ajudará muito nos relacionamentos do futuro. Saber regular as emoções é um pilar de valor nas relações interpessoais.

Pensamento	Emoção	Comportamento	Distorção cognitiva
Meu marido só pode estar me traindo	Tristeza	Choro	Explicação tendenciosa

FIGURA 25.6 | Ciclo cognitivo-comportamental.

QUADRO 25.1 | Desafio de pensamentos automáticos

Quanto eu acredito no pensamento (de 0 a 100)? Qual a intensidade da emoção (de 0 a 100)? Desafiar o PAN:
A. Evidência: Quais as evidências a favor do pensamento? Quais as evidências contra o pensamento?
B. Interpretações alternativas: Como outra pessoa reagiria nessa situação? Como eu aconselharia outra pessoa na mesma situação? Qual pensamento alternativo eu poderia ter? Que evidência apoia essa alternativa?
C. Efeitos do PAN: Qual é a minha meta nessa situação? Este pensamento negativo ajuda ou atrapalha na realização de minha(s) meta(s)? Qual o efeito de se crer em uma interpretação alternativa?
D. Erros lógicos: Se o pensamento é verdadeiro, o que o faz tão negativo? O que significa o PAN? **Resultado:** Reavalie os pensamentos e emoções originais (de 0 a 100). **Ações:** Plano concreto para lidar com o problema no futuro: 1) A situação-problema pode ser mudada? Se sim, como? 2) Se não, como posso: reagir diferentemente? **Pensar diferentemente:** sentir e agir diferentemente?

O último domínio é o lazer e a espontaneidade. Divertir-se, relaxar, ser espontâneo e autêntico, podendo expressar opiniões e interesses, fará diferença na comunicação assertiva em qualquer relacionamento.

Pensando assim, compreender quais foram as necessidades não atendidas do casal poderá favorecer a interpretação de diversos comportamentos que atrapalham as relações a dois como impulsividade, evitação e desconfiança (Wainer, 2016).

Pare e pense

Os pacientes constantemente estão na busca por saciar suas necessidades psicológicas e emocionais. Os relacionamentos conjugais são uma via de tal satisfação. Os casais fazem isso de forma saudável ou não. Portanto, diante das diversas situações conjugais que os pacientes trarão para terapia, devemos parar e pensar junto a eles de maneira socrática:

- Qual são as necessidades emocionais que eles buscam ser atendidas com este comportamento?

Para um relacionamento satisfatório, o casal precisa reconhecer as suas verdadeiras necessidades. Necessidades não são frescuras, não são boas ou más, simplesmente são necessidades. São essas e outras reflexões constantes que levarão os pacientes em terapia de casal a patamares de maior satisfação. Os pacientes estarão sempre em busca dessa satisfação. De forma consciente e racional, o terapeuta é capaz de guiar o casal, como o "maquinista de um trem", conduzindo os vagões de pensamentos, emoções e comportamentos, a favor da relação a dois.

Todas as emoções humanas têm uma função. Elas são o produto de uma síntese complexa de muitos processos em diferentes níveis. Podem vir acompanhadas de sensações corporais e afetivas e nos levam para uma tendência de ação. Muitas vezes, as emoções negativas como raiva, tristeza e medo entram em cena quando as necessidades emocionais básicas não estão sendo atendidas. Todos os casais querem responder sim às seguintes perguntas:

- Posso contar com você quando precisar?
- Você me respeita como eu sou?
- Posso confiar em você?
- Você se importa comigo?
- Tenho valor para você?

Os casais apresentam tendências a comportamentos disfuncionais como brigar, evitar conversar sobre o assunto, isolamento, agressividade, ataques verbais ou até mesmo físicos quando estão privados de serem atendidos em suas necessidades emocionais. Todas essas estratégias de comportamentos negativos servem para aliviar, de forma desadaptativa, as emoções negativas presentes. Muitas vezes, elas são acionadas automaticamente para responder a uma avaliação distorcida da realidade.

Desenvolver a habilidade empática em um casal pode ser uma tarefa árdua, porém fundamental e significativa para o processo terapêutico com casais. É comum que o casal chegue à terapia sem conseguir expressar empatia pelos sentimentos um do outro. A empatia constitui um pré-requisito para a intimidade e o diálogo assertivo.

O terapeuta poderá modelar os diálogos ao longo da sessão de terapia investindo na reflexão por meio da aplicação de *role play,* modelagem, vídeos psicoeducativos e técnicas de validação. O que o casal aprende nas sessões deverá ser indicado como tarefas de casa para que pratiquem na vida real. Assim, terão a oportunidade de sentir-se diferentes diante dos mesmos padrões.

Ajudar os casais a regularem suas emoções também é um alicerce no processo clínico. Identificar, nomear, validar, mensurar e regular emoções intensas pode ser um preditor de sucesso na comunicação a dois.

Trabalhando os comportamentos

O treino de comunicação assertiva e de técnicas de resolução de problemas são fundamentos trabalhados intensamente em terapia de casal. Melhorar as habilidades sociais do casal proporciona ganhos efetivos de médio e longo prazos. Muitos pesquisadores acreditam que as habilidades de comunicação e resolução de problemas estão entre os principais ingredientes que fazem um relacionamento funcionar (McKay, Fanning, & Paleg, 2006).

Levenson, Carstensen e Gottman (1994) revelam que os casais com mais negatividade do que positividade gravitavam na direção do divórcio com comportamentos como:

- queixas e críticas;
- desprezo, zombaria, insulto, sarcasmo e desaprovação;
- defensividade, negação da responsabilidade ou contra-ataque;
- incomunicabilidade como um muro de pedras.

O autor indica que esses comportamentos são os "quatro cavaleiros do apocalipse" de um casal insatisfeito. Casais que experimentam esse padrão na comunicação tendem a entrar em uma cascata de distanciamento, encarando os problemas comuns como graves, acreditando que não há outras maneiras de resolverem os problemas. Então, passam a organizar suas vidas de modos paralelos, sentem-se inundados pelas queixas do outro sozinho e sentem-se sozinhos mesmo que a dois.

A maior parte dos programas de treinamento de habilidades de comunicação auxilia os casais a passar de uma comunicação linear (não fala sobre si, não se revela e ataca ao outro) para uma comunicação circular (fala sobre os seus padrões de sentimentos e pensamentos sobre o que está acontecendo). Esse processo é mais maduro e diferencia os casais. No decorrer da terapia, é importante que o terapeuta incentive os casais a trabalharem os seus problemas de maneira respeitosa e produtiva, levando em consideração o "tempo para esfriar" e buscando sempre uma compreensão empática com o outro ao longo das situações.

Algumas estratégias podem ajudar o terapeuta a conduzir diálogos assertivos. O treinamento de comunicação constitui parte essencial da TCC, pois ele favorece interações positivas, reduz cognições distorcidas e contribui para a experiência regulada das emoções. Usar o afeto, aprender a acalmar as reações fisiológicas, somado às ferramentas aprendidas ao longo das sessões, poderá funcionar como um "amortecedor" nos conflitos conjugais. Para os que falam, é importante sugerir que seja de maneira consistente, atenta, mantendo contato visual. Buscar um tom calmo, mesmo quando estão zangados ou perturbados, é um desafio promissor. É importante manter a brevidade na conversa, ir direto ao ponto, falar sobre o que pensa e sente a respeito do assunto evitando ataques e críticas ao parceiro. Não interpretar o silêncio do outro como resistência, somado às atitudes, são estratégias que facilitam uma comunicação assertiva. Vale lembrar que pausas poderão ser necessárias para uma reflexão profunda. Para quem ouve é importante manter contato visual, fazendo movimentos empáticos. Não interromper, anotando em um bloco suas considerações para serem colocadas posteriormente, poderá ser uma estratégia incentivada pelo terapeuta. Para uma comunicação assertiva, é fundamental que o ouvinte procure esclarecer, por meio de perguntas, garantindo, assim, que o ouvinte esteja entendendo o que o outro diz. Evitar a contrainvestigação, buscar o respeito e a diplomacia devem ser metas sempre sugeridas pelo terapeuta.

Técnicas de resolução de problemas são frequentemente utilizadas ao longo das sessões de casal para o manejo dos itens de agenda de cada sessão. Epstein e Schelesinger (2003) ditaram um conjunto de passos como diretrizes na resolução dos problemas conjugais:

- Defina os problemas em termos de comportamentos específicos. É importante que ambos os cônjuges concordem com a lista e estejam de acordo com o problema definido.
- Gere um conjunto de possíveis soluções. Nesse momento, incentive o casal a listar o maior número de alternativas possíveis, sem emitir julgamentos.
- Avalie as vantagens e desvantagens de cada opção. Construa um mapa visual desse exercício para que o casal possa se orientar ao longo da discussão.
- Escolha uma solução possível.
- Implemente a solução e avalie a sua eficácia.

Acordos, contratos e combinações são resultados esperados após esse tipo de intervenção. O terapeuta deverá estimular a assertividade, encorajando o casal a experimentar comportamentos menos sintomáticos, o que pode levar a relação a patamares mais satisfatórios.

Para finalizar

O que importa é corrigir os erros, mesmo que seja para tentar outra vez.
Deborah Blum, *Love at Goon Park*

A terapia de casal se difere da terapia individual pelas sessões predominantemente conjuntas e por considerar, como maior parte do planejamento de intervenção, situações que advêm da relação a dois. As sessões de terapia de casal são também estruturadas, contendo checagem de humor, ponte com a sessão anterior, agenda, resumos e *feedback*. Essa estruturação costuma trabalhar, na fase final, a manutenção dos ganhos e a prevenção de recaídas. Sessões de reforço são comumente agendadas e visam a verificar a manutenção das conquistas obtidas e alguma outra demanda que pode ter surgido posteriormente.

Este capítulo trouxe, de forma simples e clara, processos que facilitam a condução dos tratamentos em terapia de casal. O universo dos casais é um campo vasto e próspero, repleto de possibilidades e oportunidades para que nós, psicoterapeutas, possamos levar a ciência até o campo de transformações reais.

Referências

Amato, P. R., Johnson, D. R., Booth, A., & Rogers, S. J. (2003). Continuity and change in marital quality between 1980 and 2000. *Journal of Marriage and Family, 65*(1), 1-22.

Arias, I., & House, A. S. (2007). Tratamento cognitivo-comportamental dos problemas conjugais. In V. E. Caballo, *Manual para tratamento cognitivo-comportamental dos transtornos psicológicos da atualidade* (pp. 537-561). São Paulo: Santos.

Baucom, D. H., Epstein, N. B., LaTaillade, J. J., & Kirby, J. S. (2008). Cognitive-behavioral couple therapy. In A. S. Gurman (Ed.), *Clinical handbook of couple therapy* (pp. 31-72). New York: Guilford.

Beck, A. T. (1979). *Cognitive therapy of depression.* New York: Guilford.

Beck, J. S., & Beck, A. T. (1995). *Cognitive therapy: Basics and beyond.* New York: Guilford.

Beck, A. T., & Clark, D. A. (1997). An information processing model of anxiety: Automatic and strategic processes. *Behaviour research and therapy, 35*(1), 49-58.

Beck, A. T., Wright, F. D., Newman, C. F., & Liese, B. S. (1993). *Cognitive therapy of substance abuse.* New York: Guilford.

Bell, K. M., & Naugle, A. E. (2008). Intimate partner violence theoretical considerations: Moving towards a contextual framework. *Clinical psychology review, 28*(7), 1096-1107.

Bieling, P. J., & Kuyken, W. (2003). Is cognitive case formulation science or science fiction? *Clinical Psychology: Science and Practice, 10*(1), 52-69.

Cardoso, B. L. A., & Neufeld, C. B. (2018). Conceitualização cognitiva para casais: um modelo didático para formulação de casos em terapia conjugal. *Pensando famílias, 22*(2), 172-186.

Chaquime, L. P., Corrêa, A. G., & Mill, D. (2016). Aprendizagem da docência virtual: analisando investigações sobre a base de conhecimento docente para educação a distância. *SIED: EnPED-Simpósio Internacional de Educação a Distância e Encontro de Pesquisadores em Educação a Distância*.

Christensen, A., Atkins, D. C., Baucom, B., & Yi, J. (2010). Marital status and satisfaction five years following a randomized clinical trial comparing traditional versus integrative behavioral couple therapy. *Journal of Consulting and Clinical Psychology, 78*(2), 225-235.

Cross, S. E., Bacon, P. L., & Morris, M. L. (2000). The relational-interdependent self-construal and relationships. *Journal of Personality and Social Psychology, 78*(4), 791-808.

Crowe, M. J. (1978). Conjoint marital therapy: A controlled outcome study. *Psychological Medicine, 8*(4), 623-636.

Dalmolin, A., Perlini, N. M. O. G., Coppetti, L. C., Rossato, G. C., Gomes, J. S., & Silva, M. E. N. (2016). Vídeo educativo como recurso para educação em saúde a pessoas com colostomia e familiares. *Revista Gaúcha de Enfermagem, 37*(Esp), e68253.

Dattilio, F. M. (2005). Introduction to the special section: The role of cognitive–behavioral interventions in couple and family therapy. *Journal of marital and family therapy, 31*(1), 7-13.

Dattilio, F. M. (2006). Case-based research in family therapy. *Australian and New Zealand Journal of Family Therapy, 27*(4), 208-213.

Dattilio, F. M., Epstein, N. B., & Baucom, D. H. (1998). Introduction to cognitive behavior therapy with couples and family. In F. M. Dattilio (Ed.), *Case studies in couple and family therapy: Systemic and cognitive perspectives* (pp. 1–36). New York: Guilford

Dattilio, F. M., & Epstein, N. B. (2003). Cognitive-behavioral couple and family therapy. In T. Sexton, G. Weeks, & M. Robbins (Eds.), *Handbook of family therapy: The science and practice of working* (pp. 147-173). London: Routledge.

Dattilio, F. M., & Freeman, A. (1992). Introduction to cognitive therapy. In *Comprehensive casebook of cognitive therapy* (pp. 3-11). Boston: Springer.

Doss, B. D., Rhoades, G. K., Stanley, S. M., Markman, H. J., & Johnson, C. A. (2009). Differential use of premarital education in first and second marriages. *Journal of Family Psychology, 23*(2), 268-273.

Eidelson, R. J., & Epstein, N. (1982). Cognition and relationship maladjustment: Development of a measure of dysfunctional relationship beliefs. *Journal of consulting and clinical psychology, 50*(5), 715-720.

Ellis, A., & Harper, R. A. (1961). *A guide to rational living.* Oxford: Prentice-Hall.

Epstein, N. E., Schlesinger, S. E., & Dryden, W. E. (Orgs.). (1988). *Cognitive-behavioral therapy with families.* Oxford: Brunner Meisel.

Epstein, N. B., & Schlesinger, S. E. (2003). Treatment of family problems. In M.A. Reinecke, F.M. Dattilio, & A. Freeman (Eds.), *Cognitive therapy with children and adolescents: A casebook for clinical practice* (2nd ed., pp. 304-337). New York: Guilford.

Feldman, S. S., Gowen, L. K., & Fisher, L. (1998). Family relationships and gender as predictors of romantic intimacy in young adults: A longitudinal study. *Journal of Research on Adolescence, 8*(2), 263-286.

Féres-Carneiro, T. (1998). Casamento contemporâneo: O difícil convívio da individualidade com a conjugalidade. *Psicologia: Reflexão e crítica, 11*(2), 379-394.

Féres-Carneiro, T. (2003). Separação: o doloroso processo de dissolução da conjugalidade. *Estudos de Psicologia, 8*(3), 367-374.

Friedberg, I. (2006). Automated protein function prediction—the genomic challenge. *Briefings in bioinformatics, 7*(3), 225-242.

Gottman, J. M., & Silver, N. (2000). *The 7 principles for making marriage work.* New York: Three River.

Gottman, J. M. (2013). *Marital interaction: Experimental investigations.* Oxford: Elsevier.

Granvold, D. K. (2004). Divórcio. In F. M. Dattilio, & A. Freedman (Orgs.), *Estratégias cognitivo comportamentais de intervenção em situações de crise* (2a ed., pp. 300-316). Porto Alegre: Artmed.

Hahlweg, K., & Markman, H. J. (1988). Effectiveness of behavioral marital therapy: Empirical status of behavioral techniques in preventing and alleviating marital distress. *Journal of consulting and clinical psychology*, 56(3), 440.

Hansen, F. J., Fallon, A. E., & Novotny, S. L. (1991). The relationship between social network structure and marital satisfaction in distressed and nondistressed couples: A pilot study. *Family Therapy: The Journal of the California Graduate School of Family Psychology*, 18(2).

Hartley, S. L., Barker, E. T., Seltzer, M. M., Floyd, F., Greenberg, J., Orsmond, G., & Bolt, D. (2010). The relative risk and timing of divorce in families of children with an autism spectrum disorder. *Journal of Family Psychology*, 24(4), 449.

Hawkins, A. J., Blanchard, V. L., Baldwin, S. A., & Fawcett, E. B. (2008). Does marriage and relationship education work? A meta-analytic study. *Journal of consulting and clinical psychology*, 76(5), 723.

Henriques, C. R., Jablonski, B., & Féres-Carneiro, T. (2004). A geração canguru: algumas questões sobre o prolongamento da convivência familiar. *Psico*, 35(2), 195-205.

Holtzworth-Munroe, A., Waltz, J., Jacobson, N. S., Monaco, V., Fehrenbach, P. A., & Gottman, J. M. (1992). Recruiting nonviolent men as control subjects for research on marital violence: How easily can it be done? *Violence and Victims*, 7(1), 79.

Horneffer, K. J., & Fincham, F. D. (1996). Attributional models of depression and marital distress. *Personality and Social Psychology Bulletin*, 22(7), 678-689.

Johnson, D. R., Amoloza, T. O., & Booth, A. (1992). Stability and developmental change in marital quality: A three-wave panel analysis. *Journal of Marriage and Family*, 54(3), 582-594.

Karney, B. R., & Bradbury, T. N. (1995). The longitudinal course of marital quality and stability: A review of theory, methods, and research. *Psychological Bulletin*, 118(1), 3-34.

Knapp, P. (2004). *Terapia cognitivo-comportamental na prática psiquiátrica*. Porto Alegre: Artmed.

Kuyken, W., Fothergill, C. D., Musa, M., & Chadwick, P. (2005). The reliability and quality of cognitive case formulation. *Behaviour research and therapy*, 43(9), 1187-1201.

Kuyken, W., Padesky, C. A., & Dudley, R. (2008). The science and practice of case conceptualization. *Behavioural and Cognitive Psychotherapy*, 36(6), 757-768.

Kuyken, W., Padesky, C. A., & Dudley, R. (2010). *Conceitualização de casos colaborativa: O trabalho em equipe com clientes em terapia cognitivo-comportamental*. Porto Alegre: Artmed.

Levenson, R. W., Carstensen, L. L., & Gottman, J. M. (1994). Influence of age and gender on affect, physiology, and their interrelations: A study of long-term marriages. *Journal of personality and social psychology*, 67(1), 56.

McKay, M., Fanning, P., & Paleg, K. (2006). *Couple skills: Making your relationship work*. Oakland: New Harbinger.

McKinney, W. T. (2003). Love at Goon Park: Harry Harlow and the Science of Affection. *American Journal of Psychiatry*, 160(12), 2254-2255.

Mosmann, C., Wagner, A., & Féres-Carneiro, T. (2006). Qualidade conjugal: mapeando conceitos. *Paidéia (Ribeirão Preto)*, 16(35), 315-325.

Mueser, K. T., Glynn, S. M., Cather, C., Zarate, R., Fox, L., Feldman, J., ... & Clark, R. E. (2009). Family intervention for co-occurring substance use and severe psychiatric disorders: Participant characteristics and correlates of initial engagement and more extended exposure in a randomized controlled trial. *Addictive Behaviors*, 34(10), 867-877.

Netto, S. P., Pelissari, A. L., Cysneiros, V. C., Bonazza, M., & Sanquetta, C. R. (2017). Sampling procedures for inventory of commercial volume tree species in Amazon Forest. *Anais Da Academia Brasileira de Ciências*, 89(3), 1829–1840.

Nichols, M. P., & Schwartz, R. C. (2008). *Family therapy: Concepts and methods* (Vol. 8). Boston: Allyn and Bacon.

Norre, J., Van den Broucke, S., & Vandereycken, W. (2006). *Eating disorders and marital relationships*. London: Routledge.

Parsons, V. L., Moriarity, C. L., Jonas, K., Moore, T. F., Davis, K. E., & Tompkins, L. (2014). Design and estimation for the national health interview survey, 2006-2015. *Vital and health statistics. Series 2*(165), 1-53.

Persons, J. B., Roberts, N. A., Zalecki, C. A., & Brechwald, W. A. (2006). Naturalistic outcome of case formulation-driven cognitive-behavior therapy for anxious depressed outpatients. *Behaviour Research and Therapy*, 44(7), 1041-1051.

Postel, M. G., Haan, H. A., & De Jong, C. A. (2008). E-therapy for mental health problems: a systematic review. *Telemedicine and e-Health*, 14(7), 707-714.

Santos, C. E. M., & Medeiros, F. A. (2017). A relevância da técnica de questionamento socrático na prática cognitivo-comportamental. *Archives of Health Investigation*, 6(5), 204-208. Recuperado de: http://www.archhealthinvestigation.com.br/ArcHI/article/view/1940

Razera, A. P. R., Buetto, L. S., Lenza, N. D. F. B., & Sonobe, H. M. (2014). Vídeo educativo; estratégias de ensino-aprendizagem para pacientes em tratamento quimioterápico. *Ciência, Cuidados e Saúde*, 13(1), 173-178.

Rizzon, A. L. C., Mosmann, C. P., & Wagner, A. (2013). A qualidade conjugal e os elementos do amor: um estudo correlacional. *Contextos clínicos*, 6(1), 41-49.

Robles, T. F., Slatcher, R. B., Trombello, J. M., & McGinn, M. M. (2014). Marital quality and health: A meta-analytic review. *Psychological Bulletin*, 140(1), 140.

Snyder, D. K., Heyman, R. E., & Haynes, S. N. (2005). Evidence-based approaches to assessing couple distress. *Psychological assessment*, 17(3), 288.

Stanley, S. M., Amato, P. R., Johnson, C. A., & Markman, H. J. (2006). Premarital education, marital quality, and marital stability: Findings from a large, random household survey. *Journal of family psychology*, 20(1), 117.

Straube, K. M., de Paula Gonçalves, M., & de Lourdes Centa, M. (2003). Percepção dos filhos sobre o divórcio dos pais. *Família, Saúde e Desenvolvimento*, 5(3).

Stuart, R. B. (1969). Operant-interpersonal treatment for marital discord. *Journal of consulting and clinical psychology, 33*(6), 675.

Young, J. E., Klosko, J. S., & Weishaar, M. E. (2003). *Schema therapy*. New York: Guilford.

Wainer, R., Paim, K., Erdos, R., Erdos, R., & Andriola, R. (2015). *Terapia cognitiva focada em esquemas*. Porto Alegre: Artmed

Weiss, S. P., & Palos, P. A. (1988). Relación entre el número de hijos, la satisfacción marital y la comunicación con el cónyuge. *Salud Mental, 11*(3), 15-18.

Zordan, E. P., Falcke, D., & Wagner, A. (2009). Casar ou não casar? Motivos e expectativas com relação ao casamento. *Psicologia em Revista, 15*(2), 56-76.

Leituras recomendadas

Dattilio, F. M. (2005). The restructuring of family schemas: a cognitive–behavior perspective. *Journal of Marital and Family Therapy, 31*(1), 15-30.

Glynn, S. M., Eth, S., Randolph, E. T., Foy, D. W., Urbaitis, M., Boxer, L., ... Katzman, J. W. (1999). A test of behavioral family therapy to augment exposure for combat-related posttraumatic stress disorder. *Journal of consulting and Clinical Psychology, 67*(2), 243.

Hickmann, A. A., Calderón, A. I., de Azevedo, A. B., Gomes, A. L. L., Braga, A. R., Guedes, A. O., ... Ferenc, A. V. F. (2017). Os números 248, 249 e 250 da Revista Brasileira de Estudos Pedagógicos, correspondentes ao volume 98, não teriam sido publicados sem a relevante colaboração dos seguintes pareceristas ad hoc (01/08/2016 a 31/07/2017). *Revista Brasileira de Estudos de Pedagogia, 98*(250), 871-874.

Lee, J., & Gillath, O. (2016). Perceived closeness to multiple social connections and attachment style: A longitudinal examination. *Social Psychological and Personality Science, 7*(7), 680-689.

Neufeld, C. B., & Cavenage, C. C. (2010). Conceitualização cognitiva de caso: uma proposta de sistematização a partir da prática clínica e da formação de terapeutas cognitivo-comportamentais. *Revista Brasileira de Terapias Cognitivas, 6*(2), 3-36.

Patterson, G. R., Hops, H., & Weiss, R. L. (1975). Interpersonal skills training for couples in early stages of conflict. *Journal of Marriage and the Family, 37*, 295-303.

Renick, M. J., Blumberg, S. L., & Markman, H. J. (1992). The Prevention and Relationship Enhancement Program (PREP): An empirically based preventive intervention program for couples. *Family Relations, 41*(2), 141-147.

Sardinha, A., Falcone, E. D. O., & Ferreira, M. C. (2009). As relações entre a satisfação conjugal e as habilidades sociais percebidas no cônjuge. *Psicologia: Teoria e Pesquisa, 25*(3), 395-402.

Stanley, S. M., Amato, P. R., Johnson, C. A., & Markman, H. J. (2006). Premarital education, marital quality, and marital stability: Findings from a large, random household survey. *Journal of family psychology, 20*(1), 117.

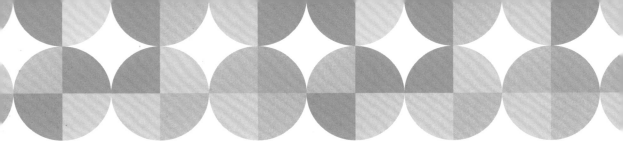

Índice

A

Avaliação familiar no Brasil, 155-212
  instrumentos aprovados pelo Conselho Federal de Psicologia, 156-165, 157
    Entrevista Familiar Estruturada (EFE), 157
    Inventário de Estilos Parentais (IEP), 158
    Inventário de Habilidades Sociais Conjugais (IHSC), 159
    Inventário de Percepção de Suporte Familiar (IPSF), 158
    Roteiro de Entrevista de Habilidades Sociais Educativas Parentais (RE-HSE-P), 158
  instrumentos não avaliados pelo Conselho Federal de Psicologia, 160
    classificação de tipos de família, 160q
    Escala de Ajustamento Diádico (EAD), 164
    Escala Fatorial de Satisfação com o Relacionamento de Casal (EFS-RC), 163
    Escalas para Avaliação dos Estilos Parentais, 162
    Familiograma (FG), 160
    Inventário do Clima Família (ICF), 161
    Parental Bonding Instrument (PBI), 161
    Teste de Identificação Familiar (FIT), 163
    Teste do Sistema Familiar (FAST), 162
  instrumentos não exclusivos de psicólogos e não avaliados pelo Conselho Federal de Psicologia, 159
    Escala de Violência entre Parceiros Íntimos (EVIPI), 160
    Sistema de Avaliação do Relacionamento Parental (SARP), 159

C

Crianças com transtorno de déficit de atenção/hiperatividade (TDAH), 242-254
  análise funcional, 248f
  análise funcional do comportamento, 249q
  contextualizando, 242
  critérios diagnósticos segundo o DSM-5, 244q-245q
  desenvolvimento das habilidades executivas, 251f

diagnóstico, 243
externalização da rotina matutina, 251f
intervenções após o diagnóstico, 247
procrastinação, 252q
situação antecedente atual, 249q

D

Depressão, 26-34 ver Família, depressão e terapia cognitivo-comportamental
Desenvolvimento vocacional de jovens, 117-125
    influência familiar, 119
        adaptabilidade, 122
        aspirações, 121
        autoeficácia, 121
        carreira dos filhos, 122
        comportamento exploratório, 120
        conhecimentos, 120
        crenças, 120
        realizações, 121
        valores ocupacionais, 120
    modelos teóricos, 117
    pesquisa de orientação de carreira de jovens, 123
    prática de orientação de carreira de jovens, 123
Diversidade sexual, 135-142 ver Família e diversidade sexual
Divórcio e recasamento, 70-79
    coparentalidade, 75
    desenvolvimento dos filhos, 75
    divórcio, 71
    parentalidade, 75
    possibilidades de intervenção, 77
    recasamento, 73

E

Entrevista familiar, 166-181
    avaliação familiar, 180
    entrevista familiar, 178
    esboço histórico, 167
    escolas de terapia familiar de base sistêmica, 175q-177q
    procedimentos específicos, 180
    reflexões epistemológicas sobre a diversidade, 169
    reflexões metodológicas sobre a diversidade, 169
    teorias da entrevista, 170
Escolarização, 101-106 ver Família, socialização e escolarização

F

Família, depressão e terapia cognitivo-comportamental, 26-34
    depressão, 28
    sistema familiar, 28
    terapia cognitivo-comportamental, 27
    tratamento da depressão, 32
    vulnerabilidade cognitiva, 28
Família e diversidade sexual, 135-142
    conjugalidade, 135-142
    enfrentamento, 140
    homossexualidade, 138
    parentalidade, 135-142
    preconceito, 140
    relacionamentos homossexuais, 135-142
    sexualidade, 136
Família e intergeracionalidade, 4-13
    comportamentos violentos, 10
    conflitos familiares, 10
    criminalidade, 10
    depressão, 9
    estilos parentais, 6
    intergeracionalidade, 6
    suporte familiar, 6
    transmissão geracional, 4
Família em diferentes contextos, 69-151
Família na visão sistêmica, 15-24
    cenário terapêutico, 20
    doença crônica, 19
    funcionamento familiar, 17
    histórias no contexto terapêutico, 23

pensamento sistêmico, 15
recursos culturais, 21
valor das narrativas na terapia de família e de comunidade, 18
Família no judiciário, 198-210
   mediação, 208
   psicólogo forense, 200
      avaliação psicológica, 202
      comunicação dos resultados, 206
      demandas atuais ao trabalho, 200
      escopo, 202
      papéis do psicólogo, 205
      práticas, 202
Família, socialização e escolarização, 101-106
Famílias de crianças em situação de vulnerabilidade social, 127-134
   definindo família, 127
   família e cultura, 130
   família e pobreza, 131
   resiliência familiar, 132
   vulnerabilidade, 132

I

Intergeracionalidade, 4-13 *ver* Família e intergeracionalidade
Intervenção psicoeducativa na conjugalidade, 214-222
   desafios da intervenção na conjugalidade, 220
   estratégias de resolução de conflitos, 218
      comunicação efetiva, 219
      estar atento, 219
      evitar iniciar agressão, 219
      lidando com as diferenças de gênero, 219
   expectativas sobre o casamento, 216
      mito 1, 216
      mito 2, 216
      mito 3, 217
      mito 4, 217
   intervenção na conjugalidade, 215
   interações conflituosas, 217
   escalada negativa, 218
   guerrilha, 218
   negatividade recíproca, 217
   padrão de demanda, 218
   padrão de retirada, 218
   programa psicoeducativo, 220
Intervenções e práticas com famílias, 213-298
Intimidade conjugal, 184-194
   autorrevelação, 185
   influência psicossocial, 189
   instrumentos de medida, 191
   modelos teóricos, 187
   orientação sexual, 190
   relação conjugal, 186
   vulnerabilidade, 188

M

Maus-tratos na infância, 93-99
   ciclo intergeracional da violência, 96
   consequências desenvolvimentais, 95
   fatores de risco, 94
   programas de treinamento parental para prevenção, 96
   programas de treinamento parental para tratamento, 96
   tipologia, 93
      maus-tratos ativos, 94
      maus-tratos passivos, 94

P

Perícia psicológica, 273-281
   assistente técnico, 280
   avaliação psicológica, 275
   entrevista devolutiva, 279
   entrevista psicológica, 275
   informações de terceiros, 279
   perícia judicial, 275
   testes psicológicos, 278
Pessoa idosa, 81-90
   família e idosos, 81
   papel dos avós na família, 82

suporte social familiar e velhice, 85
viuvez na velhice, 84
Práticas da terapia de família no Brasil, 256-271
   abordagens clínicas, 264t
   escolas adotadas na clínica pelos terapeutas familiares, 263t
   escolas adotadas por terapeutas familiares brasileiros, 265t-266t, 269t
   formação em terapia familiar, 260t-261t
   formadores de terapia familiar, 258t
   técnicas por profissionais distribuídos por regiões, 268t
Psicodinâmica (terapia de casal), 37-49 ver Sistemas e psicodinâmica (terapia de casal)
Psicologia da família, teoria e pesquisa em, 3-68

R

Recasamento e divórcio, 70-79 ver Divórcio e recasamento

S

Saudade da família no futuro, 52-62
   estado em que se encontra a família, 58
   família contemporânea, 52, 54
   mães, 54
   outros sentimentos familiares, 59
   pais, 54
   saudade, 59
Saúde psicossocial, 64-68 ver Vida familiar e saúde psicossocial
Sistemas e psicodinâmica (terapia de casal), 37-49
   diferentes visões, 40
   focalizando a diferença, 48
   heterogenias, 48
   homologias, 47
   olhares sobre o casal, 38
   sujeito e sistema familiar, 47
   terapia de família sistêmica, 45
   terapia psicanalítica de casais, 41

Socialização, 101-106 ver Família, socialização e escolarização
Suicídio, 144-152
   comportamento suicida, 144
   comportamento suicida e família, 148
   família, 146, 148
   fatores de risco populacionais, 150f
   sociedade, 146

T

Terapia cognitivo-comportamental, 26-34 ver Família, depressão e terapia cognitivo-comportamental
Terapia de casais, 283-298
   avaliação individual, 290
   avaliando o casal, 287
   conceitualizando o casal, 291
   diagrama de conceitualização, 293f
   há esperança, 286
   modelo teórico do relacionamento conjugal, 292f
   para finalizar, 298
   pare e pense, 296
   partindo da história, 284
   ponto de partida, 286
   processo terapêutico, 294
      abstração seletiva, 294
      explicações tendenciosas, 294
      hipergeneralização, 294
      inferência arbitrária, 294
      leitura mental, 294
      magnificação ou minimização, 294
      pensamento dicotômico, 294
      personalização, 294
      rotulação, 294
      visão em túnel, 294
   proposta de avaliação de casais, 287f
   sessão de devolução, 290
   trabalhando com as emoções, 295
   trabalhando os comportamentos, 297
   uma realidade, 285
   vamos praticar, 293, 294

Transtornos da aprendizagem, 108-115
   dificuldades da aprendizagem, 110
   escola, 108
   família, 108
   participação familiar, 111
   políticas de inclusão, 111
   transtornos da aprendizagem, 110
Treinamento de pais, 224-239
   fundamentos empíricos, 225
   fundamentos teóricos, 225
   procedimentos de avaliação, 227
   programas de intervenção, 228
      comportamento das crianças, 232t
      dever de casa, 235
      educação especial, 234
      estrutura das sessões, 233q
      modelo da aprendizagem social, 228
      módulos do programa de treinamento de pais – APAE, 236f
      programa desenvolvido em grupo, 229
      programa individual, 232
      Questionário de Situações Domésticas (QSD), 233q
      recursos materiais, 235f
      sequência do programa, 229q-231q
      treinamento de pais, 234
      treinamento em habilidades sociais (THS), 229

V

Vida familiar e saúde psicossocial, 64-68